Ulf Gunnar Völker

Die Prüfungshonorare branchenspezialisierter Wirtschaftsprüfer in der deutschen Versicherungsbranche

Studien zu Rechnungslegung, Steuerlehre und Controlling
Studies in financial, managerial and tax accounting

Herausgeber
Michael Ebert, Dirk Kiesewetter, Urska Kosi, Hansrudi Lenz,
Caren Sureth-Sloane und Andrea Szczesny

Band 6

Die Schriftenreihe Studien zu Rechnungslegung, Steuerlehre und Controlling bietet eine Plattform für herausragende Arbeiten aus diesen Themengebieten. Sie wird von den Professorinnen und Professoren der Lehrstühle für Rechnungslegung, Steuerlehre und Controlling der Julius-Maximilians-Universität Würzburg und der Universität Paderborn herausgegeben.

Ulf Gunnar Völker

Die Prüfungshonorare branchen-spezialisierter Wirtschaftsprüfer in der deutschen Versicherungsbranche

Würzburg
University Press

Dissertation, Julius-Maximilians-Universität Würzburg
Wirtschaftswissenschaftliche Fakultät , 2021
Gutachter: Prof. Dr. Hansrudi Lenz, Prof. Dr. Andrea Szczesny

Impressum

Julius-Maximilians-Universität Würzburg
Würzburg University Press
Universitätsbibliothek Würzburg
Am Hubland
D-97074 Würzburg
www.wup.uni-wuerzburg.de

© 2021 Würzburg University Press
Print on Demand

ISSN 2627-1281 (print)
ISSN 2627-129X (online)
ISBN 978-3-95826-156-3 (print)
ISBN 978-3-95826-157-0 (online)
DOI 10.25972/WUP-978-3-95826-157-0
URN urn:nbn:de:bvb:20-opus-231746

Vorwort

Die deutsche Versicherungswirtschaft ist unbestritten ein bedeutender Zweig der deutschen Volkswirtschaft. Die nationale und internationale empirische Forschung im Prüfungswesen hat dieses Segment – bis auf wenige Ausnahmen – kaum beachtet.

Zentrale Forschungsfrage der Dissertation von Ulf Völker ist es, empirisch zu analysieren, ob bei Versicherungsunternehmen der Grad der Branchenspezialisierung der testierenden Wirtschaftsprüfer und Wirtschaftsprüferinnen einen Einfluss auf die Höhe des Prüfungshonorars hat. Das Honorar für die Abschlussprüfung steht dabei stellvertretend – nicht unumstritten – für die Qualität der Abschlussprüfung. Die Dissertation liefert damit einen Beitrag zum Forschungsfeld „Einflüsse von individuellen Prüfungspartnern auf die Prüfungsqualität".

In engem Zusammenhang mit der zentralen Fragestellung fallen wichtige und neue Erkenntnisse zur Struktur des Abschlussprüfungsmarktes in dieser Branche an. Zugleich enthält die vorliegende Arbeit eine umfassende, gründliche und informative Übersicht zum Stand der Forschung in Bezug auf den Einfluss der testierenden Wirtschaftsprüfer, d.h. der prüfungsdurchführenden Prüfungspartner sowie Mitunterzeichner, auf Prüfungshonorare und -qualität.

Die Ergebnisse der Hauptanalyse des Datensatzes, der für den deutschen Abschlussprüfungsmarkt für Versicherungsunternehmen repräsentativ ist, zeigen beispielsweise, dass primär branchenspezialisierte Rechtsunterzeichner, insbesondere der Marktführer bzw. die beiden Wirtschaftsprüfer mit den höchsten Marktanteilen, erhebliche Honorarzuschläge realisieren können. Der Rechtsunterzeichner verantwortet als *engagement partner* wesentlich Planung, Durchführung und Berichterstattung bei einer Abschlussprüfung.

Besonders hohe Honorarzuschläge ergeben sich, wenn sowohl der Rechts- als auch der Linksunterzeichner des Bestätigungsvermerks zu den Top2-Marktführern zählen, oder wenn beide dem Versicherungsfachausschuss des Instituts der Wirtschaftsprüfer in Deutschland e.V. (IDW) angehören. Die Befunde der Hauptanalysen werden durch zahlreiche Robustheits- bzw. Sensitivitätsanalysen ergänzt und abgesichert, die weitere wertvolle Erkenntnisse für die Forschung bringen.

Die Dissertation von Ulf Völker füllt eine Forschungslücke und liefert eine Fülle genuiner und wertvoller Einsichten zur Abschlussprüfung bei Versicherungsunternehmen in Deutschland. Ich wünsche der Arbeit viele interessierte Leserinnen und Leser.

Würzburg, im Juli 2021

Hansrudi Lenz

Dank

Mit großer Freude bin ich nach mehreren Jahren intensiver Arbeit nun an dem Punkt angekommen, den Menschen auf das Herzlichste zu danken, die zur Vollendung meiner Dissertation einen bedeutsamen Beitrag geleistet haben.

Ganz besonders möchte ich meinem Doktorvater Prof. Dr. Hansrudi Lenz danken. Bereits während meines Studiums hat er mich gefördert, in meinem Promotionsvorhaben bestärkt und mir die Promotionsstelle ermöglicht. Während der Erstellung meiner Dissertation stand er mir stets mit wertvollen fachlichen sowie wissenschaftlichen Hinweisen zur Seite. Gerne denke ich an die zahlreichen konstruktiven Gespräche zur Dissertation, aber auch an die stets angenehme Zusammenarbeit am Lehrstuhl zurück.

Ein weiterer Dank gilt Frau Prof. Dr. Andrea Szczesny für die Übernahme der Aufgaben der Zweitgutachterin.

Herzlich danke ich auch meinen ehemaligen Kollegen Sven Hörner, Jacob Leidner, Johannes Günther, Reinhold Hegmann, Maximilian Hubmann, Philipp Joha, Moritz Menzel und Dominik Tschinkl. Die zahlreichen fachlichen Diskussionen haben mir wichtige Denkanstöße und Ideen für die Dissertation geliefert, die privaten Gespräche und Aktivitäten haben die Motivation stets aufrechterhalten und eine angenehme Arbeitsatmosphäre geschaffen. Ich bin sehr froh über die aus der gemeinsamen Zeit entstandenen und anhaltenden Freundschaften. Ein großes Dankeschön richte ich auch an Frau Brigitte Kunz für die tagtägliche Unterstützung am Lehrstuhl in allen Belangen und ihre stets freundliche und fröhliche Art.

Meine Eltern geben mir bereits mein ganzes Leben lang wichtigen Rückhalt und haben mir die akademische Laufbahn ermöglicht. Daneben hat mein Vater unzählige Stunden investiert, um die Inhalte meiner Dissertation kritisch zu begutachten und zu diskutieren. Meine Mutter sowie meine Brüder Lars und Nils standen immer mit wertvollem Rat zur Seite und haben mich stets motiviert. Hierfür danke ich Euch allen von Herzen.

Mein größter Dank gilt jedoch meiner Frau Johanna sowie meinen Söhnen Hannes und Mats. Danke für die liebevolle, stetige sowie verständnisvolle Unterstützung und dafür, dass Ihr mir tagtäglich so viel Freude und Kraft schenkt. Euch widme ich diese Dissertation.

Bad Berleburg, im September 2021

Ulf Gunnar Völker

Inhaltsverzeichnis

Tabellenverzeichnis

Abkürzungsverzeichnis

a.F.	alte Fassung
AG(s)	Aktiengesellschaft(en)
AICPA	*American Institute of Certified Public Accountants*
AktG	Aktiengesetz
AP	Abschlussprüfer
APAK	Abschlussprüferaufsichtskommission
AReG	Abschlussprüfungsreformgesetz
BaFin	Bundesanstalt für Finanzdienstleistungsaufsicht
BGBl.	Bundesgesetzblatt
BilMoG	Bilanzrechtsmodernisierungsgesetz
BilReG	Bilanzrechtsreformgesetz
BS	Bilanzsumme
BS WP/vBP	Berufssatzung für Wirtschaftsprüfer/vereidigte Buchprüfer
CAMEL	*Capital Adequacy, Asset Quality, Management Capability, Earnings and Liquidity*
CARAMEL	*Capital Adequacy, Asset Quality, Reinsurance and Actuarial Issues, Management Capability, Earnings and Liquidity*
CR	Konzentrationsrate
DPA	Diskretionäre Periodenabgrenzungen
DRS	Deutsche Rechnungslegungsstandards
DT	Deloitte & Touche Limited Liability Partnership
ER	Entdeckungsrisiko
EY	Ernst & Young Limited Liability Partnership
Fn.	Fußnote
G	Gini-Koeffizient
GBB	gebuchte Bruttobeiträge

GCO	*going concern opinion*
GDV	Gesamtverband der Deutschen Versicherungswirtschaft e. V.
GJ	Geschäftsjahr
GmbH	Gesellschaft mit beschränkter Haftung
GmbHG	Gesetz betreffend die Gesellschaften mit beschränkter Haftung
GuV	Gewinn- und Verlustrechnung
HFA	Hauptfachausschuss
HGB	Handelsgesetzbuch
HHI	Hirschmann-/Herfindahl-Index
Hrsg.	Herausgeber
i. d. R.	in der Regel
IDW	Institut der Wirtschaftsprüfer
IDW PH	IDW Prüfungshinweise
IDW PS	IDW Prüfungsstandards
IDW RH HFA	IDW Rechnungslegungshinweise des Hauptfachausschusses
IDW RS HFA	IDW Stellungnahme zur Rechnungslegung des Hauptfachausschusses
IFRS	*International Financial Reporting Standards*
i. H. v.	in Höhe von
IKS	internes Kontrollsystem
IMF	*International Monetary Fund*
IR	inhärentes Risiko
IRIS	*Insurance Regulatory Information System*
ISA	*International Standard on Auditing*
Jg.	Jahrgang
klVVaG(s)	kleiner Versicherungsverein(e) auf Gegenseitigkeit
KPMG	KPMG Limited Liability Partnership
KR	Kontrollrisiko

lit.	littera
MA	Mandate
n.F.	neue Fassung
NAIC	*National Association of Insurance Commissioners*
No.	*Number*
OLS	*ordinary least squares*
PCAOB	*Public Company Accounting Oversight Board*
PH	Prüfungshonorar/e
PR	Prüfungsrisiko
PrüfV	Prüfungsberichteverordnung
PublG	Publizitätsgesetz
PwC	PricewaterhouseCoopers Limited Liability Partnership
RBS	RoeverBroennerSusat GmbH & Co. KG
RechVersV	Verordnung über die Rechnungslegung von Versicherungsunternehmen
Rn.	Randnummer
ROAA	*Return on Average Assets*
S.	Seite
SachvPrüfV	Sachverständigenprüfverordnung
SAS	*Statement on Auditing Standards*
SE	*Societas Europaea*
SEC	*Securities and Exchange Commission*
Sec.	*Section*
SF	Standardfehler
Tz.	Textziffer
US	*United States*
US-GAAP	*United States Generally Accepted Accounting Principles*
VAG	Versicherungsaufsichtsgesetz

VB	verdiente Beiträge
VIF	Varianzinflationsfaktor
Vol.	Volume
VU	Versicherungsunternehmen
VVaG(s)	Versicherungsverein(e) auf Gegenseitigkeit
WP(s)	Wirtschaftsprüfer
WPG	Wirtschaftsprüfungsgesellschaft
WPK	Wirtschaftsprüferkammer
WPL	links unterzeichnender Wirtschaftsprüfer
WPO	Wirtschaftsprüferordnung
WPR	rechts unterzeichnender Wirtschaftsprüfer

Symbolverzeichnis

>	größer
<	kleiner
≥	größer/gleich
≤	kleiner/gleich
Δ	Veränderung
%	Prozent
&	und
§	Paragraph
β	Regressionskoeffizient
ε	Störterm
Σ	Summe
AuslTU	Anzahl an vollkonsolidierten ausländischen Tochterunternehmen
BERERFWPL (*BERERFWPR*)	Aufgerundete Anzahl der zwischen dem Zeitpunkt der Bestellung des Linksunterzeichners (Rechtsunterzeichners) zum Wirtschaftsprüfer und dem Datum der Unterzeichnung des Bestätigungsvermerks liegenden Jahre
BStoGBB	Bilanzsumme im Verhältnis zu den gebuchten Bruttobeiträgen
BSW	jährliche Wachstumsrate der Bilanzsumme
DÜ	Düsseldorf
e	Eulersche Zahl
EKQuote	Anteil des haftenden Eigenkapitals an der Bilanzsumme
ES	Eschborn
FFM	Frankfurt am Main
GNBW	jährliche Wachstumsrate der gebuchten Nettobeiträge
HA	Hannover

HAM	Hamburg
IDWFAWPBeide	Dummy-Variable, die den Wert 1 annimmt, wenn beide Unterzeichner zum Zeitpunkt der Abschlussprüfung oder zumindest in den drei vorhergehenden Jahren Mitglied im Versicherungsfachausschuss des IDW waren; andernfalls beträgt der Wert 0
IDWFAWPL (*IDWFAWPR*)	Dummy-Variable, die den Wert 1 annimmt, wenn der Linksunterzeichner (Rechtsunterzeichner) zum Zeitpunkt der Abschlussprüfung oder zumindest in den drei vorhergehenden Jahren Mitglied im Versicherungsfachausschuss des IDW war; andernfalls beträgt der Wert 0
IDWFAWPLAlleine (*IDWFAWPRAlleine*)	Dummy-Variable, die den Wert 1 annimmt, wenn nur der Linksunterzeichner (Rechtsunterzeichner) zum Zeitpunkt der Abschlussprüfung oder zumindest in den drei vorhergehenden Jahren Mitglied im Versicherungsfachausschuss des IDW war; andernfalls beträgt der Wert 0
IDWFAWPLNur (*IDWFAWPRNur*)	Dummy-Variable, die den Wert 1 annimmt, sofern der Linksunterzeichner (Rechtsunterzeichner) Mitglied im IDW-Versicherungsfachausschuss ist, jedoch nicht auf Basis des Marktanteils unter die jeweilige marktanteilsbasierte Spezialistendefinition fällt; andernfalls beträgt der Wert 0
IFRS	Dummy-Variable, die den Wert 1 annimmt, wenn der Abschluss nach den IFRS aufgestellt wurde; andernfalls beträgt der Wert 0
InITU	Anzahl an vollkonsolidierten inländischen Tochterunternehmen
INLWechsel	Dummy-Variable, die den Wert 1 annimmt, wenn im Vergleich zum Vorjahr intern die Niederlassung gewechselt wurde; andernfalls beträgt der Wert 0
IWPLWechsel (*IWPRWechsel*)	Dummy-Variable, die den Wert 1 annimmt, wenn im Vergleich zum Vorjahr intern der Linksunterzeichner (Rechtsunterzeichner) gewechselt wurde; andernfalls beträgt der Wert 0
j	Rang der absteigend geordneten, nicht negativen Ausprägung eines Merkmalsträgers $x_1 \geq x_2 \geq \ldots \geq x_n$
k	Rang der aufsteigend geordneten, nicht negativen Ausprägung eines Merkmalsträgers $x_1 \leq x_2 \leq \ldots \leq x_n$

KÖ	Köln
KONZERN	Dummy-Variable, die den Wert 1 annimmt, wenn es sich um einen Konzernabschluss handelt; andernfalls beträgt der Wert 0
LEADERTOP2 &IDWFAWPL (LEADERTOP2 &IDWFAWPR)	Dummy-Variable, die den Wert 1 annimmt, wenn der Linksunterzeichner (Rechtsunterzeichner) im jeweiligen Jahr einen der zwei größten Marktanteile auf Basis der Prüfungshonorare besitzt und Mitglied im IDW-Versicherungsfachausschuss ist; andernfalls beträgt der Wert 0
LEADERTOP2WPBeide	Dummy-Variable, die den Wert 1 annimmt, wenn beide Unterzeichner im jeweiligen Jahr einen der zwei größten Marktanteile auf Basis der Prüfungshonorare besitzen; andernfalls beträgt der Wert 0
LEADERTOP2WPL (LEADERTOP2WPR)	Dummy-Variable, die den Wert 1 annimmt, wenn der Linksunterzeichner (Rechtsunterzeichner) im jeweiligen Jahr einen der zwei größten Marktanteile auf Basis der Prüfungshonorare besitzt; andernfalls beträgt der Wert 0
LEADERTOP2WPLAlleine (LEADERTOP2WPRAlleine)	Dummy-Variable, die den Wert 1 annimmt, wenn nur der Linksunterzeichner (Rechtsunterzeichner) im jeweiligen Jahr einen der zwei größten Marktanteile auf Basis der Prüfungshonorare besitzt; andernfalls beträgt der Wert 0
LEADERTOP2WPLNur (LEADERTOP2WPRNur)	Dummy-Variable, die den Wert 1 annimmt, wenn Linksunterzeichner (Rechtsunterzeichner) im jeweiligen Jahr einen der zwei größten Marktanteile auf Basis der Prüfungshonorare besitzt, jedoch nicht Mitglied im IDW-Versicherungsfachausschuss ist; andernfalls beträgt der Wert 0
LEADERTOP5 &IDWFAWPL (LEADERTOP5 &IDWFAWPR)	Dummy-Variable, die den Wert 1 annimmt, wenn der Linksunterzeichner (Rechtsunterzeichner) im jeweiligen Jahr einen der fünf größten Marktanteile auf Basis der Prüfungshonorare besitzt und Mitglied im IDW-Versicherungsfachausschuss ist; andernfalls beträgt der Wert 0
LEADERTOP5WPBeide	Dummy-Variable, die den Wert 1 annimmt, wenn beide Unterzeichner im jeweiligen Jahr einen der fünf größten Marktanteile auf Basis der Prüfungshonorare besitzen; andernfalls beträgt der Wert 0

LEADERTOP5WPL *(LEADERTOP5WPR)*	Dummy-Variable, die den Wert 1 annimmt, wenn der Linksunterzeichner (Rechtsunterzeichner) im jeweiligen Jahr einen der fünf größten Marktanteile auf Basis der Prüfungshonorare besitzt; andernfalls beträgt der Wert 0
LEADERTOP5WPLAlleine *(LEADERTOP5WPRAlleine)*	Dummy-Variable, die den Wert 1 annimmt, wenn nur der Linksunterzeichner (Rechtsunterzeichner) im jeweiligen Jahr einen der fünf größten Marktanteile auf Basis der Prüfungshonorare besitzt; andernfalls beträgt der Wert 0
LEADERTOP5WPLNur *(LEADERTOP5WPRNur)*	Dummy-Variable, die den Wert 1 annimmt, wenn der Linksunterzeichner (Rechtsunterzeichner) im jeweiligen Jahr einen der fünf größten Marktanteile auf Basis der Prüfungshonorare besitzt, jedoch nicht Mitglied im IDW-Versicherungsfachausschuss ist; andernfalls beträgt der Wert 0
LEADER&IDWFAWPL *(LEADER&IDWFAWPR)*	Dummy-Variable, die den Wert 1 annimmt, wenn der Linksunterzeichner (Rechtsunterzeichner) im jeweiligen Jahr den größten Marktanteil auf Basis der Prüfungshonorare besitzt und Mitglied im IDW-Versicherungsfachausschuss ist; andernfalls beträgt der Wert 0
LEADERWPBeide	Dummy-Variable, die den Wert 1 annimmt, wenn beide Unterzeichner im jeweiligen Jahr den größten Marktanteil auf Basis der Prüfungshonorare besitzen; andernfalls beträgt der Wert 0
LEADERWPL *(LEADERWPR)*	Dummy-Variable, die den Wert 1 annimmt, wenn der Linksunterzeichner (Rechtsunterzeichner) im jeweiligen Jahr den größten Marktanteil auf Basis der Prüfungshonorare besitzt; andernfalls beträgt der Wert 0
LEADERWPLAlleine *(LEADERWPRAlleine)*	Dummy-Variable, die den Wert 1 annimmt, wenn nur der Linksunterzeichner (Rechtsunterzeichner) im jeweiligen Jahr den größten Marktanteil auf Basis der Prüfungshonorare besitzt; andernfalls beträgt der Wert 0
LEADERWPLNur *(LEADERWPRNur)*	Dummy-Variable, die den Wert 1 annimmt, wenn der Linksunterzeichner (Rechtsunterzeichner) im jeweiligen Jahr den größten Marktanteil auf Basis der Prüfungshonorare besitzt, jedoch nicht Mitglied im IDW-Versicherungsfachausschuss ist; andernfalls beträgt der Wert 0
LIQtoBS	Anteil des Bilanzpostens „laufende Guthaben bei Kreditinstituten, Schecks und Kassenbestand" an der Bilanzsumme

LNAF	Natürlicher Logarithmus des erhobenen/gezahlten Prüfungshonorars
LNAuslTU	Natürlicher Logarithmus von (Anzahl an vollkonsolidierten ausländischen Tochterunternehmen + 1)
LNBERERFWPL (*LNBERERFWPR*)	Natürlicher Logarithmus von *BERERFWPL* (*BERERFWPR*)
LNBS	Natürlicher Logarithmus der Bilanzsumme
LNInlTU	Natürlicher Logarithmus von (Anzahl an vollkonsolidierten inländischen Tochterunternehmen + 1)
log	logarithmiert
LOSS	Dummy-Variable, die den Wert 1 annimmt, wenn im jeweiligen Jahr ein Jahresfehlbetrag vorliegt; andernfalls beträgt der Wert 0
m	Anzahl der m-größten Merkmalsträger
MarktanteilWPBeide	Interaktionsvariable aus *MarktanteilWPLAlleine* und *MarktanteilWPRAlleine*
MarktanteilWPL (*MarktanteilWPR*)	Jährlicher Marktanteil des Linksunterzeichners (Rechtsunterzeichners) auf Basis der Prüfungshonorare
MarktanteilWPLAlleine *MarktanteilWPRAlleine*	Jährlicher Marktanteil des Linksunterzeichners (Rechtsunterzeichners) auf Basis der Prüfungshonorare
MÜ	München
N	Anzahl Beobachtungen
n	Anzahl aller Merkmalsträger der Stichprobe
NPHtoPH	Honorare für Nichtprüfungsleistungen im Verhältnis zu dem Prüfungshonorar
ReportLag	Anzahl der Tage zwischen dem Bilanzstichtag und dem Tag der Unterzeichnung des Bestätigungsvermerks
ROAA	Jahresüberschuss nach Steuern im Verhältnis zu der durchschnittlichen Bilanzsumme
RückVQ	abgegebene Rückversicherungsbeiträge im Verhältnis zu den gebuchten Bruttobeiträgen
s_i	Anteil der nicht negativen Ausprägung des Merkmalsträgers i an der gesamten Merkmalssumme

s_j	Anteil der absteigend geordneten, nicht negativen Ausprägung des Merkmalsträgers x_j an der gesamten Merkmalssumme
s_k	Anteil der aufsteigend geordneten, nicht negativen Ausprägung des Merkmalsträgers x_k an der gesamten Merkmalssumme
SPEZ20%&IDWFAWPL (*SPEZ20%&IDWFAWPR*)	Dummy-Variable, die den Wert 1 annimmt, wenn der Linksunterzeichner (Rechtsunterzeichner) im jeweiligen Jahr einen Marktanteil besitzt, der mindestens 20% größer ist als der durchschnittliche Marktanteil, welcher sich bei einer fiktiven Gleichverteilung des Marktes auf alle Prüfungspartner ergeben würde (Basis Prüfungshonorare) und Mitglied im IDW-Versicherungsfachausschuss ist; andernfalls beträgt der Wert 0
SPEZ20%WPBeide	Dummy-Variable, die den Wert 1 annimmt, wenn beide Unterzeichner im jeweiligen Jahr einen Marktanteil besitzen, der mindestens 20% größer ist als der durchschnittliche Marktanteil, welcher sich bei einer fiktiven Gleichverteilung des Marktes auf alle Prüfungspartner ergeben würde (Basis Prüfungshonorare); andernfalls beträgt der Wert 0
SPEZ20%WPL (*SPEZ20%WPR*)	Dummy-Variable, die den Wert 1 annimmt, wenn der Linksunterzeichner (Rechtsunterzeichner) im jeweiligen Jahr einen Marktanteil besitzt, der mindestens 20% größer ist als der durchschnittliche Marktanteil, welcher sich bei einer fiktiven Gleichverteilung des Marktes auf alle Prüfungspartner ergeben würde (Basis Prüfungshonorare); andernfalls beträgt der Wert 0
SPEZ20%WPLAlleine (*SPEZ20%WPRAlleine*)	Dummy-Variable, die den Wert 1 annimmt, wenn nur der Linksunterzeichner (Rechtsunterzeichner) im jeweiligen Jahr einen Marktanteil besitzt, der mindestens 20% größer ist als der durchschnittliche Marktanteil, welcher sich bei einer fiktiven Gleichverteilung des Marktes auf alle Prüfungspartner ergeben würde (Basis Prüfungshonorare); andernfalls beträgt der Wert 0

SPEZ20%WPLNur (*SPEZ20%WPRNur*)	Dummy-Variable, die den Wert 1 annimmt, wenn der Linksunterzeichner (Rechtsunterzeichner) im jeweiligen Jahr einen Marktanteil besitzt, der mindestens 20% größer ist als der durchschnittliche Marktanteil, welcher sich bei einer fiktiven Gleichverteilung des Marktes auf alle Prüfungspartner ergeben würde (Basis Prüfungshonorare), jedoch nicht Mitglied im IDW-Versicherungsfachausschuss ist; andernfalls beträgt der Wert 0
SPEZ3Q&IDWFAWPL (*SPEZ3Q&IDWFAWPR*)	Dummy-Variable, die den Wert 1 annimmt, wenn der Linksunterzeichner (Rechtsunterzeichner) im jeweiligen Jahr einen Marktanteil besitzt, der oberhalb des dritten Quartils der jährlichen partnerspezifischen Marktanteile liegt (Basis Prüfungshonorare) und Mitglied im IDW-Versicherungsfachausschuss ist; andernfalls beträgt der Wert 0
SPEZ3QWPBeide	Dummy-Variable, die den Wert 1 annimmt, wenn beide Unterzeichner im jeweiligen Jahr einen Marktanteil besitzen, der oberhalb des dritten Quartils der jährlichen partnerspezifischen Marktanteile liegt (Basis Prüfungshonorare); andernfalls beträgt der Wert 0
SPEZ3QWPL (*SPEZ3QWPR*)	Dummy-Variable, die den Wert 1 annimmt, wenn der Linksunterzeichner (Rechtsunterzeichner) im jeweiligen Jahr einen Marktanteil besitzt, der oberhalb des dritten Quartils der jährlichen partnerspezifischen Marktanteile liegt (Basis Prüfungshonorare); andernfalls beträgt der Wert 0
SPEZ3QWPLAlleine (*SPEZ3QWPRAlleine*)	Dummy-Variable, die den Wert 1 annimmt, wenn nur der Linksunterzeichner (Rechtsunterzeichner) im jeweiligen Jahr einen Marktanteil besitzt, der oberhalb des dritten Quartils der jährlichen partnerspezifischen Marktanteile liegt (Basis Prüfungshonorare); andernfalls beträgt der Wert 0
SPEZ3QWPLNur (*SPEZ3QWPRNur*)	Dummy-Variable, die den Wert 1 annimmt, wenn der Linksunterzeichner (Rechtsunterzeichner) im jeweiligen Jahr einen Marktanteil besitzt, der oberhalb des dritten Quartils der jährlichen partnerspezifischen Marktanteile liegt (Basis Prüfungshonorare), jedoch nicht Mitglied im IDW-Versicherungsfachausschuss ist; andernfalls beträgt der Wert 0
Spez&IDWFAWPL (*Spez&IDWFAWPLR*)	Dummy-Variable, die den Wert 1 annimmt, wenn der Linksunterzeichner (Rechtsunterzeichner) Mitglied des

	IDW-Versicherungsfachausschusses ist und auf Basis des jeweiligen marktanteilsbasierten Spezialistenmaßes als Branchenspezialist gilt; andernfalls beträgt der Wert 0
SpezWPBeide	Dummy-Variable, die den Wert 1 annimmt, wenn Links- und Rechtsunterzeichner Branchenspezialisten sind; andernfalls beträgt der Wert 0
SpezWPL *(SpezWPR)*	Dummy-Variable, die den Wert 1 annimmt, wenn der Linksunterzeichner (Rechtsunterzeichner) Branchenspezialist ist; andernfalls beträgt der Wert 0
SpezWPLAlleine *(SpezWPRAlleine)*	Dummy-Variable, die den Wert 1 annimmt, wenn nur der Linksunterzeichner (Rechtsunterzeichner), nicht jedoch der Rechtsunterzeichner (Linksunterzeichner) ein Branchenspezialist ist; andernfalls beträgt der Wert 0
SpezWPLNur *(SpezWPRNur)*	Dummy-Variable, die den Wert 1 annimmt, wenn der Linksunterzeichner (Rechtsunterzeichner) unter dem jeweiligen marktanteilsbasierten Spezialistenmaß als Branchenspezialist gilt, jedoch nicht Mitglied im IDW-Versicherungsfachausschuss ist; andernfalls beträgt der Wert 0
ST	Stuttgart
TU	Gesamtanzahl an vollkonsolidierten Tochterunternehmen
VVaG	Dummy-Variable, die den Wert 1 annimmt, wenn die Rechtsform des Versicherungsunternehmens ein (kleiner) Versicherungsverein auf Gegenseitigkeit ist; andernfalls beträgt der Wert 0
WEIBLICHWPL *(WEIBLICHWPR)*	Dummy-Variable, die den Wert 1 annimmt, sofern der Linksunterzeichner (Rechtsunterzeichner) weiblich ist; andernfalls beträgt der Wert 0
WPGWechsel	Dummy-Variable, die den Wert 1 annimmt, wenn im Vergleich zum Vorjahr die Prüfungsgesellschaft gewechselt wurde; andernfalls beträgt der Wert 0
x_i	nicht negative Ausprägung eines Merkmalsträgers i
x_v	unabhängige/erklärende Variable (Regressor)
x_l	nicht negative Ausprägung eines Merkmalsträgers l
y	abhängige/erklärte Variable (Regressand)

1 Einleitung

1.1 Motivation und Zielsetzung

> „[…] Insurance […] is an exchange of money now for money payable contingent on the occurrence of certain events."[1]

Im Sinne dieser Definition von *Kenneth J. Arrow*, Wirtschaftsnobelpreisträger 1972, wird unter dem Begriff „Versicherung" ein Risikotransfer gegen Entgelt verstanden.[2] Primär dieser Risikotransfer ist es, der dem Wirtschaftsgut Versicherung in marktwirtschaftlich orientierten Volkswirtschaften eine immense ökonomische Bedeutung verleiht.[3] *„Eine moderne Volkswirtschaft ist ohne das Angebot von Versicherungsschutz ebenso undenkbar wie ohne ein funktionierendes Geld- und Kreditwesen."*[4] Versicherungsunternehmen sind für das Eingehen von unternehmerischen Risiken von enormer Wichtigkeit, da sie Unternehmen Risikotransferprodukte und Risikofinanzierungslösungen bereitstellen.[5] Wirtschaftliche Handlungen sowie Innovationen werden hierdurch maßgeblich unterstützt. Im privaten Bereich stellt der durch Versicherungen ausgelöste Risikotransfer einen wesentlichen Bestandteil der Daseinsvorsorge und sozialen Sicherung dar. Entsprechend der Bedürfnispyramide nach *Maslow* zählt Sicherheit vor Risiken zu den Grundbedürfnissen eines Menschen.[6] Ein entsprechender Versicherungsschutz kann dieses Bedürfnis befriedigen.[7] Die Relevanz von Versicherungen im alltäglichen Leben kommt nicht zuletzt dadurch zum Ausdruck, dass im Jahr 2013 nur bei den Erstversicherern und Pensionsfonds in Deutschland ca. 424 Mio. Versicherungsverträge bestanden. Damit entfielen rein rechnerisch auf einen Einwohner ca. 5,25 Verträge.[8]

Die Besonderheit einer Versicherung besteht darin, dass es sich um ein real güterwirtschaftlich nicht existierendes Objekt handelt.[9] Gleichzeitig setzt diese unsichtbare Ware jedoch ein hohes Vertrauen von Seiten der Versicherungsnehmer[10] in die Leistungsfähigkeit und -bereitschaft des Versicherungsunternehmens voraus. Dieses notwendige Vertrauen ist dadurch bedingt, dass die Versicherungsnehmer mit ihrer Versicherungsprämie in Vorleistung treten. Die Versicherungsleistung wird erst im Nachhinein erbracht. Der Versiche-

---

[1] *Arrow*, 1970, S. 134.
[2] Vgl. *Radtke*, 2008, S. 4.
[3] Vgl. *Nguyen/Romeike*, 2013, S. VI; *Radtke*, 2008, S. 3.
[4] *Nguyen/Romeike*, 2013, S. VI.
[5] Vgl. *Nguyen/Romeike*, 2013, S. VI.
[6] Vgl. *Maslow*, 1943, S. 376-380.
[7] Vgl. *Nguyen/Romeike*, 2013, S. 15.
[8] Siehe hierzu Abschnitt 3.1.
[9] Vgl. *Arrow*, 1970, S. 134; *Radtke*, 2008, S. 3.
[10] Zur sprachlichen Vereinfachung verwendet die vorliegende Arbeit das generische Maskulinum (z. B. Versicherungsnehmer, Wirtschaftsprüfer etc.) und impliziert gleichermaßen die weibliche Form (Versicherungsnehmerin, Wirtschaftsprüferin etc.).

rungsnehmer muss daher darauf vertrauen, dass das Versicherungsunternehmen im Schadensfall über die notwendigen Mittel verfügt, um den entstandenen Schaden im Umfang des erkauften Versicherungsschutzes zu ersetzen. Die vorgenannten Besonderheiten des Versicherungswesens begründen eine hohe Schutzbedürftigkeit der Versicherungsnehmer. Aus diesem Grund existieren branchenspezifische Rechnungslegungsnormen und spezielle aufsichtsrechtliche Regularien, die von den Versicherungsunternehmen einzuhalten sind. Dennoch stellen für einen Großteil der Versicherungsnehmer die im Jahres- bzw. Konzernabschluss sowie Lage- bzw. Konzernlagebericht enthaltenen Finanzinformationen nahezu die einzige offengelegte Grundlage dar, um selbst zu beurteilen, ob die derzeitige und prognostizierte zukünftige wirtschaftliche Lage des Versicherungsunternehmens die Erbringung der zugesicherten Versicherungsleistung tatsächlich erlaubt. Hierbei sollte neben den vermittelten Informationen insbesondere deren Glaubwürdigkeit von wesentlicher Bedeutung sein. Die Aufgabe eines Abschlussprüfers besteht u. a. darin, eine Beurteilung abzugeben, ob der offengelegte Jahres- bzw. Konzernabschluss samt Lagebericht frei von wesentlichen Fehlern ist und die tatsächliche wirtschaftliche Lage des Unternehmens korrekt widerspiegelt. Bisherige Forschungsergebnisse im Bereich der Abschlussprüfung haben in diesem Kontext bereits aufgezeigt, dass die Glaubwürdigkeit von offengelegten Rechnungslegungsinformationen maßgeblich von der vom Abschlussprüfer erbrachten Prüfungsqualität abhängt. Die vorhergehenden Ausführungen lassen daher den Schluss zu, dass dem Abschlussprüfer insbesondere im Zusammenhang mit dem vertrauensbasierten Produkt Versicherung eine zentrale Rolle zukommen könnte.

In Anbetracht dessen ist es bemerkenswert, dass sich im Vergleich zu anderen Branchen bis heute nur wenige nationale und internationale Forschungsarbeiten dem Abschlussprüfermarkt für Versicherungsunternehmen widmen. So finden sich auf internationaler Ebene lediglich sieben Arbeiten, welche Fragestellungen im Hinblick auf Determinanten des Prüfungshonorars bzw. der Prüfungsqualität im Kontext von Versicherungsunternehmen empirisch behandeln. Für Deutschland existieren nur drei aussagekräftige Studien, die den Markt für Abschlussprüfungsleistungen bei Versicherungsunternehmen analysieren. Diese Arbeiten beschränken sich jedoch auf eine empirische Strukturanalyse. Empirische Erkenntnisse in Bezug auf Prüfungsqualitäts- oder Prüfungshonorardeterminanten existieren für Deutschland bis dato nicht. [11]

Das Ziel der vorliegenden Arbeit besteht darin, die bestehende Forschungslücke in Bezug auf den deutschen Abschlussprüfermarkt für Versicherungsunternehmen ein Stück weit zu schließen. Im Einklang mit der jüngsten Entwicklung in der empirischen Prüfungsforschung wird hierbei vorwiegend die Fragestellung erörtert, inwiefern einzelne testierende Wirtschaftsprüfer (im Folgenden auch als Prüfungspartner bezeichnet) [12] aufgrund

---

[11]   Ein Teil der Erkenntnisse dieser Dissertation in Bezug auf die Struktur des Abschlussprüfermarktes für Versicherungsunternehmen in Deutschland (siehe Kapitel 6) wurde vorab im Jahr 2017 veröffentlicht; vgl. *Völker*, 2017. An entsprechender Stelle wird darauf verwiesen.

[12]   In der vorliegenden Arbeit wird entgegen der üblichen Definition eines Partners unter dem Begriff „Prüfungspartner" nicht zwangsläufig ein Teilhaber an der Prüfungsgesellschaft verstanden. Stattdessen wird ein Prüfungspartner im Sinne des § 319a Abs. 1 Satz 5 HGB als der Wirtschaftsprüfer definiert, der den Bestätigungsvermerk nach § 322 Abs. 7 Satz 3 HGB mit seiner Unterschrift testiert und damit Verantwortung für die Planung sowie Durchführung der Prüfung und/oder (zumindest) für das Arbeitsergebnis übernimmt. Demnach

bestimmter Attribute von Bedeutung für das Produkt Abschlussprüfung bei Versicherungsunternehmen sind. Ging die anfängliche Prüfungsforschung noch davon aus, dass zwar zwischen Wirtschaftsprüfungsgesellschaften (im Folgenden Prüfungsgesellschaften) im Sinne der Produktdifferenzierung Qualitäts- sowie Honorarunterschiede aufgrund von Größe, Reputation oder Spezialisierung bestehen, jedoch innerhalb derselben Prüfungsgesellschaft die Prüfungsqualität und die damit verbundene Honorargestaltung homogen sind, so wendet sich die jüngste Forschungsliteratur von dieser Homogenitätsannahme ab. Die jüngste Prüfungsforschung vertritt die Auffassung, dass die Qualität einer einzelnen Abschlussprüfung maßgeblich von der Expertise der involvierten Wirtschaftsprüfer abhängt. Die Expertisen der unterschiedlichen Wirtschaftsprüfer innerhalb einer Prüfungsgesellschaft variieren jedoch zum Teil deutlich. Die Ursache liegt darin, dass die für eine Angleichung der qualitätsrelevanten Expertisen notwendigen Systeme innerhalb einer Gesellschaft zur Teilung von Wissen und Informationen aufgrund von teils unüberwindbaren Hemmnissen nicht vollumfänglich funktionieren können. Die Folge ist, dass innerhalb einer Prüfungsgesellschaft unterschiedliche Wirtschaftsprüfer mit differierenden Qualitätsniveaus existieren.

Im Fokus dieser Dissertation steht daher die Forschungsfrage, ob testierende Wirtschaftsprüfer, welche in Bezug auf die deutsche Versicherungsbranche einen hohen Spezialisierungsgrad aufweisen, die Höhe des Prüfungshonorars beeinflussen.

Grundsätzlich wird vermutet, dass Branchenspezialisten eine höhere Prüfungsqualität erbringen als nicht spezialisierte Wirtschaftsprüfer. Insbesondere in stark regulierten und komplexen Branchen – wie die Versicherungsbranche – könnte eine Spezialisierung maßgeblich für die Prüfungsqualität sein. Im Sinne einer Produktdifferenzierungsstrategie bei entsprechender Nachfrage begründet diese höhere Prüfungsqualität wiederum, dass branchenspezialisierte Wirtschaftsprüfer höhere Prüfungshonorare erzielen. Konträr hierzu kann jedoch argumentiert werden, dass das durch die Branchenspezialisierung gewonnene umfangreiche Branchenwissen neben einer höheren Prüfungsqualität auch die Generierung von *economies of scale* ermöglicht. Sollten diese Skaleneffekte aufgrund der vorherrschenden Wettbewerbssituation an die Mandanten weitergereicht werden, so könnte dies trotz etwaiger höherer Prüfungsqualität letztendlich eine Reduzierung des Prüfungshonorars zur Folge haben. Im Rahmen dieser Arbeit soll herausgefunden werden, ob diese theoretisch begründbaren Effekte auf der Ebene der testierenden Wirtschaftsprüfer in der deutschen Versicherungsbranche empirisch nachweisbar sind. Dabei wird auch der Tatsache Rechnung getragen, dass in Deutschland für gewöhnlich zwei Wirtschaftsprüfer (Links- und Rechtsunterzeichner) mit unterschiedlichen Aufgaben- und Verantwortungsbereichen den Jahres- bzw. Konzernabschluss testieren. Bedingt durch diese unterschiedlichen Aufgaben-

---

stellen in der vorliegenden Arbeit die Begriffe „testierender Prüfungspartner" und „testierender Wirtschaftsprüfer" Synonyme dar. Hierbei umfassen die vorgenannten Begriffe alle Wirtschaftsprüfer, die den Bestätigungsvermerk unterzeichnen. Sofern zwei Prüfungspartner unterzeichnen, wird bei diesen grundsätzlich zwischen dem prüfungsdurchführenden Prüfungspartner (Rechtsunterzeichner) und dem Mitunterzeichner bzw. Berichtskritiker (Linksunterzeichner) unterschieden. Detaillierte Informationen zum Aufgaben- und Verantwortungsbereich der vorgenannten testierenden Wirtschaftsprüfer in Deutschland liefert Abschnitt 3.3.3. Mit Bezug auf die übliche Definition eines Partners ist anzumerken, dass der testierende Prüfungspartner auch gleichzeitig Teilhaber sein kann, er es jedoch nicht sein muss.

und Verantwortungsbereiche kann es sein, dass bspw. dem branchenspezialisierten Rechtsunterzeichner eine andere Bedeutsamkeit für das Prüfungshonorar zukommt als dem branchenspezialisierten Linksunterzeichner.

Die Dissertation trägt in mehreren Bereichen zu einer Erkenntniserweiterung der bisherigen Prüfungsforschung bei. Zum einen fokussiert sie mit der Versicherungsbranche eine Branche, die in den bisherigen Studien trotz ihrer hohen Bedeutung für eine Volkswirtschaft größtenteils außer Acht gelassen wurde. Hierbei liefert sie Erkenntnisse in Bezug auf die Struktur des Abschlussprüfermarktes dieser Branche und identifiziert Determinanten des Prüfungshonorars. Zum anderen erweitert die Dissertation den noch verhältnismäßig jungen internationalen Forschungsstand zur Relevanz des einzelnen testierenden Wirtschaftsprüfers für das Produkt Abschlussprüfung um eine auf Deutschland bezogene Analyse. In diesem Zusammenhang liefert sie Erkenntnisse bezüglich der Bedeutsamkeit von spezialisierten Wirtschaftsprüfern für eine stark regulierte und komplexe Branche, wie es die deutsche Versicherungsbranche ist. Gerade in derartigen Branchen könnte es nämlich sein, dass Spezialisten einen hohen Einfluss auf das Produkt Abschlussprüfung ausüben. Des Weiteren liefert die Dissertation in diesem Kontext Erkenntnisse in Bezug auf die nur selten behandelte Fragestellung, ob die zwei unterschiedlichen Unterzeichner eines Bestätigungsvermerks von unterschiedlicher Relevanz für die Höhe des Prüfungshonorars sind. Sollten derartige Unterschiede vorliegen, so könnte dies zumindest als Indiz dafür gewertet werden, dass deren Wichtigkeit für die Prüfungsqualität differiert.

Die bereits in Europa seit 2006 und in den USA 2017 eingeführte Veröffentlichungspflicht des Namens von dem für die Prüfungsplanung und -durchführung verantwortlichen Wirtschaftsprüfer unterstreicht die Bedeutsamkeit, welche neben der Prüfungsforschung die Aufsichtsbehörden und die Politik dem einzelnen Wirtschaftsprüfer beimessen. In Anbetracht dieser Fokussierung der testierenden Prüfungspartner, der andauernden Diskussion über Prüfungsqualität, welche sich in Europa nicht zuletzt durch eine umfassende Reformierung der Abschlussprüfungsregularien äußerte, sowie die stetig zunehmende Regulierung der Finanzmärkte, sollten die Ergebnisse dieser Arbeit sowohl für Politik, Praxis, Aufsicht und Wissenschaft von Interesse sein.

1.2 Gang der Untersuchung

In Kapitel 2 dieser Arbeit werden zunächst die konzeptionellen Grundlagen vermittelt. Hierbei erfolgt eine Erläuterung der Funktionen von Rechnungslegung und Abschlussprüfung im Kontext der Prinzipal-Agenten-Theorie und es wird der Begriff „Prüfungsqualität" abgegrenzt. Zudem wird erläutert, warum in zahlreichen Honorarstudien und auch in dieser Arbeit die Höhe des Prüfungshonorars als möglicher Indikator für die Höhe der Prüfungsqualität in Betracht gezogen wird.

In Kapitel 3 wird die deutsche Versicherungsbranche charakterisiert. Dabei wird insbesondere auf versicherungsspezifische Rechnungslegungsnormen sowie allgemeine und versicherungsspezifische Regularien zur Abschlussprüfung eingegangen, um die erhöhte Komplexität von Abschlussprüfungen bei Versicherungsunternehmen zu unterstreichen. In diesem Zusammenhang werden auch die speziell für Abschlussprüfer von Versicherungsunternehmen geltenden Pflichten aufgezeigt. Weiterhin wird die Unterzeichnungspflicht des Bestätigungsvermerks sowie der Aufgaben- und Verantwortungsbereich der testierenden Wirtschaftsprüfer ausführlich erläutert, da dies von hoher Relevanz für die Forschungsfrage dieser Arbeit ist.

Da dem Prüfungshonorar in dieser Arbeit als Analysegegenstand eine wichtige Rolle zukommt, widmet sich das vierte Kapitel sowohl der Honorarpublizitätspflicht als auch allgemeinen Honorardeterminanten, die sich in der bisherigen Prüfungsforschung herauskristallisiert haben. So wird u. a. der Umfang des zu veröffentlichenden Gesamthonorars erläutert und die einzelnen Honorarkategorien werden beschrieben. Weiterhin wird aufgezeigt, dass insbesondere mandantenspezifische, prüfer- bzw. prüfungsmarktspezifische und auftragsspezifische Faktoren die Höhe des Prüfungshonorars determinieren.

Im Einklang mit der Forschungsfrage stellt Kapitel 5 ausführlich dar, warum die jüngste Prüfungsforschung nicht mehr die Ebene der Prüfungsgesellschaften, sondern primär die lokal begrenzte Ebene „prüfungsdurchführende Niederlassung" und die noch detailliertere Individualebene[13] „testierender Wirtschaftsprüfer" in den Fokus nimmt. Im Rahmen dessen wird der aktuelle Forschungsstand zur Individualebene detailliert aufgearbeitet und die wesentlichen Erkenntnisse u. a. in Bezug auf den Zusammenhang zwischen Prüfungsqualität bzw. Prüfungshonorar und Mandatsdauer, Rotation, Spezialisierung sowie weiteren Charakteristiken eines Prüfungspartners werden präsentiert. Auf Basis dieser Erkenntnisse erfolgt sodann die Hypothesenbildung in Bezug auf den Einfluss von branchenspezialisierten Prüfungspartnern auf die Höhe der Prüfungshonorare in der deutschen Versicherungsbranche.

Kapitel 6 liefert eine empirische Strukturanalyse des Abschlussprüfermarktes für Versicherungsunternehmen in Deutschland, um zunächst einen Überblick über die Marktsituation und die Marktteilnehmer zu erhalten. Hierbei liegt der Fokus auf der Anbieterseite von Prüfungsleistungen und es werden sowohl die Marktkonzentration als auch die Marktanteile der führenden Prüfungsgesellschaften, Niederlassungen und Prüfungspartner herausgearbeitet.

Unter Berücksichtigung der vorhergehenden Erkenntnisse erfolgt sodann in Kapitel 7 die empirische Überprüfung der aufgestellten Hypothesen. Hierzu kommt das im selben Kapitel beschriebene Regressionsmodell mit sieben unterschiedlichen Testvariablen zur Abbildung von branchenspezialisierten Prüfungspartnern zum Einsatz. Sechs dieser Testvariablen basieren auf der sogenannten Marktanteilsmethode und wurden bereits in diversen vorhergehenden Studien verwendet. Eine Testvariable zielt hingegen auf die Mitgliedschaft im Versicherungsfachausschuss des Instituts der Wirtschaftsprüfer (IDW) ab und kam im Kontext von Branchenspezialisierung in keiner bisherigen Arbeit zum Einsatz. Zur Verifizierung der erlangten Ergebnisse werden im Anschluss an die Hauptanalyse diverse Sensitivitätstests durchgeführt. Des Weiteren erfolgt im Rahmen des Kapitels eine Würdigung der Ergebnisse und es werden bestehende Limitationen in Bezug auf die Aussagekraft der erzielten Resultate aufgezeigt.

Kapitel 8 fasst abschließend die wesentlichen Inhalte und Resultate dieser Arbeit nochmals kompakt zusammen und zeigt weitere Forschungsmöglichkeiten auf.

---

[13] Da die Partnerebene den testierenden Wirtschaftsprüfer als Individuum in den Fokus stellt, wird diese in der vorliegenden Arbeit auch als Individualebene bezeichnet.

2 Konzeptionelle Grundlagen

2.1 Asymmetrische Informationen als Begründung für Rechnungslegung und Abschlussprüfung

2.1.1 Prinzipal-Agenten-Theorie – ein Ansatz der Neuen Institutionenökonomik

Die Bedeutsamkeit von Rechnungslegung und Abschlussprüfung wird in der Literatur primär mit der Prinzipal-Agenten-Theorie erklärt.[14] Die Prinzipal-Agenten-Theorie stellt einen Ansatz der Neuen Institutionenökonomik dar und basiert demnach auf den wesentlichen Grundannahmen dieser ökonomischen Organisationstheorie.[15] Die Neue Institutionenökonomik untersucht das Wirken von Institutionen auf das wirtschaftliche Handeln von Akteuren.[16] Hierbei stellen alle das individuelle Verhalten der Akteure beeinflussenden informellen sowie formellen Regel- und Vertragssysteme einschließlich der zu ihrer Durchsetzung erforderlichen Mechanismen Institutionen dar.[17] Beispiele für Institutionen sind demnach Gesetze, Verordnungen, Verträge, Sprachen, Währungen und Organisationsstrukturen (z. B. Unternehmen, Verbände, Staaten etc.), aber auch soziale Normen, Konventionen und Traditionen.[18] Im Gegensatz zu älteren wirtschaftstheoretischen Ansätzen – wie die Neoklassik – unterstellt die Neue Institutionenökonomik im Einklang mit der Realität, dass Märkte durch Unvollkommenheit, Unsicherheit und asymmetrische Informationen geprägt sind.[19] Ferner rückt sie unter Annahme des methodologischen Individualismus das Individuum ins Zentrum. Demnach wird davon ausgegangen, dass sich jedes Individuum seinen Zielen und Bedürfnissen bewusst ist und seine Handlungen entsprechend gestaltet.[20] In Bezug auf soziale Gruppierungen, wie bspw. Unternehmen, bedeutet dies, dass es ein kollektives Handeln nicht gibt.[21] Stattdessen sind jegliche Handlungen und Eigenschaften, die einem Unternehmen zugesprochen werden, nicht auf das Unternehmen selbst, sondern auf die Eigenschaften und Verhaltensweisen der dem Unternehmen zugehörigen

---

[14]   Vgl. u. a. *Joha*, 2018, S. 14 f.; *Umlauf*, 2013, S. 13; *Wiemann*, 2011, S. 14.

[15]   Die zwei weiteren wesentlichen Ansätze der Neuen Institutionenökonomik sind die *property-rights-theory* sowie die Transaktionskostentheorie. Im Vergleich zur Prinzipal-Agenten-Theorie werden diese jedoch als weniger geeignet für die Begründung der Existenz von Rechnungslegung und Abschlussprüfung angesehen. Daher werden in der vorliegenden Arbeit die vorgenannten Theorien nicht thematisiert. Für Informationen zu den ausgelassenen Theorien im Kontext von Rechnungslegung und Abschlussprüfung siehe *Umlauf*, 2013, S. 12 f.; *Wiemann*, 2011, S. 12-14.

[16]   Vgl. *Schwegler*, 2008, S. 15; *Umlauf*, 2013, S. 10.

[17]   Vgl. *Erlei/Leschke/Sauerland*, 2016, S. 20 f.; *Umlauf*, 2013, S. 10.

[18]   Vgl. *Erlei/Leschke/Sauerland*, 2016, S. 20 f.; *Picot/Dietl/Franck et al.*, 2012, S. 11 f.; *Umlauf*, 2013, S. 10.

[19]   Vgl. *Wiemann*, 2011, S. 11 f.

[20]   Vgl. *Picot/Dietl/Franck et al.*, 2012, S. 41, 57, *Richter/Furubotn*, 2010, S. 3.

[21]   Vgl. *Richter/Furubotn*, 2010, S. 3.

individuellen Akteure zurückzuführen. Unternehmen selbst haben keine Strategien und Ziele, sondern nur die einzelnen Personen im Unternehmen. Hierbei können die individuellen Ziele der einzelnen Personen konträr ausfallen.[22] In diesem Zusammenhang gehen die neoinstitutionalistischen Ansätze davon aus, dass jeder Akteur eine Nutzenmaximierung anstrebt und daher eine opportunistische Verhaltensweise aufweist. Dies bedeutet, dass potentielle Schädigungen anderer Akteure bewusst ins Kalkül miteinbezogen werden.[23]

Bei der Entscheidungsfindung hinsichtlich seiner nutzenmaximierenden Handlungen greift der einzelne Akteur auf alle Informationen zurück, die ihm zur Verfügung stehen. Im Rahmen eines vollkommenen Marktes mit vollkommener Information wird im Hinblick auf das Verhalten der Akteure im Rahmen der Entscheidungsfindung eine vollkommene bzw. vollständige Rationalität unterstellt. Die vollständige Rationalität wird in dieser Situation angenommen, da jeder Akteur vollständige sowie zutreffende Informationen über die Welt besitzt und auch zukünftige Entwicklungen vorhersehen kann. Folglich ist es ihm möglich, alle ihm zur Verfügung stehenden Handlungsalternativen vollumfänglich abzuwägen, um auf Basis dessen die bestmögliche Entscheidung bezüglich seines Nutzens zu treffen.[24] Die Neue Institutionenökonomik geht hingegen davon aus, dass die kognitiven Fähigkeiten eines Akteurs begrenzt sind. Dies hat zur Folge, dass er nicht unbegrenzt Informationen aufnehmen, verarbeiten und bewerten kann, selbst wenn diese grundsätzlich zur Verfügung stehen sollten und kostenlos sind.[25] Hinzu kommt der Umstand, dass die Neue Institutionenökonomik von einer asymmetrischen Informationsverteilung ausgeht. Folglich verfügen die beteiligten Akteure bezüglich desselben Sachverhalts aufgrund vielfältiger Ursachen über unterschiedliche Informationsstände.[26] Die Konsequenz aus dem zuvor beschriebenen begrenzten Wissensstand des Akteurs ist, dass dieser nicht mehr vollständig rational entscheiden kann. Stattdessen kann er nur die Handlungsalternativen berücksichtigen, die ihm aufgrund seines Wissensstandes bekannt sind. In Bezug auf diese wird er sich in der eigenen Wahrnehmung zwar ebenfalls rational verhalten und die nutzenmaximierende Alternative wählen. Dennoch ist sein Verhalten nur begrenzt rational, da er nicht alle Handlungsalternativen ins Entscheidungskalkül mit einbezieht.[27] Die Gefahr der begrenzten Rationalität eines Akteurs besteht darin, dass hierdurch Schäden entstehen können, wie bspw. ein entgangener Produktivitätszuwachs oder überhöhte Tausch- bzw. Abstimmungskosten.[28] Treten Schäden ein, verfehlt der Akteur den Optimalzustand im Hinblick auf seinen Nutzen, welchen er bei vollständiger Rationalität erreicht hätte.[29] Eine der wesentlichen Aufgaben von Institutionen besteht nun darin, Schäden bei den Akteuren aufgrund einer begrenzten Rationalität zu minimieren. Somit stellen Institutionen Rationalitätssurrogate dar, die die bestehenden Rationalitätslücken bei den Akteuren füllen sollen, um ein möglichst hohes Nutzenniveau zu realisieren.[30]

---

[22]   Vgl. *Göbel*, 2002, S. 24 f.; *Richter/Bindseil*, 1995, S. 132; *Richter/Furubotn*, 2010, S. 3.
[23]   Vgl. *Picot/Dietl/Franck et al.*, 2012, S. 41 f.; *Umlauf*, 2013, S. 11.
[24]   Vgl. *Picot/Dietl/Franck et al.*, 2012, S. 42; *Richter/Furubotn*, 2010, S. 4.
[25]   Vgl. *Picot/Dietl/Franck et al.*, 2012, S. 42.
[26]   Vgl. *Umlauf*, 2013, S. 11.
[27]   Vgl. *Göbel*, 2002, S. 24, 109; *Picot/Dietl/Franck et al.*, 2012, S. 42.
[28]   Vgl. *Picot/Dietl/Franck et al.*, 2012, S. 43.
[29]   Vgl. *Joha*, 2018, S. 8; *Umlauf*, 2013, S. 11; *Wiemann*, 2011, S. 12.
[30]   Vgl. *Picot/Dietl/Franck et al.*, 2012, S. 43.

Die in der Neuen Institutionenökonomik verankerte positive Prinzipal-Agenten-Theorie bringt insbesondere die Probleme im Zusammenhang mit bestehenden Informationsasymmetrien und Interessenkonflikten zwischen den mit einem Unternehmen in Verbindung stehenden begrenzt rationalen Akteuren zum Ausdruck.[31] Unter Beachtung der vorgenannten Einschränkungen beschäftigt sich die Theorie mit der optimalen Gestaltung von Vertragsbeziehungen zwischen Auftraggeber (Prinzipal) und Auftragnehmer (Agent).[32] Im Rahmen eines Vertrages beauftragt der Prinzipal den Agenten zur Erbringung einer Leistung in seinem Namen und erteilt ihm hierzu entsprechende Entscheidungsbefugnisse.[33] Die elementare Eigenschaft einer Prinzipal-Agenten-Beziehung besteht demnach darin, dass die Entscheidungen und Handlungen des Agenten nicht nur sein eigenes Nutzenniveau, sondern auch das des Prinzipals beeinflussen.[34] Sowohl der Prinzipal als auch der Agent streben eine Nutzenmaximierung an und verhalten sich dabei opportunistisch. Problematisch ist in diesem Zusammenhang, dass die Interessen gewöhnlich konträr ausfallen. Der Agent wird bei gegebener Entlohnung versucht sein, seinen Arbeitseinsatz zu minimieren. Der Prinzipal wird hingegen einen maximalen Arbeitseinsatz des Agenten präferieren, um einen höheren Nutzen aus der erbrachten Leistung zu ziehen.[35] Die vorherrschende unvollkommene Information begründet, dass der Prinzipal unmöglich jegliche Eigenschaften und Handlungen vollumfänglich beobachten kann. Der Agent hingegen kennt seine Fähigkeiten, Motive, Absichten, Handlungen und seinen Arbeitseinsatz. Er besitzt demnach gegenüber dem Prinzipal einen Informationsvorsprung, der ihm Handlungs- und Entscheidungsspielräume verschafft. Diese Spielräume kann der Akteur im Rahmen seiner Nutzenmaximierung in opportunistischer Weise ausnutzen.[36]

Der Prinzipal sieht sich sowohl vor als auch nach Vertragsabschluss mit Problemen aufgrund von Informationsasymmetrien konfrontiert. Das Informationsproblem vor Vertragsabschluss wird als *adverse selection* oder auch *hidden characteristics* bezeichnet. Hierbei wird der Umstand beschrieben, dass der Prinzipal ex ante nicht alle wichtigen Informationen über den Agenten und der von ihm angebotenen Leistung kennt bzw. beobachten kann.[37] Die zur Auswahl stehenden Agenten werden stets versuchen, sich vorteilhaft zu präsentieren und daher Schwächen sowie Fehler verschweigen.[38] Wesentliche Eigenschaften der Agenten bleiben somit für den Prinzipal verborgen und er kann nicht zwischen Agenten mit besseren und schlechteren Eigenschaften differenzieren. Da der Prinzipal jedoch antizipiert, dass sowohl gute als auch schlechte Agenten zur Auswahl stehen, wird er nur eine durchschnittliche Vergütung anbieten. Dies kann dazu führen, dass die Agenten mit guten

---

[31]   Die positive Prinzipal-Agenten-Theorie beschäftigt sich mit Prinzipal-Agenten-Konflikten und der Ausgestaltung von Institutionen in qualitativ-verbaler Form. Daneben existiert die normative Prinzipal-Agenten-Theorie. Diese untersucht Prinzipal-Agenten-Konflikte anhand von formalisierten Modellen; vgl. *Elschen*, 1991, S. 1006; *Gehrt*, 2010, S. 30. Die folgenden Ausführungen beziehen sich auf die positive Prinzipal-Agenten-Theorie.

[32]   Vgl. *Scherm/Pietsch*, 2007, S. 55; *Umlauf*, 2013, S. 14.

[33]   Vgl. *Göbel*, 2002, S. 99; *Richter/Furubotn*, 2010, S. 173.

[34]   Vgl. *Picot/Dietl/Franck et al.*, 2012, S. 89.

[35]   Vgl. *Göbel*, 2002, S. 100; *Jost*, 2001, S. 17.

[36]   Vgl. *Göbel*, 2002, S. 100; *Umlauf*, 2013, S. 15.

[37]   Vgl. *Picot/Dietl/Franck et al.*, 2012, S. 92.

[38]   Vgl. *Göbel*, 2002, S. 101.

Eigenschaften Abstand von dem Auftrag nehmen, die mit schlechten hingegen nicht. Insgesamt betrachtet besteht demnach aufgrund der *hidden characteristics* die Gefahr, dass der Prinzipal einen Vertragspartner mit schlechten Eigenschaften wählt und dadurch seinen Nutzen entgegen seines Maximierungsvorhabens reduziert.[39] Nach Vertragsabschluss besteht für den Prinzipal primär das als *moral hazard* bezeichnete Informationsproblem. Es umfasst zum einen die Tatsache, dass der Prinzipal die Aktivitäten des Agenten nicht allumfassend beobachten kann (*hidden action*) und zum anderen, dass der Prinzipal nicht alle beobachtbaren Aktivitäten des Agenten hinsichtlich ihrer Nützlichkeit angemessen beurteilen kann (*hidden information*). So ist es dem Prinzipal bereits aus Zeitgründen häufig nicht möglich, den Agenten lückenlos bspw. bezüglich einer Unterschreitung des vereinbarten Arbeitseinsatzes (*shirking*) oder der Nutzung von für die Auftragserfüllung zur Verfügung gestellten Ressourcen für private Zwecke (*consumption on the job*) zu überwachen. Seine Urteilskraft im Hinblick auf die tatsächliche Notwendigkeit und Wirksamkeit der beobachtbaren Handlungen ist nicht selten aufgrund eines Mangels an Spezialkenntnissen eingeschränkt.[40] Der Agent besitzt demnach einen Informationsvorteil hinsichtlich seiner Handlungen. Die tatsächliche Ausnutzung dieser Informationsasymmetrien wird dadurch gefördert, dass das Ergebnis in Bezug auf die Auftragserfüllung nicht immer messbar ist und nahezu ausnahmslos neben den Handlungen des Agenten auch von anderen exogenen Faktoren (z. B. Umweltentwicklungen, Leistungen anderer Agenten etc.) abhängt. Der Prinzipal kann demnach das Auftragsergebnis nicht als verlässlichen Indikator für das Anstrengungsniveau des Agenten heranziehen. Folglich kann der Agent selbst dann, wenn der Prinzipal ein mangelndes Ergebnis erkennt und der Agent tatsächlich nicht beobachtbare oder nicht zu beurteilende Handlungen zu Lasten des Prinzipals vorgenommen hat, argumentieren, dass nicht er, sondern andere exogene Faktoren diesen Zustand verschulden. Unter diesen Bedingungen ist es wahrscheinlich, dass der opportunistisch agierende Agent seinen Informationsvorsprung tatsächlich ausnutzen wird.[41] Die Konsequenz für den Prinzipal besteht darin, dass er den Nutzen, welchen er unter vollkommener Information erreichen könnte, verfehlt.

Im Kontext von Unternehmen wird grundsätzlich zwischen fremd- und eigenfinanzierungsbedingten Prinzipal-Agenten-Konflikten differenziert. Im Zentrum der fremdfinanzierungsbedingten Prinzipal-Agenten-Konflikte steht der Kreditvertrag. Hierbei stellt der Kreditgeber den Prinzipal und der Kreditnehmer den Agenten dar. Der Kreditnehmer wird durch die Einheit aus der Unternehmensleitung und den Unternehmenseignern verkörpert, wobei unterstellt wird, dass diese Einheit stets im Sinne der Eigner handelt.[42] Der Kreditgeber ist sowohl vor als auch nach Vertragsabschluss den vorgenannten Informationsproblemen ausgesetzt. So besteht ex ante die Gefahr, dass der Kreditnehmer wesentliche Informationen für die Kreditvergabe verschweigt (*hidden characteristics*).[43] Nach Abschluss des Kreditvertrages besteht die Situation, dass der Kreditgeber die Entscheidungsmacht über die zur Verfügung gestellten Finanzierungsmittel an den Kreditnehmer übertragen hat, ob-

---

[39]   Vgl. *Umlauf*, 2013, S. 16.
[40]   Vgl. *Göbel*, 2002, S. 102; *Picot/Dietl/Franck et al.*, 2012, S. 93.
[41]   Vgl. *Göbel*, 2002, S. 102; *Picot/Dietl/Franck et al.*, 2012, S. 93; *Richter/Furubotn*, 2010, S. 174.
[42]   Vgl. *Bauer*, 2004, S. 101; *Klaus*, 1994, S. 334; *Umlauf*, 2013, S. 18.
[43]   Vgl. *Bauer*, 2004, S. 101.

wohl er einen Großteil der Mittelverwendungen nicht (unmittelbar) beobachten oder beurteilen kann. Problematisch ist in diesem Zusammenhang, dass der über den Informationsvorsprung verfügende Unternehmenseigner mit der Marktwertmaximierung seines Eigenkapitals andere Ziele verfolgt als der Kreditgeber, welcher die vollständige Tilgung und Verzinsung des ausgegebenen Darlehens fokussiert.[44] Der Eigner wird daher nach Vertragsabschluss versucht sein, durch geeignete Maßnahmen eine Reichtumsverlagerung zu seinen Gunsten zu realisieren (*moral hazard*).[45] Dies ist insbesondere dann der Fall, wenn es sich um Eigner eines haftungsbeschränkten Unternehmens handelt. Das opportunistische Verhalten kann sich hierbei durch liquidations- oder fremdfinanzierte Ausschüttungen, Über- oder Unterinvestitionen oder dem Risikoanreizproblem äußern.[46] Unter diesen Bedingungen wird der Kreditgeber sein höchstmögliches Nutzenniveau verfehlen.

Eigenfinanzierungsbedingte Prinzipal-Agenten-Konflikte stellen die Interessenkonflikte zwischen der Unternehmensleitung (Agent) und den Unternehmenseignern (Prinzipal) in den Fokus. Entgegen der Annahme bei fremdfinanzierungsbedingten Prinzipal-Agenten-Konflikten wird demnach keine Einheit aus Unternehmensleitung und Eignern unterstellt, die im Sinne des Prinzipals agiert. Stattdessen wird angenommen, dass gerade die Trennung von Eigentum und Kontrolle über die Unternehmensressourcen zu Konflikten führt.[47] Im Vordergrund steht hierbei das Problem der Eigner, dass die Manager grundsätzlich in Versuchung geraten könnten, sich auf Kosten der Eigner zu bereichern und damit den Marktwert des Eigenkapitals zu schmälern.[48] So könnten Manager prinzipiell an der Realisierung von nicht pekuniären Vorteilen, nicht vertraglich vereinbarten pekuniären Vorteilen, Überinvestitionen zur Maximierung der unter ihrer Verfügungsgewalt stehenden Unternehmensressourcen oder Unterinvestitionen aufgrund von Risikopräferenzen interessiert sein, um ihren eigenen Nutzen zu maximieren.[49] Letztendlich ermöglicht wird das opportunistische Verhalten der Unternehmensleitung und die damit verbundene Nutzenschmälerung des Eigners auch in dieser Prinzipal-Agenten-Beziehung durch die bestehenden Informationsasymmetrien in Form von *hidden characteristics*, *hidden action* und *hidden information*.[50]

2.1.2 Funktionen von Rechnungslegung und Abschlussprüfung im Kontext der Prinzipal-Agenten-Theorie

Sowohl fremd- als auch eigenfinanzierungsbedingte Prinzipal-Agenten-Konflikte haben gemeinsam, dass unter der betrachteten Ausgangssituation stets die Kapitalgeber (Prinzipale) aufgrund der Informationsasymmetrien und der opportunistischen Handlungen des Agenten zu Schaden kommen. In einer derartigen Situation ist die Realisierung des maximalen Nutzens, welchen der Prinzipal bei vollkommener Information erzielt hätte (*first-best*-Lö-

---

44 Vgl. *Umlauf*, 2013, S. 18.
45 Vgl. *Wagenhofer/Ewert*, 2015, S. 220.
46 Für eine detaillierte Beschreibung diesbezüglich vgl. *Wagenhofer/Ewert*, 2015, S. 220-227.
47 Vgl. *Jensen/Meckling*, 1976, S. 309; *Wagenhofer/Ewert*, 2015, S. 251.
48 Vgl. *Bauer*, 2004, S. 110 f.; *Lenz*, 1993, S. 114; *Umlauf*, 2013, S. 19.
49 Vgl. *Bauer*, 2004, S. 112-114; *Jensen*, 1986, S. 323; *Wagenhofer/Ewert*, 2015, S. 251-253.
50 Vgl. *Joha*, 2018, S. 10.

sung), nicht möglich. Stattdessen wird der Prinzipal nur das Nutzenniveau der *second-best*-Lösung realisieren, welches sich als Differenz aus dem Nutzenniveau der *first-best*-Lösung und den *Agency*-Kosten ergibt.[51] Die *Agency*-Kosten setzen sich nach *Jensen/Meckling* (1976) aus den drei Komponenten Überwachungskosten (*monitoring costs*), Selbstbindungskosten (*bonding costs*) und Residualverlust (*residual loss*) zusammen.[52] Die Überwachungskosten stellen den Ressourcenverzehr dar, welcher auf Maßnahmen des Prinzipals zurückzuführen ist, die das Verhalten des Agenten in seinem Sinne beeinflussen sollen. Hierzu gehören u. a. Kontroll- und Überwachungsinstrumente zum Abbau von Informationsasymmetrien, aber auch die Ausgestaltung von Anreiz- und Sanktionssystemen, die eine Konvergenz der Ziele des Agenten an die Ziele des Prinzipals induzieren sollen.[53] Die Selbstbindungskosten spiegeln hingegen den Ressourcenverzehr wider, der eigens durch den Agenten hervorgerufen wurde, um Informationsasymmetrien oder Zielkonflikte abzubauen. Hierzu gehören insbesondere das *Signaling* und *Reporting*.[54] Beim *Signaling* erbringt der Agent vor Vertragsabschluss glaubhafte Nachweise (z. B. Zeugnisse, Garantien, Gutachten etc.) in Bezug auf seine Eigenschaften und Fähigkeiten, um dem Prinzipal zu signalisieren, dass er die geforderten Leistungsqualitäten erfüllt. Das Informationsproblem *adverse selection* wird damit reduziert.[55] Das *Reporting* bezeichnet hingegen die Situation, dass der Agent seine Handlungen und Leistungen nach Vertragsabschluss mittels Berichterstattungen für den Prinzipal offenlegt, um die *moral-hazard*-Problematik zu reduzieren.[56] Insbesondere Agenten mit vorwiegend positiven Leistungsmerkmalen können durchaus daran interessiert sein, Informationsasymmetrien zu beseitigen, um ihren eigenen Nutzen zu steigern. So könnten leistungsstarke Manager hierdurch eine höhere Entlohnung erzielen oder Kreditnehmer bessere Konditionen erhalten.[57] Diese möglichen Vorteile des Agenten zeigen gleichzeitig auf, dass auch die *bonding costs*, welche zunächst als Belastung des Agenten angesehen werden könnten, letztendlich vom Prinzipal getragen werden, da dieser dem Agenten einen höheren Lohn zahlt, bessere Konditionen zugesteht oder jedoch Arbeitszeit bezahlt, die der Agent für die Berichterstattung nutzt.[58] Die dritte Komponente der *Agency*-Kosten, der Residualverlust, berücksichtigt die Tatsache, dass trotz Überwachungs- und Selbstbindungsmaßnahmen die *first-best*-Lösung nicht erreicht werden kann. Verbleibende Informationsasymmetrien und Interessendivergenzen führen dazu, dass die Agenten weiterhin nicht vollständig im Sinne des Prinzipals agieren mit der Folge, dass ein Wohlfahrtsverlust für den Prinzipal bestehen bleibt.[59] Zu beachten ist, dass die drei Kostenkomponenten in einer gegenläufigen Austauschbeziehung (*trade off*) zueinander stehen. So kann bspw. der Residualverlust durch zusätzliche Kontrollmaßnahmen gesenkt werden, dafür

---

[51]   Vgl. *Picot/Dietl/Franck et al.*, 2012, S. 90 f.
[52]   Vgl. *Jensen/Meckling*, 1976, S. 308.
[53]   Vgl. *Göbel*, 2002, S. 125; *Jensen/Meckling*, 1976, S. 308; *Picot/Dietl/Franck et al.*, 2012, S. 97. So würde bspw. die Entlohnung der Manager in Abhängigkeit vom Unternehmenserfolg zu einer Angleichung der Interessen der Manager an die der Eigner führen; vgl. *Göbel*, 2002, S. 114; *Picot/Dietl/Franck et al.*, 2012, S. 97.
[54]   Vgl. *Göbel*, 2002, S. 125.
[55]   Vgl. *Göbel*, 2002, S. 111; *Picot/Dietl/Franck et al.*, 2012, S. 96.
[56]   Vgl. *Göbel*, 2002, S. 113.
[57]   Vgl. *Göbel*, 2002, S. 104.
[58]   Vgl. *Göbel*, 2002, S. 125.
[59]   Vgl. *Jensen/Meckling*, 1976, S. 308; *Picot/Dietl/Franck et al.*, 2012, S. 91.

werden die Kontrollkosten jedoch zunehmen.[60] Unter Berücksichtigung der vorgenannten Aspekte besteht ein Ziel der Prinzipal-Agenten-Theorie in der Ausgestaltung von Institutionen, welche die *Agency*-Kosten minimieren und damit die der *first-best*-Lösung am nächsten kommende *second-best*-Lösung realisieren.[61] Sowohl Rechnungslegungsnormen als auch die Abschlussprüfung werden hierbei als Institutionen angesehen, die zur Erreichung der *second-best*-Lösung beitragen können.[62]

Im Kontext von Prinzipal-Agenten-Konflikten wird der Rechnungslegung insbesondere eine Informationsfunktion zugesprochen, welche zum Abbau der zwischen Agent und Prinzipal bestehenden Informationsasymmetrie beiträgt. So stellen offengelegte Rechnungslegungsinformationen aggregierte Messgrößen über das Ergebnis der von der Unternehmensleitung (Agent) vorgenommenen Handlungen dar. Hierdurch erlangt der Prinzipal (Fremd- oder Eigenkapitalgeber) zumindest ansatzweise Kenntnis darüber, ob die dem Agenten anvertrauten Mittel in seinem Sinne oder jedoch opportunistisch im Sinne des Agenten verwendet wurden (Rechenschaftsfunktion).[63] Darüber hinaus finden die Rechnungslegungsgrößen Verwendung in Anreiz- und Sanktionssystemen zur Angleichung der Agentenziele an die Ziele des Prinzipals. So wird die Unternehmensleitung nicht selten in Abhängigkeit vom Jahresüberschuss vergütet und Kreditverträge enthalten Restriktionen, die bspw. an den Zinsdeckungsgrad (Ergebnis vor Zinsen und Steuern/Steueraufwand) des Unternehmens gekoppelt sind.[64] Eine Überwachung bzw. Kontrolle der zumeist im Jahresabschluss zur Verfügung gestellten aggregierten Informationen (z. B. bestimmte Posten in der Bilanz oder Gewinn- und Verlustrechnung (GuV)) wird grundsätzlich dadurch ermöglicht, dass die Rechnungslegungsvorschriften für gewöhnlich eine vollumfängliche Buchführungspflicht beinhalten. Diese sieht vor, dass alle Geschäftsvorfälle, welche im Jahresabschluss unter den jeweiligen Posten zusammengefasst werden, vollständig, richtig, zeitgerecht und geordnet in der Buchführung dokumentiert werden müssen.[65] Neben der Informationsfunktion wird im Kontext von Prinzipal-Agenten-Konflikten auch die in einigen Ländern, wie z. B. Deutschland und Frankreich, vorherrschende Ausschüttungsbemessungsfunktion der Rechnungslegung thematisiert. Zum Schutz von Gläubigern im Rahmen von fremdfinanzierungbedingten Prinzipal-Agenten-Konflikten enthalten bspw. das Handelsgesetzbuch (HGB), das Aktiengesetz (AktG) sowie das Gesetz betreffend die Gesellschaften mit beschränkter Haftung (GmbHG) Regelungen, welche die maximalen Ausschüttungen eines Unternehmens an die Eigner auf erfolgsabhängige Rechnungslegungsgrößen (z. B. Jahresüberschuss oder Bilanzgewinn) begrenzen, um ein Mindesthaftungskapital gegenüber den Gläubigern zu erhalten.[66]

Die vorhergehenden Ausführungen zeigen auf, dass Rechnungslegungsvorschriften durchaus einen Beitrag zur Reduzierung von Prinzipal-Agenten-Konflikten leisten können.

---

[60] Vgl. *Göbel*, 2002, S. 125; *Picot/Dietl/Franck et al.*, 2012, S. 91.

[61] Vgl. *Göbel*, 2002, S. 125; *Picot/Dietl/Franck et al.*, 2012, S. 91, 95.

[62] Vgl. *Jensen/Meckling*, 1976, S. 306; 338 f.; *Joha*, 2018, S. 14 f.; *Marten/Quick/Ruhnke*, 2015, S. 52; *Watts/Zimmerman*, 1986, S. 196, 199.

[63] Vgl. *Marten/Quick/Ruhnke*, 2015, S. 53; *Umlauf*, 2013, S. 21.

[64] Vgl. *Umlauf*, 2013, S. 21; *Watts/Zimmerman*, 1986, S. 196, 199.

[65] Vgl. *Lenz*, 1993, S. 54 f., 171. Bspw. ist die Buchführungspflicht in Deutschland in den §§ 238, 239 HGB geregelt; im Vereinigten Königreich in Section 386 Companies Act 2006.

[66] Vgl. *Joha*, 2018, S. 15; *Lenz*, 1993, S. 31; *Umlauf*, 2013, S. 20.

Dies ist jedoch nur dann der Fall, sofern die aufgrund des jeweils relevanten Rechnungslegungssystems (z. B. HGB, *International Financial Reporting Standards* (IFRS) oder *United States Generally Accepted Accounting Principles* (US-GAAP)) publizierten Rechnungslegungsinformationen ein den tatsächlichen Verhältnissen entsprechendes Bild der Vermögens-, Finanz- und Ertragslage des Unternehmens vermitteln. Sind die Angaben hingegen falsch, so werden hierdurch keine Informationsasymmetrien reduziert und auch die Ausschüttungsbemessungsfunktion könnte ihr Ziel, den Gläubigerschutz, verfehlen. In diesem Zusammenhang ist zu beachten, dass die Rechnungslegungsinformationen für gewöhnlich durch die Unternehmensleitung erstellt werden. Dies ist aus Kostengesichtspunkten grundsätzlich sinnvoll, da die Unternehmensleitung üblicherweise am besten über das Unternehmen informiert ist und ohnehin über wichtige Unternehmensdaten verfügt, welche sie zur unternehmerischen Entscheidungsfindung benötigt.[67] Kritisch ist in diesem Zusammenhang jedoch, dass die Unternehmensleitung annahmegemäß gerade diesen Informationsvorsprung opportunistisch ausnutzen möchte. Um dies zu erreichen, könnte die Unternehmensleitung gewillt sein, Rechnungslegungsinformationen zu publizieren, die kein den tatsächlichen Verhältnissen entsprechendes Bild über die Vermögens-, Finanz- und Ertragslage des Unternehmens vermitteln. Erreichen kann die Unternehmensleitung dies entweder durch gezielte Verstöße gegen die Rechnungslegungsvorschriften (Bilanz- bzw. Abschlussmanipulation)[68] oder durch die zielgerichtete Ausnutzung von in den Rechnungslegungsvorschriften enthaltenen Wahlrechten und Ermessensspielräumen (Bilanzpolitik).[69]

In Anbetracht dieser Umstände wird deutlich, dass Rechnungslegung nur dann zu einer Verminderung von Prinzipal-Agenten-Konflikten beitragen kann, sofern die darin enthaltenen Informationen die tatsächliche Unternehmenslage verlässlich widerspiegeln.[70] In diesem Kontext kommt der Institution Abschlussprüfung eine elementare Rolle zu. Aufgabe des Abschlussprüfers ist es zu überprüfen (Kontrollfunktion), ob bei der Erstellung der Rechnungslegungsinformationen die gesetzlichen Vorschriften sowie die ergänzenden Bestimmungen der Satzung oder des Gesellschaftsvertrages eingehalten wurden. Verstöße gegen die vorgenannten Vorschriften und Bestimmungen oder andere Unrichtigkeiten in der Rechnungslegung, welche sich auf die Darstellung der Vermögens-, Finanz- und Ertragslage des Unternehmens wesentlich auswirken, muss der Abschlussprüfer aufdecken.[71]

---

[67]   Vgl. *Jensen/Meckling*, 1976, S. 338 f.

[68]   Für eine nicht abschließende Auflistung von Managementhandlungen, die als rechtswidrige Abschlussmanipulation gelten, siehe *Marten/Quick/Ruhnke*, 2015, S. 293.

[69]   Vgl. *Umlauf*, 2013, S. 23 f. Nach herrschender Meinung umfasst der Begriff „Bilanzpolitik" lediglich Maßnahmen, die rechtlich zulässig sind. Dennoch kann das tatsächliche Bild der Unternehmenslage durch eine massive Ausnutzung von rechtlich zulässigen bilanzpolitischen Spielräumen wesentlich verzerrt werden; vgl. *Wiemann*, 2011, S. 25 f. Aus diesem Grund werden strenge Kontrollinstanzen, wie der Aufsichtsrat, der Abschlussprüfer, der Prüfungsausschuss oder die Deutsche Prüfstelle für Rechnungslegung, auch den Umfang von legaler Bilanzpolitik begrenzen; vgl. *Detert/Sellhorn*, 2007, S. 251.

[70]   Vgl. *Watts/Zimmerman*, 1986, S. 312.

[71]   Vgl. § 317 Abs. 1 HGB. Detailliert betrachtet umfasst die Kontrollfunktion des Abschlussprüfers eine Korrekturfunktion und eine Präventivfunktion. Die Korrekturfunktion dient der Aufdeckung von Fehlern in der Rechnungslegung. Die Präventivfunktion besteht darin, dass sich die Unternehmensleitung darüber bewusst ist, dass die Rechnungslegung überprüft wird und aufgedeckte Fehler oder Manipulationen negative Konsequenzen für sie haben könnten. Hierdurch wird die Unternehmensleitung bereits bei Erstellung der Rechnungslegung dazu angehalten, Fehler und Manipulationen zu vermeiden; vgl. *Herkendell*, 2007, S. 49.

Erst mit der durch den Abschlussprüfer vorgenommenen Verifizierung der Ordnungsmäßigkeit der Rechnungslegung (Ordnungsmäßigkeitsprüfung) kann diese ihre Informationsfunktion erfüllen und effizient in der Vertragsgestaltung zur Reduzierung von Prinzipal-Agenten-Konflikten genutzt werden.[72] Kenntnis über das Prüfungsergebnis erlangen unternehmensexterne Adressaten für gewöhnlich nur über den vom Abschlussprüfer erteilten oder versagten Bestätigungsvermerk.[73] Aus diesem Grund kommt dem Abschlussprüfer für Unternehmensexterne eine Beglaubigungsfunktion hinsichtlich der Ordnungsmäßigkeit der Rechnungslegung zu.[74] Im Kontext von Prinzipal-Agenten-Konflikten wird jedoch zumeist als kritisch erachtet, dass die Abschlussprüfung keine direkte Unterschlagungs- bzw. Geschäftsführungsprüfung beinhaltet. Demnach muss der Abschlussprüfer nicht auf ineffiziente Investitionsentscheidungen des Managements oder den Konsum von nicht pekuniären Vorteilen hinweisen und er darf nicht den Bestätigungsvermerk aufgrund dessen einschränken oder versagen, solange die Geschäftsvorfälle ordnungsgemäß verbucht wurden.[75] Dennoch wird der Abschlussprüfung eine indirekte Geschäftsführungsprüfung zugesprochen. Begründet wird diese primär mit den Pflichten, welche dem Abschlussprüfer im Rahmen der Erstellung des Prüfungsberichtes nach § 321 HGB zukommen.[76] Insbesondere die dort verankerte „Redepflicht" des Abschlussprüfers u. a. in Bezug auf Beanstandungen, welche für die Überwachung der Geschäftsführung von Bedeutung sind, und zwar selbst dann, wenn diese eine Einschränkung oder Versagung des Bestätigungsvermerks nicht rechtfertigen, wird hierfür als Begründung angeführt.[77] Doch auch die Tatsache, dass die Rechnungslegung erst nach erfolgter Abschlussprüfung eine manipulationsfreie Grundlage für interne Kontrolleinrichtungen (z. B. Aufsichtsrat oder Gesellschafterversammlung) zur Beurteilung des Managements darstellt, zeigt auf, dass die Abschlussprüfung einen wesentlichen Beitrag zur Überwachung der Unternehmensleitung leistet. So spiegelt die geprüfte Rechnungslegung im Idealfall bspw. den nicht manipulierten, tatsächlichen Konsum des Managements von pekuniären und nicht pekuniären Vorteilen wider und eingerichtete Kontrollorgane können auf Basis dieser Informationen Konsequenzen ziehen.[78]

Unter Berücksichtigung der vorhergehenden Ausführungen kann festgehalten werden, dass den Institutionen Rechnungslegung und Abschlussprüfung eine wesentliche Rolle im Zusammenhang mit dem Abbau von Prinzipal-Agenten-Konflikten zukommt, da sie zur Sicherstellung einer manipulationsfreien Informationsbasis beitragen, die sodann im Rahmen von weiteren Überwachungs-, Anreiz- und Sanktionsmechanismen Verwendung finden können.[79] Dennoch ist zu bedenken, dass die manipulationsfreie Informationsbasis nur

---

[72] Vgl. *Marten/Quick/Ruhnke*, 2015, S. 53; *Stefani*, 2002, S. 215; *Umlauf*, 2013, S. 24 f.

[73] Für weitere Informationen zum Bestätigungsvermerk siehe *Marten/Quick/Ruhnke*, 2015, S. 561-574 sowie Abschnitt 3.3.3.

[74] Vgl. *Herkendell*, 2007, S. 50 f.

[75] Vgl. *Lenz*, 1993, S. 172 f.

[76] Vgl. *Lenz*, 1993, S. 176. Für weitere Informationen zum Prüfungsbericht siehe *Marten/Quick/Ruhnke*, 2015, S. 574-579.

[77] Vgl. § 321 Abs. 2 S. 2 HGB.

[78] Vgl. *Lenz*, 1993, S. 173 f.; *Umlauf*, 2013, S. 25. Für eine ausführliche Diskussion mit weiteren Argumenten dafür, dass die Abschlussprüfung nicht nur eine Ordnungsmäßigkeitsprüfung darstellt, sondern auch eine Institution zur Überwachung der Geschäftsführung, siehe *Lenz*, 1993, S. 172-178.

[79] Vgl. *Lenz*, 1993, S. 178; *Joha*, 2018, S. 15.

erreicht wird, sofern die Abschlussprüfung die notwendige Qualität aufweist. Tut sie dies
nicht, so haben die Adressaten kein Vertrauen in das Prüfungsurteil des Abschlussprüfers.[80]
Somit ist das Prüfungsurteil wertlos und die Verlässlichkeit der Rechnungslegungsinformationen kann dadurch aus Sicht der Adressaten nicht bestätigt werden.[81] Bedingt durch die
zuvor geschilderte Relevanz der Prüfungsqualität für die Funktionserfüllung der Abschlussprüfung im Rahmen von Prinzipal-Agenten-Konflikten wird im folgenden Abschnitt zunächst der Begriff „Prüfungsqualität" erläutert. In einem zweiten Schritt wird sodann der
grundsätzlich vermutete Zusammenhang zwischen Prüfungsqualität und dem für die Abschlussprüfung erhobenen Prüfungshonorar aufgezeigt, da dieser für einen Großteil der
nachfolgenden Kapitel von Bedeutung ist.

2.2 Prüfungsqualität und Prüfungshonorar

Trotz der hohen Aufmerksamkeit, die der Prüfungsqualität sowohl in der Praxis als auch in
der Wissenschaft zukommt, existiert bis dato keine einheitliche Begriffsdefinition.[82] Die Ursache hierfür wird u. a. darin gesehen, dass die Qualität der Abschlussprüfung gar nicht all-
gemeingültig formuliert werden kann, sofern diese die heterogenen Vorstellungen und Be-
dürfnisse der beurteilenden Individuen einbezieht.[83]

Im nationalen und internationalen Schrifttum haben sich insbesondere die Begriffsdefinitionen von *DeAngelo* (1981b), *Leffson* (1988) und *DeFond/Zhang* (2014) etabliert.[84] *De-
Angelo* (1981b) definiert Prüfungsqualität als *„the market-assessed joint probability that a
given auditor will both (a) discover a breach in the client`s accounting system, and (b) report
the breach."*[85] Im Sinne von *Leffson* (1988) hängt die erbrachte Prüfungsqualität maßgeblich
von der Vertrauenswürdigkeit des Prüfungsurteils ab, da das Prüfungsurteil nur dann einen
Nutzen für die Adressaten stiftet, sofern diese Vertrauen in das Urteil haben.[86] *DeFond/
Zhang* (2014) betrachten Prüfungsqualität als ein Bestandteil der Rechnungslegungsquali-

---

[80]   Insbesondere die Tatsache, dass der Abschlussprüfer in der Vertragsbeziehung mit dem auftraggebenden Eig-
       ner bzw. Aufsichtsrat (Prinzipal) selbst als nutzenmaximierender Agent auftritt, lässt Zweifel daran aufkom-
       men, dass der Abschlussprüfer stets die notwendige Prüfungsqualität aufbringt. So könnte auch der Ab-
       schlussprüfer seinen Arbeitseinsatz bei gegebener Entlohnung unbemerkt minimieren oder jedoch mit ande-
       ren Agenten Absprachen treffen, die seinen Nutzen erhöhen, den des Prinzipals jedoch verringern. Für eine
       ausführliche Diskussion dieser Thematik siehe *Antle*, 1982 sowie *Umlauf*, 2013, S. 26 f.
[81]   Vgl. *Joha*, 2018, S. 15 f.; *Marten/Quick/Ruhnke*, 2015, S. 173; *Umlauf*, 2013, S. 27.
[82]   Vgl. u. a. *DeFond/Zhang*, 2014, S. 280; *Gaynor/Kelton/Mercer et al.*, 2016, S. 1; *Graschitz*, 2017, S. 25;
       Knechel/Krishnan/Pevzner et al., 2013, S. 385; *Knechel/Shefchik*, 2014, S. 130; *Umlauf*, 2013, S. 29; *Wiemann*,
       2011, S. 42.
[83]   Vgl. *Qandil*, 2014, S. 36 f. *„Ein Qualitätsurteil erfordert eine objektive Beschreibung des Istobjektes und eine
       Gegenüberstellung des Sollobjektes. Dieses Sollobjekt hängt jedoch von den spezifischen Zielsetzungen der Beur-
       teilenden ab."; Qandil*, 2014, S. 37.
[84]   Für eine Wiedergabe von weiteren Definitionen des Begriffs „Prüfungsqualität" siehe u. a. *Jany*, 2011, S. 17-
       21; *Knechel/Krishnan/Pevzner et al.*, 2013, S. 387 f.; *Qandil*, 2014, S. 36-43; *Watkins/Hillison/Morecroft*, 2004,
       S. 154; *Wiemann*, 2011, S. 43. *Gaynor/Kelton/Mercer et al.* (2016) liefern eine der jüngsten Begriffsdefinitionen;
       vgl. *Gaynor/Kelton/Mercer et al.*, 2016, S. 5.
[85]   *DeAngelo*, 1981b, S. 186.
[86]   Vgl. *Graschitz*, 2017, S. 32; *Leffson*, 1988, S. 8, 61; *Quick/Warming-Rasmussen*, 2007, S. 1008.

tät[87], da sie die Glaubwürdigkeit der Finanzberichterstattung erhöht. Sie definieren eine höhere Prüfungsqualität als *„greater assurance that the financial statements faithfully reflect the firm's underlying economics, conditioned on its financial reporting system and innate characteristics."*[88]

Obwohl Unterschiede bestehen, haben diese und weitere Definitionen gemein, dass speziell die Urteilsfähigkeit sowie die Urteilsfreiheit des Abschlussprüfers als wesentliche Determinanten der Prüfungsqualität angesehen werden.[89] Die Urteilsfähigkeit stellt hierbei darauf ab, dass der Abschlussprüfer über die notwendige fachliche Qualifikation verfügt, um wesentliche Falschdarstellungen in der Rechnungslegung aufzudecken und ein fachkundiges Urteil abzugeben. Hierzu zählt auch die Ausrichtung des Prüfungsprozesses an etablierten Prüfungsstandards und -normen. Ein Mindestmaß an fachlicher Qualifikation weist der Abschlussprüfer den Adressaten bereits durch das Ablegen des Berufsexamens nach. Dennoch bestehen Unterschiede zwischen Abschlussprüfern hinsichtlich ihrer Urteilsfähigkeit u. a. aufgrund von abweichenden kognitiven Fähigkeiten, Fortbildungsmaßnahmen und Erfahrungen. Bedingt dadurch, dass der Bestätigungsvermerk keinerlei Informationen diesbezüglich besitzt, gestaltet sich insbesondere für externe Adressaten die Abschätzung der tatsächlichen Urteilsfähigkeit eines Abschlussprüfers zumeist problematisch.[90] Die Urteilsfreiheit umfasst hingegen die Bereitschaft eines Abschlussprüfers, über aufgedeckte Falschdarstellungen und Verstöße in der Rechnungslegung zu berichten.[91] Demnach gilt ein Abschlussprüfer dann als urteilsfrei, wenn er *„sein Urteil frei von jeglichen Einflüssen trifft, d. h. dieses unabhängig und unbefangen abgeben kann."*[92] Dies bedeutet, dass weder das Urteil von fremden oder eigenen Interessen abhängen noch der Abschlussprüfer Weisungen Dritter unterliegen darf.[93] In diesem Kontext wird zwischen der inneren (*independence of mind*) und äußeren Unabhängigkeit (*independence in appearance*) eines Abschlussprüfers unterschieden. Innere Unabhängigkeit liegt vor, sofern der Abschlussprüfer aufgrund seiner inneren Einstellung tatsächlich urteilsfrei ist und ausschließlich sachgerechte Erwägungen anstellt. Äußere Unabhängigkeit beschreibt hingegen den Zustand, dass der Abschlussprüfer in der Wahrnehmung der Abschlussadressaten als urteilsfrei gilt. Dies ist dann der Fall, sofern keine objektivierbaren Umstände vorliegen, welche die Besorgnis der Befangenheit des Abschlussprüfers begründen.[94] Das Faktum, dass die innere Unabhängigkeit eines Abschlussprüfers nicht beobachtbar ist, begründet jedoch,

---

[87] Nach *DeFond/Zhang* (2014) in Verbindung mit *Dechow/Ge/Schrand* (2010) zeichnet sich eine höhere Rechnungslegungsqualität dadurch aus, dass ein bestimmter Entscheidungsträger in einer bestimmten Entscheidungssituation durch die Rechnungslegung einen größeren Umfang an relevanten Informationen über die wirtschaftliche Situation eines Unternehmens erhält; vgl. *Dechow/Ge/Schrand*, 2010, S. 344; *DeFond/Zhang*, 2014, S. 281.

[88] *DeFond/Zhang*, 2014, S. 281.

[89] Vgl. *Joha*, 2018, S. 16; *Qandil*, 2014, S. 41.

[90] Vgl. *Joha*, 2018, S. 16; *Leffson*, 1988, S. 66; *Marten/Quick/Ruhnke*, 2015, S. 12 f.; *Qandil*, 2014, S. 37 f.

[91] Vgl. *Leffson*, 1988, S. 67. Für umfassende Informationen zur Thematik Unabhängigkeit des Abschlussprüfers inklusive Normen, die diese sicherstellen sollen, siehe u. a. *Marten/Quick/Ruhnke*, 2015, S. 173-198; *Umlauf*, 2013, S. 35-81. Theoretische Erklärungsansätze für Unabhängigkeitsgefährdungen liefern die Forschungsarbeiten *Antle* (1984) sowie *DeAngelo* (1981a).

[92] *Marten/Quick/Ruhnke*, 2015, S. 173.

[93] Vgl. *Leffson*, 1988, S. 67; *Wiemann*, 2011, S. 44 f.

[94] Vgl. *Marten/Quick/Ruhnke*, 2015, S. 173.

dass in der Realität der äußeren Unabhängigkeit eine deutlich höhere Bedeutung zukommt. Dies liegt daran, dass die Adressaten der Rechnungslegung diese nur dann als vertrauensvoll erachten, sofern in ihrer Wahrnehmung der Abschlussprüfer urteilsfrei ist, unabhängig davon, ob er dies tatsächlich ist.[95]

Unter Berücksichtigung des Aspekts, dass die Urteilsfähigkeit und die Urteilsfreiheit eines Abschlussprüfers die Prüfungsqualität wesentlich determinieren, kann vereinfachend festgehalten werden, dass der Grad, zu dem der Abschlussprüfer die vorgenannten Kriterien tatsächlich erfüllt, die tatsächliche Prüfungsqualität reflektiert.[96] Die Höhe der tatsächlichen Prüfungsqualität beeinflusst folglich den Umfang an verzerrten Informationen in der publizierten Rechnungslegung (Überwachungsstärke; *auditor monitoring strength*). Hierbei gilt, je höher die tatsächliche Prüfungsqualität, desto genauer spiegelt bspw. der geprüfte Jahresabschluss die echte wirtschaftliche Situation des Unternehmens wider und desto höher ist damit der Informationsgehalt der offengelegten Rechnungslegungsinformationen (*information quality*).[97] Wie jedoch bereits angesprochen, ist es den Adressaten nur bedingt möglich, die tatsächliche Urteilsfähigkeit eines Abschlussprüfers zu beobachten und sie haben grundsätzlich keine Möglichkeit, die tatsächliche Urteilsfreiheit in Erfahrung zu bringen. Zusammengefasst bedeutet dies, dass die Adressaten die tatsächliche Prüfungsqualität nicht direkt und objektiv beobachten können.[98] Stattdessen werden sie über ihre Wahrnehmung zu einer subjektiven Einschätzung der Prüfungsqualität gelangen.[99] Insbesondere die Reputation des Abschlussprüfers (*auditor reputation*) spielt bei dieser wahrgenommenen Prüfungsqualität eine wesentliche Rolle. Je höher letztendlich die wahrgenommene Prüfungsqualität ist, desto höher ist aus Sicht der Adressaten die Glaubwürdigkeit der publizierten Rechnungslegungsinformationen (*information credibility*).[100] Die Bedeutsamkeit der wahrgenommenen Prüfungsqualität kommt nicht zuletzt durch die von *DeAngelo* (1981b) und *Leffson* (1988) verfassten Begriffsdefinitionen zum Ausdruck. So zielt die Definition von *DeAngelo* (1981b) explizit auf die „vom Markt bewertete Wahrscheinlichkeit" ab und *Leffson* (1988) betont die Vertrauenswürdigkeit des Urteils, welche jedoch wesentlich von der Wahrnehmung der Adressaten abhängt.

Sowohl die tatsächliche als auch die wahrgenommene Prüfungsqualität lassen sich in der Realität aufgrund der fehlenden oder eingeschränkten Beobachtbarkeit nur schwierig messen.[101] Um dennoch die Prüfungsqualität beurteilen zu können, wird in der empirischen Prüfungsforschung auf verschiedene Surrogate zurückgegriffen.[102] Die Arbeit *DeFond/ Zhang* (2014) liefert einen umfassenden Überblick über bisher zur Anwendung gekommene Maße zur Approximation der Prüfungsqualität. Die Autoren unterscheiden hierbei zwischen output- und inputbasierten Größen. Outputbasierte Größen stellen auf die aus dem Prüfungsprozess resultierenden Ergebnisse des Abschlussprüfers ab und sollen daher

---

[95] Vgl. *Leffson*, 1988, S. 67 f.

[96] Vgl. *Umlauf*, 2013, S. 31.

[97] Vgl. *Qandil*, 2014, S. 40; *Watkins/Hillison/Morecroft*, 2004, S. 155 f.; *Wiemann*, 2011, S. 45.

[98] Vgl. *Qandil*, 2014, S. 46; *Umlauf*, 2013, S. 31.

[99] Vgl. *Umlauf*, 2013, S. 31 f.

[100] Vgl. *Qandil*, 2014, S. 40; *Watkins/Hillison/Morecroft*, 2004, S. 155 f.; *Wiemann*, 2011, S. 45. Aus diesem Grund wird die Abschlussprüfung auch als ein Vertrauensgut bezeichnet; vgl. *Kitschler*, 2005, S. 61 f.

[101] Vgl. *DeFond/Zhang*, 2014, S. 283.

[102] Vgl. *Knechel/Krishnan/Pevzner et al.*, 2013, S. 400.

primär die tatsächlich erbrachte Prüfungsqualität erfassen.[103] Insbesondere fehlerbedingte nachträgliche Korrekturen von geprüften Abschlüssen (*restatements*), die Erteilung von *going concern opinions*, die Qualität der Finanzberichterstattung (vorwiegend gemessen über das Ausmaß an diskretionären Periodenabgrenzungen (DPA)) sowie erwartungsbasierte Maße, wie Kapitalmarktreaktionen oder Kapitalkosten, fallen in diese Kategorie.[104] Grundsätzlich sind die vorgenannten Größen mehr oder weniger direkt vom Abschlussprüfer beeinflussbar. Aus diesem Grund weisen die Surrogate auch eine unterschiedliche Direktheit in Bezug auf das Fehlverhalten eines Abschlussprüfers auf. Des Weiteren spiegeln die verschiedenen Maße verschiedene Schweregrade im Hinblick auf das Fehlverhalten des Prüfers wider.[105] Problematisch im Zusammenhang mit outputbasierten Größen ist jedoch, dass diese nicht nur durch die Prüfungsqualität, sondern auch durch die Güte des Rechnungslegungssystems und mandantenspezifische Charakteristiken beeinflusst werden. Nur wenn die beiden zuletzt genannten Effekte gesondert erfasst werden können, lassen die outputbasierten Maße verlässliche Rückschlüsse auf die Prüfungsqualität zu.[106] Inputbasierte Größen gehen hingegen in den Prüfungsprozess ein und sind für gewöhnlich beobachtbar. So fallen insbesondere Charakteristiken des Abschlussprüfers, wie bspw. Größe oder Branchenspezialisierung, und zwischen Abschlussprüfer und Mandant bestehende vertragliche Vereinbarungen, wie bspw. über das Prüfungshonorar, unter diese Kategorie.[107] Grundsätzlich können inputbasierte Größen sowohl zur Messung der tatsächlichen als auch der wahrgenommenen Prüfungsqualität herangezogen werden. Zu beachten ist, dass anhand von inputbasierten Maßen kein Fehlverhalten des Abschlussprüfers direkt erfasst werden kann. Problematisch bei der Interpretation von inputbasierten Größen ist, dass diese nicht zwangsläufig den Output des Prüfungsprozesses widerspiegeln.[108] Aus diesem Grund bewerten *DeFond/Zhang* (2014) diese als „*relatively noisy audit quality measures.*"[109]

Prüfungshonorare werden als Indikator für die Höhe der Prüfungsqualität herangezogen, da diese primär die Höhe des vom Abschlussprüfer in den Prüfungsprozess investierten Arbeitsaufwandes widerspiegeln und decken sollten.[110] Je höher der investierte Arbeitsaufwand, desto intensiver sollte die Prüfung ausfallen und damit umso höher die Wahrscheinlichkeit, dass der Abschlussprüfer wesentliche Falschdarstellungen in der Rechnungslegung aufdeckt.[111] Dies lässt die Schlussfolgerung zu, dass einem höheren Prüfungshonorar auch ein höherer Prüfungsaufwand und folglich eine höhere tatsächliche Prü-

---

[103]   Vgl. *DeFond/Zhang*, 2014, S. 283 f.

[104]   Vgl. *DeFond/Zhang*, 2014, S. 284-290.

[105]   Vgl. *DeFond/Zhang*, 2014, S. 284.

[106]   Vgl. *DeFond/Zhang*, 2014, S. 284.

[107]   Vgl. *DeFond/Zhang*, 2014, S. 289.

[108]   Vgl. *DeFond/Zhang*, 2014, S. 289.

[109]   *DeFond/Zhang*, 2014, S. 289.

[110]   Vgl. *Hope/Langli*, 2012, S. 503 f. Dies wird damit begründet, dass sich das Prüfungshonorar i. d. R. als Produkt aus der Anzahl an investierten Prüfungsstunden und dem jeweils berechneten qualifikationsabhängigen Stundensatz des eingesetzten Personals ergibt; vgl. *Lenz/Joha*, 2014, S. 515; *Simunic*, 1980, S. 163 f.

[111]   Vgl. *Hope/Langli*, 2012, S. 503; *Lobo/Zhao*, 2013, 1385.

fungsqualität zugrunde liegen.[112] Untermauert wird diese Annahme u. a. durch die Forschungsergebnisse von *Blankley/Hurtt/MacGregor* (2012) und *Lobo/Zhao* (2013). Diese erbringen Evidenz dafür, dass Mandanten, die ein höheres Prüfungshonorar zahlen, eine geringere Wahrscheinlichkeit für *restatements* besitzen.[113] Doch nicht nur als Indikator für die tatsächliche Prüfungsqualität kann das Prüfungshonorar herangezogen werden. Wird das Prüfungshonorar als Zahlungsbereitschaft des Mandanten für die erbrachte Prüfungsleistung interpretiert, so kann es auch als Maß zur Beurteilung der wahrgenommenen Prüfungsqualität fungieren.[114] Ein höheres Prüfungshonorar würde sodann eine höhere wahrgenommene Prüfungsqualität zum Ausdruck bringen.

Im Zusammenhang mit den vorherigen Ausführungen muss jedoch zwingend beachtet werden, dass das Prüfungshonorar nicht nur durch einen gesteigerten Prüfungsaufwand zunimmt, sondern auch aufgrund von eingepreisten Risikoprämien für Haftungs- und Reputationsschäden oder wegen der marktbeherrschenden Stellung eines Abschlussprüfers. Sind ausschließlich die vorgenannten Faktoren für ein höheres Prüfungshonorar verantwortlich, so kann der Honoraraufschlag nicht als Indiz für eine höhere Prüfungsqualität gewertet werden. Ebenso könnte eine gesteigerte Effizienz im Prüfungsprozess ein Absinken des Prüfungshonorars zur Folge haben, ohne dass die Prüfungsqualität abnimmt. Dies verdeutlicht, dass die reine Höhe des Prüfungshonorars nur mit Vorsicht als Indikator für die Prüfungsqualität Verwendung finden kann.[115] In Anbetracht der vorgenannten Argumente und im Einklang mit vorhergehenden Arbeiten wird trotz der geäußerten Kritik auch im Rahmen dieser Arbeit in mehreren Kapiteln, wie bspw. der Hypothesenherleitung und der empirischen Analyse zur Überprüfung der Hypothesen, auf den grundsätzlich ange-

---

[112]   Vgl. *DeFond/Zhang*, 2014, S. 289. In Anbetracht dieser Argumentation wären insbesondere die Anzahl der Arbeitsstunden, die abgerechneten Stundensätze und das jeweilige Qualifikationsniveau des eingesetzten Personals geeignete Inputgrößen zur Approximation der Prüfungsqualität. Derartige Informationen sind jedoch i. d. R. nicht öffentlich verfügbar. Aus diesem Grund gibt es nur wenige Forschungsarbeiten, die sich direkt mit den Input- bzw. Produktionsfaktoren (Prüfungsaufwand) auseinandersetzen. Die wenigen *audit production*- bzw. *audit effort*-Studien, die dies analysieren, können zumeist auf bereitgestellte interne Daten (wie Arbeitsstunden etc.) von Prüfungsgesellschaften zurückgreifen. Einen Überblick über bisherige Arbeiten sowie deren Erkenntnisse liefern *Causholli/De Martinis/Hey et al.* (2010) und *Koch/Wüstemann* (2012); vgl. *Lenz/Joha*, 2014, S. 515.

[113]   Vgl. *Blankley/Hurtt/MacGregor*, 2012, S. 79; *Lobo/Zhao*, 2013, 1387. Ähnliche Ergebnisse erbringen *Keune/Johnstone* (2012) in Bezug auf Falschdarstellungen in der Rechnungslegung; vgl. *Keune/Johnstone*, 2012, S. 1641. Konträr zu den vorgenannten Ergebnissen existieren jedoch auch Arbeiten, die insbesondere zwischen anormal hohen Prüfungshonoraren und outputbasierten Prüfungsqualitätssurrogaten einen negativen Zusammenhang nachweisen; vgl. bspw. *Krauß/Pronobis/Zülch*, 2015, S. 48. Für eine Übersicht über empirische Studien zu dieser Thematik mit teilweise konträren Resultaten siehe *Krauß/Pronobis/Zülch*, 2015, S. 52.

[114]   Vgl. *Jany*, 2011, S. 33. *Beck/Fuller/Muriel et al.* (2013) erbringen im Rahmen eines Experiments Evidenz dafür, dass die Wahrnehmung von Investoren über die erbrachte Prüfungsqualität durch das ausgewiesene Prüfungshonorar beeinflusst werden kann. Dies ist jedoch nur dann der Fall, wenn der Honorarausweis neben der Honorarhöhe auch Informationen darüber enthält, wie das vom jeweiligen Unternehmen gezahlte Honorar im Vergleich zum Branchendurchschnitt ausfällt. Wird die Information gegeben und fällt das Honorar im Vergleich zum Durchschnitt hoch, durchschnittlich oder gering aus, so schätzen die Investoren ebenfalls die Prüfungsqualität als hoch, durchschnittlich oder gering ein. Existieren derartige Informationen hingegen nicht, so bewerten die Investoren die Prüfungsqualität unabhängig von der Honorarhöhe stets als durchschnittlich; vgl. *Beck/Fuller/Muriel et al.*, 2013, S. 73.

[115]   Vgl. *DeFond/Zhang*, 2014, S. 289 f.; *Joha*, 2018, S. 147.

nommenen positiven Zusammenhang zwischen der tatsächlichen bzw. wahrgenommenen Prüfungsqualität und dem erhobenen Prüfungshonorar zurückgegriffen. Gleichwohl wird die geäußerte Kritik nicht außer Acht gelassen, da stets auch andere mögliche Erklärungsansätze ins Kalkül mit einbezogen werden.

2.3 Kapitelzusammenfassung

Das vorliegende Kapitel widmete sich konzeptionellen Grundlagen. Demnach wurden die Funktionen von Rechnungslegung und Abschlussprüfung im Kontext von asymmetrischen Informationen beschrieben und der relevante Terminus Prüfungsqualität erläutert. Die wesentlichen Inhalte des Kapitels lassen sich wie folgt zusammenfassen:

- Die Bedeutsamkeit von Rechnungslegung und Abschlussprüfung wird primär mit der in der Neuen Institutionenökonomik verankerten Prinzipal-Agenten-Theorie erklärt. Im Zentrum der Prinzipal-Agenten-Theorie stehen Informationsasymmetrien und Interessenkonflikte zwischen den mit einem Unternehmen verflochtenen begrenzt rationalen Akteuren. Hierbei ist es das Ziel, die *Agency*-Kosten aufgrund von eigen- oder fremdfinanzierungsbedingten Konflikten zu minimieren. Den Institutionen Rechnungslegung und Abschlussprüfung kommt eine wesentliche Rolle beim Abbau von Prinzipal-Agenten-Konflikten zu, da sie zur Sicherstellung einer manipulationsfreien Informationsbasis beitragen, die sodann im Rahmen von weiteren Überwachungs-, Anreiz- und Sanktionsmechanismen Verwendung finden können.

- Eine manipulationsfreie Informationsbasis setzt voraus, dass die Abschlussprüfung eine entsprechende Qualität aufweist. Der Terminus Prüfungsqualität wurde bis dato nicht einheitlich definiert. Dennoch haben die meisten Definitionen gemeinsam, dass die Urteilsfähigkeit sowie die Urteilsfreiheit des Abschlussprüfers wesentliche Determinanten der Prüfungsqualität sind. Die Urteilsfähigkeit stellt darauf ab, dass der Abschlussprüfer über die notwendige fachliche Qualifikation verfügt, um wesentliche Falschdarstellungen in der Rechnungslegung aufzudecken und ein fachkundiges Urteil abzugeben. Die Urteilsfreiheit umfasst die Bereitschaft eines Abschlussprüfers, über aufgedeckte Falschdarstellungen und Verstöße in der Rechnungslegung zu berichten. Demnach reflektiert der Grad, zu dem der Abschlussprüfer die vorgenannten Kriterien tatsächlich erfüllt, die tatsächliche Prüfungsqualität. Aufgrund der fehlenden oder nur beschränkten Beobachtbarkeit der tatsächlichen Urteilsfähigkeit und -freiheit ist die tatsächliche Prüfungsqualität nicht direkt und objektiv zu betrachten. Stattdessen werden die Adressaten über ihre Wahrnehmung zu einer subjektiven Einschätzung der Prüfungsqualität gelangen. Je höher die wahrgenommene Prüfungsqualität ist, desto höher ist aus Sicht der Adressaten die Glaubwürdigkeit der publizierten Rechnungslegungsinformationen.

- Die tatsächliche und die wahrgenommene Prüfungsqualität lassen sich aufgrund der fehlenden oder eingeschränkten Beobachtbarkeit nur schwierig messen. Um dennoch die Prüfungsqualität beurteilen zu können, wird auf output- und inputbasierte Surrogate zurückgegriffen. Eine inputbasierte Größe ist das Prüfungshonorar. Prüfungshonorare werden als Indikator für die Höhe der Prüfungsqualität herangezogen, da diese primär die Höhe des vom Abschlussprüfer in den Prüfungsprozess investierten Arbeitsaufwandes widerspiegeln und ihn decken sollten. Je höher der Arbeitsaufwand, desto intensiver sollte die Prüfung ausfallen und damit umso höher die Aufdeckungswahrscheinlichkeit für wesentliche Falschdarstellungen in der Rechnungslegung. Folglich sollte einem höheren Prüfungshonorar eine höhere tatsächliche Prüfungsqualität zugrunde liegen. Bei Interpretation des Prüfungshonorars als Zahlungsbereitschaft des Mandanten für die erbrachte Prüfungsleistung kann es ebenso als Maß zur Beurteilung der wahrgenommenen Prüfungsqualität herangezogen werden. Ein höheres Prüfungshonorar bringt sodann eine höhere wahrgenommene Prüfungsqualität zum Ausdruck. Kritik an der Verwendung des Prüfungshonorars als Qualitätsindikator besteht darin, dass die Honorarhöhe nicht nur durch den Prüfungsaufwand, sondern auch durch andere Faktoren, wie bspw. Risikoprämien, beeinflusst wird. In diesem Fall lässt das Honorar keine eindeutigen Schlüsse auf die Prüfungsqualität zu. Im Einklang mit bisherigen Studien wird trotz dieser Kritik an verschiedenen Stellen in dieser Arbeit auf den grundsätzlich begründeten positiven Zusammenhang zwischen der Prüfungsqualität und dem erhobenen Prüfungshonorar zurückgegriffen.

Das folgende Kapitel widmet sich dem deutschen Versicherungsmarkt im Kontext von Rechnungslegung und Abschlussprüfung. Hierbei werden zunächst die Charakteristiken der deutschen Versicherungsbranche beschrieben und im Anschluss die versicherungsspezifischen Rechnungslegungsnormen wiedergegeben. Danach folgt eine Darstellung allgemeiner und versicherungsspezifischer Regularien zur Abschlussprüfung. Das Kapitel schließt mit der Unterzeichnungspflicht des Bestätigungsvermerks.

3 Versicherungsunternehmen in Deutschland und deren spezifische Regularien bezüglich Rechnungslegung und Abschlussprüfung

3.1 Charakteristiken der deutschen Versicherungsbranche

Deutschland zählt zu den wichtigsten Versicherungsmärkten weltweit.[116] Entsprechend der Legaldefinition nach § 7 Nr. 33 des Versicherungsaufsichtsgesetzes (VAG)[117] gelten alle Unternehmen als Versicherungsunternehmen, die den Betrieb von Versicherungsgeschäften zum Gegenstand haben und nicht Träger der Sozialversicherung sind.[118] Im letzten Jahr des für diese Arbeit gewählten Untersuchungszeitraumes (2013) setzte sich die deutsche Versicherungsbranche aus 1.424 Versicherungsunternehmen und 31 Pensionsfonds zusammen. Zu Beginn des Untersuchungszeitraumes (2009) waren es 1.486 respektive 29. Die Versicherungsunternehmen unterteilen sich in Erstversicherer (Lebens-, Kranken- und Schaden-/Unfallversicherer sowie Pensions- und Sterbekassen) und Rückversicherer.[119] Erstversicherer schließen Versicherungsgeschäfte mit privaten, gewerblichen und öffentlichen Versicherungsnehmern; Rückversicherer haben Erstversicherer oder andere Rückversicherer als Kunden.[120] Gemäß § 1 Abs. 1 Nr. 1-5 des VAG stehen sowohl Versicherungsunternehmen, Versicherungs-Holdinggesellschaften, Versicherungs-Zweckgesellschaften, Sicherungsfonds und Pensionsfonds unter staatlicher Aufsicht.[121] Originäres Ziel dieser Aufsicht ist es, *„das Vertrauen in das Versicherungswesen zu erhalten und zu stärken."*[122] In Hinblick auf die Aufsicht wird zwischen Bundes- und Landesaufsicht unterschieden. Unter

---

[116] Vgl. *Altuntas/Uhl*, 2016, S. 11.

[117] Aufgrund Art. 3 Abs. 1, 2 Nr. 1 des Gesetzes zur Modernisierung der Finanzaufsicht über Versicherungen vom 1. April 2015 (vgl. BGBl. 2015 I, S. 434) wurde zum 1. Januar 2016 das bisherige VAG in der Fassung der Bekanntmachung vom 17. Dezember 1992 außer Kraft gesetzt und durch ein neues gleichnamiges Gesetz ersetzt, um die Regelungen der EU-Richtlinie 2009/138/EG (vgl. ABl. L 335/1) umzusetzen. Folgen daraus sind, dass Aufbau, Inhalt und Umfang der neuen Fassung (umfasst 355 Paragraphen) von der alten Fassung (umfasst 160 Paragraphen) des VAG abweichen. Aufgrund der Aktualität dieser Änderungen und der Tatsache, dass die alte Fassung des VAG während des Untersuchungszeitraumes (2009 bis 2013) der empirischen Marktstrukturanalyse wirksam war, werden im Folgenden neben den Paragraphen des aktuellen VAG auch die Paragraphen der alten Fassung genannt. Für weitere Informationen bezüglich der Änderungen der aufsichtsrechtlichen Regelungen zur Abschlussprüfung vgl. auch *Deutscher Bundestag*, 2014, S. 247-249.

[118] Bis einschließlich zum 31.12.2015 geregelt in § 1 Abs. 1 Nr. 1 VAG a.F.

[119] Vgl. *BaFin*, 2010, S. 7; *BaFin*, 2014, S. 8.

[120] Vgl. *Rockel/Helten/Ott et al.*, 2012, S. 4.

[121] Bis einschließlich zum 31.12.2015 geregelt in § 1 Abs. 1 Nr. 1-3 VAG a.F. Versicherungs-Holdinggesellschaften und Sicherungsfonds werden in der alten Fassung nicht explizit aufgezählt.

[122] *Freiling/Spengler*, 2018, Rn. 3.

Bundesaufsicht stehen private Versicherer, die von erheblicher wirtschaftlicher Bedeutung sind, sowie öffentlich-rechtliche Wettbewerbsversicherer, die auch über die Grenzen des Bundeslandes hinaus agieren. Die Aufsicht obliegt bei diesen Versicherungsunternehmen der Bundesanstalt für Finanzdienstleistungsaufsicht (BaFin). Die Aufsichtsbehörden der Bundesländer sind hingegen vorwiegend für privatrechtliche Versicherer mit geringer wirtschaftlicher Bedeutung sowie öffentlich-rechtliche Versicherer, die nicht über die Landesgrenzen hinaus operieren, verantwortlich.[123]

Im Jahr 2013 (2009) standen von den 1.424 (1.486) Versicherungsunternehmen insgesamt 838 (863) unter Landesaufsicht und 586 (623) sowie alle Pensionsfonds unter Bundesaufsicht.[124] Hierbei konnten die unter Bundesaufsicht stehenden Versicherungsunternehmen und Pensionsfonds im Jahr 2013 gebuchte Bruttobeiträge in Höhe von (i. H. v.) 251,1 Mrd. EUR erwirtschaften und die unter Landesaufsicht stehenden Versicherungsunternehmen verbuchten Bruttobeiträge i. H. v. 0,043 Mrd. EUR.[125] Relativ zum Bruttoinlandsprodukt entsprach dies ca. 9,2%.[126] Die Menge an Versicherungsverträgen, auf Basis dessen ein Großteil dieser Bruttobeiträge erzielt wurde, belief sich nur bei den Erstversicherern und Pensionsfonds auf ca. 424 Mio. Stück. Die Anzahl der sozialversicherungspflichtig Beschäftigten in der Versicherungswirtschaft (inklusive Versicherungsvermittlergewerbe) lag 2013 bei ca. 301 Tsd.[127] Im Hinblick auf die regionale Verteilung zeigt sich, dass die deutliche Mehrheit der unter Bundesaufsicht stehenden Versicherungsunternehmen und Pensionsfonds ihren Hauptsitz in Nordrhein-Westfalen (175 Unternehmen), Bayern (103 Unternehmen) und Hessen (69 Unternehmen) hat.[128] Insbesondere die Städte München und Köln sind wesentliche Standorte.[129]

Im Hinblick auf die Rechtsform besteht die Besonderheit, dass nach § 8 Abs. 1-3 VAG nur eine Aktiengesellschaft (AG) einschließlich der Europäischen AG (*Societas Europaea*; SE), ein Versicherungsverein auf Gegenseitigkeit (VVaG) sowie eine Anstalt oder Körper-

---

[123] Vgl. *Freiling/Spengler*, 2018, Rn. 5 sowie § 320 Abs 1 VAG bzw. bis einschließlich zum 31.12.2015 § 146 Abs. 1 VAG a.F. Für weitere Regelungen bezüglich der Aufsicht siehe die §§ 321, 322 VAG bzw. §§ 147, 148 VAG a.F.

[124] Von den unter Bundesaufsicht (Landesaufsicht) stehenden Versicherungsunternehmen waren 27 (19) im Jahr 2013 ohne Geschäftstätigkeit; vgl. *BaFin*, 2014, S. 8; *BaFin*, 2015, S. 9.

[125] Vgl. *BaFin*, 2014, S. 11; *BaFin*, 2015, S. 9. Bei den unter Bundesaufsicht stehenden Versicherungsunternehmen entfielen 87 Mrd. auf Lebens-, 36 Mrd. auf Kranken-, 70 Mrd. auf Schaden-/Unfallversicher, 6,6 Mrd. auf Pensions-, 0,1 Mrd. auf Sterbekassen und 51,1 Mrd. auf Rückversicherer. Die Pensionsfonds vereinnahmen 0,7 Mrd. der gebuchten Bruttobeiträge; vgl. *BaFin*, 2014, S. 11.

[126] Das Bruttoinlandsprodukt betrug im Jahr 2013 ca. 2.737,6 Mrd. EUR; vgl. *Statistisches Bundesamt*, 2014, S. 319. Das Verhältnis von den gebuchten Bruttobeiträgen zum Bruttoinlandsprodukt wird auch als Versicherungsdurchdringung bezeichnet. Die Kennzahl dient als Maß für die Verbreitung von Versicherungen innerhalb eines Landes und ermöglicht einen internationalen Vergleich; vgl. *Görgen*, 2007, S. 23; *Wagner*, 2017, S. 1011. Üblicherweise wird die Versicherungsdurchdringung jedoch nur auf Basis der gebuchten Bruttobeiträge der Erstversicherer berechnet. Der Gesamtverband der Deutschen Versicherungswirtschaft e. V. (GDV) hat auf dieser Basis eine Versicherungsdurchdringung i. H. v. 6,7% für 2013 ermittelt. Der Weltdurchschnitt lag bei 6,3%; vgl. *GDV*, 2016, S. 130. Die Finanz- und Versicherungsdienstleister zusammengefasst trugen 2013 ca. 99,7 Mrd. EUR zur Bruttowertschöpfung bei. Dies entspricht ca. 3,6% vom Bruttoinlandsprodukt; vgl. *Statistisches Bundesamt*, 2014, S. 319.

[127] Vgl. *GDV*, 2016, S. 8, 11.

[128] Vgl. *BaFin*, 2014, S. 100.

[129] Vgl. *Altuntas/Uhl*, 2016, S. 17 f.

schaft des öffentlichen Rechts das Versicherungsgeschäft betreiben dürfen.[130] Andere Rechtsformen werden als ungeeignet erachtet, einen funktionierenden Schutz für die Versicherungsnehmer herzustellen.[131] In der Praxis existieren insbesondere bei den unter Bundesaufsicht stehenden Versicherungsunternehmen und Pensionsfonds vorwiegend die Rechtsformen AG sowie VVaG. So lag im Jahr 2013 die Anzahl der AGs über 300 und die der VVaGs über 250, wobei ca. zwei Drittel der VVaGs (ca. 170) im Sinne von § 210 VAG als kleine Versicherungsvereine auf Gegenseitigkeit (klVVaGs) gelten.[132] Beim Betreiben des Versicherungsgeschäfts müssen die Unternehmen zwingend den Grundsatz der Spartentrennung gemäß § 8 Abs. 4 VAG beachten.[133] Vereinfacht besagt dieser Grundsatz, dass sich der Betrieb des Lebensversicherungsgeschäfts und der Betrieb von anderen Versicherungssparten, wie z. B. das Kranken- oder Schaden- und Unfallversicherungsgeschäft, einander ausschließen. Selbiges gilt für das Krankenversicherungsgeschäft. Demnach kann ein Versicherungsunternehmen bspw. nicht gleichzeitig das Schaden-/Unfall- und das Lebensversicherungsgeschäft betreiben.[134] Um dennoch vorhandene Ressourcen, wie bspw. das Vertriebssystem, optimal auszunutzen und gleichzeitig eine umfassende Produktpalette anzubieten, nutzen Versicherungsunternehmen Konzernstrukturen. Hierbei werden die einzelnen Versicherungssparten über rechtlich selbständige Tochterunternehmen betrieben, da eine derartige Dienstleistungsbündelung kein Verstoß gegen den Grundsatz der Spartentrennung darstellt. Die zentrale Leitung des Versicherungskonzerns erfolgt sodann häufig durch eine Holdinggesellschaft.[135]

3.2 Versicherungsspezifische Rechnungslegungsnormen

Die Versicherungsbranche weist im Vergleich zu vielen anderen Branchen Besonderheiten auf. So müssen bspw. die Versicherungsnehmer ihren Beitrag im Voraus zahlen, wobei die Versicherungsleistung erst im Nachhinein erbracht wird. Diese elementare Eigenschaft von der unsichtbaren Ware Versicherung macht deutlich, dass das Versicherungsgeschäft nur dann funktioniert, sofern von Seiten der Versicherungsnehmer ein hohes Vertrauen in die zukünftige Leistungsfähigkeit und -bereitschaft des Versicherungsunternehmens besteht. Das Versicherungsunternehmen legt die noch nicht benötigten Versicherungsbeiträge an und bilanziert gleichzeitig eine Rückstellung in Höhe der zum Bilanzstichtag noch geschuldeten Versicherungsleistungen. Hierdurch soll sichergestellt werden, dass das Versicherungsunternehmen im Fall des Schadens seine Leistung tatsächlich erbringen kann. Die vorgenannten Besonderheiten des Versicherungswesens und die daraus erwachsende Schutzbedürftigkeit der Versicherungsnehmer haben letztendlich dazu geführt, dass für Versicherungsunternehmen branchenspezifische Rechnungslegungsnormen existieren.[136]

---

[130] Bis einschließlich zum 31.12.2015 geregelt in § 7 Abs. 1 VAG a.F.
[131] Vgl. *Farny*, 2006, S. 180.
[132] Vgl. *BaFin*, 2014, S. 103.
[133] Bis einschließlich zum 31.12.2015 geregelt in § 8 Abs. 1a VAG a.F.
[134] Für gewisse Ausnahmen im Sinne von § 10 Abs. 4 VAG (§ 6 Abs. 4 VAG a.F.) siehe *Ellenbürger/Engeländer*, 2018, Rn. 6; *Husch*, 2011, Rn. 6.
[135] Vgl. *Freiling/Zander*, 2018, Rn. 1 f.; *Sell/Grund*, 2011, Rn. 1.
[136] Vgl. *Grothe*, 2005, S. 16 f.

Im Folgenden werden diese dargestellt. Hierbei wird jedoch nicht der Anspruch erhoben, jede einzelne Rechnungslegungsnorm detailliert zu beschreiben. Vielmehr soll vor dem Hintergrund des Untersuchungsziels dieser Arbeit veranschaulicht werden, dass die Versicherungsbranche eine hohe Regulierung und Komplexität in Hinblick auf die Rechnungslegung aufweist.

In Deutschland bildet, wie auch bei allen anderen Gesellschaften und Kaufleuten, das HGB die zentrale Grundlage für die Rechnungslegung von Versicherungsunternehmen. Demnach gelten für Versicherungsunternehmen unabhängig von ihrer Rechtsform die in den §§ 238-263 HGB enthaltenen allgemeinen Vorschriften für Kaufleute sowie die ergänzenden Vorschriften für Kapitalgesellschaften und bestimmte Personenhandelsgesellschaften entsprechend den §§ 264-335c HGB.[137] Zusätzlich zu beachten sind die branchenspezifischen *lex specialis*-Vorschriften zur Rechnungslegung von Versicherungsunternehmen nach §§ 341-341p HGB. Ergänzt werden diese durch die Verordnung über die Rechnungslegung von Versicherungsunternehmen (RechVersV).[138] Ebenso müssen die spezifischen Regelungen in den Deutschen Rechnungslegungsstandards (DRS) DRS 3, Anlage 3 (Segmentberichterstattung), DRS 20, Anlage 2 (Konzernlagebericht) sowie DRS 21, Anlage 3 (Kapitalflussrechnung) Anwendung finden.[139] Für Versicherungsunternehmen in der Rechtsform einer AG gelten zusätzlich die Vorschriften des AktG.[140]

§ 341a HGB regelt, welche Vorschriften des HGB auf Versicherungsunternehmen anzuwenden sind. Demnach müssen nach § 341a Abs. 1 HGB Versicherungsunternehmen einen Jahresabschluss und einen Lagebericht nach den für große Kapitalgesellschaften geltenden Vorschriften der §§ 264-289f HGB innerhalb der ersten vier Monate des Geschäftsjahres für das vergangene Geschäftsjahr aufstellen und dem Abschlussprüfer zur Durchführung der Prüfung vorlegen.[141] Gleichzeitig setzt § 341a HGB jedoch einzelne der für große Kapitalgesellschaften geltenden Vorschriften außer Kraft oder ersetzt diese durch Rechtsverordnungen und andere Vorschriften.[142] So gestaltet sich bspw. die Gliederung der Bilanz sowie der GuV nicht nach § 266 HGB respektive § 275 HGB, sondern es müssen entsprechend § 2 Abs. 1 Satz 1 und § 58 Abs. 1 Satz 1 RechVersV spezielle Formblätter zur Anwendung kommen. So müssen alle Versicherungsunternehmen unabhängig von ihrer Versicherungssparte bei der Erstellung der Einzelbilanz und der Konzernbilanz das Formblatt 1 verwenden. Bei der Gliederung der GuV kommen im Jahresabschluss in Abhängigkeit von der Sparte und der Abschlussart die Formblätter 2 bis 4 zum Einsatz. Bedingt durch die

---

[137] Die auch für VVaGs, klVVaGs und öffentlich-rechtliche Versicherungsunternehmen verpflichtende Anwendung der handelsrechtlichen Vorschriften ergibt sich aus § 38 Abs. 1, § 172 und § 210 Abs. 1 VAG. Bis einschließlich 31.12.2015 geregelt in § 16 Satz 2, § 53 Abs. 1 und § 55 Abs. 1 VAG a.F.

[138] Neben der RechVersV existiert auch eine Verordnung über die Rechnungslegung von Pensionsfonds, welche den Besonderheiten von Pensionsfonds Rechnung trägt; vgl. *Sell/Grund*, 2011, Rn. 11.

[139] Während des Untersuchungszeitraumes von 2009 bis 2013 existierten in Hinblick auf die Inhalte der vorgenannten Vorschriften noch eigene DRS für Versicherungsunternehmen. Hierbei handelte es sich um DRS 2-20 (Kapitalflussrechnung von Versicherungsunternehmen), DRS 3-20 (Segmentberichterstattung von Versicherungsunternehmen) und DRS 5-20 (Risikoberichterstattung). Diese wurden jedoch in den letzten Jahren außer Kraft gesetzt und die Inhalte in die vorgenannten DRS integriert.

[140] Vgl. *Freiling/Spengler*, 2018, Rn. 6, 10, 17; *Grothe*, 2005, S. 16 f.

[141] Für Versicherungsunternehmen, die ausschließlich oder überwiegend das Rückversicherungsgeschäft betreiben, verlängert sich die Frist auf 10 Monate; vgl. § 341a Abs. 5 HGB.

[142] Vgl. *Rockel/Helten/Ott et al.*, 2012, S. 4.

Besonderheiten des Versicherungsgeschäfts verfügen Versicherungsunternehmen über einen relativ hohen Anteil an Kapitalanlagen und versicherungstechnischen Rückstellungen. Aus diesem Grund stehen bei der Bilanzgliederung nach Formblatt 1 insbesondere die Kapitalanlagen auf der Aktivseite und die versicherungstechnischen Rückstellungen auf der Passivseite im Fokus.[143]

Im Gegensatz zur allgemeinen Bilanzstruktur sieht das Formblatt 1 auf der Aktivseite keine Unterscheidung nach Anlage- und Umlaufvermögen vor. Stattdessen existieren die vier Kategorien „Immaterielle Vermögensgegenstände", „Kapitalanlagen", „Forderungen" und „Sonstige Vermögensgegenstände".[144] Dennoch ist in Bezug auf die Bewertung der Vermögensgegenstände eine Trennung in Anlage- und Umlaufvermögen notwendig. Die Bewertung der in § 341b Abs. 1 Satz 1 HGB genannten Vermögensgegenstände erfolgt grundsätzlich nach den für das Anlagevermögen geltenden allgemeinen Vorschriften entsprechend § 253 Abs. 3, 4 HGB. Aktien, Investmentanteile und sonstige fest- oder nicht festverzinsliche Wertpapiere sind hingegen gemäß den für das Umlaufvermögen geltenden Vorschriften nach § 253 Abs. 1 Satz 1, Absätze 4 und 5 sowie § 256 HGB zu bewerten, außer sie dienen dauerhaft dem Geschäftsbetrieb. Dann gelten die Vorschriften für das Anlagevermögen.[145] Daneben existieren Wahlrechte entsprechend § 341c und § 314d HGB. So sieht § 341c HGB vor, dass Namensschuldverschreibungen, Hypothekendarlehen und andere Forderungen auch zum Nennwert bewertet werden können. § 341d HGB schreibt hingegen vor, dass Kapitalanlagen für Rechnung und Risiko von Inhabern von Lebensversicherungsverträgen, bei denen das Anlagerisiko vom Versicherungsnehmer getragen wird, zum Zeitwert unter Berücksichtigung des Grundsatzes der Vorsicht zu bewerten sind. Erläuterungen zur Ermittlung dieses Zeitwertes finden sich wiederum in den §§ 54-56 RechVersV.[146]

Für die Bewertung der versicherungstechnischen Rückstellungen sind neben den allgemeinen Vorschriften entsprechend § 253 Abs. 2 HGB insbesondere die §§ 341e-h HGB maßgeblich. § 341e Abs. 1 Satz 1 HGB schreibt hierbei vor, dass versicherungstechnische Rückstellungen in der Höhe zu bilden sind, die nach vernünftiger kaufmännischer Beurteilung notwendig sind, um die Erfüllbarkeit der Verpflichtungen aus den Versicherungsverträgen dauerhaft sicherzustellen. Bei den versicherungstechnischen Rückstellungen wird grundsätzlich zwischen Beitragsüberträgen, Rückstellungen für Beitragsrückerstattungen, Schadensrückstellungen, Schwankungs- und Großrisikenrückstellungen, Deckungsrückstellungen sowie sonstigen versicherungstechnischen Rückstellungen unterschieden.[147] Im Rahmen der Berechnung sind neben den handelsrechtlichen Vorschriften zwingend die aufsichtsrechtlichen Vorgaben gemäß §§ 74-87 VAG zu beachten. Die aufsichtsrechtlichen Vorschriften regeln hierbei insbesondere die zu verwendenden Rechnungsgrundlagen inklusive des anzusetzenden Rechnungszinsfußes sowie die Zuweisung bestimmter Kapital-

---

[143] Vgl. *Rockel/Helten/Ott et al.*, 2012, S. 25.
[144] Vgl. *Rockel/Helten/Ott et al.*, 2012, S. 36.
[145] Vgl. § 341b Abs. 2 HGB.
[146] Vgl. *Freiling/Spengler*, 2018, Rn. 22-25; *Sell/Grund*, 2011, Rn. 18.
[147] Für eine Erläuterung der einzelnen Rückstellungen siehe z. B. *Rockel/Helten/Ott et al.*, 2012, S. 154-157 sowie die §§ 24-26, 28-31 RechVersV.

erträge zu den jeweiligen Rückstellungen.[148] Grundsätzlich ist entsprechend § 252 Abs. 1 Nr. 3 HGB jede versicherungstechnische Rückstellung einzeln zu bewerten. Bei (annähernd) gleichartigen Rückstellungen darf jedoch auch im Sinne des § 240 Abs. 4 HGB eine Gruppenbewertung vorgenommen werden. Sind jedoch sowohl Einzel- als auch Gruppenbewertungen nicht möglich oder nur mit einem unverhältnismäßig hohen Aufwand verbunden, so sieht § 341e Abs. 3 HGB die Anwendung von Näherungsverfahren vor. Regelungen diesbezüglich enthält § 27 RechVersV.

Die Gliederung der GuV gemäß den Formblättern 2 bis 4 weicht von den allgemeinen handelsrechtlichen Vorschriften ab, da sowohl das Gesamtkostenverfahren (§ 275 Abs. 2 HGB) als auch das Umsatzkostenverfahren (§ 275 Abs. 3 HGB) zur Abbildung von versicherungsspezifischen Aufwands- und Ertragsarten ungeeignet sind.[149] Zwischen den Gliederungsschemata der einzelnen Formblätter bestehen wiederum Unterschiede, da diese für verschiedene Versicherungssparten oder Abschlussarten gelten. Formblatt 2 findet Anwendung im Jahresabschluss von Schaden- und Unfallversicherungsunternehmen sowie von Rückversicherungsunternehmen. Formblatt 3 gilt für Jahresabschlüsse von Lebens- und Krankenversicherungsunternehmen sowie Pensions- und Sterbekassen. Formblatt 4 ist dann anzuwenden, wenn es sich entweder um einen Jahresabschluss von einem Lebensversicherungsunternehmen handelt, welches auch das selbst abgeschlossene Unfallversicherungsgeschäft betreibt oder wenn es sich um ein Schaden- und Unfallversicherungsunternehmen handelt, welches auch das selbst abgeschlossene Krankenversicherungsgeschäft nach Art der Lebensversicherung betreibt. Des Weiteren ist Formblatt 4 maßgeblich für Konzernabschlüsse.[150] Gemeinsam haben die Formblätter u. a., dass die GuV eine Staffelform aufweist und sich in einen versicherungstechnischen und einen nichtversicherungstechnischen Teil untergliedert.[151] Weiterhin sind alle Formblätter vom Sekundärprinzip geprägt. Dies bedeutet, dass alle Aufwendungen für den Versicherungsbetrieb nach Funktionsbereichen ausgewiesen werden.[152] Ebenso erfolgt in allen Formblättern der Ausweis nach dem sogenannten modifizierten Nettoprinzip. Demnach sind für gewisse Positionen (z. B. verdiente Beiträge, Aufwendungen für Versicherungsfälle, Veränderung der übrigen versicherungstechnischen Rückstellungen sowie Aufwendungen für den Versicherungsbetrieb) zunächst der Bruttobetrag anzugeben und anschließend der Anteil der Rückversicherer offen davon abzuziehen. In der jeweiligen Hauptspalte erfolgt sodann der Ausweis für eigene Rechnung.[153]

Die Pflicht zur Aufstellung eines Konzernabschlusses und -lageberichtes ergibt sich für Versicherungsunternehmen aus § 341i Abs. 1 HGB. Hierbei wird klargestellt, dass auch Versicherungsunternehmen, die nicht in der Rechtsform einer Kapitalgesellschaft betrieben werden, unabhängig von ihrer Größe dazu verpflichtet sind. Gemäß § 341i Abs. 2 HGB gelten in diesem Kontext auch Mutterunternehmen als Versicherungsunternehmen, deren einziger Zweck im Erwerb und in der Verwaltung von Tochterunternehmen liegt, sofern

---

[148] Vgl. § 341e Abs. 1 Satz 2 HGB.
[149] Vgl. *Wagner*, 2017, S. 280.
[150] Vgl. § 2 RechVersV.
[151] Vgl. *Wagner*, 2017, S. 280.
[152] Vgl. *Heimes*, 2003, S. 55; *Rockel/Helten/Ott et al.*, 2012, S. 26 f.
[153] Vgl. *Heimes*, 2003, S. 55 f.; *Rockel/Helten/Ott et al.*, 2012, S. 30.

die Tochterunternehmen vorwiegend Versicherungsunternehmen sind. Abweichend von
§ 290 Abs. 1 HGB muss der Konzernabschluss- und -lagebericht binnen zwei Monaten nach
Ablauf der Frist zur Aufstellung des zuletzt in den Konzernabschluss einzubeziehenden Abschlusses, spätestens jedoch innerhalb von zwölf Monaten nach dem Stichtag des Konzernabschlusses, für das abgelaufene Konzerngeschäftsjahr aufgestellt und dem Abschlussprüfer
des Konzernabschlusses vorgelegt werden. Die in diesem Zusammenhang anzuwendenden
Vorschriften enthält § 341j HGB.

Die Pflicht zur Offenlegung ist in § 341l HGB geregelt. Demnach müssen Versiche-
rungsunternehmen ihren Jahresabschluss und Lagebericht bzw. Konzernabschluss und
Konzernlagebericht sowie die anderen in § 325 HGB genannten Unterlagen nach den Vorschriften gemäß § 325 Abs. 2 bis 5, § 328 sowie § 329 Abs. 1 und 4 HGB im elektronischen
Bundesanzeiger bekannt machen. Hierbei sind die Jahresabschlussunterlagen spätestens ein
Jahr nach dem Abschlussstichtag des Geschäftsjahres, auf welches sie sich beziehen, beim
Betreiber des Bundesanzeigers einzureichen.[154] Für Rückversicherungsunternehmen verlängert sich diese Frist auf 15 Monate.[155] Versicherungsunternehmen, die in Form einer
kapitalmarktorientierten Kapitalgesellschaft geführt werden, müssen entsprechend § 325
Abs. 4 HGB eine Frist von vier Monaten einhalten. Die gesetzlichen Vertreter eines Mutterunternehmens müssen den Konzernabschluss samt Bestätigungs- bzw. Versagungsvermerk und Konzernlagebericht entgegen den vorgenannten Fristen und § 325 Abs. 3 HGB
unverzüglich nach der Hauptversammlung, spätestens jedoch vor Ablauf des dieser Ver-
sammlung folgenden Monats beim Bundesanzeiger elektronisch einreichen.[156] Die in den
§§ 326, 327 HGB geregelten größenabhängigen Erleichterungen in Bezug auf die Offenlegungspflichten gelten für Versicherungsunternehmen grundsätzlich nicht, da Versicherungsunternehmen stets als große Kapitalgesellschaften zu behandeln sind. Stattdessen beinhaltet jedoch § 61 Abs. 1 RechVersV die Regelung, dass Versicherungsunternehmen, welche die dort genannten Größenkriterien nicht überschreiten und/oder die weiteren dort
aufgelisteten Kriterien erfüllen, die Offenlegungsvorschriften gemäß § 341l HGB nicht anwenden müssen. Die Befreiung findet jedoch keine Anwendung, wenn es sich beim Versicherungsunternehmen um einen kleineren Verein mit erheblicher wirtschaftlicher Bedeutung handelt.[157] Ergänzend zu den Offenlegungspflichten nach § 341l HGB besteht entsprechend § 37 Abs. 1 VAG für jedes Versicherungsunternehmen die Pflicht, bei der BaFin den
von den gesetzlichen Vertretern aufgestellten sowie den später festgestellten Jahresabschluss bzw. Konzernabschluss samt Lagebericht unverzüglich einzureichen. Ferner muss
gemäß § 37 Abs. 3 VAG ein Versicherungsunternehmen in dem auf das Berichtsjahr folgenden Geschäftsjahr jedem Versicherungsnehmer auf Verlangen den Jahresabschluss und
Lagebericht übersenden.[158]

---

[154] Vgl. § 325 Abs. 1a HGB bzw. § 325 Abs. 1 Satz 2 HGB a.F.
[155] Vgl. § 341l Abs. 1 Satz 2 HGB.
[156] Vgl. § 341l Abs. 2 HGB.
[157] Vgl. *Freiling/Spengler*, 2018, Rn. 38.
[158] Bis einschließlich zum 31.12.2015 geregelt in § 55 Abs. 2, 3 VAG a.F.

3.3 Versicherungsspezifische und allgemeine Regularien zur Abschlussprüfung

3.3.1 Abschlussprüfungspflicht und Prüferwahl

Prinzipiell haben alle Versicherungsunternehmen, die unter den Anwendungsbereich der §§ 341 ff. HGB fallen, entsprechend § 341k Abs. 1 S. 1 HGB und damit im Gegensatz zu § 316 Abs. 1 S. 1 HGB unabhängig von ihrer Größe ihren Jahresabschluss samt Lagebericht sowie ihren Konzernabschluss samt Konzernlagebericht nach den handelsrechtlichen Vorschriften zur Abschlussprüfung gemäß den §§ 316 bis 324a HGB prüfen zu lassen. Ergänzt werden diese Vorschriften durch die §§ 35 bis 39 VAG, welche weiterführende aufsichtsrechtliche Vorgaben hinsichtlich Pflichten des Abschlussprüfers, Prüfungsumfang und Informationspflichten (z. B. Anzeige des Abschlussprüfers, Vorlage des Prüfungsberichtes etc.) gegenüber der Aufsichtsbehörde beinhalten.[159] Erfolgt die vorgeschriebene Prüfung nicht, so kann nach § 341k Abs. 1 S. 2 in Verbindung mit § 316 Abs. 1 S. 2 HGB der Jahresabschluss nicht festgestellt und der Konzernabschluss entsprechend § 316 Abs. 2 S. 2 HGB nicht gebilligt werden. Befreit von der gesetzlichen Prüfungspflicht entsprechend § 341k HGB und somit von den Vorschriften der §§ 316 bis 324a HGB sind analog zur Offenlegungspflicht nach § 61 Abs. 1 RechVersV lediglich Versicherungsunternehmen, die die dort genannten Größenkriterien nicht überschreiten und/oder weitere Kriterien, wie bspw. Rechtsform und/oder Versicherungssparte, erfüllen. Eine Befreiung durch § 61 Abs. 1 RechVersV bedeutet jedoch nicht, dass diese Versicherungsunternehmen auch automatisch von den aufsichtsrechtlichen Vorschriften befreit sind. So sind nach § 39 Abs. 1 Nr. 4 VAG[160] in Verbindung mit § 1 Abs. 1 Sachverständigenprüfverordnung (SachvPrüfV) explizit diese von § 341k HGB befreiten und unter Bundesaufsicht stehenden Versicherungsunternehmen – sofern sie nicht nach § 5 VAG[161] von der laufenden Aufsicht befreit sind – dazu verpflichtet, ihren Jahresabschluss und Lagebericht durch einen unabhängigen Sachverständigen nach den Vorschriften der SachvPrüfV prüfen zu lassen. Befreiungen von den aufsichtsrechtlichen Vorschriften zur Abschlussprüfung nach § 35 Abs. 2 (Prüfung der Solvabilitätsübersicht und Erstellung eines dazugehörigen Prüfungsberichtes) und § 37 Abs. 2 VAG (Vorlage der Solvabilitätsübersicht und des Prüfungsberichtes bei der Aufsichtsbehörde) ergeben sich aus § 212 Abs. 2 Nr. 2 VAG lediglich für kleine Versicherungsunternehmen nach § 211 VAG.[162] Des Weiteren enthalten § 36 Abs. 2, § 37 Abs. 6 sowie § 38 Abs. 2 VAG (gilt explizit für öffentlich-rechtliche Versicherungsunternehmen, die der

---

[159] Die aufsichtsrechtlichen Regelungen zur Abschlussprüfung der Fassung des VAG mit Wirksamkeit bis 31.12.2015 stehen in den §§ 57 bis 64 VAG a.F.

[160] Bis einschließlich zum 31.12.2015 geregelt in § 55 Abs. 1 Nr. 4 VAG a.F.

[161] Bis einschließlich 31.12.2015 geregelt in § 157a VAG a.F.

[162] Vorgenannte Pflichten zur Solvabilitätsübersicht existierten nach den §§ 57 bis 64 VAG a.F. nicht. Ebenso wurde der Begriff „Kleine Versicherungsunternehmen" in der alten Fassung nicht verwendet. Demzufolge gab es auch keine Begriffsdefinition entsprechend § 211 VAG und keine Befreiungen gemäß § 212 VAG.

Landesaufsicht unterliegen) bestimmte Befreiungen für Versicherungsunternehmen, sofern diese nach § 61 Abs. 1 RechVersV nicht prüfpflichtig sind.[163]

Abschlussprüfer von Versicherungsunternehmen können nach § 341k Abs. 1 S. 1 in Verbindung mit § 319 Abs. 1 S. 1 HGB abweichend zu § 319 Abs. 1 S. 2 HGB lediglich Wirtschaftsprüfer und Prüfungsgesellschaften sein, da § 341k Abs. 1 S. 2 HGB vereidigte Buchprüfer und Buchprüfungsgesellschaften explizit ausschließt. Besteht bei einem Abschlussprüfer die Gefahr der Befangenheit, insbesondere auf Grund von persönlichen, geschäftlichen oder finanziellen Beziehungen, so darf dieser die Abschlussprüfung nicht durchführen (vgl. § 319 Abs. 2 bis 5 HGB). Des Weiteren gelten seit der im Juni 2016 in Kraft getretenen RL 2014/56/EU[164] des Europäischen Parlaments (auf nationaler Ebene umgesetzt durch das Abschlussprüfungsreformgesetz (AReG)) die spezifischen Anforderungen an die Abschlussprüfung bei Unternehmen von öffentlichem Interesse entsprechend der Verordnung (EU) Nr. 537/2014 auch für Versicherungsunternehmen unabhängig davon, ob diese kapitalmarktorientiert sind oder nicht.[165] Demnach sind bestimmte Beratungsleistungen von Seiten des Abschlussprüfers nur noch beschränkt oder gar nicht möglich, die zulässige ununterbrochene Höchstlaufzeit des Mandats ist für verantwortliche Prüfungspartner auf sieben Jahre beschränkt (interne Rotationspflicht) und Prüfungsgesellschaften dürfen trotz Rotation des verantwortlichen Prüfungspartners ohne Ausnahme maximal 10 Jahre lang ununterbrochen als Abschlussprüfer tätig sein (externe Rotationspflicht). Anzumerken ist in diesem Zusammenhang jedoch, dass während des Untersuchungszeitraumes dieser Arbeit noch die alten Regelungen des HGB galten. Diese sahen vor, dass nur für Versicherungsunternehmen, die im Sinne des § 264d HGB als kapitalmarktorientiert galten, die besonderen Ausschlussgründe nach § 319a HGB a.F. zu beachten waren. Eine externe Rotationspflicht für kapitalmarktorientierte Unternehmen oder Versicherungsunternehmen existierte zu diesem Zeitpunkt nicht.

Die Bestimmung des Abschlussprüfers erfolgt nach § 341k Abs. 2 S. 1 HGB durch den Aufsichtsrat und nicht, wie in § 318 Abs. 1 S. 1 HGB vorgegeben, durch die Gesellschafter. Ebenso ist der Aufsichtsrat für die Erteilung des Prüfungsauftrages zuständig (vgl. § 189 Abs. 3 S. 1 VAG[166] in Verbindung mit § 111 Abs. 2 S. 3 AktG). Der Vorstand hat den vom Aufsichtsrat bestimmten Abschlussprüfer unverzüglich der Aufsichtsbehörde anzuzeigen. Hat die Aufsichtsbehörde Bedenken gegenüber dem Abschlussprüfer, so kann sie zunächst die Bestimmung eines anderen Prüfers verlangen bzw. anschließend selbst einen festlegen (vgl. § 36 Abs. 1 VAG[167]).

3.3.2 Pflichten des Abschlussprüfers

Abschlussprüfern von Versicherungsunternehmen und Pensionsfonds obliegen zahlreiche Pflichten. Entsprechend § 341k Abs. 1 Satz 1 HGB zählen hierzu zunächst die allgemeinen

---

[163] Die vorgenannten Ausnahmen für bestimmte Versicherungsunternehmen waren bis zum 31.12.2015 in § 60 (öffentlich-rechtliche Versicherungsunternehmen) bzw. § 64 (kleinere Vereine) VAG a.F. geregelt, welche von den Vorschriften nach §§ 58, 59 VAG a.F. befreiten.

[164] Vgl. *EU*, 2014a, S. 196 ff.

[165] Vgl. § 341k Abs. 1 Satz 4 HGB in Verbindung mit *EU*, 2014b, S. 77 ff.

[166] Bis einschließlich 31.12.2015 geregelt in § 35 Abs. 3 S. 1 VAG a.F.

[167] Bis einschließlich 31.12.2015 geregelt in § 58 Abs. 2 VAG a.F.

Vorschriften entsprechend § 317 HGB. Demnach hat sich die Prüfung des Jahres- bzw. Konzernabschlusses darauf zu erstrecken, ob die gesetzlichen Vorschriften und die ergänzenden Regelungen des Gesellschaftsvertrages oder der Satzung berücksichtigt wurden. Hierbei ist die Prüfung so zu gestalten, dass Unrichtigkeiten und Verstöße, die sich wesentlich auf die Darstellung des sich ergebenden Bildes der Vermögens-, Finanz- und Ertragslage des Unternehmens auswirken, bei gewissenhafter Berufsausübung entdeckt werden. [168] Im Hinblick auf den Lage- bzw. Konzernlagebericht muss ebenfalls geprüft werden, ob die gesetzlichen Vorschriften eingehalten wurden. Des Weiteren ist es Aufgabe des Abschlussprüfers zu beurteilen, ob der Lage- bzw. Konzernlagebericht im Einklang mit dem Jahres- bzw. Konzernabschluss sowie seinen während der Abschlussprüfung erlangten Erkenntnissen steht und ob die Berichte insgesamt ein zutreffendes Bild von der Unternehmens- bzw. Konzernlage vermitteln. [169] Bei der Prüfung eines Konzernabschlusses hat der Abschlussprüfer ebenfalls die einbezogenen Jahresabschlüsse und insbesondere die konsolidierungsbedingten Anpassungen zu prüfen. Wurden die einbezogenen Jahresabschlüsse von anderen Abschlussprüfern geprüft, so muss der Konzernabschlussprüfer deren Arbeit kontrollieren und diese Handlung dokumentieren. [170] Daneben muss bei allen Versicherungsunternehmen, auf die § 91 Abs. 2 AktG anzuwenden ist, gemäß § 317 Abs. 4 HGB überprüft werden, ob der Vorstand entsprechend des erstgenannten Paragrafen geeignete Maßnahmen (insbesondere die Einrichtung eines Überwachungssystems) getroffen hat, um Entwicklungen, die den Fortbestand der Gesellschaft gefährden, früh zu erkennen.

Nach Fertigstellung der Abschlussprüfung verpflichtet § 321 HGB den Abschlussprüfer zur Erstellung eines schriftlichen Prüfungsberichtes, welcher den gesetzlichen Vertretern, dem Aufsichtsrat und gegebenenfalls dem Prüfungsausschuss vorzulegen ist. Gemäß § 321 Abs. 1 HGB hat der Abschlussprüfer im Rahmen des Berichts über Art, Umfang und das Ergebnis der Prüfung zu berichten. Hierbei hat er auch zur Beurteilung der Lage des Unternehmens oder Konzerns durch die gesetzlichen Vertreter Stellung zu nehmen. Im Fokus dieser Stellungnahme soll insbesondere die Beurteilung des Fortbestands und der künftigen Entwicklung des Unternehmens bzw. Konzerns unter Berücksichtigung des Lage- bzw. Konzernlageberichts stehen. Ferner hat der Abschlussprüfer über festgestellte Verstöße und Unrichtigkeiten gegen gesetzliche Vorschriften zu berichten und er muss Tatsachen darlegen, welche den Bestand des Unternehmens bzw. Konzerns gefährden, welche die Entwicklung wesentlich verschlechtern könnten oder welche gravierende Verstöße der gesetzlichen Vertreter oder von anderen Arbeitnehmern gegen Gesetz, Gesellschaftsvertrag oder Satzung erkennen lassen. Liegen derartige Verstöße, Unrichtigkeiten oder Tatsachen vor, muss gemäß § 341k Abs. 3 HGB die Aufsichtsbehörde unverzüglich durch den Abschlussprüfer darüber in Kenntnis gesetzt werden. Im Hauptteil des Prüfungsberichts muss entsprechend § 321 Abs. 2 HGB festgestellt werden, ob die geprüften Unterlagen den gesetzlichen Vorschriften und ergänzenden Regelungen des Gesellschaftervertrages oder der Satzung entsprechen. Ferner muss darauf eingegangen werden, ob der Abschluss insgesamt unter Beachtung der Grundsätze ordnungsmäßiger Buchführung oder sonstiger maßgeblicher Rechnungslegungsgrundsätze ein den tatsächlichen Verhältnissen entsprechendes Bild der

---

[168]   Vgl. § 317 Abs. 1 HGB.
[169]   Vgl. § 317 Abs. 2 HGB.
[170]   Vgl. § 317 Abs. 3 HGB.

Vermögens-, Finanz- und Ertragslage des Unternehmens oder Konzerns vermittelt. Hierbei sind auch wesentliche Bewertungsgrundlagen zu beurteilen und es muss eine Einschätzung dahingehend erfolgen, wie sich Änderungen von Bewertungsgrundlagen, die Ausübung von Bilanzierungs- und Bewertungswahlrechten, die Ausnutzung von Ermessensspielräumen und die Nutzung von sachverhaltsgestaltenden Maßnahmen auf die Darstellung der Vermögens-, Finanz- und Ertragslage auswirken.

Neben den allgemeinen Regelungen in Bezug auf den Prüfungsbericht gelten für Abschlussprüfer von Versicherungsunternehmen zusätzlich die umfangreichen Vorschriften der Prüfungsberichteverordnung (PrüfV). Hierbei sieht die PrüfV u. a. vor, dass im Prüfungsbericht Angaben zu den rechtlichen, wirtschaftlichen und organisatorischen Grundlagen des Versicherungsunternehmens und zu den rechtlichen und geschäftlichen Beziehungen zu verbundenen und anderen Unternehmen gemacht werden. Ferner hat der Abschlussprüfer zu beurteilen, ob bei einem Konzern die Kostenverteilung auf die einzelnen Unternehmen und innerhalb des einzelnen Versicherungsunternehmens auf die jeweiligen Funktionsbereiche verursachungsgerecht vorgenommen wurde. Weiterhin ist die Liquiditätslage darzustellen und es sollte gegebenenfalls über Maßnahmen zur Verbesserung der Liquidität berichtet werden. Zusätzlich muss der Abschlussprüfer zu ausgewählten regulatorischen Themen Angaben machen. Zuletzt sind in einem besonderen Teil des Prüfungsberichtes einzelne Bilanz- und GuV-Posten sowie die stillen Reserven in bestimmten Kapitalanlagen zu erläutern.[171]

Weitere Prüf- und Berichtpflichten eines Abschlussprüfers von Versicherungsunternehmen ergeben sich aus § 35 VAG.[172] So hat dieser bspw. zu überprüfen, ob das Versicherungsunternehmen den aufsichtsrechtlichen Anzeigepflichten nachgekommen ist. Hierzu gehören u. a. die unverzügliche Anzeige der Bestellung oder Abberufung eines Geschäftsleiters oder Aufsichtsratsmitgliedes sowie anderer Personen, die Schlüsselfunktionen im Versicherungsunternehmen ausüben. Ebenso müssen Änderungen der Beteiligungsverhältnisse und die Ausgliederungsabsicht von wichtigen Funktionen oder Versicherungstätigkeiten gemeldet werden.[173] Sollte das geprüfte Versicherungsunternehmen Teil eines Finanzkonglomerats sein, so hat der Abschlussprüfer ebenfalls die Erfüllung der Anzeigepflichten und gewisse Anforderungen des Finanzkonglomerate-Aufsichtsgesetzes zu prüfen. Weiterhin sieht das VAG vor, dass der Abschlussprüfer die Einhaltung der Anforderungen an Versicherungsunternehmen nach der EU-Ratingverordnung[174] kontrolliert. Hinzu kommt der Anspruch an den Abschlussprüfer, dass er überprüft, ob die Versicherungsunternehmen den aufsichtsrechtlichen Pflichten zur Verhinderung von Geldwäsche und Terrorismusfinanzierung sowie den allgemeinen Pflichten des Geldwäschegesetzes nachgekommen sind.[175]

Die vorhergehende nicht abschließende Aufzählung verdeutlicht, dass Abschlussprüfer von Versicherungsunternehmen neben den allgemeinen Pflichten zahlreichen spezifischen Pflichten bei der Prüfung nachkommen müssen. Neben den hier genannten Pflichten be-

---

[171]   Vgl. *Freiling/Spengler*, 2018, Rn. 65; *Sell/Grund*, 2011, Rn. 38.
[172]   Bis einschließlich 31.12.2015 geregelt in § 57 VAG a.F.
[173]   Vgl. *Freiling/Spengler*, 2018, Rn. 69-71.
[174]   Vgl. *EU*, 2009 in Verbindung mit *EU*, 2013.
[175]   Vgl. *Freiling/Spengler*, 2018, Rn. 73-88.

steht weiterhin die allgemeine Pflicht zur Erstellung und Unterzeichnung des Bestätigungsvermerks. In Anbetracht dessen, dass der Fokus dieser Arbeit insbesondere auf dem potentiellen Einfluss von testierenden Wirtschaftsprüfern (Individualebene) auf die Höhe des Prüfungshonorars liegt und der Bestätigungsvermerk diesbezüglich essenzielle Informationen über die involvierten Wirtschaftsprüfer liefert, wird diese Thematik gesondert im nachfolgenden Abschnitt behandelt.

3.3.3 Unterzeichnung des Bestätigungsvermerks sowie Verantwortungs- und Aufgabenbereich der testierenden Wirtschaftsprüfer[176]

Neben dem Prüfungsbericht, welcher nach § 321 Abs. 1 Satz 1 HGB vom bestellten Abschlussprüfer anzufertigen ist und über Art, Umfang sowie das Ergebnis der Prüfung zu berichten hat, muss der Abschlussprüfer entsprechend § 322 Abs. 1 Satz 1 HGB das Ergebnis der Prüfung in einem Bestätigungsvermerk zum Jahres- oder Konzernabschluss schriftlich zusammenfassen. Hierbei muss der Bestätigungsvermerk sowohl den Gegenstand, die Art sowie den Umfang der Prüfung beschreiben, die angewandten Rechnungslegungs- und Prüfungsgrundsätze benennen und darüber hinaus eine Beurteilung des Prüfungsergebnisses beinhalten.[177] Im Hinblick auf die Beurteilung ist es zwingend notwendig, dass diese unmissverständlich zum Ausdruck bringt, ob es sich um einen uneingeschränkten Bestätigungsvermerk, einen eingeschränkten Bestätigungsvermerk oder einen Vermerk über die Versagung handelt. Ein uneingeschränkter Bestätigungsvermerk sagt aus, *„dass die [vom Abschlussprüfer] nach § 317 [HGB] durchgeführte Prüfung zu keinen Einwendungen geführt hat und dass der von den gesetzlichen Vertretern der Gesellschaft aufgestellte Jahres- oder Konzernabschluss aufgrund der bei der Prüfung gewonnenen Erkenntnisse des Abschlussprüfers nach seiner Beurteilung den gesetzlichen Vorschriften entspricht und unter Beachtung der Grundsätze ordnungsmäßiger Buchführung oder sonstiger maßgeblicher Rechnungslegungsgrundsätze ein den tatsächlichen Verhältnissen entsprechendes Bild der Vermögens-, Finanz- und Ertragslage des Unternehmens oder des Konzerns vermittelt.“*[178] Ergeben sich hingegen Einwendungen aus der Prüfung, so muss der Abschlussprüfer unter Angabe der Gründe den Bestätigungsvermerk einschränken oder einen Vermerk über die Versagung[179] vornehmen. Die Erteilung eines eingeschränkten Bestätigungsvermerks aufgrund bestehender Einwendungen darf jedoch nur erfolgen, sofern der geprüfte Abschluss unter Berücksichtigung der vorgenommenen Einschränkung im Wesentlichen ein den tatsächlichen Verhältnissen entsprechendes Bild der Vermögens-, Finanz- und Ertragslage vermittelt.[180]

---

[176] Teile entnommen aus *Völker*, 2017.

[177] Vgl. § 322 Abs. 1 Satz 2 HGB.

[178] § 322 Abs. 3 HGB.

[179] Sofern eine Versagung vorgenommen wird, darf der Vermerk nicht mehr als Bestätigungsvermerk bezeichnet werden; vgl. 322 Abs. 4 Satz 2 HGB. Neben bestehenden Einwendungen kann eine Versagung auch damit begründet werden, dass der Abschlussprüfer trotz Nutzung aller adäquaten Möglichkeiten zur Klärung der Angelegenheit nicht die Möglichkeit hat, ein Prüfungsurteil abzugeben; vgl. § 322 Abs. 2, 5 HGB.

[180] Vgl. 322 Abs. 4 HGB.

Zusätzlich zu der Erstellung des Bestätigungs- bzw. Versagungsvermerks fordert § 322 Abs. 7 Satz 1 HGB, dass der bestellte Abschlussprüfer diesen unter Angabe von Ort und Datum unterzeichnet.[181] Dies bedeutet bei einem zum Abschlussprüfer bestellten Wirtschaftsprüfer in Einzelpraxis, dass nur er selbst den Bestätigungsvermerk unterzeichnen darf und muss (persönliche Unterzeichnungspflicht). Eine Vertretung, selbst durch einen anderen nicht beauftragten Wirtschaftsprüfer, ist grundsätzlich unzulässig.[182] Gleichzeitig ergibt sich hieraus, dass nicht nur die Alleinunterzeichnung durch einen Dritten verboten ist, sondern auch die Mitunterzeichnung durch eine nicht selbst beauftragte Person.[183] Erfolgt keine Unterzeichnung durch den bestellten Abschlussprüfer, kann der Bestätigungsvermerk keine Wirksamkeit entfalten.[184] Das Datum der Unterzeichnung ist der maßgebliche Tag, an dem die Prüfung und die Beurteilung des Jahresabschlusses sowie ggf. des Lageberichtes abgeschlossen wurde (z. B. Datum der Schlussbesprechung mit den gesetzlichen Vertretern).[185] Der Ort ist üblicherweise der Ort der beruflichen Niederlassung des Wirtschaftsprüfers bzw. der Ort der Niederlassung der Prüfungsgesellschaft, für die der Wirtschaftsprüfer arbeitet.[186] Des Weiteren ist entsprechend § 18 Abs. 1 Wirtschaftsprüferordnung (WPO) bei der Unterzeichnung zwingend die Berufsbezeichnung „Wirtschaftsprüfer" aufzunehmen.[187]

Sofern der Prüfungsbericht sowie der Bestätigungsvermerk von einer Prüfungsgesellschaft ausgestellt werden, fordern § 322 Abs. 7 Satz 3 HGB sowie § 44 Abs. 1 der Berufssatzung für Wirtschaftsprüfer/vereidigte Buchprüfer (BS WP/vBP)[188] explizit, dass in Vertretung für die Prüfungsgesellschaft der Bestätigungsvermerk wenigstens von dem/den für die Durchführung der Abschlussprüfung verantwortlichen Wirtschaftsprüfer/n zu unterzeichnen ist.[189] Die Festlegung der Verantwortlichkeit des Wirtschaftsprüfers für die Auftragsdurchführung ist nach § 38 Abs. 2 BS WP/vBP verpflichtend und muss dokumentiert wer-

---

[181] Dies gilt entsprechend § 321 Abs. 5 Satz 1 HGB auch für den Prüfungsbericht.

[182] Sollte der beauftragte Wirtschaftsprüfer ausfallen und daher nicht in der Lage sein, den Bestätigungsvermerk zu unterzeichnen, muss entsprechend § 318 Abs. 4 Satz 2 HGB zwingend ein neuer Abschlussprüfer durch das Gericht bestellt werden, falls nicht im Vorfeld ein Ersatzprüfer gewählt wurde. Sofern mehrere Wirtschaftsprüfer als Gemeinschaftsprüfer bestellt wurden, müssen ohne Ausnahme alle unterschreiben. Fällt von diesen nur einer weg, muss dennoch ein Ersatzprüfer bestellt werden; vgl. *Schnepel*, 2013, Rn. 4.

[183] Vgl. *Schnepel*, 2013, Rn. 3. Die Mitwirkung einer dritten Person darf jedoch unter Einhaltung bestimmter Voraussetzungen durch eine sogenannte „Beizeichnung" kenntlich gemacht werden; vgl. hierzu *Schnepel*, 2013, Rn. 5. Die persönliche Unterzeichnungspflicht gilt ebenfalls für zum Abschlussprüfer bestellte Wirtschaftsprüfer, die sich in Form einer Gesellschaft bürgerlichen Rechts (GbR) mit anderen Wirtschaftsprüfern zusammengetan haben (z. B. eine einfache Partnerschaftsgesellschaft). Eine Vertretung durch andere Gesellschafter ist nicht zulässig; vgl. hierzu *Schnepel*, 2013, Rn. 6.

[184] Vgl. *Schnepel*, 2013, Rn. 9.

[185] Vgl. *IDW PS 400*, 2014, Tz. 81.

[186] Vgl. *IDW PS 400*, 2014, Tz. 83. Die ausdrückliche Bezeichnung des bei der Unterzeichnung anzugebenden Ortes ist in § 322 Abs. 7 Satz 1 HGB erst seit Juni 2016 aufgrund des AReG enthalten.

[187] Vgl. *IDW PS 400*, 2014, Tz. 85.

[188] Am 23. September 2016 ist die Neufassung der BS WP/vBP vom 21. Juni 2016 in Kraft getreten. Vorher, d. h. während des Untersuchungszeitraumes der empirischen Analyse dieser Arbeit, war die Unterzeichnung von Prüfungsvermerken in § 27a Abs. 1 BS WP/vBP a.F. geregelt.

[189] Da der verantwortliche Wirtschaftsprüfer in Vertretung für die zum Abschlussprüfer bestellte Prüfungsgesellschaft unterzeichnet, müssen gleichzeitig die vertretungsrechtlichen Voraussetzungen erfüllt sein. Grundsätz-

den.[190] Die Aufgabe des verantwortlichen Wirtschaftsprüfers besteht entsprechend § 38 Abs. 1 BS WP/vBP darin, mittels geeigneter Maßnahmen einen ordnungsgemäßen Prüfungsablauf in sachlicher, personeller und zeitlicher Hinsicht zu gewährleisten, der den tatsächlichen Verhältnissen des zu prüfenden Unternehmens angemessen ist.[191] Hierzu gehört neben der Auswahl qualifizierter Mitglieder des Prüfungsteams die Bestimmung von Art, Umfang und Dokumentation der Prüfungsdurchführung unter Berücksichtigung von Größe, Komplexität und Risiko des prüfungspflichtigen Unternehmens sowie die Erteilung und Überwachung von Prüfungsanweisungen an die Mitarbeiter. Des Weiteren umfassen die Aufgaben die Einholung und Dokumentation von fachlichem Rat bei Zweifelsfragen, die abschließende Urteilsbildung hinsichtlich der Einhaltung von gesetzlichen und fachlichen Regeln sowie die Beurteilung der Ergebnisse der auftragsbezogenen Qualitätssicherung nach § 48 BS WP/vBP.[192] Im weiteren Verlauf dieser Arbeit wird daher der für die Prüfungsplanung und -durchführung sowie die Ableitung des Prüfungsurteils verantwortliche Prüfungspartner auch kurz als prüfungsdurchführender Wirtschaftsprüfer bezeichnet.[193]

Wird der Bestätigungsvermerk nur von einem Wirtschaftsprüfer unterzeichnet, ist im Rückblick auf die vorhergehenden Erläuterungen eindeutig, dass dieser die umfassende berufsrechtliche Verantwortung für die Organisation und Durchführung der Abschlussprüfung sowie das abgeleitete Prüfungsurteil trägt.[194] In der Praxis ist es bei Bestellung einer Prüfungsgesellschaft jedoch üblich, dass zwei vertretungsberechtigte Wirtschaftsprüfer den Bestätigungsvermerk unterzeichnen. In diesem Fall stellt sich die Frage, welcher Verantwortungs- und Aufgabenbereich dem jeweiligen Wirtschaftsprüfer zukommt. Aus den vorherigen Ausführungen ergibt sich, dass weiterhin einem der beiden die vorrangige Verantwortung für die Prüfungsorganisation und -durchführung sowie die Ableitung des Prüfungsurteils obliegen muss. Hinsichtlich der Rolle des zweiten Wirtschaftsprüfers, welcher vorwiegend als Mitunterzeichner bezeichnet wird, besteht indes gewisse Unklarheit, da bis dato keine Regelung existiert, die dessen Aufgabenbereich explizit definiert. Dennoch heißt es, dass der Mitunterzeichner aufgrund seiner Pflicht zur eigenverantwortlichen und gewissenhaften Berufsausübung zumindest gewisse Mindestanforderungen zu erfüllen hat. Demnach sollte er wenigstens über die wesentlichen Aspekte des Auftrags, den Ablauf der Prü-

---

lich ist hierfür jedoch keine auf die Prüfungsgesellschaft bezogene generelle Einzelvertretungsmacht notwendig, sondern es reicht aus, wenn dem verantwortlichen Prüfungspartner eine Vollmacht im Einzelfall ausgestellt wurde; vgl. *WPK*, 2016, Erläuterungen zu § 44 Abs. 1 BS WP/vBP; *WPK*, 2012b, Erläuterungen zu § 27a Abs. 1 BS WP/vBP a.F.

[190]   Vorher geregelt in § 24a Abs. 2 BS WP/vBP a.F.

[191]   Vorher geregelt in § 24a Abs. 1 BS WP/vBP a.F.

[192]   Vgl. § 39 BS WP/vBP. Vorher geregelt in § 24b BS WP/vBP a.F.

[193]   In der Literatur wird der für die Prüfungsplanung und -durchführung sowie die Ableitung des Prüfungsurteils verantwortliche Prüfungspartner auch kurz als verantwortlicher Wirtschaftsprüfer bezeichnet; vgl. *Gelhausen*, 2007, S. 60; *Molls*, 2013, S. 40. Da jedoch auch der Mitunterzeichner eine berufsrechtliche Verantwortung für das Arbeitsergebnis trägt (siehe hierzu weiter unten in diesem Abschnitt), wird dieser Begriff hier nicht verwendet, um eine eindeutige Bezeichnung der jeweiligen testierenden Wirtschaftsprüfer zu gewährleisten. Stattdessen wird durch den Zusatz „prüfungsdurchführender" kenntlich gemacht, dass dieser die vorrangige Verantwortung für die Auftragsdurchführung hat, welche die Prüfungsplanung, -durchführung und Ableitung des Prüfungsurteils beinhaltet.

[194]   Vgl. *Gelhausen*, 2007, S. 60; *Schnepel*, 2013, Rn. 22.

fung, die wesentlichen sowie kritischen Fragestellungen im Verlauf der Abschlussprüfung und die Inhalte des Prüfungsberichtes sowie des Bestätigungsvermerks informiert sein, damit er das Prüfungsergebnis in allen wesentlichen Belangen mittragen kann. Grundsätzlich gehört hierzu auch, dass der Mitunterzeichner den Prüfungsbericht kritisch liest. Im Gegensatz zum vorrangig verantwortlichen Wirtschaftsprüfer obliegt ihm jedoch nicht die Pflicht, Einzelheiten der Prüfungsplanung und -durchführung aktiv zu gestalten und zu begleiten. [195] Intern sind die Mindestanforderungen an den Mitunterzeichner jedoch beliebig erweiterbar. Demnach ist es durchaus möglich, dass der Mitunterzeichner als Berichtskritiker des Prüfungsberichts im Sinne des § 48 Abs. 2 BS WP/vBP[196] fungiert. [197]

Die Aufgabe des Berichtskritikers (*review partner*) besteht darin, vor Auslieferung des Prüfungsberichtes zu kontrollieren, ob dieser in Übereinstimmung mit den geltenden fachlichen Bestimmungen[198] erstellt wurde. Des Weiteren hat er zu untersuchen, ob die Inhalte des Prüfungsberichtes in sich widerspruchsfrei sind und im Einklang mit den im Abschluss enthaltenen Informationen stehen. Daneben muss er qua einer Plausibilitätsprüfung beurteilen, ob die Ausführungen zu den wesentlichen Prüfungshandlungen mit den fachlichen Regeln (d. h. insbesondere Prüfungsstandards) übereinstimmen, ob aus den im Prüfungsbericht widergegebenen Erkenntnissen aus der Abschlussprüfung die richtigen Schlussfolgerungen gezogen wurden und ob insoweit das daraus abgeleitete Prüfungsergebnis plausibel ist. Letztendlich stellt die Berichtskritik ein Mittel der auftragsbezogenen Qualitätssicherung dar, indem auch auf die Tätigkeit des für die Prüfungsdurchführung sowie die Ableitung des Prüfungsurteils verantwortlichen Wirtschaftsprüfers das „Vier-Augen-Prinzip" Anwendung findet. [199] Voraussetzung dafür, dass der Mitunterzeichner die Funktion des Berichtskritikers übernimmt, ist, dass dieser nicht wesentlich an der Prüfungsdurchführung und gar nicht an der Erstellung des Prüfungsberichtes mitwirkt. Dies dient der Verhinderung einer Selbstprüfung, steht aber nicht im Widerspruch zu den Mindestanforderungen an einen Mitunterzeichner. [200] Des Weiteren muss er die für einen Berichtskritiker geforderte persönliche und fachliche Eignung erfüllen. Hierbei umfasst die fachliche Eignung die speziellen Kenntnisse bezüglich der jeweiligen Abschlussprüfung, wie bspw. Branchenkenntnisse. Die persönliche Eignung verlangt hingegen ein Mindestmaß an Berufserfahrung sowie Unabhängigkeit und Objektivität. [201] Unabhängig davon, ob der Mitunterzeichner als Berichtskritiker fungiert oder nur den genannten Mindestanforderungen nachkommt, ist es in Hinblick auf die hierarchische Stellung durchaus üblich, dass dieser

---

[195] Vgl. *Gelhausen,* 2007 S. 60; *WPK,* 2016, Erläuterungen zu § 38 Absatz 2 BS WP/vBP.

[196] Vorher geregelt in § 24d Abs. 1 BS WP/vBP a.F.

[197] Vgl. *Gelhausen,* 2007, S. 60.

[198] Bei Abschlussprüfungen nach §§ 316 ff. HGB sind dies insbesondere die Grundsätze ordnungsgemäßer Berichterstattung bei Abschlussprüfungen, vgl. *IDW PS 450,* 2012.

[199] Vgl. *WPK,* 2006, Tz. 112, 113; *WPK,* 2016, Erläuterungen zu § 48 Abs. 2 BS WP/vBP; *WPK,* 2012b, Erläuterungen zu § 24d Abs. 1 BS WP/vBP a.F.

[200] Vgl. *Gelhausen,* 2007, S. 60; *Schnepel,* 2013, Rn. 10; *WPK,* 2016, Erläuterungen zu § 38 Abs. 2 BS WP/vBP. Die Mitunterzeichnung eines Bestätigungsvermerks/Prüfungsberichts mit der Stellung eines auftragsbegleitenden Qualitätssicherers nach § 48 Abs. 3,4 BS WP/vBP (vorher § 24d Abs. 2 BS WP/vBP a.F.) ist i. d. R. ausgeschlossen; vgl. *APAK,* 2013, S. 1. Anderer Auffassung ist hingegen der Berufsstand; vgl. *IDW,* 2015, S. 98 f.

[201] Vgl. *WPK,* 2006, Tz. 119; *WPK,* 2016, Erläuterungen zu § 48 Abs. 2 BS WP/vBP; *WPK,* 2012b, Erläuterungen zu § 24d Abs. 1 BS WP/vBP a.F.

im Vergleich zum prüfungsdurchführenden Wirtschaftsprüfer einer höheren Leitungsebene (oftmals Teilhaber an der Prüfungsgesellschaft) angehört und gleichzeitig eine größere Berufserfahrung als der Rechtsunterzeichner aufweist. Daher kommt es nicht selten vor, dass der Mitunterzeichner die Auswahl des prüfungsdurchführenden Wirtschaftsprüfers vornimmt.[202]

Trotz des Wissens, dass einer der beiden unterzeichnenden Wirtschaftsprüfer vorrangig für die Prüfungsdurchführung sowie die Ableitung des Prüfungsurteils verantwortlich ist und der andere als Mitunterzeichner fungiert, ist es für den Bilanzadressaten nicht ersichtlich, wem von den beiden die jeweilige Funktion zukommt. Dies liegt daran, dass bis dato keine verbindliche Regelung existiert, die eine unmissverständliche Kennzeichnung der Unterzeichner vorschreibt oder die dem jeweiligen Wirtschaftsprüfer einen eindeutig festgelegten Platz unterhalb des Bestätigungsvermerks zur Unterschrift zuweist.[203] Bedingt durch das Fehlen einer derartigen Regelung ist es grundsätzlich möglich, dass der Wirtschaftsprüfer mit der Stellung eines für die Prüfungsdurchführung verantwortlichen Prüfers entweder links oder rechts unterhalb des Bestätigungsvermerks unterschreibt.[204] Selbiges gilt für den Mitunterzeichner. Begründet wird die fehlende eindeutige Kennzeichnungspflicht damit, dass auch so die Forderung von Art. 28 Abs. 1 der Abschlussprüferrichtlinie 2006/43/EG, eine verantwortliche natürliche Person identifizieren zu können, erfüllt wird.[205] In der Praxis hat sich jedoch trotz fehlender Vorschriften etabliert, dass in der Regel (i. d. R.) der für die Prüfungsplanung und -durchführung verantwortliche Wirtschaftsprüfer rechts und der Mitunterzeichner links unterhalb des Bestätigungsvermerks unterzeichnet.[206] Dies wird nicht zuletzt durch eine von *Molls* (2013) durchgeführte Befragung von Prüfungsgesellschaften in Deutschland bestätigt. Hierbei geben die Big4-Gesellschaften[207] an, dass der Linksunterzeichner die Funktion des Berichtskritikers (d. h. Mitunterzeichner) einnimmt.[208] Festzuhalten bleibt in diesem Zusammenhang, dass unabhängig von der zuvor genannten internen Funktion der testierenden Wirtschaftsprüfer die Unterzeichnung eines Bestätigungsvermerks grundsätzlich immer zu einer umfassenden berufsrechtlichen Ver-

---

[202] Vgl. *Schnepel*, 2013, Rn. 10; *Downar*, 2015, S. 134; *Lennox/Wu/Zhang*, 2014, S. 1784.

[203] Mit Verabschiedung des *IDW PS 400 n.F.* am 30. November 2017 wurde zumindest für Unternehmen von öffentlichem Interesse eingeführt, dass die Bestätigungsvermerke von Abschlüssen, deren Berichtszeiträume nach dem 16. Juni 2016 beginnen, einen Abschnitt mit der Überschrift „Verantwortlicher Wirtschaftsprüfer" enthalten müssen. In diesem Abschnitt muss der Name des Wirtschaftsprüfers angegeben werden, welcher vorrangig für die Durchführung des Prüfungsauftrages und die Berichterstattung verantwortlich ist; vgl. *IDW PS 400 n.F.*, 2017, Tz. 8, 70. In Anbetracht dessen, dass Versicherungsunternehmen seit Inkrafttreten des AReG im Juni 2016 ausnahmslos als Unternehmen von öffentlichem Interesse gelten, werden diese der vorgenannten Angabepflicht nachkommen müssen. Für die empirische Analyse dieser Arbeit ist die Regelung jedoch ohne Bedeutung, da der Untersuchungszeitraum (2009 bis 2013) hiervon nicht betroffen ist.

[204] Teilweise unterschreiben die Wirtschaftsprüfer auch untereinander unterhalb des Bestätigungsvermerks. Der oben unterzeichnende Wirtschaftsprüfer wird sodann als Linksunterzeichner und der unten unterzeichnende als Rechtsunterzeichner identifiziert.

[205] Vgl. *WPK*, 2012b, Erläuterungen zu § 27a Abs. 1 BS WP/vBP a.F.

[206] Vgl. *Gelhausen*, 2007, S. 60; *Schnepel*, 2013, Rn. 10; *WPK*, 2012b, Erläuterungen zu § 27a Abs. 1 BS WP/vBP a.F.

[207] Bei den Big4-Gesellschaften handelt es sich um Deloitte & Touche (DT), Ernst & Young (EY), KPMG sowie PricewaterhouseCoopers (PwC).

[208] Vgl. *Molls*, 2013, S. 43.

antwortung führt, die nicht auf eine gesellschaftsrechtlich notwendige Vertretung begrenzt werden kann. Dies wird damit begründet, dass alle Unterzeichner, d. h. auch der nicht für die Prüfungsplanung und -durchführung verantwortliche Mitunterzeichner, mit ihrer Unterschrift ihre Eigenverantwortlichkeit dokumentieren, welche die berufsrechtliche Verantwortung für das Arbeitsergebnis mit beinhaltet.[209]

3.4 Kapitelzusammenfassung

Das vorliegende Kapitel behandelte den deutschen Versicherungsmarkt im Kontext von Rechnungslegung und Abschlussprüfung. Neben den Charakteristiken der deutschen Versicherungsbranche wurden sowohl versicherungsspezifische Rechnungslegungsnormen als auch allgemeine und versicherungsspezifische Regularien zur Abschlussprüfung erläutert. Des Weiteren erfolgte eine gesonderte Behandlung der Unterzeichnungspflicht des Bestätigungsvermerks durch den oder die Wirtschaftsprüfer, da dies für die empirische Analyse von essenzieller Bedeutung ist. Die wesentlichen Inhalte des Kapitels lassen sich wie folgt zusammenfassen:

- Die deutsche Versicherungsbranche umfasste im Untersuchungszeitraum von 2009 bis 2013 über 1.400 Versicherungsunternehmen und ca. 30 Pensionsfonds. Die Versicherungsunternehmen unterteilen sich in Erstversicherer (Lebens-, Kranken- und Schaden-/Unfallversicherer sowie Pensions- und Sterbekassen) und Rückversicherer. Im letzten Untersuchungsjahr standen 586 Versicherungsunternehmen sowie alle Pensionsfonds unter Bundesaufsicht der BaFin, 838 Versicherungsunternehmen standen unter Landesaufsicht. Die gebuchten Bruttobeiträge beliefen sich auf ca. 251,1 Mrd. EUR. Der Großteil hiervon wurde durch ca. 424 Mio. bei den Erstversicherern und Pensionsfonds bestehenden Versicherungsverträge erwirtschaftet.
- Die Besonderheiten des Versicherungswesens und die daraus erwachsende Schutzbedürftigkeit der Versicherungsnehmer begründen die Existenz von branchenspezifischen Rechnungslegungsnormen. Die branchenspezifischen *lex specialis*-Vorschriften finden sich primär in den §§ 341-341p HGB. Demnach müssen Versicherungsunternehmen unabhängig von ihrer Rechtsform und Größe ihren Jahresabschluss und Lagebericht nach den für große Kapitalgesellschaften geltenden Vorschriften erstellen. Ferner sind Vorschriften zur Bewertung von Kapitalanlagen und versicherungstechnischen Rückstellungen, zur Aufstellungspflicht eines Konzernabschlusses sowie zur Offenlegungspflicht von Rechnungslegungsinformationen enthalten. Ergänzt werden diese durch die RechVersV, welche u. a. spezielle Formblätter für die Versicherungsbilanz und die GuV sowie Erleichterungsvorschriften enthält. Ebenso müssen die spezifischen Regelungen des DRS 3, Anlage 3 (Segmentberichterstattung), DRS 20, Anlage 2 (Konzernlagebericht) sowie DRS 21, Anlage 3 (Kapitalflussrechnung) Anwendung finden.

---

[209] Vgl. *Schnepel*, 2013, Rn. 22 f.

- Hinsichtlich der Abschlussprüfungspflicht ist festzuhalten, dass prinzipiell alle Versicherungsunternehmen entsprechend § 341k Abs. 1 S. 1 HGB und damit im Gegensatz zu § 316 Abs. 1 S. 1 HGB unabhängig von ihrer Größe ihren Jahresabschluss samt Lagebericht sowie ihren Konzernabschluss samt Konzernlagebericht nach den handelsrechtlichen Vorschriften zur Abschlussprüfung der §§ 316 bis 324a HGB prüfen lassen müssen. Lediglich bestimmte Versicherungsunternehmen sind von der Prüfung befreit. Abschlussprüfer von Versicherungsunternehmen können nach § 341k Abs. 1 S. 1 in Verbindung mit § 319 Abs. 1 S. 1 HGB abweichend zu § 319 Abs. 1 S. 2 HGB lediglich Wirtschaftsprüfer und Prüfungsgesellschaften sein. Die Bestimmung des Abschlussprüfers erfolgt nach § 341k Abs. 2 S. 1 HGB durch den Aufsichtsrat und nicht, wie in § 318 Abs. 1 S. 1 HGB vorgegeben, durch die Gesellschafter. Ebenso ist der Aufsichtsrat für die Erteilung des Prüfungsauftrages zuständig.

- Abschlussprüfern von Versicherungsunternehmen und Pensionsfonds obliegen zahlreiche allgemeine und versicherungsspezifische Prüfungs- und Berichtspflichten. Hierzu gehören u. a. die zwingende Beachtung der PrüfV bei der Erstellung des Prüfungsberichtes sowie die Überprüfung, ob das Versicherungsunternehmen den aufsichtsrechtlichen Anzeigepflichten nachgekommen ist. Ferner muss der Abschlussprüfer z. B. kontrollieren, ob das Versicherungsunternehmen die aufsichtsrechtlichen Pflichten zur Verhinderung von Geldwäsche und Terrorismusfinanzierung sowie die allgemeinen Pflichten des Geldwäschegesetzes erfüllt hat.

- Im Hinblick auf den Bestätigungsvermerk fordert § 322 Abs. 7 Satz 1 HGB, dass der bestellte Abschlussprüfer diesen unter Angabe von Ort und Datum unterzeichnet. Sofern der Bestätigungsvermerk von einer Prüfungsgesellschaft ausgestellt wird, fordern § 322 Abs. 7 Satz 3 HGB sowie § 44 Abs. 1 BS WP/vBP (vorher § 27a Abs. 1 BS WP/vBP a.F.) explizit, dass dieser in Vertretung für die Prüfungsgesellschaft wenigstens von dem für die Prüfungsplanung und -durchführung sowie die Ableitung des Prüfungsurteils verantwortlichen Prüfungspartner (prüfungsdurchführender Wirtschaftsprüfer) zu unterzeichnen ist. In der Praxis ist es bei Bestellung einer Prüfungsgesellschaft jedoch üblich, dass zwei vertretungsberechtigte Wirtschaftsprüfer den Bestätigungsvermerk unterzeichnen. In diesem Fall unterschreibt der prüfungsdurchführende Wirtschaftsprüfer für gewöhnlich auf der rechten Seite und der Mitunterzeichner auf der linken Seite unterhalb des Bestätigungsvermerks. Der Aufgaben- und Verantwortungsbereich eines Mitunterzeichners ist nicht explizit geregelt. Dennoch muss er wenigstens gewisse Mindestanforderungen erfüllen, damit er das Prüfungsergebnis in allen wesentlichen Belangen mittragen kann. Zu seinen Pflichten gehört es aber im Normalfall nicht, Einzelheiten der Prüfungsplanung und -durchführung aktiv zu gestalten und zu begleiten. Aus diesem Grund ist es möglich, dass der Mitunterzeichner als Berichtskritiker fungiert. Unabhängig davon ist es nicht selten, dass der Mitunterzeichner im Vergleich zum prüfungsdurchführenden Wirtschaftsprüfer einer höheren Leitungsebene (oftmals Teilhaber an der Prüfungsgesellschaft) angehört und gleichzeitig eine größere Berufserfahrung als der Rechtsunterzeichner aufweist. Losgelöst von der zuvor genannten internen Funktion der testierenden Wirtschaftsprüfer führt die Unterzeichnung eines Bestätigungsvermerks grundsätzlich immer zu einer umfassenden berufsrechtlichen Verantwortung, die nicht auf eine gesellschaftsrechtlich notwendige Vertretung begrenzt werden kann.

Das Kapitel hat aufgezeigt, dass die Versicherungsbranche in Hinblick auf Rechnungslegung und Abschlussprüfung komplex und hoch reguliert ist. Ferner wurde erläutert, wie anhand des Bestätigungsvermerks die für die Forschungsfrage dieser Arbeit relevanten testierenden Wirtschaftsprüfer und deren Aufgaben- und Verantwortungsbereiche identifiziert werden können. Das nun nachfolgende Kapitel widmet sich dem Abschlussprüfungshonorar, da dieses eine zentrale Rolle bei der Forschungsfrage einnimmt. Hierbei wird zum einen die Publizitätspflicht thematisiert. Zum anderen werden bereits in der Prüfungsforschung identifizierte wesentliche Einflussfaktoren auf die Honorarhöhe vorgestellt.

4 Abschlussprüfungshonorare – Publizitäts-pflicht und Determinanten

4.1 Offenlegungspflicht der Prüfungs- und Beratungs-honorare in Deutschland

4.1.1 Intention und Wirkung der Honorarpublizitätspflicht

Wie bereits in Abschnitt 2.2 verdeutlicht, gehört Unabhängigkeit neben Urteilsfähigkeit zu den wichtigsten Attributen eines Abschlussprüfers, da sie als Grundvoraussetzung dafür gilt, dass die Adressaten eines Geschäftsberichtes auf das Prüfungsurteil (zumeist Bestätigungsvermerk) des Abschlussprüfers vertrauen. Damit steht der Grad der Unabhängigkeit in einem positiven Verhältnis zur Glaubwürdigkeit der veröffentlichten Finanzinformationen eines Unternehmens, was wiederum für die unterschiedlichsten Stakeholder von Bedeutung ist.[210] Zur Gewährleistung der bedeutsamen Unabhängigkeit existieren neben nationalen und internationalen berufsständischen Satzungen, die die Unabhängigkeit als Berufspflicht bezeichnen,[211] insbesondere gesetzliche Vorschriften. Eine davon ist die mit den Unabhängigkeitsregelungen nach §§ 319 und 319a HGB in Zusammenhang stehende Honorarpublizitätspflicht nach § 285 Nr. 17 HGB bzw. § 314 Abs. 1 Nr. 9 HGB. Die vorgenannten gesetzlichen Unabhängigkeitsvorschriften beschränken u. a. die Vereinbarkeit von Prüfungsleistungen mit Beratungs- bzw. Bewertungsleistungen des Abschlussprüfers, um die dadurch bedingte potentielle Gefährdung der Unabhängigkeit zu begrenzen. Demnach sind vom Abschlussprüfer parallel zur gesetzlichen Abschlussprüfung erbrachte Beratungs-/Bewertungsleistungen nur dann erlaubt, sofern dadurch keine Befangenheit bzw. Besorgnis der Befangenheit[212] begründbar ist.[213] Um aus der Perspektive des Bilanzlesers einen derartigen Sachverhalt überhaupt beurteilen zu können, soll die gesetzlich verankerte Honorarpublizitätspflicht ein Mindestmaß an notwendigen Informationen bezüglich der Vergütung des Abschlussprüfers für Prüfungs- sowie Beratungs- bzw. Bewertungsleistungen zur Verfügung stellen.[214] Die daraus zu gewinnende Gesamthöhe der Vergütung sowie die Relation zwischen Prüfungs- und Nichtprüfungsleistungen kann sodann implizit als ob-

---

[210]   Vgl. *EU*, 2002, S. 22.

[211]   In Deutschland ist die Unabhängigkeit in § 2 BS WP/vBP i.V.m. § 57 Abs. 4 Nr. 1 a) WPO als allgemeine Berufspflicht festgeschrieben.

[212]   Der Begriff „Besorgnis der Befangenheit" ist in § 29 Abs. 3 BS WP/vBP (vorher § 21 Abs. 3 BS WP/vBP a.F.) geregelt. Demnach liegt Besorgnis der Befangenheit vor, wenn aus Sicht eines verständigen Dritten Umstände bestehen, die dazu geeignet sind, die Urteilsbildung des Abschlussprüfers unsachgemäß und wesentlich zu beeinflussen. Als Beispiele für die beeinflussenden Umstände werden Eigeninteressen, Selbstprüfung, Interessenvertretung, persönliche Vertrautheit sowie Einschüchterung genannt; vgl. § 29 Abs. 2 Satz 2 BS WP/vBP (vorher § 27a Abs. 2 Satz 2 BS WP/vBP a.F.).

[213]   Vgl. *Deutscher Bundestag*, 2004, S. 27; *Umlauf*, 2013, S. 83.

[214]   Vgl. *Deutscher Bundestag*, 2004, S. 29.

jektiver Indikator für die finanzielle Unabhängigkeit des Abschlussprüfers vom prüfungspflichtigen Unternehmen und gleichzeitig als Indikator für eine potentielle Befangenheit des Abschlussprüfers aufgrund erbrachter Beratungsleistungen, die im Zusammenhang mit der Durchführung der Abschlussprüfung Interessenkonflikte hervorrufen könnten,[215] genutzt werden.[216] Letztendlich soll die dadurch gewonnene Transparenz bezüglich der wirtschaftlichen Verflechtungen zwischen dem Abschlussprüfer und seinem Mandanten eine Wirkung dahingehend entwickeln, dass sich die Besorgnis der Befangenheit reduziert und damit die Objektivität sowie die Unabhängigkeit des Abschlussprüfers gestärkt werden.[217]

Aufgrund der Ausgestaltung der Honorarpublizitätspflicht bezeichnet *Umlauf* (2013) diese auch als „marktbasierten Lösungsansatz des Unabhängigkeitsproblems" und beschreibt in diesem Zusammenhang zwei potentielle Funktionen, namentlich Informationsfunktion und Präventivfunktion, die der Offenlegungspflicht grundsätzlich zukommen. Die Informationsfunktion umfasst hierbei die Möglichkeit und damit die originäre Intention des Gesetzgebers, dass das Vertrauen von Interessengruppen eines Unternehmens in die geprüften Rechnungslegungsinformationen u. a. auf deren eigenen aus den publizierten Honoraren abgeleiteten Einschätzungen über die Unabhängigkeit des Abschlussprüfers basiert und damit Investitionsentscheidungen sowie Geschäftsbeziehungen beeinflusst. Damit in Zusammenhang stehend unterstellt die Präventivfunktion, dass die prüfungspflichtigen Unternehmen mögliche negative Reaktionen der Anspruchsgruppen aufgrund potentieller Abhängigkeitsbedenken bereits antizipieren und daher von selbst im Vorfeld die Nachfrage nach Beratungsleistungen vom Abschlussprüfer reduzieren, um dadurch negativen Folgen, wie z. B. risikoangepassten Leistungskonditionen, Verzinsungsaufschlägen oder ausbleibenden Investitionen, präventiv entgegenzuwirken. Greifen wird die Präventivfunktion immer dann, wenn die durch die Honorarpublizität verursachten potentiellen Nachteile höher beurteilt werden als die durch die parallel zur Abschlussprüfung durchgeführten Beratungsleistungen ausgelösten Vorteile, wie z. B. Synergieeffekte.[218]

Uneingeschränkte Evidenz dafür, dass die vorgenannten Funktionen tatsächlich greifen und zu einer Verbesserung der Markteffizienz beitragen, existiert indes nicht. So zeigen zwar insbesondere bisherige Experimentalstudien sowie Befragungen, dass die publizierten

---

[215] Interessenkonflikte könnten bspw. auftreten, wenn im Rahmen der Abschlussprüfung Sachverhalte geprüft werden, die selbst vom Abschlussprüfer mittels Beratungsleistungen so gestaltet wurden (Selbstprüfung), oder wenn vom Abschlussprüfer zu befürchten ist, dass er den Auftrag für lukrative Beratungsleistungen verliert, sofern er zu einem der Wahrheit entsprechenden Prüfungsurteil kommt, welches dem prüfungspflichtigen Unternehmen missfällt.

[216] Vgl. *Bischof*, 2006, S. 706; *Qandil*, 2014, S. 97; *Wagner*, 2009, S. 14; *Zimmermann*, 2006, S. 273. Das Bundesministerium der Justiz vertritt in diesem Zusammenhang die vorsichtige Auffassung, dass die Besorgnis der Befangenheit dann gegeben sein könnte, wenn das für Nichtprüfungsleistungen gezahlte Honorar das für die Abschlussprüfung gezahlte Honorar übersteigt. Dieser Umstand kann im Einzelfall Anlass dafür sein, die Frage nach einer potentiellen Befangenheit gesondert zu prüfen; vgl. *Bundesministerium der Justiz*, 2003, S. 23. Kritiker diesbezüglich führen hingegen an, dass ein bestimmtes Verhältnis von Beratungshonoraren zu Abschlussprüfungshonoraren die Besorgnis der Befangenheit nicht pauschal hervorrufen muss, sofern die Honorare aufgrund der erbrachten Leistungen als gerechtfertigt erscheinen und angemessen sind; vgl. *IDW*, 2004, S. 144; *WPK*, 2004, S. 2.

[217] Vgl. *Grottel*, 2016a, § 285, Rn. 500; *Poelzig*, 2013a, § 285, Rn. 307. Kritisch hierzu u. a. *IDW*, 2004, S. 144; *Pfitzer/Orth/Hettich*, 2004, S. 331 f.

[218] Vgl. *Umlauf*, 2013, S. 88, 98.

Honorare für einzelne Abschlussadressaten entscheidungsrelevante Informationen darstellen. Gleichzeitig kann jedoch aufgezeigt werden, dass die dadurch induzierte Einschätzung der Unabhängigkeit nicht selten von der (im Experiment simulierten) realen Unabhängigkeit des Abschlussprüfers abweicht und damit konträr zur ursprünglichen Intention der Honorarpublizitätspflicht zu einer Verschlechterung der Markteffizienz beiträgt.[219] Begründet wird dies in erster Linie dadurch, dass die derzeitige Ausgestaltung der Honoraroffenlegung Informationen bereitstellt, die alleine nicht zu einer richtigen Beurteilung der tatsächlichen Unabhängigkeit ausreichen. Bestätigt wird dies u. a. durch Aussagen des Gesetzgebers, der auch bei einer Relation von Nichtprüfungsleistungen zu Prüfungsleistungen größer 100% davon spricht, dass einem dadurch begründeten Verdacht weitergehende Prüfungen folgen müssen, um eine potentielle Befangenheit des Abschlussprüfers tatsächlich bestätigen oder ablehnen zu können. Insbesondere außenstehenden Interessengruppen, für welche die Publizitätspflicht in erster Linie eingeführt wurde, fehlen jedoch die Möglichkeiten, selbständig weitergehende Prüfungen hinsichtlich der Unabhängigkeit bzw. Befangenheit vorzunehmen.[220] Gleichzeitig betonen Kritiker in diesem Zusammenhang, dass erst durch die eingeführte Offenlegungspflicht eine grundsätzliche Befangenheitsvermutung suggeriert wird, ohne dass eine allgemeingültige Regelung besteht, die den Anschein der Befangenheit widerlegen kann.[221] Hinsichtlich der potentiellen Präventivfunktion bleibt festzuhalten, dass die bisherige Evidenz keine eindeutigen Anhaltspunkte dafür liefert, dass diese tatsächlich funktioniert. So gibt es zwar Studien, die zumindest teilweise nachweisen können, dass durch die Einführung einer Publizitätspflicht in den USA die Nachfrage nach Beratungsleistungen beeinflusst wurde, andere Studien können hingegen keinen signifikanten Effekt nachweisen.[222]

Abschließend kann festgehalten werden, dass die Intention der Honorarpublizitätspflicht darin besteht, die Unabhängigkeit des Abschlussprüfers zu stärken, um damit das Vertrauen in die bereitgestellten Rechnungslegungsinformationen zu wahren bzw. auszubauen. In diesem Zusammenhang sollen die ausgewiesenen Honorare eine Art Indikator für die finanzielle Abhängigkeit sowie eine potentielle Befangenheit darstellen. Die tatsäch-

---

[219] Vgl. *Umlauf*, 2013, S. 94 f. Die angesprochenen Befragungen bzw. Experimentalstudien sind u. a. *Jenkins/Krawczyk*, 2003; *Dopuch/King/Schwartz*, 2003 sowie *Davis/Hollie*, 2008. Für eine Zusammenfassung der Studieninhalte vgl. *Umlauf*, 2013, S. 90-94. Neben den Experimentalstudien gibt es zahlreiche empirische Ereignis- sowie Wertrelevanzstudien auf Basis von realen Marktdaten, die den Einfluss von publizierten Honorarinformationen auf verschiedene Renditegrößen oder auf den Unternehmensmarktwert untersuchen. Die Ergebnisse weichen jedoch teilweise deutlich voneinander ab. So belegen manche einen negativen, manche einen positiven und andere gar keinen signifikanten Zusammenhang zwischen Beratungs- bzw. Prüfungshonoraren und Renditegrößen. Für einen Überblick über die Studien vgl. *Umlauf*, 2013, S. 265-276.

[220] Um z. B. die Gefahr der Selbstprüfung (siehe hierzu Fn. 215) einschätzen zu können, müsste genau bekannt sein, welche Art von Beratungsleistungen erbracht wurde und inwiefern sich diese auf den Jahres- oder Konzernabschluss auswirkt; vgl. *Umlauf*, 2013, S. 95, 97.

[221] Ein Mittel gegen den Anschein der Befangenheit könnte sein, dass der Abschlussprüfer dem Aufsichtsrat eine Unabhängigkeitserklärung zukommen lassen muss (bei börsennotierten Unternehmen ist dies bereits aufgrund Ziffer 7.2.1 des Deutschen Corporate Governance Kodex Pflicht), die der Aufsichtsrat wiederum sorgfältig zu prüfen und das Ergebnis der Prüfung zu veröffentlichen hat; vgl. *Pfitzer/Orth/Hettich*, 2004, S. 332.

[222] Vgl. *Umlauf*, 2013, S. 99. Studien hinsichtlich der Präventivfunktion sind u. a. *Scheiner*, 1984; *Gaynor/McDaniel/Neal*, 2016 sowie *Abbott/Parker/Peters*, 2011. Für eine Zusammenfassung der Studieninhalte vgl. *Umlauf*, 2013, S. 98 f.

liche und zugunsten der Markteffizienz wirkende Funktionsweise der Publizitätspflicht wird indes bis heute, u. a. aufgrund der Ausgestaltung und dem damit verbundenen Informationsgehalt, bezweifelt bzw. kritisiert und es existieren empirische Studien, die Evidenz für eine gegenläufige Wirkung liefern. Dennoch stellt der Honorarausweis bis dato für einen Großteil der außenstehenden Abschlussadressaten eine der ganz wenigen Informationsquellen bezüglich der wirtschaftlichen Verflechtungen zwischen Abschlussprüfern und prüfungspflichtigen Unternehmen dar, sodass ihr insbesondere im Rahmen der empirischen Prüfungsforschung eine bedeutende Rolle zukommt.

4.1.2 Publizitätspflichtige Unternehmen

Die Vorschriften zur Offenlegung der Prüfungs- und Beratungshonorare des gesetzlichen Abschlussprüfers im Anhang eines Jahres- oder Konzernabschlusses sind in der derzeitigen Fassung seit Inkrafttreten des Bilanzrechtsmodernisierungsgesetzes (BilMoG) am 29.05.2009 handelsrechtlich (§ 285 Nr. 17, § 314 Abs. 1 Nr. 9 HGB) verankert und auf Geschäftsberichte, welche sich auf ein nach dem 31.12.2008 beginnendes Geschäftsjahr[223] beziehen, anzuwenden.[224] Verpflichtet zu der Honorarpublizität sind grundsätzlich alle Kapitalgesellschaften und diesen nach § 264a Abs. 1 HGB gleichgestellten haftungsbeschränkten Personengesellschaften[225], da diese im Rahmen ihres Einzel- und gegebenenfalls Konzernabschlusses nach § 264 Abs. 1 HGB respektive § 290 Abs. 1 Satz 1 HGB in Verbindung mit § 297 Abs. 1 Satz 1 HGB einen Anhang erstellen müssen.[226] Bedingt durch die größenabhängigen Erleichterungen nach § 288 Abs. 1 Nr. 1 sowie Abs. 2 S. 1 HGB sind jedoch kleine und mittelgroße Kapitalgesellschaften im Sinne von § 267 Abs. 1, 2 HGB von der Angabepflicht im Anhang des Einzelabschlusses befreit.[227] Folglich besteht die Pflicht zur Honorarpublizität im Anhang des Einzelabschlusses nur für große Kapitalgesellschaften im Sinne

---

[223] Der Oberbegriff „Geschäftsjahr" schließt auch das „Rumpfgeschäftsjahr" mit ein; vgl. *Kling*, 2011, S. 209.

[224] Vgl. Art. 66 Abs. 2 S. 1 HGBEG in Verbindung mit BGBl. 2009 I, S. 1102 (1106). Erstmalig wurde die handelsrechtliche Honorarpublizitätspflicht durch das Bilanzrechtsreformgesetz (BilReG) vom 04.12.2004 (vgl. BGBl. 2004 I, S. 3166) eingeführt. Im Zuge des BilMoG wurde sodann der Anwendungskreis (zuvor beschränkt auf Unternehmen, die einen organisierten Markt im Sinne des § 2 Abs. 5 des Wertpapierhandelsgesetzes in Anspruch nehmen) erweitert und der Wortlaut bezüglich des auszuweisenden Gesamthonorars sowie die Bezeichnungen der Honorarkategorien wurden modifiziert. Sowohl mit der Einführung der Offenlegungspflicht nach BilReG als auch nach BilMoG hat der deutsche Gesetzgeber u. a. die Empfehlung der Europäischen Kommission zur Unabhängigkeit des Abschlussprüfers sowie europäische Vorgaben entsprechend der Richtlinien 78/660/EWG sowie 83/349/EWG in Verbindung mit der EU-Abschlussprüferrichtlinie 2006/43/EG in nationales Recht umgesetzt; vgl. u. a. *Deutscher Bundestag*, 2004, S. 29; *EU*, 2002, S. 27; *Poelzig*, 2013a, § 285, Rn. 307; *Umlauf*, 2013, S. 83 f. Für weitergehende Informationen bezüglich der Honorarpublizitätspflicht nach BilReG vgl. *Bischof*, 2006; *Wagner*, 2009, S. 26-49.

[225] Im Folgenden werden die haftungsbeschränkten Personengesellschaften im Sinne von § 264a Abs. 1 HGB von dem Begriff „Kapitalgesellschaft" bzw. „Unternehmen" mit berücksichtigt.

[226] Vgl. *Umlauf*, 2013, S. 101.

[227] Wenn mittelgroße Kapitalgesellschaften die Honorarangaben nicht freiwillig machen, sind sie entsprechend § 288 Abs. 2 Satz 3 HGB dazu verpflichtet, diese der Wirtschaftsprüferkammer (WPK) auf deren schriftliche Anforderung mitzuteilen.

des § 267 Abs. 3 HGB.[228] Diese Pflicht besteht jedoch nur dann, wenn die berichtende Kapitalgesellschaft in keinen Konzernabschluss einbezogen wird.[229] Sollte die Gesellschaft hingegen einem Konzern angehören und konsolidiert werden, so besteht die Option, dass sie aufgrund der sogenannten Konzernklausel[230] nach § 285 Nr. 17 letzter Satzteil HGB von der Angabepflicht befreit ist. Demnach beinhaltet die Konzernklausel, dass ein Honorarausweis im Jahresabschluss lediglich dann zwingend erfolgen muss, sofern die an den Abschlussprüfer gezahlten Honorare der Konzerngesellschaft nicht im Anhang des Konzernabschlusses der Muttergesellschaft komplett enthalten sind. Werden hingegen die gezahlten Honorare der Konzerngesellschaften entsprechend den Kategorien nach § 314 Abs. 1 Nr. 9 HGB im Anhang des Konzernabschlusses vollumfänglich ausgewiesen,[231] so können sowohl die Muttergesellschaft, die vollkonsolidierten Tochtergesellschaften als auch die quotal konsolidierten Gemeinschaftsunternehmen[232] im Sinne der Konzernklausel auf einen Ausweis im

---

[228] Die Honorarpublizitätspflicht gilt grundsätzlich auch für einen freiwillig nach IFRS aufgestellten Einzelabschluss, der anstelle des handelsrechtlichen Jahresabschlusses offengelegt wird; vgl. § 325 Abs. 2a HGB. Des Weiteren gelten die Angabepflichten im vollen Umfang auch für Unternehmen bzw. Konzerne im Sinne des § 3 Abs. 1 des Publizitätsgesetzes (PublG) (Personenhandelsgesellschaften und Einzelkaufmänner ausgenommen), die nach dem PublG rechnungslegungspflichtig sind (§ 5 Abs. 2, § 13 Abs. 2 Satz 1 PublG). Eingetragene Genossenschaften sind hingegen nach § 336 Abs. 2 Satz 1 HGB explizit von der verpflichtenden Anhangangabe im Einzelabschluss ausgenommen.

[229] Vgl. *IDW RS HFA 36 n.F.*, 2016, Tz. 17. Die erste Stellungnahme des IDW zu den Anhangangaben über das Abschlussprüferhonorar wurde am 11.03.2010 vom Hauptfachausschuss (HFA) verabschiedet; vgl. *IDW RS HFA 36*, 2010. In den Jahren danach erfolgte eine Überarbeitung der Stellungnahme. Die Neufassung dieser Stellungnahme wurde im September 2016 verabschiedet. Sie ersetzt die alte Fassung und ist erstmalig auf die Erstellung von Abschlüssen für nach dem 31.12.2016 beginnende Geschäftsjahre verpflichtend anzuwenden; vgl. *IDW RS HFA 36 n.F.*, 2016, Tz. 4, 5. Die Neufassung zeichnet sich im Vergleich zur alten Fassung insbesondere durch ein erweitertes Verständnis des Begriffs „Abschlussprüfungsleistung" aus; vgl. *PwC*, 2016, S. 1. Dem Aktualitätsanspruch dieser Arbeit geschuldet, wird im Folgenden auch auf die Neufassung Bezug genommen. Dennoch sei an dieser Stelle darauf hingewiesen, dass im Untersuchungszeitraum (2009 bis 2013) des empirischen Teils die alte Fassung Gültigkeit besaß.

[230] Voraussetzung für die Anwendung der Konzernklausel ist, dass der einbeziehende Konzernabschluss den Anforderungen des HGB entspricht. Dies bedeutet insbesondere, dass neben der Offenlegung in deutscher Sprache die befreiende Wirkung des Konzernabschlusses geprüft wurde und keine Einschränkung oder Versagung des Prüfungsurteils hinsichtlich der Honorarangaben vorliegt. Möglich sind demnach Konzernabschlüsse im Sinne der §§ 290 bis 315, 291, 292 und 315a HGB sowie Konzernabschlüsse im Sinne der §§ 11 bis 15 PublG; vgl. *IDW RS HFA 36*, 2010, Tz. 17; *IDW RS HFA 36 n.F.*, 2016, Tz. 17; *Kling*, 2011, S. 215; *Wollmert/Oser/Graupe*, 2010, S. 124 f.

[231] Umstritten ist diesbezüglich, ob die Konzernklausel nur dann angewendet werden kann, wenn die Honorare aller in den Konzernabschluss einbezogenen Unternehmen im Konzernanhang ausgewiesen werden („Alles-oder-Nichts-Prinzip"). Bedingt durch den Zweck des Honorarausweises, Herstellung von Transparenz über die Vergütung des Abschlussprüfers, befürworten der Rechtsausschuss des Bundestages sowie *Poelzig* (2013b) diese Voraussetzung; vgl. *Deutscher Bundestag*, 2009, S. 88; *Poelzig*, 2013b, § 314, Rn. 73. *Wollmert/Oser/Graupe* (2010) sind hingegen nicht dieser Auffassung, da eine derartige Vorschrift dem Gesetzeswortlaut nicht zu entnehmen ist; *Wollmert/Oser/Graupe*, 2010, S. 125.

[232] Strittig ist in diesem Zusammenhang, ob bei quotal konsolidierten Gemeinschaftsunternehmen die gesamten an den Abschlussprüfer gezahlten Honorare in den Ausweis des Konzernanhangs aufgenommen werden müssen oder nur entsprechend der Beteiligungsquote. Demnach spricht sich *Kling* (2011) dafür aus, dass die gesamten Honorare Berücksichtigung finden. Das IDW hingegen empfiehlt zunächst in der alten Stellungnahme eine quotale Hinzurechnung; in der neuen und aktuellen Stellungnahme weicht die Empfehlung sogar einer Vorschrift, welche die quotale Berücksichtigung vorgibt; vgl. *Kling*, 2011, S. 211; *IDW RS HFA 36*, 2010, Tz. 19; *IDW RS HFA 36 n.F.*, 2016, Tz. 19.

Einzelabschluss verzichten.[233] Anstelle dessen sollte jedoch im Anhang des Einzelabschlusses auf den Ausweis im Konzernabschluss verwiesen werden.[234]

Bezüglich Konzernabschlüsse besteht die vorgenannte größenabhängige Befreiung von kleinen und mittelgroßen Kapitalgesellschaften nicht. Ebenso wenig kann die Konzernklausel Anwendung auf Teilkonzerne finden, da diese Regelung ausschließlich für Einzelabschlüsse gilt. Demnach existieren für (Teil-)Konzernabschlüsse keinerlei Erleichterungen und es muss jeder handelsrechtliche Konzernanhang die Honorare des Abschlussprüfers offenlegen. Dies gilt entsprechend § 315a Abs. 1 HGB auch für Konzernabschlüsse, die nach internationalen Rechnungslegungsstandards (*International Financial Reporting Standards*; IFRS) zu erstellen sind.[235]

Im Hinblick auf kapitalmarktorientierte Kapitalgesellschaften im Sinne des § 264d HGB, Kredit- und Finanzdienstleistungsinstitute im Sinne des § 340 HGB sowie die im Fokus dieser Arbeit stehenden Versicherungsunternehmen im Sinne des § 341 HGB ist festzuhalten, dass diese unabhängig von ihrer Rechtsform und Größe zum Honorarausweis verpflichtet sind. Die größenabhängigen Befreiungen nach § 288 HGB sind irrelevant, da kapitalmarktorientierte Unternehmen nach § 267 Abs. 3 Satz 2 HGB, Kredit- und Finanzdienstleistungsinstitute nach § 340a Abs. 1 HGB und Versicherungsunternehmen nach § 341a Abs. 1 Satz 1 HGB stets die für große Kapitalgesellschaften geltenden Vorschriften einzuhalten haben. Des Weiteren schließen § 340a Abs. 2 Satz 1 sowie § 341a Abs. 2 Satz 1 HGB die Anwendung von § 288 HGB für Kreditinstitute und Versicherungsunternehmen ausdrücklich aus. Nur in dem vorgenannten Fall, dass das jeweilige prüfungspflichtige kapitalmarktorientierte Unternehmen, Kreditinstitut oder Versicherungsunternehmen in einen Konzernabschluss mit einbezogen wird und der Honorarausweis vorschriftsgemäß im Sinne der Konzernklausel im Konzernanhang erfolgt, kann die Honorarangabe im Anhang des Einzelabschlusses unterbleiben.

4.1.3 Umfang des Gesamthonorars

§ 285 Nr. 17 HGB (Anhang eines Einzelabschlusses) und § 314 Abs. 1 Nr. 9 HGB (Anhang eines Konzernabschlusses) schreiben vor, dass das vom Abschlussprüfer für das Geschäftsjahr berechnete Gesamthonorar im Anhang anzugeben und in die vier Honorarkategorien a) Abschlussprüfungsleistungen, b) andere Bestätigungsleistungen, c) Steuerberatungsleistungen und d) sonstige Leistungen aufzuschlüsseln ist.[236] Das Gesamthonorar selbst umfasst die Gesamtvergütung des Abschlussprüfers für die an das berichtende Unternehmen erbrachten Leistungen. Dies bedeutet, dass sowohl einmalige als auch wiederkehrende Leistungen sowie der berechnete Auslagenersatz (z. B. Fahrt- und Nebenkosten, Tage- und Übernachtungsgelder, Berichts- und Schreibkosten) dazu gehören. Beträge, die beim Ab-

---

[233]   Vgl. *Deutscher Bundestag*, 2008, S. 70 f., 85; *Grottel*, 2016a, § 285, Rn. 520, 521; *IDW RS HFA 36*, 2010, Tz. 17; *IDW RS HFA 36 n.F.*, 2016, Tz. 17; *Kling*, 2011, S. 211 f., 215; *Poelzig*, 2013b, § 314, Rn. 72, 73.

[234]   Vgl. *IDW RS HFA 36 n.F.*, 2016, Tz. 17.

[235]   Vgl. *Kling*, 2011, S. 209.

[236]   Die Aufschlüsselung darf hierbei auch mittels Prozentangaben erfolgen, sofern das Gesamthonorar in EUR angegeben wird; vgl. *Grottel*, 2016a, § 285, Rn. 502.

schlussprüfer durchlaufende Posten darstellen, wie bspw. die angefallene Umsatzsteuer[237] oder einzeln zurechenbare Versicherungsprämien, sowie etwaige Schadensersatzforderungen gegenüber dem Abschlussprüfer dürfen hingegen keinen Eingang in den Honorarausweis finden.[238] Des Weiteren bezieht sich die Angabepflicht im Anhang eines Konzern- oder Jahresabschlusses nur auf das für das Geschäftsjahr berechnete Gesamthonorar für den gesetzlichen Abschlussprüfer, der die Zulassungskriterien nach § 319 HGB erfüllt und entsprechend den Vorschriften nach § 318 HGB bestellt wurde. Werden mehrere Abschlussprüfer, z. B. im Rahmen einer Gemeinschaftsprüfung (*Joint Audit*),[239] zur Durchführung der gesetzlichen Abschlussprüfung bestellt, so hat der Honorarausweis für jeden Abschlussprüfer separat entsprechend den vier Kategorien in gleicher Form zu erfolgen. Eine Pflicht zur Angabe von Honoraren, die von Mitgliedern des Netzwerkes vom Abschlussprüfer im Sinne von § 319b Abs. 1 Satz 3 HGB oder von verbundenen Unternehmen des Abschlussprüfers im Sinne von § 271 Abs. 2 HGB berechnet werden, besteht indes nicht.[240] Werden diese Honorare dennoch in die Kategorien mit einbezogen, so sollten diese durch „Davon-Vermerke" kenntlich gemacht werden.[241]

Der Wortlaut in § 285 Nr. 17 HGB respektive § 314 Abs. 1 Nr. 9 HGB „für das Geschäftsjahr berechnete Gesamthonorar" verdeutlicht, dass unabhängig vom Zeitpunkt der Honorarvereinbarung, -zahlung, Rechnungsstellung, aufwandswirksamen Erfassung oder Zeitpunkt der Leistungserbringung im Anhang jenes Gesamthonorar zu erfassen ist, welches aufgrund erbrachter Leistungen dem Geschäftsjahr, über das berichtet wird, sachlich zuzuordnen ist.[242] Sofern zum Zeitpunkt der Abschlusserstellung die endgültige Schlussrechnung des Abschlussprüfers für die mit dem Geschäftsjahr im Zusammenhang stehenden Leistungen typischerweise noch nicht vorliegt, bemisst sich der Honorarausweis anhand der damit im Zusammenhang stehenden, nach § 249 Abs. 1 Satz 1 HGB verpflichtend zu

---

[237] In diesem Zusammenhang stellt der Rechnungslegungshinweis *IDW RH HFA 1.017* klar, dass die Umsatzsteuer unabhängig davon, ob das berichtende Unternehmen zum Vorsteuerabzug berechtigt ist oder nicht, kein Bestandteil des Honorarausweises ist; vgl. *IDW RH HFA 1.017*, 2011, Tz. 15.

[238] Vgl. *Deutscher Bundestag*, 2008, S. 70; *Grottel*, 2016a, § 285, Rn. 503; *IDW RS HFA 36*, 2010, Tz. 10; *IDW RS HFA 36 n.F.*, 2016, Tz. 10; *Kling*, 2011, S. 213; *Poelzig*, 2013a, § 285, Rn. 311.

[239] Bezüglich der Durchführung von Gemeinschaftsprüfungen vgl. u. a. *IDW PS 208*, 2011; *Schmidt/Heinz*, 2016, § 318, Rn. 12.

[240] In der Literatur ist diese Regelung durchaus umstritten, da die fehlende Berücksichtigung von verbundenen Unternehmen im Gegensatz zum Sinn und Zweck des Honorarausweises steht und den Prüfungsgesellschaften die Möglichkeit eröffnet, die Angabepflicht durch die Auslagerung von Nicht-Prüfungsleistungen an Tochterunternehmen zu umgehen; vgl. *Kirsch/Ewelt-Knauer/Gallasch*, 2013, S. 652 f., 655, 658; *Lenz/Möller/Höhn*, 2006, S. 1788. Des Weiteren zeigt sich in der Praxis, dass der ausgewiesene Empfängerkreis von Honoraren zwischen den Unternehmen merklich differenziert. Demnach legen manche Unternehmen entsprechend den Vorgaben nur das Honorar des gesetzlichen Abschlussprüfers offen, andere weichen hiervon jedoch ab und publizieren anstelle dessen das berechnete Gesamthonorar vom Abschlussprüfer samt Tochterunternehmen oder vom internationalen Netzwerk; vgl. *Kirsch/Ewelt-Knauer/Gallasch*, 2013, S. 658 f.

[241] Vgl. *Deutscher Bundestag*, 2008, S. 70; *IDW RS HFA 36 n.F.*, 2016, Tz. 5-7, 16; *Grottel*, 2016a, § 285, Rn. 513; *Poelzig*, 2013a, § 285, Rn. 312.

[242] Vgl. *Deutscher Bundestag*, 2008, S. 70; *Grottel*, 2016a, § 285, Rn. 505; *IDW RS HFA 36 n.F.*, 2016, Tz. 8, 21; *Poelzig*, 2013a, § 285, Rn. 310.

bilanzierenden Rückstellung.[243] Dabei ist jedoch zwingend zu beachten, dass neben der aufwandswirksamen Rückstellung auch erfolgsneutral erfasste Honorare mit in den Honorarausweis aufgenommen werden müssen.[244] Sollte sodann der später in Rechnung gestellte Schlussbetrag vom Rückstellungsbetrag abweichen, ist die Differenz auf die vier Leistungskategorien im Honorarausweis des Folgejahres aufzuteilen. Sofern die Differenzen hierbei als wesentlich erachtet werden,[245] sind diese als „Davon-Vermerk" zur jeweiligen Honorarkategorie anzugeben.[246]

Hinsichtlich des in einem Konzernabschluss gemäß § 314 Abs. 1 Nr. 9 HGB vorzunehmenden Ausweises bezüglich des vom Konzernabschlussprüfer berechneten Honorars gilt ergänzend zu den vorherigen Ausführungen, dass der Umfang des Gesamthonorars durch weitere, zum Teil nicht eindeutig definierte Regelungen, die wiederum einer Gesetzesauslegung bedürfen, beeinflusst wird.[247] Grundsätzlich unstrittig ist in diesem Zusammenhang, dass die Inanspruchnahme der Konzernklausel im Einzelabschluss eines Tochterunternehmens zwingend voraussetzt, dass das im Konzernabschluss ausgewiesene Gesamthonorar neben dem vom Konzernabschlussprüfer der Muttergesellschaft für Leistungen im Zusammenhang mit der Konzernabschlussprüfung in Rechnung gestellten Honorar auch die gesamten Honorare für Leistungen zugunsten der in den Konzernabschluss einbezogenen Unternehmen enthalten muss.[248] Sollte in Verbindung mit der Inanspruchnahme der Konzernklausel der Fall vorliegen, dass der Konzernabschlussprüfer nicht identisch mit dem Abschlussprüfer des Einzelabschlusses ist, so müssen die Honorare des anderen Abschlussprüfers neben dem aufgeschlüsselten Gesamthonorar des Konzernabschlussprüfers gesondert und als solche angegeben werden.[249] Strittig ist hingegen, ob das Gesamthonorar im Konzernausweis nur das Honorar des Konzernabschlussprüfers für die eigentliche Konzernabschlussprüfung umfasst oder ob es daneben auch die auf Ebene der Einzelabschlüsse aller einbezogenen Unternehmen entstandenen Honorare des Konzernabschlussprüfers enthalten muss.[250]

Gegen einen zwingenden Einbezug der auf Ebene der Einzelabschlüsse entstandenen Honorare spricht insbesondere der gewählte Wortlaut in Art. 34 Nr. 16 der Richtlinie

---

[243] Vgl. *Deutscher Bundestag*, 2008, S. 70; *Grottel*, 2016a, § 285, Rn. 506; *IDW RS HFA 36 n.F.*, 2016, Tz. 8; *Poelzig*, 2013a, § 285, Rn. 310; *Wagner*, 2009, S. 38 f.

[244] Hierunter fallen Honorare, die als Anschaffungsnebenkosten nach § 255 Abs. 1 Satz 2 HGB in der Bilanz aktiviert werden. Als Beispiel werden hierfür Beratungshonorare genannt, die im Zusammenhang mit einem Beteiligungserwerb als Anschaffungsnebenkosten aktiviert werden; vgl. *IDW RS HFA 36 n.F.*, 2016, Tz. 8, 21; *Kling*, 2011, S. 213; *Umlauf*, 2013, S. 107.

[245] *Ellrott* (2012) bezeichnet eine Abweichung als wesentlich, wenn diese mehr als 5% beträgt; vgl. *Ellrott*, 2012, § 285, Rn. 293.

[246] Vgl. Vgl. *Grottel*, 2016a, § 285, Rn. 507; *IDW RS HFA 36 n.F.*, 2016, Tz. 9, 21; *Poelzig*, 2013a, § 285, Rn. 310; *Umlauf*, 2013, S. 107.

[247] Bezüglich der fehlenden Eindeutigkeit siehe auch *Kirsch/Ewelt-Knauer/Gallasch*, 2013, S. 649.

[248] Bezüglich der Konzernklausel sowie damit verbundenen Unstimmigkeiten hinsichtlich des Umfangs der in den Ausweis einzubeziehenden Unternehmen siehe Abschnitt 4.1.2 und Fn. 231, 232.

[249] Vgl. *IDW RS HFA 36 n.F.*, 2016, Tz. 19; *Grottel*, 2016a, § 285, Rn. 520; *Poelzig*, 2013b, § 314, Rn. 74.

[250] Vor BilMoG bestand diese Unklarheit nicht in dem Ausmaß, da § 314 Abs. 1 Nr. 9 HGB a.F. die ausdrückliche Vorschrift enthielt, dass das Gesamthonorar alle Leistungen des Konzernabschlussprüfers zu berücksichtigen hat, die sowohl beim Mutterunternehmen als auch bei den Tochterunternehmen erbracht wurden; vgl. *Kirsch/Ewelt-Knauer/Gallasch*, 2013, S. 654.

83/349/EWG in der Fassung der Abschlussprüferrichtlinie 2006/43/EG. Dieser stellt explizit nur auf das Gesamthonorar in Verbindung mit der Abschlussprüfung des konsolidierten Abschlusses ab. Bekräftigt wird diese Auffassung durch die Beschlussempfehlung des Rechtsausschusses, welche betont, dass das Honorar des Konzernabschlussprüfers für die Prüfung der Jahresabschlüsse grundsätzlich im Anhang des Einzelabschlusses und nicht im Konzernabschluss anzugeben ist.[251] Begründet wird dies mit dem durch BilMoG vorgenommenen Paradigmenwechsel vom abschlussprüferspezifischen zum abschlussprüfungsspezifischen Honorar.[252] Befürworter des zwingenden Einbezugs der auf Ebene der Einzelabschlüsse entstandenen Honorare argumentieren hingegen, dass der Nichteinbezug der eigentlichen Intention der Angabepflicht, die Stärkung der äußeren Unabhängigkeit[253] des Konzernabschlussprüfers durch die Offenlegung seiner wirtschaftlichen Verflechtungen mit dem Prüfungsobjekt, widersprechen würde.[254] Ferner wird angeführt, dass ein Auslassen nicht im Einklang mit der Zielsetzung der Konzernrechnungslegung steht, wonach die wirtschaftliche Einheit im Konzernabschluss so abzubilden ist, als ob der Konzern ein einziges Unternehmen wäre. Ausgehend von diesem Standpunkt wäre es demnach unbedeutend, auf welcher Ebene des Konzerns die Honorare anfallen.[255] Im Einklang mit dieser Auffassung schreiben die einschlägigen Verlautbarungen des IDW vor, dass das Gesamthonorar im Anhang des Konzernabschlusses sämtliche Honorare umfasst, die der Konzernabschlussprüfer dem Mutterunternehmen, den vollkonsolidierten Tochterunternehmen sowie den quotal konsolidierten Gemeinschaftsunternehmen für Leistungen im Sinne der Kategorien a) bis d) auf Ebene des Konzernabschlusses sowie der Einzelabschlüsse für das betroffene Geschäftsjahr berechnet hat.[256] In Anbetracht dessen, dass die Verlautbarungen des IDW zwar keine Rechtsnormen darstellen, ihnen aber durch die Verkehrs- und Berufspflicht des Abschlussprüfers eine faktische Bindungswirkung zufällt, deren Befolgung allgemein empfehlenswert ist,[257] wäre in der Praxis ein Ausweis im Konzernanhang entsprechend dieser Vorgaben zu erwarten. Eine empirische Studie von *Kirsch/Ewelt-Knauer/Gallasch* (2013) bezüglich der DAX30-Konzerne kann indes die einheitliche Anwendung der Verlautbarungen des IDW nicht uneingeschränkt bestätigen. So zeigt sich zwar, dass nach Einführung des BilMoG die Honorarausweise im Konzernanhang, welche eine eindeutige

---

[251] Vgl. *EU*, 2006, S. 107; *Deutscher Bundestag*, 2009, S. 91. Auch der Wortlaut in der Begründung zum Gesetzentwurf BilMoG lässt darauf schließen, dass die Honorare für Leistungen zugunsten von Tochterunternehmen nicht zwingend im Konzernausweis enthalten sein müssen, sondern lediglich enthalten sein können; vgl. *Deutscher Bundestag*, 2008, S. 85; *Poelzig*, 2013b, § 314, Rn. 68.

[252] Vgl. *Deutscher Bundestag*, 2009, S. 91; *Grottel*, 2016b, § 314, Rn. 162; *Poelzig*, 2013b, § 314, Rn. 68.

[253] Bezüglich des Begriffs „äußere Unabhängigkeit" siehe Abschnitt 2.2.

[254] Vgl. *Deutscher Bundestag*, 2004, S. 25; *Kirsch/Ewelt-Knauer/Gallasch*, 2013, S. 655; *Poelzig*, 2013b, § 314, Rn. 68.

[255] Vgl. *Kirsch/Ewelt-Knauer/Gallasch*, 2013, S. 655.

[256] Vgl. *IDW PH 9.200.2*, 2013, Tz. 13; *IDW RS HFA 36*, 2010, Tz. 19; *IDW RS HFA 36 n.F.*, 2016, Tz. 19.

[257] Vgl. *Brösel/Freichel/Toll et al.*, 2015, S. 127; *Kirsch/Ewelt-Knauer/Gallasch*, 2013, S. 653. Da es sich bei *IDW RS HFA 36* und *IDW RS HFA 36 n.F.* um Stellungnahmen zur Rechnungslegung handelt, sind deren Vorgaben von allen Mitgliedern des IDW grundsätzlich verpflichtend zu beachten und nur in begründeten Ausnahmefällen dürfen die Vorgaben keine Anwendung finden. Sollte die Stellungnahme ohne gewichtige Begründung nicht beachtet werden, so kann dies in Regressfällen, in einem Verfahren der Berufsaufsicht oder in einem Strafverfahren nachteilig für den Abschlussprüfer ausgelegt werden; vgl. *IDW PS 201*, 2015, Tz. 13.

Leistungsaufteilung aufweisen, neben dem Honorar für die eigentliche Konzernabschluss-prüfung auch die Honorare in Verbindung mit dem Einzelabschluss des Mutterunterneh-mens umfassen und der Großteil dieser Ausweise auch die Honorare der in- und ausländi-schen Tochterunternehmen miteinbeziehet. Dennoch gibt es einige Konzernabschlüsse, die nicht alle Tochterunternehmen berücksichtigen und die wenigsten Abschlüsse beinhalten die anteiligen Honorare der quotal konsolidierten Gemeinschaftsunternehmen. Des Weite-ren konnte mehreren Abschlüssen nicht entnommen werden, ob der Ausweis nur das Ho-norar für die Konzernabschlussprüfung oder auch zusätzlich die Honorare für die Einzel-abschlussprüfungen umfasst.[258] Basierend auf den vorhergehenden Ausführungen lässt sich festhalten, dass der Umfang des Gesamthonorars insbesondere hinsichtlich des Konzern-anhangs gesetzlich nicht eindeutig geregelt ist und damit dem Bilanzierenden aufgrund von gewissen Interpretationsspielräumen eine bewusste oder unbewusste Gestaltung des Hono-rarausweises ermöglicht, welche zu Lasten der intendierten Honorartransparenz in Verbin-dung mit der wahrgenommenen Unabhängigkeit des Abschlussprüfers geht. Gelöst werden könnte diese bestehende Problematik in erster Linie nur durch eine Konkretisierung des Gesetzestextes.[259]

4.1.4 Honorarkategorien

Kategorie a) Abschlussprüfungsleistungen ist die erste der vier Honorarkategorien, in die das Gesamthonorar entsprechend § 285 Nr. 17 HGB respektive § 314 Abs. 1 Nr. 9 HGB aufzuschlüsseln ist. Im Sinne von § 285 Nr. 17 HGB sind dieser Kategorie sämtliche Hono-rare für Leistungen zuzuordnen, die unmittelbar durch die gesetzliche Abschlussprüfung des Jahresabschlusses nach § 316 Abs. 1 HGB bzw. Nachtragsprüfung nach § 316 Abs. 3 HGB veranlasst sind oder im Rahmen der Abschlussprüfung genutzt werden.[260] Handelt es sich bei dem zu prüfenden Unternehmen um ein Mutterunternehmen und prüft der Ab-schlussprüfer des Jahresabschlusses vom Mutterunternehmen gleichzeitig den Konzernab-schluss, so ist im Anhang des Jahresabschlusses auch das Honorar für die Durchführung der Konzernabschlussprüfung gemäß § 316 Abs. 2 HGB unter Kategorie a) zu erfassen. Sel-biges gilt für Honorare, die im Zusammenhang mit der Prüfung von Konzernpackages des bilanzierenden Unternehmens stehen.[261] Als unmittelbar veranlasst gelten jegliche Prü-fungsleistungen, die aufgrund der §§ 317 ff. HGB sowie entsprechender IDW Prüfungsstan-dards durchzuführen sind. Des Weiteren zählen hierzu sämtliche Leistungen aufgrund ge-setzlicher Erweiterungen der Abschlussprüfung für bestimmte Adressaten. Beispiele hierfür sind u. a. die Prüfung des Risikofrüherkennungssystems nach § 317 Abs. 4 HGB bei bör-sennotierten AGs, die Prüfung der Ordnungsmäßigkeit der Geschäftsführung im Sinne von § 53 des Haushaltsgrundsatzgesetzes, die Prüfung des Abhängigkeitsberichts gemäß § 313

---

[258] *Kirsch/Ewelt-Knauer/Gallasch*, 2013, S. 661 f.

[259] *Kirsch/Ewelt-Knauer/Gallasch*, 2013, S. 665-667.

[260] Vgl. *Grottel*, 2016a, § 285, Rn. 516; *IDW RS HFA 36 n.F.*, 2016, Tz. 12, 12a. Insbesondere Tz. 12a der Stellung-nahme *IDW RS HFA 36 n.F*, 2016 stellt eine Neuerung gegenüber der alten Fassung *IDW RS HFA 36*, 2010 dar, da der neu hinzugekommene Absatz die Kategorie Abschlussprüfungsleistungen weiter fasst als bisher und explizit Beispiele nennt. Ergänzt werden die Ausführungen erstmals durch eine Anlage, welche umfang-reiche Beispiele für Leistungen der vier unterschiedlichen Kategorien enthält; vgl. *PwC*, 2016, S. 1.

[261] Vgl. *Grottel*, 2016a, § 285, Rn. 516; *IDW RS HFA 36 n.F.*, 2016, Tz. 12; *Kling*, 2011, S. 214.

AktG sowie die Prüfungen im Zusammenhang mit den besonderen Pflichten des Prüfers in Bezug auf Kreditinstitute nach § 29 des Kreditwesengesetzes.[262] Speziell für Versicherungsunternehmen sind an dieser Stelle insbesondere die Prüfungen im Sinne von § 35 VAG sowie der PrüfV[263] zu nennen. Darüber hinaus gelten auch der Abschlussprüfung nachgelagerte Leistungen, bedingt durch ein Enforcement-Verfahren der Deutschen Prüfstelle für Rechnungslegung (DPR) oder der BaFin[264], aufgrund des engen sachlichen Zusammenhangs als unmittelbar durch die Abschlussprüfung veranlasst. Folglich müssen auch dafür berechnete Honorare des Abschlussprüfers der Kategorie a) zugerechnet werden.[265] Die Leistungen, die nicht unmittelbar durch die Abschlussprüfung veranlasst sind, jedoch im Rahmen der Prüfung genutzt werden und aufgrund dessen ebenfalls Eingang in die Ausweiskategorie a) finden, zeichnen sich dadurch aus, dass sie in einem direkten inhaltlichen Bezug zur Abschlussprüfung stehen und hierfür relevante Prüfungsnachweise liefern. Hierzu gehören bspw. projektbegleitende Prüfungen von IT-gestützten rechnungslegungsbezogenen Systemen, Prüfungen des internen Kontrollsystems bei Dienstleistungsunternehmen im Sinne von *IDW PS 951 n.F.* sowie die prüferischen Durchsichten von Zwischenabschlüssen nach *IDW PS 900*.[266]

Im Anhang eines Konzernabschlusses sind entsprechend § 314 Abs. 1 Nr. 9 lit. a) HGB unter der Kategorie Abschlussprüfungsleistungen sämtliche Honorare zu subsumieren, die für Leistungen im Zusammenhang mit der Konzernabschlussprüfung berechnet werden.[267] Wie bereits im vorhergehenden Kapitel erörtert, ist diesbezüglich jedoch strittig, ob die Kategorie nur das Honorar des Konzernabschlussprüfers für die eigentliche gesetzliche Konzernabschlussprüfung umfasst oder ob es daneben auch die auf Ebene der Einzelabschlüsse aller einbezogenen Unternehmen entstandenen Honorare des Konzernabschlussprüfers für oben beschriebene Abschlussprüfungsleistungen enthalten muss. Das IDW empfiehlt in diesem Zusammenhang die zuletzt genannte Variante unter der Beachtung, dass Honorare von quotal konsolidierten Gemeinschaftsunternehmen auch lediglich quotal im Ausweis Berücksichtigung finden.[268] Demnach sind sämtliche Aktivitäten des Konzernprüfungsteams und/oder Teilbereichsprüfers bezüglich bedeutsamer und nicht bedeutsamer Teilbereiche entsprechend *IDW PS 320 n.F.* zu berücksichtigen.[269] Daneben gilt es beim Konzernanhang zu beachten, dass weitere Prüfungshonorare mit „Davon-Vermerk" in den Hono-

---

[262] Vgl. *Bischof*, 2006, S. 711; *Ellrott*, 2012, § 285, Rn. 301; *IDW RS HFA 36*, 2010, Tz. 12; *IDW RS HFA 36 n.F.*, 2016, Tz. 12a; *Kling*, 2011, S. 214.

[263] Für den Inhalt dieser Vorschriften siehe Abschnitt 3.3.2.

[264] Für weitere Informationen bezüglich dem Enforcement-Verfahren siehe *BaFin*, 2016a; *DPR*, 2017.

[265] Vgl. *Ellrott*, 2012, § 285, Rn. 301; *Grottel*, 2016a, § 285, Rn. 516; *IDW HFA*, 2007, S. 326; *IDW RS HFA 36 n.F.*, 2016, Tz. 12a; *PwC*, 2016, S. 1.

[266] Vgl. *Grottel*, 2016a, § 285, Rn. 516; *IDW RS HFA 36 n.F.*, 2016, Tz. 12a; *PwC*, 2016, S. 1. Bemerkenswert ist hierbei, dass die prüferische Durchsicht von Zwischenberichten entsprechend der alten Fassung der Stellungnahme noch zu der Kategorie b) andere Bestätigungsleistungen gehörte; vgl. *IDW RS HFA 36*, 2010, Tz. 13. Auch dieser Sachverhalt verdeutlicht, dass der Neufassung der Stellungnahme ein erweitertes Verständnis des Begriffes „Abschlussprüfungsleistungen" zugrunde liegt; *PwC*, 2016, S. 1.

[267] Vgl. *Poelzig*, 2013b, § 314, Rn. 68.

[268] Vgl. *IDW RS HFA 36*, 2010, Tz. 19; *IDW RS HFA 36 n.F.*, 2016, Tz. 19.

[269] Derartige Aktivitäten sind z. B. Prüfungen bzw. prüferische Durchsichten der Rechnungslegung des jeweiligen Teilbereichs, Prüfungen bezüglich bestimmter Geschäftsvorfälle, Kontensalden oder Abschlussangaben sowie festgesetzte Prüfungs- oder Untersuchungshandlungen; vgl. *IDW RS HFA 36 n.F.*, 2016, Tz. 19.

rarausweis mit aufgenommen werden müssen, sofern ein in den Konzernabschluss einbezogenes Unternehmen die Konzernklausel in Anspruch nimmt und dessen Abschlussprüfer vom Konzernabschlussprüfer abweicht.[270]

Die Kategorie b) andere Bestätigungsleistungen beinhaltet sämtliche berufstypischen Leistungen im Sinne von § 2 Abs. 1 WPO, die keine Abschlussprüfungsleistungen darstellen, jedoch die Verwendung des Berufssiegels gemäß § 48 Abs. 1 WPO vorschreiben oder zumindest erlauben.[271] Hierunter fallen sowohl durch Gesetze bzw. Rechtsverordnungen geforderte Leistungen, wie bspw. Gründungsprüfungen nach § 33 AktG, Verschmelzungsprüfungen nach § 9 UmwG, Spaltungsprüfungen nach § 125 UmwG in Verbindung mit § 9 UmwG oder Prüfungen nach dem Erneuerbare-Energien-Gesetz entsprechend *IDW EPS 970*, als auch freiwillige Bestätigungsleistungen, wie bspw. der *Comfort Letter*, sowie freiwillige Sonderprüfungen des internen Kontrollsystems, des Risikomanagement Systems oder des Corporate-Governance-Systems[272], sofern die Erkenntnisse der vorgenannten Systemprüfungen nicht im Rahmen der Jahres- bzw. Konzernabschlussprüfung benötigt bzw. verwertet werden.[273] Nicht zuletzt unterscheidet sich die Kategorie b) von der Kategorie a) dadurch, dass sämtliche unter Kategorie b) zu subsumierende Leistungen nicht dem gesetzlichen Abschlussprüfer vorbehalten sind, sondern ebenfalls von anderen WP-Praxen vorgenommen werden dürfen. Werden die Leistungen jedoch von einer anderen WP-Praxis erbracht, so sind im Sinne der Publizitätspflicht diese Honorare nicht auszuweisen.[274]

Die Kategorie c) Steuerberatungsleistungen beinhaltet jegliche Honorare, die der (Konzern-)Abschlussprüfer für Beratungsleistungen im Zusammenhang mit Steuergestaltung, -planung sowie der Erstellung und Abgabe von Steuererklärungen erhalten hat, sofern diese Beratungsleistungen nicht nach § 319 Abs. 1 Satz 1 Nr. 2 HGB bei der Abschlussprüfung eines kapitalmarktorientierten Unternehmens verboten sind.[275] Daneben gehören auch Honorare für steuerliche Gutachten sowie für die Lösung von Steuerstreitigkeiten (z. B. Vertretung vor Finanzgerichten) dazu.[276]

Die letzte Kategorie d) sonstige Leistungen stellt einen Sammelposten für die Honorare aller übrigen nach §§ 319, 319a sowie 319b HGB zulässigen Leistungen dar, die der bestellte (Konzern-)Abschlussprüfer erbracht hat, die jedoch den anderen Kategorien a) bis c) nicht zuzuordnen sind.[277] Hierunter fallen z. B. treuhänderische Tätigkeiten, prüfungsnahe Beratungsleistungen, zulässige Bewertungsleistungen, Beratungen in Corporate-Governance-

---

[270] Hinsichtlich der Konzernklausel siehe auch Abschnitt 4.1.2.

[271] Vgl. *Grottel*, 2016a, § 285, Rn. 517; *IDW RS HFA 36*, 2010, Tz. 13; *IDW RS HFA 36 n.F.*, 2016, Tz. 13; *Kling*, 2011, S. 214; *Lenz/Möller/Höhn*, 2006, S. 1788.

[272] Z. B. Prüfung des Compliance Management Systems entsprechend *IDW PS 980*.

[273] Vgl. *Ellrott*, 2012, § 285, Rn. 302; *Grottel*, 2016a, § 285, Rn. 517; *IDW RS HFA 36 n.F.*, 2016, Tz. 13, Anlage. Vorgenannte Quellen beinhalten weitere Beispiele. Sollten die Erkenntnisse der freiwilligen Sonderprüfungen im Rahmen der Jahresabschlussprüfung verwertet werden, dann hat der Ausweis des für diese Leistung berechneten Honorars in Kategorie a) zu erfolgen; vgl. *Grottel*, 2016a, § 285, Rn. 517.

[274] Vgl. *Bischof*, 2006, S. 711; *Umlauf*, 2013, S. 112; *Wagner*, 2009, S. 44.

[275] Vgl. *IDW RS HFA 36*, 2010, Tz. 14; *IDW RS HFA 36 n.F.*, 2016, Tz. 14, Anlage; *Lenz/Möller/Höhn*, 2006, S. 1788; *Poelzig*, 2013b, § 314, Rn. 69.

[276] Vgl. *Bischof*, 2006, S. 712; *Grottel*, 2016a, § 285, Rn. 518; *Kling*, 2011, S. 214.

[277] Vgl. *Grottel*, 2016a, § 285, Rn. 519; *Kling*, 2011, S. 214; *Lenz/Möller/Höhn*, 2006, S. 1788; *Poelzig*, 2013b, § 314, Rn. 69; *Umlauf*, 2013, S. 112.

Angelegenheiten (z. B. interne Revision, Risikomanagement, Compliance etc.) sowie sonstige Beratungen oder Gutachten in betriebswirtschaftlichen Angelegenheiten.[278]

In der Literatur wird im Zusammenhang mit der vorgenannten Kategorisierung insbesondere die fehlende gesetzliche Konkretisierung der Honorarkategorien angeführt, da dies zur Folge hat, dass es zu Schwierigkeiten bei der Zuordnung von einzelnen Leistungen kommen kann. Demnach ist es durchaus möglich, dass bestimmte Einzelleistungen sowohl der einen als auch der anderen Kategorie zugeordnet werden können. Diese Tatsache eröffnet den bilanzierenden Unternehmen beim Vorliegen von unterschiedlich zuordenbaren Leistungen einen Gestaltungsspielraum hinsichtlich des Honorarausweises, was wiederum die Verlässlichkeit und damit den Informationsgehalt der Honorarpublizität reduziert. Des Weiteren wird durch die Möglichkeit der unterschiedlichen Kategorisierung von ein und derselben Leistung die zwischenbetriebliche Vergleichbarkeit eingeschränkt.[279] Mit Verabschiedung der IDW-Stellungnahme zur Rechnungslegung *IDW RS HFA 36 n. F*, welche auf Abschlüsse anzuwenden ist, deren Geschäftsjahr nach dem 31.12.2016 beginnt, könnte dieser Problematik ein Stück weit entgegengewirkt worden sein, da diese im Gegensatz zu den vorherigen Fassungen erstmals eine Anlage mit umfassenden Beispielen für die in eine Honorarkategorie einzubeziehenden Leistungen enthält.[280] Für die bei der empirischen Analyse in Kapitel 6 und 7 verwendeten Honorarangaben hat die neugefasste Stellungnahme aufgrund des Untersuchungszeitraumes jedoch keine Bedeutung. Hier besteht das Risiko, dass die erfassten Prüfungshonorare durch die Honorargestaltungsmöglichkeiten beeinflusst worden sind.[281]

4.2 Determinanten der Prüfungshonorare

4.2.1 Grundlagen und einführende Bemerkungen

Im Zusammenhang mit der Identifizierung von Prüfungshonorardeterminanten stellt sich zunächst die Frage, ob von Seiten des Gesetzgebers oder des Berufstandes Regelungen existieren, die die mögliche Höhe des Honorars für eine Abschlussprüfung in Abhängigkeit von bestimmten Faktoren klar definieren bzw. zumindest eine Ober- und/oder Untergrenze vorschreiben. Im Gegensatz zu den Berufsständen Steuerberater und Rechtsanwalt, deren Vergütungshöhe sich grundsätzlich an bestimmten gesetzlichen Vorgaben zu orientieren hat,[282] existiert für Wirtschaftsprüfer in Deutschland keine vergleichbare Regelung bezüg-

---

[278] Vgl. *Ellrott*, 2012, § 285, Rn. 304; *Grottel*, 2016a, § 285, Rn. 519; *IDW RS HFA 36*, 2010, Tz. 15; *IDW RS HFA 36 n.F.*, 2016, Tz. 15, Anlage.

[279] Vgl. *Qandil*, 2014, S. 105; *Zimmermann*, 2006, S. 274 f.

[280] Vgl. *PwC*, 2016, S. 1.

[281] Die neue Stellungnahme wird gleichzeitig zur Folge haben, dass der Honorarausweis für nach dem 31.12.2016 beginnende Geschäftsjahre nur noch bedingt mit dem Ausweis der vorhergehenden Geschäftsjahre vergleichbar ist. Insbesondere ist zu erwarten, dass die Kategorie a) zunehmen wird, da die neue Fassung ein erweitertes Verständnis bezüglich Abschlussprüfungsleistungen aufweist und u. a. Leistungen dieser Kategorie zuordnet, die vorher noch unter Kategorie b) gefallen sind.

[282] Bei den gesetzlichen Vorgaben handelt es sich um das Rechtsanwaltsvergütungsgesetz sowie die Steuerberatervergütungsverordnung.

lich der exakten Höhe des Prüfungshonorars.[283] Dies bedeutet, dass die Vertragsparteien (Wirtschaftsprüfer und prüfungspflichtiges Unternehmen) das Prüfungshonorar grundsätzlich frei verhandeln können. Lediglich die Vorgaben nach § 55 WPO sowie § 43 BS WP/vBP sind zwingend zu beachten. Demnach ist die Vereinbarung eines Erfolgshonorars, dessen Höhe abhängig vom Ergebnis der Tätigkeit des Abschlussprüfers ist, sowie die Koppelung der Honorarhöhe an weitere Bedingungen oder zusätzliche Leistungen für eine gesetzliche Abschlussprüfung verboten.[284] Ein Pauschalhonorar darf hingegen nur dann vereinbart werden, sofern es angemessen ist und die Qualität der beruflichen Tätigkeit sicherstellt.[285] Außerdem muss die Pauschalhonorarvereinbarung eine Öffnungsklausel enthalten, die bei einer erheblichen Steigerung des Prüfungsaufwandes aufgrund nicht vorhersehbarer Umstände im Bereich des prüfungspflichtigen Unternehmens eine nachträgliche Erhöhung des vereinbarten Prüfungshonorars in entsprechendem Umfang vorsieht.[286] Dennoch, auch unter Beachtung der vorgenannten Regelungen haben die fehlenden gesetzlichen bzw. berufsständischen Vorschriften bezüglich der exakten Höhe eines Prüfungshonorars sowie die damit verbundene Verhandlungsfreiheit zur Folge, dass jedes Honorar für eine Abschlussprüfung unter Beachtung unterschiedlichster Einflussfaktoren zunächst von Seiten des Abschlussprüfers individuell zu kalkulieren ist. Die tatsächliche Höhe des Prüfungshonorars steht sodann erst am Ende des von weiteren Faktoren beeinflussten Verhandlungsprozesses endgültig fest.[287]

Der nachfolgende Teil des vierten Kapitels widmet sich daher der elementaren Frage nach potentiellen Einflussfaktoren auf die Höhe eines grundsätzlich frei verhandelbaren Prüfungshonorars. Die Frage nach möglichen Honorardeterminanten stellt sich, da trotz des öffentlichen Charakters einer gesetzlichen Abschlussprüfung i. d. R. nur sehr wenige Informationen über die Prüfer-Mandanten-Beziehung sowie die Honorargestaltung öffentlich vorliegen. Demnach stellt das publizierte Prüfungshonorar lediglich eine aggregierte Größe der beim prüfungspflichtigen Unternehmen erbrachten Dienstleistung dar, ohne zusätzliche Begründungen bezüglich der Höhe zu liefern. Die weiteren Informationen bezüglich der Prüfer-Mandanten-Beziehung begrenzen sich zumeist auf den Namen des testierenden Wirtschaftsprüfers und der prüfungsverantwortlichen Prüfungsgesellschaft sowie das in Form des Bestätigungs- oder Versagungsvermerks bekannt gegebene Prüfungsurteil.[288] Direkte öffentliche Informationen bezüglich der investierten Arbeitsstunden, der abgerechneten Stundensätze sowie der Qualifikation und hierarchischen Stellung des invol-

---

[283]   Vgl. *Lenz*, 1996a, S. 273. Sofern ein Wirtschaftsprüfer jedoch steuerberatende Tätigkeiten ausübt, hat er sich an die Vorschriften der Steuerberatervergütungsverordnung zu halten; vgl. *Naumann*, 2017, Rn. 290.

[284]   Vgl. § 55 Abs. 1 WPO.

[285]   Liegt bei gesetzlich vorgeschriebenen Abschlussprüfungen ein eminentes Missverhältnis zwischen dem abgemachten Honorar und der absolvierten Leistung vor, so muss der WPK auf Verlangen nachgewiesen werden, dass die für die Abschlussprüfung aufgebrachte Zeit angemessen und das eingesetzte Personal qualifiziert war, vgl. § 55 Abs. 1 S. 4 WPO; § 43 Abs. 1 Satz 3 BS WP/vBP.

[286]   Vgl. § 43 BS WP/vBP.

[287]   Vgl. *Lenz*, 1996a, S. 273.

[288]   Vgl. *Umlauf*, 2013, S. 118.

vierten Personals liegen hingegen i. d. R. nicht vor.[289] Insbesondere im Kontext der Annahme, dass die Höhe des Prüfungshonorars u. a. als Indikator für die Höhe der Prüfungsqualität sowie für die Unabhängigkeit des Abschlussprüfers dienen kann,[290] aber auch im
Zusammenhang mit jeglichen anderen speziellen Forschungsfragen hinsichtlich der Gestaltung von Prüfungshonoraren, ist es jedoch von Bedeutung, dass für alle anderen relevanten
Einflussfaktoren auf die Honorarhöhe weitestgehend kontrolliert wird. Nur wenn dies gegeben ist, ist es möglich, die Höhe des Prüfungshonorars annäherungsweise richtig zu interpretieren und daraus angemessene Schlussfolgerungen in Bezug auf die Forschungsfrage
zu ziehen.[291]

Das ausgeprägte Interesse an der Identifizierung von Honorardeterminanten sowie dessen Relevanz in der Forschungsliteratur kommt nicht zuletzt durch die Vielzahl an bisher
veröffentlichten Studien zum Vorschein. Demnach listet *Hay* (2013) insgesamt 189 Forschungsarbeiten für insgesamt 29 verschiedene Länder auf, welche bereits bis einschließlich
2007 in 40 unterschiedlichen Fachzeitschriften erschienen sind, und auch nach 2007 bis
heute zeugen die Fachzeitschriften aufgrund von zahlreichen Publikationen von einem an-
haltend hohen Interesse.[292] Ihren Ursprung hat die Prüfungshonorarforschung in der rich-
tungweisenden Arbeit von *Simunic* (1980). Im Rahmen seiner Arbeit stellt *Simunic* fest, dass
das ausgewiesene Prüfungshonorar in erster Linie das Produkt aus dem Stückpreis (z. B.
Stundensatz) sowie der vom Mandanten nachgefragten Menge an Prüfungsleistungseinhei-
ten (Anzahl Arbeitsstunden) repräsentiert. Differierende Prüfungshonorare sind folglich
auf unterschiedliche Stückpreise, unterschiedliche Mengen oder einer Kombination aus
beiden zurückzuführen. Was tatsächlich zu den unterschiedlichen Prüfungshonoraren geführt hat, kann hingegen nicht anhand des aggregierten Ausweises beobachtet werden.[293]
Um dennoch darüber Aufschluss zu erlangen, hat *Simunic* erstmalig ein multivariates Regressionsmodell zur Untersuchung des Einflusses von potentiellen Determinanten (unabhängige Variablen) auf die Höhe des Prüfungshonorars (abhängige Variable) entwickelt.
Dieses Honorarmodell bildet für das Gros der nachfolgenden Prüfungshonoraranalysen die
Ausgangsbasis.[294]

Hinsichtlich der im Laufe der Zeit als wesentlich identifizierten Honorardeterminanten
unterscheidet das Schrifttum in erster Linie zwischen mandantenspezifischen sowie prüferspezifischen Einflussfaktoren.[295] *Hay/Knechel/Wong* (2006) sowie *Hay* (2013) ergänzen die-

---

[289]   Vgl. *Joha/Lenz*, 2014, S. 515. Bedingt durch die schlechte Verfügbarkeit derartiger Informationen gibt es nur
        wenige Forschungsarbeiten, die sich direkt mit den Input- bzw. Produktionsfaktoren (Prüfungsaufwand) so-
        wie der Effizienz einer Abschlussprüfung auseinandersetzen. Die wenigen *Audit Production*- bzw. *Audit Ef-
        fort*-Studien, die dies analysieren, können zumeist auf bereitgestellte interne Daten (wie Arbeitsstunden etc.)
        von Prüfungsgesellschaften zurückgreifen. Einen Überblick über die existierenden Arbeiten sowie deren Er-
        kenntnisse liefern *Causholli/De Martinis/Hey et al.* (2010) und *Koch/Wüstemann* (2012).
[290]   Bezüglich der vorgenannten Indikatorfunktionen des Prüfungshonorars siehe Abschnitt 2.2 und 4.1.1.
[291]   Vgl. *Simunic*, 1980, S. 162.
[292]   Das Gros der bei *Hay* (2013) genannten Arbeiten bezieht sich auf den US-amerikanischen (55 Arbeiten), bri-
        tischen (25 Arbeiten) sowie australischen (17 Arbeiten) Prüfungsmarkt; vgl. *Hay*, 2013, S. 167 f. *Hay* (2013)
        basiert auf der Metaanalyse *Hay/Knechel/Wong* (2006) und erweitert diese um die Jahre 2004 bis 2007.
[293]   Vgl. *Simunic*, 1980, S. 161 f.
[294]   Vgl. *Joha*, 2018, S. 148; *Umlauf*, 2013, S. 118; *Wagner*, 2009, S. 110.
[295]   Vgl. *Wagner*, 2009, S. 110.

se wesentlichen Kategorien um eine weitere, die speziell auf auftragsspezifische Einflussfaktoren abstellt.[296] In den nun folgenden Unterkapiteln werden die vorgenannten Kategorien und einige wesentliche der darin enthaltenen Honorardeterminanten vorgestellt sowie erläutert. Der Anspruch liegt hierbei nicht in einer allumfassenden Aufzählung von jeglichen potentiellen Einflussfaktoren, die in bisherigen Forschungsarbeiten herausgearbeitet wurden, sondern das Kapitel soll lediglich ein Grundverständnis für den Honorargestaltungsprozess vermitteln. Da der Fokus dieser Arbeit insbesondere auf dem potentiellen Einfluss des testierenden Wirtschaftsprüfers (Individualebene) auf die Höhe des Prüfungshonorars im Kontext der übergeordneten Ebenen des bestellten Abschlussprüfers (mittlere Ebene: prüfungsdurchführende Niederlassung, oberste Ebene: bestellte Prüfungsgesellschaft) liegt, widmet sich Kapitel 5 dieser Thematik ausführlich, indem es den aktuellen Forschungsstand zum Einfluss der Prüfungspartnerebene auf das Produkt Abschlussprüfung aufarbeitet. Insofern werden in diesem Kapitel die Ausführungen zu derartigen prüferspezifischen Faktoren auf ein Minimum begrenzt. Das in dieser Arbeit zur Anwendung kommende multivariate Regressionsmodell zum Testen der Hypothesen bezüglich des Einflusses der testierenden Wirtschaftsprüfer auf die Höhe der Prüfungshonorare bei Versicherungsunternehmen in Deutschland wird sodann in Abschnitt 7.1 erläutert. Hierbei wird auf die Inhalte von diesem Kapitel und Kapitel 5 sowie auf die Inhalte von nationalen und internationalen Forschungsarbeiten bezüglich Determinanten im Kontext der Abschlussprüfung von Kreditinstituten sowie Versicherungsunternehmen zurückgegriffen.

4.2.2 Mandantenspezifische Einflussfaktoren

Mandantenspezifische Einflussfaktoren dienen primär der Abbildung des Arbeitsaufwands bzw. der Kosten, die dem Abschlussprüfer speziell im Zusammenhang mit der Abschlussprüfung des jeweiligen prüfungspflichtigen Unternehmens entstehen. Hierbei besteht durch den vornehmlich immateriellen Charakter der Dienstleistung Abschlussprüfung das Gros der Prüfungskosten aus Personalkosten, die wiederum besonders von der Qualifikation der Mitarbeiter, deren Stundensätzen sowie den benötigten Arbeitsstunden abhängen. Im Einklang mit der grundsätzlichen Annahme, dass ein Abschlussprüfer zumindest auf langfristige Sicht seine Kosten decken muss, um am Markt bestehen zu können, ist zu unterstellen, dass sich die kostendeterminierenden Einflussfaktoren auch im ausgewiesenen Prüfungshonorar widerspiegeln.[297] Aufgrund dessen, dass die mandantenspezifischen Faktoren in erster Linie die mit der Abschlussprüfung in Verbindung stehenden Kosten des Abschlussprüfers repräsentieren, werden diese auch als angebots- bzw. produktionsorientierte Faktoren bezeichnet.[298] Wird jedoch gleichzeitig der Aspekt beachtet, dass sich das Honorar aus freien Verhandlungen zwischen dem Mandanten und dem Abschlussprüfer ergibt, so ist nachvollziehbar, dass neben angebotsorientierten Faktoren auch vom Mandanten abhängige nachfrageorientierte Faktoren Berücksichtigung finden müssen, die

---

[296]   Vgl. *Hay/Knechel/Wong*, 2006, S. 147.

[297]   Vgl. *Umlauf*, 2013, S. 119, 121, 143. In Übereinstimmung zu dieser Annahme weist der Großteil der existierenden *Audit Production*-Studien (vgl. hierzu auch Fn. 289) nach, dass direkte Maße für den Prüfungsaufwand sehr hoch mit den Prüfungshonoraren korreliert sind; *Causholli/De Martinis/Hey et al.*, 2010, S. 173.

[298]   Vgl. *Hay/Knechel/Wong*, 2006, S. 146; *Umlauf*, 2013, S. 119.

ebenfalls unter dem Begriff der mandantenspezifischen Einflussfaktoren zu subsumieren sind.[299] Hinsichtlich der angebots- bzw. produktionsorientierten Faktoren wird vornehmlich zwischen Determinanten unterschieden, welche die Größe, die Komplexität sowie das spezifische Risiko eines Mandanten abbilden.[300] Im Fokus der angebotsorientierten Perspektive steht hierbei das Ziel und gleichzeitig das Optimierungsproblem des Abschlussprüfers, unter Beachtung des Grundsatzes der Wirtschaftlichkeit dennoch mit hinreichender Sicherheit Aussagen über das Prüfungsergebnis[301] treffen zu können.[302] Die nachfrageorientierten Faktoren tragen hingegen der Tatsache Rechnung, dass aufgrund von divergierenden Finanzierungs- sowie Eigentümerstrukturen auch verschiedene Prinzipal-Agenten-Konflikte von Unternehmen zu Unternehmen vorherrschen, die wiederum eine zum Teil sehr unterschiedliche Nachfrage nach Abschlussprüfungsleistungen als Überwachungs- bzw. Kontrollinstrument determinieren. Im Vordergrund dieser Betrachtungsweise stehen demnach die Relevanz des Abschlussprüfers als Teil der Corporate Governance[303] eines prüfungspflichtigen Unternehmens sowie die möglichen Wechselwirkungen zwischen Abschlussprüfer und anderen Kontroll- bzw. Überwachungseinrichtungen innerhalb eines Unternehmens.[304] Abhängig von der mandantenspezifischen Nachfrage hinsichtlich einem über das Mindestmaß einer Abschlussprüfung hinausgehenden Umfang an Prüfungsleistungen wird dementsprechend der Abschlussprüfer seinen Arbeitsaufwand anpassen. Diese nachfragebedingte Beeinflussung des Arbeitsaufwands sollte sich wiederum gemäß den vorherigen Ausführungen auf die Höhe des Prüfungshonorars auswirken. Dass die vorhergehenden Ausführungen zu der nachfrageorientierten Perspektive nicht exhaustiv von der produktionsorientierten bzw. angebotsorientierten Perspektive zu trennen sind, da letztendlich auch hier der zusätzliche Arbeitseinsatz des Abschlussprüfers als Argumentationsgrundlage für die Kalkulation des Prüfungshonorars herangezogen wird, ist unstrittig.[305] Die Tatsache, dass der Abschlussprüfer nur dann ein höheres Prüfungshonorar aufgrund von zusätzlichen Prüfungsleistungen erheben kann, sofern gleichzeitig von Seiten des Mandanten auch eine zusätzliche Nachfrage diesbezüglich besteht,[306] verdeutlicht jedoch, dass im Kontext der Prinzipal-Agenten-Theorie insbesondere die mandantenspezifische Nachfrage die treibende Kraft in Bezug auf die Honorarhöhe ist. Aus diesem

---

[299] Vgl. *DeFond/Zhang*, 2014, S. 289; *Joha*, 2018, S. 147 f.

[300] Vgl. *Causholli/De Martinis/Hey et al.*, 2010, S. 171; *Hay/Knechel/Wong*, 2006, S. 147; *Joha*, 2018, S. 148; *Wagner*, 2009, S. 110 f.

[301] Z. B. ob der Abschluss insgesamt den gesetzlichen Rechnungslegungsvorschriften entspricht und ob dieser unter Berücksichtigung der Grundsätze ordnungsgemäßer Buchführung ein den tatsächlichen Verhältnissen entsprechendes Bild der Finanz-, Vermögens- und Ertragslage des Unternehmens vermittelt; vgl. § 321 Abs. 2 HGB; § 322 Abs. 3 HGB sowie *IDW PS 200*, 2015, Tz. 10.

[302] Vgl. *Umlauf*, 2013, S. 143. Ziel und Gegenstand einer Abschlussprüfung sind im IDW PS 200 definiert; vgl. *IDW PS 200*, 2015, Tz. 9-15, 21.

[303] Eine einheitliche Definition des Begriffes „Corporate Governance" existiert nicht. Allgemein ausgedrückt können jedoch unter dem Begriff die rechtlichen und faktischen Bedingungen/Vorgaben verstanden werden, in deren Rahmen sich die Unternehmensleitung bzw. -führung und Unternehmenskontrolle bewegen; vgl. *Zöllner*, 2007, S. 6, 10.

[304] Vgl. *Umlauf*, 2013, S. 143.

[305] Vgl. *DeFond/Zhang*, 2014, S. 289; *Joha*, 2018, S. 148 f.; *Umlauf*, 2013, S. 143-146.

[306] Vgl. *DeFond/Zhang*, 2014, S. 289.

Grund werden die damit im Zusammenhang stehenden Determinanten als nachfrageorientierte Faktoren bezeichnet.

4.2.2.1 Angebotsorientierte Einflussfaktoren

Aus der angebotsorientierten Perspektive wird primär zwischen den Einflussfaktoren Mandantengröße, -komplexität sowie -risiko unterschieden.[307] Dementsprechend gibt *IDW PS 240* vor, dass der Umfang der Prüfungsplanung von der Größe und Komplexität des prüfungspflichtigen Unternehmens sowie dem Schwierigkeitsgrad der Prüfung abhängt.[308] Des Weiteren heißt es, dass der Abschlussprüfer die mit dem Unternehmen verbundenen Risikofaktoren zu identifizieren und zu analysieren hat, um dadurch Hinweise auf kritische Prüfgebiete zu erlangen, die ein erhöhtes Risiko hinsichtlich wesentlicher Fehler oder Verstöße gegen Rechnungslegungsvorschriften aufweisen.[309] Da sich die Prüfungsplanung und damit grundsätzlich auch der geplante Arbeitsaufwand an diesen Faktoren orientieren sollten, müsste sich letztendlich auch die Prüfungshonorarhöhe in Abhängigkeit von den mandantenspezifischen Ausprägungen dieser Faktoren entwickeln.

Mandantengröße

Dass die Mandantengröße einen positiven Einfluss auf die Höhe des Prüfungshonorars besitzt, wird dadurch begründet, dass mit zunehmender Unternehmensgröße auch der Umfang der Prüffelder zunimmt. Um dennoch mit hinreichender Sicherheit Aussagen über das Prüfungsergebnis treffen zu können, muss gleichzeitig der Umfang an Prüfungshandlungen ausgeweitet werden. Dies hat zur Folge, dass die Zeit- und Personalressourcen des Abschlussprüfers stärker beansprucht werden und damit der Arbeitsaufwand steigt. Die Konsequenz hieraus ist eine Erhöhung des Prüfungshonorars.[310] Gleichzeitig ist jedoch zu erwarten, dass mit steigender Mandantengröße das Prüfungshonorar nicht linear, sondern nur unterproportional ansteigt.[311] Erklärt wird dies u. a. durch die Realisierung von positiven Skaleneffekten sowie abnehmenden durchschnittlichen Personalkosten bei der Prüfung von großen Mandaten. So nimmt zwar mit anwachsender Unternehmensgröße i. d. R. auch der Umfang der Prüffelder und damit die Quantität der Prüfungshandlungen zu, nicht jedoch zwangsmäßig die Anzahl der Prüffelder. Die Konsequenz hieraus ist, dass durch den verstärkten Einsatz von analytischen Prüfungshandlungen, einer eingehenderen Prüfung des internen Kontrollsystems sowie vermehrten Stichprobenprüfungen der Prüfungsaufwand im Verhältnis zur Mandantengröße nur unterproportional anwächst.[312] Das Sinken der durchschnittlichen Personalkosten liegt darin begründet, dass bei größeren Mandanten der Anteil an geringer qualifizierten und damit geringer vergüteten Mitarbeitern im Prüfungsteam zunimmt. Folglich ergibt sich relativ betrachtet eine kostengünstigere Personalstruktur.[313] In der Literatur hat sich als funktionierendes Größenmerkmal für das Mandat

---

[307]   Vgl. u. a. *Hay/Knechel/Wong*, 2006, S. 146; *Hay*, 2013, S. 169.
[308]   Vgl. *IDW PS 240*, 2011, Tz. 12.
[309]   Vgl. *IDW PS 240*, 2011, Tz. 15.
[310]   Vgl. *Joha*, 2018, S. 162; *Umlauf*, 2013, S. 134 f.; *Wagner*, 2009, S. 113.
[311]   Vgl. *Simunic*, 1980, S. 172, 178-180.
[312]   Vgl. *Firth*, 1985, S. 26; *Lenz*, 1996a, S. 274; *Umlauf*, 2013, S. 135; *Wagner*, 2009, S. 113.
[313]   Vgl. *O'Keefe/Simunic/Stein*, 1994, S. 257 f., 260; *Umlauf*, 2013, S. 135.

insbesondere dessen Bilanzsumme als Haupttreiber des Prüfungshonorars herauskristallisiert.[314] Daneben dienen in deutlich weniger Studien auch der Umsatz oder die Mitarbeiteranzahl als Maß zur Abbildung der Mandantengröße.[315] Der degressive Zusammenhang zwischen Prüfungshonorar und Mandantengröße wird im linearen Regressionsmodell üblicherweise durch die Verwendung eines transformierten Größenmerkmals abgebildet. In den meisten Fällen kommt hierbei die logarithmierte Bilanzsumme zum Einsatz, doch auch radizierte Größenmerkmale kommen gelegentlich zur Anwendung.[316]

Mandantenkomplexität

Die Berücksichtigung der Mandantenkomplexität im Zusammenhang mit der Höhe des Prüfungshonorars trägt der Tatsache Rechnung, dass i. d. R. mit steigender Komplexität auch der Arbeitseinsatz des Abschlussprüfers anwachsen wird, um weiterhin mit hinreichender Sicherheit Aussagen über das Prüfungsergebnis treffen zu können.[317] Grundsätzlich kann die Komplexität eines Mandanten durch die unterschiedlichsten Faktoren bestimmt werden. Insbesondere jedoch das Ausmaß der Dezentralisierung sowie der Diversifizierung eines Unternehmens trägt zu einer gesteigerten Komplexität bei. Zu begründen ist dies u. a. damit, dass mit dem Anstieg der beiden vorgenannten Eigenschaften im Allgemeinen auch die Hierarchieebenen sowie die Entscheidungszentren innerhalb eines Unternehmens zunehmen. Bereits dies erfordert eine erhöhte Überwachung bzw. Prüfung aufgrund der weniger transparenten Strukturen.[318] Die Existenz von in- und ausländischen Tochterunternehmen führt des Weiteren dazu, dass der Konzernabschlussprüfer bereits von vornherein aufgrund der Mehrzahl an eingebundenen Unternehmen mit einem erhöhten Koordinations- sowie Abstimmungsaufwand konfrontiert ist. Diese den Aufwand erhöhende Wirkung wird noch verstärkt, sofern die konsolidierten Unternehmen unterschiedliche Rechnungslegungssysteme, differierende Organisationsstrukturen sowie geographisch voneinander weit entfernte Unternehmensstandorte aufweisen.[319] Zuletzt würde auch eine zunehmende Branchendiversifizierung des prüfungspflichtigen Unternehmens erwarten lassen, dass der Arbeitsaufwand des Abschlussprüfers steigt. Begründet wird dies u. a. mittels dem teils benötigten branchenspezifischen Fachwissen, welches einen höheren Zeiteinsatz und gleichzeitig höher qualifizierte und damit kostenintensivere Mitarbeiter im Prüfungsteam erforderlich macht.[320] Im Einklang mit den vorherigen Ausführungen erfolgt in den bisherigen Honorarstudien die Abbildung der Mandantenkomplexität vorwiegend durch die Anzahl der konsolidierten in- und/oder ausländischen Tochterunternehmen. Doch auch die Anzahl der Branchen oder Geschäftsfelder, in denen das Unternehmen operativ tätig ist, oder die Höhe der ausländischen Vermögenswerte eines Unternehmens wer-

---

[314] Vgl. *Hay/Knechel/Wong*, 2006, S. 169; *Hay*, 2013, S. 169.

[315] Vgl. *Fleischer/Göttsche*, 2012, S. 156; *Hay/Knechel/Wong*, 2006, S. 169; *Hay*, 2013, S. 170.

[316] Vgl. *Hay/Knechel/Wong*, 2006, S. 169; *Umlauf*, 2013, S. 135; *Wagner*, 2009, S. 114.

[317] Die Berücksichtigung von Komplexitätsmerkmalen wird jedoch auch kritisch betrachtet. Dies wird damit begründet, dass sich der originäre Einfluss des Komplexitätsgrades kaum bestimmen lässt, da die Komplexität eines Unternehmens maßgeblich von der Mandantengröße beeinflusst wird; *Chan/Ezzamel/Gwilliam*, 1993, S. 768, 781; *Strickmann*, 2000, S. 115.

[318] Vgl. *Umlauf*, 2013, S. 136; *Simunic*, 1980, S. 172.

[319] Vgl. *Firth*, 1997, S. 512.

[320] Vgl. *Chan/Ezzamel/Gwilliam*, 1993, S. 767 f.; *Wagner*, 2009, S. 115.

den in Honorarstudien als Komplexitätsmaß verwendet.[321] Wie bereits bezüglich der Mandantengröße erläutert, wird auch hinsichtlich des Komplexitätsgrades ein degressiver Einfluss auf die Höhe des Prüfungshonorars unterstellt. Folglich finden vornehmlich logarithmierte oder radizierte Komplexitätsmaße Anwendung.[322]

Mandantenrisiko

Neben der Größe und Komplexität eines Mandanten kommt in den bisherigen Forschungsarbeiten auch dem mandantenspezifischen Risiko[323] eine bedeutende Rolle zu. Begründet wird dies in erster Linie mit der in den Industrieländern, wie z. B. Australien, Deutschland, Großbritannien, Kanada und den USA, vorherrschenden Verwendung des risikoorientierten Prüfungsansatzes.[324] In Deutschland ist die Anwendung dieses Ansatzes insbesondere in den IDW Prüfungsstandards *IDW PS 210.14* sowie *IDW PS 261 n.F.* manifestiert.[325] Wie bereits angesprochen, besteht im Zusammenhang mit dem Ziel der Abschlussprüfung – unter Berücksichtigung des Wirtschaftlichkeitsgrundsatzes ein mit hinreichender Sicherheit behaftetes Prüfungsurteil treffen zu können – ein Optimierungsproblem für den Abschlussprüfer. Dies ergibt sich daraus, dass die Effektivität einer Abschlussprüfung (Aufdeckung wesentlicher Fehler in der Rechnungslegung) allerhöchste Priorität besitzt, gleichzeitig muss jedoch die Effizienz der Prüfungsdurchführung (Wirtschaftlichkeit) gewährleistet sein. Eine steigende Effektivität geht grundsätzlich mit einer gesteigerten Prüfungsqualität einher. Dies hat jedoch im Allgemeinen auch einen Anstieg der Prüfungskosten zur Folge, was wiederum im Gegensatz zur geforderten Effizienz stehen könnte.[326] Um diesem Zielkonflikt zu begegnen, muss sich der Abschlussprüfer auf die Prüfobjekte beschränken, die er als relevant für die Bildung seines gesamten Prüfungsurteils erachtet. Damit jedoch trotz der Beschränkung und der damit verbundenen Unsicherheit bezüglich der als nicht relevant erachteten Prüfobjekte zumindest das gesetzlich geforderte Maß an Prüfungsqualität erfüllt wird, hat sich die von Seiten des IDW als verpflichtend deklarierte Anwendung des risikoorientierten Prüfungsansatzes etabliert.[327]

Im Mittelpunkt des risikoorientierten Prüfungsansatzes steht das Prüfungsrisiko (PR). Dieses wird im engeren Sinne definiert als die Wahrscheinlichkeit, dass der Abschlussprüfer ein positives Prüfungsurteil (z. B. uneingeschränkter Bestätigungsvermerk) abgibt, obwohl

---

[321] Vgl. u. a. *Hay*, 2013, S. 170; *Ireland/Lennox*, 2002, S. 80; *Joha*, 2018, S. 182; *Köhler/Marten/Ratzinger et al.*, 2010, S. 16; *Simunic*, 1980, S. 172; *Umlauf*, 2013, S. 196 f.; *Wagner*, 2009, S. 196, 206.

[322] Vgl. *Umlauf*, 2013, S. 137; *Wagner*, 2009, S. 116.

[323] In der Literatur existiert keine einheitliche Definition des Begriffes „Risiko". Aus betriebswirtschaftlicher Sicht beschreibt der Begriff „Risiko" im weitesten Sinne eine Situation, in der eine Entscheidung getroffen wird und objektive oder subjektive Wahrscheinlichkeiten für das Eintreten der möglichen unterschiedlichen Umweltzustände genannt werden können; vgl. *Bamberg/Coenenberg/Krapp*, 2012, S. 67. Eine engere Definition beschränkt hingegen den Begriff „Risiko" auf die mit einer Eintrittswahrscheinlichkeit bewerteten Situation, dass ein negatives Ereignis bzw. ein Verlust eintritt; vgl. *Weber*, 2011, S. 10; *Umlauf*, 2013, S. 123. Im weiteren Verlauf der Arbeit dient die engere Definition als Grundlage.

[324] Für Regelungen bezüglich der Anwendung des risikoorientierten Prüfungsansatzes in den Ländern Australien, Deutschland, Großbritannien, Kanada und den USA vgl. *Jubb/Houghton/Butterworth*, 1996, S. 25 f.

[325] Mit *IDW PS 261 n.F.* werden laut IDW die Anforderungen des *International Standard on Auditing* (ISA) 315, des ISA 330 sowie des ISA 265 umgesetzt; vgl. *IDW PS 261 n.F.*, 2016, Tz. 3.

[326] Vgl. *Marten/Quick/Ruhnke*, 2015, S.231; *Wolz*, 2003, S. 6, 20.

[327] Vgl. *Umlauf*, 2013, S. 122.

wesentliche Fehler[328] in der Rechnungslegung (z. B. Jahres- oder Konzernabschluss) vorliegen.[329] Die Höhe des Prüfungsrisikos ist zu Beginn einer risikoorientierten Abschlussprüfung vom Abschlussprüfer festzulegen.[330] Determiniert wird das Prüfungsrisiko durch das Fehlerrisiko sowie das Entdeckungsrisiko. Das Fehlerrisiko setzt sich wiederum aus dem inhärenten Risiko sowie dem Kontrollrisiko zusammen. Das inhärente Risiko (IR) spiegelt hierbei die grundsätzliche Wahrscheinlichkeit wider, dass ein Prüffeld wesentliche Fehler aufweist unter der Annahme, dass beim prüfungspflichtigen Unternehmen kein internes Kotrollsystem existiert. Das Kontrollrisiko (KR) ist hingegen als Wahrscheinlichkeit zu verstehen, dass wesentliche Fehler nicht durch das interne Kontrollsystem des Mandanten verhindert bzw. aufgedeckt und korrigiert werden. Da das inhärente Risiko und das Kontrollrisiko in erster Linie vom Geschäftsrisiko des Mandanten abhängen, stellen diese aus Sicht des Abschlussprüfers exogene Variablen dar und können nicht von ihm beeinflusst werden.[331] Die Wahrscheinlichkeit, dass der Abschlussprüfer im Rahmen seiner Prüfungstätigkeit wesentliche Fehler in der Rechnungslegung nicht identifiziert, wird als Entdeckungsrisiko (ER) bezeichnet.[332] Letztendlich ergibt sich das Prüfungsrisiko aus der Multiplikation der drei vorgenannten Risiken:[333]

$$PR = IR \times KR \times ER \qquad \text{(Gleichung 1.1)}$$

Die Tatsache, dass der Abschlussprüfer das Prüfungsrisiko zu Beginn der Prüfung festlegt, das mit dem Prüfungsmandat verbundene inhärente Risiko sowie das Kontrollrisiko jedoch nur einschätzen und nicht beeinflussen kann, verdeutlicht, dass lediglich das Entdeckungsrisiko die vom Abschlussprüfer kontrollierbare Größe darstellt. Folglich hat der Abschlussprüfer das Entdeckungsrisiko in Abhängigkeit vom inhärenten Risiko sowie vom

---

[328] Ein Fehler wird als wesentlich angesehen, wenn dieser wegen seiner Größenordnung oder Bedeutung Einfluss auf den Informationsgehalt der Rechnungslegung für die Rechnungslegungsadressaten nimmt. Die Festlegung der Wesentlichkeitsgrenze erfolgt in Abhängigkeit von den Umständen des Einzelfalls durch den Abschlussprüfer. Letztendlich hat der Wesentlichkeitsgrad einen bedeutenden Einfluss auf das Prüfungsrisiko. So würde ein Absenken der Wesentlichkeitsgrenze zur Folge haben, dass die Wahrscheinlichkeit für das Bestehen von wesentlichen Fehlern steigt. Dies hätte wiederum zur Folge, dass das Prüfungsrisiko steigt ceteris paribus; vgl. *IDW PS 250 n.F.*, 2013, Tz. 6, 12; *IDW PS 261 n.F.*, 2016, Tz. 9.

[329] Vgl. *IDW PS 261 n.F.*, 2016, Tz. 5; *Marten/Quick/Ruhnke*, 2015, S. 232. Für die Definition des Prüfungsrisikos im weiteren Sinne siehe *Elliott/Rogers*, 1972, S. 49; *Umlauf*, 2013, S. 124.

[330] Vgl. *Eilifsen/Messier/Glover et al.*, 2014, S. 95, 113; *Quick*, 1996, S. 26 f. Ein Prüfungsrisiko von bis zu 5% gilt als angemessen; *Eilifsen/Messier/Glover et al.*, 2014, S. 98; *Marten/Quick/Ruhnke*, 2015, S. 234.

[331] Das mandantenspezifische Geschäftsrisiko ist als das Risiko/die Wahrscheinlichkeit zu interpretieren, dass das prüfungspflichtige Unternehmen seine Ziele nicht erreicht. Grundsätzlich wird ein positiver Zusammenhang unterstellt; d. h. mit steigendem Geschäftsrisiko nimmt ebenfalls das Fehlerrisiko in der Rechnungslegung zu; vgl. *Link*, 2006, S. 24 f., 116 f. Dies kann u. a. damit begründet werden, dass das Management eines Unternehmens mit schlechter wirtschaftlicher Lage grundsätzlich einen höheren Anreiz hat, Bilanzpolitik bzw. Bilanzmanipulation zu betreiben, um die bestehenden Schwierigkeiten zu verbergen, als das Management eines Unternehmens mit guter wirtschaftlicher Lage; vgl. *Marten/Quick/Ruhnke*, 2015, S. 293. Für ausführliche Erläuterungen zum Begriff „Bilanzpolitik" siehe u. a. *Zimmermann*, 2008, S. 64-88 sowie Fn. 69.

[332] Vgl. *Eilifsen/Messier/Glover et al.*, 2014, S. 96 f.; *IDW PS 261 n.F.*, 2016, Tz. 6.

[333] Das hier verwendete Modell entspricht dem klassischen Risikomodell gemäß *Statement on Auditing Standards* (SAS) 107 bzw. SAS 47 (wurde durch SAS 107 ersetzt). Herausgegeben werden die Standards vom *American Institute of Certified Public Accountants* (AICPA).

Kontrollrisiko so zu wählen, dass das vorgegebene Prüfungsrisiko eingehalten bzw. nicht überschritten wird. Einfluss auf die Höhe des Entdeckungsrisikos nimmt der Abschlussprüfer durch die von ihm durchgeführten Prüfungshandlungen. Abhängig von Art, Umfang und Zeitpunkt des Einsatzes kann dieses variieren.[334] Eine Umformulierung der Gleichung 1.1 verdeutlicht unter Berücksichtigung eines im Vorfeld fixierten Prüfungsrisikos die inverse Beziehung zwischen dem Entdeckungsrisiko auf der einen Seite und dem Produkt aus inhärentem Risiko und Kontrollrisiko auf der anderen Seite:

$$ER = \frac{PR}{IR \times KR} \qquad\qquad\qquad \text{(Gleichung 1.2)}$$

Demnach muss ein Anstieg des inhärenten Risikos und/oder des Kontrollrisikos durch eine Verringerung des Entdeckungsrisikos kompensiert werden. Die Verringerung des Entdeckungsrisikos erfordert jedoch zuverlässigere Prüfungshandlungen. Diese bedingen eine Zunahme an Einzelfallprüfungen[335], einen erhöhten Zeit- und Personalbedarf sowie/oder den Einsatz von qualifizierteren Mitarbeitern, was letztendlich in der Summe einen gesteigerten Prüfungsaufwand zur Folge hat und folglich ein höheres Prüfungshonorar nach sich ziehen sollte.[336]

Eine weitere bedeutende Rolle im Rahmen der risikoorientierten Betrachtung einer Abschlussprüfung im Zusammenhang mit der Gestaltung von Prüfungshonoraren spielt das Geschäftsrisiko des Abschlussprüfers. Allgemein ausgedrückt lässt sich dieses als die Wahrscheinlichkeit interpretieren, dass der Abschlussprüfer durch die Ausübung seines Berufes einen Verlust bzw. Schaden erleidet.[337] Konkret können sich derartige Verluste bspw. aus kostenintensiven Gerichtsprozessen, Schadensersatzleistungen an Dritte (Haftungsrisiko), straf- bzw. berufsrechtlichen Sanktionen sowie Mandatsverlusten aufgrund eines Reputationsschadens ergeben.[338] Beeinflusst wird das Geschäftsrisiko des Abschlussprüfers zum einen durch das verbleibende Prüfungsrisiko und zum anderen durch das Auftragsrisiko.[339] Im Zusammenhang mit dem festgelegten Prüfungsrisiko, welches grundsätzlich nicht komplett eliminiert werden kann, verbleibt für den Abschlussprüfer stets das Restrisiko, dass er trotz seiner Prüfungshandlungen einen wesentlichen Fehler in der Rechnungslegung nicht aufdeckt. Sollte eine derartige Schlechtleistung vom Abschlussprüfer im Nachhinein entdeckt werden, da bspw. der wesentliche Fehler in der Rechnungslegung negative Konse-

---

[334] Vgl. *Marten/Quick/Ruhnke*, 2015, S. 234.

[335] Bei Einzelfallprüfungen handelt es sich um unmittelbare Soll-Ist-Vergleiche. Dementsprechend werden einzelne Geschäftsvorfälle, Bestände sowie einzelne Aussagen in der Rechnungslegung anhand von Belegen oder sonstigen Nachweisen überprüft. Analytische Prüfungshandlungen stellen hingegen Plausibilitätsbeurteilungen von Rechnungslegungsinformationen durch die Analyse von sinnvollen Beziehungen zwischen finanziellen und/oder nicht-finanziellen Daten dar; vgl. *Brösel/Freichel/Toll et al.*, 2015, S. 387, 394; *IDW PS 312*, 2013, Tz. 5.

[336] Vgl. *Marten/Quick/Ruhnke*, 2015, S. 234; *Umlauf*, 2013, S. 126; *Wagner*, 2009, S. 117 f.; *Hay/Knechel/Wong*, 2006, S. 170.

[337] Vgl. *Quick*, 1996, S. 9. Damit enthält das Geschäftsrisiko des Abschlussprüfers auch das allgemeine Unternehmensrisiko, welches bereits aus der bloßen Teilnahme am wirtschaftlichen Geschehen resultiert; vgl. *Weber*, 2011, S. 10; *Wolz*, 2003, S. 48.

[338] Vgl. *Quick*, 1996, S. 11; *Umlauf*, 2013, S. 127; *Weber*, 2011, S. 11; *Wolz*, 2003, S. 48.

[339] Vgl. *Umlauf*, 2013, S. 127.

quenzen für die Anteilseigner und/oder Gläubiger des geprüften Unternehmens zur Folge hat, so könnte dies die vorgenannten möglichen Verluste bzw. Schäden für den Abschlussprüfer mit sich bringen.

Das ebenfalls das Geschäftsrisiko des Abschlussprüfers beeinflussende Auftragsrisiko beschreibt hingegen die Gefahr des Abschlussprüfers, aufgrund von mandantenspezifischen Eigenschaften einen Schaden zu erleiden.[340] Hierbei ist zu beachten, dass das Auftragsrisiko maßgeblich vom Geschäftsrisiko des Mandanten abhängt und ein Teil des Risikos nicht über den Prüfungsprozess kompensiert werden kann.[341] Die zum Teil fehlende Beeinflussbarkeit ist damit zu begründen, dass der Abschlussprüfer auch bei Durchführung einer ordnungsgemäßen Abschlussprüfung und einem der Wahrheit entsprechenden Prüfungsurteil von den Eignern und Gläubigern des geprüften Unternehmens auf Schadensersatz aufgrund einer Pflichtverletzung verklagt werden kann. Unabhängig von der tatsächlichen Schuld des Abschlussprüfers sowie vom Ausgang des (Gerichts-)Verfahrens können jedoch bereits das alleinige Bekanntwerden der Klageerhebung sowie die negative Berichterstattung von Seiten des geprüften Unternehmens die Reputation und damit die wirtschaftliche Situation des Abschlussprüfers beeinträchtigen.[342] Die wirtschaftliche Situation bzw. das Geschäftsrisiko des Mandanten spielen hierbei eine wesentliche Rolle, da Unternehmen in wirtschaftlichen Schwierigkeiten grundsätzlich ein höheres Insolvenzrisiko besitzen. Insbesondere im Falle einer Insolvenz könnte jedoch die Situation eintreten, dass die Eigner bzw. Gläubiger dem Abschlussprüfer unabhängig von der Realität eine Pflichtverletzung bei der Abschlussprüfung unterstellen und ihn daher auf Schadensersatz verklagen. Folglich erhöht ein Anstieg des mandantenspezifischen Geschäftsrisikos unmittelbar das Auftragsrisiko und damit das Geschäftsrisiko des Abschlussprüfers, wobei ein Teil dieses Risikos nicht durch den Prüfungsprozess beeinflusst werden kann.[343] Um dennoch die daraus resultierende erhöhte Wahrscheinlichkeit eines Verlustes aufzufangen, wird erwartet, dass der Abschlussprüfer für wirtschaftlich angeschlagene Unternehmen eine gesonderte Risikoprämie erhebt, die ein erhöhtes Prüfungshonorar zur Folge hat.[344]

In den bisherigen empirischen Honorarstudien wird eine Vielzahl an unterschiedlichen Variablen zur näherungsweisen Abbildung des mandantenspezifischen Risikos verwendet, wobei grundsätzlich ein positiver Zusammenhang zwischen Risiko und Prüfungshonorar unterstellt wird.[345] Die am häufigsten verwendeten Maße zur Berücksichtigung des inhä-

---

[340] Vgl. *Weber*, 2011, S. 11; *Wolz*, 2003, S. 47.

[341] Vgl. *Umlauf*, 2013, S. 127. Dies bedeutet, dass z. B. eine Ausweitung der Prüfungshandlungen und eine damit einhergehende Verringerung des Entdeckungsrisikos keinen Einfluss auf einen Teil des Auftragsrisikos haben.

[342] Vgl. *Umlauf*, 2013, S. *Weber*, 2011, S. 11; *Wolz*, 2003, S. 48.

[343] Vgl. *Bell/Landsman/Shackelford*, 2001, S. 36; *Carcello/Palmrose*, 1994, S. 2; *Jubb/Houghton/Butterworth*, 1996, S. 29; *Umlauf*, 2013, S. 127. Lediglich dann, wenn der Abschlussprüfer keine Prüfaufträge von Unternehmen annimmt, die sich in einer wirtschaftlichen Schieflage befinden, könnte er sein gesamtes Geschäftsrisiko gleichhalten bzw. verringern; vgl. *Umlauf*, 2013, S. 127.

[344] Vgl. *Simunic*, 1980, S. 173 f.; *Simunic/Stein*, 1996, S. 123, 126; *Venkataraman/Weber/Willenborg*, 2008, S. 1318; *Wagner*, 2009, S. 119.

[345] Kritisch wird in diesem Zusammenhang die Tatsache betrachtet, dass die Mehrzahl der Forschungsarbeiten keine klare bzw. einheitliche Klassifizierung der verwendeten Risikodeterminanten vornimmt. Demnach wird in den meisten Fällen lediglich von Variablen gesprochen, die im Zusammenhang mit Risiko bzw. mandantenspezifischem Risiko stehen. Unklar bleibt oftmals, welche Risikoart (z. B. Prüfungsrisiko bzw. inhärentes

renten Risikos stellen hierbei Variablen dar, die die Bilanzpositionen „Vorräte" und „Forderungen" alleine oder kumuliert ins Verhältnis zur Bilanzsumme setzen. Begründet wird dies dadurch, dass insbesondere das Umlaufvermögen und speziell diese Posten eine erhöhte Manipulations- bzw. Fehleranfälligkeit aufweisen und damit komplexere bzw. umfangreichere Prüfungshandlungen bedingen, welche wiederum eine Erhöhung des Prüfungshonorars zur Folge haben.[346] Weitere regelmäßig genutzte Risikomaße basierend auf der obigen Begründung sind Variablen, die anstelle von einzelnen Posten den Anteil der gesamten kurzfristigen Vermögenswerte an der Bilanzsumme widerspiegeln.[347]

Des Weiteren werden durch die wesentliche Rolle der wirtschaftlichen Lage des geprüften Unternehmens im Zusammenhang mit den vorgenannten Risiken Rentabilitäts- sowie Liquiditätskennzahlen als Regressoren im Prüfungshonorarmodell verwendet. Diesbezüglich gilt grundsätzlich die Annahme, dass eine bessere wirtschaftliche Lage des Mandanten geringere Risiken im Zusammenhang mit der Abschlussprüfung zur Folge hat und damit zu einem geringeren Prüfungshonorar beiträgt. Im Fokus der bisherigen Forschungsarbeiten stehen hierbei das Quick Ratio und das Current Ratio als Proxy für die Liquidität sowie die Gesamtkapitalrentabilität (*Return on Average Assets*, ROAA) und das Vorliegen eines Jahresfehlbetrages (Verlust) im Untersuchungsjahr oder in vorhergehenden Geschäftsjahren zur Abbildung der Profitabilität des Unternehmens.[348] Die spezielle Berücksichtigung eines Verlustes soll hierbei laut *Umlauf* (2013) in Ergänzung zur Gesamtkapitalrentabilität, welche das erhöhte Fehlerrisiko bei einer schlechten Ertragslage abbildet,[349] insbesondere das Auftragsrisiko erfassen.[350] Dies liegt darin begründet, dass der Ausweis eines Fehlbetrages grundsätzlich ein höheres Insolvenzrisiko vermuten lässt und damit eine höhere Aufmerksamkeit von Seiten der Kapitalgeber hinsichtlich der Tätigkeit des Abschlussprüfers nach sich ziehen könnte. Um dem dadurch bedingten Anstieg des Auftragsrisikos und dem damit verbundenen potentiellen Reputationsschaden entgegenzuwirken, ist zu vermuten, dass der Abschlussprüfer Maßnahmen (z. B. Erhebung einer Risikoprämie) ergreift, die letztendlich einen Anstieg des Prüfungshonorars zur Folge haben dürften.[351] Weitere häufig verwendete Maße zur Darstellung der wirtschaftlichen Lage eines Unternehmens sind der Verschuldungsgrad sowie die Relation von Eigenkapital zu Fremdkapital (*Equity-to-Debt-Ratio*). Hierbei wird grundsätzlich unterstellt, dass ein hoher Verschuldungsgrad bzw. ein niedriges *Equity-to-Debt-Ratio* ein erhöhtes Mandantenrisiko mit sich bringt, was wiederum zu einem höheren Prüfungshonorar führt. Neben den vorgenannten Variablen existiert jedoch in den bisherigen Honorarstudien eine Vielzahl an weiteren Maßgrößen zur Abbildung des mandantenspezifischen Risikos. Beispielhaft sind hier Variablen hinsichtlich

---

Risiko oder Geschäftsrisiko des Abschlussprüfers) mit der Variable tatsächlich abgebildet werden soll. Vgl. diesbezüglich insbesondere *Jubb/Houghton/Butterworth*, 1996 sowie *Wagner*, 2009, S. 116 und *Umlauf*, 2013, S.128.

[346] Vgl. *Hay*, 2013, S. 169 f.; *Simon/Taylor*, 2002, S. 6; *Wagner*, 2009, S. 120.

[347] Vgl. *Hay*, 2013, S. 170; *Wagner*, 2009, S. 120.

[348] Vgl. *Hay*, 2013, S. 170; *Umlauf*, 2013, S. 139 f.

[349] Vgl. hierzu ergänzend auch Fn. 331.

[350] Sofern die Gesamtkapitalrentabilität und der Verlustausweis gleichzeitig als Regressoren im Honorarmodell verwendet werden, muss aufgrund deren inhaltlicher Nähe zwingend das Problem einer potentiellen Multikollinearität gesondert untersucht werden; vgl. *Umlauf*, 2013, S. 142.

[351] Vgl. *Umlauf*, 2013, S. 141 f.

der Eigentümerstruktur, des internen Kontrollsystems sowie des Vorliegens eines eingeschränkten Bestätigungsvermerks zu nennen.[352]

4.2.2.2 Nachfrageorientierte Einflussfaktoren

Wie bereits im Kapitel eingangs beschrieben, sollen die nachfrageorientierten Faktoren in
erster Linie der Tatsache Rechnung tragen, dass durch divergierende Finanzierungs- sowie
Eigentümerstrukturen auch unterschiedliche Prinzipal-Agenten-Konflikte in den Unternehmen vorherrschen, die wiederum eine zum Teil sehr differenzierte Nachfrage nach Abschlussprüfungsleistungen als Überwachungs- bzw. Kontrollinstrument determinieren. Im
Fokus stehen demnach die ökonomische Funktion des Abschlussprüfers als Bestandteil der
Corporate Governance sowie die möglichen Wechselwirkungen zwischen Abschlussprüfer
und anderen internen Kontroll- bzw. Überwachungseinrichtungen eines Unternehmens.[353]

Prinzipal-Agenten-Konflikte werden grundsätzlich in fremd- und eigenfinanzierungsbedingte Konflikte unterteilt.[354] Im Hinblick auf die zwischen Eignern und Gläubigern bestehenden fremdfinanzierungsbedingten Konflikte kann grundsätzlich unterstellt werden,
dass das Konfliktpotenzial in einer positiven Beziehung zur Höhe des an der Unternehmensfinanzierung beteiligten Fremdkapitalanteils steht.[355] Dies hängt damit zusammen,
dass das Risiko der Fremdkapitalgeber, ihr investiertes Kapital aufgrund eines opportunistischen Verhaltens des Managements/der Eigner nicht vollständig zurückzubekommen, mit
einem steigenden Verschuldungsgrad zunimmt.[356] Damit dennoch das Vertrauen der
Fremdkapitalgeber bei einem erhöhten Verschuldungsgrad nicht verloren geht, können die
Eigentümer versucht sein, durch eine hohe Qualität der Abschlussprüfung die Korrektheit
der Rechnungslegung zu signalisieren und damit die Glaubwürdigkeit der enthaltenen Informationen zu wahren.[357] Auf der anderen Seite wird auch häufig von Seiten der Fremdkapitalgeber eine qualitativ hochwertige Prüfung der Rechnungslegung durch den Abschlussprüfer erwartet bzw. im Rahmen der Kreditvertragsklauseln als Notwendigkeit festgeschrieben.[358] Die dadurch nachgefragte hohe Prüfungsqualität erfordert jedoch eine
Senkung des Prüfungsrisikos. Diese Senkung ist wiederum nur möglich, wenn der Abschlussprüfer das Entdeckungsrisiko durch zusätzliche Prüfungshandlungen und/oder qua-
lifizierteres Personal reduziert. Die damit im Zusammenhang stehenden zusätzlichen Aufwendungen sollten sich sodann in der Höhe des Prüfungshonorars widerspiegeln.[359] Aus

---

[352] Vgl. *Wagner*, 2009, S. 120. Variablen hinsichtlich des Verschuldungsgrades, der Eigentümerstruktur sowie des
       internen Kontrollsystems können jedoch auch als nachfrageorientierte Einflussfaktoren interpretiert werden.
       Vgl. hierzu Abschnitt 4.2.2.2.
[353] Vgl. *Umlauf*, 2013, S. 143.
[354] Bezüglich der unterschiedlichen Prinzipal-Agenten-Konflikte sowie des potentiellen opportunistischen Ver-
       haltens des Agenten siehe Abschnitt 2.1.1.
[355] Vgl. *Rudolph*, 2006, S. 344.
[356] Vgl. *Jensen/Meckling*, 1976, S. 334.
[357] Vgl. *Umlauf*, 2013, S. 153.
[358] Vgl. *Watts/Zimmerman*, 1986, S. 196.
[359] Die Tatsache, dass bei einem steigenden Verschuldungsgrad grundsätzlich auch das inhärente Risiko auf-
       grund einer erhöhten Wahrscheinlichkeit des Betreibens von Bilanzpolitik oder -manipulation zunimmt, ver-
       anschaulicht, dass auch bei keiner zusätzlichen Nachfrage nach einer erhöhten Prüfungsqualität das Entde-
       ckungsrisiko gesenkt werden muss, damit das Prüfungsrisiko auf dem bisherigen Niveau bleibt. Bereits dies

den vorgenannten Gründen wird der Verschuldungsgrad (z. B. Anteil des Fremdkapitals an der Bilanzsumme) in zahlreichen Forschungsarbeiten als Proxy für die bestehenden fremdfinanzierten Agency-Konflikte mit der Annahme verwendet, dass ein positiver Einfluss auf die Höhe des Prüfungshonorars vorliegt.[360]

Im Vordergrund der eigenfinanzierungsbedingten Prinzipal-Agenten-Konflikte steht das Problem der Eigner, dass die Manager grundsätzlich opportunistisch handeln und daher gewillt sein könnten, sich auf Kosten der Eigner zu bereichern. In diesem Zusammenhang wird unterstellt, dass die vorgenannte Problematik umso höher ausfällt, je mehr Eigner existieren, die nur einen verhältnismäßig geringen Anteil am gesamten Unternehmen besitzen. Begründet wird dies damit, dass ein hoher Anteilsbesitz grundsätzlich mit einem hohen Stimmrechtsanteil und damit auch mit mehr Möglichkeiten zur Kontrolle bzw. Beeinflussung des Managements einhergeht.[361] Setzt sich die Eigentümerstruktur jedoch vorwiegend aus Eignern mit verhältnismäßig kleinen Unternehmensanteilen zusammen, d. h. der Konzentrationsgrad der Anteile ist gering, so bestehen derartige Mittel zur aktiven Unternehmensüberwachung faktisch nicht. Das Management könnte wiederum diese abgeschwächte bzw. fehlende Kontrollfähigkeit der kleinen Anteilseigner ausnutzen und Entscheidungen treffen, die zu dessen Gunsten, jedoch zu Lasten der Eigner, gehen. Um dennoch bei einer Eigentümerstruktur mit einem geringen Konzentrationsgrad der Anteile das opportunistische Handeln der Manager zu unterbinden bzw. aufzudecken, könnten die Eigner eine höhere Prüfungsqualität von Seiten des Abschlussprüfers nachfragen.[362] Ergo sollte das Prüfungshonorar aufgrund des damit verbundenen Anstieges des Prüfungsaufwandes zunehmen.[363] Als Proxy für die vorherrschende Eigentümerkonzentration fungieren in den bisherigen Honorarstudien, die sich vorwiegend börsennotierten Unternehmen widmen, insbesondere Größen, welche das Verhältnis der in Streubesitz befindlichen Aktien[364] zur Gesamtanzahl der Aktien widergeben.[365]

---

sollte eine Erhöhung des Prüfungshonorars zur Folge haben. Dieser Sachverhalt begründet, warum der Verschuldungsgrad nicht nur als nachfrageorientierter Einflussfaktor interpretiert wird, sondern auch als angebotsorientierte Determinante im Zusammenhang mit dem mandantenspezifischen Risiko; vgl. Abschnitt 4.2.2.1.

[360] Vgl. *Umlauf*, 2013, S. 152 f. Im Gegensatz dazu finden sich kritische Anmerkungen hinsichtlich der Verwendung des Verschuldungsgrades als Proxy für fremdfinanzierungsbedingte Prinzipal-Agenten-Konflikte bei *Lennox*, 2005, S. 216 sowie *Lenz*, 1993, S. 464.

[361] Vgl. *Lenz*, 1993, S. 132.

[362] Vgl. *Lennox*, 2005, S. 207. Eine andere Argumentationskette aus der nachfrageorientierten Perspektive liefern *Mitra/Hossain/Dies* (2007). Die Autoren argumentieren, dass insbesondere große Anteilseigner als Bestandteil ihres Überwachungsprogramms eine hohe Prüfungsqualität fordern bzw. Manager eine hohe Prüfungsqualität einkaufen, um die Attraktivität des Unternehmens für Großinvestoren zu steigern; vgl. *Mitra/Hossain/Dies*, 2007, S. 259.

[363] Vgl. *Umlauf*, 2013, S. 153. Ebenso kann auch hier nicht nur aus der nachfrageorientierten, sondern auch aus der angebotsorientierten Perspektive argumentiert werden. Demnach hätte das geringer ausgeprägte opportunistische Verhalten der Manager durch die stärkere Überwachung durch die Eigner bei einem hohen Konzentrationsgrad der Anteile ein geringeres inhärentes Risiko zur Folge. Dies würde bedeuten, dass der Abschlussprüfer zum Erreichen des festgelegten Prüfungsrisikos einen geringeren Prüfungsaufwand hat. Folglich sollte das Prüfungshonorar geringer ausfallen; vgl. *Mitra/Hossain/Dies*, 2007, S. 259.

[364] Aktien werden für gewöhnlich dann zum Streubesitz gezählt, wenn der Anteil des Aktionärs an der Gesamtzahl der ausgegebenen Aktien 5% nicht überschreitet.

[365] Vgl. *Mitra/Hossain/Dies*, 2007, S. 257 f.; *Umlauf*, 2013, S. 153 f.

Ein weiterer Ansatz, der sich der Eigentümerstruktur als potentieller Einflussfaktor auf die Prüfungshonorarhöhe widmet, fokussiert sich auf den Anteilsbesitz des Managements am Unternehmen. Hierbei wird unterstellt, dass der Anreiz zum opportunistischen Handeln mit einem zunehmenden Anteilsbesitz des Managements abnimmt. Legitimiert wird dies damit, dass die Manager mit steigender Beteiligung am Unternehmen auch vermehrt am Unternehmenserfolg partizipieren. Eine unternehmensschädigende Handlung, wie bspw. die Aneignung von nicht pekuniären Vorteilen, würde sodann auch anteilig zu deren Lasten gehen.[366] Bedingt durch den abnehmenden Anreiz, sich Vorteile zu Lasten der Eigentümer anzueignen, wird daher erwartet, dass mit steigendem Anteilsbesitz der Manager die eigenfinanzierungsbedingten Konflikte abnehmen und damit auch die Nachfrage nach einer erhöhten Qualität der Abschlussprüfung. Eine Folge hieraus sollte sein, dass auch das Prüfungshonorar unter sonst gleichbleibenden Bedingungen geringer ausfällt.[367]

Wie zu Beginn des Abschnitts bereits erwähnt, wird im Rahmen der nachfrageorientierten Perspektive neben den Prinzipal-Agenten-Konflikten auch das Zusammenspiel von Abschlussprüfer mit unternehmensinternen Kontrolleinrichtungen analysiert. Besondere Aufmerksamkeit kommt hierbei den Kontrollinstanzen Aufsichtsrat, Prüfungsausschuss sowie interne Revision zu. Hinsichtlich der Wirkung von internen Kontrollinstanzen auf die Höhe des Prüfungshonorars finden sich in der Literatur zwei gegenläufige Erklärungsansätze. Der zuerst entwickelte, aus der angebotsorientierten Perspektive stammende Ansatz führt in diesem Zusammenhang an, dass die Prüfungstätigkeit des Abschlussprüfers sowie die Überwachungstätigkeit der internen Kontrollinstanzen Substitute darstellen könnten.[368] Begründet wird dies in erster Linie damit, dass mit einer zunehmenden Qualität bzw. Effektivität der Corporate-Governance-Struktur auch ein verbessertes internes Kontrollsystem zu erwarten ist.[369] Das verbesserte interne Kontrollsystem sollte ein sinkendes Kontrollrisiko zur Folge haben, was wiederum dem Abschlussprüfer erlauben könnte, seinen Prüfungsaufwand, bspw. durch die Reduzierung von Einzelfallprüfungen, bei einem gleichbleibenden Prüfungsrisiko zurückzufahren.[370] Der zweite Erklärungsansatz, welcher aus der nachfrageorientierten Perspektive stammt, unterstellt hingegen ein komplementäres Verhältnis zwischen der Nachfrage nach Abschlussprüfungsleistungen und den unternehmensinternen Kontrolleinrichtungen. Dies bedeutet, dass bei einer ausgeprägten Corporate-Governance-Struktur auch die Nachfrage nach einer qualitativ hochwertigen Abschlussprüfung größer ausfällt. Die Folge hieraus sollte ein Anstieg des Prüfungshonorars sein. Begründet wird die komplementäre Beziehung damit, dass die internen Kontrolleinrichtungen auf der einen Seite und die externe Abschlussprüfung auf der anderen Seite verschiedene Kontroll- bzw. Überwachungsaufgaben nicht immer im gleichen Maße erfüllen können. Vielmehr stellen sie oftmals zwei sich ergänzende Kontrolldimensionen dar, wel-

---

[366] Vgl. *O'Sullivan*, 2000, S. 401, 409; *Umlauf*, 2013, S. 144.

[367] Vgl. *Hope/Langli/Thomas*, 2012, S. 505; *Mitra/Hossain/Dies*, 2007, S. 268.

[368] Vgl. *Felix/Gramling/Maletta*, 2001, S. 515; *Hay*, 2013, S. 169; *Umlauf*, 2013, S. 145; *Vafeas/Waegelein*, 2007, S. 244.

[369] Vgl. *Krishnan/Visvanathan*, 2009, S. 116 f.

[370] Vgl. *Umlauf*, 2013, S. 146. *Cohen/Hanno*, 2000, S. 137.

che die teils unterschiedlichen Ansprüche der internen und externen Stakeholder eines Unternehmens gleichzeitig befriedigen sollen.[371] In bisherigen Honorarstudien verwendete Proxys zur Abbildung von Corporate-Governance-Strukturen sind bspw. Variablen, welche die Kosten für die interne Revision oder die Anzahl der in der internen Revision tätigen Mitarbeiter widerspiegeln sowie Variablen, die das Bestehen oder die Zusammensetzung eines Prüfungsausschusses widergeben und Variablen, die die Zusammensetzung des Aufsichtsrates abbilden.[372]

4.2.3 Prüfer- bzw. prüfungsmarktspezifische Einflussfaktoren

Im Gegensatz zu den in Abschnitt 4.2.2 erläuterten mandantenspezifischen Einflussfaktoren, welche primär den Arbeitsaufwand des Abschlussprüfers im Zusammenhang mit der jeweiligen unternehmensspezifischen Abschlussprüfung abbilden sollen (angebots- und nachfrageorientierte Faktoren), widmet sich die marktorientierte Perspektive in erster Linie den Eigenschaften des Abschlussprüfers sowie den Charakteristiken des Marktes für Abschlussprüfungsleistungen, die einen potentiellen Einfluss auf die Höhe des Prüfungshonorars besitzen. In diesem Kontext spielen in der bisherigen Forschungsliteratur insbesondere die vom Abschlussprüfer angebotene und erbrachte Prüfungsqualität sowie die auf dem Prüfungsmarkt vorherrschende Wettbewerbssituation unterhalb der Abschlussprüfer eine bedeutende Rolle.[373]

Aus der marktorientierten Sicht wird insbesondere die vom Abschlussprüfer angebotene Prüfungsqualität als wesentlicher Einflussfaktor auf die Prüfungshonorarhöhe deklariert. In diesem Zusammenhang wird entgegen der Auffassung des Berufstandes der Wirtschaftsprüfer, welche besagt, dass die Prüfungsqualität von unterschiedlichen Abschlussprüfungen sowie die Verlässlichkeit der dazugehörigen Prüfungsurteile unabhängig vom prüfungsdurchführenden Abschlussprüfer stets einheitlich sind (*An audit [opinion] is an audit [opinion]*), angenommen, dass die Abschlussprüfer Produktdifferenzierung als Wettbewerbsstrategie betreiben.[374] Hierbei wollen sich die Abschlussprüfer durch die Schaffung

---

[371] Vgl. *Goodwin-Stewart/Kent*, 2006, S. 389-391; *Hay/Knechel/Ling*, 2008, S. 10-12.

[372] Vgl. *Hay/Knechel/Ling*, 2008, S. 10 f. Für weitere bisher verwendete Maße siehe auch *Hay*, 2013, S. 170 f. sowie *Umlauf*, 2013, S. 148-152.

[373] Vgl. *Umlauf*, 2013, S. 154 f.

[374] Vgl. *Lenz*, 2014, S. 323; *Loy*, 2013, S. 326; *WPK*, 2010, S. 41; *WPK*, 2012a, S. 24; *IDW*, 2012, S. 2. Neben der Differenzierungsstrategie existieren nach *Porter* die Kostenführerschaftsstrategie sowie die Strategie der Konzentration auf Schwerpunkte, um langanhaltende Wettbewerbsvorteile zu generieren; vgl. *Porter*, 2014, S. 33 f. Die Kostenführerschaftsstrategie verfolgt hierbei das Ziel, dauerhaft der kostengünstigste Produzent in der Branche zu sein; vgl. *Porter*, 2014, S. 35. In der deutschsprachigen Literatur ist jedoch herrschende Meinung, dass die Verfolgung einer reinen Kostenführerschaftsstrategie bei einer Prüfungsgesellschaft im Normalfall nicht möglich ist; vgl. *Tenhagen*, 1992, S. 82, 207. Begründet wird dies u. a. damit, dass die konsequente Umsetzung einer Kostenführerschaftsstrategie den reputationsschädigenden Eindruck in der Öffentlichkeit vermitteln könnte, dass der Abschlussprüfer zur Generierung von Kosteneinsparungen systematisch eine gewollte schlechte Prüfungsqualität erbringt. Insbesondere das Vertrauen der Öffentlichkeit in die Qualität des Prüfungsurteils wird jedoch als einer der wesentlichen Schlüsselfaktoren für die Wettbewerbsfähigkeit und den zukünftigen Erfolg eines Abschlussprüfers angesehen. Ist nun dieses Vertrauen der Öffentlichkeit aufgrund der mit einer verfolgten Kostenführerschaft einhergehenden Implikationen beschädigt, hat dies negative Folgen für die Wettbewerbsposition des Abschlussprüfers. Als weitere Gründe, die gegen eine ausschließliche Kostenführerschaftsstrategie bei Abschlussprüfern sprechen, werden u. a. die Qualitätskontrolle nach

einer für den Mandanten einzigartigen und wertvollen Leistung dauerhaft von ihren Wettbewerbern abheben, um dadurch den vorherrschenden Honorardruck zu umgehen und die eigene Marktposition zu verbessern.[375] Die Abhebung von der Konkurrenz erfolgt zumeist über die Bereitstellung einer höheren Prüfungsqualität. Der angestrebte Wettbewerbsvorteil wird sodann erzielt, wenn der Mandant den Qualitätsunterschied im Vergleich zu den konkurrierenden Abschlussprüfern tatsächlich wahrnimmt und zugleich für diesen die erhöhte Prüfungsqualität einen einmaligen Wert bzw. Leistungsvorteil besitzt, der die Nachfrage nach dieser Qualitätsstufe trotz eines Honoraraufschlags begründet.[376] Die Tatsache, dass durch divergierende Finanzierungs- sowie Eigentümerstrukturen auch unterschiedliche Prinzipal-Agenten-Konflikte in den Unternehmen vorherrschen, die wiederum eine zum Teil sehr differenzierte Nachfrage hinsichtlich der geforderten Qualität einer Abschlussprüfung zur Folge haben könnten, verdeutlicht, dass in Abhängigkeit von der vorherrschenden Situation eine erhöhte Prüfungsqualität durchaus einen Mehrwert für das prüfungspflichtige Unternehmen darstellen kann. Dieser Leistungsvorteil aufgrund der höheren Prüfungsqualität äußert sich bspw. durch geringere Finanzierungskosten, reduzierte Kosten des Investor Relations Managements[377] oder durch ein geringeres *Underpricing* bei einem Börsengang.[378] Die Konsequenz aus einer erfolgreichen Umsetzung von Differenzierungsstrategien verschiedener Abschlussprüfer sollte letztendlich sein, dass das Produkt „Abschlussprüfung" in unterschiedlichen Qualitätsstufen und damit zu differenten Preisen auf dem Prüfungsmarkt angeboten und nachgefragt wird. In der Literatur werden zur Begründung einer funktionierenden Produktdifferenzierung auf dem Prüfungsmarkt und dadurch hervorgerufener Preisunterschiede für das Produkt „Abschlussprüfung" sowohl der allgemein gefasste betriebswirtschaftliche Erklärungsansatz von *Klein/Leffler* (1981), welcher sich vorwiegend auf reputationssteigernde unternehmensspezifische Investitionen fokussiert, als auch der prüfungsspezifische theoretische Modellansatz von *DeAngelo* (1981b), in dessen Rahmen das Augenmerk auf der Unabhängigkeit des Abschlussprüfers liegt, genannt. Daneben wird jedoch auch die Branchenspezialisierung eines Abschlussprüfers als ein wichtiges qualitätsbeeinflussendes Element im Rahmen der Produktdifferenzie-

---

§ 57a WPO sowie die ausgeprägte Heterogenität des Produktes Abschlussprüfung genannt. Demnach könnten zu hohe Kosteneinsparungen bewirken, dass die Teilnahme am Qualitätskontrollverfahren nicht erfolgreich verläuft. Dies hätte die existenzbedrohende Folge, dass die Abschlussprüfung nicht durchgeführt werden darf; vgl. *Grothe*, 2005, S. 207 f.; *Jany*, 2011, S. 93 f.; *Qandil*, 2014; S. 143. Für weiterführende Informationen bezüglich des externen Qualitätskontrollverfahrens in Deutschland vgl. *Paulitschek*, 2009, S. 95-138.

[375] Vgl. *Grothe*, 2005, S. 208-210.

[376] Vgl. *Grothe*, 2005, S. 208 f.; *Jany*, 2011, S. 94 f. Nach *Porter* (2014) schafft ein Anbieter für den Abnehmer dann einen Wert, wenn er die Kosten des Abnehmers senken oder die Leistung des Abnehmers steigern kann; vgl. *Porter*, 2014, S.181.

[377] Unter dem Begriff „Investor Relations" werden freiwillige Bemühungen des Unternehmens verstanden, durch geplante und langfristig auf die Adressaten abgestimmte Maßnahmen das Vertrauen der Anleger-Öffentlichkeit dauerhaft zu gewinnen und zu erhöhen. Zu der Anleger-Öffentlichkeit zählen hierbei alle bestehenden und potentiellen Fremd- und Eigenkapitalgeber sowie Mittler von Finanzinformationen (Journalisten, Analysten, Anlageberater etc.). Oberziele sind hierbei u. a. die Optimierung des Aktienkurses, die Verbesserung der Kapitalbeschaffungsmöglichkeiten sowie die Senkung der Kapitalkosten; vgl. *Alvarez/Wotschofsky*, 2000, S. 651.

[378] Vgl. *Grothe*, 2005, S. 213 f.; *Jany*, 2011, S. 97.

rung angesehen und daher ein potentieller Einfluss auf die Höhe des Prüfungshonorars unterstellt.

4.2.3.1 Größe und Reputation des Abschlussprüfers

Klein/Leffler (1981) zeigen in ihrem Modell, dass der Preis eines Produktes grundsätzlich als verlässlicher Indikator für die offerierte Qualitätsstufe fungieren kann. [379] Grundannahmen von Seiten der Autoren sind hierbei zum einen, dass die gesamten Herstellkosten des Produktes nicht nur von der Produktionsmenge, sondern auch von der Qualität des Gutes abhängen, und zum anderen, dass die Nachfrager vor dem Kauf des Produktes keine kostenlosen Informationen in Bezug auf dessen tatsächliche Qualität besitzen, sondern lediglich erkennen können, ob das Produkt ein Mindestqualitätsniveau erfüllt. [380] Aufgrund des geringen Informationsgrades von Seiten der Nachfrager hinsichtlich der Produktqualität haben die anbietenden Unternehmen den Anreiz, Produkte mit relativ geringer Qualität als Produkte mit einer scheinbar hohen Qualität zu deklarieren und zu entsprechend höheren Preisen anzubieten. Sollte der Konsument des Produktes jedoch tatsächlich an einer höheren Qualitätsstufe langfristig interessiert sein, so ist es unabdingbar, dass dem Anbieter der Anreiz zur Täuschung genommen wird. [381]

Als Lösung dieses Anreizproblems sehen *Klein/Leffler* (1981) die Zahlung einer Preisprämie für höherwertige Produkte in Verbindung mit der Gefahr für den Anbieter, dass dieser seine Kunden und potentielle Neukunden nach dem erstmaligen Verkauf des Produktes dauerhaft verliert, sofern er diese betrügt. [382] Hierbei gilt, dass der Anbieter dann gewillt ist, tatsächlich eine höhere Qualität zu liefern, wenn der Kapitalwert der zukünftigen Quasi-Renten (Preisprämien) höher ausfällt als der Kapitalwert aus der einmaligen Quasi-Rente, die aus der Täuschung resultiert. Zusammenfassend bedeutet dies, dass der Nachfrager solange eine den Zusagen des Anbieters entsprechende Qualitätsstufe erhält, solange der Nachfrager bereit ist, eine ausreichend hohe Preisprämie zu zahlen, die den entgangenen Nutzen aus der Täuschung übersteigt. [383] In diesem Fall dient der ausgewiesene Preis als verlässlicher Indikator für die angebotene Qualität eines Produktes. [384] Die Erzielung von positiven Gewinnen ist im vollständigen langfristigen Marktgleichgewicht jedoch bedingungsgemäß nicht möglich, da andernfalls zusätzliche Anbieter in den Markt für qualitativ hochwertigere Produkte einsteigen. Letztendlich hätte dies ein Überangebot zur Folge, was entsprechend den Mechanismen eines funktionierenden Marktes eine Preissenkung nach sich ziehen müsste. Dies ist in dem vorliegenden Fall jedoch keine Option, da der zuvor ermittelte qualitätssichernde Preis für den Nachfrager ein Minimalpreis für die jeweilige Qualitätsstufe darstellt. Sollte dieser Preis sinken, so suggeriert dies den Konsumenten, dass

---

[379]   Vgl. *Klein/Leffler*, 1981, S. 634.

[380]   Vgl. *Klein/Leffler*, 1981, S. 618-620.

[381]   Vgl. *Klein/Leffler*, 1981, S. 620.

[382]   Vgl. *Klein/Leffler*, 1981, S. 623. Dies kann jedoch nur bedingt für den Prüfungsmarkt gelten, da vermutet wird, dass viele Unternehmen nicht gerne öffentlich zugeben, dass bei ihnen eine Abschlussprüfung minderer Qualität durchgeführt wurde. Dies hätte jedoch dann zur Folge, dass der Abschlussprüfer auch in Zukunft weitere Mandanten findet, die er täuschen kann, da seine betrügerischen Handlungen nicht an alle Nachfrager kommuniziert wurden; vgl. *Lenz*, 1993, S. 253.

[383]   Vgl. *Klein/Leffler*, 1981, S. 623.

[384]   Vgl. *Klein/Leffler*, 1981, S. 634.

nicht die zugesagte, sondern eine geringere Qualität, geliefert wird. Demnach würden sie das Produkt nicht mehr kaufen.[385] Aus diesem Grund argumentieren *Klein/Leffler* (1981), dass in dieser Situation der Wettbewerb nicht über den Preis erfolgt, sondern über die Tätigung von unternehmensspezifischen Investitionen in den eigenen Markennamen zur Stärkung der Reputation.[386] Die aus den Investitionen resultierende Steigerung der Reputation ist notwendig, um dem Konsumenten glaubhaft zu signalisieren, dass der Anbieter tatsächlich die höhere Produktqualität liefert. Das Volumen dieser unternehmensspezifischen Investitionen wird hierbei von den Unternehmen solange gesteigert, bis es dem Kapitalwert der in Zukunft durch die höhere Produktqualität generierten Preisprämien entspricht. An dieser Stelle ist das Marktgleichgewicht erreicht und es besteht für neue Unternehmen kein Anreiz mehr, in den Markt für die höhere Produktqualität einzutreten. Die für das Gleichgewicht zwingend notwendige Nullgewinn-Bedingung ist an diesem Punkt erfüllt, da die Investitionsgüter aufgrund ihres hohen unternehmensspezifischen Charakters (nahezu) keinen Wiederverkaufswert besitzen. Dies hat im Falle einer Täuschung des Konsumenten hinsichtlich der tatsächlichen Produktqualität zur Folge, dass das betrügende Unternehmen einen Reputationsschaden erleidet, alle damit im Zusammenhang stehenden unternehmensspezifischen Investitionen abschreiben muss und damit den kompletten Kapitalwert der zukünftigen Preisprämien verliert.[387]

Ergänzend zu den reputationssteigernden Investitionen in den Markennamen sprechen *Klein/Leffler* (1981) auch Investitionen in unternehmensspezifische Produktionsfaktoren, wie bspw. das Humankapital, eine qualitätssichernde Wirkung zu. Begründet wird dies damit, dass die Produktionsfaktoren aufgrund ihres spezifischen Einsatzgebietes einen hohen Anteil versunkener Kosten beinhalten, weshalb ihnen bei einer alternativen Verwendung nur ein deutlich reduzierter Wert zukommen würde. Müsste nun eine Veräußerung vorgenommen werden, da das Unternehmen aufgrund einer nicht dem Preis entsprechenden Qualität als Betrüger identifiziert wurde und damit alle seine Kunden verliert, so würde der Verkauf mit einem Verlust einhergehen, der den Vorteil aus der Täuschung vollständig kompensiert. Um dies zu verhindern, werden die Unternehmen ihr versprochenes Qualitätsniveau beibehalten und keine betrügerischen Handlungen vornehmen.[388] Bei Betrachtung des Prüfungsmarktes zeigt sich, dass insbesondere die weltweit vier größten Prüfungsgesellschaften sowie die Second-Tier-Gesellschaften[389] erfolgreich in ihren Markennamen zur Steigerung und zum Erhalt ihrer Reputation investieren.[390] Gleichzeitig bauen sie im

---

[385] Vgl. *Klein/Leffler*, 1981, S. 625 f.

[386] Derartige unternehmensspezifische Investitionen sind z. B. Kampagnen zur Steigerung des Bekanntheitsgrades sowie der Entwurf eines Firmenlogos; vgl. *Lenz*, 1993, S. 258.

[387] Vgl. *Klein/Leffler*, 1981, S. 626 f.

[388] Vgl. *Klein/Leffler*, 1981, S. 628.

[389] Als Second-Tier-Gesellschaften (Gesellschaften in zweiter Reihe) werden die Prüfungsgesellschaften bezeichnet, die auf die Big4 folgen und sich aufgrund ihrer Größe, ihrer Zugehörigkeit zu internationalen Netzwerken und ihr umfassendes Dienstleistungsangebot deutlich von den verbleibenden kleineren und mittelgroßen WP-Praxen abheben. Hierzu gehören bspw. die BDO AG, die Mazars GmbH & Co. KG sowie die Ebner Stolz Mönning Bachem Gruppe; vgl. *Lenz*, 2014, S. 313, 315 f.

[390] Investitionen in den Markennamen sind u. a. unentgeltliche Informationsbroschüren bezüglich Fachthemen (Recht, Steuern, Rechnungslegung etc.), Publikationen in Fachzeitschriften, Vortragstätigkeiten sowie Schulungsveranstaltungen für Mandanten; vgl. *Lenz*, 1993, S. 259.

Vergleich zu kleineren Prüfungsgesellschaften ein höheres firmenspezifisches Humankapital aufgrund der Vermittlung und Aneignung von selbst entwickelten Prüfungsverfahren und -techniken, speziellen Formen der Teamarbeit sowie informellen Verhaltensweisen auf.[391] Im Kontext des Erklärungsansatzes von *Klein/Leffler* (1981) liefern die vorgenannten Beobachtungen folglich Indizien dafür, dass auf dem Prüfungsmarkt eine Produktdifferenzierung vorliegt und damit unterschiedliche Qualitätsstufen bezüglich der Abschlussprüfung angeboten werden, die sich wiederum in der Höhe des Prüfungshonorars widerspiegeln sollten. Hierbei sollten Anbieter einer hohen Qualität insbesondere die Big4-Gesellschaften sein, da speziell bei diesen hohe Investitionen in die allgemeine Reputation des Unternehmens erfolgen.[392]

Während der Ansatz von *Klein/Leffler* (1981) neben der Erzielung von Quasi-Renten insbesondere unternehmensspezifischen Investitionen in den Markennamen sowie in die Produktionsfaktoren eine bedeutende Rolle im Zusammenhang mit der Höhe der Prüfungsqualität zukommen lässt, stellt der prüfungsspezifische modelltheoretische Ansatz von *DeAngelo* (1981b) die mit der Größe eines Abschlussprüfers verbundene Unabhängigkeit in den Fokus. Grundsätzlich geht auch *DeAngelo* (1981b) davon aus, dass aufgrund von unterschiedlichen Prinzipal-Agenten-Konflikten eine heterogene Nachfrage bezüglich der Prüfungsqualität besteht.[393] Ausgehend von ihrem Quasi-Renten-Modell[394], welches zeigt, dass der derzeit amtierende Abschlussprüfer aufgrund von Kostenvorteilen mandantenspezifische Quasi-Renten in den auf die Erstprüfung folgenden Perioden vereinnahmen kann,[395] argumentiert *DeAngelo* (1981b), dass speziell wegen dieser Quasi-Renten die qualitätsbeeinflussende Unabhängigkeit des Abschlussprüfers in Gefahr geraten könnte. Begründet wird dies damit, dass ein Prüfer mit rationalen Erwartungen im Wettbewerb um Erstprüfungsmandate die zukünftig zu erwartenden Quasi-Renten aus den Folgeprüfungen bereits berücksichtigen und daher die Erstprüfung zu einem unter den eigentlichen Kosten liegenden Prüfungshonorar anbieten wird.[396] Hieraus resultiert jedoch, dass sich der Abschlussprüfer durch den Mandanten grundsätzlich erpressbar macht, da der Mandant den Entzug der Quasi-Renten androhen könnte, indem er seine grundsätzliche Bereitschaft zu einem Prüferwechsel signalisiert. Damit steht der Leitung des geprüften Unternehmens ein Druckmittel zur Verfügung, um die Berichterstattung des Abschlussprüfers trotz etwaiger

---

[391] Vgl. *Lenz*, 1993, S. 259-261.

[392] Gleichzeitig gilt es zu beachten, dass die Reputation eines Abschlussprüfers nicht zwangsläufig im Zusammenhang mit dessen Größe stehen muss; vgl. *Wagner*, 2009, S. 167.

[393] Vgl. *DeAngelo*, 1981b, S. 185.

[394] Bezüglich des Quasi-Renten-Modells siehe *DeAngelo*, 1981a.

[395] Die Kostenvorteile des amtierenden Abschlussprüfers resultieren aus Zusatzkosten, die bei einem Prüferwechsel entstehen würden. Bei den Zusatzkosten handelt es sich hierbei um Transaktions- und Einarbeitungskosten, die zum Teil auf Seiten des neuen Abschlussprüfers und zum Teil auf Seiten des Mandanten (Prüferwechselkosten) anfallen würden. Sollte der amtierende Abschlussprüfer nicht gewechselt werden, so entfallen derartige Zusatzkosten. Die Folge hieraus ist, dass der amtierende Abschlussprüfer aus seinen Kostenvorteilen Quasi-Renten generieren kann, indem er sein Prüfungshonorar oberhalb der eigentlichen Prüfungskosten ansetzt. Hierbei wird der Mandant solange keinen Prüferwechsel anstreben, solange der Barwert der an den amtierenden Abschlussprüfer zu zahlenden Prüfungshonorare kleiner ausfällt als der Barwert der an einen neuen Abschlussprüfer zu zahlenden Prüfungshonorare zuzüglich der bei dem Mandanten anfallenden Prüferwechselkosten; vgl. *DeAngelo*, 1981a, S. 118-123; *DeAngelo*, 1981b, S. 188.

[396] Vgl. *DeAngelo*, 1981a, S. 118; *DeAngelo*, 1981b, S. 185.

Feststellungen entsprechend deren Vorstellungen zu beeinflussen, da der Abschlussprüfer ansonsten Gefahr laufen würde, die zukünftigen Quasi-Renten zu verlieren.[397] Welches Ausmaß die Einschränkung der Unabhängigkeit hierbei annimmt, hängt davon ab, in welchem Verhältnis die Quasi-Renten des einen Mandanten zu den gesamten Quasi-Renten aller Mandanten stehen, da die Quasi-Renten der anderen Mandanten als eine Art Pfand gegen ein pflichtverletzendes Verhalten des Abschlussprüfers wirken. Sollte der Abschlussprüfer nämlich wesentliche Fehler in der Rechnungslegung nicht aufdecken bzw. berichten und damit eine geringere Prüfungsqualität abliefern als vorgegeben, so sieht er sich mit dem Risiko konfrontiert, dass diese Pflichtverletzung publik werden könnte und er durch den damit einhergehenden Reputationsschaden seine anderen Mandanten verliert bzw. von diesen in den Folgejahren nur noch reduzierte Prüfungshonorare erhält.[398] Die Schlussfolgerung hieraus ist, dass die Unabhängigkeit eines Abschlussprüfers umso höher ausfällt, je mehr Mandanten dieser besitzt, da mit abnehmender Relevanz eines einzigen Mandanten die Bereitschaft sinkt, alle anderen Quasi-Renten hierfür aufs Spiel zu setzen.[399] Übertragen auf den Prüfungsmarkt würde dies wiederum bedeuten, dass große Prüfungsgesellschaften grundsätzlich eine höhere Unabhängigkeit aufweisen als kleine Prüfungsgesellschaften, da im Normalfall die großen eine höhere Anzahl an Mandanten besitzen. Da der Grad der Unabhängigkeit gleichzeitig in einer positiven Beziehung zur Höhe der Prüfungsqualität steht, lässt dies wiederum den Schluss zu, dass große Prüfungsgesellschaften losgelöst von den technologischen Fähigkeiten eine höhere Prüfungsqualität aufgrund ihrer höheren Unabhängigkeit liefern und sich dadurch von den kleineren Prüfungsgesellschaften abheben.[400] Demnach kann die Größe eines Abschlussprüfers als Surrogat für die Höhe der Prüfungsqualität herangezogen werden, wodurch eine ex-ante-Beurteilung der Prüfungsqualität möglich ist.[401] Die mit der Größe einer Prüfungsgesellschaft einhergehende höhere Prüfungsqualität sollte sich sodann im Prüfungshonorar durch einen Aufschlag widerspiegeln.[402]

In der empirischen Prüfungshonorarforschung werden die aus den theoretischen Erklärungsansätzen nach *Klein/Leffler* (1981) und *DeAngelo* (1981b) abgeleiteten Erkenntnisse hinsichtlich potentieller positiver Zusammenhänge zwischen der Größe sowie der Reputation eines Abschlussprüfers und der von diesem tatsächlich erbrachten Prüfungsqualität zumeist qua einer dichotomen Variable in das Regressionsmodell integriert. Die dichotome Variable unterscheidet hierbei zwischen den BigN- und den Non-BigN-Gesellschaften.[403]

---

[397] Vgl. *DeAngelo*, 1981b, S. 189 f.

[398] Vgl. *DeAngelo*, 1981b, S. 190.

[399] Vgl. *DeAngelo*, 1981b, S. 191. Diese Schlussfolgerung aus der Anzahl der Mandanten gilt nur dann ausnahmslos, wenn die Quasi-Renten für alle Mandanten gleich hoch sind; vgl. *DeAngelo*, 1981b, S. 190; *Lenz*, 1993, S. 242.

[400] Vgl. *DeAngelo*, 1981b, S. 184 f.

[401] Vgl. *DeAngelo*, 1981b, S. 186; *Wagner*, 2009, S. 133. Grundsätzlich stellt die Größe des Abschlussprüfers lediglich einen Proxy für die wahrgenommene Prüfungsqualität dar. Die tatsächliche Prüfungsqualität könnte nur mittels tiefergehender Analysen der angefertigten Arbeitspapiere erfolgen, was jedoch in der Realität mit einer Vielzahl an Diffizilitäten verbunden wäre; vgl. *Wagner*, 2009, S. 137.

[402] Vgl. *Wagner*, 2009, S. 138.

[403] Vgl. *DeFond/Zhang*, 2014, S. 289; *Umlauf*, 2013, S. 172; *Wagner*, 2009, S. 139. Die Bezeichnung BigN trägt der Tatsache Rechnung, dass es nicht immer nur die Big4 gab. Bis 1989 standen die Big8 im Fokus. Nach zwei

Begründet wird dies damit, dass die BigN-Gesellschaften aufgrund ihrer von den anderen Gesellschaften deutlich abweichenden jeweiligen Größe sowie ihren ausgeprägten unternehmensspezifischen Investitionen in den Markennamen und die Produktionsfaktoren eine höhere Prüfungsqualität als die Non-BigN-Gesellschaften erbringen sollten. Diese erhöhte Prüfungsqualität sollte sodann in der empirischen Untersuchung durch einen Honoraraufschlag für die Big4-Gesellschaften zum Ausdruck kommen.[404] Die bis dato erbrachte Evidenz diesbezüglich fällt jedoch gemischt aus. So weist zwar ein Großteil der Studien einen signifikanten Honoraraufschlag nach, dennoch existiert eine beachtliche Anzahl an Studien, die keinen Aufschlag feststellen können.[405] Kritisch wird in diesem Zusammenhang angemerkt, dass die Dummy-Variable unterstellt, dass das Qualitätsniveau innerhalb der BigN-Gruppe sowie innerhalb der Non-BigN-Gruppe homogen ist. Grundsätzlich ist jedoch zu erwarten, dass auch zwischen den BigN-Gesellschaften sowie zwischen den Non-BigN-Gesellschaften Qualitätsunterschiede existieren.[406] Aus diesem Grund kommen anstelle der alleinigen dichotomen Variable vereinzelt auch stetige Variablen, wie bspw. die realisierten Umsatzerlöse des Abschlussprüfers, oder diskrete Variablen, welche die Anzahl der beschäftigten Fachkräfte, die Anzahl der Mandanten bzw. die Anzahl der lokalen Niederlassungen des Abschlussprüfers umfassen, zum Einsatz. Weitere Ansätze zur Berücksichtigung von möglichen Qualitätsunterschieden zwischen den Abschlussprüfern bestehen darin, dass entweder neben der Big4-Dummy-Variable noch eine zweite Dummy-Variable für die sogenannten Second-Tier-Gesellschaften oder aber für jede bzw. für bestimmte Prüfungsgesellschaften (z. B. Big4) jeweils eine eigene Dummy-Variable in das Regressionsmodell integriert wird.[407]

Bezüglich der vorhergehenden Ausführungen ist jedoch anzumerken, dass insbesondere die BigN-Dummy-Variable nicht nur im Zusammenhang mit einer honorarerhöhenden Wirkung aufgrund einer mit den BigN verbundenen potentiell höheren Prüfungsqualität verwendet wird, sondern sie kommt auch im Kontext von Fragestellungen hinsichtlich der Auswirkungen möglicher Wettbewerbsbeschränkungen auf die Höhe des Prüfungshonorars zum Einsatz. Hierbei wird ebenfalls ein Honoraraufschlag für die BigN vermutet, begründet wird dieser jedoch nicht durch eine höhere Prüfungsqualität, sondern durch die hohe Marktmacht dieser Prüfungsgesellschaften, welche eine Einschränkung des Wettbewerbs und damit eine Beeinflussung der Prüfungshonorare zur Folge haben könnte.[408] Zur Beantwortung der Frage, ob das von den BigN erhobene Prüfungshonorar letztendlich einen eingeschränkten Wettbewerb oder eine Produktdifferenzierung unter Wettbewerb widerspiegelt, hat *Simunic* (1980) ein Rahmenkonzept für empirische Honorarstudien entwi-

---

Fusionen im selben Jahr waren die Big6 Gegenstand diverser Untersuchungen. 1997 erfolgte eine weitere Fusion und die Big5 verblieben. Seit dem Marktausscheiden von Arthur Anderson im Jahr 2002 existieren die Big4.

[404]   Vgl. *Hay*, 2013, S. 172; *Wagner*, 2009, S. 138. Konträr dazu existieren Argumente, die begründen, dass keine Qualitätsunterschiede zwischen BigN- und Non-BigN-Gesellschaften vorliegen; vgl. diesbezüglich *Lawrence/Minutti-Meza/Zhang*, 2011, S. 260.

[405]   Vgl. *Hay/Knechel*, 2017, S. 133, 142.

[406]   Vgl. *Anderson/Zéghal*, 1994, S. 195; *DeFond/Zhang*, 2014, S. 289.

[407]   Vgl. *Anderson/Zéghal*, 1994, S. 196-198, 204; *Deis/Giroux*, 1992, S. 464; *Deis/Giroux*, 1996, S. 61; *Krishnan/Schauer*, 2000, S. 14; *Niemi*, 2004, S. 551, 558.

[408]   Siehe diesbezüglich auch die in diesem Unterabschnitt folgenden Ausführungen zum Prüfungsmarkt.

ckelt.[409] Hierbei unterscheidet *Simunic* (1980) weiterhin in BigN- und Non-BigN-Abschlussprüfer und er unterteilt seinen Datensatz in die zwei Gruppen große und kleine Prüfungsmandate. Die Grundannahme besteht dabei darin, dass das Marktsegment der kleinen Prüfungsmandate aufgrund einer höheren Anzahl an Abschlussprüfern eine geringere Konzentration und damit einen funktionierenden Wettbewerb zwischen den in diesem Marktsegment agierenden Abschlussprüfern aufweist. Das Marktsegment der großen Prüfungsmandate wird hingegen aufgrund der hohen Konzentration als unsicher hinsichtlich des Bestehens eines funktionierenden Wettbewerbs angesehen.[410] Sofern sich nun Honorarprämien für die BigN-Prüfer im Marktsegment der großen Prüfungsmandate herauskristallisieren und als Begründung hierfür die Produktdifferenzierung herangezogen wird, so sollten auch im kompetitiven Marktsegment der kleinen Mandate Honoraraufschläge für die BigN-Prüfer vorliegen, um die Produktdifferenzierung als Ursache zu bestätigen. Sollte hingegen im kompetitiven Marktsegment kein Honoraraufschlag bestehen, so wäre dies ein Indiz dafür, dass die Honorarprämie im Segment der großen Mandate auf den eingeschränkten Wettbewerb (oligopolistisches bzw. monopolistisches Preisverhalten) zurückzuführen ist.[411] Neben der Produktdifferenzierung sowie der Wettbewerbssituation bezieht *Simunic* (1980) auch positive Skaleneffekte für große Abschlussprüfer (*economies of scale*)[412] und Effizienznachteile von kleinen Abschlussprüfern bei der Prüfung von großen Mandaten (*diseconomies of scale*) mit ins Kalkül ein.[413] Dies begründet, warum in gewissen Szenarien das Prüfungshonorar der BigN auch kleiner ausfallen kann als das der Non-BigN.[414]

4.2.3.2 Branchenspezialisierung

Wie bereits zu Beginn des Abschnitts erwähnt, wird neben der allgemeinen Reputation sowie der Größe auch die Branchenspezialisierung eines Abschlussprüfers als Element der Produktdifferenzierung[415] auf dem Prüfungsmarkt angesehen.[416] Hierbei wird unterstellt, dass ein branchenspezialisierter Abschlussprüfer grundsätzlich eine höhere Prüfungsqualität liefert als ein nicht spezialisierter Abschlussprüfer, weswegen auch die in der Branche

---

[409] Vgl. *Simunic*, 1980, S. 170 f.

[410] Vgl. *Simunic*, 1980, S. 170.

[411] Vgl. *Joha*, 2018, S. 169; *Umlauf*, 2013, S. 160 f.

[412] Größere Prüfungsgesellschaften können bspw. durch die Verteilung von Fixkosten (z. B. Kosten für die Prüfungssoftware) auf eine höhere Anzahl an Mandanten Skaleneffekte generieren; vgl. *Anderson/Zéghal*, 1994, S. 197; *Umlauf*, 2013, S. 160.

[413] Vgl. *Simunic*, 1980, S. 170 f.

[414] Für alle Szenarien sowie die Interpretation der Honorarunterschiede zwischen BigN- und Non-BigN-Prüfern siehe u. a. *Anderson/Zéghal*, 1994, S. 197; *Francis/Stokes*, 1986, S. 384; *Joha*, 2018, S. 170; *Simunic*, 1980, S. 170 f.; *Umlauf*, 2013, S. 161.

[415] Nach *Grothe* (2005) ist die Branchenspezialisierung eines Abschlussprüfers als Differenzierungsstrategie zu verstehen, die gewisse Kosteneinsparungen mit sich bringt, ohne dass der Abschlussprüfer gezielt eine Kostenführerschaft anstrebt; vgl. *Grothe*, 2005, S. 223 f. Für Gründe, warum ein Branchenspezialist grundsätzlich keine reine Kostenführerschaft anstrebt vgl. u. a. *Grothe*, S. 202-208 sowie Fn. 374. Für eine ausführliche Diskussion, warum stattdessen ein Branchenspezialist vorwiegend die Differenzierungsstrategie verfolgt vgl. *Grothe*, 2005, S. 208-221.

[416] Vgl. *Dunn/Mayhew*, 2004, S. 37; *Umlauf*, 2013, S. 161 f.

vorherrschende Reputation des erstgenannten Prüfers höher ausfallen sollte.[417] Begründet wird dies damit, dass die Spezialisierung bereits aufgrund der damit zwangsläufig einhergehenden ausgiebigen Beschäftigung mit der jeweiligen Branche eine gewisse Branchenerfahrung aufbaut, woraus letztendlich ein erhöhtes Branchenwissen resultiert. Mit der Absicht, sich noch deutlicher von den Wettbewerbern zu differenzieren, wird das so gewonnene Branchenwissen durch gezielte branchenspezifische Investitionen (z. B. branchenspezifische Schulungen des Personals) zusätzlich erweitert.[418] Dieses im Vergleich zu nicht spezialisierten Abschlussprüfern höher ausfallende spezifische Branchenwissen sollte insbesondere im Kontext eines risikoorientierten Prüfungsansatzes zur Folge haben, dass die von einem branchenspezialisierten Abschlussprüfer durchgeführte Prüfung effektiver und damit qualitativ hochwertiger ist.[419] Aus diesem Grund wird die Branchenspezialisierung auch als ein Surrogat für die Prüfungsqualität angesehen, welches einen Einfluss auf die Höhe des Prüfungshonorars ausüben sollte.[420] Ob dieser Einfluss jedoch positiver oder negativer Natur ist, kann nicht eindeutig festgelegt werden.[421] Die durch die Effektivitätssteigerung begründete höhere Prüfungsqualität und die damit einhergehende höhere Reputation in der Branche rechtfertigen bei entsprechender Nachfrage grundsätzlich einen Honoraraufschlag.[422] Dies hängt u. a. damit zusammen, dass die spezifischen Investitionen zur Erweiterung des Branchenwissens eine gewisse Minimalverzinsung erwirtschaften sollten, da die Investitionen andernfalls unrentabel wären.[423] Außerdem wird die Produktdifferenzierung vom Abschlussprüfer betrieben, um gegenüber der Konkurrenz einen Wettbewerbsvorteil zu erlangen, der sich dadurch äußert, dass die erhöhte Prüfungsqualität für den Mandanten einen einmaligen Wert bzw. Leistungsvorteil besitzt, der aus Sicht des Mandanten die Zahlung einer Honorarprämie rechtfertigt.[424] Gleichzeitig hat jedoch das durch die Branchenspezialisierung gewonnene umfangreiche Branchenwissen neben der Effektivitätssteigerung im Allgemeinen auch eine durch die Erzielung von *economies of scale* begründete Effizienzsteigerung für die Abschlussprüfung zur Folge, wodurch die mit der Prüfung in

---

[417] Vgl. *Ettredge/Greenberg*, 1990, S. 202.

[418] Vgl. *Grothe*, 2005, S. 116.

[419] Vgl. *Grothe*, 2005, S. 116; *Qandil*, 2014, S. 145 f.; *Umlauf*, 2013, S. 162. Dies bedeutet, dass bei der Begründung des Zusammenhangs zwischen Branchenspezialisierung und Prüfungsqualität im Gegensatz zu *Klein/Leffler* (1981) und *DeAngelo* (1981b) nicht die der Größe des Abschlussprüfers zunehmende Unabhängigkeit bzw. die Höhe des unternehmensspezifischen Investitionen in den Markennamen als Erklärung für eine gesteigerte Prüfungsqualität dienen, sondern das Ausmaß der Branchenexpertise des Abschlussprüfers der erklärende Faktor ist.

[420] Vgl. *Craswell/Francis/Taylor*, 1995, S. 301; *Grothe*, 2005, S. 116; *Umlauf*, 2013, S. 162.

[421] Vgl. *Mayhew/Wilkins*, 2003, S. 37.

[422] Grundvoraussetzung dafür, dass ein Honoraraufschlag für den spezialisierten Abschlussprüfer als nachfragebedingte Prämie für die durch die Spezialisierung erhöhte Prüfungsqualität interpretiert werden kann, ist ein grundsätzlich funktionierender Wettbewerb auf dem Prüfungsmarkt. Sollte hingegen kein bzw. nur ein stark eingeschränkter Wettbewerb herrschen, so wäre der Honoraraufschlag eher durch eine monopolistische bzw. oligopolistische Preisbildung zu begründen als durch eine höhere Prüfungsqualität. Dies entspricht grundsätzlich auch der vorgenannten Argumentation von *Simunic* (1980) bezüglich der Interpretation einer BigN-Honorarprämie im Kontext der vorherrschenden Wettbewerbssituation im Marktsegment der großen Prüfungsmandate; vgl. *Craswell/Francis/Taylor*, 1995, S. 299, 312; *Numan/Willekens*, 2012, S. 452 sowie Fn. 410, 411.

[423] Vgl. *Craswell/Francis/Taylor*, 1995, S. 301; *Ettredge/Greenberg*, 1990, S. 202.

[424] Vgl. Fn. 376.

Zusammenhang stehenden Kosten reduziert werden. So resultieren *economies of scale* u. a. daraus, dass der branchenspezialisierte Abschlussprüfer seine Kosten (z. B. für notwendige Schulungen) zur Aneignung von branchenspezifischem Wissen auf alle seine aus dieser Branche stammenden Mandanten aufteilen kann. Dies bewirkt, dass die Kosten pro Stunde des jeweiligen Prüfers sinken.[425] Sollten diese Skaleneffekte aufgrund der vorherrschenden Wettbewerbssituation an die Mandanten (teilweise) weitergereicht werden, so könnte dies trotz etwaiger höherer Prüfungsqualität letztendlich eine Reduzierung anstelle einer Erhöhung des Prüfungshonorars zur Folge haben.[426]

Zur Bestimmung eines Abschlussprüfers als Branchenspezialist dominiert in der bisherigen Prüfungshonorar- und Prüfungsqualitätsforschung die Marktanteilsmethode gefolgt von der Portfoliomethode.[427] Daneben basieren einige Forschungsarbeiten auf der Selbstdarstellung des Abschlussprüfers als Branchenspezialist. Hierbei wird ein Abschlussprüfer dann als Branchenspezialist bezeichnet, wenn dieser z. B. auf seiner Internetseite angibt, dass er über branchenspezifisches Fachwissen verfügt.[428] Bedingt durch Zweifel an der Objektivität der Selbstdarstellung wird diese Methode jedoch als kritisch erachtet und findet daher seltener Anwendung.[429] Bei der häufig angewendeten Marktanteilsmethode erfolgt die Identifizierung eines Spezialisten anhand der Höhe des Marktanteils, den der Abschlussprüfer in einer bestimmten Branche vereinnahmt.[430] In diesem Zusammenhang wird unterstellt, dass ein hoher Marktanteil einen hohen branchenspezifischen Spezialisierungsgrad des Abschlussprüfers widerspiegelt.[431] Neben der Marktanteilsmethode kommt am häufigsten die Portfoliomethode zur Bestimmung von Branchenspezialisten zum Einsatz. Die Portfoliomethode stellt auf die Analyse der individuellen Mandantenstruktur eines Abschlussprüfers ab und deklariert diesen als Spezialist einer Branche, sofern die aus dieser Branche stammenden Mandanten einen wesentlichen Anteil am Gesamtportfolio des Abschlussprüfers ausmachen.[432] Im Einklang mit der Marktanteilsmethode wird ebenfalls unterstellt, dass ein höherer branchenspezifischer Portfolioanteil einen höheren branchenspezifischen Spezialisierungsgrad signalisiert.[433] Zur Bestimmung der branchenspezifischen Marktanteile als auch der Portfolioanteile muss als Berechnungsgrundlage ein Erhebungsmerkmal spezifiziert werden. Bei Abschlussprüfern ist hierbei grundsätzlich auf deren Prüfungshonorare abzustellen, da diese die Umsatzerlöse und damit das Marktvolumen wider-

---

[425] Weitere Skaleneffekte werden dadurch erzielt, dass der Abschlussprüfer aufgrund des hohen Branchenwissens u. a. deutlich schneller und damit kostensparend die Geschäftstätigkeit sowie das wirtschaftliche Umfeld des Mandanten einschätzen kann; vgl. *Anderson/Zéghal*, 1994, S. 197; *Grothe*, 2005, S. 132; *Mayhew/Wilkins*, 2003, S. 36; *O'Keefe/King/Gaver*, 1994, S. 47; *Umlauf*, 2013, S. 162.

[426] Vgl. *Cahan/Jeter/Naiker*, 2011, S. 197; *Craswell/Francis/Taylor*, 1995, S. 301; *Dunn/Mayhew*, 2004, S. 38; *Ettredge/Greenberg*, 1990, S. 202; *Grothe*, 2005, S. 132. Sofern der Abschlussprüfer nur einen Teil der Kostenvorteile an den Mandanten weitergibt, kann er trotz möglicher Honorarreduzierung eine akzeptable Gewinnmarge erzielen; vgl. *Bills/Jeter/Stein*, 2015, S. 1722 f.; *Mayhew/Willkins*, 2003, S. 34.

[427] Vgl. *Audousset-Coulier/Jeny/Jiang*, 2016, S. 140.

[428] Vgl. *Cahan/Jeter/Naiker*, 2011, S. 205; *Grothe*, 2005, S. 108 f.; *Hogan/Jeter*, 1999, S. 13; *Krishnan*, 2001, S. 138.

[429] Vgl. *Jany*, 2011, S. 100; *Qandil*, 2014, S. 148.

[430] Vgl. *Umlauf*, 2013, S. 162.

[431] Vgl. *Qandil*, 2014, S. 148.

[432] Vgl. *Audousset-Coulier/Jeny/Jiang*, 2016, S. 145; *Grothe*, 2005, S. 106.

[433] Vgl. *Qandil*, 2014, S. 149.

spiegeln.[434] Aufgrund dessen, dass insbesondere in der Vergangenheit zum Teil keine Publizitätspflicht bezüglich der Prüfungshonorare bestand und auch heute noch, trotz der in vielen Ländern vorherrschenden Offenlegungspflicht,[435] ein Großteil der Datenbanken keine Honorardaten beinhalten, wurden in zahlreichen Studien Ersatzgrößen für das Erhebungsmerkmal Prüfungshonorar herangezogen. Die Mehrzahl der Studien stellt hierbei auf die Bilanzsumme sowie die Umsatzerlöse des Mandanten in untransformierter und transformierter (z. B. radizierter oder logarithmierter) Form ab.[436] Des Weiteren findet auch die Anzahl der Mandanten bzw. Prüfungsaufträge als Ersatzgröße Verwendung, obwohl dies aufgrund der fehlenden Gewichtung[437] durchaus als kritisch erachtet wird.[438] Die Identifizierung der Branchen erfolgt in den bisherigen Forschungsarbeiten vorwiegend auf Basis von offiziellen Branchensystematiken. So greifen bspw. US-amerikanische Studien häufig auf die zweistufige Wirtschaftszweigsystematik *Two-digit Standard Industrial Classification* zurück, australische Arbeiten nutzen die *Two-digit code Australian Stock Exchange Industry Classification* und deutsche Arbeiten orientieren sich u. a. an der offiziellen Branchensystematik des Statistischen Bundesamtes, dem *Global Industry Classification Standard* von *Standard & Poor's* und *MSCI* oder der Sektorklassifizierung der Deutschen Börse AG.[439]

Unabhängig von der verwendeten Methode und dem gewählten Erhebungsmerkmal stellt der berechnete Markt- bzw. Portfolioanteil eine stetige Größe dar. In den meisten Studien wird diese sodann in eine dichotome Variable überführt, um mit dieser den potentiellen Einfluss einer Branchenspezialisierung auf die Prüfungsqualität bzw. das Prüfungshonorar zu untersuchen.[440] Häufig wird hierbei ein Abschlussprüfer dann als Branchenspezialist bezeichnet, wenn er den größten Marktanteil in einer Branche vereinnahmt, wenn er zu den zwei bzw. drei größten Marktteilnehmern gehört oder wenn er einen im Vorfeld definierten Grenzwert[441] bezüglich seines Markt- bzw. Portfolioanteils überschrei-

---

[434]   Vgl. *Audousset-Coulier/Jeny/Jiang*, 2016, S. 145; *DeFond/Francis/Wong*, 2000, S. 52; *Gramling/Stone*, 2001, S. 5 sowie Fn. 708.

[435]   Bezüglich der allgemeinen sowie der für Versicherungsunternehmen geltenden Honorarpublizitätspflicht siehe Abschnitt 4.1.2.

[436]   Vgl. *Audousset-Coulier/Jeny/Jiang*, 2016, S. 145; *Grothe*, 2005, S. 109; *Qandil*, 2014, S. 153; *Verleyen/De Beelde*, 2011, S. 281 f.

[437]   Hierbei wird abweichend von der Realität unterstellt, dass für jede Abschlussprüfung dasselbe Honorar gezahlt wird, obwohl es Unterschiede im Prüfungsumfang gibt; vgl. *Moizer/Turley*, 1987, S. 120.

[438]   Vgl. *Grothe*, 2005, S. 109; *Möller/Höllbacher*, 2009, S. 652 f.

[439]   Vgl. *Audousset-Coulier/Jeny/Jiang*, 2016, S. 140; *Craswell/Francis/Taylor*, 1995, S. 302f.; *Grothe*, 2005, S. 100, 240 f.; *Jany*, 2011, S. 159; *Qandil*, 2014, 151; *Umlauf*, 2013, S. 207.

[440]   Vgl. *Qandil*, 2014, S. 148.

[441]   Für einen Überblick über die in bisherigen Forschungsarbeiten verwendeten Grenzwerte zur Bestimmung der Branchenspezialisten siehe *Verleyen/De Beelden*, 2011, S. 278 sowie *Qandil*, 2014, S. 149. Bei der Marktanteilsmethode sind in der Literatur Grenzwerte von 10% bis 30% üblich; vgl. *DeFond/Zhang*, 2014, S. 301; *Grothe*, 2005, S. 103. Daneben werden auch Grenzwerte definiert, die 10% bis 30% über dem durchschnittlichen Anteil liegen, der sich bei einer fiktiven Gleichverteilung des Marktes auf die in der Branche tätigen Abschlussprüfer ergeben würde. Wären bspw. vier Abschlussprüfer in einer Branche tätig, so bedeutet dies, dass bei einer Gleichverteilung jeder Abschlussprüfer 25% des Marktes einnehmen würde. Bei Anwendung eines Grenzwertes von 20% bedeutet dies, dass ein Abschlussprüfer mit einem tatsächlichen Marktanteil größer/gleich 30% (25%*1,25) als Spezialist bezeichnet wird; vgl. *Audousset-Coulier/Jeny/Jiang*, 2016, S. 147; *DeBoskey/Jiang*, 2012, S. 615; *Neal/Riley*, 2004, S. 171. Im Rahmen der Portfoliomethode wird üblicherweise der durchschnittliche Portfolioanteil als Grenzwert herangezogen, der sich ergeben würde, wenn der Abschlussprüfer in jeder

tet.[442] Daneben existieren Definitionen, welche die vorhergehenden Bedingungen kombinieren und einen Abschlussprüfer erst dann als Branchenspezialist bezeichnen, sofern dieser den höchsten branchenspezifischen Marktanteil innehat und gleichzeitig einen bestimmten Grenzwert überschreitet, einen Mindestabstand zum zweitstärksten Wettbewerber hält oder eine Mindestanzahl an Mandanten besitzt.[443] Doch auch die berechnete stetige Größe findet als Proxy für den branchenspezifischen Spezialisierungsgrad bzw. die Höhe der Branchenerfahrung Eingang in empirische Untersuchungen.[444] Begründet wird dies u. a. damit, dass die Festlegung der Grenzwerte zur Bestimmung der dichotomen Spezialistenvariable grundsätzlich subjektiv und willkürlich erfolgt.[445] Um in diesem Zusammenhang den Bedenken entgegenzuwirken, dass die Ergebnisse bezüglich der dichotomen Variable durch die Festlegung des Grenzwertes getrieben sind, kommt das stetige Maß (Marktanteil oder Portfolioanteil) zum Einsatz.[446]

Die Frage, welche der beiden Methoden (Marktanteils- vs. Portfoliomethode) grundsätzlich besser zur Bestimmung des Branchenspezialisten geeignet ist, kann bis dato nicht eindeutig beantwortet werden. Hinsichtlich der Marktanteilsmethode ist festzuhalten, dass diese eine Branchenspezialisierung kleinerer Abschlussprüfungen bereits im Voraus implizit ausschließt, da diese aufgrund ihrer Größe erst gar nicht den benötigten Grenzwert des branchenspezifischen Marktanteils erreichen. Dieser Ausschluss wird jedoch unter Umständen als kritisch erachtet, da der Abschlussprüfer trotz des verhältnismäßig kleinen Marktanteils seinen Fokus auf eine bestimmte Branche gelegt und sich aufgrund branchenspezifischer Investitionen (Schulungen etc.) eine hohe Branchenexpertise angeeignet haben könnte. Die Portfoliomethode würde hingegen diesen kleineren Abschlussprüfer als Branchenspezialisten identifizieren, sofern dieser den nötigen Grenzwert bezüglich des Portfolioanteils erreicht.[447] Kritiker der Portfoliomethode führen hingegen an, dass die alleinige Bündelung sämtlicher zeitlicher und personeller Ressourcen eines Abschlussprüfers auf eine spezifische Branche nicht zwingend eine höhere Branchenerfahrung und Prüfungseffizienz im Vergleich zu anderen Abschlussprüfern zur Folge hat. Vielmehr würde es in diesem Zusammenhang auch auf den absoluten Ressourceneinsatz innerhalb einer Branche ankommen, der die Branchenexpertise und damit den Spezialisierungsgrad determiniert,

---

[441] Branche im gleichen Umfang involviert wäre. Sollte ein Abschlussprüfer bspw. in 25 Branchen tätig sein, so würde der Grenzwert 4% betragen. Entfällt nun bei dem Abschlussprüfer tatsächlich ein größerer Portfolioanteil als 4% auf eine Branche, so gilt der Abschlussprüfer für diese Branche als Spezialist; vgl. *Krishnan*, 2001, S. 136; *Neal/Riley*, 2004, S. 171.

[442] Eine detaillierte Literaturübersicht bezüglich der bisher verwendeten Methoden zur Bestimmung der Branchenspezialisten samt den zugrundeliegenden Erhebungsmerkmalen liefert *Audousset-Coulier/Jeny/Jiang* (2016). Hierbei wurde sich auf Forschungsarbeiten beschränkt, welche im Zeitraum von 2000 bis 2013 in führenden wissenschaftlichen Fachzeitschriften erschienen sind. Des Weiteren wird eine zusammenfassende Übersicht bezüglich der empirischen Ergebnisse hinsichtlich des Einflusses von Branchenspezialisierung auf Prüfungsqualität und Prüfungshonorare geliefert. Hierbei zeigt sich, dass die Ergebnisse in Abhängigkeit von der gewählten Methode variieren; vgl. *Audousset-Coulier/Jeny/Jiang*, 2016, S. 142-144.

[443] Vgl. *Qandil*, 2014, S. 148 f.; *Mayhew/Wilkins*, 2003, S. 47; *Minutti-Meza*, 2013, S. 748.

[444] Vgl. *Balsam/Krishnan/Yang*, 2003, S. 75; *Dunn/Mayhew*, 2004, S. 41; *Lim/Tan*, 2008, S. 209; *Mayhew/Wilkins*, 2003, S. 47; *McMeeking/Peasnell/Pope*, 2006, S. 210.

[445] Ersichtlich ist dies bereits daraus, dass die Grenzwerte zwischen 10% und 30% variieren. Siehe hierzu Fn. 441.

[446] Vgl. *Lim/Tan*, 2008, S. 209; *Qandil*, 2014, S. 149.

[447] Vgl. *Gramling/Stone*, 2001, S. 14; *Grothe*, 2005, S. 105; *Qandil*, 2014, S. 150.

da ein Abschlussprüfer mit hohen Marktanteilen im Allgemeinen auch umfassender mit branchenspezifischen Themen bei unterschiedlichen Mandaten konfrontiert wird. Des Weiteren begründet die grundsätzlich mit einem höheren Marktanteil einhergehende höhere Anzahl an Mandaten, dass nicht nur die Branchenexpertise eines Abschlussprüfers mit ausgeprägten Marktanteilen tendenziell höher ausfallen sollte, sondern auch die mit einer Branchenspezialisierung in Verbindung stehenden *economies of scale* sollten letztendlich größer sein, da die branchenspezifischen Investitionen (z. B. Schulungskosten) auf eine höhere Anzahl an Mandaten aufgeteilt werden können. Für einen kleinen Abschlussprüfer würden die vorgenannten Argumente letztendlich bedeuten, dass dieser trotz allumfassender Ressourcenbündelung auf eine Branche keinen nennenswerten Spezialisierungsgrad im Vergleich zu Wettbewerbern mit hohen branchenspezifischen Marktanteilen aufbauen kann. Aus diesem Grund raten die Kritiker von einer Verwendung der Portfoliomethode ab.[448]

Neben den bisher genannten Vor- und Nachteilen der unterschiedlichen Methoden wird in der Literatur u. a. die Berücksichtigung bzw. die fehlende Berücksichtigung der branchenspezifischen Marktgröße als Argument gegen die jeweilige Methode angeführt. In Bezug auf die Marktanteilsmethode wird als nachteilig erachtet, dass diese lediglich die Verteilung der Marktanteile innerhalb einer Branche analysiert, jedoch nicht die Größe sowie dessen ökonomische Bedeutung mit ins Kalkül einbezieht. Dies kann zur Folge haben, dass bspw. für sehr kleine Branchen ein Spezialist identifiziert wird, obwohl eine Spezialisierung auf diese Branche ökonomisch nicht sinnvoll ist. Auf der anderen Seite birgt die Methode die Gefahr, dass bei einigen Branchen nicht erkannt wird, dass diese so groß und ökonomisch relevant sind, dass ein hoher Wettbewerb innerhalb dieser Branchen besteht und ein Großteil der Abschlussprüfer wesentliche branchenspezifische Investitionen tätigen, um damit die Vorteile einer Branchenspezialisierung für sich zu vereinnahmen. Bedingt durch den ausgeprägten Wettbewerb gibt es jedoch eine gleichmäßigere Verteilung der Marktanteile, was im Extremfall dazu führt, dass kein Abschlussprüfer den Grenzwert überschreitet. Die falsche Schlussfolgerung hieraus wäre, dass kein Branchenspezialist vorliegt.[449] Bezüglich der Portfoliomethode wird hingegen gerade die Berücksichtigung der Branchengröße als Nachteil ausgelegt. Demnach wird der Methode unterstellt, dass die Identifizierung von Branchenspezialisten zu stark durch die Größe der Branche getrieben ist. Große Branchen bringen nachfragebedingt auch hohe Umsatzerlöse für die Abschlussprüfer mit sich. Dies bedeutet, dass ein Abschlussprüfer (insbesondere die BigN) unabhängig davon, ob er branchenspezifische Investitionen vorgenommen hat, im Vergleich zu anderen Branchen auch höhere Umsätze in dieser Branche realisieren wird. Dies hat zur Folge, dass der Portfolioanteil dieser Branche verhältnismäßig höher ausfällt als der für andere Branchen mit der Konsequenz, dass die Abschlussprüfer trotz fehlender branchenspezifischer Investitionen auf Basis der Portfoliomethode als Branchenspezialisten bezeichnet werden. Andersherum werden Abschlussprüfer für kleinere Branchen deutlich seltener als Spezialisten identifi-

---

[448] Vgl. *Grothe*, 2005, S. 105; *Qandil*, 2014, S. 150.
[449] Vgl. *Neal/Riley*, 2004, S. 170, 176.

ziert, auch wenn diese branchenspezifische Investitionen vorgenommen haben, da der in dieser Branche realisierte Umsatz im Verhältnis zu anderen Branchen zu gering ausfällt.[450]
Die eingangs erwähnte vorwiegende Verwendung der Marktanteilsmethode wird neben dem bereits genannten Argument in Bezug auf die Notwendigkeit eines gewissen Marktanteils zur Realisierung von spezialisierungsbedingten *economies of scale* nicht zuletzt durch die Unvollständigkeit der den Forschungsarbeiten zugrunde liegenden Datensätze begründet. So wird angeführt, dass die zumeist aus Datenbanken gewonnenen Datensätze im Normalfall nicht alle in den jeweiligen Branchen tätigen Unternehmen, sondern lediglich die börsennotierten Unternehmen enthalten. Hinsichtlich der größeren Abschlussprüfer (BigN und Second-Tier-Gesellschaften) ist anzunehmen, dass deren Umsatzstrukturen durch diese Unternehmen verhältnismäßig gut abgebildet werden. Bei kleineren Abschlussprüfern wird hingegen ein Großteil des Mandantenportfolios aus nicht börsennotierten Unternehmen bestehen, welche keinen Eingang in die Datensätze finden. Diese systematische Vernachlässigung eines Großteils der bedeutenden Mandate kleiner Abschlussprüfer könnte bei Anwendung der Portfoliomethode letztendlich zu einer wesentlichen Verzerrung der Ergebnisse führen.[451]
Die größte Kritik bezüglich der Untersuchung des Einflusses von Branchenspezialisierung auf Prüfungsqualität und Prüfungshonorare besteht darin, dass in der Literatur bis dato keine eindeutige und theoretisch fundierte Definition einer Branchenspezialisierung existiert. Hieraus resultiert, dass die verwendeten Bestimmungsmethoden, Erhebungsmerkmale und Grenzwerte zwischen den bisherigen Forschungsarbeiten zum Teil deutlich differieren. Dies gilt insbesondere für die Grenzwerte, da aufgrund der fehlenden anerkannten Definition keine relevanten Argumente für oder gegen die subjektiven und zum Teil willkürlich festgelegten Grenzwerte bestehen.[452] Für die empirischen Untersuchungen bedeutet dies, dass in Abhängigkeit von der Methode, dem Erhebungsmerkmal und den Grenzwerten die Identitäten und die Anzahl der Branchenspezialisten sehr unterschiedlich ausfallen und damit auch die Ergebnisse bezüglich des Einflusses von Branchenspezialisierung deutlich variieren können.[453] Verdeutlicht wird das Ausmaß der Ergebnisvariation u. a. durch die Studie von *Audousset-Coulier/Jeny/Jiang* (2016). So zeigen die Ergebnisse dieser Studie u. a., dass der Einfluss eines Branchenspezialisten auf das Prüfungshonorar und die Prüfungsqualität in Abhängigkeit von der verwendeten Methode in Kombination mit verschiedenen Erhebungsmerkmalen für ein und denselben Datensatz mal signifikant, mal in-

---

[450] Vgl. *Audousset-Coulier/Jeny/Jiang*, 2016, S. 145; *Neal/Riley*, 2004, S. 170. Zur Begegnung der vorgenannten Nachteile beider Methoden im Hinblick auf die (fehlende) Berücksichtigung der Branchengröße haben *Neal/Riley* (2004) beide Verfahren kombiniert und das Maß „gewichteter Marktanteil" eingeführt, welches sich aus der Multiplikation des Marktanteils mit dem Portfolioanteil ergibt. Der Grenzwert (*weighted market share cut-off*) für die Bestimmung eines Branchenspezialisten errechnet sich hierbei aus der Multiplikation des auf den Marktanteil bezogenen Grenzwertes mit dem Grenzwert für den Portfolioanteil; vgl. *Neal/Riley*, 2004, S. 175 f. In der Forschungsliteratur kommt diese Methode jedoch verhältnismäßig selten zum Einsatz; vgl. *Audousset-Coulier/Jeny/Jiang*, 2016, S. 142.

[451] Vgl. *Jany*, 2011, S. 105; *Qandil*, 2014, S. 150 f.

[452] Vgl. *DeFond/Zhang*, 2014, S. 301; *Grothe*, 2005, S. 103; *Qandil*, 2014, S. 148f.

[453] Vgl. *Audousset-Coulier/Jeny/Jiang*, 2016, S. 140.

signifikant ausfällt und im Extremfall sogar unterschiedliche Vorzeichen aufweist.[454] Ledig-lich bei Verwendung der Prüfungshonorare als Erhebungsmerkmal liefern die unterschied-lichen Methoden im Hinblick auf die Beeinflussung des Prüfungshonorars verhältnismäßig konsistente Ergebnisse (Einfluss stets positiv), weswegen die Autoren die Prüfungshonorare unter Beachtung gewisser Einschränkungen grundsätzlich empfehlen. Dennoch bestehen auch hier wesentliche Unterschiede im Ausmaß des Einflusses zwischen den verschiedenen Methoden.[455]

4.2.3.3 Prüfungsmarkt

Neben den Charakteristiken des Abschlussprüfers als Proxys für dessen Prüfungsqualität wird insbesondere die Wettbewerbssituation auf dem Prüfungsmarkt als ein weiterer we-sentlicher Einflussfaktor auf die Höhe des Prüfungshonorars angesehen. Zur Beurteilung der Wettbewerbssituation auf einem Markt dient zumeist die Höhe der Anbieterkonzen-tration. Diese beschreibt bei Betrachtung eines Prüfungsmarktes die Verteilung der Markt-anteile auf die anbietenden Abschlussprüfer. Eine hohe Anbieterkonzentration bringt hier-bei grundsätzlich zum Ausdruck, dass verhältnismäßig wenige Abschlussprüfer verhältnis-mäßig hohe Marktanteile vereinnahmen.[456] Im Hinblick auf die Wettbewerbssituation kön-nte dies die Gefahr in sich bergen, dass die wenigen anteilsstarken Abschlussprüfer eine marktbeherrschende Stellung einnehmen und dadurch den Wettbewerb zum Nachteil der nachfragenden Unternehmen und damit gleichzeitig zu Lasten des gesamtwirtschaftlichen Wohlfahrtsniveaus beschränken. Für die Prüfungshonorare könnte ein derartiger Zustand einen Preisaufschlag zur Folge haben. Dies wäre zumindest dann der Fall, wenn es zwischen den marktbeherrschenden Abschlussprüfern aufgrund einer Kartellbildung zu kollusiven Preisabsprachen kommt. Daneben könnten bspw. erhöhte Markteintrittsbarrieren für neue Abschlussprüfer, eine geringe Prüferauswahl für die prüfungspflichtigen Unternehmen, eine reduzierte Prüfungseffizienz und -effektivität sowie eine verstärkte Einflussnahme der marktführenden Abschlussprüfer auf die Regulierung von Prüfung und Rechnungslegung weitere negative Konsequenzen aus der Wettbewerbsbeschränkung sein.[457] Im Zusammen-hang mit der Beeinflussung des Prüfungshonorars gibt es jedoch auch Argumente dafür, dass ein hoch konzentrierter Markt einen höheren Preiswettbewerb und daher geringere Honorare zur Folge haben könnte. So wäre es bspw. möglich, dass trotz hoher Konzentra-tion ein ausgeprägter und honorarsenkender Wettbewerb zwischen den marktdominieren-den Abschlussprüfern (BigN) herrscht.[458] Außerdem kann mittels dem Modell von *Stiglitz* (1987) gezeigt werden, dass unter bestimmten Umständen ein Markt mit wenigen Anbie-

---

[454] In Hinblick auf das Prüfungshonorar generiert bspw. der mittels Marktanteilsmethode identifizierte Bran-chenspezialist vorwiegend eine Honorarprämie, der auf Basis der Portfoliomethode identifizierte Marktführer besitzt hingegen für einen Großteil der Erhebungsmerkmale einen Honorarabschlag; vgl. *Audousset-Cou-lier/Jeny/Jiang*, 2016, S. 151, 153, 155, 158.

[455] Vgl. *Audousset-Coulier/Jeny/Jiang*, 2016, S. 151.

[456] Vgl. u. a. *Umlauf*, 2013, S. 155. Für eine tiefergehende Definition des Konzentrationsbegriffes siehe auch Ab-schnitt 6.1.

[457] Vgl. *Bandyopadhyay/Kao*, 2004, S. 538; *Feldman*, 2006, S. 195, 204; *Joha*, 2018, S. 168; *Möller/Höllbacher*, 2009, S. 648; *Pearson/Trompeter*, 1994, S. 118 f.; *Quick/Sattler*, 2011, S. 62; *Stefani*, 2006, S. 121; *Umlauf*, 2013, S. 155; *Zimmermann*, 2008, S. 121.

[458] Vgl. *Pearson/Trompeter*, 1994, S. 118.

tern (hohe Konzentration) einen höheren Wettbewerb aufweist als ein Markt mit vielen Anbietern (geringe Konzentration), da der Konsument bei wenigen Anbietern besser über die Angebote und Preise der Konkurrenz informiert ist. Dieser gesteigerte Informationsgrad des Nachfragers schränkt den preispolitischen Spielraum des Anbieters ein und sollte damit einer Preisprämie entgegenwirken.[459] Als Proxys für den vorherrschenden Wettbewerb dienen in den bisherigen Forschungsarbeiten vorwiegend der HHI sowie die CR.[460] Die bisherigen empirischen Ergebnisse bezüglich des Einflusses des Konzentrationsgrades auf die Höhe der Prüfungshonorare liefern kein einheitliches Bild. So werden im Einklang mit den konträren Argumenten in Abhängigkeit von der Forschungsarbeit sowohl ein negativer als auch ein positiver Einfluss nachgewiesen.[461] Ergänzt werden diese Ergebnisse durch die Feststellung, dass die Konzentration keinen Einfluss auf das Prüfungshonorar ausübt.[462]

Trotz der angeführten Argumente und der gewöhnlichen Verwendung der Anbieterkonzentration als Wettbewerbsindikator existieren zum Teil Zweifel an deren grundsätzlichen Verlässlichkeit als Maß für den real vorherrschenden Preiswettbewerb. So wurde bereits bezüglich des Honorareinflusses der Konzentration angeführt, dass Konzentrationsmaße nicht in der Lage sind, den Preiswettbewerb unterhalb der BigN aufzufangen.[463] Ergänzt wird diese Kritik dadurch, dass es aus theoretischer Sicht durchaus möglich ist, dass sich bereits bei nur einem Anbieter auf dem Markt ein Wettbewerbspreis bilden kann, sofern für den Monopolisten die glaubwürdige Gefahr besteht, dass andernfalls neue Konkurrenten in den Markt eintreten. Des Weiteren wird die mit der Verwendung der Anbieterkonzentration als alleiniges Wettbewerbsmaß verbundene Annahme, dass alle Anbieter dem gleichen Wettbewerb ausgesetzt sind, als problematisch erachtet, da in der Realität der auf den jeweiligen Anbieter einwirkende Wettbewerbsdruck in Abhängigkeit von dessen Marktposition variiert.[464] Motiviert durch die angeführte Kritik verwenden daher vereinzelte Forschungsarbeiten ein Maß, welches den Wettbewerbsdruck widerspiegeln soll, dem der Abschlussprüfer aufgrund seiner jeweiligen Marktposition im Verhältnis zu seinen Konkurrenten ausgesetzt ist. Hierbei wird aufgrund von Erkenntnissen aus räumlichen Modellen der Wettbewerbsökonomie angenommen,[465] dass der größte Wettbewerbsdruck eines Anbieters vom nächstgelegenen Konkurrenten ausgeht.[466] In der bisherigen Prüfungsforschung wird als nächstgelegener Wettbewerber der Abschlussprüfer identifiziert, dessen

---

[459]   Vgl. *Dedman/Lennox*, 2009, S. 214.
[460]   Für eine Definition des jeweiligen Konzentrationsmaßes siehe Abschnitt 6.1.
[461]   Für den negativen Einfluss siehe *Pearson/Trompeter*, 1994, S. 124, 133. Für den positiven Einfluss siehe *Feldman*, 2006, S. 205.
[462]   Vgl. *Bandyopadhyay/Kao*, 2004, S. 554 f.
[463]   Vgl. Fn. 458.
[464]   Vgl. *Dedman/Lennox*, 2009, S. 214; *Numan/Willekens*, 2012, S.452.
[465]   Das erste räumliche Wettbewerbsmodell und damit die Basis für alle folgenden Modelle stammen von *Hotelling* (1929); vgl. *Knieps*, 2008, S. 189.
[466]   Vgl. *Numan/Willekens*, 2012, S. 453. Die Nähe bzw. Distanz zwischen zwei Anbietern eines Produktes kann hierbei sowohl auf Basis des geographischen Standortes (geographischer Raum) als auch auf Basis der Produktcharakteristiken (Produktraum) bestimmt werden. Im letzteren Fall stellt jede Ausprägung eines Produktmerkmals (z. B. Qualitätsniveau) einen spezifischen Standort im Produktraum dar. Je stärker sich die Produktcharakteristiken zweier Anbieter ähneln, desto näher liegen die Standorte im Produktraum beieinander, d. h. desto geringer ist die Distanz zwischen den Anbietern; vgl. *Henkel*, 1997, S. 9; *Knieps*, 2008, S. 189 f.

Produktdifferenzierungsstrategie am stärksten der Strategie des betrachteten Abschlussprüfers ähnelt. Je kleiner hierbei der Unterschied zwischen den beiden Differenzierungsstrategien ausfällt, desto geringer ist die Distanz zwischen den beiden Anbietern im Produktraum[467] und umso höher sollten der Wettbewerb und damit der auf den Abschlussprüfer
einwirkende Preisdruck in Richtung Grenzkosten sein.[468] Wie bereits im Rahmen der Branchenspezialisierung thematisiert, wird auch in diesem Zusammenhang unterstellt, dass die
Branchenmarktanteile eines Abschlussprüfers dessen Differenzierungsstrategie und damit
seinen Standort im Produktraum zum Ausdruck bringen. Die Distanz zwischen den nächstgelegenen konkurrierenden Abschlussprüfern ergibt sich sodann aus der Differenz zwischen den Marktanteilen. Je größer hierbei die Distanz ist, desto mehr Marktmacht wird
dem betrachteten Abschlussprüfer zugesprochen. Aus diesem Grund wird unterstellt – und
die bisherigen Forschungsergebnisse bestätigen dies –, dass der Abschlussprüfer mit zunehmender Distanz ein höheres Prüfungshonorar erhält.[469]

Neben einer möglichen Wettbewerbsbeschränkung aufgrund weniger marktbeherr-
schender Unternehmen wird auch ein möglicherweise bestehender funktionierender Wettbewerb um neue Mandate als ein potentieller Einfluss auf die Höhe des Prüfungshonorars
angesehen. Wie bereits im Zusammenhang mit der differierenden Honorargestaltung aufgrund größenbedingter unterschiedlicher Prüfungsqualitäten dient auch in diesem Fall das
Quasi-Renten-Modell von *DeAngelo* (1981a) als Argumentationsgrundlage. In ihrem for-
mal analytischen Ansatz zur Begründung des Honorarsetzungsverhaltens von Abschlussprüfern mit rationalen Erwartungen zeigt *DeAngelo* (1981a), dass der Abschlussprüfer im
Wettbewerb um Erstprüfungsmandate berücksichtigen wird, dass er, sofern er das Mandat
gewinnt, in den auf die Erstprüfung folgenden Perioden Quasi-Renten aufgrund von Kostenvorteilen gegenüber den konkurrierenden Abschlussprüfern generieren kann.[470] Um das
Prüfungsmandat zu gewinnen, wird der Abschlussprüfer daher die zukünftigen Kostenvorteile bereits bei der Gestaltung des Erstprüfungshonorars antizipieren und dieses in Höhe
der Erstprüfungskosten abzüglich des Barwertes der zukünftigen Quasi-Renten ansetzen.
Dieses Preissetzungsverhalten für Erstprüfungsmandate (Prüfungshonorar unterhalb der
Prüfungskosten) wird von *DeAngelo* (1981a) als *low balling* bezeichnet.[471] In der Realität ist
eine Überprüfung der Existenz von *low balling* für Außenstehende ohne weitere interne
Information von Seiten des Abschlussprüfers nahezu unmöglich, da keinerlei öffentliche
Informationen bezüglich der tatsächlichen Kosten des Abschlussprüfers im Zusammenhang mit dem jeweiligen Prüfungsmandat vorliegen. Aus diesem Grund hat sich die bisherige Prüfungsforschung vermehrt nicht auf die Untersuchung der Existenz von *low balling*
konzentriert, sondern sie hat stattdessen den Fokus auf die Analyse eines möglichen *price*
bzw. *fee cutting* gelegt. *Fee cutting* beschreibt hierbei den Zustand, dass das Erstprüfungshonorar geringer ausfällt als das Honorar der Folgeperioden.[472] In diesem Zusammenhang
ist jedoch festzuhalten, dass das Bestehen von *fee cutting* nicht unmittelbar darauf schließen

---

[467]   Siehe dazu Fn. 466.
[468]   Vgl. *Bills/Stephens*, 2016, S. 24, 26; *Numan/Willekens*, 2012, S. 453.
[469]   Vgl. *Bills/Stephens*, 2016, S. 24, 26; *Numan/Willekens*, 2012, S. 453, 464.
[470]   Hinsichtlich der Kostenvorteile und den daraus generierten Quasi-Renten vgl. Fn. 395.
[471]   Vgl. *DeAngelo*, 1981a, S. 118.
[472]   Vgl. *Francis*, 1984, S. 138.

lässt, dass auch *low balling* vorliegt und vice versa. Begründet wird dies damit, dass eine Erhöhung des Prüfungshonorars in den Folgejahren auch ohne ein vorhergehendes unter den Prüfungskosten liegendes Erstprüfungshonorar (*low balling*) möglich ist; *low balling* kann hingegen auch bei gleichbleibenden Honoraren existieren, was jedoch kein *fee cutting* darstellt.[473] Unabhängig davon ist jedoch festzuhalten, dass der Nachweis von *fee cutting* ein Indiz dafür liefert, dass auf dem Prüfungsmarkt ein Wettbewerb um neue Mandate herrscht, der für die Abschlussprüfer eine entsprechende Anpassung der Prüfungshonorare notwendig macht.[474] In der bisherigen empirischen Forschungsliteratur wird der Einfluss eines Prüferwechsels für gewöhnlich mittels einer dichotomen Variable überprüft. Diese nimmt den Wert 1 an, wenn im Betrachtungsjahr im Vergleich zum Vorjahr ein neuer Abschlussprüfer tätig ist, andernfalls besitzt sie den Wert 0. Die Mehrheit der nationalen und internationalen Studien bestätigt hierbei für die Erstprüfung ein signifikant niedrigeres Prüfungshonorar.[475]

4.2.4 Auftragsspezifische Einflussfaktoren

In Abhängigkeit vom Ziel der Honorarstudien werden neben den Einflüssen der mandanten- und prüferspezifischen Faktoren auch die Einflüsse von auftragsspezifischen Faktoren untersucht. Hierzu zählen u. a. die zeitliche Verzögerung zwischen dem Bilanzstichtag und dem Tag der Unterzeichnung des Bestätigungs- bzw. Versagungsvermerks (*report lag*), das Ende des Geschäftsjahres in der *busy season*, die Berichterstattung des Abschlussprüfers sowie das Ausmaß an parallel zur Abschlussprüfung erbrachten Beratungsleistungen.[476] Bezüglich der zeitlichen Differenz zwischen Bilanzstichtag und Unterzeichnung des Bestätigungsvermerks wird vorwiegend unterstellt, dass ein zunehmender Abstand auf mögliche Komplikationen während der Abschlussprüfung hindeuten könnte.[477] Diese Komplikationen erfordern für gewöhnlich mehr Zeit und mehr Arbeitsaufwand, weshalb ein positiver Einfluss auf die Höhe des Prüfungshonorars erwartet wird. Die Mehrheit der Honorarstudien bestätigt entweder keinen oder einen signifikant positiven Einfluss.[478]

Sofern das Ende des Geschäftsjahres und damit die Durchführung der Abschlussprüfung in die *busy season*[479] fällt, wird vermutet, dass das dazugehörige Prüfungshonorar

---

[473] Vgl. *Francis*, 1984, S. 138; *Umlauf*, 2013, S. 174; *Wagner*, 2009, S. 136-137; *Wagenhofer/Ewert*, 2015, S. 514.

[474] Vgl. *Joha*, 2018, S. 175; *Umlauf*, 2013, S. 175; *Wagenhofer/Ewert*, 2015, S. 514.

[475] Vgl. *Hay/Knechel/Wong*, 2006, S. 176 f.; *Joha*, 2018, S. 197 f.; *Köhler/Marten/Ratzinger et al.*, 2010, S. 19 f.; *Umlauf*, 2013, S. 232; *Wagner*, 2009, S. 230 f.; *Wild*, 2010, S. 523. Des Weiteren weisen einige Studien im Einklang mit dem Quasi-Renten-Modell nach *DeAngelo* (1981a) einen positiven Einfluss der Mandatsdauer auf die Höhe des Prüfungshonorars nach; vgl. u. a. *Bigus/Zimmermann*, 2009, S. 1295; *Hay*, 2013, S. 172 f.

[476] Vgl. *Hay*, 2013, S. 173; *Hay/Knechel/Wong*, 2006, S. 177-179.

[477] Ein gegenläufiges Argument besteht darin, dass insbesondere sehr kurze zeitliche Abstände einen hohen Zeitdruck bezüglich der Berichterstattung widerspiegeln könnten. Dieser Zeitdruck könnte für die Prüfung höhere Kosten zur Folge haben, welche eine Erhöhung des Prüfungshonorars bewirken; vgl. *Chan/Ezzamel/Gwilliam*, 1993, S. 770.

[478] Vgl. *Bamber/Bamber/Schoderbek*, 1993, S. 1; *Chan/Ezzamel/Gwilliam*, 1993, S. 770, 778; *Gul*, 1999, S. 97; *Hay/Knechel/Wong*, 2006, S. 168; 177.

[479] Als *busy season* wird der Prüfungszeitraum um den bedeutsamsten Bilanzstichtag eines Prüfungsmarktes bezeichnet. In den USA und Europa ist dies gewöhnlich der 31.12. eines jeden Jahres. Dementsprechend erstreckt sich die *busy season* über die Monate November bis März. In Australien und Neuseeland ist hingegen

durch die erhöhte Nachfrage, einem gesteigerten Termindruck und dem damit einhergehenden Mehraufwand (Überstunden etc.) einen Aufschlag beinhaltet. Daneben existiert jedoch auch die Argumentation, dass das Prüfungshonorar in der *busy season* höher ausfällt,
da es von den Abschlussprüfern in der anderen Prüfungszeit absichtlich niedriger angesetzt
wird, um in dieser Zeit ungenutzte Kapazitäten (insbesondere Mitarbeiter) durch Mandate
mit einem anderen Bilanzstichtag dennoch nutzen zu können.[480] Die Überprüfung des un-
terstellten Einflusses erfolgt in den Honorarmodellen mittels einer Indikatorvariable, welche den Wert 1 annimmt, sofern der Bilanzstichtag in die *busy season* fällt und andernfalls
0. Die empirischen Ergebnisse vermitteln kein einheitliches Bild. Demnach liefert ein Großteil der Studien insignifikante Ergebnisse und nur ein kleinerer Anteil weist einen positiven
Einfluss auf die Honorarhöhe nach.[481]

In Bezug auf die Berichterstattung des Abschlussprüfers stehen insbesondere eingeschränkte Bestätigungsvermerke, Versagungsvermerke sowie Hinweise auf eine Abkehr
von der Going-Concern-Prämisse im Fokus.[482] Kongruent mit der Begründung für den positiven Einfluss des *report lag* wird auch in diesem Zusammenhang davon ausgegangen, dass
ein eingeschränkter Bestätigungsvermerk ein Indiz für eine kompliziertere Abschlussprüfung mit insgesamt mehr Arbeitsaufwand sein könnte. Dieser erhöhte Arbeitsaufwand
sollte sodann ein höheres Prüfungshonorar zur Folge haben.[483] Die bisherige Empirie kann
diese Annahme nicht eindeutig bestätigen. Üblicherweise erfolgt die Abbildung der eingeschränkten Berichterstattung ebenfalls durch eine Indikatorvariable. Hierbei nimmt diese
den Wert 1 an, sofern eine Einschränkung, eine Versagung oder ein Hinweis vorliegen. Die
Empirie bestätigt diesen positiven Einfluss nur bedingt, da die Mehrzahl der Studien keinen
signifikanten Einfluss manifestiert. Dennoch existiert ein nicht unerheblicher Anteil an Studien, der einen positiven Zusammenhang bestätigt, weswegen eine gewisse Bedeutung der
Berichterstattung für die Höhe des Prüfungshonorars nicht kategorisch auszuschließen
ist.[484]

Parallel zur Abschlussprüfung erbrachte Beratungsleistungen (Nichtprüfungsleistungen) eines Abschlussprüfers stellen einen weiteren zentralen Punkt der Prüfungsforschung
dar. Zahlreiche Studien untersuchen hierbei mögliche Einflüsse auf die Höhe der Prüfungsqualität sowie des Prüfungshonorars. Begründet wird dieses hohe Interesse an den zeit-

---

der 30.06. eines jeden Jahres der wesentliche Stichtag; vgl. *Carson/Fargher/Simon et al.*, 2004, S. 83; *Cras-
well/Francis*, 1999, S. 204; *Hay*, 2013, S. 173; *Wagner*, 2009, S. 122.

[480]   Vgl. *Firth*, 1985, S. 34; *Hay/Knechel/Wong*, 2006, S. 168; 177; *Langendijk*, 1997, S. 261; *Wagner*, 2009, S. 122.

[481]   Vgl. *Hay*, 2013, S. 171, 173.

[482]   Die Going-Concern-Prämisse besagt entsprechend § 252 Abs. 1 Nr. 2 HGB, dass bei der Bewertung der im
Jahresabschluss ausgewiesenen Vermögensgegenstände und Schulden grundsätzlich von der Fortführung der
Unternehmenstätigkeit (*going concern*) auszugehen ist, sofern dieser Annahme keine tatsächlichen oder rechtlichen Gegebenheiten entgegenstehen. Ob die von den gesetzlichen Vertretern einer Unternehmung getroffe-
fene Annahme der Fortführung der Unternehmenstätigkeit angemessen ist, hat der Abschlussprüfer anhand
der erlangten Prüfungsnachweise zu beurteilen. Sollten seiner Auffassung nach wesentliche Risiken bestehen,
welche den Fortbestand des Unternehmens gefährden, so muss er entsprechend § 322 Abs. 2 Satz 3 HGB im
Bestätigungsvermerk gesondert darauf hinweisen (*going concern opinion*; GCO).

[483]   Vgl. *Basioudis/Papakonstantinou/Geiger*, 2008, S. 286; *Craswell/Francis*, 1999, S. 205; *Hay/Knechel/Wong*,
2006, S. 178; *Joha*, 2018, S. 164.

[484]   Vgl. *Hay/Knechel/Wong*, 2006, S. 178; *Hay*, 2013, S. 171, 173.

gleich erbrachten Beratungsleistungen des Abschlussprüfers nicht zuletzt durch die Befürchtung der nationalen und internationalen Regulatoren, dass mit einem zunehmendem Umfang an Beratungsleistungen die Unabhängigkeit des Abschlussprüfers eingeschränkt und damit die Prüfungsqualität gemindert wird.[485] Legitimiert wird die potentielle Gefährdung der Unabhängigkeit damit, dass die Aussicht auf hohe Beratungshonorare, das finanzielle Eigeninteresse und die Erbringung von rechnungslegungsrelevanten Beratungsleistungen das Risiko einer Selbstprüfung des Abschlussprüfers forcieren.[486] Entgegen dieser Befürchtung führen vorwiegend die Literatur und der Berufsstand das Argument an, dass die gleichzeitige Erbringung von Prüfungs- und Beratungsleistungen Synergieeffekte in Form von Wissenstransfers (*knowledge spillovers*) samt wertvollen Informationsgewinnen generiert. Hieraus würden in Abhängigkeit davon, ob ein- oder beidseitige *spillover*-Effekte auftreten, zugunsten einer oder beider Dienstleistungsarten Kosteneinsparungen und Qualitätssteigerungen resultieren.[487] In Bezug auf die Höhe des Prüfungshonorars liefert die Literatur sowohl Gründe für einen negativen als auch für einen positiven Einfluss. Sofern die *knowledge spillovers* tatsächlich eine Kostenreduktion für die Abschlussprüfung zur Folge haben, sollte dies unter Wettbewerb eine Senkung des Prüfungshonorars bewirken.[488] Des Weiteren wird losgelöst von den möglichen Kostenreduktionseffekten argumentiert, dass von Seiten des Abschlussprüfers u. a. aufgrund des scharfen Wettbewerbs das Prüfungshonorar bewusst niedrig und eventuell unter den eigentlichen Kosten angesetzt wird, um dadurch Mandanten zu gewinnen bzw. zu halten, denen sodann zusätzliche Beratungsleistungen mit deutlich höheren Gewinnmargen verkauft werden können.[489] Auch dies würde einen negativen Zusammenhang zwischen der Höhe der Beratungshonorare und der Höhe des Prüfungshonorars befürworten.[490] Konträr dazu gibt es jedoch auch Argumente für eine positive Beziehung. Demnach bestände die Möglichkeit, dass gar keine *knowledge spillover*-Effekte existieren, da insbesondere bei größeren Prüfungsgesellschaften eine strikte Trennung ohne effektiven Informationsaustausch zwischen den Beratungs- und Prüfungsabteilungen besteht.[491] Stattdessen könnte die Erbringung von zusätzlichen Beratungsleistungen zu einer maßgeblichen Veränderung der Unternehmensstruktur inklusive des Rechnungslegungs- und Kontrollsystems beitragen. Dies könnte für die Durchführung der Abschlussprüfung mit einem Mehraufwand verbunden sein, da sich der Abschlussprüfer aufgrund der Änderungen länger einarbeiten muss. Bedingt durch den erhöhten Prüfungsaufwand sollte folglich auch das Prüfungshonorar steigen.[492] Doch auch die Existenz von *knowledge*

---

[485] Für eine ausführliche Diskussion dieser Thematik siehe *Sharma*, 2014.

[486] Vgl. *European Commission*, 2014, S. 2; *Joha*, 2018, S. 51, 177; *Knechel/Sharma/Sharma*, 2012; S. 60; *Simunic*, 1984, S. 679; *Zimmermann*, 2008, S. 27-29. Für eine ausführliche Diskussion sämtlicher Nachteile, die mit einer zeitgleichen Erbringung von Prüfungs- und Beratungsleistungen einhergehen können, siehe *Bauer*, 2004, S. 78-93.

[487] Vgl. *Knechel/Sharma/Sharma*, 2012; S. 64; *Simunic*, 1984, S. 679 f.; *Zimmermann*, 2008, S. 31. Für eine ausführliche Diskussion sämtlicher Vorteile, die mit einer zeitgleichen Erbringung von Prüfungs- und Beratungsleistungen einhergehen können, siehe *Bauer*, 2004, S. 65-78.

[488] Vgl. *Firth*, 1997, S. 514; *Hay*, 2013, S. 173; *Simunic*, 1984, S. 686 f.

[489] Insbesondere dieses Verhalten des Abschlussprüfers würde die bereits angesprochene Gefährdung seiner Unabhängigkeit rechtfertigen.

[490] Vgl. *Firth*, 1997, S. 514; *Hay*, 2013, S. 173; *Hillison/Kennelley*, 1988, S. 33.

[491] Vgl. *Joha*, 2018, S. 45; *Umlauf*, 2013, S. 242.

[492] Vgl. *Hay/Knechel/Wong*, 2006, S. 178; *Palmrose*, 1986, S. 410.

spillovers könnte unter bestimmten Umständen einen positiven Einfluss des Umfangs an Beratungsleistungen auf die Prüfungshonorarhöhe rechtfertigen. Dies wäre dann der Fall, wenn der Wissenstransfer nur einseitig von der Prüfungsleistung zur Beratungsleistung erfolgt.[493] Eine weitere mögliche Begründung für einen positiven Zusammenhang besteht darin, dass insbesondere Unternehmen mit einem höheren Risiko bzw. größeren Problembereichen einen erhöhten Bedarf an Beratungsleistungen haben. Derartige Unternehmen sollten aufgrund ihres Risikoprofils bei der Abschlussprüfung mehr Aufwand effizieren. Folglich könnte mit einem höheren Umfang an Beratungsleistungen auch ein höheres Prüfungshonorar einhergehen.[494]

Der Umfang der an den Abschlussprüfer gezahlten Beratungshonorare findet zumeist als logarithmierte Größe oder als Verhältnis zum gezahlten Prüfungshonorar Eingang in das Honorarmodell.[495] Hierbei liefert die bisherige Empirie bei Verwendung eines einstufigen *ordinary least squares* (*OLS*)-Modells vorwiegend Evidenz für einen positiven Einfluss des Umfangs der Beratungshonorare auf die Höhe des Prüfungshonorars.[496] Dies ändert sich jedoch, sofern ein Instrumentenvariablen-Ansatz im Rahmen eines zweistufigen Schätzverfahrens (*two stage least squares*) zum Einsatz kommt, um bestehenden Endogenitätsproblemen im Zusammenhang mit der Verwendung der Beratungshonorare als Regressor im Prüfungshonorarmodell zu begegnen.[497] Die hieraus resultierenden Ergebnisse weisen mehrheitlich keinen signifikanten Einfluss auf.[498] Aus diesem Grund schlussfolgert ein Großteil der Studien, dass der mittels dem einstufigen *OLS*-Modell nachgewiesene positive Einfluss der Beratungshonorarvariable sehr wahrscheinlich nur auf die ergebnisverzerrenden Effekte der bestehenden Endogenität und nicht auf die zuvor genannten theoretischen Begründungen zurückzuführen ist.[499]

---

[493]   Vgl. *Joha*, 2018, S. 178; *Simunic*, 1984, S. 688.

[494]   Vgl. *Hay/Knechel/Li*, 2006, S. 717; *Hay/Knechel/Wong*, 2006, S. 178; *Solomon*, 1990, S 324.

[495]   Vgl. u. a. *Fields/Fraser/Wilkins*, 2004, S. 75; *Firth*, 1997, S. 516; *Hay/Knechel/Li*, 2006, S. 725; *Köhler/Ratzinger-Sakel*, 2012, S. 287; *Umlauf*, 2013, S. 219, 233.

[496]   Vgl. *Firth*, 1997, S. 524; *Hay*, 2013, S. 171, 173; *Hay/Knechel/Li*, 2006, S. 717, 725; *Joha*, 2018, S. 191, 198 f.; *Köhler/Ratzinger-Sakel*, 2012, S. 295; *Simunic*, 1984, S. 694; *Umlauf*, 2013, S. 219, 232 f.

[497]   Bezüglich des Begriffs „Endogenität" siehe Abschnitt 7.3.3.4. Im Prüfungshonorarmodell wird die erklärende Beratungshonorarvariable als endogen erachtet, da sowohl das Prüfungshonorar als auch das Beratungshonorar maßgeblich von denselben Einflussfaktoren bestimmt werden. Dies bedeutet, dass beide Variablen gleichzeitig voneinander abhängen. Eine gleichzeitige gegenseitige Abhängigkeit hat jedoch zur Folge, dass die Beratungshonorarvariable nicht mehr unabhängig ist. Damit kann diese nicht als exogen betrachtet werden; vgl. *Proppe*, 2009, S. 255; *Whisenant/Sankaraguruswamy/Raghunandan*, 2003, S. 724 f.

[498]   Vgl. *De Fuentes/Pucheta-Martínez*, 2009, S. 80 f.; *Hay/Knechel/Li*, 2006, S. 724 f.; *Köhler/Ratzinger-Sakel*, 2012, S. 293 f.; *Umlauf*, 2013, S. 190, 241 f.; *Whisenant/Sankaraguruswamy/Raghunandan*, 2003, S. 734 f. Für Forschungsarbeiten, die auch bei Verwendung eines zweistufigen Schätzverfahrens einen signifikant positiven Einfluss nachweisen, vgl. *Antle/Gordon/Narayanamoorthy et al.*, 2006, S. 251; *Dobler*, 2014, S. 442, 444; *Joha*, 2018, S. 203, 205. Die zwei letztgenannten Arbeiten weisen hierbei diesen signifikanten Zusammenhang nur für nicht börsennotierte Unternehmen nach.

[499]   Vgl. *De Fuentes/Pucheta-Martínez*, 2009, S. 87; *Hay/Knechel/Li*, 2006, S. 724; *Köhler/Ratzinger-Sakel*, 2012, S. 301; *Whisenant/Sankaraguruswamy/Raghunandan*, 2003, S. 742.

4.3 Kapitelzusammenfassung

Das vorliegende Kapitel widmete sich dem Abschlussprüfungshonorar. Zunächst wurde die Offenlegungspflicht der Prüfungs- und Beratungshonorare thematisiert. Im Anschluss erfolgte eine Erläuterung der wesentlichen Determinanten eines Prüfungshonorars. Die zentralen Inhalte des Kapitels lassen sich wie folgt zusammenfassen:

- Die Intention der Honorarpublizitätspflicht besteht darin, die Unabhängigkeit des Abschlussprüfers zu stärken, um damit das Vertrauen in die bereitgestellten Rechnungslegungsinformationen zu wahren bzw. auszubauen. Die ausgewiesenen Prüfungs- und Beratungshonorare sollen eine Art Indikator für die finanzielle Abhängigkeit sowie eine potentielle Befangenheit des Abschlussprüfers darstellen. Die tatsächliche und zugunsten der Markteffizienz wirkende Funktionsweise der Publizitätspflicht wird indes bis heute, u. a. aufgrund der Ausgestaltung und dem damit verbundenen Informationsgehalt, bezweifelt bzw. kritisiert und es existieren empirische Studien, die Evidenz für eine gegenläufige Wirkung liefern. Dennoch stellt der Honorarausweis bis dato für einen Großteil der außenstehenden Abschlussadressaten eine der ganz wenigen Informationsquellen bezüglich der wirtschaftlichen Verflechtungen zwischen Abschlussprüfer und prüfungspflichtigen Unternehmen dar, sodass ihr insbesondere im Rahmen der empirischen Prüfungsforschung eine bedeutende Rolle zukommt.
- Die Pflicht zur Honorarpublizität im Anhang des Einzelabschlusses besteht unter Berücksichtigung von größenabhängigen Erleichterungen nur für große Kapitalgesellschaften. Dies gilt jedoch nur dann, wenn die berichtende Kapitalgesellschaft in keinen Konzernabschluss einbezogen wird. Sollte die Gesellschaft hingegen einem Konzern angehören und konsolidiert werden, so besteht die Option, dass sie aufgrund der sogenannten Konzernklausel von der Angabepflicht befreit ist. Dies setzt jedoch voraus, dass die an den Abschlussprüfer gezahlten Honorare der Konzerngesellschaften vollumfänglich kumuliert im Anhang des Konzernabschlusses ausgewiesen werden. Bezüglich Konzernabschlüsse besteht die vorgenannte größenabhängige Befreiung von kleinen und mittelgroßen Kapitalgesellschaften nicht. Ebenso wenig kann die Konzernklausel Anwendung auf Teilkonzerne finden. Für Versicherungsunternehmen ist unabhängig von ihrer Rechtsform und Größe der Honorarausweis verpflichtend, da diese stets die für große Kapitalgesellschaften geltenden Vorschriften einzuhalten haben. Die Konzernklausel kann jedoch in Anspruch genommen werden.
- Das im Einzel- bzw. Konzernabschluss auszuweisende Gesamthonorar umfasst die Gesamtvergütung des Abschlussprüfers für die an das berichtende Unternehmen erbrachten Leistungen. Hierbei muss das Gesamthonorar in die vier Honorarkategorien Abschlussprüfungsleistungen, andere Bestätigungsleistungen, Steuerberatungsleistungen und sonstige Leistungen aufgeschlüsselt werden. Hinsichtlich des Gesamthonorars im Konzernabschluss ist problematisch, dass der Umfang nicht eindeutig geregelt ist. So ist bspw. strittig, ob das Gesamthonorar im Konzernaus-

weis nur das Honorar des Konzernabschlussprüfers für die eigentliche Konzernabschlussprüfung umfasst oder ob es daneben auch die auf Ebene der Einzelabschlüsse aller einbezogenen Unternehmen entstandenen Honorare des Konzernabschlussprüfers enthalten muss. Durch die fehlende eindeutige Regelung und damit verbundene Interpretationsspielräume wird dem Bilanzierenden eine bewusste oder unbewusste Gestaltung des Honorarausweises ermöglicht, welche zu Lasten der intendierten Honorartransparenz geht.

- Die Höhe des Prüfungshonorars ist in Deutschland zwischen den Vertragsparteien (Abschlussprüfer und prüfungspflichtiges Unternehmen) grundsätzlich frei verhandelbar. Hinsichtlich der als wesentlich identifizierten Honorardeterminanten wird in erster Linie zwischen mandantenspezifischen, prüfer- bzw. prüfungsmarktspezifischen sowie auftragsspezifischen Einflussfaktoren unterschieden. Mandantenspezifische Einflussfaktoren dienen primär der Abbildung des Arbeitsaufwands bzw. der Kosten, die dem Abschlussprüfer speziell im Zusammenhang mit der Abschlussprüfung des jeweiligen Unternehmens entstehen. Hierbei erfolgt eine Unterteilung in angebots- und nachfrageorientierte Faktoren. Angebotsorientierte Determinanten sind primär die Größe, die Komplexität sowie das spezifische Risiko eines Mandanten. Nachfrageorientierte Faktoren tragen u. a. der Tatsache Rechnung, dass aufgrund von divergierenden Finanzierungs- sowie Eigentümerstrukturen auch unterschiedliche Prinzipal-Agenten-Konflikte in den Unternehmen vorherrschen, die wiederum eine zum Teil sehr differenzierte Nachfrage nach Abschlussprüfungsleistungen als Überwachungs- bzw. Kontrollinstrument determinieren. Prüfer- bzw. prüfungsmarktspezifische Einflussfaktoren umfassen bestimmte Eigenschaften des Abschlussprüfers sowie die Charakteristiken des Marktes für Abschlussprüfungsleistungen, welche einen potentiellen Einfluss auf die Höhe des Prüfungshonorars besitzen. So spielt insbesondere die vom Abschlussprüfer angebotene und erbrachte (wahrgenommene) Prüfungsqualität eine bedeutende Rolle, die wiederum durch dessen Größe, Reputation und Branchenspezialisierung determiniert wird. Beim Prüfungsmarkt ist insbesondere die unterhalb der Abschlussprüfer vorherrschende Wettbewerbssituation für die Höhe des Prüfungshonorars bedeutsam. Auftragsspezifische Einflussfaktoren sind die zeitliche Verzögerung zwischen dem Bilanzstichtag und dem Tag der Unterzeichnung des Bestätigungs- bzw. Versagungsvermerks (*report lag*), das Ende des Geschäftsjahres in der *busy season*, die Berichterstattung des Abschlussprüfers sowie das Ausmaß an parallel zur Abschlussprüfung erbrachten Beratungsleistungen.

Das folgende Kapitel beschäftigt sich im Einklang mit der Forschungsfrage dieser Arbeit zunächst mit dem aktuellen Forschungsstand zur Relevanz der testierenden Wirtschaftsprüfer für das Produkt Abschlussprüfung. Im Anschluss daran erfolgt die Herleitung der Nullhypothesen, welche sodann im Rahmen der empirischen Analyse getestet werden. Das hierfür verwendete und in Abschnitt 7.1 beschriebene Regressionsmodell basiert u. a. auf den Ausführungen des vorliegenden Kapitels.

5 Von der Firmenebene zur Prüfungspartnerebene – die Relevanz der testierenden Wirtschaftsprüfer für das Produkt Abschlussprüfung – Literaturüberblick und Hypothesenbildung

5.1 Status quo der Forschungsliteratur zur Relevanz der testierenden Wirtschaftsprüfer für das Produkt Abschlussprüfung

5.1.1 Gründe für die Fokussierung auf die Prüfungspartnerebene

Die im vorhergehenden Kapitel vorgestellten Ergebnisse der seit den Achtzigerjahren des zwanzigsten Jahrhunderts stark wachsenden empirischen Prüfungsforschung hat verdeutlicht, dass neben mandantenspezifischen und auftragsspezifischen Faktoren auch die spezifischen Eigenschaften des bestellten Abschlussprüfers, wie Größe, Reputation und Spezialisierung, die Prüfungsqualität und damit das Prüfungshonorar wesentlich beeinflussen können. In den ersten zwei Jahrzehnten kam in diesem Zusammenhang jedoch unter der Annahme, dass eine Prüfungsgesellschaft zum Abschlussprüfer bestellt wird, die Frage zu kurz, ob neben der bestellten Prüfungsgesellschaft (Firmenebene; *firm level*) nicht auch oder insbesondere der prüfungsdurchführenden Niederlassung (Niederlassungsebene; *office level*) sowie dem testierenden Wirtschaftsprüfer (Prüfungspartnerebene; *audit partner level*) eine wesentliche Rolle für das Produkt Abschlussprüfung zukommt.

Die anfängliche Prüfungsforschung stellte sich diese Frage noch nicht, da sie für eine derartige Unterscheidung keine Notwendigkeit sah. Stattdessen basiert sie auf der impliziten Annahme, dass alle Abschlussprüfungen einer Prüfungsgesellschaft unabhängig von der involvierten Niederlassung und vom prüfungsdurchführenden Wirtschaftsprüfer homogen sind und daher das gleiche Qualitätsniveau aufweisen. Legitimiert wird die implizite Homogenitätsannahme damit, dass u. a. aufgrund von firmenweiten standardisierten Richtlinien, Schulungen, technologischen Informationssystemen, standardisierter Prüfungssoftware[500] und anderweitigen Wissenstransfers[501] jedes Prüfungsteam im Unternehmen unabhängig von dessen Standort die gleiche Expertise[502] besitzt und daher eine qualitativ gleichwertige Prüfungsleistung erbringt.[503] Aus diesem Grund fokussieren sich die ersten Forschungsarbeiten zum Einfluss eines Abschlussprüfers auf das Produkt Abschlussprüfung ausschließlich auf die nationale Firmenebene und untersuchen, in welchem Ausmaß die Charakteristiken einer gesamten Prüfungsgesellschaft Einfluss auf die Prüfungsqualität sowie Honorargestaltung nehmen. Der Schwerpunkt dieser Forschungsarbeiten liegt zumeist auf den BigN-Gesellschaften oder auf den als Branchenspezialisten deklarierten Prüfungsgesellschaften. Hierbei wird analysiert, ob diese im Vergleich zu anderen Prüfungsgesellschaften statistisch nachweisbar eine höhere Prüfungsqualität abliefern bzw. einen Honoraraufschlag aufgrund einer höheren Prüfungsqualität vereinnahmen.[504]

Die anfänglichen Forschungsbeiträge haben demnach bereits erkannt, dass im Sinne der Produktdifferenzierung Qualitäts- sowie Honorarunterschiede zwischen den agierenden Prüfungsgesellschaften bestehen können. Keine Berücksichtigung fand in diesen Arbeiten jedoch der Aspekt, dass auch innerhalb einer Prüfungsgesellschaft, insbesondere aufgrund von abweichenden Wissensständen und Reputationen der Niederlassungen bzw. der Wirtschaftsprüfer, die erbrachten Abschlussprüfungsleistungen differente Qualitätsstufen und damit unterschiedlich hohe Honorare aufweisen könnten. Die jüngste Forschungsliteratur widmet sich daher nicht mehr primär der Firmenebene, sondern sie nimmt die lokal begrenzte Ebene „prüfungsdurchführende Niederlassung" und die noch detailliertere Individualebene „testierender Wirtschaftsprüfer" in den Fokus. Hierbei wird analysiert, ob neben bzw. anstelle der Firmenebene bestimmte Charakteristiken der zwei untergeordneten Ebenen einen nachweisbaren Einfluss auf die Prüfungsqualität bzw. das Prüfungshonorar aus-

---

[500] Für eine detaillierte Untersuchung zum Einfluss von technologischen Informationssystemen zum unternehmensweiten Wissenstransfer sowie von prüfungsunterstützender Software auf die Profitabilität von Prüfungsgesellschaften siehe die Studie *Banker/Chang/Kao* (2002). Insgesamt betrachtet weisen die Autoren eine signifikante Produktivitätssteigerung aufgrund dessen nach; vgl. *Banker/Chang/Kao*, 2002, S. 209. Ergänzend hierzu beschäftigt sich die Arbeit *Vera-Munoz/Ho/Chow* (2006) im Allgemeinen mit Faktoren, die den Austausch von Wissen innerhalb einer Prüfungsgesellschaft sowohl positiv als auch negativ beeinflussen.

[501] Anderweitiger Wissenstransfer bzw. -austausch kann z. B. durch informelle Gespräche zwischen den Wirtschaftsprüfern bzw. Prüfungsassistenten erfolgen. Um diesen Austausch nicht nur auf lokal begrenzter Ebene stattfinden zu lassen, werden die Mitarbeiter gezielt bei anderen Mandanten und in verschiedenen Niederlassungen eingesetzt; vgl. *Ferguson/Francis/Stokes*, 2003, S. 432.

[502] Die Expertise bzw. das Fachwissen eines Abschlussprüfers besitzt einen enormen Stellenwert für die erbrachte Prüfungsqualität, da die Abschlussprüfung eine wissensintensive Dienstleistung darstellt. Je größer das fachspezifische Wissen des Wirtschaftsprüfers und des Prüfungsteams ist, insbesondere bezüglich des Mandanten und seiner Branche, desto höher sollte grundsätzlich die Prüfungsqualität sein; vgl. u. a. *Carcello/Hermanson/McGrath*, 1992, S. 2, 6; *Ferguson/Francis/Stokes*, 2003, S. 433; *Reichelt/Wang*, 2010, S. 648.

[503] Vgl. *Chi/Chin*, 2011, S. 202; *Ferguson/Francis/Stokes*, 2003, S. 432 f.; *Francis/Reichelt/Wang*, 2005, S. 114; *Reichelt/Wang*, 2010, S. 648; *Zerni*, 2012, S. 315.

[504] Für den theoretischen Zusammenhang zwischen BigN-Gesellschaft bzw. Branchenspezialist und einer höheren Prüfungsqualität bzw. einem damit einhergehenden höheren Prüfungshonorar siehe Abschnitte 4.2.3.1 und 4.2.3.2.

üben.[505] Begründet wird diese Entwicklung damit, dass in der Realität nicht die zum Abschlussprüfer bestellte Prüfungsgesellschaft selbst, sondern die in einer bestimmten Niederlassung ansässigen testierenden Wirtschaftsprüfer und deren Teammitglieder das für eine Prüfung benötigte Wissen aufbauen sowie anwenden und damit wesentlich zum Gelingen einer Abschlussprüfung beitragen.[506] So bauen sie die Beziehung zum Mandanten auf und pflegen diese, führen die Vertragsverhandlungen, planen und verwirklichen die Durchführung der Abschlussprüfung, beurteilen die Prüfungsergebnisse und verfassen sowie unterzeichnen zuletzt den Prüfungsbericht sowie den Bestätigungsvermerk.[507] Diese dezentrale Organisationsstruktur, die daraus für die unterzeichnenden Wirtschaftsprüfer sowie deren Teammitglieder resultierenden Entscheidungskompetenzen sowie die zum Teil stark divergierenden individuellen Attribute der involvierten Individuen[508] legitimieren die in der aktuellen Forschungsliteratur verbreitete Auffassung, dass die prüfungsdurchführenden Niederlassungen und insbesondere die testierenden Wirtschaftsprüfer trotz Maßnahmen der Prüfungsgesellschaft zur Qualitätssicherung[509] maßgeblich auf die Prüfungsqualität, das Endergebnis der Abschlussprüfung sowie die Honorargestaltung einwirken.[510] Speziell in Bezug auf das Prüfungshonorar ist in diesem Zusammenhang anzumerken, dass selbst dann, wenn dieses ausnahmslos auf Firmenebene von einer zentralen Abteilung ohne Mitbestimmungsrecht des Prüfungspartners festgelegt wird, die Höhe des Prüfungshonorars dennoch in Abhängigkeit vom Prüfungspartner variieren sollte. Die Ursache hierfür ist darin zu sehen, dass eine ökonomisch sinnvolle Honorarkalkulation die Berücksichtigung der qualitätsbestimmenden differenten Attribute und die unterschiedlichen Reputationen der einzelnen Niederlassungen und Prüfungspartner bei der Bemessung der benötigten Arbeitsstunden und der dafür veranschlagten Stundensätze unabdingbar macht.[511]

Das wesentlichste Argument, welches für die herausragende Bedeutung der zwei untergeordneten Ebenen angeführt wird, besteht in grundsätzlichen Diffizilitäten beim Wissenstransfer (Wissensaustausch; *knowledge sharing*) innerhalb einer Prüfungsgesellschaft.[512] Wie eingangs beschrieben, basiert nämlich die anfängliche Homogenitätsannahme bezüglich der Qualität verschiedener Abschlussprüfungsleistungen einer Prüfungsgesellschaft maßgeblich auf einem funktionierenden System zur Teilung von Wissen und Informationen. Dies bedeutet, dass das Fachwissen eines jeden Wirtschaftsprüfers oder Prüfungsassistenten allen anderen Individuen innerhalb der Prüfungsgesellschaft nicht nur zur Verfü-

---

[505] Auf die Firmenebene fokussierte Studien sind u. a. *Audousset-Coulier/Jeny/Jiang*, 2016; *Becker/Defond/Jiambalvo et al.*, 1998; *Craswell/Francis/Taylor*, 1995; *Francis/Krishnan*, 1999; *Francis/Wilson*, 1988; *Mayhew/Wilkins*, 2003; *Simunic/Stein*, 1987. Weitere Studien finden sich in Abschnitt 4.2.3.2. Studien, die sich auf die Niederlassungsebene fokussieren, sind u. a. *Ferguson/Francis/Stokes*, 2003; *Reichelt/Wang*, 2010; *Reynolds/Francis*, 2000. Für Studien bezüglich der Prüfungspartnerebene siehe Abschnitt 5.1.2.

[506] *Nonaka* (1994) bringt die grundsätzliche Bedeutung eines Individuums für den Wissensstand eines Unternehmens wie folgt zum Ausdruck: „An organisation cannot creat knowledge without individuals"; *Nonaka*, 1994, S. 17.

[507] Vgl. *Chin/Chi*, 2009, S. 730; *Ferguson/Francis/Stokes*, 2003, S. 432.

[508] Wie z. B. Persönlichkeit, Intelligenz, Erfahrung und Kompetenz.

[509] Maßnahmen zur Qualitätssicherung sind z. B. standardisierte Arbeitsanweisungen sowie zentrale Abteilungen zur Durchführung von Risiko- und Wesentlichkeitsentscheidungen; vgl. *Gul/Wu/Yang*, 2013, S. 1994.

[510] Vgl. *Goodwin/Wu*, 2014, S. 1536; *Zerni*, 2012, S. 315.

[511] Vgl. *Zerni*, 2012, S. 320.

[512] Vgl. *Chin/Chi*, 2009, S. 735 f.; *Goodwin/Wu*, 2014, S. 1536.

gung steht, sondern bei Bedarf von diesen auch tatsächlich aufgenommen werden muss. Lediglich wenn dies gegeben ist, könnte erreicht werden, dass alle Wirtschaftsprüfer und Prüfungsassistenten in einer Gesellschaft eine vergleichbare Expertise aufweisen und aufgrund dessen eine homogene Prüfungsleistung erbringen, welche unter Berücksichtigung von mandanten- und auftragsspezifischen Eigenschaften eine von der prüfungsdurchführenden Niederlassung bzw. eine vom Prüfungspartner unabhängige Prüfungsqualität sowie Honorargestaltung zur Folge hat. Diverse Forschungsarbeiten verdeutlichen hingegen, dass ein derartiger uneingeschränkter Wissensaustausch in einer Prüfungsgesellschaft nicht möglich ist. Vielmehr verbleibt ein Teil des individuellen Fachwissens eines Wirtschaftsprüfers oder Prüfungsassistenten bei diesem mit der Folge, dass die Expertise in Abhängigkeit von der Niederlassung und den Prüfungspartnern variiert.[513]

Die Gründe für den nur eingeschränkten Austausch von Fachwissen innerhalb einer Prüfungsgesellschaft sind vielfältiger Natur. Bereits die Dauer des Aufbaus bzw. der Aneignung des nötigen Fachwissens zum Erreichen eines höheren Qualitätsniveaus bei der Abschlussprüfung trägt dazu bei, dass ein sofortiger Wissenstransfer von einem Wirtschaftsprüfer mit hoher Expertise zu einem mit geringerer Expertise nicht möglich ist. Dies liegt daran, dass eine hohe Expertise großteils nur durch allgemeine, mandanten- sowie branchenspezifische Berufserfahrungen und Schulungen in Verbindung mit Arbeitsanleitungen und Feedback bezüglich der erbrachten Leistung gewonnen werden kann.[514] Das Sammeln von berufspraktischen Erfahrungen benötigt jedoch Zeit. Die Folge hieraus ist, dass, selbst bei einem grundsätzlich unbeschränkten Zugang zum Fachwissen des Wirtschaftsprüfers mit hoher Expertise, der weniger erfahrene Wirtschaftsprüfer das bereitgestellte Fachwissen nicht unmittelbar, sondern erst im Laufe der Zeit aufnehmen und anwenden kann, um schließlich eine vergleichbare Expertise zu besitzen und damit eine entsprechende Prüfungsqualität zu erbringen.[515] Die Aufnahme und Anwendbarkeit von Fachwissen ist jedoch nicht nur abhängig von der Berufserfahrung, sondern auch von den (angeborenen) Fähigkeiten des Wirtschaftsprüfers.[516] Demnach sollte bei gleicher Berufserfahrung ein talentierter Wirtschaftsprüfer mehr Fachwissen aus der Praxis aufgenommen haben als ein weniger talentierter mit der Folge, dass beide Wirtschaftsprüfer unterschiedlich hohe Expertisen besitzen.[517]

---

[513] Vgl. *Ferguson/Francis/Stokes*, 2003, S. 432; *Francis/Reichelt/Wang*, 2005, S. 114.

[514] Vgl. *Bonner/Lewis*, 1990, S. 5 f.; *Bonner/Walker*, 1994, S. 157 f. Allgemeine Berufserfahrungen fördern vorwiegend den Aufbau von allgemeinem Fachwissen im Zusammenhang mit einer Abschlussprüfung. Hierzu gehört bspw. das Grundverständnis für Rechnungslegungssysteme sowie die Kenntnis von allgemeinen Rechnungslegungs- und Prüfungsvorschriften. Aufgrund dessen, dass derartiges Wissen für nahezu alle Tätigkeiten eines Abschlussprüfers notwendig ist und daher mandatsunabhängig durch Berufspraxis und allgemeine Schulungen vermittelt wird, ist zu erwarten, dass Abschlussprüfer in Abhängigkeit von der Dauer ihrer Berufserfahrung ein gleiches Niveau aufweisen. Mandanten- sowie branchenspezifische Berufserfahrung ist hingegen sehr abhängig vom Einsatzgebiet sowie damit verbundenen Schulungen. Aus diesem Grund sind insbesondere hier deutliche Wissensunterschiede zu erwarten, auch wenn die Wirtschaftsprüfer eine identische Anzahl an Berufsjahren aufweisen; vgl. *Bonner/Lewis*, 1990, S. 5. Für eine tiefergehende Auseinandersetzung mit der Bedeutung von Feedback und Arbeitsanweisungen im Zusammenhang mit dem Aufbau einer hohen Expertise siehe *Bonner/Walker*, 1994.

[515] Vgl. *Goodwin/Wu*, 2014, S. 1536.

[516] Vgl. *Bonner/Lewis*, 1990, S. 2; *Chin/Chi*, 2009, S. 735.

[517] Vgl. *Libby/Luft*, 1993, S. 433; *Libby/Tan*, 1994, S. 703.

Die vorgenannten Aspekte sprechen nicht kategorisch gegen einen vollständigen, sondern vielmehr gegen einen sofortigen Wissenstransfer. Daneben führt die Literatur jedoch Argumente an, welche explizit die Möglichkeit eines vollständigen Wissenstransfers in Frage stellen. Das erste Argument basiert auf den speziellen Eigenschaften einer der zwei Hauptwissensarten. Nach *Polanyi* (1966) und vielen folgenden Forschungsarbeiten ist das gesamte Wissen grundsätzlich in explizites (*explicit knowledge*) und implizites bzw. stilles (*tacit knowledge*) Wissen zu unterteilen.[518] Explizites Wissen kann als spezifisches, systematisiertes, reproduzierbares sowie vorwiegend methodisches Wissen definiert werden. Es kann schriftlich (d. h. auch mathematisch) dokumentiert, bei seiner Anwendung logisch nachvollzogen und weiterkommuniziert werden.[519] Demnach ist es für andere Individuen grundsätzlich zugänglich und erlernbar.[520] Implizites Wissen stellt hingegen eine Art verborgenes Wissen dar. Als Tiefenwissen ist es in Gefühlen, Idealen, Werten sowie subjektiven Intuitionen eines Individuums verankert und steuert unterbewusst dessen Prozesse der Realitätswahrnehmung sowie Handlungen und Verhaltensweisen.[521] Die Tatsache, dass implizites Wissen unterbewusst verwendet wird, bewirkt, dass der Träger des Wissens zwar in der Lage ist eine bestimmte Leistung zu erbringen, er aber nicht (genau) erklären bzw. in Worte fassen kann, wie er dies macht.[522] Dies führt dazu, dass es sehr schwierig und teilweise unmöglich ist, implizites Wissen nachvollziehbar zu dokumentieren und an andere Individuen weiterzugeben.[523] Da der Großteil des Wissens innerhalb einer Organisation und damit auch innerhalb einer Prüfungsgesellschaft in den Individuen gebundenes implizites Wissen darstellt,[524] ist die Annahme begründet, dass der Wissenstransfer innerhalb einer Prüfungsgesellschaft nicht uneingeschränkt stattfinden kann.[525] Die Folge hieraus sollte sein, dass die beschäftigten Wirtschaftsprüfer unterschiedlich hohe Expertise besitzen.[526] Doch selbst dann, wenn die Prüfungsgesellschaft im Gegensatz zu den vorherigen Ausführungen in der Lage ist, eine umfangreiche und verständliche IT-basierte Wissensdokumentation vorzunehmen, kann die Annahme eines vollständigen Wissensaustausches

---

[518] Vgl. *Polanyi*, 1966, S. 3 ff.

[519] Vgl. *Polanyi*, 1966, S. 4; *Wahren*, 1996, S. 172.

[520] Vgl. *Jones/Bouncken*, 2008, S. 728.

[521] Vgl. *Bodrow/Bergmann*, 2003, S. 41; *Nonaka/Takeuchi*, 1995, S. 8; *Polanyi*, 1966, S. 4.

[522] Implizites Wissen kann daher auch als das angesehen werden, was mit den Begriffen „Know-how" oder „Fingerspitzengefühl" umschrieben wird; vgl. *Nonaka/Takeuchi*, 1995, S. 8; *Wahren*, 1996, S. 172. Als Beispiel für explizites Wissen im Bereich der Wirtschaftsprüfung wird das reine Wissen eines Wirtschaftsprüfers über nationale oder internationale Rechnungslegungsvorschriften zur Zeitwertbewertung von Vermögensgegenständen angeführt. Die Fähigkeit eines Wirtschaftsprüfers, die durch den Mandanten vorgenommene Schätzung eines Zeitwertes nachzuvollziehen und deren Übereinstimmung mit den Rechnungslegungsvorschriften zu beurteilen, stellt hingegen implizites Wissen dar; vgl. *Vera-Munoz/Ho/Chow*, 2006, S. 135.

[523] Vgl. *Ambrosini/Bowman*, 2001, S. 812 f.; *Polanyi*, 1966, S. 4, 20; *Nonaka*, 1991, S. 98. Eine Studie von Ernst & Young zeigt auf, dass 87% der Führungskräfte von 431 US-amerikanischen und europäischen Firmen Wissen als entscheidenden Wettbewerbsfaktor ansehen. Dennoch berichten 44% der Führungskräfte, dass sie schlecht oder sehr schlecht darin sind, Wissen innerhalb der Firma weiter zu transferieren; vgl. *Ernst & Young Center for Business Innovation*, 1997; *Stimpson*, 1999, S. 34 ff.

[524] Nach *Wah* (1999) stellen 90% des Wissens in einer Organisation implizites Wissen dar; vgl. *Wah*, 1999, S. 27.

[525] Vgl. *Knechel*, 2000, S. 706; *Vera-Munoz/Ho/Chow*, 2006, S. 135 f., 139.

[526] Vgl. *Chin/Chi*, 2009, S. 735; *Nagy*, 2014, S. 515; *Zerni*, 2012, S. 316.

durch ein weiteres Argument entkräftet werden. Das Argument besteht darin, dass der jeweilige Wirtschaftsprüfer nicht nur den grundsätzlichen Zugang zum Wissen benötigt, sondern er muss auch in der Lage dazu sein, hilfreiches Wissen innerhalb des Informationssys-
tems bzw. der Datenbanken zu identifizieren und dahingehend zu beurteilen, ob und wie
dieses in der gegenwärtigen Situation anwendbar ist.[527] Um hierbei ein effizientes und ef-
fektives Ergebnis zu erzielen, sind Erfahrungen und ein kontinuierliches Training im Umgang mit dem Informationssystem sowie ein gutes Urteilsvermögen vonnöten.[528] Bereits
aufgrund der unterschiedlichen Zugehörigkeitsdauer der Wirtschaftsprüfer zur Prüfungsgesellschaft ist jedoch davon auszugehen, dass deren Erfahrungen und Anzahl an Trainings
im Umgang mit dem Informationssystem sowie deren Urteilsvermögen hinsichtlich der
Verwendbarkeit der bereitgestellten Informationen variieren. Damit sollte gleichzeitig der
Wissenszugewinn durch das bereitgestellte Wissen und folglich die Expertise der Wirtschaftsprüfer differieren.

Ein weiterer Grund für einen nur bedingt funktionierenden Wissenstransfer durch firmenweite Informationssysteme liegt in der Bewertungsangst (*evaluation apprehension*) eines Individuums. *Rosenberg* (1969) versteht unter *evaluation apprehension* die grundsätzliche Bemühung eines Individuums, von anderen eine positive oder zumindest keine negative Bewertung zu erhalten.[529] Aus diesem Grund wird der Begriff „Bewertungsangst" auch
als Sorge eines Individuums vor einer durch andere Personen abgegebenen negativen Bewertung definiert.[530] In Bezug auf *knowledge sharing* bestätigen Studien, dass die Bewertungsangst Individuen dazu motiviert, das Teilen von Wissen innerhalb einer Organisation
zu vermeiden.[531] Begründet werden kann dies mit der Sorge des Individuums, dass das ver-
öffentlichte Wissen hinsichtlich Qualität und Nützlichkeit von anderen Personen negativ
bewertet wird und daher nachteilige Konsequenzen, einen schlechten Eindruck oder ein
beschädigtes Selbstwertgefühl nach sich zieht.[532] Um dieser Gefahr vorzubeugen, verzichtet
das Individuum auf die Weitergabe des Wissens. In diesem Zusammenhang wird argumentiert, dass die Bewertungsangst und die damit verbundene fehlende Bereitschaft zum *knowledge sharing* umso größer ausfallen, je umfangreicher der Personenkreis mit Zugriff auf das
bereitgestellte Wissen ist, da sich das Individuum mehr potentiellen Kritikern gegenüber
sieht.[533] Daneben fällt die Bewertungsangst grundsätzlich höher aus, wenn das Wissen dauerhaft dokumentiert wird. Dies ist bedingt durch die damit verbundene Gefahr, dass nicht
nur im Moment der Wissensabgabe, sondern auch dauerhaft in der Zukunft, die potentielle
Gefahr besteht, Kritik für das offenbarte Wissen zu ernten.[534] Da innerhalb einer Organisation die technologischen Informationssysteme und Datenbanken für eine Großzahl an Mitarbeitern zugänglich sind und die Inhalte dauerhaft gespeichert werden, ist die dadurch
hervorgerufene Bewertungsangst im Vergleich zu interpersonellen Konversationen grund-

---

[527]   Vgl. *Vera-Munoz/Ho/Chow*, 2006, S. 140.
[528]   Vgl. *Banker/Chang/Kao*, 2002, S. 212; *Vera-Munoz/Ho/Chow*, 2006, S. 140.
[529]   Vgl. *Rosenberg*, 1969, S. 281.
[530]   Vgl. *Döring/Bortz*, 2016, S. 101.
[531]   Vgl. *Bordia/Irmer/Abusah*, 2006, S. 272; *Irmer/Bordia/Abusah*, 2002, S. B5.
[532]   Vgl. *Irmer/Bordia/Abusah*, 2002, S. B1 f.; *Leary/Barnes/Griebel et al.*, 1987, S. 304 f.
[533]   Vgl. *Irmer/Bordia/Abusah*, 2002, S. B5; *Vera-Munoz/Ho/Chow*, 2006, S. 140.
[534]   Vgl. *Cohen*, 1979, S. 32.

sätzlich größer.[535] Daher sollte insbesondere das firmenweite *knowledge sharing* nur bedingt möglich sein.

Neben der Bewertungsangst und den Eigenschaften von implizitem Wissen stellt häufig die vorherrschende Unternehmenskultur ein wesentliches Hindernis für einen funktionierenden innerbetrieblichen Wissensaustausch dar.[536] Trotz einer fehlenden einheitlichen Definition kann der Begriff „Unternehmenskultur" im Sinne von *Sackmann* (2000) als die von den Mitarbeitern gemeinsam geteilten grundlegenden Überzeugungen definiert werden, welche deren Denken, Wahrnehmung, Fühlen und Handeln maßgeblich beeinflussen.[537] In Bezug auf unternehmensinterne Wissensaustauschprozesse bedeutet dies, dass die kulturellen Vorstellungen und Annahmen nicht nur die Ansichten darüber steuern, was Wissen darstellt und welches Wissen wertvoll genug ist, um es zu managen, sondern die Unternehmenskultur prägt ebenfalls die Entscheidungen darüber, wer im Unternehmen das Wissen kontrolliert, wem es gehört, wer sein Wissen teilen muss und wer es horten darf. Daneben beeinflusst die Unternehmenskultur grundlegend die Prozesse, mit denen neues Wissen generiert, legitimiert und im Unternehmen geteilt wird.[538] Sollte nun in der Unternehmenskultur einer Prüfungsgesellschaft bspw. die Überzeugung verankert sein, dass das Horten von relevantem Wissen dem Individuum im Vergleich zu den anderen Mitarbeitern mehr Macht, ein höheres Einkommen oder eine höhere Arbeitsplatzsicherheit garantiert, so wird dies unter der Annahme, dass jeder Mitarbeiter eine Maximierung seines eigenen Nutzens anstrebt, die Weitergabe von Wissen einschränken bzw. unterbinden.[539] Dies begründet letztendlich ebenfalls die These, dass die Wirtschaftsprüfer unterschiedlich hohe Expertisen aufweisen, die sich in differenten Qualitätsniveaus in Bezug auf die Abschlussprüfung widerspiegeln.

Die herausragende Rolle von Individuen bei der Abschlussprüfung kommt jedoch nicht nur durch wissenschaftliche Beiträge, sondern auch mittels Äußerungen und Regularien von verschiedenen Institutionen und Aufsichtsbehörden zum Ausdruck. In Hinblick auf die Beurteilung der Unabhängigkeit eines Abschlussprüfers verwies *Wallman*, ehemaliges Kommissionsmitglied der *Securities and Exchange Commission* (SEC), bereits 1996 auf die Bedeutung des einzelnen Wirtschaftsprüfers sowie der einzelnen Niederlassungen. Seinen

---

[535] Vgl. *Vera-Munoz/Ho/Chow*, 2006, S. 140.

[536] Vgl. u. a. *Chow/Deng/Ho*, 2000, S. 92; *De Long/Fahey*, 2000, S. 113; *McDermott/O'Dell*, 2001, S. 76. In einer Studie von Ernst & Young nennen 54% der befragten Führungskräfte von 431 US-amerikanischen und europäischen Firmen die Unternehmenskultur als größtes Hindernis für den unternehmensinternen Wissenstransfer; vgl. *Ernst & Young Center for Business Innovation*, 1997; *Ruggles*, 1998; S. 86.

[537] Vgl. *Müller*, 2009, S. 89; *Sackmann*, 2000, S. 145 f. Für eine ausführliche Beschreibung der verschiedenen Definitionen von Unternehmenskultur sowie des interaktiven Zusammenhangs zwischen Unternehmenskultur und Wissensaustauschprozessen siehe *Müller*, 2009, S. 72-139.

[538] Vgl. *De Long/Fahey*, 2000, S. 113; *Müller*, 2009, S. 114.

[539] Vgl. *De Long/Fahey*, 2000, S. 115; *Vera-Munoz/Ho/Chow*, 2006, S. 140; *Zerni*, 2012. S. 317. Die Bedeutung von Unternehmenskultur für den Wissensaustausch kommt ebenfalls durch das folgende Zitat von *John Hudson*, ehemaliger Leiter des Bereichs „Strategische Planung und Wissensmanagement" des AICPA, zur Geltung: „*The obstacle to knowledge management is not technology, but a business culture that rewards keeping what you know close to your vest. (…) If I know something that a peer doesn't know, all things being equal, that gives me a competitive advantage. Since I'm measured against my peers, that can impact my advantage and my salary. (…) It sort of implicitly encourages individuals in an organization not to share what they have.*", *Stimpson*, 1999, S. 38 f.

Argumenten zur Folge könnte nämlich losgelöst von der Abhängigkeitssituation der Prüfungsgesellschaft insbesondere dann eine Beeinträchtigung der Unabhängigkeit gegenüber einem Mandat bestehen, wenn der testierende Wirtschaftsprüfer bzw. die involvierte Niederlassung durch dieses Mandat den Großteil seiner bzw. ihrer Umsätze generiert. Aus diesem Grund kritisiert er die damaligen Unabhängigkeitsvorschriften, welche die Relevanz der einzelnen Wirtschaftsprüfer und Niederlassungen außer Acht ließen und sich lediglich auf die Firmenebene fokussierten.[540] Das *Public Company Accounting Oversight Board* (PCAOB) hat seit einigen Jahren die bedeutsame Rolle des einzelnen Wirtschaftsprüfers aufgegriffen. Zur Begründung der jüngst in den USA eingeführten Veröffentlichungspflicht des Namens vom für die Prüfungsplanung und -durchführung verantwortlichen Wirtschaftsprüfer (*engagement partner*)[541] schreibt es, dass *„the name of the engagement partner could, when combined with additional information about the experience and reputation of that partner, provide more information about audit quality than solely the name of the firm."*[542] In diesem Kontext heißt es weiter, dass *„the quality of individual audit engagements varies within firms, notwithstanding firmwide or networkwide quality control systems."*[543] Die Europäische Union hat im Einklang mit dieser Argumentation bereits im Jahr 2006 die Identität des Wirtschaftsprüfers betont, indem sie durch Art. 28 Abs. 1 der Abschlussprüferrichtlinie 2006/43/EG die Unterzeichnung des Bestätigungsvermerkes vom für die Prüfungsdurchführung verantwortlichen Wirtschaftsprüfer für alle Mitgliedsstaaten verpflichtend einführte.[544]

Die vorhergehenden Ausführungen zeigen auf, dass dem testierenden Wirtschaftsprüfer eine besondere Bedeutung für die wissensintensive Dienstleistung Abschlussprüfung zukommt. Begründet wird dies in erster Linie damit, dass die Wirtschaftsprüfer unterschiedlich hohe Expertisen besitzen, die wiederum Einfluss auf die Höhe der Prüfungsqualität und damit das Prüfungshonorar haben. Die den anfänglichen Forschungsarbeiten als Fundament dienende grundsätzliche Homogenitätsannahme hinsichtlich der erbrachten Prüfungsleistungen von unterschiedlichen Wirtschaftsprüfern derselben Prüfungsgesellschaft ist in Anbetracht der Argumente in Frage zu stellen, da der hierfür benötigte perfekte Wissensaustausch zwischen den Individuen aufgrund der vorgestellten Hindernisse quasi unmöglich ist. Dennoch ist zu betonen, dass ein Wissenstransfer innerhalb einer Prüfungsgesellschaft grundsätzlich stattfinden kann und auch vorgenommen wird. Inwieweit sich die Qualitätsniveaus der unterschiedlichen Abschlussprüfungen letztendlich ähneln, hängt daher maßgeblich davon ab, wie gut der Wissensaustausch innerhalb einer Gesellschaft tatsächlich funktioniert. Je mehr die Gesellschaft gegen die genannten Hemmnisse erfolgreich vorgeht und damit den Weg für einen Wissenstransfer ebnet,[545] desto stärker sollten sich

---

[540] Vgl. *Wallman*, 1996, S. 85, 89.

[541] Für den Aufgaben- und Verantwortungsbereich des *engagement partner* in Deutschland siehe Abschnitt 3.3.3.

[542] *PCAOB*, 2015, S. 2. Die US-amerikanische Veröffentlichungspflicht des Namens vom prüfungsdurchführenden Wirtschaftsprüfer gilt zwingend für Prüfungsberichte, die ab dem 31.01.2017 ausgegeben werden; vgl. *SEC*, 2016, S. 4.

[543] *PCAOB*, 2015, S. 2.

[544] Vgl. *EU*, 2006, S. 98.

[545] Mittel zur Reduzierung der Hemmnisse könnten bspw. die Einführung eines Belohnungssystems für *knowledge sharing*, die Verwendung von ausgereiften und anwenderfreundlichen Informationssystemen, Datenbanken und Prüfprogrammen, kontinuierliche Schulungen im Umgang mit den vorgenannten Technologien,

die Qualitätsniveaus aufgrund der sich angleichenden Expertisen entsprechen. Dies bedeutet, dass die Entscheidungen und Maßnahmen der Firmenebene nicht bedeutungslos sind, sondern einen entscheidenden Beitrag zum grundsätzlichen Qualitätsniveau innerhalb der Prüfungsgesellschaft leisten. Eine Prüfungsgesellschaft, die einen funktionierenden Wissenstransfer stark fördert, wird ceteris paribus im Vergleich zu einer Prüfungsgesellschaft, welche dies im geringeren Umfang fördert, kleinere Unterschiede in den von den einzelnen Wirtschaftsprüfern erbrachten Prüfungsleistungen aufweisen. Folglich wird diese im Durchschnitt eine höhere Prüfungsqualität bereitstellen.

Dennoch ist davon auszugehen, dass innerhalb einer Gesellschaft immer Unterschiede zwischen den Expertisen und damit den Qualitätsniveaus der Wirtschaftsprüfer bestehen. In diesem Zusammenhang ist jedoch ebenfalls anzunehmen, dass die unterschiedlichen Expertisen innerhalb einer Niederlassung geringer variieren als innerhalb der gesamten Prüfungsgesellschaft. Dies kann damit erklärt werden, dass bereits aufgrund der räumlichen Nähe ein Wissensaustausch zwischen den Wirtschaftsprüfern und den Teammitgliedern besser möglich ist.[546] So sind bspw. informelle und interpersonelle Konversationen, welche im Vergleich zu firmenweiten Kommunikationswegen grundsätzlich ein geringeres Maß an Bewertungsangst bewirken, im gemeinsamen Bürogebäude deutlich häufiger die Regel. Ebenso sollten die gesammelten Erfahrungen der Mitarbeiter innerhalb einer Niederlassung in der Tendenz eine höhere Ähnlichkeit aufgrund der Tätigkeit bei gleichen oder ähnlichen Mandaten aufweisen. Des Weiteren sollten der Teamgeist und die damit einhergehende Erhöhung der individuellen Bereitschaft zum Teilen von Wissen mit Kollegen innerhalb einer Niederlassung deutlich stärker ausgeprägt sein als auf der Firmenebene.[547] Dies liegt daran, dass im Normalfall die Mitarbeiter einer Niederlassung im Vergleich zu Mitarbeitern aus unterschiedlichen Niederlassungen deutlich häufiger gemeinsam in einem Prüfungsteam zusammenarbeiten, an Veranstaltungen der Niederlassung teilnehmen oder gezielt Teambuilding Events besuchen.[548]

Die Studie von *Danos/Eichenseher/Holt* (1989) zeigt im Einklang hierzu auf, dass sich die Weitergabe von spezifischem Wissen und die Beratung über spezielle Sachverhalte vorwiegend auf die Mitglieder des Prüfungsteams sowie Kollegen innerhalb der Niederlassung beschränkt. Die Konsultation mit Kollegen über die Grenzen der Niederlassung hinaus erfolgt hingegen deutlich seltener.[549] Des Weiteren wird spezifisches Wissen eines Wirtschaftsprüfers, welches lediglich innerhalb seines Prüfungsteams kommuniziert wurde, innerhalb einer Niederlassung deutlich häufiger auf andere Wirtschaftsprüfer übertragen als auf Wirtschaftsprüfer außerhalb der Niederlassung. Die Ursache hierfür liegt darin, dass die Wirtschaftsprüfer derselben Niederlassung öfters auf die gleichen Mitarbeiter zugreifen.

---

die Förderung von informellen und interpersonellen Gesprächen, ein teamorientiertes Arbeiten zur Förderung persönlicher Beziehungen und Bildung eines Teamgeistes sowie die gezielte Schaffung einer entsprechenden Wissenskultur sein; vgl. *Vera-Munoz/Ho/Chow*, 2006, S. 145 f.

[546] Vgl. *Goodwin/Wu*, 2014, S. 1537.

[547] Teamarbeit führt zum Aufbau von persönlichen Beziehungen, wodurch der Teamgeist geschaffen wird. Der geschaffene Teamgeist steigert wiederum die intrinsische Motivation eines Teammitgliedes, mit den anderen Teammitgliedern zu kooperieren und sein Wissen zu teilen; vgl. *Vera-Munoz/Ho/Chow*, 2006, S. 145.

[548] Je länger die gemeinsame Arbeit im Team erfolgt, desto besser können sich die für den Wissensaustausch förderlichen formellen und informellen Beziehungen bilden; vgl. *Müller*, 2009, S. 136.

[549] Vgl. *Danos/Eichenseher/Holt*, 1989, S. 92, 107 f.

Sollte bspw. ein Mitarbeiter zunächst im Team des Wirtschaftsprüfers mit speziellen Kenntnissen tätig gewesen sein und anschließend in ein Team von einem Wirtschaftsprüfer ohne dieses Wissen gelangen, so kann dieser Mitarbeiter das spezifische Wissen an den neuen Wirtschaftsprüfer und die anderen Teammitglieder weitergeben.[550] Insgesamt betrachtet verdeutlichen die vorhergehenden Ausführungen, dass die Teilung von Wissen innerhalb einer Niederlassung deutlich besser funktioniert als firmenweit. Im Hinblick auf die erbrachten Prüfungsleistungen in Abhängigkeit von den Niederlassungen bedeutet dies zweierlei. Zum einen ist zu erwarten, dass die Qualitätsniveaus der Prüfungsleistungen von Wirtschaftsprüfern derselben Niederlassung weniger stark variieren, da der Wissensaustausch innerhalb einer Niederlassung besser funktioniert als innerhalb der ganzen Gesellschaft. Zum anderen ist jedoch anzunehmen, dass sich die Qualitätsniveaus zwischen den Niederlassungen deutlich unterscheiden können. Dies liegt daran, dass insbesondere spezifisches Wissen zum Großteil an bestimmte Individuen gebunden ist, die ihr Wissen vorwiegend nur innerhalb ihrer Niederlassung teilen. So werden die Wirtschaftsprüfer derselben Niederlassung noch gegenseitig von ihren unterschiedlichen Expertisen partizipieren, firmenweit ist dies jedoch nicht bzw. nur in einem deutlich geringeren Umfang trotz Wissenstransfer unterstützender Maßnahmen zu erwarten.

In Anbetracht der vorgebrachten Gründe bleibt festzuhalten, dass der einzelnen Niederlassung im Zusammenhang mit der erbrachten Prüfungsleistung eine bedeutsame Rolle zukommen sollte. *Francis/Yu* (2009) bestätigen dies, indem sie empirisch konstatieren, dass größere Niederlassungen der Big4-Gesellschaften eine höhere Prüfungsqualität liefern als kleinere. Konsistent zu den bisherigen Argumenten begründen sie diese Feststellung damit, dass Wirtschaftsprüfer einer großen Niederlassung deutlich mehr Kollegen haben, mit denen sie sich beraten können und daher insgesamt betrachtet über einen höheren Fundus an Expertise innerhalb der Niederlassung zugunsten der Prüfungsqualität verfügen.[551] Ergänzt wird diese Begründung durch das Argument, dass eine große Niederlassung gleichzeitig eine größere Reserve an erfahrenem Personal besitzt. Hierdurch kann ein möglicher Erfahrungs- und Wissensverlust durch Mitarbeiterfluktuation oder der zwangsmäßigen Rotation des verantwortlichen Wirtschaftsprüfers bei kapitalmarktorientierten Unternehmen[552] durch den Einsatz von anderen gleichartig qualifizierten Mitarbeitern der Niederlassung verhindert bzw. abgemildert und damit die Prüfungsqualität aufrecht erhalten werden.[553] Dennoch, unter Berücksichtigung der zum Teil unüberwindbaren Hemmnisse für einen perfekten Wissensaustausch, ist davon auszugehen, dass auch innerhalb einer Niederlassung, trotz der grundsätzlich günstigeren Bedingungen, Unterschiede zwischen den Expertisen und damit den Qualitätsniveaus der Wirtschaftsprüfer bestehen. Daher ist zu erwarten, dass neben der Prüfungsgesellschaft und der Niederlassung insbesondere der testierende Wirtschaftsprüfer das Produkt Abschlussprüfung maßgeblich beeinflusst.

---

[550] Vgl. *Goodwin/Wu*, 2014, S. 1537.
[551] Vgl. *Francis/Yu*, 2009, S. 1521-1523; *Goodwin/Wu*, 2014, S. 1537.
[552] In Deutschland muss der für die Prüfungsdurchführung verantwortliche Wirtschaftsprüfer nach spätestens sieben Jahren rotieren; vgl. Abschnitt 3.3.1. In den USA besteht nach 5 Jahren eine Rotationspflicht; vgl. *US House of Representatives*, 2002, S. 773, Section 203.
[553] Vgl. *Francis/Yu*, 2009, S. 1523.

Der nachfolgende Literaturüberblick liefert die wesentlichen Inhalte und Ergebnisse zentraler Forschungsarbeiten bezüglich der jüngst aufgeworfenen Frage hinsichtlich der Bedeutung des testierenden Wirtschaftsprüfers für das Produkt Abschlussprüfung. Gleichzeitig bilden die vorgestellten Erkenntnisse der bisherigen Forschungsarbeiten in Verbindung mit den Ausführungen zum Aufgaben- und Verantwortungsbereich der testierenden Wirtschaftsprüfer in Deutschland (Abschnitt 3.3.3) die Grundlage für die anschließende Hypothesenbildung in Abschnitt 5.2.

5.1.2 Literaturüberblick

Die bisherige empirische Forschungsliteratur mit Fokus auf der Prüfungspartnerebene wird im Rahmen dieser Arbeit in vier Bereiche unterteilt (Tab. 47, Anhang A.1)[554].[555] Während sich der erste Bereich der freiwilligen bzw. pflichtmäßigen Rotation des Prüfungspartners sowie der Mandatsdauer[556] eines Prüfungspartners widmet, fokussiert sich der zweite Bereich auf den Spezialisierungsgrad eines Wirtschaftsprüfers. Der dritte Bereich konzentriert sich auf die Berufserfahrung, das Geschlecht sowie weitere individuelle Attribute des Prüfungspartners und der letzte Bereich beinhaltet weitere Themen bezüglich der Partnerebene, die den drei vorgenannten Bereichen nicht zugeordnet werden können. Gemeinsam haben alle Kategorien, dass primär der Zusammenhang zwischen einer auf der Prüfungspartnerebene gemessenen/erhobenen Variable und der mittels verschiedener Methoden approximierten Prüfungsqualität bzw. dem erhobenen Prüfungshonorar untersucht wird. Nur in wenigen Fällen weichen die Untersuchungsziele davon ab und es wird der Zusammenhang von partnerspezifischen Variablen mit anderen Größen untersucht. Unabhängig von den Untersuchungszielen zeigt sich, dass sich die Mehrheit der vorgestellten Forschungsarbeiten (35 von 62) auf die Länder China, Taiwan und Australien konzentriert.[557] Dies ist der Tatsache geschuldet, dass die vorgenannten Länder im Vergleich zu den USA bereits früh eine gesetzliche Veröffentlichungspflicht des Namens vom für die Prüfungsplanung und -durchführung verantwortlichen Wirtschaftsprüfer eingeführt haben.[558] Daneben widmen sich 17 der in Tab. 47 vorgestellten Forschungsarbeiten europäischen Prü-

---

[554] Tab. 47, Anhang A.1 enthält die Inhalte von insgesamt 62 Forschungsarbeiten bezüglich der Partnerebene, die mit Ausnahme von *Ernstberger/Koch/Prott* (2017), *Ernstberger/Koch/Tan* (2015) und *Hamilton/Ruddock/Stokes et al.* (2005) von 2005 bis März 2018 in Fachzeitschriften oder als Dissertation veröffentlicht wurden. *Hamilton/Ruddock/Stokes et al.* (2005) wird trotz fehlender Veröffentlichung aufgenommen, da diese Arbeit eine der ersten zu dieser Thematik war und in zahlreichen Arbeiten zitiert wird. *Ernstberger/Koch/Tan* (2015) und *Ernstberger/Koch/Prott* (2017) werden aufgenommen, da sich diese explizit mit dem deutschen Prüfungsmarkt beschäftigen.

[555] *Lennox/Wu* (2018) liefern ebenfalls einen Literaturüberblick bezüglich der Prüfungspartnerebene. Die dort vorgestellten Forschungsarbeiten decken sich zum Großteil mit denen in diesem Abschnitt. Dennoch sind in diesem Abschnitt Forschungsarbeiten enthalten, die nicht in den Überblick von *Lennox/Wu* (2018) eingehen et vice versa.

[556] Die Mandatsdauer spiegelt die zusammenhängende Anzahl an Geschäftsjahren wider, in denen derselbe Wirtschaftsprüfer bei einem Mandanten für die Abschlussprüfung verantwortlich ist.

[557] 13 Forschungsarbeiten untersuchen den taiwanischen, 11 den chinesischen und 11 den australischen Prüfungsmarkt.

[558] In den USA gilt erst seit 2017 eine Veröffentlichungspflicht bezüglich des Namens vom prüfungsdurchführenden Wirtschaftsprüfer; siehe dazu Fn. 542.

fungsmärkten, da auch in diesen Ländern seit mehreren Jahren gesetzliche Vorschriften bestehen, welche die Unterzeichnung des Bestätigungsvermerks durch den für die Prüfungsdurchführung verantwortlichen Prüfungspartner zwingend vorschreiben.[559] Auf den US-amerikanischen Prüfungsmarkt beziehen sich 10 der vorgestellten Studien. Bedingt durch die in der Vergangenheit fehlende Veröffentlichungspflicht des Namens vom prüfungsdurchführenden Wirtschaftsprüfer stammen die Datensamples jedoch häufig aus internen Datenquellen oder die Variablen von Interesse basieren auf Schätzungen.

Losgelöst davon, auf welche Länder sich die Forschungsarbeiten fokussieren, basiert der Großteil auf Beobachtungen von börsennotierten Unternehmen (46 von den 62 vorgestellten Studien). Sechs Arbeiten geben an, dass sowohl börsennotierte als auch nicht börsennotierte Unternehmen in das Sample eingehen. Eine Arbeit widmet sich ausschließlich US-amerikanischen Non-Profit Organisationen, eine ausschließlich deutschen Banken und eine weitere untersucht nur selbstverwaltete Pensionsfonds in Australien. Hinzu kommen zwei Arbeiten, deren Analysen ausschließlich auf Beobachtungen von nicht börsennotierten Unternehmen basieren. Sechs Arbeiten beinhalten diesbezüglich keine Informationen (vier davon beziehen sich auf den US-amerikanischen Prüfungsmarkt). Neben der Tatsache, dass die überwiegende Mehrheit der empirischen Forschungsarbeiten zur Bedeutung der Prüfungspartnerebene auf börsennotierten Unternehmen fußt, macht Tab. 47 deutlich, dass 43 der vorgestellten Arbeiten Unternehmen aus der Finanzbranche explizit ausschließen.[560] Neben der auf selbstverwaltete Pensionsfonds beschränkten Arbeit geben lediglich zwei weitere Studien explizit an, dass neben Industrie-, Handels- und Dienstleistungsunternehmen auch Unternehmen der Finanzbranche enthalten sind. 15 Studien geben hierüber keine Auskunft. Forschungsarbeiten, die sich ausschließlich mit der Bedeutung der Prüfungspartnerebene für die Abschlussprüfung bei Unternehmen der Finanzbranche auseinandersetzen, existieren hingegen bis dato nicht.[561] Lediglich eine der zwei Arbeiten, die Unternehmen der Finanzbranche miteinbeziehen, äußert sich explizit zur Bedeutung von branchenspezialisierten Prüfungspartnern für die Höhe der Prüfungsqualität bei Unternehmen aus dem Finanzsektor.[562] In den nun folgenden Unterkapiteln werden für jeden Bereich die wesentlichen Erkenntnisse der jeweiligen Forschungsarbeiten wiedergegeben.

5.1.2.1 Forschungsarbeiten bezüglich Mandatsdauer und Rotation des Prüfungspartners

Die ersten und gleichzeitig die meisten der vorgestellten empirischen Studien zur Partnerebene untersuchen den Einfluss der Mandatsdauer bzw. der Rotation des Prüfungspartners

---

[559]   Siehe diesbezüglich Fn. 544. Die Anzahl an Studien verteilt sich auf die Länder wie folgt: Deutschland: 5, Schweden: 4, Finnland/Schweden (länderübergreifend): 2, Belgien: 2, Finnland: 1, Großbritannien: 1, Spanien: 1, Dänemark/Finnland/Schweden (länderübergreifend): 1.

[560]   Begründet wird der Ausschluss damit, dass sich Unternehmen der Finanzbranche in Bilanzstruktur, Komplexität, Geschäftsumfeld und Regulierung grundlegend von anderen Unternehmen unterscheiden; vgl. exemplarisch *Carey/Simnett*, 2006, S. 658; *Chi/Chin*, 2011; S. 210.

[561]   Die Arbeit *Leidner/Lenz* (2017) beschränkt sich zwar ausschließlich auf die deutsche Bankenbranche, sie nimmt jedoch die Rotation von Prüfungspartnern nur als Kontrollvariable auf und widmet sich nicht vorwiegend der Prüfungspartnerebene.

[562]   Vgl. *Bell/Causholli/Knechel*, 2015.

auf die beim Mandanten erbrachte Prüfungsqualität.[563] Dies ist nicht zuletzt der Tatsache geschuldet, dass dem Thema in den letzten Jahren insbesondere in der Politik sowie der Gesetzgebung verschiedener Länder eine hohe Aufmerksamkeit zugekommen ist. Die Ergebnisse der Forschungsarbeiten liefern jedoch kein einheitliches Bild. Dies könnte nicht zuletzt dadurch begründet werden, dass sich die Studien unterschiedlichen Ländern zu verschiedenen Zeitpunkten mit abweichenden Rechtssystemen, Haftungs- und Reputationsrisiken für die Prüfungspartner sowie gesetzlichen Rotationspflichten widmen.

In Bezug auf die Mandatsdauer der Prüfungspartner existieren sowohl Studien, die einen positiven, als auch Studien, die einen negativen oder gar keinen Zusammenhang mit der Prüfungsqualität nachweisen. Bspw. liefern *Carey/Simnett* (2006), *Fargher/Lee/Mande* (2008), *Ye/Carson/Simnett* (2011) und *Fitzgerald/Omer/Thompson* (2018) (schwache) Evidenz dafür, dass auf dem australischen[564] bzw. US-amerikanischen[565] Prüfungsmarkt ein negativer Zusammenhang zwischen der Mandatsdauer des Wirtschaftsprüfers und der Prüfungsqualität besteht. Begründet wird dies primär mit den Argumenten, dass mit zunehmender Mandatsdauer zum einen eine tiefergehende Prüfer-Mandanten-Beziehung aufgebaut wird, welche zu einer Beeinträchtigung der Unabhängigkeit des Prüfungspartners führt und zum anderen die Wahrscheinlichkeit für eine gewisse Betriebsblindheit aufgrund der zunehmenden Routine steigt.[566] In diesem Zusammenhang verdeutlichen die Ergebnisse von *Fargher/Lee/Mande* (2008) jedoch auch, dass die Prüfungsqualität eines Prüfungspartners mit kurzer Mandatsdauer nur dann höher ausfällt, wenn dieser von derselben Prüfungsgesellschaft stammt wie der vorhergehende Prüfungspartner. Ist dies nicht der Fall, so fällt dessen Prüfungsqualität geringer aus als die der anderen Prüfungspartner mit einer längeren Mandatsdauer. Die Ursache hierfür besteht laut den Autoren darin, dass der Prüfungspartner, der von derselben Prüfungsgesellschaft wie sein Vorgänger stammt, aufgrund der kurzen Mandatsdauer noch mit einer neuen und unvoreingenommenen Perspektive an die Prüfung herangeht und dennoch auf das in der Prüfungsgesellschaft gebundene mandantenspezifische Wissen aus den vorhergehenden Prüfungen zurückgreifen kann. Dies führt insgesamt dazu, dass die Prüfungsqualität steigt. Fehlt dem Prüfungspartner hingegen das in der Prüfungsgesellschaft gebundene Wissen über den Mandanten, so fällt trotz der neuen unvoreingenommenen Perspektive die Prüfungsqualität geringer aus.[567]

Die Forschungsarbeiten *Chen/Lin/Lin* (2008), *Manry/Mock/Turner* (2008) sowie *Monroe/Hossain* (2013) bestätigen hingegen für den taiwanischen, US-amerikanischen[568] und australischen[569] Prüfungsmarkt einen signifikant positiven Einfluss der Mandatsdauer des

---

[563] 22 der 62 Forschungsarbeiten beschäftigen sich mit der Mandatsdauer bzw. der Rotation eines Prüfungspartners. Lediglich sechs dieser Studien haben nicht die Auswirkungen auf die Prüfungsqualität im Fokus, sondern untersuchen die Auswirkungen auf die Honorarhöhe oder die Prüfungsplanung.

[564] Während der Untersuchungszeiträume bestand keine gesetzliche Partnerrotationspflicht in Australien.

[565] Während des Untersuchungszeitraumes bestand eine gesetzliche Partnerrotationspflicht in den USA.

[566] Vgl. *Carey/Simnett*, 2006, S. 657; *Fargher/Lee/Mande*, 2008, S. 165; *Fitzgerald/Omer/Thompson*, 2018, S. 334.

[567] Vgl. *Fargher/Lee/Mande*, 2008, S. 180.

[568] Während der Untersuchungszeiträume bestand keine gesetzliche Partnerrotationspflicht in Taiwan und den USA.

[569] Während des Untersuchungszeitraumes bestand eine gesetzliche Partnerrotationspflicht in Australien.

Prüfungspartners auf die Prüfungsqualität.[570] Erklärt wird der positive Zusammenhang damit, dass ein Prüfungspartner mit zunehmender Mandatsdauer sein mandantenspezifisches Wissen ausbaut und daher besser in der Lage ist, Unregelmäßigkeiten aufzudecken.[571] Des Weiteren argumentieren *Monroe/Hossain* (2013) mit Bezug auf das Ergebnis von *Carey/Simnett* (2006), dass der positive Zusammenhang insbesondere auf der in Australien eingeführten Rotationspflicht beruhen könnte.[572] Die taiwanische Studie *Chi/Huang* (2005)[573] kommt wiederum zu dem Ergebnis, dass sowohl eine kurze als auch eine lange Mandatsdauer des Prüfungspartners und der Prüfungsgesellschaft kontraproduktiv für die Prüfungsqualität ist. Dies begründen sie damit, dass zu Beginn eines neuen Mandats die mandantenspezifische Expertise fehlt, da diese erst im Laufe der Zeit aufgebaut werden kann.[574] Eine zu lange Mandatsdauer führt hingegen zu einer Beeinträchtigung der Unabhängigkeit, weswegen trotz der mandantenspezifischen Expertise die Prüfungsqualität leidet. In diesem Zusammenhang ermittelt eine zusätzliche Analyse, dass die höchste Prüfungsqualität bei einer Mandatsdauer von 5 Jahren erreicht wird.[575]

Bedard/Johnstone (2010)[576] ist eine der wenigen Studien, die nicht direkt den Einfluss der Mandatsdauer eines Prüfungspartners auf die Prüfungsqualität analysiert. Stattdessen stehen die von einer Prüfungsgesellschaft zur Verfügung gestellten internen Daten zu den geplanten Arbeitsstunden und Stundensätzen für US-amerikanische börsennotierte Unternehmen im Mittelpunkt. Im Rahmen ihrer Analyse stellen sie fest, dass die für das erste Prüfungsjahr eines Prüfungspartners bei einem neuen Mandanten geplanten Arbeitsstunden im Vergleich zum Vorjahr signifikant höher ausfallen. Dies werten die Autoren als Indiz dafür, dass der Prüfungspartner im ersten Prüfungsjahr mehr Zeit investiert, um sein mandantenspezifisches Wissen aufzubauen. In den Jahren nach der Erstprüfung können jedoch keine wesentlichen Unterschiede zwischen dem geplanten Prüfungsaufwand eines Prüfungspartners mit langer Mandatsdauer und dem eines Prüfungspartners mit kurzer Mandatsdauer nachgewiesen werden. *Bedard/Johnstone* (2010) interpretieren dies als möglichen Hinweis darauf, dass die Prüfungsqualität nicht maßgeblich von der Mandatsdauer beeinflusst wird. In Bezug auf die Realisierungsquote der geplanten Stundensätze zeigt sich, dass diese im Jahr der Erstprüfung im Vergleich zum Vorjahr signifikant geringer ausfällt. Dies bedeutet, dass der neue Prüfungspartner seinen aufgrund der Erstprüfung gesteigerten Prüfungsaufwand nicht an den Mandanten weitergeben kann. Dagegen kann ein Prüfungspartner mit einer Mandatsdauer von über fünf Jahren signifikant höhere Realisierungsquo-

---

[570] Bei *Manry/Mock/Turner* (2008) beschränkt sich dieser Effekt jedoch nur auf kleine Mandate mit einer Mandatsdauer des Prüfungspartners von über sieben Jahren; vgl. *Manry/Mock/Turner*, 2008, S. 553.

[571] Vgl. *Chen/Lin/Lin*, 2008, S. 415, 420; *Monroe/Hossain*, 2013, S. 264.

[572] Vgl. *Monroe/Hossain*, 2013, S. 263.

[573] Während der Untersuchungszeiträume bestand keine gesetzliche Partnerrotationspflicht in Taiwan.

[574] Weitere Analysen zeigen, dass Big5-Prüfer zu Beginn eines neuen Prüfungsmandates eine höhere Prüfungsqualität aufweisen. Dies wird damit begründet, dass Big5-Prüfer schneller mandantenspezifisches Wissen aufbauen können. Im Laufe der Zeit verschwindet jedoch der Qualitätsunterschied zu den Non-Big5-Prüfern; vgl. *Chi/Huang*, 2005, S. 84.

[575] Vgl. *Chi/Huang*, 2005, S. 67.

[576] Während des Untersuchungszeitraumes bestand eine gesetzliche Partnerrotationspflicht in den USA.

ten erzielen. Dies erweckt den Eindruck, dass die Mandanten eine langjährige Prüfungs-partner-Mandanten-Beziehung wertschätzen.[577]

In Übereinstimmung mit den unterschiedlichen Ergebnissen bezüglich der Mandats-dauer liefert die bisherige Forschungsliteratur auch in Bezug auf den Effekt der (internen) Prüfungspartnerrotation[578] auf die Prüfungsqualität und/oder das Prüfungshonorar keine einheitlichen Ergebnisse. *Hamilton/Ruddock/Stokes et al.* (2005), *Firth/Rui/Wu* (2012), *Lennox/Wu/Zhang* (2014) und *Laurion/Lawrence/Ryans* (2017) bestätigen für den australi-schen[579], chinesischen und US-amerikanischen[580] Prüfungsmarkt grundsätzlich einen po-sitiven Effekt auf die Prüfungsqualität. Dies steht im Einklang zu der insbesondere von ver-schiedenen gesetzgebenden Institutionen und Standardsettern vertretenen Auffassung, dass die pflichtmäßige Rotation des Prüfungspartners zu einer Verbesserung der Prüfungsqua-lität führen sollte, da der neue Prüfungspartner mit einer neuen Perspektive (*fresh look*) und gleichzeitig einer höheren Unabhängigkeit aufgrund der fehlenden langjährigen sowie ver-trauten Beziehung zum Mandanten an die Prüfung herangeht.[581] Dennoch existiert in eini-gen der vorgenannten Studien der positive Zusammenhang nur unter bestimmten Voraus-setzungen. So zeigen *Hamilton/Ruddock/Stokes et al.* (2005), dass bei einem freiwilligen (d. h. nicht gesetzlich vorgeschriebenen) internen Prüfungspartnerwechsel nur Mandanten von Big5-Prüfern signifikant geringere positive DPA aufweisen. Dies ist wiederum auch nur in den späten Jahren des Untersuchungszeitraumes der Fall, in denen in Australien die Ein-führung einer Pflichtrotation des Prüfungspartners bereits stark diskutiert wurde. Die Au-toren interpretieren hieraus, dass insbesondere die Einführung einer gesetzlichen Prüfungs-partnerrotationspflicht den positiven Zusammenhang zwischen der Rotation des Prüfungs-partners und der Prüfungsqualität begründen könnte.[582] *Firth/Rui/Wu* (2012) zeigen hin-gegen für den chinesischen Prüfungsmarkt, dass der signifikant positive Zusammenhang zwischen einer gesetzlichen Rotationspflicht des Prüfungspartners und der über die Wahr-scheinlichkeit für einen eingeschränkten Bestätigungsvermerk gemessenen Prüfungsquali-tät nur in Regionen mit einem schwach entwickelten Markt und Rechtsumfeld besteht. Die Autoren begründen dies damit, dass in Regionen mit starken Rechtsinstitutionen und ei-nem hoch entwickelten Markt das Haftungs- und Reputationsrisiko für die Prüfungs-partner deutlich höher ausfällt, weswegen die Prüfungspartner die Prüfungsqualität grund-sätzlich höher halten. In dieser Situation kann eine gesetzliche Pflicht zur Rotation des Prü-fungspartners keinen wesentlichen Beitrag zur Prüfungsqualität leisten. In schwach entwickelten Regionen fällt hingegen aufgrund des geringeren Haftungs- und Reputations-risikos die Prüfungsqualität grundsätzlich geringer aus. Unter diesen Bedingungen kann die Pflichtrotation zu einer Stärkung der Sorgsamkeit und Unabhängigkeit eines Prüfungspart-

---

[577] Vgl. *Bedard/Johnstone*, 2010, S. 68 f.

[578] Eine interne Prüfungspartnerrotation liegt vor, wenn bei einem Mandanten die Prüfungsgesellschaft erhalten bleibt, der oder die Prüfungspartner jedoch wechseln. Demnach gehört sowohl der alte als auch der neue Prü-fungspartner zur selben Prüfungsgesellschaft und unter Umständen sogar zur selben Niederlassung.

[579] Während des Untersuchungszeitraumes bestand keine gesetzliche Partnerrotationspflicht in Australien.

[580] Während der Untersuchungszeiträume bestand eine gesetzliche Partnerrotationspflicht in China und den USA.

[581] Vgl. u. a. *IFAC*, 2016, Sec. 290.148-290.153; *Lennox/Wu/Zhang*, 2014, S. 1783; *SEC*, 2003, Sec. II. C. Bezüglich des Zusammenhangs zwischen Unabhängigkeit und Prüfungsqualität siehe auch Abschnitt 2.2.

[582] Vgl. *Hamilton/Ruddock/Stokes et al.*, 2005, S. 27-29.

ners und damit zu einer höheren Prüfungsqualität beitragen.[583] *Lennox/Wu/Zhang* (2014) bestätigen den positiven Effekt auf die Prüfungsqualität nur für eine Pflichtrotation des prüfungsdurchführenden Prüfungspartners (*engagement partner*). Für eine Pflichtrotation des Berichtskritikers (*review partner*) kann kein Einfluss nachgewiesen werden. Die Autoren begründen dies damit, dass der *engagement partner* eine wichtigere Rolle im Prozess der Abschlussprüfung spielt.[584]

Entgegen den zuvor genannten Ergebnissen liefern die empirischen Resultate von *Chi/Huang/Liao et al.* (2009) und *Litt/Sharma/Simpson et al.* (2014) keine Evidenz dafür, dass eine gesetzlich vorgeschriebene Prüfungspartnerrotation zu einer Verbesserung der Prüfungsqualität beiträgt. *Chi/Huang/Liao et al.* (2009) kommen für den taiwanischen[585] Prüfungsmarkt zu dem Schluss, dass sich die Prüfungsqualität bei Unternehmen mit einer pflichtmäßigen Rotation des Prüfungspartners nicht signifikant von der von anderen Unternehmen ohne Pflichtrotation unterscheidet. Gleichzeitig verdeutlicht eine zusätzliche Analyse jedoch, dass die Prüfungsqualität im Jahr der Partnerrotation (d. h. im ersten Prüfungsjahr des neuen Prüfungspartners) signifikant kleiner ausfällt als noch ein Jahr zuvor (d. h. im letzten Jahr des vorhergehenden Prüfungspartners) bei demselben Unternehmen.[586] *Litt/Sharma/Simpson et al.* (2014) analysieren ein Datensample bestehend aus US-amerikanischen[587] Unternehmensbeobachtungen und konstatieren hierbei, dass der Einfluss einer internen Prüfungspartnerrotation auf die Prüfungsqualität negativ ausfällt.[588] Die Ursache für den nachgewiesenen negativen Zusammenhang zwischen der Partnerrotation und der Prüfungsqualität wird in erster Linie im Verlust des mandantenspezifischen Wissens vom ausscheidenden und der fehlenden mandantenspezifischen Expertise des neuen Prüfungspartners gesehen. Weitergehende Analysen verdeutlichen, dass der negative Effekt am stärksten bei großen Mandanten und Non-Big4-Mandanten ausfällt. Dies wird damit begründet, dass insbesondere große Mandanten eine höhere spezifische Expertise benötigen, die aufgrund der Partnerrotation nun nicht mehr vollumfänglich verfügbar ist. Bei Non-Big4-Mandanten wird die Ursache darin gesehen, dass diesen grundsätzlich weniger Ressourcen und Technologien in der Prüfungsgesellschaft zur Verfügung stehen, um der Reduzierung der Prüfungsqualität aufgrund der Partnerrotation entgegen zu wirken. Bei Mandanten von branchenspezialisierten Prüfungsgesellschaften sowie Gesellschaften mit großen Niederlassungen fällt hingegen die negative Beeinflussung der Prüfungsqualität aufgrund eines internen Prüfungspartnerwechsels signifikant geringer aus, da diese Gesellschaften über eine höhere Expertise und größere Ressourcen verfügen, die der neue Prüfungspartner bereits während der Erstprüfung effektiv nutzen kann.[589]

Neben den vorgenannten Forschungsarbeiten, die ihre Analyse auf Basis von australischen, chinesischen, taiwanischen und US-amerikanischen Unternehmensbeobachtungen

---

[583] Vgl. *Firth/Rui/Wu*, 2012, S. 111 f.

[584] Vgl. *Lennox/Wu/Zhang*, 2014, S. 1777.

[585] Während des Untersuchungszeitraumes bestand eine gesetzliche Partnerrotationspflicht in Taiwan.

[586] Vgl. *Chi/Huang/Liao et al.*, 2009, S. 384.

[587] Während des Untersuchungszeitraumes bestand eine gesetzliche Partnerrotationspflicht in den USA.

[588] Aufgrund der fehlenden Publizitätspflicht des prüfungsdurchführenden Prüfungspartners basiert der Zeitpunkt der Prüfungspartnerrotation lediglich auf einer Schätzung; vgl. hierzu *Litt/Sharma/Simpson et al.*, 2014, S. 66 f.

[589] Vgl. *Litt/Sharma/Simpson et al.*, 2014, S. 61.

durchführen, existieren zwei Forschungsarbeiten, die sich im Zusammenhang mit der Mandatsdauer eines Prüfungspartners explizit auf den deutschen Prüfungsmarkt fokussieren. Die Forschungsarbeit *Molls* (2013) basiert auf einem Datensample bestehend aus 2.636 Beobachtungen von börsennotierten Unternehmen aus den Jahren 1996 bis 2010.[590] Die Ergebnisse liefern hierbei keine Evidenz dafür, dass die Rotation oder die Mandatsdauer eines für die Prüfungsplanung und -durchführung verantwortlichen Wirtschaftsprüfers (Rechtsunterzeichner) einen bedeutsamen Einfluss auf die bei den Unternehmen über die Höhe der DPA gemessenen Prüfungsqualität ausübt. Im Gegensatz dazu übt jedoch die Mandatsdauer des Mitunterzeichners (Linksunterzeichner; *review partner*) einen signifikant positiven[591] und die Rotation des Mitunterzeichners einen signifikant negativen[592] Einfluss auf die Prüfungsqualität aus.[593] Dieses Ergebnis stellt ein Indiz dafür dar, dass insbesondere der Mitunterzeichner aufgrund seiner Rolle als *review partner* eine hohe Bedeutsamkeit für die Prüfungsqualität besitzt. Die Mandatsdauer wirkt sich in diesem Zusammenhang aufgrund seiner zunehmenden mandantenspezifischen Erfahrung positiv aus, die Rotation hat hingegen einen negativen Effekt, da hierdurch das aufgebaute mandantenspezifische Wissen des Vorgängers verloren geht.[594]

Die zweite Forschungsarbeit *Lee* (2016) basiert auf Datensamples bestehend aus 151 bis 1463 Beobachtungen von im CDAX notierten Unternehmen aus den Jahren 2005 bis 2011.[595] Insgesamt liefert die Arbeit eingeschränkte Evidenz dafür, dass die Mandatsdauer der testierenden Wirtschaftsprüfer einen signifikanten Einfluss auf die Prüfungsqualität[596] ausübt.[597] Demnach offenbart die Analyse bezüglich der Wahrscheinlichkeit für eine nachträgliche Korrektur des geprüften Abschlusses (*restatement*), dass die Länge der Mandatsdauer des prüfungsdurchführenden Prüfungspartners (Rechtsunterzeichner; *engagement partner*) diese Wahrscheinlichkeit negativ beeinflusst. Eine zusätzliche Untersuchung verdeutlicht hierbei, dass Rechtsunterzeichner mit einer kurzen Mandatsdauer eine wesentlich höhere Wahrscheinlichkeit für *restatements* besitzen. Für die Mandatsdauer des Linksunterzeichners (*review partner*) wird hingegen kein signifikanter Effekt festgestellt. Insgesamt werden diese Ergebnisse als Indiz dafür gewertet, dass eine kurze Mandatsdauer des Rechtsunterzeichners die Prüfungsqualität negativ beeinflusst.[598] Neben dieser Erkenntnis liefern

---

[590] Vgl. *Molls*, 2013, S. 159 f. Daneben existiert die Arbeit *Gold/Molls/Pott et al.* (2012), welche ebenfalls die auf den deutschen Prüfungsmarkt bezogene Fragestellung von *Molls* (2013) untersucht. Eine genauere Betrachtung zeigt jedoch auf, dass sich das *Working Paper* in Hinblick auf den Datensatz und die Analysemethode nicht wesentlich von *Molls* (2013) unterscheidet. Demnach stimmen die Ergebnisse beider Arbeiten überein. Auf eine gesonderte Darstellung wird aus den vorgenannten Gründen verzichtet.

[591] D. h. je länger die Mandatsdauer, desto geringer die DPA.

[592] D. h. die DPA sind im Jahr der Rotation größer.

[593] Für weitergehende Informationen zum Aufgaben- und Verantwortungsbereich des Links- bzw. Rechtsunterzeichners siehe Abschnitt 3.3.3.

[594] Vgl. *Molls*, 2013, S. 299 f.

[595] Vgl. *Lee*, 2016, S. 113 f.

[596] Gemessen an der Wahrscheinlichkeit für die Erteilung einer *going concern opinion*, der Wahrscheinlichkeit für eine nachträgliche Korrektur des Abschlusses (*restatements*), der Höhe der DPA und der Wahrscheinlichkeit dafür, dass Analystenprognosen nur ebenso erreicht oder nur leicht übertroffen werden (*meating or just beating analysts' forecasts*).

[597] Vgl. *Lee*, 2016, S. 225-227.

[598] Vgl. *Lee*, 2016, S. 162-164.

weitere Analysen Evidenz dafür, dass der gemeinsame Einfluss der Mandatsdauer der beiden testierenden Wirtschaftsprüfer auf die Wahrscheinlichkeit für eine *going concern opinion* von der Mandatsdauer der Prüfungsgesellschaft abhängt. Demnach besteht durchaus ein signifikant positiver Zusammenhang zwischen der Länge der Mandatsdauer der testierenden Wirtschaftsprüfer und der vorgenannten Wahrscheinlichkeit solange die Prüfungsgesellschaft eine verhältnismäßig kurze Mandatsdauer aufweist. Mit Anstieg der Mandatsdauer der Prüfungsgesellschaft dreht sich jedoch ab einer gewissen Anzahl an Jahren das Vorzeichen des Effektes der Mandatsdauer der testierenden Prüfungspartner um und ist signifikant negativ. Der Autor schließt hieraus, dass der eigentlich positive Effekt einer längeren Mandatsdauer der Wirtschaftsprüfer durch den negativen Effekt einer längeren Mandatsdauer der Prüfungsgesellschaft überschattet wird. Begründet werden die gegensätzlichen Effekte mit den unterschiedlichen Interessen der Prüfungspartner und der Prüfungsgesellschaft u. a. in Hinblick auf zukünftige Quasi-Renten. Hierbei setzt sich im Laufe der Zeit die Prüfungsgesellschaft durch und reduziert damit die Prüfungsqualität auf der Ebene der Wirtschaftsprüfer.[599] Ein identisches Ergebnis ergibt sich aus der Analyse hinsichtlich des Einflusses der Mandatsdauer der Prüfungspartner und der Wahrscheinlichkeit dafür, dass Analystenprognosen nur ebenso erreicht oder nur leicht übertroffen werden (*meating or just beating analysts' forecasts*). Auch hier hängt das Vorzeichen des qualitätsbeeinflussenden Effekts der Prüfungspartnermandatsdauer von der Mandatsdauer der Prüfungsgesellschaft ab.[600]

Der Frage, wie sich die Rotation des Prüfungspartners auf die Höhe der Prüfungshonorare auswirkt, widmen sich insgesamt fünf der in Tab. 47 vorgestellten Studien. Die Forschungsarbeiten *Stewart/Kent/Routledge* (2016) und *Sharma/Tanyi/Litt* (2017) weisen auf Basis von Datensamples bestehend aus Beobachtungen von australischen respektive US-amerikanischen[601] börsennotierten Unternehmen nach, dass eine Prüfungspartnerrotation das erhobene Prüfungshonorar erhöht. Die Autoren begründen diesen Effekt mit den zusätzlichen Kosten einer Erstprüfung, die an den prüfungspflichtigen Mandanten weitergereicht werden.[602] *Stewart/Kent/Routledge* (2016) zeigen des Weiteren, dass dieser honorarerhöhende Effekt sowohl bei freiwilligen als auch pflichtmäßigen Prüfungspartnerrotationen auftritt, wobei er bei freiwilligen Rotationen länger anhält.[603] *Sharma/Tanyi/Litt* (2017) konzentrieren sich neben der Höhe des Prüfungshonorars auf die Länge des *report lag* und liefern Evidenz für eine signifikante Erhöhung dieser Größe, sofern ein pflichtmäßiger Prüfungspartnerwechsel vollzogen wird.[604] Weitere Analysen beider Arbeiten auf Basis von Subsamples verdeutlichen jedoch auch, dass der positive Effekt einer Partnerrotation auf die Höhe des Prüfungshonorars in Abhängigkeit von der Größe der Mandanten und den

---

[599] Vgl. *Lee*, 2016, S. 145-147.

[600] Vgl. *Lee*, 2016, S. 193 f.

[601] Während der Untersuchungszeiträume bestand eine gesetzliche Partnerrotationspflicht in Australien und den USA.

[602] Vgl. *Sharma/Tanyi/Litt*, 2017, S. 147; *Stewart/Kent/Routledge*, 2016, S. 195.

[603] Vgl. *Stewart/Kent/Routledge*, 2016, S. 195.

[604] Vgl. *Sharma/Tanyi/Litt*, 2017, S. 147. Wie bereits bei *Litt/Sharma/Simpson et al.* (2014) basiert auch in dieser Studie der Zeitpunkt der pflichtmäßigen Prüfungspartnerrotation lediglich auf einer Schätzung, da im Untersuchungszeitraum keine Publizitätspflicht des prüfungsdurchführenden Prüfungspartners bestand; vgl. hierzu *Sharma/Tanyi/Litt*, 2017, S. 135.

Eigenschaften der Prüfungsgesellschaften bzw. deren Niederlassungen variiert. Demnach konstatieren *Stewart/Kent/Routledge* (2016), dass nur bei großen, global agierenden Mandanten sowohl eine freiwillige als auch eine pflichtmäßige Prüfungspartnerrotation eine Erhöhung des Prüfungshonorars zur Folge hat. Bei kleinen, lokalen Mandanten besteht nur für freiwillige Rotationen ein Zusammenhang, für mittelgroße Mandanten kann hingegen gar kein bedeutsamer Einfluss nachgewiesen werden. *Sharma/Tanyi/Litt* (2017) stellen fest, dass der Effekt aus der Pflichtrotation des Prüfungspartners insbesondere bei Mandaten von Non-Big4-Gesellschaften, größeren Mandaten und Mandaten von nicht branchenspezialisierten Niederlassungen existiert. Bei Mandanten von Big4-Gesellschaften und branchenspezialisierten Niederlassungen kann hingegen kein signifikanter Effekt nachgewiesen werden. Die Autoren begründen die unterschiedlichen Ausprägungen des honorarerhöhenden Effektes u. a. mit der jeweils vorherrschenden Marktsituation bzw. der Verteilung der Verhandlungsmacht zwischen den Abschlussprüfern und Mandanten. Abhängig davon können die höheren Kosten einer Erstprüfung an einen Mandanten weitergegeben werden oder nicht. Hinzu kommt das Argument, dass neue Prüfungspartner von Big4-Gesellschaften und branchenspezialisierten Niederlassungen bedingt durch größere Ressourcen und eine höhere Expertise besser auf das in der Erstprüfung fehlende mandantenspezifische Wissen reagieren können und daher insgesamt geringere zusätzliche Erstprüfungskosten aufweisen.[605] Entgegen den vorgenannten Ergebnissen kann die Studie *Leidner/Lenz* (2017), welche sich zwar nicht explizit der Prüfungspartnerebene widmet, aber im Gegensatz zu vielen anderen Studien mittels einem Prüfungshonorarmodell ausschließlich die deutsche Bankenbranche untersucht, für die Kontrollvariable „Prüfungspartnerwechsel" keinen signifikanten Einfluss auf die Höhe des Prüfungshonorars feststellen.[606]

Losgelöst von den vorhergehenden Ergebnissen zeigt die Forschungsarbeit *Huang/Raghunandan/Huang et al.* (2015) für ein chinesisches Datensample, dass das Prüfungshonorar nach einem Wechsel der Prüfungsgesellschaft dann geringer ausfällt, wenn auch die von dieser Gesellschaft bei dem Mandanten eingesetzten testierenden Wirtschaftsprüfer (für gewöhnlich zwei) neu sind. Ist hingegen wenigstens einer der Prüfungspartner nicht neu, da dieser mit dem Mandanten von der alten zur neuen Prüfungsgesellschaft gewechselt ist, so liegt keine eindeutige Evidenz für einen signifikanten Honorarabschlag aufgrund eines Wechsels der Prüfungsgesellschaft vor.[607] *Vermeer/Rama/Raghunandan* (2008), welche eine ähnliche Fragestellung untersuchen, liefern hingegen Evidenz dafür, dass ehemalige Mandanten von *Arthur Andersen*, die im Jahr nach der Insolvenz mit ihrem ehemaligen Prüfungspartner von *Arthur Andersen* zu einer neuen Prüfungsgesellschaft wechseln, ein im Durchschnitt um 16% geringeres Prüfungshonorar zahlen als Mandanten, die nicht ihrem ehemaligen Prüfungspartner folgen. Die Ursache hierfür wird darin gesehen, dass der ehemalige Prüfungspartner sich nicht neu einarbeiten muss. Dies führt zu geringeren Wechselkosten.[608]

---

[605] Vgl. *Sharma/Tanyi/Litt*, 2017, S. 141, 145; *Stewart/Kent/Routledge*, 2016, S. 195.
[606] Vgl. *Leidner/Lenz*, 2017, S. 332.
[607] Vgl. *Huang/Raghunandan/Huang et al.*, 2015, S. 1542.
[608] Vgl. *Vermeer/Rama/Raghunandan*, 2008, S. 219, 227.

5.1.2.2 Forschungsarbeiten bezüglich Spezialisierung des Prüfungspartners

Die bisherige Empirie bezüglich der Frage, ob ein spezialisierter Prüfungspartner eine höhere Prüfungsqualität erbringt, vermittelt ein verhältnismäßig einheitliches Bild.[609] Der Großteil der sieben Studien, die explizit den vorgenannten Einfluss analysieren, kommt zum grundsätzlichen Ergebnis, dass ein spezialisierter Prüfungspartner in einem positiven Zusammenhang mit der Prüfungsqualität steht.[610] *Chin/Chi* (2009) weisen bspw. für taiwanische börsennotierte Big4-Mandanten nach, dass deren Wahrscheinlichkeit für *restatements* signifikant kleiner ausfällt, wenn der Prüfungspartner ein Branchenspezialist[611] ist. Hierbei zeigt sich, dass der prüfungsdurchführende Wirtschaftsprüfer (*lead partner*) eine höhere Bedeutung für die Prüfungsqualität hat als der Mitunterzeichner. Ob die Prüfungsgesellschaft ein Spezialist ist oder nicht, hat keinen Effekt auf die Wahrscheinlichkeit für *restatements*.[612] *Chi/Chin* (2011) widmen sich ebenfalls börsennotierten Big4-Mandanten aus Taiwan. Die Analyse verdeutlicht, dass Mandanten von branchenspezialisierten Prüfungspartnern[613] signifikant geringere DPA und eine höhere Wahrscheinlichkeit für einen eingeschränkten Bestätigungsvermerk besitzen. Sofern die Prüfungsgesellschaft ebenfalls als Branchenspezialist gilt, fallen die vorgenannten Effekte des branchenspezialisierten Prüfungspartners noch stärker aus. Ist nur die Prüfungsgesellschaft ein Branchenspezialist, so fallen ebenfalls die DPA geringer aus; die Wahrscheinlichkeit für einen beschränkten Bestätigungsvermerk bleibt davon jedoch unberührt. Des Weiteren zeigen die Ergebnisse im Einklang zu denen von *Chin/Chi* (2009), dass dem prüfungsdurchführenden Wirtschaftsprüfer als Branchenspezialist eine wesentlichere Rolle in Bezug auf die Prüfungsqualität zukommt als dem Mitunterzeichner (*concurring partner*). Dennoch verstärkt sich der prüfungsqualitätserhöhende Effekt eines branchenspezialisierten prüfungsdurchführenden Wirtschaftsprüfers, wenn auch der Mitunterzeichner ein Branchenspezialist ist. Insgesamt werten die Autoren ihre Ergebnisse als Indiz dafür, dass die Prüfungsqualität nicht über alle Prüfungspartner hinweg homogen ist.[614]

Identisch zu den vorhergehenden Studien konstatiert auch *Nagy* (2012) für US-amerikanische Unternehmen, dass Mandanten eines branchenspezialisierten Prüfungspartners geringere DPA besitzen. Noch stärker fällt dieser Effekt aus, wenn gleichzeitig die Niederlassung auf die Branche spezialisiert ist. Sofern jedoch nur die Niederlassung Branchenspezialist ist und nicht gleichzeitig der Prüfungspartner, fallen die DPA signifikant höher aus. Der Autor interpretiert hieraus, dass die Spezialisierung des Prüfungspartners eine höhere Bedeutung für die Prüfungsqualität besitzt als die der Niederlassung.[615] Die Analyse von *Ittonen/Johnstone/Mylymäki* (2015) basiert auf einem Datensample bestehend aus Be-

---

[609] Für die grundsätzliche Begründung, weswegen eine Branchenspezialisierung eine höhere Prüfungsqualität sowie ein höheres Prüfungshonorar zur Folge haben sollte, siehe Abschnitt 4.2.3.2.

[610] Bei den sieben Studien handelt es sich um *Arthur/Endrawes/Ho* (2017); *Bell/Causholli/Knechel* (2015); *Chi/Chin* (2011); *Chin/Chi* (2009); *Garcia-Blandon/Argiles-Bosch* (2018); *Ittonen/Johnstone/Myllymäki* (2015); *Nagy* (2012).

[611] Besitzt größten Marktanteil in der Branche auf Basis der Mandantenanzahl.

[612] Vgl. *Chin/Chi*, 2009, S. 757.

[613] Besitzt größten oder zweitgrößten Marktanteil in der Branche auf Basis der Mandantenumsätze.

[614] Vgl. *Chi/Chin*, 2011, S. 226 f.

[615] Vgl. *Nagy*, 2012, S. 258 f.

obachtungen von börsennotierten finnischen Big4-Mandanten. Die Resultate offenbaren, dass mit zunehmendem Spezialisierungsgrad eines Prüfungspartners auf börsennotierte Unternehmen[616] die DPA dieser Unternehmen abnehmen. Dieser negative Zusammenhang besteht jedoch nur so lange, wie der Prüfungspartner nicht zu viele börsennotierte Mandate prüft. Die optimale Anzahl beträgt hierbei drei bis sechs Mandate. Prüft der Wirtschaftsprüfer sieben oder mehr Mandate, so liegt kein signifikanter Zusammenhang zwischen dem Spezialisierungsgrad des Prüfungspartners und der Höhe der DPA mehr vor. Die Autoren geben als Ursache hierfür an, dass der aus der Spezialisierung resultierende positive Effekt auf die Prüfungsqualität durch einen negativen Effekt aus der durch die vielen Mandanten hervorgerufenen Überlastung neutralisiert wird. Eine weitere Erkenntnis dieser Arbeit besteht darin, dass der Spezialisierungsgrad insbesondere für Prüfungspartner mit geringer allgemeiner Berufserfahrung von Bedeutung ist, da sie dadurch den prüfungsqualitätsmindernden Effekt aufgrund der geringeren allgemeinen Berufsexpertise kompensieren können.[617] Die Studie *Arthur/Endrawes/Ho* (2017) ergänzt die Ergebnisse der zuvor genannten Arbeiten mit schwacher Evidenz dafür, dass die Rotation des Prüfungspartners nur dann zu einer erhöhten Prüfungsqualität beitragen kann, wenn sowohl der neue Prüfungspartner als auch dessen Prüfungsgesellschaft auf die Branche spezialisiert sind.[618]

Im Gegensatz zu den vorhergehenden Forschungsarbeiten fokussiert sich die Studie *Bell/Causholli/Knechel* (2015) nicht ausschließlich auf die Prüfungsqualität eines spezialisierten Prüfungspartners. Dennoch finden sich in dieser Arbeit zwei Zusatzanalysen, die sich mit der Thematik auseinandersetzen und eingeschränkte Evidenz dafür erbringen, dass spezialisierte Prüfungspartner eine höhere Prüfungsqualität aufweisen. Die Basis für die Analyse bilden Beobachtungen von US-amerikanischen Mandanten (inklusive Unternehmen der Finanzbranche) einer Big4-Gesellschaft, für deren Abschlussprüfungen interne Qualitätsreviews vorliegen. Im Rahmen dessen kann gezeigt werden, dass speziell in der Finanzbranche ein nicht spezialisierter Prüfungspartner[619] eine signifikant geringere Wahrscheinlichkeit dafür hat, dass der Qualitätsreview die durchgeführte Abschlussprüfung als uneingeschränkt zufriedenstellend erachtet. Für andere Branchen kann dieser Zusammenhang nicht nachgewiesen werden. Die Autoren sehen dies als Bestätigung dafür an, dass insbesondere in Branchen mit komplexen Transaktionen und einer hohen Regulierung spezialisierte Prüfungspartner aufgrund ihrer branchenspezifischen Expertise eine höhere Prüfungsqualität erbringen. Daneben liefert die Analyse schwache Evidenz dafür, dass die Abschlussprüfung von branchenspezialisierten Prüfungspartnern im Jahr der Erstprüfung eine höhere Qualität aufweist als die von nicht spezialisierten.[620]

Garcia-Blandon/Argiles-Bosch (2018) ist entgegen der vorhergehenden Empirie die einzige Forschungsarbeit, die keinen statistisch signifikanten Nachweis für eine höhere Prüfungsqualität in Zusammenhang mit einem spezialisierten Prüfungspartner erbringen kann. Demnach liefert die auf Beobachtungen von spanischen börsennotierten Unterneh-

---

[616] Wird gemessen an der Anzahl an börsennotierten Unternehmen, die der Prüfungspartner im Vorjahr geprüft hat.

[617] Vgl. *Ittonen/Johnstone/Mylymäki*, 2015, S. 630.

[618] Vgl. *Arthur/Endrawes/Ho*, 2017, S. 378.

[619] Basiert auf der Selbstbezeichnung des Prüfungspartners.

[620] Vgl. *Bell/Causholli/Knechel*, 2015, S. 493 f.

men basierende Analyse weder Hinweise darauf, dass die Mandanten von branchenspezialisierten Prüfungspartnern geringere absolute DPA, noch dass sie eine höhere Wahrscheinlichkeit für einen eingeschränkten Bestätigungsvermerk, Versagungsvermerk oder eine
going concern opinion (GCO) aufweisen. Dieses Ergebnis ist dabei unabhängig davon, ob
die zwei Prüfungspartner mit den größten Marktanteilen auf Basis der Umsatzerlöse ihrer
Mandanten oder der Prüfungspartner mit den meisten Mandaten innerhalb einer Branche
als Branchenspezialisten in die Untersuchung eingehen. Darüber hinaus besteht kein Zusammenhang zwischen dem Spezialisierungsgrad eines Prüfungspartners, abgebildet über
den auf den Umsatzerlösen seiner Mandanten innerhalb einer Branche basierenden Marktanteil, und den vorgenannten Maßen zur Approximation der Prüfungsqualität.[621]

Neben den Arbeiten mit Hauptaugenmerk auf der Prüfungsqualität untersuchen insgesamt vier Forschungsarbeiten explizit die Höhe der Prüfungshonorare in Verbindung mit
spezialisierten Wirtschaftsprüfern. *Zerni* (2012) liefert diesbezüglich die ersten Ergebnisse.
Basierend auf einem Datensample bestehend aus Beobachtungen von börsennotierten Big4-
Mandanten aus Schweden kann nachgewiesen werden, dass zwischen den Mandantenportfolios der Prüfungspartner systematische Unterschiede bestehen. Demnach prüfen einige
vorwiegend nur Unternehmen aus einer bestimmten Industrie/Branche, andere konzentrieren sich auf große, komplexe Unternehmen und wiederum andere beschränken sich
hauptsächlich auf kleine, einfache Unternehmen. Die Hauptanalyse konstatiert zudem, dass
branchenspezialisierte (ca. 12,4% höher) und auf große börsennotierte Unternehmen spezialisierte (ca. 8,6% höher) Prüfungspartner im Vergleich zu den nicht spezialisierten ein
höheres Prüfungshonorar vereinnahmen können.[622] Hierbei fällt der Honoraraufschlag am
höchsten aus, wenn der Prüfungspartner sowohl auf die Branche als auch auf große börsennotierte Unternehmen spezialisiert ist (ca. 20,3% höher).[623] Als Ursache für das signifikant
höhere Prüfungshonorar sieht der Autor die höhere (wahrgenommene) Prüfungsqualität
eines spezialisierten Prüfungspartners. Da der Mandant selbst oder wegen seiner Bilanzadressaten diese höhere Prüfungsqualität wünscht, ist er bereit, diese zu honorieren. Letztendlich interpretiert *Zerni* (2012) seine Ergebnisse als Bestätigung dafür, dass die prüfungspflichtigen Unternehmen erkennen, dass die Prüfungsqualität u. a. vom impliziten Wissen
und weiteren Charakteristiken des verantwortlichen Prüfungspartners abhängt, da die an
den einzelnen Prüfungspartner gebundene Expertise selbst innerhalb einer Niederlassung
nicht vollumfänglich auf andere Prüfungspartner übertragen werden kann. Ob das höhere
Prüfungshonorar nun tatsächlich aufgrund von höheren Stundensätzen (Honorarprämie)
oder wegen einem gesteigerten zeitlichen Prüfungsaufwand zustande kommt, kann hingegen nicht beantwortet werden. Hierfür fehlen die notwendigen internen Informationen
über Stundensätze und Anzahl der Arbeitsstunden.[624]

---

[621]   Vgl. *Garcia-Blandon/Argiles-Bosch*, 2018, S. 101, 106.
[622]   Ein Prüfungspartner gilt dann als Branchenspezialist, wenn er den größten oder zweitgrößten Marktanteil in
der Branche auf Basis der Bilanzsummen der Mandate besitzt und mindestens fünf Mandate in der Branche
prüft. Die Spezialisierung auf große börsennotierte Unternehmen wird dann angenommen, wenn der Prüfungspartner mindestens zwei börsennotierte Unternehmen prüft; vgl. *Zerni*, 2012, S. 322.
[623]   Vgl. *Zerni*, 2012, S. 329.
[624]   Vgl. *Zerni*, 2012, S. 336 f.

Goodwin/Wu (2014) und *Nagy* (2014) konstatieren im Einklang mit *Zerni* (2012) ebenfalls, dass branchenspezialisierte Wirtschaftsprüfer höhere Prüfungshonorare vereinnahmen. Für ein Datensample bestehend aus australischen börsennotierten Big4-Mandanten (inklusive Finanzbranche) zeigen *Goodwin/Wu* (2014), dass das Prüfungshonorar eines Branchenspezialisten[625] zwischen 38% und 60% höher ausfällt als das von nicht spezialisierten Prüfungspartnern. Daneben offenbart die Analyse, dass der Spezialisierungsgrad einer Prüfungsgesellschaft und einer Niederlassung keinen signifikanten Beitrag zur Erklärung der Höhe des Prüfungshonorars leistet, sofern für branchenspezialisierte Prüfungspartner kontrolliert wird. Auf Basis ihrer Ergebnisse kommen die Autoren zu dem Schluss, dass innerhalb einer Prüfungsgesellschaft oder einer Niederlassung kein funktionierender Wissenstransfer zwischen den Prüfungspartnern stattfindet, weswegen eine hohe branchenspezifische Expertise eines Prüfungspartners der Hauptgrund für einen Honoraraufschlag ist.[626] *Nagy* (2014) stellt hingegen für ein kleines US-amerikanisches Datensample fest, dass neben dem branchenspezialisierten Prüfungspartner auch die branchenspezialisierte Niederlassung höhere Prüfungshonorare generiert. Hierbei unterscheiden sich die Honoraraufschläge der Niederlassung und des Prüfungspartners nicht signifikant. Der Autor sieht dies als Indiz dafür, dass im Vergleich keiner der beiden Ebenen eine höhere Bedeutung zukommt.[627] *Arnold/Bateman/Ferguson* (2017) ist die vierte Arbeit, die sich den Honoraren eines spezialisierten Prüfungspartners zuwendet. Im Gegensatz zu den drei vorhergehenden Arbeiten besteht das Datensample jedoch aus Beobachtungen von australischen selbstverwalteten Pensionsfonds. Des Weiteren wird bei branchenspezialisierten Prüfungspartnern[628] kein Honoraraufschlag, sondern ein Honorarabschlag festgestellt. Eine zusätzliche Analyse zeigt jedoch auch, dass das Gesamthonorar der branchenspezialisierten Prüfungspartner zumindest bei größeren Mandanten höher ausfällt als das der nicht spezialisierten Prüfungspartner. Die Autoren ziehen hieraus den Schluss, dass ein branchenspezialisierter Wirtschaftsprüfer bei der Abschlussprüfung Skaleneffekte generiert, die er bewusst an den Mandanten in Form eines geringeren Prüfungshonorars weitergibt. Den hierdurch gehaltenen bzw. hinzugewonnenen größeren Mandanten mit mehr Ressourcen kann er sodann Nichtprüfungsleistungen zu höheren Honoraren verkaufen.[629]

Konträr zu den vorhergehenden Studien untersuchen *Chin/Yao/Liu* (2014), *Hsieh/Lin* (2016) und *Knechel/Niemi/Zerni* (2013) nicht direkt den Zusammenhang zwischen einem spezialisierten Prüfungspartner und der Höhe der Prüfungsqualität oder des Prüfungshonorars. Stattdessen gehen *Chin/Yao/Liu* (2014) der Frage nach, ob bei Unternehmen, die durch einen branchenspezialisierten Prüfungspartner geprüft wurden, die Beteiligungsstruktur eines in Anspruch genommenen Konsortialkredites[630] anders ausfällt als bei von

---

[625]   Besitzt in einer Stadt den größten Marktanteil innerhalb einer Branche auf Basis der Prüfungshonorare; vgl. *Goodwin/Wu*, 2014, S. 1548.

[626]   Vgl. *Goodwin/Wu*, 2014, S. 1574 f.

[627]   Vgl. *Nagy*, 2014, S. 524.

[628]   Gehört zu den zehn größten Prüfungspartnern innerhalb einer Branche auf Basis der Mandantenanzahl bzw. Prüfungshonorare; vgl. *Arnold/Bateman/Ferguson*, 2017, S. 167 f.

[629]   Vgl. *Arnold/Bateman/Ferguson*, 2017, S. 174.

[630]   Ein Konsortialkredit (Gemeinschaftskredit) zeichnet sich dadurch aus, dass mehrere Banken gemeinschaftlich einen Kredit an einen oder mehrere Kreditnehmer vergeben. Die beteiligten Banken werden Konsortialbanken genannt. I. d. R. ist eine der Banken federführend. Diese wird Konsortialführer genannt.

nicht spezialisierten Prüfungspartnern geprüften Unternehmen. Ihre empirische Analyse basierend auf taiwanischen börsennotierten Unternehmen bestätigt dies und zeigt auf, dass der Kreditanteil des Konsortialführers signifikant kleiner ausfällt, sofern das kreditnehmende Unternehmen entweder alleine durch einen branchenspezialisierten Prüfungspartner[631] oder in Kombination mit einer branchenspezialisierten Prüfungsgesellschaft geprüft wird. Des Weiteren können sie feststellen, dass die Anzahl der Konsortialbanken am höchsten ausfällt, wenn sowohl der Prüfungspartner als auch die Prüfungsgesellschaft auf die Branche spezialisiert sind. Die Autoren begründen diesen Zusammenhang damit, dass branchenspezialisierte Prüfungspartner eine höhere Prüfungsqualität erbringen mit der Folge, dass die in einem Geschäftsbericht enthaltenen Informationen eine höhere Verlässlichkeit aufweisen. Dies trägt dazu bei, dass die Informationsasymmetrien zwischen Konsortialführer und potentiellen Konsortialbanken bezüglich dem kreditnehmenden Unternehmen geringer ausfallen. Hierdurch fällt es dem Konsortialführer leichter, mehrere Konsortialbanken für den Konsortialkredit zu gewinnen. Letztendlich interpretieren sie ihre Ergebnisse als Indiz dafür, dass die Identität des Prüfungspartners für Kreditgeber von wesentlicher Bedeutung ist, da sie auf Basis der Charakteristiken des Prüfungspartners Rückschlüsse auf die Prüfungsqualität ziehen, die wiederum Einfluss auf die Entscheidung über die Kreditvergabe nimmt. Dies ist laut Autoren gleichzeitig ein Zeichen dafür, dass den Kreditgebern bewusst ist, dass die Expertise auch innerhalb einer Prüfungsgesellschaft nicht über alle Prüfungspartner hinweg gleich ist.[632] *Hsieh/Lin* (2016) konzentriert sich hingegen auf die Forschungsfrage, ob branchenspezialisierte und nicht branchenspezialisierte Prüfungspartner signifikante Unterschiede hinsichtlich der Entscheidung über die Annahme eines neuen Prüfungsauftrages aufweisen. Für ein Datensample bestehend aus Beobachtungen von taiwanischen börsennotierten Big4-Mandanten können die Autoren dies bejahen und liefern (schwache) Evidenz dafür, dass branchenspezialisierte Prüfungspartner[633] eine geringere Bereitschaft besitzen, neue Prüfungsaufträge von Unternehmen mit einem hohen Prüfungsrisiko (mit hohen finanziellen Risiken) anzunehmen. Die Autoren schlussfolgern hieraus, dass branchenspezialisierte Prüfungspartner ihre Reputation schützen und Haftungsrisiken minimieren wollen.[634] *Knechel/Niemi/Zerni* (2013) analysieren auf Basis von schwedischen börsennotierten Unternehmen, ob branchenspezialisierte Prüfungspartner eine höhere Vergütung erzielen. Die Resultate bestätigen dies und zeigen zusätzlich auf, dass Prüfungspartner mit einer geminderten Prüfungsqualität eine signifikant geringere Vergütung erhalten.[635]

5.1.2.3 Forschungsarbeiten bezüglich Erfahrung, Geschlecht und weitere individuelle Attribute des Prüfungspartners

Im Einklang mit den Ergebnissen bezüglich der Spezialisierung eines Prüfungspartners verdeutlichen die in diesem Abschnitt vorgestellten Studien, dass auch anderen individuellen Attributen eines Prüfungspartners eine wesentliche Rolle insbesondere im Zusammenhang

---

[631] Besitzt größten Marktanteil in der Branche auf Basis der Mandantenanzahl; vgl. *Chin/Yao/Liu*, 2014, S. 757.
[632] Vgl. *Chin/Yao/Liu*, 2014, S. 751 f., 765.
[633] Besitzt größten Marktanteil in der Branche auf Basis der Mandantenanzahl; *Hsieh/Lin*, 2016, S. 102.
[634] Vgl. *Hsieh/Lin*, 2016, S. 117.
[635] Vgl. *Knechel/Niemi/Zerni*, 2013, S. 349 f.

mit der gemessenen Prüfungsqualität sowie den erhobenen Prüfungshonoraren zukommt. Demnach kann *Taylor* (2011) für australische börsennotierte Unternehmen empirisch nachweisen, dass Prüfungspartner unabhängig von ihrer Prüfungsgesellschaft oder Niederlassung individuelle Prüfungshonoraraufschläge oder -abschläge generieren. Dies bedeutet, dass in den einzelnen Big4- und Non-Big4-Gesellschaften sowohl Prüfungspartner mit signifikanten Honoraraufschlägen als auch Prüfungspartner mit signifikanten Honorarabschlägen beschäftigt werden. Als Ursache hierfür sieht der Autor die in Abhängigkeit vom Prüfungspartner und dessen Erfahrungen sowie Fähigkeiten differierende Prüfungsqualität. Entgegen der in vielen Studien vorherrschenden Homogenitätsannahme bestehen diese Qualitätsunterschiede nicht nur zwischen Wirtschaftsprüfern unterschiedlicher Prüfungsgesellschaften, sondern auch innerhalb einer Prüfungsgesellschaft.[636] Übereinstimmend hiermit zeigen *Gul/Wu/Yang* (2013) für einen Datensatz bestehend aus Beobachtungen von chinesischen börsennotierten Unternehmen, dass die über die Wahrscheinlichkeit für einen eingeschränkten Bestätigungsvermerk gemessene Prüfungsqualität in Abhängigkeit vom Prüfungspartner statistisch und ökonomisch signifikant variiert. Die individuellen Effekte der Prüfungspartner auf die Höhe der Prüfungsqualität können hierbei zum Teil durch deren demographische Charakteristiken erklärt werden. So ist die Wahrscheinlichkeit für einen eingeschränkten Bestätigungsvermerk bei Prüfungspartnern, die gleichzeitig Eigner der Prüfungsgesellschaft sind, die während der Universitätsausbildung Erfahrungen mit Rechnungslegungssystemen gemacht haben oder die BigN-Erfahrung besitzen, höher. Prüfungspartner mit einem Masterabschluss oder mit Verbindungen zur *Chinese Communist Party* haben hingegen eine geringere derartige Wahrscheinlichkeit.[637]

Knechel/Vanstraelen/Zerni (2015) komplettieren die vorgenannten Erkenntnisse, indem sie für Beobachtungen von schwedischen nicht börsennotierten Unternehmen konstatieren, dass verschiedene Prüfungspartner grundlegende und zeitkonstante Unterschiede bei der Berichterstattung aufweisen. Demnach gibt es Prüfungspartner mit einem aggressiven (geringere Neigung eine GCO zu erteilen) und Prüfungspartner mit einem konservativen (höhere Neigung eine GCO zu erteilen) Berichterstattungsverhalten. Die Gründe für die unterschiedlichen Verhaltensformen sehen die Autoren u. a. in systematischen Unterschieden in der Risikotoleranz und weiteren individuellen Attributen der Prüfungspartner. Zuletzt liefert die Studie Evidenz dafür, dass auch den Kapitalmarktteilnehmern bewusst ist, dass es abhängig vom Prüfungspartner Unterschiede in der Berichterstattung gibt. So müssen Unternehmen, die in der Vergangenheit von Prüfungspartnern mit einem aggressiven Berichterstattungsverhalten geprüft wurden, höhere implizite Kreditzinsen zahlen, sie besitzen ein geringeres Kreditrating und deren Insolvenzrisiko wird höher eingeschätzt.[638]

Der Frage, ob das Geschlecht des Prüfungspartners für die Höhe der Prüfungsqualität oder des Prüfungshonorars von Bedeutung ist, gehen insgesamt fünf Forschungsarbeiten nach. *Ittonen/Peni* (2012) sowie *Hardies/Breesch/Branson* (2015) können für ein Datensample bestehend aus Beobachtungen von dänischen, finnischen und schwedischen börsennotierten respektive belgischen börsennotierten und nicht börsennotierten Unternehmen statistisch nachweisen, dass weibliche Prüfungspartner im Vergleich zu männlichen

---

[636] Vgl. *Taylor*, 2011, S. 269 f.
[637] Vgl. *Gul/Wu/Yang*, 2013, S. 1995, 2018 f.
[638] Vgl. *Knechel/Vanstraelen/Zerni*, 2015, S. 1473.

Prüfungspartnern ein höheres Prüfungshonorar vereinnahmen können. Die tatsächlichen Gründe hierfür bleiben jedoch ungeklärt. Dennoch führen die Autoren mögliche Ursachen hierfür an. Demnach könnte es u. a. sein, dass Frauen eine höhere Risikoaversion besitzen und daher mehr Prüfungsaufwand betreiben. Gleichzeitig könnte jedoch eine höhere Sorgfalt, eine geringere Selbstüberschätzung oder eine umfangreichere Vorbereitung den Prüfungsaufwand und damit das Honorar erhöhen. Ebenso wäre es möglich, dass Frauen ein besseres Verhandlungsgeschick in Bezug auf die Honorarhöhe besitzen oder Mandanten von weiblichen Prüfungspartnern eine höhere Prüfungsqualität und/oder Zusammenarbeit erwarten, weswegen sie zur Zahlung eines höheren Prüfungshonorars bereit sind.[639] Im Gegensatz zu diesen Ergebnissen konstatieren *Huang/Chiou/Huang et al.* (2015) für taiwanische börsennotierte Unternehmen, dass das Prüfungshonorar von weiblichen Prüfungspartnern im Vergleich zu dem von männlichen Prüfungspartnern geringer ausfällt. Da dieser Honorarabschlag nicht durch Unterschiede in der Prüfungsqualität oder der Länge der *report lags* von männlichen und weiblichen Prüfungspartnern begründet werden kann, werten die Autoren ihre Ergebnisse als Indiz dafür, dass weibliche Prüfungspartner in Taiwan diskriminiert werden. Diese sich durch einem Honorarabschlag äußernde Diskriminierung fällt in Branchen mit verhältnismäßig wenigen weiblichen Prüfungspartnern höher aus als in Branchen mit einem höheren Anteil an weiblichen Prüfungspartnern.[640]

Ergänzend zu den vorhergehenden Ergebnissen bezüglich der Honorarhöhe gehen *Ittonen/Vähämaa/Vähämaa* (2013) und *Hardies/Breesch/Branson* (2016) der Frage nach, ob weibliche Prüfungspartner im Vergleich zu männlichen Prüfungspartnern eine höhere Prüfungsqualität erbringen. Ihre empirischen Resultate basierend auf Beobachtungen von finnischen und schwedischen börsennotierten respektive belgischen nicht börsennotierten Unternehmen bekräftigen dies. Demnach zeigen die Ergebnisse von *Ittonen/Vähämaa/Vähämaa* (2013), dass weibliche Prüfungspartner im Vergleich zu männlichen Prüfungspartnern ein geringeres Maß an *earnings management* zulassen. Im Einklang hierzu liefern *Hardies/Breesch/Branson* (2016) Evidenz dafür, dass unter Berücksichtigung der finanziellen Situation des Mandanten die Wahrscheinlichkeit für eine GCO bei weiblichen Prüfungspartnern höher ausfällt. Die Autoren von beiden Studien begründen die höhere Prüfungsqualität von weiblichen Prüfungspartnern vorwiegend mit einer höheren Sorgfalt, einer höheren Risikoaversion und einer stärkeren Unabhängigkeit.[641]

Die Berufserfahrung eines Prüfungspartners ist ein weiteres individuelles Attribut, welches die Höhe der Prüfungsqualität und des Prüfungshonorars beeinflusst. *Cahan/Sun* (2015) zeigen für ein Datensample bestehend aus Beobachtungen von chinesischen börsennotierten Unternehmen, dass unter Berücksichtigung von anderen persönlichen Attributen (u. a. Geschlecht, Bildungsabschluss etc.) ein positiver Zusammenhang zwischen der allgemeinen Berufserfahrung des Prüfungspartners[642] und der Höhe des Prüfungshonorars sowie der Prüfungsqualität (gemessen über DPA) besteht. Diese Ergebnisse lassen darauf

---

[639] Vgl. *Hardies/Breesch/Branson*, 2015, S. 171, 173 f.; *Ittonen/Peni*, 2012, S. 16.
[640] Vgl. *Huang/Chiou/Huang et al.*, 2015, S. 231.
[641] Vgl. *Hardies/Breesch/Branson*, 2016, S. 29 f.; *Ittonen/Vähämaa/Vähämaa*, 2013, S. 224 f.
[642] Als Proxy für die Berufserfahrung dient die logarithmierte Summe an Jahren, welche die zwei testierenden Prüfungspartner zum Zeitpunkt des Testats bereits als unterzeichnende Wirtschaftsprüfer auf dem Prüfungsmarkt tätig waren; vgl. *Cahan/Sun*, 2015, S. 85.

schließen, dass Prüfungspartner mit einer langen Berufserfahrung eine höhere Prüfungs-qualität erbringen und dafür ein höheres Prüfungshonorar vereinnahmen.[643] *Wang/Wang/Yu et al.* (2015) bestätigen ebenfalls für Beobachtungen von chinesischen börsenno-tierten Unternehmen einen signifikant positiven Zusammenhang zwischen der Berufs-erfahrung eines Prüfungspartners[644] und der Höhe der Prüfungsqualität (gemessen über DPA). Ergänzend hierzu liefert die Studie Evidenz dafür, dass die Berufserfahrung des Prü-fungspartners für Kapitalmarktteilnehmer von Bedeutung ist. Demnach reagiert der Kapi-talmarkt stärker auf eine unerwartete Ergebnisentwicklung,[645] wenn der Prüfungspartner eine höhere Berufserfahrung besitzt. Die Autoren begründen dies damit, dass die Kapital-marktteilnehmer die unerwartete Ergebnisentwicklung als glaubwürdiger erachten, wenn das berichtende Unternehmen von einem erfahrenen Prüfungspartner geprüft wird.[646]

Die Forschungsarbeit *Chen/Dai/Kong et al.* (2017) konzentriert sich auf die internatio-nale Berufserfahrung eines Prüfungspartners. Hierbei zeigt sie für chinesische börsenno-tierte Big4-Mandanten, dass die Höhe der Prüfungsqualität sowie die Höhe des Prüfungs-honorars von international erfahrenen Prüfungspartnern im Vergleich zu Prüfungspart-nern ohne internationale Berufserfahrung höher ausfallen. Eine zusätzliche Analyse offenbart sodann, dass insbesondere die internationale Berufserfahrung des *review partner* von Bedeutung für die Prüfungsqualität ist. Die internationale Berufserfahrung des *engage-ment partner* (prüfungsdurchführender Wirtschaftsprüfer) ist hingegen der treibende Fak-tor für den nachgewiesenen Honoraraufschlag.[647] *Chi/Myers/Omer et al.* (2017) komple-mentieren die Erkenntnisse zur Bedeutung der partnerspezifischen Berufserfahrung, indem sie für börsennotierte Unternehmen aus Taiwan nachweisen können, dass die zum Zeit-punkt der Erstprüfung eines Mandanten aufgebaute allgemeine Berufserfahrung eines Prü-fungspartners (*pre-client experience*)[648] in einem positiven Verhältnis zur Höhe der tatsäch-lichen (gemessen über DPA) und wahrgenommenen Prüfungsqualität (gemessen über ei-nen Zinsspread) steht. Dieser positive Zusammenhang kann ebenfalls für die mandan-tenspezifische Berufserfahrung (gemessen über die Mandatsdauer) konstatiert werden. Kommt es jedoch zu einem Verlust der mandantenspezifischen Berufserfahrung aufgrund einer Partnerrotation, so kann die hieraus erwachsene qualitätsmindernde Wirkung nicht durch die qualitätssteigernde Wirkung einer hohen *pre-client experience* des neuen Prü-fungspartners vollständig aufgewogen werden. Zuletzt können die Autoren feststellen, dass die *pre-client experience* nur in den ersten Jahren einer Prüfer-Mandanten-Beziehung eine wesentliche Bedeutung für die Prüfungsqualität besitzt.[649]

---

[643]   Vgl. *Cahan/Sun*, 2015, S. 78, 80.

[644]   Als Proxy für die Berufserfahrung dient die Anzahl an Jahren, in denen der testierende Prüfungspartner zum Ende des Geschäftsjahres bereits als unterzeichnender Wirtschaftsprüfer für börsennotierte Unternehmen tä-tig war; vgl. *Wang/Wang/Yu et al.*, 2015, S. 253.

[645]   Die Reaktion des Kapitalmarktes wird gemessen über die Höhe des *earnings response coefficient*; vgl. *Wang/Wang/Yu et al.*, 2015, S. 237.

[646]   Vgl. *Wang/Wang/Yu et al.*, 2015, S. 248.

[647]   Vgl. *Chen/Dai/Kong et al.*, 2017, S. 1101 f.

[648]   Als Proxy für die *pre-client experience* dient die Anzahl an der Erstprüfung vorhergehenden Jahren, in denen der testierende Prüfungspartner bei anderen Unternehmen als unterzeichnender Wirtschaftsprüfer tätig war; vgl. *Chi/Myers/Omer et al.*, 2017, S. 370.

[649]   Vgl. *Chi/Myers/Omer et al.*, 2017, S. 388 f.

Ernstberger/Koch/Tan (2015) untersuchen auf Basis eines deutschen Datensamples, ob die Fachkenntnisse und hohe betriebswirtschaftliche bzw. unternehmerische Fähigkeiten eines prüfungsdurchführenden Prüfungspartners die Prüfungsqualität und das Prüfungs- honorar maßgeblich beeinflussen. Entsprechend den Variablendefinitionen besitzt ein Prü- fungspartner dann eine höhere Fachkenntnis, wenn er bereits Prüfungserfahrungen mit mehreren börsennotierten Unternehmen oder sogar mehreren börsennotierten Unterneh- men innerhalb derselben Branche gesammelt hat. Hohe unternehmerische Fähigkeiten kommen dadurch zum Ausdruck, dass der Prüfungspartner Teilhaber an der Prüfungsge- sellschaft ist, bei anderen Mandaten als Mitunterzeichner fungiert oder Mitglied in einem permanenten IDW-Fachgremium ist.[650] Die Analyse zeigt auf, dass die Fachkenntnis eines Prüfungspartners in einem positiven Verhältnis zur Prüfungsqualität steht. Höhere Prü- fungshonorare können aufgrund dessen jedoch nicht generiert werden. Ausgeprägte be- triebswirtschaftliche bzw. unternehmerische Fähigkeiten begründen hingegen höhere Prü- fungshonorare, ohne in einem signifikanten Zusammenhang mit der Prüfungsqualität zu stehen. Dies gilt nicht nur für die aggregierte Variable bezüglich der unternehmerischen Fähigkeit, sondern auch für eine Indikatorvariable, welche nur die Mitgliedschaft in einem IDW-Fachgremium signalisiert. Letztendlich interpretieren die Autoren die Ergebnisse als Indiz dafür, dass Prüfungspartner mit hohen betriebswirtschaftlichen bzw. unternehmeri- schen Fähigkeiten eine bessere Verhandlungsfähigkeit aufweisen müssen oder jedoch dem Mandanten andere Vorteile bieten, die einen Honoraraufschlag trotz unveränderter Prü- fungsqualität rechtfertigen.[651]

Die zweite auf deutsche börsennotierte Unternehmen bezogene Studie *Ernstber- ger/Koch/Prott* (2017) fokussiert die Fragestellung, ob publizierende Prüfungspartner im Vergleich zu nicht publizierenden Prüfungspartnern ein(e) abweichende(s) Prüfungsquali- tät (Prüfungshonorar) aufweisen. Die Resultate bestätigen einen positiven Zusammenhang zwischen der Anzahl an praxisorientierten wissenschaftlichen Publikationen eines prü- fungsdurchführenden Wirtschaftsprüfers (Rechtsunterzeichner) und der Prüfungsqualität sowie dem Prüfungshonorar. Eine weitere Differenzierung der Publikationen verdeutlicht ergänzend, dass die Steigerung der Prüfungsqualität am höchsten ausfällt, sofern der Prü- fungspartner seine Artikel in einem gerankten Journal veröffentlicht hat. Letztendlich spre- chen die Ergebnisse dafür, dass Prüfungspartner und Mandanten davon profitieren, wenn der Prüfungspartner neben seiner praktischen Tätigkeit auch praxisorientierte wissen- schaftliche Artikel publiziert. Die Qualitätssteigerung erwächst primär daraus, dass sich die Prüfungspartner im Rahmen der wissenschaftlichen Tätigkeit intensiv und kritisch mit der behandelten Thematik (z. B. neue Rechnungslegungsstandards etc.) auseinandersetzen müssen und damit die relevanten Aspekte internalisieren. Hierdurch steigt u. a. deren fach- liche Expertise, die sich positiv auf den Prüfungsprozess auswirkt. Die gesteigerte Prüfungs- qualität dieser Prüfungspartner, welche der Mandant bereits durch wahrgenommene Ver- öffentlichungen signalisiert bekommt, und eine daraus erwachsende Reputationssteigerung begründen sodann das höhere Prüfungshonorar.[652]

---

650 Vgl. *Ernstberger/Koch/Tan*, 2015, S. 13 f.
651 Vgl. *Ernstberger/Koch/Tan*, 2015, S. 27 f.
652 Vgl. *Ernstberger/Koch/Prott*, 2017, S. 2 f., 5 f.

Aobdia/Lin/Petacchi (2015) widmen sich der Frage, inwiefern die individuelle Prüfungsqualität eines Prüfungspartners (gemessen über die absoluten DPA seiner Mandanten) von Bedeutung für den Kapitalmarkt ist. Insgesamt zeigt sich, dass die Identität des Prüfungspartners eine relevante Information für den Kapitalmarkt darstellt. Die Analyse auf Basis von börsennotierten Unternehmen aus Taiwan offenbart einen positiven Zusammenhang zwischen der Prüfungsqualität des Prüfungspartners und dem *earnings response coefficient* des Mandanten. Dies wird als Hinweis dafür gewertet, dass der Kapitalmarkt die Finanzberichterstattung als verlässlicher erachtet, wenn das Unternehmen durch einen Prüfungspartner mit hoher Prüfungsqualität geprüft wird. Weitere Erkenntnisse aus der Arbeit bestehen darin, dass der Kapitalmarkt positiv auf einen Partnerwechsel zu einem Prüfungspartner mit hoher Prüfungsqualität reagiert, dass durch Prüfungspartner mit hoher Prüfungsqualität geprüfte Unternehmen bei einer Erstplatzierung ein geringeres Ausmaß an *Underpricing* erfahren und dass derartige Unternehmen geringere Fremdkapitalzinsen zahlen, einen besseren Zugang zu Fremdkapital haben und seltener Sicherheiten stellen müssen.[653] *Wang/Yu/Zhao* (2015) ist die zweite Forschungsarbeit, die sich mit der individuellen Prüfungsqualität eines Prüfungspartners auseinandersetzt. Im Rahmen dessen wird untersucht, ob ein Zusammenhang zwischen der historischen Prüfungsqualität eines Prüfungspartners[654] und der Wahrscheinlichkeit für eine nachträgliche Korrektur des aktuell vom Prüfungspartner testierten Geschäftsberichtes (*restatement*) existiert. Für ein Datensample bestehend aus Beobachtungen von chinesischen börsennotierten Unternehmen kann diesbezüglich ein positiver Zusammenhang bestätigt werden. Eine Unterscheidung in *engagement partner* und *review partner* zeigt des Weiteren, dass dieser positive Zusammenhang bei den *engagement partners* höher ausfällt. Ebenso kann nachgewiesen werden, dass die Wahrscheinlichkeit für eine nachträgliche Korrektur eines vom *engagement partner* testierten Geschäftsberichtes unter Berücksichtigung seiner historischen Fehlerrate höher ausfällt, wenn der geprüfte Mandant eine größere wirtschaftliche Bedeutung für den *engagement partner* besitzt. Die Autoren schlussfolgern hieraus, dass die Prüfungsqualität eines Prüfungspartners aufgrund seiner ökonomischen Interessen reduziert wird. Insgesamt liefern die Analysen genügend Anhaltpunkte dafür, dass trotz firmenweiten und prüfungsteaminternen Qualitätskontrollen insbesondere dem *engagement partner* eine wesentliche Bedeutung in Bezug auf die Prüfungsqualität zukommt.[655] Sehr ähnliche Ergebnisse liefert die Studie *Li/Qi/Tian et al.* (2017). Die Resultate bestätigen, dass ein Prüfungspartner mit einem nachgewiesenen Prüfungsfehler (d. h. geringer Prüfungsqualität) auch in den Folgejahren eine höhere Wahrscheinlichkeit für einen Fehler aufweist. Des Weiteren zeigt sich, dass im selben Jahr des Prüfungsfehlers auch die Mandate des Prüfungspartners, bei deren Prüfung kein Fehler aufgedeckt wurde, eine geringere Prüfungsqualität aufweisen. Diese

---

[653] Vgl. *Aobdia/Lin/Petacchi*, 2015, S. 2145.

[654] Die historische Prüfungsqualität eines Prüfungspartners wird über die Prüfungsfehlerrate in der Vergangenheit approximiert. Die Prüfungsfehlerrate in der Vergangenheit ergibt sich wiederum aus dem Verhältnis von der Gesamtanzahl der in der Vergangenheit durch den Prüfungspartner zu verantwortenden *restatements* zu der Gesamtanzahl der in der Vergangenheit vom Prüfungspartner unterzeichneten Geschäftsberichte; vgl. *Wang/Yu/Zhao*, 2015, S. 89 f.

[655] Vgl. *Wang/Yu/Zhao*, 2015, S. 84.

Evidenz unterstreicht, wie bedeutsam es sein kann, die Identität des verantwortlichen Prüfungspartners offenzulegen.[656]

Amir/Kallunki/Nilsson (2014) analysieren wiederum qua Beobachtungen von börsennotierten Unternehmen aus Schweden die Mandantenportfolios von strafrechtlich verurteilten Prüfungspartnern. Die Eigenschaft eines Prüfungspartners, strafrechtlich verurteilt zu sein, sehen die Autoren als Indikator für eine höhere Risikobereitschaft. Die Ergebnisse der empirischen Analyse verdeutlichen, dass die Mandanten eines strafrechtlich verurteilten Prüfungspartners ein höheres Finanzrisiko, ein schwächeres Corporate-Governance-System und eine weniger konservative Berichterstattung aufweisen. Im Einklang hierzu kann nachgewiesen werden, dass das durchschnittliche Prüfungshonorar eines verurteilten Prüfungspartners signifikant höher ausfällt. Begründet wird dies damit, dass die Prüfungspartner für das erhöhte Risiko eine Prämie erheben.[657] *Chang/Chen/Chou et al.* (2016) konzentrieren sich auf einen weiteren Aspekt, indem sie den Zusammenhang zwischen Disziplinarmaßnahmen für Prüfungspartner und deren Prüfungsqualität untersuchen. Hierbei können sie für taiwanische Unternehmen empirisch nachweisen, dass Prüfungspartner mit einer Disziplinarmaßnahme in den Jahren vor der Maßnahme eine höhere Wahrscheinlichkeit für *restatements* aufwiesen als Prüfungspartner ohne Maßregelung. In den Jahren nach der Disziplinarmaßnahme fällt die Wahrscheinlichkeit für *restatements* im Vergleich zu der Zeit vor der Maßnahme geringer aus. Des Weiteren unterscheidet sich in den Jahren danach die Wahrscheinlichkeit für *restatements* von sanktionierten nicht mehr signifikant von der von nicht sanktionierten Prüfungspartnern. Insgesamt sprechen diese Ergebnisse dafür, dass Disziplinarmaßnahmen zum einen als Signal für eine geringere Prüfungsqualität in der Vergangenheit dienen und zum anderen zu einer Steigerung der zukünftigen Prüfungsqualität beitragen.[658]

5.1.2.4 Sonstige Forschungsarbeiten

Neben den bereits vorgestellten Forschungsarbeiten existieren weitere Studien, die sich mit Fragestellungen auseinandersetzen, welche von den vorgenannten drei Schwerpunkten der Forschungsliteratur abweichen. *Chen/Sun/Wu* (2010) untersuchen bspw., inwiefern die wirtschaftliche Bedeutung des Mandanten für den Prüfungspartner die Prüfungsqualität beeinflusst. Hierbei kommen sie für einen Zeitraum, in dem in China für Abschlussprüfer noch kein hohes Haftungsrisiko bestand, zu dem Ergebnis, dass wirtschaftlich bedeutende Mandanten eine geringere Wahrscheinlichkeit für einen eingeschränkten Bestätigungsvermerk haben. Dies bedeutet, dass die Prüfungsqualität aufgrund der wirtschaftlichen Bedeutsamkeit reduziert wird. Für einen zweiten Zeitraum, in dem aufgrund einer Gesetzesänderung das Haftungsrisiko für den Abschlussprüfer deutlich erhöht wurde, kann sodann nachgewiesen werden, dass ein signifikant positiver Zusammenhang zwischen der wirtschaftlichen Bedeutung und der Wahrscheinlichkeit für einen eingeschränkten Bestätigungsvermerk besteht. Die Autoren werten dieses Ergebnis als Nachweis dafür, dass die Erhöhung des Haftungsrisikos zu einer Erhöhung der Prüfungsqualität beigetragen hat. Insgesamt kommen sie zu dem Schluss, dass die wirtschaftliche Bedeutung des Mandanten

---

[656]   Vgl. *Li/Qi/Tian et al.*, 2017, S. 159.
[657]   Vgl. *Amir/Kallunki/Nilsson*, 2014, S. 131.
[658]   Vgl. *Chang/Chen/Chou et al.*, 2016, S. 314 f.

für den Prüfungspartner von höherer Wichtigkeit für die Prüfungsqualität ist, als die wirtschaftliche Bedeutung für die Niederlassung oder Prüfungsgesellschaft. Wie die Prüfungsqualität dadurch letztendlich beeinflusst wird, hängt maßgeblich vom Haftungsrisiko des Abschlussprüfers ab.[659] *Chi/Douthett/Lisic* (2012) untersuchen für ein taiwanisches Datensample die gleiche Forschungsfrage und bestätigen einen negativen Zusammenhang zwischen der wirtschaftlichen Relevanz eines Mandanten für den Prüfungspartner und der Prüfungsqualität. Dieser negative Zusammenhang kann jedoch nur für Non-Big4-Prüfungspartner nachgewiesen werden. Die Prüfungsqualität von Big4-Prüfungspartnern bleibt unberührt von der wirtschaftlichen Bedeutung eines Mandanten. Dies bedeutet, dass deren Unabhängigkeit nicht eingeschränkt wird.[660]

Als einzige auf den großbritannischen Prüfungsmarkt bezogene Studie untersuchen *Carcello/Li* (2013) den Zusammenhang zwischen der erstmaligen Einführung der Unterzeichnungspflicht des Prüfungsberichtes durch den *engagement partner* und der Prüfungsqualität sowie dem Prüfungshonorar. Insgesamt betrachtet befürworten die Ergebnisse, dass die Unterzeichnungspflicht, welche die Identität des Prüfungspartners öffentlich macht, die Prüfungsqualität und das Prüfungshonorar positiv beeinflusst. Demnach profitieren die Investoren von einer höheren Prüfungsqualität, müssen jedoch gleichzeitig höhere Kosten tragen.[661] *Ittonen/Trønnes* (2015) gehen auf Basis von börsennotierten Unternehmen aus Finnland und Schweden der Frage nach, ob die Prüfungsqualität (u. a. gemessen über DPA) höher ausfällt, wenn nicht nur ein Prüfungspartner, sondern freiwillig zwei Prüfungspartner die Abschlussprüfung durchführen. Ihre Ergebnisse liefern Evidenz dafür, sofern beide Prüfungspartner aus derselben Niederlassung stammen. In diesem Fall gibt es trotz der gesteigerten Prüfungsqualität keine empirischen Belege dafür, dass das Prüfungshonorar höher ausfällt. Stammen die zwei Prüfungspartner hingegen aus unterschiedlichen Niederlassungen, so liefern die Ergebnisse keine Hinweise auf eine gesteigerte Prüfungsqualität. Stattdessen fällt jedoch das Prüfungshonorar im Vergleich zu dem eines einzelnen Prüfungspartners signifikant geringer aus. Die Autoren interpretieren aus ihren Ergebnissen, dass zwei Prüfungspartner aus ein und derselben Niederlassung eine höhere Effektivität, wohingegen zwei Prüfungspartner aus unterschiedlichen Niederlassungen eine höhere Effizienz aufweisen.[662]

Goodwin/Wu (2016) und *Gul/Ma/Lai* (2017) widmen sich indes dem Einfluss der Mandatsanzahl eines Prüfungspartners (*audit partner busyness*) auf die Höhe der Prüfungsqualität. *Goodwin/Wu* (2016) stellen hierbei für den australischen Prüfungsmarkt fest, dass mit Ausnahme von speziellen Zeiträumen, die durch exogene Schocks geprägt sind, empirisch kein signifikanter Zusammenhang zwischen der Mandatsanzahl eines Prüfungspartners und der Höhe der DPA bzw. der Wahrscheinlichkeit für eine GCO vorliegt, sofern für partnerspezifische Attribute kontrolliert wird. Dies bedeutet, dass ein Prüfungspartner mit vielen Mandanten nicht automatisch eine geringere Prüfungsqualität aufgrund der damit verbundenen Mehrarbeit abliefert als einer mit wenigen Mandanten. Die Autoren begründen diese Erkenntnis damit, dass unter funktionierenden Marktkräften jeder Prüfungspartner

---

[659] Vgl. *Chen/Sun/Wu*, 2010, S. 128 f.
[660] Vgl. *Chi/Douthett/Lisic*, 2012, S. 320.
[661] Vgl. *Carcello/Li*, 2013, S. 1542.
[662] Vgl. *Ittonen/Trønnes*, 2015, S. 23, 43.

in Abhängigkeit von seinen Fähigkeiten das für sich optimale Mandantenportfolio bildet. Demnach ist es naheliegend, dass ein Prüfungspartner mit sehr guten Fähigkeiten mehr Mandanten bedienen kann als einer mit geringen Fähigkeiten, ohne dass hierdurch Unterschiede in der Prüfungsqualität der beiden Prüfungspartner vorliegen.[663] Im Gegensatz zu den Feststellungen von *Goodwin/Wu* (2016) konstatieren *Gul/Ma/Lai* (2017) für den chinesischen Prüfungsmarkt, dass ein negativer Zusammenhang zwischen der Mandatsanzahl eines Prüfungspartners und der Prüfungsqualität besteht. Die Ursache hierfür wird darin gesehen, dass der Prüfungspartner mit einer steigenden Anzahl an Mandanten weniger Zeit und Ressourcen für das einzelne Mandat hat. Gleichzeitig verdeutlichen die Ergebnisse, dass dieser negative Zusammenhang nur in den ersten drei Jahren einer Prüfer-Mandanten-Beziehung besteht. Dies wird damit legitimiert, dass der qualitätsreduzierende Effekt einer hohen Mandatszahl durch den qualitätserhöhenden Effekt eines im Rahmen einer langjährigen Mandatsdauer aufgebauten umfangreichen mandantenspezifischen Wissens kompensiert wird.[664]

Abweichend von den vorhergehenden Arbeiten beschäftigt sich die Forschungsarbeit *Liu/Xie/Chang et al.* (2017) mit der Fragestellung, inwiefern ein neuer Mandant die Prüfungsqualität (gemessen über DPA) von branchenspezialisierten und nicht spezialisierten Prüfungspartnern beeinflusst. Die auf Basis von taiwanischen Unternehmen gewonnenen Ergebnisse liefern Evidenz dafür, dass die Prüfungsqualität von branchenspezialisierten Prüfungspartnern bei der Erstprüfung eines neuen Mandanten nicht geringer ausfällt als bei Mandanten mit einer längeren Mandatsdauer. Den Grund für die fehlende Beeinflussung der Prüfungsqualität durch ein Erstmandat sehen die Autoren darin, dass ein branchenspezialisierter Prüfungspartner zwar nicht die spezifischen Eigenschaften des neuen Mandanten kennt, jedoch umfangreiche Kenntnisse über die Branche und damit über das grundsätzliche Geschäft und Umfeld des Mandanten besitzt. Diese Kenntnis versetzt den Prüfungspartner in die Lage, auch bei neuen Mandanten Fehler und Auffälligkeiten in der Rechnungslegung besser aufzudecken und damit die Qualität konstant zu halten. Die Prüfungsqualität von nicht branchenspezialisierten Prüfungspartnern fällt hingegen bei einer Erstprüfung geringer aus. Die Ursache hierfür wird in der fehlenden mandanten- sowie branchenspezifischen Expertise gesehen. Hierdurch fällt es dem nicht spezialisierten Prüfungspartner schwer, bei einer Erstprüfung Fehler bzw. Auffälligkeiten zu entdecken. Die Konsequenz ist eine verminderte Prüfungsqualität.[665]

5.2 Hypothesenbildung

Die angeführten Argumente für die Abkehr von der Homogenitätsannahme in Bezug auf die Qualität verschiedener Abschlussprüfungen derselben Prüfungsgesellschaft sowie die bisherigen nationalen und internationalen Forschungsergebnisse bezüglich der Individualebene lassen vermuten, dass auch bei Versicherungsunternehmen in Deutschland die gesetzliche Abschlussprüfung von den jeweils testierenden Prüfungspartnern maßgeblich be-

---

[663] Vgl. *Goodwin/Wu*, 2016, S. 369 f.
[664] Vgl. *Gul/Ma/Lai*, 2017, S. 101 f.
[665] Vgl. *Liu/Xie/Chang et al.*, 2017, S. 289.

einflusst wird. Aufgrund der primären Forschungsfrage dieser Arbeit hinsichtlich der Bedeutung von auf die Versicherungsbranche spezialisierten testierenden Wirtschaftsprüfern für die Höhe des Prüfungshonorars nehmen insbesondere die Ergebnisse in Bezug auf spezialisierte Prüfungspartner eine wichtige Rolle ein. Hierbei konstatieren im Einklang mit einer funktionierenden Produktdifferenzierungsstrategie fast alle Arbeiten eine signifikant höhere Prüfungsqualität sowie ein signifikant höheres Prüfungshonorar für branchenspezialisierte Prüfungspartner.[666] Lediglich eine Arbeit, die sich dem spanischen Prüfungsmarkt widmet, stellt keinen statistischen Zusammenhang zwischen branchenspezialisierten Prüfungspartnern und der Höhe der Prüfungsqualität fest. Eine auf australische selbstverwaltete Pensionsfonds fokussierte Arbeit weist hingegen ein geringeres Prüfungshonorar für branchenspezialisierte Prüfungspartner nach.[667]

Die einzige Arbeit, welche sich im Rahmen einer Zusatzanalyse explizit der Finanzbranche widmet, stellt fest, dass nur im Finanzsektor spezialisierte Prüfungspartner von signifikanter Wichtigkeit für die Prüfungsqualität sind. Als Ursache dafür wird angeführt, dass vorwiegend nur in Branchen mit komplexen Transaktionen und speziellen Rechnungslegungsvorschriften branchenspezialisierte Wirtschaftsprüfer einen hohen Beitrag zu einer verbesserten Prüfungsqualität leisten.[668] Legitimiert wird diese Annahme damit, dass komplexe Branchen deutlich höhere Anforderungen an den Abschlussprüfer stellen. Demnach müssen sie dazu in der Lage sein, das mandantenspezifische Risiko sowie die Richtigkeit der vom Mandanten vorgenommenen Interpretation und Implementierung von branchenspezifischen Rechnungslegungsvorschriften zu beurteilen. Diese höheren Anforderungen sind notwendig, um trotz der hohen Komplexität ein mit hinreichender Sicherheit behaftetes Prüfungsurteil fällen zu können. Auf eine komplexe Branche spezialisierte Abschlussprüfer werden diese Anforderungen annahmegemäß am besten erfüllen, da sie aufgrund ihres Mandantenportfolios und umfangreicher Investitionen in branchenspezifisches Know-how die meisten Erfahrungen mit den Inhalten der branchenspezifischen Rechnungslegungsvorschriften, deren Umsetzung in der Praxis sowie den branchentypischen Problemen gesammelt haben.[669] Zusammengefasst bedeutet dies, dass der Spezialist einer komplexen Branche deutlich besser dazu in der Lage sein sollte, wesentliche Falschdarstellungen in der Rechnungslegung aufzudecken. In weniger komplexen Branchen sollte hingegen die Bedeutung eines branchenspezialisierten Abschlussprüfers für die Prüfungsqualität geringer ausfallen, da die Beurteilungsprobleme im Rahmen der Abschlussprüfung aufgrund der fehlenden speziellen Regularien und Transaktionen vorwiegend allgemeiner Natur sind. Die Konsequenz hieraus ist, dass sich innerhalb dieser Branchen spezialisierte Abschlussprüfer nicht deutlich von ihren Wettbewerbern durch eine höhere Prüfungsqualität differenzieren können, da auch die Nicht-Spezialisten aufgrund der fehlenden Branchenkomplexität dazu in der Lage sind, wesentliche Falschdarstellungen aufzudecken.[670]

---

[666] Für weiterführende Informationen bezüglich der Branchenspezialisierung als Element der Produktdifferenzierungsstrategie eines Abschlussprüfers siehe Abschnitt 4.2.3.2. Zur grundsätzlichen Funktionsweise der Produktdifferenzierung als Wettbewerbsstrategie siehe Abschnitt 4.2.3.

[667] Vgl. *Arnold/Bateman/Ferguson*, 2017, S. 174; *Garcia-Blandon/Argiles-Bosch*, 2018, S. 101, 106.

[668] Vgl. *Bell/Causholli/Knechel*, 2015, S. 493.

[669] Vgl. *Bills/Jeter/Stein*, 2015, S. 1723; *Francis/Gunn*, 2015, S. 12 f.

[670] Vgl. *Francis/Gunn*, 2015, S. 13.

Francis/Gunn (2015) bestätigen mit ihren Ergebnissen die vorgenannten Ausführungen. Demnach zeigen sie auf der Ebene der Prüfungsgesellschaften bei Beobachtungen von US-amerikanischen Big4-Mandanten, dass eine spezialisierte Prüfungsgesellschaft in komplexen Branchen eine signifikant höhere Prüfungsqualität aufweist, nicht jedoch in nicht komplexen Branchen. Eine Branche wird hierbei dann als komplex bezeichnet, sofern für diese von Seiten bestimmter Standardsetter[671] spezifische Rechnungslegungsvorschriften bestehen.[672] In Einklang mit diesen Ergebnissen konstatieren *DeBoskey/Jiang* (2012) und *Kanagaretnam/Lim/Lobo* (2010) für Datensamples bestehend aus Beobachtungen von Banken, dass spezialisierte Prüfungsgesellschaften ein signifikant geringeres Ausmaß an *earnings management* zulassen.[673] Daneben existiert jedoch auch eine Studie, die einen derartigen Zusammenhang nicht bestätigen kann. So kommen *Bills/Jeter/Stein* (2015) zu dem Schluss, dass der Einfluss einer spezialisierten Prüfungsgesellschaft auf die Prüfungsqualität unabhängig von der Komplexität einer Branche ist.[674] Dennoch, unter Berücksichtigung der angeführten Argumente und der vorwiegend dafür sprechenden Evidenz kann begründet angenommen werden, dass spezialisierten Abschlussprüfern insbesondere in komplexen Branchen eine höhere Bedeutung zukommt. Im Kontext der bisherigen Evidenz zur Bedeutung von spezialisierten Prüfungspartnern für das Produkt Abschlussprüfung ist demnach davon auszugehen, dass auch diesen insbesondere innerhalb komplexer Branchen eine wichtige Rolle zukommt. In der vorliegenden Arbeit steht mit der deutschen Versicherungsbranche eine komplexe Branche im Fokus. Dies ist damit zu begründen, dass das Versicherungsgeschäft von Natur aus, u. a. bedingt durch diffizile Risikoschätzungen, komplex ist und gleichzeitig branchenspezifische Regularien zur Rechnungslegung und Abschlussprüfung existieren.[675] Aufgrund dessen ist die dieser Arbeit zugrunde liegende Vermutung begründet, dass insbesondere in der Versicherungsbranche spezialisierte Prüfungspartner von Bedeutung für das Produkt Abschlussprüfung sein sollten.

Die Frage nach der Wirkungsrichtung des Einflusses von auf die deutsche Versicherungsbranche spezialisierten Prüfungspartnern auf die Höhe des Prüfungshonorars bleibt dennoch offen. Mit Rückgriff auf die vorhergehende Argumentation, dass insbesondere in komplexen Branchen der Branchenspezialist eine deutlich höhere Prüfungsqualität erbringt und daher eine höhere Reputation in der Branche genießt, kann bei entsprechender Nachfrage ein Honoraraufschlag für auf Versicherungen spezialisierte Prüfungspartner unterstellt werden.[676] Die notwendige Nachfrage nach einer erhöhten Prüfungsqualität sollte hierbei in der Versicherungsbranche grundsätzlich gegeben sein, da das gesamte Geschäft auf dem unbedingten Vertrauen basiert, dass die für die vorausgezahlte Versicherungsprämie versprochene Versicherungsleistung auch erbracht wird.[677] Um dieses Vertrauen zu erhalten, sollte speziell im Kontext der Komplexität des Versicherungsgeschäfts den Stake-

---

[671]   Hierbei handelt es sich um das AICPA sowie das Financial Accounting Standards Board (FASB).

[672]   Vgl. *Francis/Gunn*, 2015, S. 27-29.

[673]   Vgl. *DeBoskey/Jiang*, 2012, S. 613; *Kanagaretnam/Lim/Lobo*, 2010, S. 2318.

[674]   Vgl. *Bills/Jeter/Stein*, 2015, S. 1746.

[675]   Bezüglich der Regularien siehe Abschnitt 3.2 und 3.3. Bezüglich der Komplexität des Versicherungsgeschäfts siehe bspw. *Hallmann/Junglas/Kirchner et al.*, 2008; *Möbius/Pallenberg*, 2016.

[676]   Zur Begründung des Honoraraufschlags im Sinne der Produktdifferenzierungsstrategie siehe Abschnitt 4.2.3 und 4.2.3.2.

[677]   Vgl. *Sell/Grund*, 2011, S. 2 Rn. 2, 7.

holdern der Versicherungsunternehmen daran gelegen sein, dass die Richtigkeit der Rechnungslegung durch einen Wirtschaftsprüfer mit einer guten Reputation und einer hohen Prüfungsqualität bestätigt wird. Auf der anderen Seite wäre es jedoch möglich, dass speziell aufgrund der hohen Regulierung des Versicherungsmarktes und der umfangreichen Überwachung durch die zuständige Aufsichtsbehörde (i. d. R. die BaFin) von Seiten der Stakeholder kein ausgeprägter Bedarf an einer erhöhten Prüfungsqualität besteht. Dies kann damit legitimiert werden, dass die Stakeholder davon ausgehen, dass die Richtigkeit der externen Rechnungslegung bereits durch die Aufsicht gewährleistet wird.[678] Sollte dies tatsächlich der Fall sein, so wäre es unwahrscheinlich, dass branchenspezialisierte Prüfungspartner aufgrund ihrer Prüfungsqualität einen Honoraraufschlag vereinnahmen können.

Doch auch wenn eine grundsätzliche Nachfrage nach einer erhöhten Prüfungsqualität besteht, muss damit nicht zwangsmäßig ein Honoraraufschlag einhergehen. Dies liegt daran, dass das durch die Branchenspezialisierung gewonnene umfangreiche Branchenwissen neben der Effektivitätssteigerung im Allgemeinen auch eine durch die Erzielung von *economies of scale* begründete Effizienzsteigerung für die Abschlussprüfung zur Folge hat. Hierdurch können die mit der Prüfung in Zusammenhang stehenden Kosten reduziert werden.[679] Abhängig von der Wettbewerbssituation sowie der Wettbewerbsstrategie des Prüfungspartners kann es daher sein, dass er die Skaleneffekte (teilweise) an den Mandanten weitergibt. Eine mögliche Folge hieraus wäre, dass das Prüfungshonorar des Branchenspezialisten trotz einer höheren Prüfungsqualität geringer ausfällt oder zumindest keine Abweichung zu dem Prüfungshonorar eines nicht spezialisierten Prüfungspartners aufweist.[680] In Übereinstimmung hierzu konstatiert die Studie *Bills/Jeter/Stein* (2015) auf der Ebene der Prüfungsgesellschaften, dass Spezialisten in einer Branche, die gleichzeitig komplex und homogen ist, trotz gleichbleibender Prüfungsqualität signifikant geringere Prüfungshonorare erheben. Dieser Effekt tritt jedoch nur bei Mandanten auf, die eine verhältnismäßig hohe Verhandlungsmacht besitzen.[681] In Anbetracht dessen, dass innerhalb komplexer Branchen sowohl ein Honoraraufschlag als auch ein Honorarabschlag durch die Branchenspezialisierung begründet werden kann, ist auch in Bezug auf die deutsche Versicherungsbranche keine eindeutige Aussage zur Wirkungsrichtung möglich. Dennoch, die Argumente und Ergebnisse der bisherigen Forschungsarbeiten zur Ebene des Prüfungspartners legen nahe, dass auch innerhalb der deutschen Versicherungsbranche ein spezialisierter Prüfungspartner von wesentlicher Bedeutung für die Höhe des Prüfungshonorars sein könnte.

Für Deutschland muss in diesem Zusammenhang jedoch des Weiteren berücksichtigt werden, dass bei Bestellung einer Prüfungsgesellschaft zum Abschlussprüfer üblicherweise

---

[678] Vgl. *Kanagaretnam/Lim/Lobo*; 2010, S. 2320. In diesem Zusammenhang können *Dunn/Mayhew* (2004) zeigen, dass in regulierten Branchen kein signifikant positiver Zusammenhang zwischen einer branchenspezialisierten Prüfungsgesellschaft und der von Analysten eingeschätzten Qualität der Berichterstattung eines Unternehmens besteht, in nicht regulierten Branchen hingegen schon; vgl. *Dunn/Mayhew*, 2004, S. 35.

[679] Siehe hierzu auch Abschnitt 4.2.3.2.

[680] Vgl. *Zerni*, 2012, S. 320.

[681] Vgl. *Bills/Jeter/Stein*, 2015, S. 1723. Ob eine Branche als homogen gilt oder nicht, wird anhand der prozentualen Veränderung des operativen Betriebsaufwandes der branchenzugehörigen Unternehmen bestimmt. Liegt eine hohe Korrelation zwischen den Unternehmen vor, so gilt die Branche als homogen. Als komplex wird eine Branche dann angesehen, sofern für diese von Seiten der AICPA ein eigener „*Audit and Accounting Guide*" herausgegeben wird; vgl. *Bills/Jeter/Stein*, 2015, S. 1729 f.

zwei Wirtschaftsprüfer den Bestätigungsvermerk und Prüfungsbericht unterzeichnen. Hierbei kommen beiden Prüfungspartnern unterschiedliche Aufgaben- und Verantwortungsbereiche im Prozess der Abschlussprüfung zu.[682] Dies lässt zumindest vermuten, dass die Prüfungspartner auch einen unterschiedlich stark ausgeprägten Einfluss auf das Produkt Abschlussprüfung ausüben. Ob dies tatsächlich der Fall ist und wer von höherer Bedeutung für die Prüfungsqualität und das -honorar ist, kann auf Basis der derzeitigen Forschungsliteratur nicht eindeutig beantwortet werden. Ein Grund dafür besteht darin, dass nur in wenigen Ländern für gewöhnlich zwei Wirtschaftsprüfer den Bestätigungsvermerk bzw. Prüfungsbericht unterzeichnen. Hierzu gehören neben Deutschland insbesondere China und Taiwan, wobei abweichend zu den deutschen Regularien in den zwei zuletzt genannten Ländern bei börsennotierten Unternehmen sogar die Pflicht zur Unterzeichnung durch zwei Prüfungspartner besteht.[683] In den anderen, den Forschungsarbeiten zugrunde liegenden Ländern ist es hingegen üblich, dass lediglich der für die Prüfungsplanung und -durchführung verantwortliche Prüfungspartner (*engagement partner*) unterschreibt.[684] Die Folge hieraus ist, dass diese Arbeiten keine Differenzierung vornehmen. Doch auch ein Großteil der auf chinesischen oder taiwanischen Unternehmensbeobachtungen basierenden Forschungsarbeiten differenziert nicht zwischen den zwei Unterzeichnern. Stattdessen lassen sie lediglich die Merkmale (z. B. Mandatsdauer) von einem oder die Summe bzw. den Durchschnittswert der Merkmale von beiden Prüfungspartnern in die Untersuchung mit eingehen. Begründet wird dieses Vorgehen zumeist damit, dass aufgrund fehlender Regularien anhand der Unterzeichnung nicht eindeutig identifiziert werden kann, welche jeweilige Funktion (z. B. *engagement partner* oder *review partner*) den beiden Prüfungspartnern zukommt.[685] Die auf den deutschen Prüfungsmarkt bezogenen Studien *Ernstberger/Koch/Tan* (2015) und *Ernstberger/Koch/Prott* (2017) zeigen zwar auf, dass zwei Wirtschaftsprüfer den Bestätigungsvermerk testieren, sie lassen jedoch nur den *lead partner* (prüfungsdurchführender Wirtschaftsprüfer; Rechtsunterzeichner) in die Analyse eingehen. Folglich können hieraus keine Erkenntnisse dahingehend gewonnen werden, ob die Unterzeichner von unterschiedlicher Bedeutung für das Produkt Abschlussprüfung sind.

Bei Betrachtung der Arbeiten, die eine Unterscheidung vornehmen,[686] überwiegt das Ergebnis, dass dem *engagement partner* eine höhere Bedeutung zukommt. Demnach erbringen zwei Arbeiten Evidenz dafür, dass lediglich die Rotation bzw. Mandatsdauer des *enga-*

---

[682] Siehe hierzu Abschnitt 3.3.3.

[683] Für Taiwan vgl. exemplarisch *Chi/Huang/Liao et al.*, 2009, S. 385. Für China vgl. exemplarisch *Lennox/Wu/Zhang*, 2014, S. 1784.

[684] Für Australien vgl. exemplarisch *Fargher/Lee/Mande*, 2008, S. 162. Für Dänemark, Finnland und Schweden vgl. exemplarisch *Ittonen/Peni*, 2012, S. 5. Für Spanien vgl. *Garcia-Blandon/Argiles-Bosch*, 2018, S. 99.

[685] Vgl. u. a. *Chen/Lin/Lin*, 2008, S. 441; *Chi/Huang/Liao et al.*, 2009, S. 388; *Firth/Rui/Wu*, 2012, S. 115.

[686] Die Unterscheidung erfolgt hierbei entweder anhand von Ergebnissen aus Prüfungspartnerbefragungen bezüglich der üblichen Unterschriftspositionen (*review partner* unterschreibt über *engagement partner*) oder anhand von für die jeweiligen Prüfungspartner als typisch klassifizierten Charakteristiken (z. B. sind *review partner* für gewöhnlich länger berufstätig, älter und haben eine höhere Stellung als *engagement partner*); vgl. *Aobdia/Lin/Petacchi*, 2015, S. 2152; *Lennox/Wu/Zhang*, 2014, S. 1784; *Wang/Yu/Zhao*, 2015, S. 83.

gement partner signifikanten Einfluss auf die Prüfungsqualität nimmt.[687] Zwei weitere Arbeiten können bestätigen, dass branchenspezialisierte *engagement partner* von deutlich höherer Wichtigkeit für die Prüfungsqualität sind als *review partner*.[688] Daneben verdeutlicht eine Arbeit, dass Kapitalmarktteilnehmer im Hinblick auf die Glaubwürdigkeit der Finanzberichterstattung eines Unternehmens primär die Prüfungsqualität des *engagement partner* in ihr Handlungskalkül miteinbeziehen.[689] Hinzu kommt die Feststellung einer weiteren Arbeit, dass insbesondere die historische Prüfungsqualität eines *engagement partner* die Wahrscheinlichkeit für nachträgliche Korrekturen der aktuell vom Prüfungspartner testierten Geschäftsberichte determiniert.[690] Begründet wird die bedeutsamere Stellung des *engagement partner* im Zusammenhang mit dem Produkt Abschlussprüfung vornehmlich damit, dass dieser die Prüfungshandlungen plant, durchführt und überwacht, den Arbeitsaufwand festlegt, die Prüfungsergebnisse interpretiert, über die Wesentlichkeit von Feststellungen entscheidet und den Prüfungsbericht verfasst.[691] Der *review partner* wird hingegen als weniger bedeutsam eingestuft, da dieser nicht aktiv in die Abschlussprüfung mit eingebunden ist, sondern lediglich eine kritische Überprüfung des Prüfungsberichtes vornimmt.[692] Dennoch existiert eine Arbeit, die aufgrund ihrer Ergebnisse dem *review partner* einen höheren Einfluss auf die Prüfungsqualität zuspricht. Demnach weist die deutsche Studie *Molls* (2013) nach, dass fast ausnahmslos nur die Mandatsdauer sowie die Rotation des *review partner* einen signifikanten Einfluss auf die Prüfungsqualität ausüben.[693] Die hohe Bedeutung des Berichtskritikers kann in diesem Zusammenhang damit begründet werden, dass gerade dieser aufgrund seiner qualitätskontrollierenden Funktion maßgeblich zu einer höheren Prüfungsqualität beiträgt, indem er vom *engagement partner* nicht erkannte Fehler oder Unstimmigkeiten aufdeckt.[694] Zuletzt existiert eine Arbeit, die neben der Prüfungsqualität auch das Prüfungshonorar im Fokus hat. Im Ergebnis stellt diese fest, dass *review partner* mit internationaler Berufserfahrung eine höhere Prüfungsqualität liefern, jedoch kein höheres Prüfungshonorar generieren. *Engagement partner* mit internationaler Berufserfahrung vereinnahmen dagegen ein höheres Prüfungshonorar, obwohl sie in keinem signifikanten Zusammenhang zur gemessenen Prüfungsqualität stehen. Eine Begründung dieses Ergebnisses bleibt jedoch aus.[695]

Die in diesem Abschnitt vorgebrachten Argumente und Ergebnisse der bisherigen Forschungsarbeiten zur Ebene des Prüfungspartners rechtfertigen die Annahme, dass auch innerhalb der deutschen Versicherungsbranche ein spezialisierter Prüfungspartner von wesentlicher Bedeutung für die Höhe des Prüfungshonorars sein könnte. Gleichzeitig ist jedoch eine eindeutige Aussage über die Wirkungsrichtung nicht möglich, sodass die Bildung

---

[687] Vgl. *Lee*, 2016, S. 162-164; *Lennox/Wu/Zhang*, 2014, S. 1777. Die Arbeiten weisen jedoch unterschiedliche Wirkungsrichtungen nach; siehe hierzu Abschnitt 5.1.2.1.

[688] Vgl. *Chi/Chin*, 2011, S. 201; *Chin/Chi*, 2009, S. 757.

[689] Vgl. *Aobdia/Lin/Petacchi*, 2015, S. 2169.

[690] Vgl. *Wang/Yu/Zhao*, 2015, S. 81.

[691] Vgl. u. a. *Chi/Chin*, 2011, S. 203; *Chin/Chi*, 2009, S. 731; *Hsieh/Lin*, 2016, S. 102.

[692] Vgl. *Aobdia/Lin/Petacchi*, 2015, S. 2148.

[693] Vgl. *Molls*, 2013, S. 257. Daneben existiert die Arbeit *Gold/Molls/Pott et al.* (2012), welche ebenfalls die Fragestellung von *Molls* (2013) untersucht. Siehe hierzu Fn. 590.

[694] Vgl. *Gold/Molls/Pott et al.*, 2012, S. 3 f., 15; *Luehlfing/Copley/Shockley*, 1995, S. 43; *Molls*, 2013, S. 141 f.

[695] Vgl. *Chen/Dai/Kong et al.*, 2017, S. 1074.

einer gerichteten Hypothese nicht gerechtfertigt ist. Das Faktum, dass in Deutschland der Bestätigungsvermerk zumeist von zwei Wirtschaftsprüfern mit unterschiedlichen Aufgaben- und Verantwortungsbereichen unterzeichnet wird, begründet, dass diese von unterschiedlich hoher Bedeutung für das Produkt Abschlussprüfung und damit auch für das Prüfungshonorar sein könnten. Die bisherigen Forschungsarbeiten bestätigen dies, auch wenn die Evidenz dahingehend nicht eindeutig ist, ob der *engagement partner* oder der *review partner* bedeutsamer ist. Dennoch wird hierdurch belegt, dass eine Differenzierung zwischen dem Mitunterzeichner und dem prüfungsdurchführenden Prüfungspartner sinnvoll ist. In der vorliegenden Arbeit wird entsprechend der üblichen Praxis in Deutschland angenommen, dass der Mitunterzeichner links und der prüfungsdurchführende Wirtschaftsprüfer rechts unterhalb des Bestätigungsvermerks unterzeichnet. Abweichend zu den anderen deutschen Arbeiten wird hierbei beim Linksunterzeichner nicht per se vom Berichtskritiker gesprochen, sondern vom Mitunterzeichner. Dies trägt der Tatsache Rechnung, dass der Linksunterzeichner zwar häufig die Funktion des Berichtskritikers ausübt, dies aber nicht zwangsläufig so sein muss. Basierend auf den vorhergehenden Ausführungen und der bis dato fehlenden nationalen und internationalen Evidenz in Bezug auf die Bedeutung von spezialisierten Prüfungspartnern für die Abschlussprüfung von Versicherungsunternehmen werden die folgenden zwei ungerichteten Nullhypothesen aufgestellt:

Hypothese 1a: Die Spezialisierung des Linksunterzeichners (Mitunterzeichners) auf die deutsche Versicherungsbranche steht in keinem statistisch signifikanten Zusammenhang mit der Höhe des Prüfungshonorars.

Hypothese 1b: Die Spezialisierung des Rechtsunterzeichners (prüfungsdurchführenden Prüfungspartners) auf die deutsche Versicherungsbranche steht in keinem statistisch signifikanten Zusammenhang mit der Höhe des Prüfungshonorars.

5.3 Kapitelzusammenfassung

Im Rahmen des vorliegenden Kapitels wurde die aktuelle Entwicklung in der Prüfungsforschung von der Firmenebene hin zur Prüfungspartnerebene begründet und es erfolgte eine Vorstellung der wesentlichen Inhalte von 62 im Zeitraum von 2005 bis März 2018 erschienenen empirischen Forschungsarbeiten zur Bedeutung des einzelnen Prüfungspartners für das Produkt Abschlussprüfung. Im Anschluss daran wurden die zu überprüfenden Nullhypothesen hergeleitet. Die wesentlichen Inhalte des Kapitels lassen sich wie folgt zusammenfassen:

- Die jüngste Prüfungsforschung hat sich von der Homogenitätsannahme in Bezug auf die Qualität verschiedener Abschlussprüfungen derselben Prüfungsgesellschaft distanziert, da die prüfungsqualitätsbeeinflussenden Expertisen der im Rahmen einer Abschlussprüfung entscheidungsverantwortlichen einzelnen Wirtschaftsprüfer auch innerhalb einer Prüfungsgesellschaft zum Teil deutlich variieren. Dies wird damit begründet, dass die für eine Angleichung der qualitätsrelevanten Expertisen notwendigen Systeme innerhalb einer Gesellschaft zur Teilung von Wissen und Informationen aufgrund von teils unüberwindbaren Hemmnissen nicht vollumfänglich funktionieren können. Insbesondere die oftmals lange Dauer von Aufbau und Aneignung des nötigen Fachwissens, die nicht mit einem funktionierenden Wissenstransfer zu vereinbaren Eigenschaften von implizitem Wissen, die in einem Individuum vorherrschende Bewertungsangst und die jeweilige gelebte Unternehmenskultur in den Prüfungsgesellschaften werden als hemmende Faktoren bezeichnet. Auf Basis dieser Argumentation analysiert die jüngste Prüfungsforschung nicht mehr primär, ob die Charakteristiken einer ganzen Prüfungsgesellschaft Einfluss auf das Produkt Abschlussprüfung nehmen, sondern sie nimmt die einzelnen Prüfungspartner samt deren Charakteristiken in den Fokus.

- Der Literaturüberblick zeigt auf, dass die Schwerpunkte der Untersuchungen vorwiegend auf der Mandatsdauer bzw. der freiwilligen/pflichtmäßigen Rotation, der Branchenspezialisierung sowie der Berufserfahrung, dem Geschlecht und anderen individuellen Attributen eines Prüfungspartners liegen. Hierbei wird mit wenigen Ausnahmen die Bedeutung der vorgenannten partnerspezifischen Variablen für die mittels verschiedener Methoden approximierte Prüfungsqualität und/oder das erhobene Prüfungshonorar analysiert. Die Mehrheit dieser Arbeiten fokussiert sich aufgrund der dort bestehenden Publizitätspflicht des Namens des prüfungsdurchführenden Wirtschaftsprüfers auf die Länder China, Taiwan und Australien. Daneben widmen sich einige Studien einzelnen europäischen Prüfungsmärkten, wobei fünf den deutschen Prüfungsmarkt untersuchen.[696] Auf den US-amerikanischen Prüfungsmarkt fokussieren sich verhältnismäßig wenige Arbeiten, da dort bis 2017 keine entsprechende Publizitätspflicht bestand. Die deutliche Mehrheit der analysierten Datensamples beinhaltet ausschließlich börsennotierte und nicht aus der Finanzbranche stammende Unternehmen. Lediglich drei Arbeiten liefern Ergebnisse explizit in Bezug auf die Finanzbranche.

- Ein Großteil der vorgestellten Untersuchungen bestätigt die begründete grundsätzliche Vermutung, dass den einzelnen Wirtschaftsprüfern neben oder anstelle der Prüfungsgesellschaft und der prüfungsdurchführenden Niederlassung eine wesentliche Rolle für das Produkt Abschlussprüfung zukommt.

- Die Ergebnisse bezüglich der Bedeutung der Mandatsdauer und der Rotation des Prüfungspartners für die Prüfungsqualität vermitteln kein einheitliches Bild. Demnach weisen manche Studien einen positiven und andere einen negativen oder gar keinen Zusammenhang nach. Wiederum eine andere Arbeit bestätigt einen parabelförmigen Zusammenhang, d. h. die Prüfungsqualität nimmt zunächst mit steigender Mandatsdauer zu, verschlechtert sich jedoch im Zeitverlauf nach Überschreitung einer bestimmten Mandatsdauer. Der positive Zusammenhang wird damit begründet, dass ein Prüfungspartner mit zunehmender Mandatsdauer sein mandantenspezifisches Wissen ausbaut und daher besser in der Lage ist Unregelmäßigkeiten aufzudecken. Der negative Zusammenhang wird primär mit den Ar-

---

[696] *Leidner/Lenz* (2017) berücksichtigen die Partnerrotation jedoch nur als Kontrollvariable. Demnach fokussieren sich lediglich vier konkret auf die Partnerebene.

gumenten untermauert, dass mit zunehmender Mandatsdauer eine die Unabhängigkeit beeinträchtigende tiefergehende Prüfer-Mandanten-Beziehung aufgebaut
wird und eine gewisse Betriebsblindheit aufgrund der zunehmenden Routine ent-
steht und weiter ansteigt. Die zwei Studien, die sich in diesem Zusammenhang
konkret auf den deutschen Prüfungsmarkt konzentrieren, liefern zwar beide
(schwache) Evidenz dafür, dass eine längere Mandatsdauer mit einer höheren Prüfungsqualität einhergeht, dennoch weisen auch sie Unterschiede auf. Demnach
identifiziert *Molls* (2013) lediglich den Mitunterzeichner (Linksunterzeichner; *review partner*)[697] als den die Prüfungsqualität wesentlich beeinflussenden Wirtschaftsprüfer. *Lee* (2016) erbringt im Gegensatz dazu Evidenz dafür, dass speziell
der prüfungsdurchführende Wirtschaftsprüfer (Rechtsunterzeichner; *engagement
partner*) für die Prüfungsqualität maßgeblich ist. In Bezug auf die Höhe des Prüfungshonorars kann durch die Studien *Sharma/Tanyi/Litt* (2017) und *Stewart/
Kent/Routledge* (2016) konstatiert werden, dass dies aufgrund einer Rotation des
Prüfungspartners höher ausfällt. Begründet wird dieser Effekt mit den zusätzlichen
Kosten einer Erstprüfung, die an den prüfungspflichtigen Mandanten weitergereicht werden. Hierbei zeigt sich jedoch auch, dass die Möglichkeit zur Weitergabe
der zusätzlichen Kosten von der Marktsituation bzw. Verteilung der Verhandlungsmacht zwischen den Abschlussprüfern und Mandanten abhängt. *Leid-
ner/Lenz* (2017), die im Rahmen ihres Honorarmodells für deutsche Banken für
einen Prüfungspartnerwechsel kontrollieren, weisen hingegen keinen signifikanten Einfluss auf die Höhe des Prüfungshonorars nach.

- In Bezug auf die Bedeutung eines spezialisierten Prüfungspartners für die Prüfungsqualität konstatiert ein Großteil der Studien, dass spezialisierte Wirtschaftsprüfer eine höhere Prüfungsqualität erbringen.[698] Bei den meisten Studien steht
hierbei die Spezialisierung auf eine Branche im Fokus. *Bell/Causholli/Knechel*
(2015) ist in diesem Kontext die einzige Studie, die sich u. a. der Finanzbranche
widmet und dabei zeigt, dass speziell in dieser Branche spezialisierte Prüfungspartner von Wichtigkeit für die Prüfungsqualität sind.[699] Andere Studien verdeutlichen im Hinblick auf die Unterscheidung zwischen *engagement partner* und *review partner*, dass dem spezialisierten prüfungsdurchführenden Wirtschaftsprüfer
(*engagement partner*) eine höhere Bedeutung für die Prüfungsqualität zukommt
als dem Mitunterzeichner (*review partner*).[700] Lediglich *Garcia-Blandon/Argiles-
Bosch* (2018) können für den spanischen Prüfungsmarkt keinen statistisch signifikanten Nachweis für eine höhere Prüfungsqualität im Zusammenhang mit einem
spezialisierten Prüfungspartner erbringen. Bezüglich der Prüfungshonorare von
branchenspezialisierten Wirtschaftsprüfern kristallisiert sich bei der Mehrheit der
Arbeiten heraus, dass diese höher ausfallen als die von nicht branchenspezialisier-

---

[697]   Für weitergehende Informationen zum Aufgaben- und Verantwortungsbereich des Links- bzw. Rechtsunter-
        zeichners siehe Abschnitt 3.3.3.
[698]   U. a. *Bell/Causholli/Knechel* (2015), *Chi/Chin* (2011), *Chin/Chi* (2009), *Ittonen/Johnstone/Myllymäki* (2015)
        und *Nagy* (2012) erbringen Evidenz für einen positiven Zusammenhang.
[699]   Vgl. *Bell/Causholli/Knechel*, 2015, S. 493 f.
[700]   Vgl. *Chi/Chin*, 2011, S. 226 f.; *Chin/Chi*, 2009, S. 757.

ten Prüfungspartnern.[701] Begründet wird dies zumeist mit der höheren (wahrgenommenen) Prüfungsqualität von spezialisierten Wirtschaftsprüfern.

- Die Forschungsarbeiten in Bezug auf die Erfahrung, das Geschlecht und weitere individuelle Attribute verdeutlichen, dass auch diesen Faktoren eine wesentliche Bedeutung in Verbindung mit dem Produkt Abschlussprüfung zukommt. In diesem Kontext zeigen die Studien u. a., dass in den und zwischen den Big4- sowie Non-Big4-Gesellschaften die Prüfungsqualität und das Prüfungshonorar in Abhängigkeit vom Prüfungspartner signifikant variieren. Das variierende Honorar wird mit den unterschiedlichen Qualitätsniveaus der Prüfungspartner erklärt. Die unterschiedlichen Qualitätsniveaus lassen sich wiederum zum Teil auf die unterschiedlichen demographischen Charakteristiken, wie Universitätsausbildung, Erfahrungen und politische Verbindungen, der Prüfungspartner zurückführen.[702] Des Weiteren kann nachgewiesen werden, dass vermutlich aufgrund systematischer Unterschiede in der Risikotoleranz sowohl Prüfungspartner mit einem konservativen als auch welche mit einem aggressiven Berichterstattungsverhalten existieren und die Kapitalmarktteilnehmer dies auch u. a. bei den Kreditzinsen oder Kreditratings der geprüften Unternehmen berücksichtigen.[703] Im Hinblick auf das Geschlecht kommen fast alle Studien zu dem Ergebnis, dass weibliche Wirtschaftsprüfer höhere Prüfungshonorare vereinnahmen und eine höhere Prüfungsqualität abliefern. U. a. eine höhere Sorgfalt, eine stärker ausgeprägte Risikoaversion sowie ein besseres Verhandlungsgeschick werden hierbei als potentielle Ursachen angeführt.[704] Die allgemeine sowie die internationale Berufserfahrung eines Prüfungspartners stehen ebenfalls in einem positiven Verhältnis zur Höhe von Prüfungsqualität und -honorar.[705]

- Neben den vorgestellten Schwerpunkten existieren weitere Studien mit weniger stark behandelten Fragestellungen in Bezug auf die Prüfungspartnerebene. *Chen/Sun/Wu* (2010) und *Chi/Douthett/Lisic* (2012) können bspw. nachweisen, dass die wirtschaftliche Relevanz eines Mandanten für den Prüfungspartner die Prüfungsqualität negativ beeinflussen kann. *Carcello/Li* (2013) widmen sich der erstmaligen Einführung der Unterzeichnungspflicht des Prüfungsberichtes durch den *engagement partner* in Großbritannien und weisen nach, dass hierdurch die Prüfungsqualität sowie die Prüfungshonorare maßgeblich gestiegen sind. *Goodwin/Wu* (2016) und *Gul/Ma/Lai* (2017) gehen der Frage nach, ob sich die Auslastung eines Prüfungspartners, gemessen an der Mandatsanzahl eines Prüfungspartners (*audit partner busyness*), auf die Höhe der Prüfungsqualität auswirkt und kommen zu konträren Ergebnissen. Die Studie *Liu/Xie/Chang et al.* (2017) zeigt

---

[701] Vgl. *Goodwin/Wu*, 2014, S. 1532; *Nagy*, 2014, S. 513; *Zerni*, 2012, S. 337.

[702] Vgl. *Gul/Wu/Yang*, 2013, S. 1995, 2018 f.; *Taylor*, 2011, S. 269 f.

[703] Vgl. *Knechel/Vanstraelen/Zerni*, 2015, S. 1473.

[704] Vgl. *Hardies/Breesch/Branson*, 2015, S. 171, 173 f.; *Hardies/Breesch/Branson*, 2016, S. 29 f.; *Ittonen/Peni*, 2012, S. 16; *Ittonen/Vähämaa/Vähämaa*, 2013, S. 224 f.

[705] U. a. *Cahan/Sun* (2015) und *Wang/Wang/Yu et al.* (2015) liefern Evidenz für einen positiven Zusammenhang. Ebenso *Chen/Dai/Kong et al.* (2017) mit Fokus auf der internationalen Berufserfahrung und *Chi/Myers/Omer et al.* (2017), die neben der tatsächlichen Prüfungsqualität auch die wahrgenommene Prüfungsqualität untersuchen.

auf, dass branchenspezialisierte Prüfungspartner im Gegensatz zu nicht branchenspezialisierten Prüfungspartnern bei Erstmandaten keine geringere Prüfungsqualität im Vergleich zu Mandaten mit einer längeren Mandatsdauer aufweisen.

- Unter Beachtung der Forschungsergebnisse bezüglich der Prüfungspartnerebene,
  der Erkenntnisse in Bezug auf die Bedeutsamkeit von spezialisierten Abschlussprüfern in komplexen Branchen, wie z. B. der Versicherungsbranche, sowie der unterschiedlichen Aufgaben- und Verantwortungsbereiche von links und rechts unterzeichnenden Wirtschaftsprüfern erfolgte die Bildung der ungerichteten Nullhypothesen. Diese beinhalten, dass die Spezialisierung des Links- bzw. Rechtsunterzeichners auf die deutsche Versicherungsbranche in keinem statistisch signifikanten Zusammenhang mit der Höhe des Prüfungshonorars steht.

Das nun anschließende Kapitel beinhaltet eine empirische Strukturanalyse des Abschlussprüfermarktes für Versicherungsunternehmen in Deutschland, um zunächst einen
Überblick über die Marktsituation und die Marktteilnehmer zu erhalten. Hierbei liegt der
Fokus auf der Anbieterseite von Prüfungsleistungen, und es werden sowohl die Marktkonzentration als auch die Marktanteile der führenden Prüfungsgesellschaften, Niederlassungen und Prüfungspartner herausgearbeitet. Unter Berücksichtigung dieser Erkenntnisse erfolgt sodann in Kapitel 7 die Überprüfung der aufgestellten Hypothesen.

6 Empirische Strukturanalyse des Abschlussprüfermarktes für Versicherungsunternehmen in Deutschland

6.1 Statistischer Konzentrationsbegriff sowie angewandte Konzentrations- und Disparitätsmaße[706]

Gegenstand einer Konzentrationsmessung ist die Fragestellung, wie sich eine Merkmalssumme (z. B. Umsatz) auf die Merkmalsträger (z. B. Unternehmen) verteilt. Liegt eine ungleiche Verteilung vor, wird dies als Konzentration bezeichnet.[707] Im Rahmen dieser Arbeit stellen zunächst die in Deutschland zur Abschlussprüfung von Versicherungsunternehmen zugelassenen Abschlussprüfer (zumeist Prüfungsgesellschaften) die Merkmalsträger dar. Anschließend nehmen die prüfungsdurchführenden Niederlassungen und zuletzt die testierenden Wirtschaftsprüfer (Links- bzw. Rechtsunterzeichner) diese Stellung ein. Als geeignetes Erhebungsmerkmal dienen die veröffentlichten, an die Abschlussprüfer gezahlten Honorare für Abschlussprüfungsleistungen, da diese die Umsätze der Abschlussprüfer auf dem Prüfungsmarkt widerspiegeln.[708]

Insgesamt kommen zwei absolute Konzentrationsmaße und ein relatives Konzentrationsmaß in der Strukturanalyse zur Anwendung. Absolute Konzentrationsmaße gehen der Frage nach, wie sich die gesamte Merkmalssumme (Prüfungshonorar) auf die absolute Anzahl der Merkmalsträger (Abschlussprüfer) verteilt. Relative Konzentrationsmaße geben hingegen Aufschluss darüber, ob ein hoher relativer Anteil der Merkmalssumme auf einen kleinen relativen Anteil der Merkmalsträger entfällt.[709] Der Inhalt dieses Abschnitts beschränkt sich im Folgenden auf statische (Konzentrationsgrad zu einem bestimmten Zeitpunkt) bzw. komparativ-statische (Vergleich der Konzentrationsgrade zu verschiedenen Zeitpunkten) Konzentrationsanalysen; eine dynamische Analyse wird in Übereinstimmung mit bisherigen Konzentrationsstudien, u. a. aufgrund damit verbundener Diffizilitäten, nicht durchgeführt.[710]

---

[706] Wesentliche Teile entnommen aus *Völker*, 2017.

[707] Vgl. *Sibbertsen/Lehne*, 2015, S. 81.

[708] Vgl. u. a. *Leidner/Lenz*, 2013, S. 384; *Lenz/Ostrowski*, 1999, S. 399; *Marten/Schultze*, 1998, S. 361; *Moizer/Turley*, 1987, S. 118; *Quick/Wolz/Seelbach*, 1998, S. 781; *Köhler/Marten/Ratzinger et al.*, 2010, S. 6.

[709] Vgl. *Bourier*, 2013, S. 107, 115; *Sibbertsen/Lehne*, 2015, S. 85. Die Verwendung von relativen Maßzahlen bei Unternehmenskonzentrationsanalysen ist durchaus umstritten, da der Grad der relativen Konzentration bei Gleichverteilung des Merkmals immer 0 ist, ohne die Zahl der Merkmalsträger zu berücksichtigen; vgl. dazu *Paschen/Buyse*, 1971, S. 2.

[710] Vgl. *Grothe*, 2005, S. 26 f.

Tabelle 1: Angewendete Konzentrationsmaße[711]

	CR_m	HHI	G
Formel:	$\sum_{j=1}^{m} s_j$	$\sum_{i=1}^{n} s_i^2$	$\sum_{k=1}^{n} (s_k) \cdot \dfrac{2k - n - 1}{n}$
Wertebereich:	$[\frac{m}{n}; 1]$	$[\frac{1}{n}; 1]$	$[0; \frac{n-1}{n}]$
Leicht:	-	$HHI < 0{,}1$	$G < 0{,}4$
Mittel:	-	$0{,}1 \leq HHI \leq 0{,}18$	$0{,}4 \leq G \leq 0{,}6$
Hoch:	$CR_2 \geq \frac{1}{2}$ $CR_5 \geq \frac{2}{3}$	$HHI > 0{,}18$	$G > 0{,}6$

CR: Konzentrationsrate; HHI: Hirschmann-/Herfindahl-Index; G: Gini-Koeffizient; j: Rang der absteigend geordneten, nicht negativen Ausprägung eines Merkmalsträgers $x_1 \geq x_2 \geq \ldots \geq x_n$; k: Rang der aufsteigend geordneten, nicht negativen Ausprägung eines Merkmalsträgers $x_1 \leq x_2 \leq \ldots \leq x_n$; m: Anzahl der m-größten Merkmalsträger; m ≤ n; n: Anzahl aller Merkmalsträger der Stichprobe; s_i: Anteil der nicht negativen Ausprägung des Merkmalsträgers i an der gesamten Merkmalssumme; $s_i = \frac{x_i}{\sum_{l=1}^{n} x_l}$ mit i = 1, ..., n; $0 < s_i < 1$; $\sum_{i=1}^{n} s_i = 1$; s_j: Anteil der absteigend geordneten, nicht negativen Ausprägung des Merkmalsträgers x_j an der gesamten Merkmalssumme; s_k: Anteil der aufsteigend geordneten, nicht negativen Ausprägung des Merkmalsträgers x_k an der gesamten Merkmalssumme; x_i: nicht negative Ausprägung eines Merkmalsträgers i; gleiches gilt für Index l. Für die Konzentrationsgrenzen von HHI und G vgl. *Häni*, 1987, S. 247-264. Die Grenzen für CR_m stammen aus § 18 (6) GWB.

Die einfachste und in Industriekonzentrationsstudien dominierende absolute Maßgröße ist die Konzentrationsrate (CR).[712] CR_m gibt hierbei den gemeinsamen Anteil der m-größten Abschlussprüfer am Marktvolumen (Summe aller Prüfungshonorare) an.[713] Die größten Vorteile der CR liegen in der einfachen Berechenbarkeit und Interpretierbarkeit sowie in der guten Verfügbarkeit, da nur wenige Daten benötigt werden.[714] Die größten Nachteile bestehen darin, dass in die Berechnung nur die m-größten Merkmalsträger einfließen und damit nicht die gesamte Marktstruktur berücksichtigt wird. Außerdem kann sich die Identität der Merkmalsträger im Zeitablauf verändern, was die CR ebenfalls nicht beachtet.[715]

Im Gegensatz zur CR hat der Hirschmann-/Herfindahl-Index (HHI) den Vorteil, dass er die Konzentration des gesamten Marktes widerspiegelt, da alle am Markt tätigen Abschlussprüfer (Merkmalsträger) mit ihrer relativen Größe in die Berechnung eingehen.[716] Damit bringt der HHI alle Veränderungen und Unterschiede in der Verteilung des untersuchten Merkmals (Prüfungshonorar) zum Ausdruck. Im Vergleich zur CR sind hierfür jedoch erheblich umfangreichere und detailliertere Informationen erforderlich.[717] Der HHI

---

[711]   Modifizierte Tabelle in Anlehnung an Leidner/Lenz, 2013, S. 385.
[712]   Vgl. *Marfels*, 1971, S. 71.
[713]   Vgl. *Sibbertsen/Lehne*, 2015, S. 95.
[714]   Vgl. *Bruckmann*, 2008, S. 192; *Häni*, 1987, S. 74.
[715]   Vgl. *Grothe*, 2005, S. 46.
[716]   Vgl. *Paschen/Buyse*, 1971, S. 9 f.; *Jany*, 2011, S. 166.
[717]   Vgl. *Paschen/Buyse*, 1971, S. 9 f.

berechnet sich aus der Summierung der quadrierten Marktanteile aller am Markt teilnehmenden Abschlussprüfer.[718]

Als relatives Konzentrationsmaß kommt der Gini-Koeffizient[719] (G) zur Anwendung. G ist ein mit der Lorenzkurve[720] korrespondierendes summarisches Disparitätsmaß. Zur Berechnung von G wird die Fläche zwischen der Lorenzkurve und der Gleichverteilungsgeraden durch die Fläche unterhalb der Gleichverteilungsgeraden dividiert.[721] Tab. 1 fast die Konzentrationsmaße zusammen und gibt zusätzlich die in der Literatur gemeinhin anerkannten Grenzen zur Einstufung des Konzentrationsgrades an. Hierbei wird zwischen den Graden „leicht, mittel und hoch" unterschieden. Grundsätzlich gilt die Regel: Je höher die Maßzahl, desto höher die gemessene Konzentration.

6.2 Status quo der Forschungsliteratur zur Struktur des deutschen Abschlussprüfermarktes für Versicherungsunternehmen[722]

In der Vergangenheit wurden lediglich drei aussagekräftige Studien (*Lenz* (1996, 1998); *Grothe* (2005))[723] veröffentlicht, die den Markt für Abschlussprüfungsleistungen bei Versicherungsunternehmen in Deutschland detailliert analysieren. Drei weitere Konzentrationsstudien von *Gloßner* (1998), *Lenz/Ostrowski* (1999) und *Strickmann* (2000)[724] behandeln zwar ebenfalls Versicherungsunternehmen, hierbei bestehen die Datensamples jedoch nur aus 29, 34 respektive 87 Versicherungsunternehmen, sodass die Aussagekraft der Ergebnisse stark begrenzt ist. Tab. 2 beinhaltet ausgewählte Resultate der drei erstgenannten Arbeiten. Bedingt durch die damalige Ausgestaltung der Angabepflichten im Anhang basiert keine der Analysen auf Prüfungshonoraren, sondern Surrogate werden als Merkmal zur Konzentrationsmessung herangezogen. Die Ergebnisse konstatieren für jedes Referenzjahr einen hoch konzentrierten Markt für Abschlussprüfungsleistungen bei Versicherungsunternehmen in Deutschland. Dominierender Marktführer ist stets KPMG. Die Entwicklung der Konzentration schlägt keine gleichbleibende Richtung ein. Dennoch zeigt sich, dass die Konzentration in 2000 leicht höher ausfällt als in 1996.

---

[718]   Vgl. *Cleff*, 2011, S. 68.

[719]   Vgl. *Gini*, 1912; *Ceriani/Verme*, 2012, S. 421-443.

[720]   Die Lorenzkurve stellt die kumulierten prozentualen Anteile der Merkmalsträger den prozentualen Anteilen an der gesamten Merkmalssumme im zweidimensionalen kartesischen Koordinatensystem gegenüber; vgl. *Lorenz*, 1905, S. 209-219; *Möller/Höllbacher*, 2009, S. 655. Die Höhe der Konzentration ist bei der konvex verlaufenden, monoton wachsenden Funktion visuell als Abweichung von der Gleichverteilungsgeraden dargestellt; vgl. *Bleymüller/Gehlert*, 1989, S. 381.

[721]   Vgl. *Eckey/Kosfeld/Türck*, 2008, S. 138, 143.

[722]   Wesentliche Teile entnommen aus *Völker*, 2017.

[723]   Vgl. *Lenz*, 1996b, S. 313-318; *Lenz*, 1998, S. 189-197; *Grothe*, 2005, S. 268 ff.

[724]   Vgl. *Gloßner*, 1998, S. 216–224; *Lenz/Ostrowski*, 1999, S. 397-411; *Strickmann*, 2000.

Tabelle 2: Forschungsstand bezüglich des Abschlussprüfermarktes für Versicherungsunternehmen in Deutschland

Studie	GJ	Datenbasis	CR$_2$	HHI	G	Marktführer
Lenz (1996)	1990	VU in der Rechtsform AG: 321 Mandate	0,5577 (MA) 0,7735 (BS) 0,6447 ($\sqrt{BS}$)	---	---	KPMG (48,29%, MA) KPMG (68,77%, BS) KPMG (55,59%, ($\sqrt{BS}$)
Lenz (1998)	1994	VU i. S. d. §1 Abs. 1 VAG: 454 Mandate	0,6068 (MA) 0,7378 (BS) 0,6372 ($\sqrt{BS}$) 0,7344 (GBB) 0,6395 ($\sqrt{GBB}$)	0,2663 (MA) 0,4691 (BS) 0,3360 ($\sqrt{BS}$) 0,4629 (GBB) 0,3309 ($\sqrt{GBB}$)	0,7858 (MA) 0,9131 (BS) 0,8629 ($\sqrt{BS}$) 0,9098 (GBB) 0,8541 ($\sqrt{GBB}$)	KPMG (49,45%, MA) KPMG (67,69%, BS) KPMG (56,62%, ($\sqrt{BS}$) KPMG (67,16%, (GBB) KPMG (56,04%, ($\sqrt{GBB}$)
Grothe (2005)	1996	Versicherungsgewerbe: 381 Mandate	0,608 (MA) 0,724 (BS) 0,662 ($\sqrt{BS}$) 0,722 (VB) 0,649 ($\sqrt{VB}$)	0,266 (MA) 0,352 (BS) 0,325 ($\sqrt{BS}$) 0,427 (VB) 0,339 ($\sqrt{VB}$)	0,772 (MA) 0,875 (BS) 0,834 ($\sqrt{BS}$) 0,873 (VB) 0,831 ($\sqrt{VB}$)	KPMG (49,0%, MA) KPMG (56,0%, BS) --- KPMG (64,1%, VB) ---
Grothe (2005)	1998	Versicherungsgewerbe: 381 Mandate	0,664 (MA) 0,799 (BS) 0,736 ($\sqrt{BS}$) 0,785 (VB) 0,725 ($\sqrt{VB}$)	0,303 (MA) 0,419 (BS) 0,386 ($\sqrt{BS}$) 0,513 (VB) 0,404 ($\sqrt{VB}$)	0,794 (MA) 0,896 (BS) 0,863 ($\sqrt{BS}$) 0,900 (VB) 0,860 ($\sqrt{VB}$)	KPMG (52,0%, MA) KPMG (61,3%, BS) --- KPMG (70,6%, VB) ---
Grothe (2005)	2000	Versicherungsgewerbe: 381 Mandate	0,675 (MA) 0,791 (BS) 0,735 ($\sqrt{BS}$) 0,771 (VB) 0,722 ($\sqrt{VB}$)	0,303 (MA) 0,392 (BS) 0,367 ($\sqrt{BS}$) 0,476 (VB) 0,386 ($\sqrt{VB}$)	0,777 (MA) 0,880 (BS) 0,847 ($\sqrt{BS}$) 0,881 (VB) 0,841 ($\sqrt{VB}$)	KPMG (51,4%, MA) KPMG (57,5%, BS) --- KPMG (67,2%, VB) ---

GJ: Geschäftsjahr; CR: Konzentrationsrate; HHI: Hirschmann-/Herfindahl-Index; G: Gini-Koeffizient; BS: Bilanzsumme; GBB: Gebuchte Bruttobeiträge; MA: Mandate; VB: Verdiente Beiträge; VU: Versicherungsunternehmen.

6.3 Beschreibung der Datenbasis[725]

Die in diesem Abschnitt beschriebenen jährlichen Datensamples bilden die Basis für den gesamten empirischen Teil (Kapitel 6 und 7) dieser Arbeit. Tab. 3 beschreibt die Herleitung. Als Grundlage zur Ermittlung der für die Marktstrukturanalyse grundsätzlich in Frage

---

[725] Wesentliche Teile entnommen aus *Völker*, 2017.

kommenden Versicherungsunternehmen dienten die für die Referenzjahre 2009 bis 2013[726] veröffentlichten Tabellen „Allgemeine statistische Angaben 20XX" der BaFin.[727] Inhalt dieser Tabellen sind u. a. alle unter Bundesaufsicht stehenden Versicherungsunternehmen und Pensionsfonds mit Geschäftätigkeit.[728] Die Bereinigung des Datensatzes um alle Pensionsfonds, Pensionskassen und Sterbekassen wird damit begründet, dass eine Vielzahl der für diese Unternehmen benötigten Geschäftsberichte und der darin enthaltenen Informationen aufgrund von regulatorischen Befreiungen oder aus sonstigen Gründen nicht verfügbar sind.[729] Ergänzt wurde der Kreis der relevanten Unternehmen hingegen um konzernpflichtige Holding-Gesellschaften, welche nahezu ausschließlich Beteiligungen an Versicherungsunternehmen aus den u. g. Branchen verwalten und konsolidieren, jedoch nicht in der Statistik der BaFin enthalten sind. Im nächsten Schritt wurden die im Unternehmensregister veröffentlichten Geschäftsberichte erhoben.[730] Hiervon enthalten in Abhängigkeit vom Referenzjahr 184 bis 194 Abschlüsse den aufgegliederten Honorarausweis[731] sowie die anderen zur Ermittlung der Marktstruktur notwendigen Erhebungsmerkmale. Hierzu gehören insbesondere der Name des Abschlussprüfers (bzw. der Prüfungsgesellschaft), der Ort der prüfungsdurchführenden Niederlassung und die Namen der testierenden Wirtschaftsprüfer. Im Rahmen der Erhebung werden die Prüfungen des Jahresabschlusses und des Konzern-

---

[726] Erst mit Inkrafttreten des BilMoG am 29.05.2009 müssen in allen prüfungspflichtigen Geschäftsberichten, welche sich auf ein nach dem 31.12.2008 beginnendes Geschäftsjahr beziehen, die an den Abschlussprüfer gezahlten Honorare offengelegt werden; vgl. Abschnitt 4.1.2. Aus diesem Grund beginnt der Untersuchungszeitraum mit den Geschäftsberichten 2009, da vorher nur von wenigen kapitalmarktorientierten Versicherungsunternehmen Honorare veröffentlicht wurden. Die Geschäftsberichte 2013 bilden das Ende des Referenzzeitraumes, da diese zum Erhebungszeitpunkt im Herbst/Winter 2015 die aktuellsten voll zu erhebenden Berichte waren.

[727] Vgl. exemplarisch *BaFin*, 2014.

[728] Bedingt durch die verhältnismäßig geringe Relevanz der unter Landesaufsicht stehenden Versicherungsunternehmen für den Gesamtmarkt der Versicherungsbranche, gemessen an den gebuchten Bruttobeiträgen (siehe hierzu Abschnitt 3.1), und einem damit im Zusammenhang stehenden unverhältnismäßig hohen Erhebungsaufwand der Daten gehen diese nicht in die Strukturanalyse mit ein.

[729] Im Hinblick auf die geringe Relevanz für den Gesamtmarkt der Versicherungsbranche, gemessen an den gebuchten Bruttobeiträgen (für 2013: Bruttobeiträge i. H. v. ca. 7,4 Mrd. EUR; Gesamtmarktvolumen i. H. v. 251,1 Mrd. EUR; vgl. *BaFin*, 2014, S. 80-96), wird das Auslassen dieser Unternehmen als nicht problematisch erachtet.

[730] Die Ursache für die fehlenden Geschäftsberichte liegt zum einen in der Befreiung zur Aufstellung eines Abschlusses nach § 264 Abs. 3 HGB (zw. 10 und 19 Unternehmen), zum anderen könnten die Versicherungsunternehmen nach § 61 Abs. 1 RechVersV von der Offenlegungspflicht befreit sein, da der Großteil die Rechtsform klVVaG nach § 210 VAG aufweist. Die Rechtsform kann jedoch nur ein Indiz sein, da die Aufsichtsbehörde selbst festlegt, welches Unternehmen als klVVaG klassifiziert wird und nicht dieselben Kriterien wie § 61 Abs. 1 RechVersV heranzieht; vgl. *Ellenbürger/Hölzl*, 2011, S. 878.

[731] Grundsätzlich wurde bei der Erhebung davon ausgegangen, dass der Honorarausweis ohne Umsatzsteuer erfolgt; vgl. Abschnitt 4.1.3. Sofern dennoch Hinweise vorlagen, dass Umsatzsteuer enthalten ist, wurde das Honorar um diese bereinigt, um eine bestmögliche Vergleichbarkeit der Honorare sicherzustellen. Aus selbigem Grund wurden, sofern möglich, keine Honorare für Prüfer eines internationalen Netzwerkes berücksichtigt, sondern lediglich die Vergütungen deutscher Abschlussprüfer. Bei KPMG ist dies jedoch nur bedingt möglich, was die Aussagekraft eines Vergleichs mit anderen deutschen Abschlussprüfern einschränkt; vgl. *Wild/Scheithauer*, 2012, S. 188.

Tabelle 3: Herleitung der Datensamples für die Strukturanalyse

Herleitung der jährlichen Datensamples	2013	2012	2011	2010	2009
Alle Versicherungsunternehmen (VU) und Pensionsfonds unter Bundesaufsicht mit Geschäftstätigkeit laut Statistiken der BaFin:	590	598	608	613	623
Abzgl. Pensionsfonds, Pensionskassen und Sterbekassen:	214	215	217	223	223
Lebens-, Kranken-, Schaden-/Unfall- sowie Rückversicherungsunternehmen unter Bundesaufsicht mit Geschäftstätigkeit:	376	383	391	390	400
Zzgl. Holding-Gesellschaften, die (nahezu) ausschließlich Beteiligungen an oben genannten VU verwalten und nicht in den Statistiken der BaFin stehen:	6	6	6	6	6
Summe:	382	389	397	396	406
Davon Konzernabschluss oder Jahresabschluss verfügbar:	350	361	365	362	368
Davon mit Honorarausweis im Jahres- oder Konzernabschluss:	190	194	194	193	184
Abzüglich Jahres- und Konzernabschlüsse, deren Honorarausweis ausdrücklich ebenfalls im Konzernabschluss der übergeordneten Muttergesellschaft erfolgt:	7	7	7	7	7
VU, die (direkt) das Datensample bilden:	**183**	**187**	**187**	**186**	**177**
Davon: Konzernabschlüsse:[732]	51	55	57	58	56
Jahresabschlüsse von Lebensversicherungen:	21	21	22	22	22
Jahresabschlüsse von Krankenversicherungen:	17	18	18	16	17
Jahresabschlüsse von Schaden-/Unfallversicherungen:	84	83	80	78	70
Jahresabschlüsse von Rückversicherungen:	10	10	10	12	12
VU, deren Honorarausweis nach § 285 Nr. 17 im Konzernabschluss der im Datensample enthaltenen Muttergesellschaften erfolgt (indirekt):	141	142	146	144	148
VU, die direkt und indirekt in das Datensample eingehen:	324	329	333	330	325

abschlusses eines konsolidierungspflichtigen Versicherungsunternehmens als ein Prüfungsauftrag betrachtet.[733] Sofern ein Versicherungsunternehmen beide Abschlüsse aufstellt, bildet nur der Konzernabschluss die Erhebungsgrundlage, da dieser eine Betrachtung der Konzerngesellschaften als wirtschaftliche Einheit erlaubt. Der Jahresabschluss findet unter diesen Umständen keinen Eingang in die Untersuchung, um einer Doppelgewichtung entgegenzuwirken.[734] Im letzten Schritt wurden die Konzernverflechtungen untersucht und

---

[732] Die Konzernabschlüsse vereinen zumeist mehrere Versicherungsbranchen. Des Weiteren waren von 2009 bis 2011 fünfzehn, in 2012 vierzehn und in 2013 dreizehn Konzernabschlüsse nach den IFRS aufgestellt.

[733] Vgl. *Lenz*, 1996a, S. 273.

[734] Vgl. *Lenz/Ostrowski*, 1999, S. 401. Die meisten Jahresabschlüsse (z. B. 45 von 51 in 2013) von den ins Datensample eingehenden konzernpflichtigen Versicherungsunternehmen enthalten keine Honorarangaben, sondern verweisen gemäß § 285 Nr. 17 HGB auf den Ausweis im Konzernabschluss. Bei vier konzernpflichtigen

berücksichtigt. Demnach gehen jährlich vier Jahres- und drei Konzernabschlüsse nicht in die Stichprobe ein, da das dort ausgewiesene Honorar bereits im Honorarausweis des übergeordneten Konzernabschlusses der Muttergesellschaft ausdrücklich enthalten ist.[735] Die finalen Datensamples speisen sich aus 177 bis 187 Geschäftsberichten.[736] Die Untersuchung der Konzernverflechtungen verdeutlicht zudem, dass zwischen 141 und 148 Versicherungsunternehmen entweder explizit in ihrem Jahresabschluss darauf verweisen, dass der Honorarausweis entsprechend § 285 Nr. 17 HGB lediglich im Konzernabschluss der im jeweiligen Datensample vertretenen übergeordneten Muttergesellschaft erfolgt, oder im Konzernabschluss ausdrücklich darauf hinweisen, dass der dortige Honorarausweis auch die Honorare in Verbindung mit den Tochterunternehmen enthält. Demzufolge berücksichtigen die Stichproben bezüglich des Honorarvolumens zwischen 324 und 333 Versicherungsunternehmen, was bezogen auf die ursprüngliche Summe der in Frage kommenden Versicherungsunternehmen (vgl. Tab. 3, Zeile 5) einer jährlichen Abdeckung zwischen ca. 80% (2009) und ca. 85% (2012 und 2013) entspricht.

6.4 Struktur des Anbietermarktes für Abschlussprüfungsleistungen bei Versicherungsunternehmen in Deutschland

6.4.1 Marktstrukturanalyse auf Ebene der Wirtschaftsprüfungsgesellschaften[737]

Zunächst wird das kumulierte Gesamthonorar der jährlichen Datensamples betrachtet. Aufschluss über die Zusammensetzung gibt Tab. 4. Es zeigt sich, dass das Honorar für Abschlussprüfungsleistungen jedes Jahr den Großteil des Gesamthonorars einnimmt. Der Anteil liegt hierbei in Abhängigkeit vom Referenzjahr zwischen 62% (2013) und 73,7% (2011). Steuerberatungsleistungen nehmen mit einem Honorarvolumen zwischen 5.703 TEUR und 8.594 TEUR stets den geringsten Anteil am Gesamthonorar ein (ca. 5% bis 7%); Bestätigungsleistungen machen jedes Jahr ca. 10% bis 12% aus. Den stärksten Anteilszuwachs verzeichnet das Honorar für sonstige Leistungen. Lag der Anteil 2011 bei ca. 9,7%, so beträgt er 2013 ca. 18,8%.

Versicherungsunternehmen werden die Jahresabschlüsse als Erhebungsgrundlage genutzt, da die Angaben im Konzernabschluss nicht verwendbar waren.

[735]   Daneben existieren in Abhängigkeit vom Jahr zwischen 25 und 29 Versicherungsunternehmen, die ebenfalls in den Konzernabschluss der übergeordneten Muttergesellschaft miteinbezogen werden. Weder aus dem Abschluss des konsolidierten Tochterunternehmens noch aus dem Konzernabschluss der Muttergesellschaft ist jedoch ausdrücklich zu entnehmen, ob die Honorare für die Abschlussprüfung der Tochter auch im Honorarausweis des Konzernabschlusses der Mutter enthalten sind. In Anbetracht der in Abschnitt 4.1.3 thematisierten fehlenden eindeutigen gesetzlichen Regelung und den dadurch bestehenden Interpretationsspielräumen sowie der bisherigen empirischen Evidenz wird von einer Entfernung dieser Versicherungsunternehmen abgesehen.

[736]   164 Versicherungsunternehmen sind in jedem Jahr des Untersuchungszeitraumes vertreten. Für eine Auflistung aller in die Datensamples eingehenden Versicherungsunternehmen siehe Tab. 49, Anhang A.3.

[737]   Wesentliche Teile entnommen aus *Völker*, 2017.

Tabelle 4: Struktur des ausgewiesenen Gesamthonorars der Stichproben

Aufgegliedertes Gesamthonorar der jährlichen Stichproben (Kumuliert in TEUR)	2013	2012	2011	2010	2009
Ausgewiesenes Gesamthonorar:	120.912	113.431	105.903	113.364	122.804
Setzt sich zusammen aus:					
Honorar für Abschlussprüfungsleistungen (Marktvolumen):	**74.983**	**76.821**	**78.093**	**83.322**	**86.742**
Durchschnittliches Prüfungshonorar:	410	410	418	448	490
Median der Prüfungshonorare:	75	75	76	77	93
Kleinstes Prüfungshonorar:	5	4	4	3	7
Größtes Prüfungshonorar:	16.000	16.700	15.500	15.800	16.300
Honorar für Bestätigungsleistungen:	14.558	13.576	11.756	12.016	13.435
Honorar für Steuerberatungsleistungen:	8.594	5.703	5.737	6.888	7.356
Honorar für Sonstige Leistungen:	22.777	17.332	10.318	11.138	15.270

Wie bereits in Abschnitt 6.1 beschrieben, bildet für die nachfolgende Strukturanalyse die Gesamtsumme des Honorars für Abschlussprüfungsleistungen das originäre Marktvolumen. Es zeigt sich, dass das Marktvolumen über den ganzen Untersuchungszeitraum hinweg – also auch in dem Zeitraum von 2009 bis 2011, als die Anzahl der in das Sample eingehenden Versicherungsunternehmen zunahm (vgl. Tab. 3) – stets abgenommen hat. Am Ende des Untersuchungszeitraumes beträgt es 74.983 TEUR und damit ca. 12.000 TEUR weniger als 2009. Im Einklang mit dieser Entwicklung nimmt auch das durchschnittliche Prüfungshonorar kontinuierlich ab und beträgt im Jahr 2013 mit ca. 410 TEUR noch 84% vom Prüfungshonorar in 2009. Um ebenfalls für mögliche Effekte aufgrund der schwankenden Anzahl der ins Sample eingehenden Versicherungsunternehmen zu kontrollieren, wurde zusätzlich die Honorarentwicklung für einen balancierten Paneldatensatz (nur Versicherungsunternehmen, die jedes Jahr ins Datensample eingehen) betrachtet (vgl. Tab. 5). Es ist ersichtlich, dass das Prüfungshonorar auch für diese Versicherungsunternehmen (in 2009: 84.204 TEUR; in 2013: 74.167 TEUR) im Untersuchungszeitrum deutlich (um ca. 11,9%) abgenommen hat. Eine Unterteilung des balancierten Paneldatensatzes in Gruppe 1 (Versicherungsunternehmen, die stets denselben Abschlussprüfer im Untersuchungszeitraum hatten) und Gruppe 2 (Versicherungsunternehmen, die wenigstens einmal den Abschlussprüfer gewechselt haben) zeigt, dass der Rückgang der kumulierten Prüfungshonorare für erstgenannte Gruppe mit 8,1% relativ gesehen deutlich geringer ausfällt als für die Gruppe der Wechsler mit 30,4%. Dies könnte zumindest ein Indiz dafür sein, dass der Honorarrückgang insbesondere durch die Abschlussprüferwechsel verursacht wurde. Der Median in Tab. 4 verdeutlicht, dass das Durchschnittshonorar in jedem Jahr durch verhältnismäßig hohe Honorare maßgeblich beeinflusst wird. Demnach liegen 50% der Prüfungshonorare in 2013 unter 75.000 EUR, in 2009 unter 93.000 EUR. Das größte eingehende Prüfungshonorar, welches jährlich dem Konzern der Allianz SE zuzuschreiben ist, schwankt

Tabelle 5: Entwicklung des Prüfungshonorars des balancierten Paneldatensatzes

PH (kumuliert in TEUR) des balancierten Panel-datensatzes (164 VU, die jedes Jahr ins Datensample eingehen)	2013	2012	2011	2010	2009
Insgesamt (alle 164 VU):	**74.167**	**75.391**	**76.664**	**81.938**	**84.204**
Gruppe 1: 130 VU, die im Untersuchungszeitraum nie einen Abschlussprüferwechsel vollzogen haben:	64.331	65.485	65.130	70.090	70.072
Gruppe 2: 34 VU, die im Untersuchungszeitraum mindestens einmal einen Abschlussprüferwechsel vollzogen haben:	9.836	9.905	11.533	11.849	14.131

PH: Prüfungshonorar; VU: Versicherungsunternehmen.

zwischen 16.700 TEUR und 15.500 TEUR; das kleinste Prüfungshonorar beträgt jeweils unter 7 TEUR und entfällt auf verschiedene Versicherungsunternehmen.

Tab. 6 beinhaltet die Anzahl der jährlich bestellten Abschlussprüfer[738], die berechneten Konzentrationsmaße und Marktanteile auf Basis der Prüfungshonorare, die Mandatsanzahl sowie die Entwicklung des Durchschnitts und des Medians der Prüfungshonorare gegliedert nach Big5- und Non-Big5-Abschlussprüfer. Alle verwendeten Maße zeigen auf, dass der deutsche Anbietermarkt für Abschlussprüfungen bei Versicherungsunternehmen in jedem Jahr hoch konzentriert ist. CR_2 gibt an, dass die zwei größten Prüfungsgesellschaften, namentlich KPMG und PwC, jedes Jahr zwischen ca. 82% (2012) und 91% (2010) des Marktvolumens vereinnahmen, wobei insbesondere von 2011 auf 2012 der kumulierte Anteil beider Unternehmen deutlich abnimmt (ca. 8 Prozentpunkte) und im letzten Untersuchungsjahr mit ca. 84% geringer ausfällt als zu Beginn des Referenzzeitraumes (ca. 90%). Ein Blick auf CR_5 zeigt jedoch, dass der Marktanteil der fünf größten Prüfungsgesellschaften (KPMG, PwC, EY, DT sowie RBS) über alle Jahre hinweg mit ca. 97% bis 98% nahezu konstant bleibt. Dies lässt den Schluss zu, dass die verlorenen Marktanteile der zwei größten Anbieter von den drei anderen führenden Gesellschaften vereinnahmt worden sind. Bei Betrachtung der individuellen Marktanteile der fünf größten Prüfungsgesellschaften wird deutlich, dass KPMG jedes Jahr mit Abstand die marktbeherrschende Stellung einnimmt (Marktanteil größer als 40%; vgl. § 18 Abs. 4 GWB). Demnach bediente KPMG in 2009 ca. 69% des Marktes, baute bis 2011 diesen Anteil auf einen Höchstwert von über 73% aus und erreichte am Ende der Strukturanalyse einen Marktanteil i. H. v. 71,73%. PwC folgt als zweitgrößter Anbieter von Abschlussprüfungsleistungen für Versicherungsunternehmen, jedoch beträgt der Marktanteil im Jahr 2009 lediglich ca. 21% und reduziert sich bis 2013 um 8,82 Prozentpunkte auf 12,00%, also etwas mehr als einem Sechstel des Anteils des Marktführers.

---

[738] Für eine Auflistung der in den jährlichen Datensamples vertretenen Abschlussprüfer und deren Anzahl an Mandanten siehe Tab. 48, Anhang A.2.

Tabelle 6: Marktstruktur auf Ebene der Prüfungsgesellschaften

Konzentrationsmaße (Erhebungsmerkmal: PH)		2013 VU: 183 AP: 23	2012 VU: 187 AP: 22	2011 VU: 187 AP: 21	2010 VU: 186 AP: 19	2009 VU: 177 AP: 17
CR_2		0,8373	0,8188	0,8968	0,9051	0,8971
CR_5		0,9775	0,9678	0,9707	0,9738	0,9724
HHI		0,5370	0,5201	0,5699	0,5532	0,5202
G		0,8979	0,8869	0,8978	0,8881	0,8709
Marktanteil in %:						
	KPMG:	71,73	70,57	73,60	71,86	68,89
	PwC:	12,00	11,31	16,08	18,65	20,82
	EY:	7,81	8,27	1,10	1,05	1,68
	DT:	3,05	3,54	2,88	3,00	3,10
	RBS:	3,15	3,09	3,40	2,82	2,75
	Non-Big5:	2,26	3,22	2,94	2,62	2,76
Anzahl Mandate:						
	KPMG:	71	68	83	85	83
	PwC:	32	33	37	38	38
	EY:	24	26	9	9	8
	DT:	14	14	12	12	12
	RBS:	13	13	14	13	13
	Non-Big5:	29	33	32	29	23
Abschlussprüferwechsel:		7	20	6	4	3
Weitere Angaben in EUR:						
Durchschnittliches PH der Big5:		475.965	482.751	489.058	516.818	547.736
Median PH der Big5:		89.236	91.000	92.101	90.000	102.000
Anzahl Mandate Big5:		154	154	155	157	154
Durchschnittliches PH der Non-Big5:		58.082	75.062	71.543	75.222	103.944
Median PH der Non-Big5:		23.205	23.205	21.508	19.534	32.000
Anzahl Mandate der Non-Big5:		29	33	32	29	23

VU: Versicherungsunternehmen; AP: Abschlussprüfer; CR: Konzentrationsrate; HHI: Hirschmann-/Herfindahl-Index; G: Gini-Koeffizient; PwC: PricewaterhouseCoopers; EY: Ernst & Young; DT: Deloitte & Touche; RBS: RoeverBroennerSusat GmbH & Co. KG; PH: Prüfungshonorar.

Damit verzeichnet PwC trotz stetiger Belegung des zweiten Ranges den größten relativen Marktanteilsverlust im Referenzzeitraum. Im Gegensatz zu den Rängen 1 und 2 sind die Ränge 3 bis 5 im Laufe der Zeit unterschiedlich besetzt. Konnte DT in den Jahren 2009 und 2010 mit knapp 3% noch den dritten Platz vor RBS für sich beanspruchen, so übernahm RBS diesen Platz mit 3,40% im Jahr 2011. EY belegte in diesen Jahren jeweils den fünften Rang mit einem Marktanteil i. H. v. etwas mehr als 1%. Ab 2012 veränderte sich diese Rangfolge jedoch, da EY seinen Marktanteil von 2011 (1,10%) auf 2012 (8,27%) mehr als versechsfachte. Gelingen konnte EY dies insbesondere durch die Gewinnung von 18 neuen Prüfungsmandaten, die noch 2011 durch KPMG (15 Mandate; u. a. R+V Versicherungskonzern) oder PwC (3 Mandate; u. a. Generali Deutschland Gruppe) geprüft wurden. Dieser Zugewinn von EY begründet gleichzeitig den zuvor beschriebenen Rückgang von CR_2 von 2011 auf 2012. In diesem Kontext ist bemerkenswert, dass EY bei allen von PwC und KPMG abgeworbenen Mandanten für die Prüfung des Jahresabschlusses 2012 ein zum Teil deutlich geringeres Honorar berechnet hat als die Vorgänger. Demnach generierte EY mit den 18 Mandaten für 2012 insgesamt 5.585.500 EUR, KPMG und PwC verdienten zuvor für die Prüfung der Geschäftsberichte 2011 mit 7.414.778 EUR knapp 33% mehr. Die sonstigen Abschlussprüfer (2013: 18 Prüfer; 2009: 12 Prüfer) nehmen mit einem kumulierten Marktanteil i. H. v. ca. 2% bis 3% in jedem Jahr eine unwesentliche Rolle ein. Interessant ist in diesem Zusammenhang, dass in den Jahren 2009 und 2010 lediglich zwei Abschlussprüfer sowie in den Jahren 2011 bis 2013 lediglich ein Abschlussprüfer nicht in der Form einer Wirtschaftsprüfungsgesellschaft nach § 27 WPO, sondern als Einzel-Wirtschaftsprüfer den Jahresabschluss testierten. Des Weiteren ist bemerkenswert, dass die BDO AG Wirtschaftsprüfungsgesellschaft, welche in anderen Abschlussprüfungsmärkten oftmals als einer der fünf stärksten Marktteilnehmer identifiziert wird,[739] auf dem Abschlussprüfermarkt für Versicherungsunternehmen von 2009 bis 2012 lediglich den sechsten Platz einnahm und im Jahr 2013 aufgrund des Verlustes der zwei wichtigsten Mandate an KPMG nahezu völlig vom Markt verschwunden ist.[740]

Bei Betrachtung der Mandatsanzahlen zeigt sich im Einklang mit der nachgewiesenen Marktführerschaft auf Basis der Prüfungshonorare, dass KPMG in jedem Jahr klar dominiert. Dennoch ist die Mandatsanzahl im Zeitverlauf von 83 auf 71 Mandate zurückgegangen. Die Ursache liegt insbesondere darin, dass KPMG für die Abschlussprüfung des Geschäftsjahres 2012 insgesamt 15 Mandate an EY verloren hat. EY konnte hingegen insbesondere aufgrund dessen, aber auch wegen Neuzugängen von ehemaligen PwC-Mandaten, seine Mandatsanzahl von 2011 auf 2012 um ca. 189% steigern und besitzt in 2013 mit 24 Mandaten das Dreifache an Mandaten im Vergleich zu 2009. PwC verliert über den Zeitraum hinweg in der Summe 6 Mandate und hat für das Geschäftsjahr 2013 lediglich acht Prüfaufträge mehr als EY. Insgesamt betrachtet stimmt jedoch der dauerhaft zweite Rang auf Basis der Mandatsanzahl auch mit dem marktanteilsbasierten Rang von PwC überein. DT und RBS halten ihre Mandatsanzahl mit 12 bis 14 respektive 13 bis 14 über die Laufzeit hinweg nahezu konstant, was ebenfalls mit der Entwicklung der Marktanteile auf Basis der Prüfungshonorare korrespondiert. Die Non-Big5 auditieren mit 29 Geschäftsberichten in 2013 sechs mehr als in 2009. Dies steht hingegen im Widerspruch zu der leicht rückläufigen prüfungshonorarbasierten Marktanteilsentwicklung.

Die Werte der Konzentrationsmaße HHI bzw. G liegen jedes Jahr über 0,52 bzw. 0,87 und beschreiben damit einen sehr hoch konzentrierten Markt mit ungleich verteilten Marktanteilen (vgl. Tab. 6). Die Entwicklungen dieser Konzentrationsmaße zeichnen insgesamt ein nahezu einheitliches Bild. Demnach schwillt die Konzentration von 2009 bis 2011 an, von 2011 auf 2012 kommt es insbesondere aufgrund der Umverteilung der Mandate von PwC und KPMG zu EY zu einer Reduktion und von 2012 auf 2013 steigt das Konzentrationsniveau abermals an, sodass es 2013 auf Basis HHI und G leicht über dem Niveau von 2009 liegt. In diesem Kontext ist es interessant zu beobachten, dass trotz des leicht angestiegenen und extrem hohen Konzentrationsniveaus das Gesamtvolumen der Prüfungshonorare, das durchschnittliche Prüfungshonorar (für die vorgenannten Werte vgl. Tab. 4) sowie die durchschnittlichen Prüfungshonorare von Big5 und Non-Big5 (vgl. dazu Tab. 6) nahezu ausnahmslos von Jahr zu Jahr gesunken sind. Demnach fällt bspw. das durchschnittliche Prüfungshonorar der Big5 in 2013 mit 475.965 EUR um ca. 13% geringer aus als in

---

[739] Vgl. u. a. *Heuser/Quick/Schmidt*, 2015, S. 88; *Leidner/Lenz*, 2013, S. 391; *Möller/Höllbacher*, 2009, S. 661.
[740] Das gesamte Prüfungshonorar von BDO sinkt von 887 TEUR in 2012 auf 15 TEUR in 2013.

2009, das durchschnittliche Prüfungshonorar der Non-Big5 in 2013 beträgt mit 58.082 EUR nur noch ca. 56% des Niveaus in 2009 und das Gesamtvolumen hat sich um 13,6% auf 74.983 TEUR reduziert. Ein Vergleich der festgestellten Konzentration mit den Ergebnissen von anderen prüfungshonorarbasierten Konzentrationsanalysen für prüfungspflichtige Branchen in Deutschland verdeutlicht, dass das auf dem deutschen Prüfungsmarkt für Versicherungsunternehmen vorherrschende Konzentrationsniveau sehr hoch ausfällt. Demnach bestätigen die Studien zwar ebenfalls eine hohe Marktkonzentration, das Niveau des HHI von ca. 0,4 (2005 bis 2007) bzw. 0,34 bis 0,36 (2010 bis 2013) für kapitalmarktorientierte Unternehmen[741] und 0,36 bzw. 0,28 (2010) für Kreditinstitute[742] bleibt jedoch in allen bisherigen Studien deutlich unter dem hiesigen Konzentrationsniveau für Versicherungsunternehmen mit HHI-Werten von über 0,5. Lediglich der ermittelte G fällt mit ca. 0,87 bis 0,90 vergleichbar aus.[743]

Die vorherrschenden Gründe für die sehr hohe Konzentration des deutschen Prüfungsmarktes für Versicherungsunternehmen können nicht mit Sicherheit benannt werden. Dennoch können bereits in der Forschungsliteratur diskutierte Gründe als mögliche Ursachen hierfür angeführt werden. So könnte bspw. eine erhöhte Konzentration unterhalb der Mandanten (Nachfragerseite) in Verbindung mit der üblichen *one-to-one*-Beziehung in der Abschlussprüfung bereits einen erheblichen Beitrag zur hohen Anbieterkonzentration leisten.[744] In diesem Zusammenhang ist anzumerken, dass die hier konstatierte Konzentration insbesondere durch das Prüfungshonorar der Allianz SE, welches bspw. in 2013 mit 16.000 TEUR ca. 21% des Gesamtvolumens einnimmt, stark beeinflusst wird. So haben weitergehende Analysen gezeigt, dass ein hypothetischer Mandatswechsel der Allianz SE von KPMG zu PwC den HHI für das Jahr 2013 auf einen Wert von 0,37 senken und damit an das Niveau der Studien für andere Branchen anpassen würde. In der Realität ist mit einer derartigen Verringerung der Marktkonzentration im Jahr 2018 zu rechnen, da für dieses Geschäftsjahr PwC im Zuge der neu implementierten externen Pflichtrotation nach Art. 17 der EU-Verordnung Nr. 537/2014 zum neuen Abschlussprüfer der Allianz SE bestellt wurde.[745] Daneben könnte eine gewollte Senkung von Kooperationskosten ein weiterer Grund für die hohe Konzentration sein. Dies liegt daran, dass Regulierungsbehörden, Aufsichtsräte, Vorstände und Abschlussprüfer gewöhnlich kooperativ bei der Gestaltung von Rechnungslegungs- und Prüfungsvorschriften zusammenarbeiten. Existieren nur wenige wesentliche Abschlussprüfer, die in die Ausgestaltung mit einzubinden sind, so kann hierdurch eine Minderung der Kooperationskosten realisiert werden. Doch auch die hohe Regulierungsintensität im Versicherungssektor und das für diese Branche benötigte Fachwissen bauen konzentrationsfördernde Barrieren auf, da nur Abschlussprüfer in den Markt eintreten können, die über das notwendige branchenspezifische Know-how verfügen.[746]

---

[741] Vgl. *Quick/Sattler*, 2011, S. 71; *Heuser/Quick/Schmidt*, 2015, S. 89.

[742] Vgl. *Leidner/Lenz*, 2013, S. 391; *Sipple*, 2014, S. 744.

[743] Die Ausnahme bildet *Sipple* mit einem geringeren Wert für G i. H. v. 0,79; vgl. *Sipple*, 2014, S. 744.

[744] Vgl. *Eichenseher/Danos*, 1981, S. 487.

[745] Vgl. *Allianz*, 2018. Eine weitere deutliche Beeinflussung der Marktkonzentration wird spätestens im Jahr 2021 stattfinden, da aufgrund der Übergangsbestimmungen nach Art. 41 der EU-Verordnung Nr. 537/2014 KPMG letztmalig für das Geschäftsjahr 2020 zum Abschlussprüfer der Münchener Rück AG (mit 7.900 TEUR zweithöchstes Prüfungshonorar in 2013) bestellt werden darf; vgl. *Weber/Velte/Stock*, 2016, S. 663, 665.

[746] Vgl. *Eichenseher/Danos*, 1981, S. 479, 486 f.; *Lenz*, 1998, S. 197.

Zusammenfassend kann festgehalten werden, dass der Prüfungsmarkt für Versicherungsunternehmen auf der Ebene der Prüfungsgesellschaften im Vergleich zu anderen deutschen Branchen sehr hoch konzentriert ist. Dennoch liefern die empirischen Ergebnisse keine Evidenz dafür, dass durch die angestiegene und sehr hohe Konzentration im Untersuchungszeitraum eine ausgeprägte Wettbewerbsverzerrung vorliegt, die zu Lasten der nachfragenden Versicherungsunternehmen zu dauerhaft überhöhten Prüfungshonoraren führt.[747] Fallende (durchschnittliche) Honorare bei gleichbleibender bzw. ansteigender Konzentration und nur geringer Variation der Stichprobenumfänge stehen zumindest im Widerspruch dazu ceteris paribus.[748] KPMG ist jedes Jahr Marktführer und hebt sich mit einem jährlichen Marktanteil, der im Untersuchungszeitraum mit Ausnahme von 2009 immer über 70% liegt, deutlich von den anderen Prüfungsgesellschaften ab. PwC bekleidet durchgehend den zweiten Rang, erleidet jedoch im Zeitverlauf den größten relativen Marktanteilsverlust. EY gewinnt hingegen insbesondere in 2012 erhebliche Marktanteile hinzu und belegt damit in 2012 und 2013 den dritten Rang.

6.4.2 Marktstrukturanalyse auf Ebene der prüfungsdurchführenden Niederlassungen

Tab. 7 beinhaltet Kennzahlen zur Marktstruktur auf Basis der prüfungsdurchführenden Niederlassungen. Entsprechend den Ausführungen in Abschnitt 3.3.3 wird hierbei angenommen, dass der Ort der Unterzeichnung des Bestätigungsvermerks dem Ort der beruflichen Niederlassung des Wirtschaftsprüfers bzw. dem Ort der zu einer Prüfungsgesellschaft gehörenden Niederlassung, für die der Wirtschaftsprüfer arbeitet, entspricht. Es zeigt sich, dass in Abhängigkeit vom Jahr zwischen 38 und 45 Niederlassungen die Abschlussprüfungen der Versicherungsunternehmen durchführen. Hierbei gehören die meisten Niederlassungen zu KPMG und PwC. Dies steht im Einklang mit der vorhergehenden Feststellung, dass KPMG und PwC stets die meisten Mandate und das größte Honorarvolumen besitzen. In Anbetracht der jeweiligen Mandatsanzahl der Prüfungsgesellschaften (siehe hierzu Tab. 6) wird deutlich, dass insbesondere bei PwC und DT im Durchschnitt verhältnismäßig wenige Mandate (in 2013 3,6 respektive 2,8 Mandate) auf eine Niederlassung entfallen. RBS, KPMG und EY weisen hingegen mit durchschnittlich 13,0, 8,9, bzw. 8,0 Mandanten deutlich höhere Werte auf, was zumindest als Indiz für eine höhere Zentralisierung der versicherungsspezifischen Abschlussprüfung interpretiert werden kann. Abhängig vom Jahr finden 6 (2009) bis 21 (2012) Niederlassungswechsel statt, wobei lediglich 1 (2012) bis 8 (2011) nicht auf den Wechsel der Prüfungsgesellschaft zurückzuführen sind (vgl. Tab. 6). Von den 167 Versicherungsunternehmen, die jedes Jahr in der Stichprobe vertreten sind, werden 122 Versicherungsunternehmen stets durch die gleiche Niederlassung geprüft. Die Konzentra-

---

[747] Vgl. dazu auch *Köhler/Marten/Ratzinger et al.*, 2010, S. 23.

[748] Grundsätzlich besteht auch die Gefahr, dass die Abschlussprüfer aufgrund der dem Wettbewerb geschuldeten Honorarsenkungen ebenfalls die Qualität der Abschlussprüfung senken. Die damit verbundenen drohenden Haftungsfälle, der drohende Reputationsverlust und eine mögliche Sonderuntersuchung von Seiten der WPK sprechen jedoch gegen eine tatsächliche Qualitätsminderung; vgl. *Köhler/Marten/Ratzinger et al.*, 2010, S. 23. Siehe in diesem Zusammenhang auch Fn. 374.

tionsmaße auf Basis der Prüfungshonorare für die Merkmalsträger „prüfungsdurchführende Niederlassungen" bescheinigen unterschiedliche Konzentrationsgrade, wobei stets
mindestens eine mittlere mit Tendenz zu einer hohen Konzentration vorliegt. Demnach
beschreibt der HHI für die Jahre 2009 bis 2011 einen mittleren, für 2012 und 2013 einen
hohen Konzentrationsgrad; CR_5 bestätigt hingegen für jedes Jahr einen hoch konzentrierten
Markt. CR_2 konstatiert diese hohe Konzentration nur für die Jahre 2010 und 2011; das relative Maß G bestätigt wiederum für jedes Jahr einen hohen Konzentrationsgrad. Insgesamt
lässt sich jedoch sagen, dass die mittleren Konzentrationsgrade nur knapp die Grenzwerte
für einen hoch konzentrierten Markt unterschreiten.

Eine detaillierte Betrachtung der Niederlassungen mit den fünf größten prüfungshonorarbasierten jährlichen Marktanteilen zeigt, dass diese in Abhängigkeit vom Jahr zwischen
70 und 78 Mandate prüfen und damit zwischen 72% (2012) und 75% (2010) des prüfungshonorarbasierten Gesamtmarktes[749] innehaben. Marktführer ist stets die Niederlassung von
KPMG aus München mit einem verhältnismäßig konstanten jährlichen Marktanteil zwischen 33% (2009) und 38% (2012), der mittels 15 bis 17 Mandate generiert wird. Damit
realisiert die führende Niederlassung in Abhängigkeit vom Jahr das Zwei- bis nahezu Drei-
einhalbfache des Prüfungshonorarvolumens der zweitstärksten Niederlassung. Die zweit-
stärkste Kraft ist bis 2012 die Niederlassung von KPMG aus Hannover; 2013 übernimmt die
Niederlassung von KPMG aus Köln diesen Rang mit einem durch 27 Mandate generierten
Marktanteil von fast 12%. Insgesamt betrachtet fällt auf, dass in jedem Jahr vier der fünf
honorarstärksten Niederlassungen von KPMG stammen. Hierbei sind die drei vorgenannten Niederlassungen jedes Jahr vertreten. Die Niederlassung aus Frankfurt am Main be-
hauptet sich nur in den ersten zwei Jahren des Untersuchungszeitraumes, danach gibt sie
den fünften Rang an die Niederlassung aus Stuttgart ab. Mit einem kumulierten jährlichen
Marktanteil i. H. v. 63% (2009) bis 66% (2013) vereinnahmen diese vier Niederlassungen
zwischen 88% (2011) und 93% (2012) des gesamten versicherungsspezifischen Marktanteils
von KPMG.[750] Von PwC kann lediglich die Niederlassung aus Düsseldorf mit einem Marktanteil von 6% bis 10% den dritten respektive den vierten Rang belegen. Hierbei generiert
diese Niederlassung stets mehr als die Hälfte des gesamten Marktanteils von PwC. Die um-
satzstärksten Niederlassungen von EY (Köln in 2013 und 2012; Stuttgart in 2012 bis 2009),
DT (immer Düsseldorf) und RBS (immer Hamburg) erscheinen nie unter den Top5. Auch
hier zeigt sich jedoch, dass diese stets mehr als 42% des gesamten versicherungsspezifischen
Marktanteils der Prüfungsgesellschaften erwirtschaften.[751] Beurteilt man die Niederlassungen anstelle des Marktanteils mit der Mandatsanzahl, so verändert sich das Ranking. Marktführer ist nun stets die Niederlassung aus Köln von KPMG mit 24 (2009) bis 27 (2012)
Mandaten. Die KPMG-Niederlassung aus München fällt auf den zweiten respektive dritten
Platz zurück und auch Hannover bekleidet nur noch den fünften Platz. Auffällig ist, dass

---

[749] Der untersuchte Markt beinhaltet in Abhängigkeit vom Jahr zwischen 177 und 187 Versicherungsunternehmen zzgl. konsolidierte Tochterunternehmen; vgl. Tab. 3. Das prüfungshonorarbasierte Marktvolumen beträgt dabei 86.742 TEUR in 2009 und fällt bis 2013 auf 74.983 TEUR ab; vgl. Tab. 4.

[750] Für die versicherungsspezifischen Marktanteile der Prüfungsgesellschaften auf Basis der Prüfungshonorare
vgl. Tab. 6.

[751] Bei RBS ist nur die Niederlassung Hamburg auf dem Prüfungsmarkt für Versicherungsunternehmen tätig.
Demnach entfallen auf diese Niederlassung 100% der gesamten Prüfungshonorare.

Tabelle 7: Marktstruktur auf Ebene der prüfungsdurchführenden Niederlassungen

	2013 VU: 183 AP: 23	2012 VU: 187 AP: 22	2011 VU: 187 AP: 21	2010 VU: 186 AP: 19	2009 VU: 177 AP: 17
Anzahl Niederlassungen:	44	45	43	42	38
Anzahl der Niederlassungen von:					
KPMG:	8	8	8	8	8
PwC:	9	9	9	9	8
EY:	3	4	4	5	4
DT:	5	5	4	4	4
RBS:	1	1	1	1	1
Non-Big5:	18	18	17	15	13
Anzahl der Niederlassungswechsel:	9	21	14	8	6
Anzahl der Niederlassungswechsel ohne Wechsel der Prüfungsgesellschaft:	2	1	8	4	3
Konzentrationsmaße (Erhebungsmerkmal: PH):					
CR$_2$:	0,4912	0,4976	0,5057	0,5285	0,4854
CR$_5$:	0,7270	0,7189	0,7482	0,7507	0,7341
HHI:	0,1800	0,1856	0,1781	0,1792	0,1615
G:	0,8140	0,8131	0,8174	0,8144	0,7826
Niederlassungen mit größten Marktanteilen (Erhebungsmerkmal: PH):					
1.	MÜ$_{KPMG}$ 37,24% (15 MA)	MÜ$_{KPMG}$ 38,38% (17 MA)	MÜ$_{KPMG}$ 35,94% (17 MA)	MÜ$_{KPMG}$ 35,28% (17 MA)	MÜ$_{KPMG}$ 33,00% (15 MA)
2.	KÖ$_{KPMG}$ 11,87% (27 MA)	HA$_{KPMG}$ 11,38% (9 MA)	HA$_{KPMG}$ 14,63% (10 MA)	HA$_{KPMG}$ 17,57% (11 MA)	HA$_{KPMG}$ 15,54% (13 MA)
3.	HA$_{KPMG}$ 11,15% (11 MA)	KÖ$_{KPMG}$ 10,97% (27 MA)	DÜ$_{PwC}$ 10,37% (10 MA)	DÜ$_{PwC}$ 9,69% (10 MA)	DÜ$_{PwC}$ 10,90% (11 MA)
4.	DÜ$_{PwC}$ 6,54% (9 MA)	DÜ$_{PwC}$ 6,03% (9 MA)	KÖ$_{KPMG}$ 8,98% (25 MA)	KÖ$_{KPMG}$ 8,61% (25 MA)	KÖ$_{KPMG}$ 8,87% (24 MA)
5.	ST$_{KPMG}$ 5,89% (10 MA)	ST$_{KPMG}$ 5,12% (8 MA)	ST$_{KPMG}$ 4,91% (8 MA)	FFM$_{KPMG}$ 3,93% (15 MA)	FFM$_{KPMG}$ 5,10% (15 MA)
Anzahl Mandate der fünf honorarstärksten Niederlassungen:	72	70	70	78	78

Fortsetzung Tabelle 7

		2013 VU: 183 AP: 23	2012 VU: 187 AP: 22	2011 VU: 187 AP: 21	2010 VU: 186 AP: 19	2009 VU: 177 AP: 17
Niederlassungen mit größter Mandatsanzahl:						
	1.	KÖ$_{KPMG}$	KÖ$_{KPMG}$	KÖ$_{KPMG}$	KÖ$_{KPMG}$	KÖ$_{KPMG}$
		27	27	25	25	24
	2.	ES$_{EY}$	ES$_{EY}$	MÜ$_{KPMG}$	MÜ$_{KPMG}$	MÜ$_{KPMG}$
		18	19	17	17	15
	3.	MÜ$_{KPMG}$	MÜ$_{KPMG}$	FFM$_{KPMG}$	FFM$_{KPMG}$	FFM$_{KPMG}$
		15	17	16	15	15
	4.	HAM$_{RBS}$	HAM$_{RBS}$	HAM$_{RBS}$	HAM$_{RBS}$	HAM$_{RBS}$
		13	13	14	13	13
	5.	HA$_{KPMG}$	HA$_{KPMG}$	HA$_{KPMG}$	HA$_{KPMG}$	HA$_{KPMG}$
		11	9	10	11	13
Anzahl Mandate der fünf mandatsstärksten Niederlassungen:		84	85	82	81	80

VU: Versicherungsunternehmen; AP: Abschlussprüfer; PwC: PricewaterhouseCoopers; EY: Ernst & Young; DT: Deloitte & Touche; RBS: RoeverBroennerSusat GmbH & Co. KG; CR: Konzentrationsrate; HHI: Hirschmann-/ Herfindahl-Index; G: Gini-Koeffizient; PH: Prüfungshonorare; MA: Mandate; MÜ: München; KÖ: Köln; HA: Hannover; DÜ: Düsseldorf; ST: Stuttgart; FFM: Frankfurt am Main; ES: Eschborn; HAM: Hamburg.

abweichend zu den Ergebnissen auf Basis der Prüfungshonorare die Niederlassung Eschborn von EY ab 2012 den zweiten Rang mit 18 bis 19 Mandaten belegt und die Niederlassung Hamburg von RBS mit 13 bis 14 Mandaten stets die viertgrößte Mandatsanzahl besitzt. Insgesamt betrachtet zeigen die vorgenannten Ergebnisse auf, dass sich die bereits auf der Ebene der Prüfungsgesellschaften festgestellte hohe Konzentration auf der Ebene der prüfungsdurchführenden Niederlassungen in abgeschwächter Form (mittel bis hoch konzentriert) fortsetzt. Hierbei kristallisieren sich wenige Niederlassungen heraus, die einen Großteil des Marktes bedienen. Daher kann angenommen werden, dass insbesondere diese Niederlassungen eine bedeutsame Rolle für den versicherungsspezifischen Prüfungsmarkt einnehmen.

6.4.3 Marktstrukturanalyse auf Ebene der testierenden Wirtschafts- prüfer[752]

Tab. 8 beinhaltet Kennzahlen zur Marktstruktur auf Basis der involvierten Linksunterzeichner, welche entsprechend den Ausführungen in Abschnitt 3.3.3 auch als Mitunterzeichner bezeichnet werden und oftmals die Funktion des Berichtskritikers ausüben. Die Anzahl dieser Wirtschaftsprüfer ist von 43 in 2009 auf 51 in 2013 jährlich angestiegen.[753] Insgesamt sind im ganzen Untersuchungszeitraum 79 Individuen als links unterzeichnende Prüfungs-

---

[752] Wesentliche Teile entnommen aus *Völker*, 2017.

[753] Da bei Konzernen nur der Konzernabschluss in diese Untersuchung eingeht und nicht die einzelnen Jahresabschlüsse der konsolidierten Tochterunternehmen, ist es möglich, dass neben den Konzernabschlussprüfern noch weitere Wirtschaftsprüfer an der Abschlussprüfung der Jahresabschlüsse beteiligt waren. Demnach könnten die folgenden Angaben zur Anzahl der testierenden Wirtschaftsprüfer die tatsächliche Anzahl der tätigen Wirtschaftsprüfer unterschätzen.

partner tätig, wobei 41 dieser Wirtschaftsprüfer wenigstens einmal ebenfalls als rechts unterzeichnende Wirtschaftsprüfer fungieren.[754] Bei 73 Mitunterzeichnern kann neben dem
Nachnamen auch der Vorname identifiziert werden. Eine Auswertung dieser Mitunterzeichner hinsichtlich des Geschlechts zeigt, dass hiervon 3 Personen weiblich und 70 Personen männlich sind. Zum Einsatz kommen diese jedoch nur in den Jahren 2013 und 2012.
In diesen zwei Jahren testieren jeweils zwei weibliche Wirtschaftsprüfer insgesamt zwei Abschlüsse. Demnach wird der Abschlussprüfermarkt für Versicherungsunternehmen klar
durch männliche Wirtschaftsprüfer dominiert.

Gemessen an der Anzahl an Linksunterzeichnern (13 bis 15) ist KPMG jedes Jahr der
größte Arbeitgeber, gefolgt von PwC (9 bis 10), DT (6 bis 7), EY (2 bis 5) und RBS (2 bis 3).
Setzt man die Anzahl der beschäftigten Wirtschaftsprüfer ins Verhältnis zur Mandatsanzahl
der Prüfungsgesellschaften (siehe Tab. 6), so zeigt sich, dass in 2013 durchschnittlich ca.
5,07 Mandate bei KPMG, 3,55 bei PwC, 4,80 bei EY, 2 bei DT und 4,33 bei RBS auf einen
Linksunterzeichner entfallen. Ein Blick auf die honorarstärksten Niederlassungen offenbart, dass stets die meisten Mitunterzeichner für die Niederlassung KPMG Köln unterzeichnen, gefolgt von der Niederlassung KPMG München. Des Weiteren fällt im Rahmen dieser
Analyse auf, dass einige Mitunterzeichner für mehrere Niederlassungen unterschreiben. So
unterzeichnet bspw. der Marktführer in 2013 für insgesamt sechs verschiedene Niederlassungen und auch der Dritt- und Fünftplatzierte unterschreibt für zwei respektive vier Niederlassungen. Diese Erkenntnisse, dass zum einen für eine Niederlassung mehrere Mitunterzeichner unterschreiben und zum anderen ein Mitunterzeichner für mehrere Niederlassungen unterschreibt, steht im Einklang mit der in Abschnitt 5.1.1 begründeten Vermutung, dass trotz der grundsätzlich günstigeren Bedingungen in Abhängigkeit von den Wirtschaftsprüfern unterschiedliche Qualitätsniveaus innerhalb einer Niederlassung existieren
können. Von 2009 bis 2013 finden in Abhängigkeit vom Jahr 27 (2009) bis 65 (2012) Wirtschaftsprüferwechsel statt. Hiervon sind 6 in 2013, 20 in 2012, 4 in 2011, 3 in 2010 und 3 in
2009 bedingt durch einen Wechsel der Prüfungsgesellschaft;[755] die restlichen erfolgen gesellschaftsintern. Des Weiteren fällt auf, dass mit wenigen Ausnahmen der Wechsel der Mitunterzeichner stets unter Beibehaltung der prüfungsdurchführenden Niederlassung erfolgt.[756] Zwei Wirtschaftsprüfer wurden identifiziert, die innerhalb der Big4-Gesellschaften
gewechselt haben; eine Mitnahme der Mandate erfolgte hierbei nicht. Ein Prüfungsgesell-
schaftswechsel ohne Wirtschaftsprüferwechsel (Prüfungsgesellschaft hat Wirtschaftsprüfer

---

[754]   In 27 Fällen hat der Mitunterzeichner des jeweiligen Jahres im Vorjahr noch als prüfungsdurchführender Prüfungspartner auf dem gleichen Mandat fungiert. In 6 Fällen hat der Mitunterzeichner des jeweiligen Jahres im
Folgejahr rechts unterschrieben. In den anderen Fällen hat der Mitunterzeichner eines Mandates entweder
bei einem anderen Mandat die Aufgaben des prüfungsdurchführenden Prüfungspartners wahrgenommen
oder nicht in einem direkt angrenzenden Geschäftsjahr die Position der Unterschrift gewechselt.

[755]   In den Jahren 2013, 2011 und 2010 gibt es im Vergleich zu den in Tab. 6 angeführten Wechseln der Prüfungsgesellschaft weniger Wechsel, da zwar die Prüfungsgesellschaft ausgetauscht worden ist, im Vorjahr jedoch
kein Mitunterzeichner tätig war, sodass hier kein Austausch des Mitunterzeichners vorliegen kann, auch wenn
im aktuellen Jahr erstmals ein Mitunterzeichner erscheint.

[756]   Von den Wirtschaftsprüfer-Wechseln ohne Austausch der Wirtschaftsprüfungsgesellschaft und Niederlassung sind 7 (2) in 2013, 13 (3) in 2012, 8 (1) in 2011, 13 (1) in 2010 und 4 (1) in 2009 darauf zurückzuführen,
dass der Rechtsunterzeichner (Linksunterzeichner) des Vorjahres im jeweils aktuellen Jahr zum Linksunterzeichner (Rechtsunterzeichner) wurde.

Tabelle 8: Marktstruktur auf Ebene der links unterzeichnenden Wirtschaftsprüfer (Mitunterzeichner)

		2013 VU: 183 AP: 23	2012 VU: 187 AP: 22	2011 VU: 187 AP: 21	2010 VU: 186 AP: 19	2009 VU: 177 AP: 17
Anzahl Mitunterzeichner:		51	49	47	44	43
Anzahl der beschäftigten WPs bei:						
	KPMG:	14	13	15	14	15
	PwC:	9	9	9	9	10
	EY:	5	5	4	4	2
	DT:	7	7	6	6	6
	RBS:	3	3	2	2	2
	Non-Big5:	13	12	11	9	8
Anzahl der bei den honorarstärksten Niederlassungen unterschreibenden WPs:						
	KPMG München:	5	5	5	5	5
	KPMG Hannover:	4	3	4	4	4
	KPMG Köln:	6	5	6	7	6
	PwC Düsseldorf:	3	2	2	3	3
	KPMG Stuttgart:	3	2	2	2	3
Anzahl der WP-Wechsel:		33	65	19	41	27
Anzahl der WP-Wechsel ohne Austausch der WPG:		27	45	15	38	24
Anzahl der WP-Wechsel ohne Austausch der WPG und der Niederlassung:		25	45	15	36	23
Konzentrationsmaße (Erhebungs-merkmal PH):	CR_2:	0,5460	0,4311	0,4143	0,5031	0,4800
	CR_5:	0,7053	0,6798	0,6666	0,6767	0,6678
	HHI:	0,1696	0,1216	0,1170	0,1894	0,1780
	G:	0,8021	0,7877	0,7877	0,7972	0,7822

WPs mit größten Marktanteilen (Erhebungsmerkmal: PH):		2013	2012	2011	2010	2009
	1.	**WP34**KPMG **33,27%** **(15 MA)**	WP117KPMG 21,74% (1 MA)	**WP34**KPMG **21,58%** **(11 MA)**	**WP34**KPMG **39,99%** **(11 MA)**	**WP34**KPMG **38,51%** **(12 MA)**
	2.	**WP8**KPMG **21,34%** **(1 MA)**	**WP34**KPMG **21,37%** **(12 MA)**	WP117KPMG 19,85% (1 MA)	**WP8**KPMG **10,32%** **(1 MA)**	**WP8**KPMG **9,50%** **(1 MA)**
	3.	WP43EY 6,37% (7 MA)	**WP8**KPMG **10,86%** **(1 MA)**	**WP8**KPMG **9,44%** **(1 MA)**	**WP65**PwC **6,57%** **(14 MA)**	**WP65**PwC **8,05%** **(10 MA)**
	4.	WP115KPMG 4,78% (11 MA)	**WP65**PwC **7,12%** **(11 MA)**	**WP65**PwC **9,14%** **(18 MA)**	WP35KPMG 6,08% (12 MA)	WP67PwC 5,73% (7 MA)
	5.	**WP65**PwC **4,77%** **(8 MA)**	WP43EY 6,89% (8 MA)	WP35KPMG 6,65% (12 MA)	WP67PwC 4,71% (7 MA)	WP61PwC 4,99% (13 MA)

Fortsetzung Tabelle 8

		2013 VU: 183 AP: 23	2012 VU: 187 AP: 22	2011 VU: 187 AP: 21	2010 VU: 186 AP: 19	2009 VU: 177 AP: 17
WPs mit größter Mandatsanzahl:						
	1.	**WP34**KPMG	WP9EY	WP106KPMG	WP106KPMG	WP61PwC
		15	13	19	20	13
	2.	WP44EY	WP44KPMG	WP65PwC	WP65PwC	**WP34**KPMG
		12	13	18	14	**12**
	3.	WP115KPMG	**WP34**KPMG	WP35KPMG	WP35KPMG	WP166RBS
		11	**12**	12	12	11
	4.	WP28KPMG	WP65PwC	**WP34**KPMG	**WP34**KPMG	WP65PwC
		9	11	**11**	**11**	10
	5.	WP166RBS	WP28KPMG	WP166RBS	WP166RBS	WP35KPMG
		9	9	11	11	10

VU: Versicherungsunternehmen; AP: Abschlussprüfer; WP(s): Wirtschaftsprüfer; PwC: Pricewaterhouse-Coopers; EY: Ernst & Young; DT: Deloitte & Touche; RBS: RoeverBroennerSusat GmbH & Co. KG; CR: Konzentrationsrate; HHI: Hirschmann-/Herfindahl-Index; G: Gini-Koeffizient; PH: Prüfungshonorare; MA: Mandate.

samt Mandat abgeworben) konnte nie beobachtet werden. Von den 167 Versicherungsunternehmen, die jedes Jahr in der Stichprobe vertreten sind, werden 63 stets durch den gleichen Mitunterzeichner geprüft.

Die Konzentrationsmaße auf Basis der Prüfungshonorare für die Merkmalsträger „links unterzeichnende Wirtschaftsprüfer" offenbaren unterschiedliche Konzentrationsgrade, wobei stets mindestens eine mittlere Konzentration vorliegt.[757] Demnach bescheinigt der HHI für die Jahre 2009 und 2011 bis 2013 einen mittleren, für 2010 einen hohen Konzentrationsgrad; CR_5 liefert hingegen für jedes Jahr Indizien für einen hoch konzentrierten Markt. CR_2 bestätigt diese hohe Konzentration nur für die Jahre 2010 und 2013; das relative Maß G konstatiert wiederum in jedem Jahr einen hohen Konzentrationsgrad. Eine detaillierte Betrachtung der jahresabhängigen Linksunterzeichner mit den fünf größten prüfungshonorarbasierten Marktanteilen zeigt, dass diese in Abhängigkeit vom Jahr zwischen 45 (2010) und 33 (2012) Mandate bedienen und damit zwischen 67% (2009) und 71% (2013) des prüfungshonorarbasierten Gesamtmarktes[758] innehaben. Die Person des stets bei KPMG beschäftigten Marktführers ist hierbei mit Ausnahme von 2012 in jedem Jahr identisch. Insbesondere in den Jahren 2009 und 2010 unterzeichnet dieser die Bestätigungsvermerke von 12 bzw. 11 Versicherungsunternehmen, deren Abschlussprüfungen fast 40% des gesamten Marktvolumens ausmachen; damit generiert er nahezu das Vierfache an Prüfungshonoraren im Vergleich zum zweitstärksten Wirtschaftsprüfer in den vorgenannten

---

[757] Bei der Bestimmung der Konzentrationsmaße und Marktanteile für die testierenden Wirtschaftsprüfer wird angenommen, dass sowohl für die Linksunterzeichner als auch für die Rechtsunterzeichner ein separater Abschlussprüfermarkt existiert. Hierbei weisen jedoch beide Märkte das gleiche Volumen und die gleiche Anzahl an Versicherungsunternehmen auf (z. B. Prüfungshonorare i. H. v. 86.742 TEUR im Jahr 2009; vgl. Tab. 4). Ein Linksunterzeichner und ein Rechtsunterzeichner, die im Jahr 2009 gemeinsam einen Jahresabschluss testieren, für den ein Prüfungshonorar i. H. v. 1.000 TEUR gezahlt wurde, weisen demnach beide einen jeweiligen Marktanteil i. H. v. 1,15% auf, sofern sie nicht weitere Abschlüsse in ihrer jeweiligen Funktion als Links- bzw. Rechtsunterzeichner testieren. Würde der Linksunterzeichner im selben Jahr einen anderen Jahresabschluss als Rechtsunterzeichner testieren, so hätte dies keine Auswirkungen auf seinen Marktanteil als Linksunterzeichner et vice versa.

[758] Siehe hierzu Fn. 749.

Jahren. In den Folgejahren 2011 und 2012 nimmt der Marktanteil des Marktführers deutlich ab (ca. 22%); der Marktanteil des Zweitstärksten gewinnt hingegen fast 10%-Punkte hinzu (ca. 20% bis 21%). Hierbei gilt es zu beachten, dass in 2012 der Marktführer aus 2011 vom Zweitplatzierten aus 2011 abgelöst wird, welcher seinen Honorarumsatz mit nur einem Mandat generiert. In 2013 übernimmt WP1$_{KPMG}$ abermals die Marktführung mit einem wieder deutlich gesteigerten Marktanteil i. H. v. 33,27%; damit ist er für mehr als 45% des gesamten Prüfungshonorarvolumens von KPMG verantwortlich (vgl. Tab. 6). Insgesamt betrachtet fällt auf, dass nahezu in jedem Jahr nur Wirtschaftsprüfer von KPMG und PwC die fünf größten Marktanteile aufweisen. Zwei von KPMG und einer von PwC sind hierbei jedes Jahr vertreten. Lediglich in 2012 und 2013 ist neben Wirtschaftsprüfern von PwC und KPMG auch ein Wirtschaftsprüfer von EY unter den Top5. Bewertet man die Linksunterzeichner nicht nach dem Anteil an den kumulierten Prüfungshonoraren, sondern anhand der Anzahl der Mandate, so verändert sich das Bild. Im neuen Ranking sind die ersten zwei Ränge nicht mehr nur durch Wirtschaftsprüfer von KPMG belegt, sondern auch Wirtschaftsprüfer von PwC und EY rangieren auf dem ersten und zweiten Platz. Daneben erscheint auf den anderen Rängen mit Ausnahme von 2012 in allen Jahren ebenfalls ein Wirtschaftsprüfer von RBS. Die im Untersuchungszeitraum größte Mandatsanzahl erreichte im Jahr 2011 ein Wirtschaftsprüfer von KPMG. Dieser unterzeichnete insgesamt 19 Bestätigungsvermerke auf der linken Seite. Über alle Jahre hinweg ist nur der bereits zuvor identifizierte WP34$_{KPMG}$ mit 11 bis 15 Mandanten in den Top5 vertreten. Insgesamt betrachtet verdeutlichen die vorgenannten Ergebnisse, dass sich die bereits auf der Ebene der Prüfungsgesellschaften und der Niederlassungen festgestellte Konzentration auch auf der Ebene der links unterzeichnenden Wirtschaftsprüfer in abgeschwächter Form (mittel bis hoch konzentriert) hält. Im Einklang mit den Ergebnissen auf Basis der Niederlassungen können wenige Wirtschaftsprüfer identifiziert werden, die gemessen an den Prüfungshonoraren den Großteil (ca. 70%) des Marktes bedienen. Es kann daher begründet vermutet werden, dass diese einen Einfluss auf den deutschen Markt für Abschlussprüfungsleistungen bei Versicherungsunternehmen besitzen.

Tab. 9 widmet sich der Marktstruktur hinsichtlich der Rechtsunterzeichner bzw. allein unterzeichnenden Wirtschaftsprüfer.[759] Wie bereits in Abschnitt 3.3.3 erläutert, handelt es sich hierbei üblicherweise um die für die Prüfungsplanung und -durchführung verantwortlichen Prüfungspartner. Im Vergleich zu den Mitunterzeichnern fällt die Gesamtanzahl der rechts bzw. allein unterzeichnenden Wirtschaftsprüfer jedes Jahr höher aus. Demnach sind zwischen 78 und 89 Wirtschaftsprüfer aktiv. Die Anzahl der Alleinunterzeichner liegt hierbei in Abhängigkeit vom Jahr zwischen 7 und 9, wobei diese jährlich zwischen 12 und 18 Abschlüsse testieren und ausschließlich den Non-Big5 angehören. Insgesamt sind im ganzen Untersuchungszeitraum 138 Individuen als prüfungsdurchführende Wirtschaftsprüfer tätig, wovon 41 wenigstens einmal auch als links unterzeichnende Wirtschaftsprüfer fungieren.[760] Bei 124 Prüfungspartnern kann neben dem Nachnamen auch der Vorname identifiziert werden. Eine Auswertung hinsichtlich des Geschlechts zeigt, dass hiervon 17 Per-

---

[759] Die zwei Wirtschaftsprüfer in 2009 und 2010 sowie der eine Wirtschaftsprüfer in 2011 bis 2013, welche nicht in Vertretung für eine Wirtschaftsprüfungsgesellschaft nach § 27 WPO, sondern als Einzel-WP testieren, werden als Rechtsunterzeichner betrachtet, da sie die Prüfung durchführen.

[760] Siehe dazu Fn. 754.

sonen weiblich und 107 männlich sind. In Abhängigkeit vom Jahr befinden sich unter den nach Geschlecht zu trennenden Prüfungspartnern zwischen 5 (2009) und 13 (2013) weibliche Prüfungspartner, die 16 (2009) bis 25 (2013) Abschlüsse testieren.

Wie bereits bei den Mitunterzeichnern beschäftigt KPMG jedes Jahr die größte Anzahl an Wirtschaftsprüfern (31 bis 37), danach folgen PwC (13 bis 18), EY (4 bis 7) bzw. DT (6 bis 8) und RBS (3 bis 5). Demnach entfallen in 2013 durchschnittlich ca. 2,29 Mandate bei KPMG, 2,46 bei PwC, 3,43 bei EY, 2,33 bei DT und 4,33 bei RBS auf einen prüfungsdurchführenden Wirtschaftsprüfer. Hinsichtlich der honorarstärksten Niederlassungen zeigt sich wie bereits bei den Mitunterzeichnern, dass stets die meisten Rechtsunterzeichner für die Niederlassung KPMG Köln unterschreiben, gefolgt von der Niederlassung KPMG München. Des Weiteren fällt auch hier auf, dass einige Mitunterzeichner für mehrere Niederlassungen unterschreiben. So unterzeichnet bspw. der Zweitplatzierte in 2013 für insgesamt vier verschiedene Niederlassungen und auch der Dritt- und Viertplatzierte unterschreibt für jeweils zwei Niederlassungen. Diese Erkenntnisse, dass zum einen für eine Niederlassung mehrere Rechtsunterzeichner und zum anderen ein Rechtsunterzeichner für mehrere Niederlassungen unterschreibt, steht ebenfalls im Einklang mit der in Abschnitt 5.1.1 begründeten Vermutung, dass trotz der grundsätzlich günstigeren Bedingungen in Abhängigkeit von den Wirtschaftsprüfern unterschiedliche Qualitätsniveaus innerhalb einer Niederlassung existieren können. Die Anzahl der Wechsel fällt im Vergleich zu den Mitunterzeichnern in jedem Jahr zum Teil deutlich höher aus und beträgt zwischen 42 (2010) und 66 (2012). Hiervon sind 6 in 2013, 20 in 2012, 4 in 2011, 4 in 2010 und 3 in 2009 bedingt durch einen Wechsel der Prüfungsgesellschaft;[761] die restlichen erfolgen gesellschaftsintern. Des Weiteren zeigt sich wie bereits bei den Mitunterzeichnern, dass mit wenigen Ausnahmen der Wechsel der Rechtsunterzeichner stets unter Beibehaltung der prüfungsdurchführenden Niederlassung erfolgt.[762] Zwei Wirtschaftsprüfer wurden identifiziert, die innerhalb der Big5-Gesellschaften gewechselt haben; eine Mitnahme der Mandate erfolgte hierbei nicht. Von den 167 Versicherungsunternehmen, die jedes Jahr in der Stichprobe vertreten sind, werden 39 stets durch den gleichen prüfungsdurchführenden Wirtschaftsprüfer geprüft.

Im Gegensatz zur Tab. 8 weisen die absoluten Konzentrationsmaße zu keinem Zeitpunkt auf einen hohen Konzentrationsgrad hin. Lediglich G bescheinigt eine hohe Konzentration, die Werte liegen jedoch ebenfalls unter denen bezüglich der Mitunterzeichner. Marktführer auf Basis der durch das Prüfungsmandat generierten Prüfungshonorare sind in jedem Jahr Wirtschaftsprüfer von KPMG. Hierbei fällt der Marktanteil mit ca. 19% bis 22% jedoch meistens deutlich geringer aus als beim Marktführer der Linksunterzeichner.

---

[761] In den Jahren 2013 und 2011 gibt es im Vergleich zu den in Tab. 6 angeführten Wechseln der Prüfungsgesellschaft weniger Wechsel, da zwar die Prüfungsgesellschaft gewechselt hat, jedoch nicht der prüfungsdurchführende Prüfungspartner. Hierbei handelt es sich in 2011 um zwei Mandate, die von einem Wirtschaftsprüfer in Einzelpraxis zu einer Non-Big5-Gesellschaft gewechselt sind und in 2013 um ein Mandat, welches von einer zu einer anderen Non-Big5-Gesellschaft gewechselt ist. In allen Fällen ist der prüfungsdurchführende Prüfungspartner des Vorjahres bei der neuen Prüfungsgesellschaft beschäftigt.

[762] Von den Wirtschaftsprüfer-Wechseln ohne Austausch der Wirtschaftsprüfungsgesellschaft und der Niederlassung sind 2 (7) in 2013, 3 (13) in 2012, 1 (8) in 2011, 1 (13) in 2010 und 1 (4) in 2009 darauf zurückzuführen, dass der Linksunterzeichner (Rechtsunterzeichner) des Vorjahres im jeweils aktuellen Jahr zum Rechtsunterzeichner (Linksunterzeichner) wurde.

Tabelle 9: Marktstruktur auf Ebene der rechts und allein unterzeichnenden Wirtschaftsprüfer

	2013 VU: 183 AP: 23	2012 VU: 187 AP: 22	2011 VU: 187 AP: 21	2010 VU: 186 AP: 19	2009 VU: 177 AP: 17
Anzahl rechts unterzeichnender WPs:	78	85	89	89	78
Davon: Alleinunterzeichner:	7	9	9	8	7
Anzahl der beschäftigten WPs bei:					
KPMG:	31	32	37	36	32
PwC:	13	16	16	18	14
EY:	7	7	6	5	4
DT:	6	7	8	8	8
RBS:	3	4	3	5	4
Non-Big5:	18	19	19	17	16
Anzahl der bei den honorarstärksten Niederlassungen unterschreibenden WPs:					
KPMG München:	7	7	7	6	5
KPMG Hannover:	5	5	5	7	5
KPMG Köln:	12	12	13	12	12
PwC Düsseldorf:	3	5	4	5	4
KPMG Stuttgart:	6	4	4	4	3
Anzahl der WP-Wechsel:	46	66	49	42	57
Anzahl der WP-Wechsel ohne Austausch der WPG:	40	46	45	38	54
Anzahl der WP-Wechsel ohne Austausch der WPG und der Niederlassung:	38	46	40	36	52
Konzentrationsmaße (Erhebungsmerkmal: PH):					
CR$_2$:	0,3297	0,3281	0,3140	0,3256	0,3057
CR$_5$:	0,5218	0,5181	0,5094	0,5186	0,4957
HHI:	0,0812	0,0815	0,0765	0,0785	0,0731
G:	0,7468	0,7510	0,7687	0,7805	0,7481
WPs mit größten Marktanteilen (Erhebungsmerkmal: PH):					
1.	WP121$_{KPMG}$ 21,34% (1 MA)	WP121$_{KPMG}$ 21,95% (2 MA)	WP121$_{KPMG}$ 19,85% (1 MA)	WP117$_{KPMG}$ 18,96% (1 MA)	WP117$_{KPMG}$ 18,79% (1 MA)
2.	WP52$_{KPMG}$ 11,63% (4 MA)	WP9$_{KPMG}$ 10,86% (1 MA)	**WP71$_{KPMG}$ 11,55% (3 MA)**	**WP71$_{KPMG}$ 13,59% (3 MA)**	**WP71$_{KPMG}$ 11,78% (3 MA)**
3.	**WP71$_{KPMG}$ 8,77% (3 MA)**	**WP71$_{KPMG}$ 9,09% (3 MA)**	WP9$_{KPMG}$ 9,44% (1 MA)	WP9$_{PwC}$ 10,32% (1 MA)	WP9$_{KPMG}$ 9,50% (1 MA)
4.	WP114$_{KPMG}$ 6,13% (3 MA)	WP114$_{KPMG}$ 5,67% (3 MA)	WP132$_{PwC}$ 5,15% (3 MA)	WP132$_{PwC}$ 4,54% (3 MA)	WP106$_{KPMG}$ 5,10% (5 MA)
5.	WP158$_{EY}$ 4,31% (1 MA)	WP158$_{EY}$ 4,24% (1 MA)	WP98$_{KPMG}$ 4,95% (9 MA)	WP24$_{KPMG}$ 4,43% (3 MA)	WP132$_{PwC}$ 4,40% (3 MA)

Fortsetzung Tabelle 9

		2013 VU: 183 AP: 23	2012 VU: 187 AP: 22	2011 VU: 187 AP: 21	2010 VU: 186 AP: 19	2009 VU: 177 AP: 17
WPs mit größter Mandatsanzahl:						
	1.	$WP122_{EY}$	$WP122_{EY}$	$WP68_{KPMG}$	$WP68_{KPMG}$	$WP68_{KPMG}$
		8	9	14	12	11
	2.	$WP116_{DT}$	$WP109_{KPMG}$	$WP98_{KPMG}$	$WP136_{PwC}$	$WP136_{PwC}$
		7	8	9	8	8
	3.	$WP79_{PwC}$	$WP116_{DT}$	$WP18_{RBS}$	$WP45_{KPMG}$	$WP45_{KPMG}$
		6	6	7	7	7
	4.	$WP151_{KPMG}$	$WP151_{KPMG}$	$WP138_{RBS}$	$WP151_{KPMG}$	$WP46_{PwC}$
		6	6	6	7	6
	5.	$WP18_{RBS}$	$WP18_{RBS}$	$WP136_{PwC}$	$WP101_{KPMG}$	$WP151_{KPMG}$
		6	6	6	6	6

VU: Versicherungsunternehmen; AP: Abschlussprüfer; WP(s): Wirtschaftsprüfer; PwC: Pricewaterhouse-Coopers; EY: Ernst & Young; DT: Deloitte & Touche; RBS: RoeverBroennerSusat GmbH & Co. KG; CR: Konzentrationsrate; HHI: Hirschmann-/Herfindahl-Index; G: Gini-Koeffizient; PH: Prüfungshonorare; MA: Mandate.

Ähnlich wie in Tab. 8 stammen nahezu alle Wirtschaftsprüfer mit den fünf größten Marktanteilen von KPMG und einige wenige von PwC. Lediglich in den Jahren 2012 und 2013 kann ein Wirtschaftsprüfer von EY den fünften Rang für sich beanspruchen. Es fällt auf, dass nur ein Wirtschaftsprüfer ($WP71_{KPMG}$) jedes Jahr unter den fünf größten vertreten ist, wobei auch zwei andere Wirtschaftsprüfer ($WP20_{KPMG}$ und $WP25_{KPMG}$) immerhin in drei bzw. vier Jahren in das Ranking eingehen. Der kumulierte Marktanteil der fünf größten Wirtschaftsprüfer wird in Abhängigkeit vom Jahr durch 10 bis 17 Mandate generiert und beträgt zwischen 49% und 52%.

Im Vergleich zu den Linksunterzeichnern fallen auch diese Größen geringer aus. Eine Beurteilung anhand der Mandatsanzahl zeigt auf, dass der jeweilige führende Rechtsunterzeichner zwischen 9 und 14 Mandate testiert. Damit fällt die Mandatsanzahl jedes Jahr geringer aus als die des nach Mandaten führenden links unterzeichnenden Wirtschaftsprüfers (vgl. Tab. 8). Des Weiteren zeigt sich, dass auf Basis der Mandatszahl nicht mehr nur Wirtschaftsprüfer von KPMG die Marktführung innehaben, sondern auch Wirtschaftsprüfer von EY, PwC, DT und RBS auf den oberen Rängen vertreten sind. Insgesamt betrachtet verdeutlicht die Analyse, dass auf dem deutschen Markt für Abschlussprüfungsleistungen bei Versicherungsunternehmen ein rechts unterzeichnender Wirtschaftsprüfer im Durchschnitt weniger Bestätigungsvermerke unterzeichnet als ein Linksunterzeichner. Dies zeigt sich insbesondere bei den Top5. So unterzeichnen die fünf größten Linksunterzeichner im Schnitt 8,4 Bestätigungsvermerke; die fünf größten Rechtsunterzeichner lediglich 2,4 Mandate. Die Ergebnisse stehen im Einklang mit der Annahme, dass die Rechtsunterzeichner i. d. R. als prüfungsdurchführende Wirtschaftsprüfer fungieren und damit mehr Arbeit mit einem Mandat haben (ergo weniger Mandate prüfen können) als die am Markt tätigen Linksunterzeichner. Ebenso unterstützen die Mehrzahl der Rechtsunterzeichner und die häufigeren Wechsel der Rechtsunterzeichner die Annahme, dass die Linksunterzeichner oftmals einer höheren Hierarchieebene angehören.

6.5 Kapitelzusammenfassung

Das vorliegende Kapitel beinhaltet eine empirische Strukturanalyse des Abschlussprüfer-marktes für Versicherungsunternehmen in Deutschland, um einen Überblick über die Marktsituation und die Marktteilnehmer zu erhalten. Der Fokus lag hierbei auf der Anbie-terseite von Prüfungsleistungen und es wurden sowohl die Marktkonzentration als auch die Marktanteile der führenden Prüfungsgesellschaften, Niederlassungen und Prüfungspartner herausgearbeitet. Die hieraus gewonnenen Erkenntnisse dienen als Grundlage für die an-schließende Überprüfung der Hypothesen (Kapitel 7). Die wesentlichen Inhalte des Kapitels lassen sich wie folgt zusammenfassen:

- Die finalen Datensamples für die Jahre 2009 bis 2013 speisen sich in Abhängigkeit vom Jahr aus 177 bis 187 Konzern- oder Jahresabschlüssen von unter Bundesauf-sicht stehenden Versicherungsunternehmen (Lebens-, Kranken-, Schaden-/Un-fall- und Rückversicherungsunternehmen) mit Geschäftstätigkeit. Pensionsfonds, Pensionskassen und Sterbekassen werden aufgrund der mangelnden Datenverfüg-barkeit ausgeschlossen. Unter Beachtung der Konsolidierungskreise der in die Stichproben eingehenden Konzernabschlüsse repräsentieren die jährlichen Da-tensamples zwischen 324 und 330 Versicherungsunternehmen. Dies entspricht ei-ner Abdeckung von 80% bis 85% des ursprünglichen Gesamtmarktes.

- Auf der Ebene der Prüfungsgesellschaften ist der Prüfungsmarkt für Versiche-rungsunternehmen im Vergleich zu anderen deutschen Branchen sehr hoch kon-zentriert (HHI stets über 0,52; CR_2 stets über 0,81; CR_5 stets über 0,96). Dennoch liefern die empirischen Ergebnisse keine Evidenz dafür, dass durch die angestie-gene und sehr hohe Konzentration im Untersuchungszeitraum eine ausgeprägte Wettbewerbsverzerrung vorliegt, die zu Lasten der nachfragenden Versicherungs-unternehmen zu dauerhaft überhöhten Prüfungshonoraren führt. Fallende (durchschnittliche) Honorare bei gleichbleibender bzw. ansteigender Konzentra-tion und nur geringer Variation der Stichprobenumfänge stehen zumindest im Widerspruch dazu ceteris paribus. KPMG ist jedes Jahr Marktführer und hebt sich mit einem jährlichen Marktanteil, der mit Ausnahme von 2009 immer über 70% liegt und durch 68 bis 85 Mandate generiert wird, deutlich von den anderen Prü-fungsgesellschaften ab. PwC bekleidet durchgehend den zweiten Rang, erleidet je-doch im Zeitverlauf den größten relativen Marktanteilsverlust (fällt von 21% auf 12%). EY gewinnt hingegen insbesondere in 2012 erhebliche Marktanteile hinzu und belegt damit in 2012 und 2013 mit einem Marktanteil von ca. 8% den dritten Rang. DT und RBS haben stets einen Marktanteil von ca. 3%. Stark beeinflusst wird die Marktstruktur durch einzelne Großmandate. Demnach umfasst in 2013 bereits das Prüfungshonorar von der Allianz SE ca. 21% des gesamten Marktvolumens.

- Auf der Ebene der prüfungsdurchführenden Niederlassungen setzt sich die bereits auf der Ebene der Prüfungsgesellschaften festgestellte hohe Konzentration in ab-geschwächter Form (mittel bis hoch konzentriert) fort und es kristallisieren sich wenige Niederlassungen heraus, die einen Großteil des Marktes bedienen. Dem-nach besitzen in Abhängigkeit vom Jahr die fünf honorarstärksten von insgesamt

38 bis 45 aktiven Niederlassungen einen kumulierten Marktanteil i. H. v. 72% bis 75% (realisiert durch 70 bis 78 Mandate). Hierbei stammen im jeweiligen Jahr vier der Niederlassungen von KPMG (in allen Jahren: München, Köln und Hannover; in 2009/2010: Frankfurt am Main; in 2011 bis 2013: Stuttgart) und eine von PwC (in allen Jahren: Düsseldorf). Marktführer ist stets die Niederlassung von KPMG aus München mit einem verhältnismäßig konstanten jährlichen Marktanteil zwischen 33% (2009) und 38% (2012), der mittels 15 bis 17 Mandate generiert wird. Insgesamt betrachtet kann begründet angenommen werden, dass insbesondere diesen Niederlassungen eine bedeutsame Rolle für den versicherungsspezifischen Prüfungsmarkt zukommen könnte.

- Auf der Ebene der testierenden Wirtschaftsprüfer wurde aufgrund der verschiedenen Aufgaben- und Verantwortungsbereiche zwischen Linksunterzeichnern (Mitunterzeichner) und Rechtsunterzeichnern (prüfungsdurchführende Wirtschaftsprüfer) differenziert. In jedem Jahr sind mehr prüfungsdurchführende Prüfungspartner (zwischen 78 und 89) als Mitunterzeichner (zwischen 43 und 51) aktiv. Dies hat zur Folge, dass ein Mitunterzeichner im Durchschnitt deutlich mehr Abschlüsse testiert als ein Rechtsunterzeichner. Grundsätzlich unterstützt diese Feststellung die Annahme, dass der Rechtsunterzeichner aufgrund seines Verantwortungs- und Aufgabengebietes deutlich mehr Aufwand mit der Abschlussprüfung hat als der Linksunterzeichner (fungiert oftmals als Berichtskritiker). Bei Rechtsunterzeichnern wird hingegen deutlich häufiger ein Wechsel vorgenommen. Dies spricht grundsätzlich dafür, dass der Mitunterzeichner einer höheren Hierarchieebene angehört und daher beständiger auf dem Markt tätig ist. Sowohl bei den Rechts- als auch bei den Linksunterzeichnern sind Frauen unterrepräsentiert. Im Hinblick auf die Anzahl beschäftigter Prüfungspartner steht KPMG stets an erster Stelle. Ein Blick auf die honorarstärksten Niederlassungen verdeutlicht, dass die meisten Wirtschaftsprüfer für die Niederlassung Köln von KPMG unterzeichnen. Des Weiteren kann festgestellt werden, dass ein Prüfungspartner im selben Jahr nicht selten für mehrere Niederlassungen unterschreibt. Die Konzentrationsmaße für die Merkmalsträger „links unterzeichnende Wirtschaftsprüfer" offenbaren stets einen mittel bis hoch konzentrierten Markt. Hierbei vereinnahmen die fünf honorarstärksten Linksunterzeichner in Abhängigkeit vom Jahr mit 33 (2012) bis 45 (2010) Mandaten insgesamt zwischen 67% (2009) und 71% (2013) des prüfungshonorarbasierten Gesamtmarktes. Marktführer ist mit Ausnahme von 2012 in jedem Jahr derselbe Linksunterzeichner von KPMG. In Abhängigkeit vom Jahr ist dieser an der Generierung von Marktanteilen zwischen 21% und 40% beteiligt. Die Marktführerschaft bei den Rechtsunterzeichnern nehmen abhängig vom Jahr ebenfalls zwei Wirtschaftsprüfer von KPMG ein. Hierbei liegen deren Marktanteile zwischen 19% und 22%, wobei diese primär nur durch ein Mandat generiert werden. Sowohl bei den Mitunterzeichnern als auch bei den Rechtsunterzeichnern stammt der Großteil der fünf honorarstärksten Prüfungspartner von KPMG. Eine Beurteilung anhand der maximalen Mandatsanzahl veranschaulicht, dass die jahresabhängigen Spitzenwerte verschiedener Linksunterzeichner von KPMG, PwC

und EY zwischen 13 und 21 Mandaten liegen. Die mandatsstärksten Rechtsunterzeichner von KPMG und EY sind hingegen in Abhängigkeit vom Jahr lediglich für
8 bis 14 Mandate verantwortlich. Abschließend kann festgehalten werden, dass
sich sowohl bei den Links- als auch bei den Rechtsunterzeichnern wenige Prüfungspartner herauskristallisieren, die einen Großteil des Marktes bedienen. Insbesondere für diese Wirtschaftsprüfer kann vermutet werden, dass sie sich stark
auf die Versicherungsbranche spezialisiert haben und daher eine hohe branchenspezifische Expertise aufweisen.

Im nun folgenden Kapitel wird untersucht, inwiefern die einzelnen Prüfungspartner tatsächlich Einfluss auf die Gestaltung des Prüfungshonorars nehmen. Im Fokus steht hierbei
entsprechend den aufgestellten Hypothesen die Spezialisierung eines Prüfungspartners,
welche insbesondere durch dessen Marktanteil zum Ausdruck kommen könnte. Gleichzeitig wird jedoch dafür kontrolliert, dass auch die prüfungsdurchführenden Niederlassungen
sowie die Prüfungsgesellschaften einen Einfluss auf die Honorargestaltung haben könnten.

7 Empirische Untersuchung zum Einfluss der testierenden Wirtschaftsprüfer auf die Höhe der Prüfungshonorare bei Versicherungsunternehmen in Deutschland

7.1 Verwendetes Regressionsmodell

Das verwendete Regressionsmodell zur Überprüfung der Hypothesen orientiert sich an den Ausführungen in Abschnitt 4.2. Im Einklang mit einer Vielzahl vorhergehender Studien ist die zu erklärende Variable der natürliche Logarithmus des im Jahres- oder Konzernabschluss ausgewiesenen Prüfungshonorars.[763] Als erklärende Variablen gehen neben den für die Überprüfung der Hypothesen notwendigen Testvariablen insbesondere Kontrollvariablen zur Approximation von mandantenspezifischen (Mandantengröße, -komplexität und -risiko), prüferspezifischen und auftragsspezifischen Einflussfaktoren in das Modell ein. Die Aufnahme von Kontrollvariablen ist notwendig, um einer Verzerrung der Ergebnisse bezüglich den Testvariablen vorzubeugen. Die bisherige Forschungsliteratur bezüglich Prüfungshonorare bezieht sich jedoch primär auf Industrie-, Handels- sowie Dienstleistungsunternehmen. Versicherungsunternehmen, Banken und Finanzdienstleister werden meistens explizit ausgeschlossen.[764] Begründet wird der Ausschluss damit, dass sich diese Unternehmen in Komplexität, Geschäftsumfeld, Regulierung und Bilanzstruktur grundlegend von anderen Unternehmen unterscheiden.[765] Für die vorliegende Arbeit bedeutet dies, dass nicht alle in Abschnitt 4.2 vorgestellten Kontrollvariablen uneingeschränkt nutzbar sind, da diese in Bezug auf Versicherungsunternehmen keinen Erklärungsgehalt besitzen könnten oder aufgrund der Bilanzstruktur nicht zu erheben sind.[766] Aus diesem Grund werden die Inhalte von nationalen und internationalen Forschungsarbeiten bezüglich Determinanten im Kontext der Abschlussprüfung von Versicherungsunternehmen sowie Kreditinstituten bei der Auswahl der Kontrollvariablen bestmöglich berücksichtigt. Der Fokus der empirischen Untersuchung liegt jedoch entsprechend den aufgestellten Hypothesen auf den

---

[763] Vgl. *Joha*, 2018, S. 148.

[764] Für Studien, die Banken und Finanzdienstleister explizit ausschließen vgl. exemplarisch *Simunic*, 1980, S. 180; *Francis*, 1984, S. 142; *Copley/Douthett*, 2002, S. 59; *Bell/Doogar/Solomon*, 2008, S. 735 sowie die Mehrheit der in Abschnitt 5.1.2 vorgestellten Studien.

[765] Vgl. *Boo/Sharma*, 2008, S. 30; *Carey/Simnett*, 2006, S. 658; *Chi/Chin*, 2011; S. 210; *Doogar/Rowe/Sivadasan*, 2015, S. 364; *Fields/Fraser/Wilkins*, 2004, S. 54.

[766] Bspw. ist bei HGB-Abschlüssen die Gewinnung von Informationen über kurzfristige und langfristige Vermögensgegenstände bzw. Verbindlichkeiten nur stark eingeschränkt möglich, da Versicherungsunternehmen ihre Aktivseite nicht in Anlage- und Umlaufvermögen aufspalten und entsprechend § 341a Abs. 2 Satz 1 HGB von der Pflicht zur gesonderten Angabe von Forderungen und Verbindlichkeiten mit einer Laufzeit von unter einem Jahr (Angabepflicht geregelt in § 268 Abs. 4 und 5 HGB) befreit sind.

Testvariablen zur Abbildung von auf die Versicherungsbranche spezialisierten Prüfungspartnern. Das grundlegende Regressionsmodell gestaltet sich wie folgt:

$$
\begin{aligned}
LNPH \quad = \quad & \beta_0 + \beta_1 LNBS + \beta_2 KONZERN + \beta_3 IFRS + \beta_4 VVaG \\
& + \beta_5 BStoGBB + \beta_6 EKQuote + \beta_7 BSW + \beta_8 R\ddot{u}ckVQ \\
& + \beta_9 GNBW + \beta_{10} ROAA + \beta_{11} LOSS + \beta_{12} LIQtoBS \\
& + \beta_{13} NPHtoPH + \beta_{14} ReportLag + \beta_{15} WPGWechsel \\
& + \beta_{16} INLWechsel + \beta_{17} IWPLWechsel \\
& + \beta_{18} IWPRWechsel + \beta_{19} SpezWPL + \beta_{20} SpezWPR \\
& + fixed\ effects + \varepsilon
\end{aligned}
\tag{1}
$$

Testvariablen

Zur Überprüfung der in Abschnitt 5.2 aufgestellten Hypothesen dienen die Variablen *SpezWPL* und *SpezWPR*. Die Variable *SpezWPL* bringt zum Ausdruck, ob der Linksunterzeichner als Branchenspezialist bestimmt wurde; *SpezWPR* zeigt an, ob der Rechtsunterzeichner als Branchenspezialist gilt. Zur Bestimmung des bzw. der Branchenspezialisten kommen insgesamt sieben Methoden zum Einsatz. Sechs Methoden basieren hierbei auf der in Abschnitt 4.2.3.2 vorgestellten Marktanteilsmethode. In diesem Zusammenhang wird unterstellt, dass ein hoher Marktanteil einen hohen branchenspezifischen Spezialisierungsgrad des Prüfungspartners widerspiegelt.[767] Wie bereits in der Marktstrukturanalyse auf Ebene der testierenden Wirtschaftsprüfer erfolgt (Abschnitt 6.4.3), werden die Marktanteile der Prüfungspartner auf Basis des Erhebungsmerkmals „Honorar für Abschlussprüfungsleistungen" bestimmt, da dieses die Umsatzerlöse und damit das Marktvolumen am besten widerspiegelt.[768] Um die zur Bestimmung der branchenspezialisierten Prüfungspartner angewendete Methode eindeutig kenntlich zu machen, besitzt jede eine eigene Variablenbezeichnung. Zur Überprüfung, ob die jeweilige Variable zur Abbildung eines branchenspezialisierten Links- bzw. Rechtsunterzeichners in einem statistisch signifikanten Zusammenhang mit der Höhe des Prüfungshonorars steht, wird für jede Methode das Regressionsmodell neu geschätzt.

Bei der ersten Methode gilt im jeweiligen Jahr der Prüfungspartner mit dem größten Marktanteil als Branchenspezialist. Aus diesem Grund wird dieser auch als Marktführer bezeichnet. Sofern der Linksunterzeichner (Rechtsunterzeichner) auf Basis dieser Methode als Branchenspezialist identifiziert wurde, trägt die Indikatorvariable *LEADERWPL* (*LEADERWPR*) den Wert 1, andernfalls den Wert 0.[769] Bei der zweiten Methode gelten die Prüfungspartner mit den zwei größten Marktanteilen im jeweiligen Jahr als Branchenspezialisten. Auch hier kommen Indikatorvariablen zum Einsatz, welche mit dem Wert 1 anzeigen, ob der Links- (*LEADERTOP2WPL*) bzw. Rechtsunterzeichner (*LEADERTOP2WPR*) zu den zwei größten Marktführern gehört.[770] Die dritte Methode fasst den Kreis der branchenspe-

---

[767] Für die Berechnung des Marktanteils eines Links- bzw. Rechtsunterzeichners siehe Fn. 757.

[768] Siehe hierzu Abschnitt 4.2.3.2. Andere Arbeiten bezüglich der Individualebene greifen auf Erhebungsmerkmale, wie Mandatsanzahl, Bilanzsumme oder Umsatzerlöse, zurück. Siehe hierzu Tab. 47, Anhang A.1.

[769] Vgl. u. a. *Goodwin/Wu*, 2014, S. 1547 f.; *Nagy*, 2014, S. 518.

[770] Vgl. u. a. *Chi/Chin*, 2011, S. 208; *Zerni*, 2012, S. 322.

zialisierten Prüfungspartner weiter und deklariert in jedem Jahr die Prüfungspartner mit den fünf größten Marktanteilen als Branchenspezialisten. Analog zu den vorherigen Variablen kommen hier die dichotomen Variablen *LEADERTOP5WPL* sowie *LEADERTOP5WPR* zum Einsatz. Im Rahmen der vierten Methode gilt ein Prüfungspartner dann als Branchenspezialist, wenn dieser mit seinem Marktanteil einen festgelegten Grenzwert überschreitet. Hierbei liegt der jährliche Grenzwert 20% über dem durchschnittlichen Anteil, der sich bei einer fiktiven Gleichverteilung des Marktes auf die in der Branche tätigen Prüfungspartner ergeben würde.[771] Übersteigt der Marktanteil des Mitunterzeichners bzw. prüfungsdurchführenden Prüfungspartners den Grenzwert, so nimmt die Dummy-Variable *SPEZ20%WPL* respektive *SPEZ20%WPR* den Wert 1 an; andernfalls beträgt der Wert 0. Im Einklang mit *Zerni* (2012) bestimmt die fünfte Methode einen Prüfungspartner dann als Branchenspezialist, wenn dessen Marktanteil im jeweiligen Jahr oberhalb des dritten Quartils der jährlichen partnerspezifischen Marktanteile liegt. Angezeigt wird dies mittels der Indikatorvariablen *SPEZ3QWPL* bzw. *SPEZ3QWPR*. Die sechste marktanteilsbasierte Methode trägt der bereits in Abschnitt 4.2.3.2 angesprochenen Problematik Rechnung, dass die Bestimmung der dichotomen Spezialistenvariable grundsätzlich subjektiv und willkürlich erfolgt, da bspw. ohne theoretische Begründung festgelegt wird, dass nur der Prüfungspartner mit dem größten Marktanteil der Branchenspezialist ist. Aus diesem Grund findet auch die stetige Größe Marktanteil eines Prüfungspartners als Proxy für den branchenspezifischen Spezialisierungsgrad Eingang in die empirische Untersuchung. Die Variable *MarktanteilWPL* spiegelt den Markanteil des Linksunterzeichners, die Variable *MarktanteilWPR* den des Rechtsunterzeichners wider.

Neben den sechs vorgenannten marktanteilsbasierten Methoden, welche primär der bisherigen Forschungsliteratur entnommen wurden, kommt eine weitere bis dato nur durch *Ernstberger/Koch/Tan* (2015) angewandte Methode zum Einsatz. Hierbei nehmen die Dummy-Variablen *IDWFAWPL* und *IDWFAWPR* den Wert 1 an, sofern der Links- bzw. Rechtsunterzeichner dem Versicherungsfachausschuss des IDW angehört; andernfalls beträgt der Wert 0.[772] Die vom IDW gebildeten Fachausschüsse dienen der Behandlung von

---

[771] Die Bestimmung des Grenzwertes berechnet sich wie folgt: Im Jahr 2009 waren insgesamt 78 Rechtsunterzeichner (vgl. Tab. 9) auf dem Markt tätig. Demnach ergibt sich bei einer fiktiven Gleichverteilung des Marktes auf die in der Branche tätigen Rechtsunterzeichner ein durchschnittlicher Marktanteil i. H. v. ca. $1/78 = 1{,}28\%$. Die Multiplikation dieses Wertes mit 1,20 ergibt für die Rechtsunterzeichner im Jahr 2009 einen Grenzwert i. H. v. ca. 1,54%. Analog ist für den Grenzwert der Linksunterzeichner vorzugehen. Für das grundsätzliche Verfahren siehe auch Fn. 441.

[772] *Ernstberger/Koch/Tan* (2015) nutzen die Mitgliedschaft in einem IDW-Fachgremium jedoch nicht als Indikator für einen branchenspezialisierten Wirtschaftsprüfer, sondern sie sehen diese als Proxy dafür, dass der Wirtschaftsprüfer über hohe betriebswirtschaftliche bzw. unternehmerische Fähigkeiten verfügt. Den vorgenannten Zusammenhang begründen die Autoren damit, dass vermehrt Wirtschaftsprüfer mit hohen unternehmerischen Fähigkeiten Karriereerfolge verzeichnen. Die Mitgliedschaft in einem Fachgremium vom IDW interpretieren sie u. a. als einen Karriereerfolg. Folglich sollten insbesondere diese Mitglieder die vorgenannten Eigenschaften aufweisen. Im Rahmen ihrer Hypothesenherleitung argumentieren sie, dass diese Wirtschaftsprüfer aufgrund der vorgenannten Fähigkeiten u. a. besser dazu in der Lage sind, ihre Zeiteinteilung entsprechend den vom Mandanten gesetzten Fristen zu organisieren und die Servicewünsche des Mandanten zu erkennen sowie darauf zu reagieren. Aus diesem Grund sollten diese Wirtschaftsprüfer eine höhere Verhandlungsfähigkeit besitzen und daher Prüfungshonoraraufschläge realisieren; vgl. *Ernstberger/Koch/Tan*, 2015, S. 10, 14.

spezifischen Fragestellungen.[773] Ein Großteil der bestehenden Fachausschüsse konzentriert sich hierbei auf einzelne Branchen. So gibt es neben dem Versicherungsfachausschuss bspw. den Banken-, Energie-, Krankenhaus-, Investment- und Immobilienfachausschuss.[774] Berufen werden in einen derartigen Ausschuss nur Personen[775], die auf dem jeweiligen Arbeitsgebiet des Ausschusses eine entsprechende praktische Erfahrung besitzen. Konkret bedeutet dies, dass der Großteil der beruflichen Tätigkeit eines jeden Fachausschussmitgliedes im Zusammenhang mit dem Arbeitsgebiet des Fachausschusses stehen muss. Dies soll sicherstellen, dass die Mitglieder stets mit den neuen und relevanten Entwicklungen vertraut sind. Die Berufung von Mitgliedern erfolgt durch den Vorstand auf Basis eines vom Vorsitzenden des Fachausschusses und dem Fachleiter verabredeten Vorschlags.[776] Die Ergebnisse eines jeden Fachausschusses bezüglich bestimmter Fragestellungen finden Eingang in die unterschiedlichsten Veröffentlichungen des IDW. Demnach sind die Fachausschüsse verantwortlich für die Erstellung oder zumindest beteiligt an der Ausarbeitung von IDW Prüfungsstandards, IDW Stellungnahmen zur Rechnungslegung, IDW Standards sowie den IDW Prüfungs- und Rechnungslegungshinweisen. Doch auch Fachbeiträge in den Medien des IDW-Verlages sowie Fachbücher werden von den Fachausschüssen publiziert.

Die vorherigen Ausführungen lassen erwarten, dass die Mitglieder eines Fachausschusses eine hohe Branchenexpertise aufweisen und die Abschlussprüfung innerhalb verschiedener Branchen durch ihre Publikationen maßgeblich beeinflussen. Demnach kann begründet angenommen werden, dass die Mitglieder des Versicherungsfachausschusses die Expertise eines Branchenspezialisten aufweisen und für den Abschlussprüfungsmarkt für Versicherungsunternehmen eine hohe Bedeutung besitzen. Des Weiteren kann der Mitgliedschaft im Fachausschuss eine Signalwirkung für eine hohe Branchenexpertise und ein gute Reputation zugesprochen werden, da der Mandant bereits aufgrund der Mitgliedschaft vermittelt bekommt, dass dieser die für diesen Posten geforderte Expertise besitzt. In Hinblick auf die branchenspezifische Expertise kann angenommen werden, dass diese nicht sofort erlischt, sofern ein Prüfungspartner nicht mehr im Fachausschuss vertreten ist. Vielmehr sollte diese zumindest in den unmittelbar danach folgenden Jahren noch vorhanden sein. Demnach gelten nach der hier angewendeten Methode zur Identifizierung von Branchenspezialisten Prüfungspartner dann als Branchenspezialist, wenn sie in dem der Abschlussprüfung zugrunde liegenden Geschäftsjahr oder zumindest in dem vorhergehenden Jahr Mitglied im Versicherungsfachausschuss waren.[777] Entsprechend den Ausführungen in Abschnitt 5.2 zur Herleitung der Hypothesen wird für den Einfluss der prüfungspartnerbezogenen Spezialistenvariablen keine Wirkungsrichtung prognostiziert.

---

[773]   Vgl. *Brösel/Freichel/Toll et al.*, 2015, S. 60.

[774]   Für eine Auflistung aller Fachausschüsse siehe *IDW*, 2018.

[775]   Für gewöhnlich sollen nur ordentliche Mitglieder des IDW in Fachausschüsse berufen werden. Es kann jedoch auch ein Nicht-Berufsangehöriger berufen werden, sofern dieser über besondere und für den Fachausschuss wichtige Fachkenntnisse verfügt und dieser mit dem Berufsstand verbunden ist; vgl. *IDW*, 2008, S. 1.

[776]   Vgl. *IDW*, 2008, S. 1 f.

[777]   Zur Bestimmung der Mitglieder im IDW-Versicherungsfachausschuss siehe Abschnitt 7.2.

Kontrollvariablen

Die logarithmierte Bilanzsumme (*LNBS*) dient als Proxy für Mandantengröße. Im Einklang mit einer Vielzahl bisheriger Forschungsarbeiten wird ein positiver Einfluss auf die Höhe des Prüfungshonorars erwartet.[778] Die binäre Variable *KONZERN* zeigt an, ob es sich um die Prüfung eines Konzernabschlusses handelt. Durch die Aufnahme dieser Variable soll für die höhere Komplexität eines Mutterunternehmens aufgrund der wirtschaftlichen Verflechtungen mit ihren Tochterunternehmen kontrolliert werden. Grundsätzlich ist anzunehmen, dass die Prüfung eines Konzernabschlusses deutlich aufwendiger ist als die eines Jahresabschlusses. Dies kann damit begründet werden, dass der Konzernabschlussprüfer im Rahmen seiner Tätigkeit nicht nur den Jahresabschluss des Mutterunternehmens, sondern auch sämtliche im Konzernabschluss zusammengefassten Jahresabschlüsse der Tochterunternehmen überprüfen muss.[779] Hinzu kommt die Überprüfung der nicht selten komplexen Abgrenzung des Konsolidierungskreises sowie der verwendeten Konsolidierungsmaßnahmen.[780] Des Weiteren nimmt die Variable das Faktum auf, dass ein Großteil der Versicherungskonzerne Versicherungsunternehmen der unterschiedlichen Sparten (Lebens-, Kranken-, Schaden-/Unfall- und Rückversicherung) vereinen. Dies führt zu einer erhöhten Komplexität, welche bei der Abschlussprüfung eine spartenübergreifende Expertise des Abschlussprüfers notwendig macht. *O'Sullivan/Diacon* (2002) konnten in diesem Zusammenhang zeigen, dass Versicherungsunternehmen, die sich nur auf eine Sparte konzentrieren, geringere Prüfungshonorare zahlen.[781] Basierend auf diesen Argumenten und der bisherigen Empirie wird erwartet, dass das Prüfungshonorar für Konzernabschlüsse signifikant höher ausfällt.[782]

Die Dummy-Variable *IFRS* signalisiert, ob der geprüfte Abschluss nach den IFRS oder den handelsrechtlichen Rechnungslegungsvorschriften aufgestellt wurde. Hierdurch wird berücksichtigt, dass die Rechnungslegungsvorschriften aufgrund ihrer zum Teil differierenden Ausgestaltung unterschiedlich stark auf die Höhe des Prüfungshonorars einwirken könnten. Inwiefern die Anwendung der IFRS im Vergleich zu den handelsrechtlichen Vorschriften die Höhe des Prüfungshonorars determiniert, kann nicht eindeutig prognostiziert werden. Demnach könnte aufgrund von komplexeren und umfangreicheren Vorgaben in Bezug auf die Rechnungslegung auch der Arbeitsaufwand im Rahmen einer Abschlussprüfung und damit das Prüfungshonorar bei Anwendung der IFRS höher ausfallen. Ebenso besteht jedoch die Möglichkeit, dass die Anwendung der IFRS eine höhere Rechnungslegungsqualität induziert. Dies könnte zur Folge haben, dass das Geschäftsrisiko des Abschlussprüfers und damit die im Prüfungshonorar integrierte Risikoprämie geringer ausfallen.[783] Daneben nimmt die *IFRS*-Variable jedoch weitere Effekte auf, welche im Zusammenhang mit einer höheren Mandantenkomplexität, einem höheren Mandantenrisiko sowie Prinzipal-Agenten-Konflikten stehen. Das Faktum, dass in Deutschland nur kapitalmarktorientierte Unternehmen ihren Konzernabschluss nach IFRS aufstellen müssen, führt dazu,

---

[778] Vgl. *Pearson/Trompeter*, 1994, S. 122. Siehe hierzu auch Abschnitt 4.2.2.

[779] Vgl. § 317 Abs. 3 Satz 1 HGB.

[780] Vgl. *Joha*, 2018, S. 176.

[781] Vgl. *O'Sullivan/Diacon*, 2002, S. 105.

[782] Vgl. *Joha*, 2018, S. 176 f.; *Leidner/Lenz*, 2017, S. 332.

[783] Vgl. *Cameran/Perotti*, 2014, S. 156-158; *Leidner/Lenz*, 2017, S. 335.

dass die Variable i. d. R. vorwiegend kapitalmarktorientierte Unternehmen repräsentiert. [784] Hierbei ist anzunehmen, dass kapitalmarktorientierte Unternehmen aufgrund zusätzlicher Regularien [785] eine höhere Komplexität aufweisen, die wiederum ein höheres Prüfungshonorar zur Folge haben sollte. [786] Des Weiteren sind bei kapitalmarktorientierten Unternehmen grundsätzlich mehr eigenfinanzierungsbedingte Prinzipal-Agenten-Konflikte zu erwarten, da diese Unternehmen aufgrund ihrer Börsennotierung tendenziell mehr Eigner mit kleinen Anteilen und damit geringen Kontrollmöglichkeiten haben. Daher sollten diese Unternehmen eine höhere Prüfungsqualität nachfragen mit dem Resultat, dass das Prüfungshonorar höher ausfällt. [787] Doch auch das im Mandantenrisiko enthaltene Geschäftsrisiko des Abschlussprüfers fällt bei kapitalmarktorientierten Unternehmen im Normalfall höher aus, da diese Unternehmen ein höheres Risiko aufweisen, verklagt zu werden. Dieses gesteigerte Geschäftsrisiko wird der Abschlussprüfer für gewöhnlich durch eine zusätzliche Risikoprämie im Prüfungshonorar kompensieren. [788] Zuletzt bleibt zu erwarten, dass die Variable *IFRS* auch einen Teil des Effektes eines Konzernabschlusses auf die Prüfungshonorarhöhe aufnimmt, da in Deutschland aufgrund der gesetzlichen Vorschriften nur Konzernabschlüsse nach den IFRS aufgestellt werden. Demnach ist jeder handelsrechtlich vorgeschriebene IFRS-Abschluss gleichzeitig ein Konzernabschluss. In Anbetracht der in der Kontrollvariable IFRS vereinten Effekte wird letztendlich ein positiver Einfluss auf die Höhe des Prüfungshonorars prognostiziert.

Die binäre Variable *VVaG* nimmt den Wert 1 an, sofern die Rechtsform des Versicherungsunternehmens ein (kleiner) Versicherungsverein auf Gegenseitigkeit (VVaG) ist. Sollte es sich hingegen um eine AG, eine Europäische AG (*Societas Europaea*; SE) oder eine Anstalt des öffentlichen Rechts handeln, so beträgt der Wert der Variable 0. Die Variable soll der Tatsache Rechnung tragen, dass abhängig von der Rechtsform unterschiedliche Prinzipal-Agenten-Konflikte vorherrschen. Grundsätzlich existieren drei Interessengruppen innerhalb eines Versicherungsunternehmens: die Eigentümer, die Manager und die Versicherungsnehmer. Besonders häufig kommt es hierbei zu zwei Konfliktformen. Zum einen sind das Konflikte zwischen den Eigentümern und den Versicherungsnehmern (eine Art der fremdfinanzierungsbedingten Prinzipal-Agenten-Konflikte) und zum anderen zwischen den Eigentümern und den Managern (Eigenfinanzierungsbedingte Prinzipal-Agen-

---

[784] Relativiert wird dies dadurch, dass auch einige nicht kapitalmarktorientierte Unternehmen entsprechend § 315e Abs. 3 HGB die IFRS freiwillig anwenden.

[785] Bspw. muss der Abschlussprüfer einer börsennotierten AG nach § 317 Abs. 4 HGB zusätzlich beurteilen, ob der Vorstand der Gesellschaft entsprechend § 91 Abs. 2 AktG geeignete Maßnahmen (insbesondere die Einrichtung eines Überwachungssystems) getroffen hat, um den Fortbestand der Gesellschaft gefährdende Entwicklungen frühzeitig zu entdecken. Hierbei muss insbesondere vom Abschlussprüfer bewertet werden, ob das eingerichtete Überwachungssystem seine Aufgabe erfüllen kann. Des Weiteren muss der Abschlussprüfer eines kapitalmarktorientierten Unternehmens seit der im Juni 2016 in Kraft getretenen RL 2014/56/EU des Europäischen Parlaments (auf nationaler Ebene umgesetzt durch das AReG) die spezifischen Anforderungen an die Abschlussprüfung bei Unternehmen von öffentlichem Interesse entsprechend der Verordnung (EU) Nr. 537/2014 beachten. Der zuletzt genannte Aspekt ist jedoch aufgrund des Untersuchungszeitraumes von 2009 bis 2013 für diese Analyse irrelevant.

[786] Vgl. *Leidner/Lenz*, 2017, S. 326.

[787] Vgl. *Leidner/Lenz*, 2017, S. 326. Siehe hierzu auch Abschnitt 4.2.2.2.

[788] Vgl. *Hay/Knechel/Wong*, 2006, S. 171, 175; *Leidner/Lenz*, 2017, S. 326.

ten-Konflikte).[789] Bei einem VVaG besteht jedoch die Besonderheit, dass für gewöhnlich die erstgenannte Konfliktform nicht existiert, da die Mitglieder des Versicherungsvereins (Eigentümer) und die Versicherungsnehmer entsprechend § 176 Satz 2 VAG[790] dieselben Personen sind.[791] Die Folge hieraus ist, dass bei einem VVaG keine Kosten im Zusammenhang mit Konflikten zwischen den Mitgliedern und Versicherungsnehmern anfallen, sofern kein Nichtmitgliedergeschäft entsprechend § 177 Abs. 2 VAG betrieben wird.[792] Bei anderen Rechtsformen existiert hingegen diese Konfliktform grundsätzlich, da Eigentümer und Versicherungsnehmer oftmals auseinanderfallen. Da bspw. die Aktionäre einer AG, aber auch die Eigner einer Anstalt des öffentlichen Rechts dazu in der Lage sind, das Geschäftsrisiko des Versicherungsunternehmens zum Teil auf die Versicherungsnehmer umzuwälzen, ist zu vermuten, dass sie für gewöhnlich ceteris paribus weniger risikoavers sind als die Mitglieder eines VVaG.[793] Der hieraus erwachsende Prinzipal-Agenten-Konflikt sollte zur Folge haben, dass eine höhere Prüfungsqualität nachgefragt wird, um dennoch die Korrektheit der Rechnungslegung zu bestätigen bzw. zu signalisieren. Des Weiteren kann angenommen werden, dass die risikoreicheren und zum Teil komplexeren Geschäftsstrategien einen höheren Prüfungsaufwand verursachen.[794] Beides sollte letztendlich dazu führen, dass die Kosten für die Abschlussprüfung höher ausfallen.[795] Im Umkehrschluss bedeutet dies für einen VVaG, dass die Abwesenheit von den vorgenannten fremdfinanzierungsbedingten Prinzipal-Agenten-Konflikten sowie weniger risikoreicheren Geschäftsstrategien eine geringere Prüfungsqualität bzw. einen geringeren Prüfungsaufwand bedingen.[796] Aus diesem Grund und im Einklang mit bisherigen Forschungsergebnissen wird für die Kontrollvariable *VVaG* ein negativer Einfluss auf die Höhe des Prüfungshonorars erwartet.[797]

Die Variable *BStoGBB* gibt das Verhältnis von der Bilanzsumme zu den gebuchten Bruttobeiträgen wieder. Hierdurch soll die Geschäftsstruktur des Versicherungsunternehmens ansatzweise approximiert werden. Je höher der Wert dieser Variable ausfällt, desto langfristiger gestaltet sich das Versicherungsgeschäft. *O'Sullivan/Diacon* (1994) weisen für diese Variable einen signifikant positiven Einfluss auf die Höhe des Prüfungshonorars nach und

[789] Für eine ausführliche Erläuterung der Prinzipal-Agenten-Konflikte siehe Abschnitt 2.1.1.

[790] Bis einschließlich zum 31.12.2015 geregelt in § 20 Satz 2 VAG a.F.

[791] Hierbei bleibt das sogenannte Nichtmitgliedergeschäft nach § 177 Abs. 2 VAG (§ 21 Abs. 2 VAG a.F.) außer Acht.

[792] Vgl. *Martiensen*, 2006, S. 21-23.

[793] Vgl. *Adams/Sherris/Hossain*, 1997, S. 76; *Martiensen*, 2006, S. 22.

[794] Vgl. *O'Sullivan/Diacon*, 1994, S. 73 f.

[795] Vgl. *Adams/Sherris/Hossain*, 1997, S. 76 f.

[796] Im Gegensatz zur vorhergehenden Argumentation werden in der Literatur auch Gründe dafür angeführt, dass die VVaGs im Vergleich zu Versicherungsaktiengesellschaften eine höhere Prüfungsqualität nachfragen. Der Hauptgrund wird darin gesehen, dass bei VVaGs ein höheres Corporate-Governance-Problem besteht, da die Rechtsform Defizite bei den Mitteln zur Kontrolle des Vorstands aufweist; vgl. *Martiensen*, 2006, S. 24 f.; *O'Sullivan/Diacon*, 2002, S. 95 f. Das hieraus erwachsende höhere Konfliktpotenzial zwischen Eigentümern und Vorstand spricht daher für eine Nachfrage nach umfangreichen Prüfungsleistungen. Dies sollte letztendlich mit einem gesteigerten Prüfungshonorar einhergehen; vgl. *O'Sullivan/Diacon*, 2002, S. 95 f. Nach Abwägung der bereits angeführten Argumente und weiterer Argumenten kommen jedoch auch *O'Sullivan/Diacon* (2002) zu dem Schluss, dass VVaGs im Vergleich zu anderen Rechtformen ein geringeres Prüfungshonorar aufweisen sollten; vgl. *O'Sullivan/Diacon*, 2002, S. 96 f.

[797] Vgl. *O'Sullivan/Diacon*, 1994, S. 81; *O'Sullivan/Diacon*, 2002, S. 102.

begründen diesen damit, dass es bei einem langfristigeren Versicherungsgeschäft tendenziell schwieriger ist, die angemessenen versicherungstechnischen Rückstellungen zu schätzen und zu prüfen.[798] Im Gegensatz dazu existiert jedoch das Argument, dass insbesondere Versicherungsunternehmen mit einem langfristigen Versicherungsgeschäft, wie z. B. Lebens- und Krankenversicherer, eine deutlich geringere Unsicherheit bei der Schätzung von zukünftigen Schadensansprüchen und den damit verbundenen Rückstellungen haben, da ihnen präzisere Hilfsmittel, wie bspw. Sterbetafeln, zur Verfügung stehen.[799] Im Einklang hiermit konstatieren *O'Sullivan/Diacon* (2002), dass insbesondere reine Lebensversicherungsunternehmen ein signifikant geringeres Prüfungshonorar zahlen.[800] In Anbetracht der konträren Argumente und Evidenz wird für die Kontrollvariable *BStoGBB* keine Wirkungsrichtung auf die Höhe des Prüfungshonorars prognostiziert.

Zur Approximation des mandantenspezifischen Risikos (und ggf. der Mandantenkomplexität)[801] kommen vorwiegend Variablen zum Einsatz, die sich an den Faktoren von externen Ratingsystemen orientieren. Insbesondere die fünf Komponenten *Capital Adequacy, Asset Quality, Management Capability, Earnings* und *Liquidity* des ursprünglich zur Bonitätsbeurteilung von Banken entwickelten CAMEL-Ratings nehmen hierbei eine bedeutende Rolle ein.[802] Ergänzt werden diese Komponenten um eine sechste namens *Reinsurance and Actuarial Issues*, welche die für die Risikosituation eines Versicherungsunternehmens bedeutsame Rückversicherungspolitik berücksichtigt. Aus diesem Grund wird auch vom CARAMEL-Ansatz gesprochen.[803] Die Relevanz der CAMEL-Komponenten für die Bonitätsbeurteilung von Versicherungsunternehmen wird in der Literatur damit begründet, dass diese Komponenten grundsätzlich auch Eingang in staatliche Systeme zur Überwachung der Solvenz von Versicherungsunternehmen, wie bspw. das *Insurance Regulatory Information System* (IRIS) von der US-amerikanischen *National Association of Insurance Commissioners* (NAIC), finden.[804] Da auch bei der deutschen Aufsichtsbehörde (BaFin) die Überwachung der Solvenz der Versicherungsunternehmen im Fokus steht,[805] ist anzunehmen, dass diese ebenfalls die vorgenannten Komponenten in ihr Kalkül miteinbezieht. In Bezug auf die Abschlussprüfer und deren Bewertung des mandantenspezifischen Risikos ist zu er-

---

[798]   Vgl. *O'Sullivan/Diacon*, 1994, S. 76, 80.

[799]   Vgl. *Adams/Burton/Hardwick*, 2003, S. 548 f.; *Borde/Chambliss/Madura*, 1994, S. 181; *O'Sullivan/Diacon*, 2002, S. 96.

[800]   Vgl. *O'Sullivan/Diacon*, 2002, S. 94, 102 f.

[801]   Entsprechend der bisherigen Forschungsliteratur ist eine klare Trennung von Mandantenkomplexität und -risiko aufgrund von wechselseitigen Beziehungen nahezu unmöglich. Aus diesem Grund ist anzunehmen, dass die gewählten Maße zur Approximation des Mandantenrisikos auch einen Teil der Mandantenkomplexität mit abbilden. Folglich könnte die Beeinflussung des Prüfungshonorars nicht nur auf das Mandantenrisiko, sondern auch auf die Mandantenkomplexität zurückzuführen sein; vgl. *Fields/Fraser/Wilkins*, 2004, S. 57 f.; *Leidner/Lenz*, 2017, S. 336.

[802]   Für weitergehende Informationen zum international anerkannten CAMEL-Rating im Zusammenhang mit der Bonitätsbeurteilung von Banken siehe u. a. *Leidner/Lenz*, 2017, S. 327; *Lopez*, 1999; *Swindle*, 1995, S. 125 f. Seit 1997 berücksichtigt das Rating zusätzlich die sechste Komponente *Sensitivity to market risk*. Demnach wird es seitdem auch als CAMELS-Rating bezeichnet; vgl. *Lopez*, 1999. Aufgrund fehlender Daten zur Abbildung der sechsten Komponente findet diese im vorliegenden Regressionsmodell keine Berücksichtigung.

[803]   Vgl. *Das/Davies/Podpiera*, 2003, S. 26; *Kwon/Wolfrom*, 2016, S. 11, 44.

[804]   Vgl. *Adams/Burton/Hardwick*, 2003, S. 543. Für weitergehende Informationen zum IRIS siehe *NAIC*, 2017.

[805]   Vgl. *BaFin*, 2016b.

warten, dass auch diese die vorgenannten Komponenten als Beurteilungsgrundlagen nutzen. Dies ist zum einen damit zu begründen, dass die vorgenannten Komponenten annahmegemäß die bestehenden Risiken bei einem Mandanten widerspiegeln. Zum anderen ist anzunehmen, dass der Abschlussprüfer insbesondere die für die Aufsichtsbehörde bedeutsamen Faktoren im Fokus behält, da ihm bewusst ist, dass seine Arbeit von hoher Relevanz für die Aufsichtsfunktion der BaFin ist und er gleichzeitig sanktioniert werden kann, sofern die Prüfung die Ansprüche der Aufsichtsbehörde nicht erfüllt. Die Bedeutsamkeit des Abschlussprüfers für die Aufsichtsbehörde kommt u. a. dadurch zum Ausdruck, dass der Prüfungsbericht bei der BaFin eingereicht werden muss, die BaFin den Prüfungsbericht mit dem Abschlussprüfer erörtert sowie Ergänzungen verlangen darf (§ 37 Abs. 5 VAG)[806] und der Abschlussprüfer Melde- sowie Auskunftspflichten gegenüber der BaFin besitzt (§ 35 Abs. 4 und § 305 Abs. 2 Nr. 2 VAG)[807]. Die Sanktionierung des Abschlussprüfers könnte bspw. dadurch erfolgen, dass die BaFin den derzeitigen Abschlussprüfer im Folgejahr nicht mehr für die Prüfung zulässt (§ 36 Abs. 1 VAG)[808] oder mögliche Berufspflichtverletzungen des Abschlussprüfers an die Wirtschaftsprüferkammer (WPK) meldet, die sodann berufsrechtliche Sanktionen gegen diesen einleitet.[809]

Zur Approximation der Kapitaladäquanz (*Capital Adequacy*) wird die ungewichtete Eigenkapitalquote herangezogen. Die Variable *EKQuote* drückt hierbei das Verhältnis vom haftenden Eigenkapital zur ungewichteten Bilanzsumme aus.[810] Für Versicherungsunternehmen ist Eigenkapital von hoher Bedeutung, da es neben der Finanzierungsfunktion insbesondere eine Haftungs- bzw. Garantiefunktion übernimmt, indem es als Verlustverrechnungspuffer wirkt und Schwankungen des Jahresergebnisses auffängt. Die Eigenkapitalquote gibt daher Aufschluss über die finanzielle Stabilität eines Versicherungsunternehmens. Je höher die Eigenkapitalquote, desto stärker sollte die Finanzkraft sowie die Kreditwürdigkeit sein, da Verpflichtungen gegenüber Dritten mit einer höheren Wahrscheinlichkeit erfüllt werden können.[811] In Hinblick auf das mandantenspezifische Risiko bedeutet dies, dass es umso geringer ausfallen sollte, je höher die Eigenkapitalquote ist. Ein geringeres Mandantenrisiko sollte wiederum für den Abschlussprüfer einen geminderten Prüfungsaufwand oder eine reduzierte Risikoprämie zur Folge haben. Aus diesem Grund wird für die Kontrollvariable *EKQuote* ein negativer Zusammenhang mit der Höhe des Prüfungshonorars erwartet.[812] Die Komponente *Asset Quality* findet Eingang in das Honorarmodell

---

[806] Bis einschließlich zum 31.12.2015 geregelt in § 59 VAG a.F.

[807] Bis einschließlich zum 31.12.2015 geregelt in § 57 Abs. 1 VAG a.F.

[808] Bis einschließlich zum 31.12.2015 geregelt in § 58 VAG a.F.

[809] Vgl. *Herkendell*, 2007, S. 246. Die Verpflichtung zur Meldung von Fehlern des Abschlussprüfers an die WPK ergibt sich aus § 342b Abs. 8 Satz 2 HGB a.F. Seit der ab dem 17.06.2016 geltenden HGB-Fassung müssen Berufspflichtverletzungen an die Abschlussprüferaufsichtsstelle beim Bundesamt für Wirtschaft und Ausfuhrkontrolle gemeldet werden.

[810] Für die Aufgliederung des Passivpostens Eigenkapital siehe Formblatt 1 Passivposten A der RechVersV.

[811] Vgl. *Das/Davies/Podpiera*, 2003, S. 21, 27-29; *Ott*, 2005, S. 7 f.; *Wagner*, 2017, S. 252.

[812] Im Gegensatz hierzu könnte auf Basis der aktuellen Fassung des VAG argumentiert werden, dass risikoreichere Versicherungsunternehmen aufgrund der aufsichtsrechtlichen Regularien mehr Eigenkapital bzw. Eigenmittel vorhalten müssen, da die Berechnung der Solvabilitätskapitalanforderung vom quantifizierbaren Risiko abhängt, dem das Versicherungsunternehmen ausgesetzt ist; vgl. § 97 Abs. 2, 3 VAG. Die Regelungen der Fassung des VAG mit Wirksamkeit bis 31.12.2015 (§ 53c VAG a.F.) orientieren sich hingegen nur stark begrenzt an den tatsächlich eingegangenen Risiken; vgl. *Gal/Sehrbrock*, 2013, S. 19. Aus diesem Grund ist das

durch die Berücksichtigung der Wachstumsrate der Gesamtaktiva (*BSW*). Im Einklang mit der Honorarforschung bei Banken wird argumentiert, dass eine zunehmende Gesamtaktiva eines Versicherungsunternehmens grundsätzlich eine andauernde Nachfrage nach dessen Produkten sowie die Fähigkeit zur Realisierung von rentablen Investitionen impliziert. Dies wiederum sollte eine Reduzierung des mandantenspezifischen Risikos zur Folge haben. Konträr hierzu kann jedoch argumentiert werden, dass ein durch Zuschreibungen, Überinvestitionen oder Investitionen in riskante Vermögenswerte induziertes Bilanzwachstum die Risikosituation eines Versicherungsunternehmens und damit das mandantenspezifische Risiko erhöht.[813] Insgesamt betrachtet und im Einklang mit den Argumenten und Ergebnissen von *Leidner/Lenz* (2017) wird dennoch erwartet, dass in der Tendenz eine Zunahme der Gesamtaktiva eher auf die zuerst genannten positiven Gründe zurückzuführen ist.[814] Die damit einhergehende Verringerung des mandantenspezifischen Risikos sollte daher eine Reduzierung des Prüfungshonorars zur Folge haben. Aus diesem Grund wird für den Koeffizienten der Variable *BSW* ein negatives Vorzeichen prognostiziert.

Zur adäquaten Abbildung der Rückversicherungspolitik (*Reinsurance and Actuarial Issues*) des Versicherungsunternehmens kommt die Kontrollvariable *RückVQ* (Rückversicherungsquote) zum Einsatz. Berechnet wird die Variable, indem die abgegebenen Rückversicherungsbeiträge ins Verhältnis zu den gebuchten Bruttobeiträgen gesetzt werden.[815] Versicherungsunternehmen nehmen Rückversicherungen in Anspruch, um ihre eigene durch das Versicherungsgeschäft begründete Risikosituation zu mindern. Hierfür verpflichtet sich das Versicherungsunternehmen, einen vertraglich festgelegten Anteil der Bruttoprämien an den Rückversicherer abzugeben. Im Gegenzug verpflichtet sich der Rückversicherer dazu, einen Teil der mit dem rückversicherten Versicherungsgeschäft in Verbindung stehenden Aufwendungen zu tragen, wie bspw. für eingetretene Versicherungsfälle.[816] Die anteilige Übertragung von Risiken an den Rückversicherer trägt dazu bei, die Ungewissheit über die Häufigkeit und den Umfang von zukünftigen Verlusten zu reduzieren und schützt das Versicherungsunternehmen vor externen ökonomischen Schocks.[817] Demnach sollte das mandantenspezifische Risiko umso geringer ausfallen, je größer die Rückversicherungsquote ausfällt, da tendenziell mehr Risiken an den Rückversicherer weitergegeben werden. Folglich wäre anzunehmen, dass die Rückversicherungsquote in einer negativen Beziehung zur Höhe des Prüfungshonorars steht. Untermauert wird diese Annahme durch das Argument, dass die Inanspruchnahme von Rückversicherungsschutz opportunistisches Verhalten des Managements eingrenzt, da das Rückversicherungsunternehmen aus Eigeninteresse die Tätigkeit des Versicherungsunternehmens überwacht und gegebenenfalls sanktionieren würde (z. B. durch höhere zukünftige Rückversicherungsbeiträge). Diese Kontrollfunktion des Rückversicherers könnte den Prüfungsaufwand eines

---

Argument für einen positiven Zusammenhang zwischen der Eigenkapitalquote und der Höhe des Risikos eines Versicherungsunternehmens auf den Untersuchungszeitraum nicht anwendbar.

[813] Vgl. *Leidner/Lenz*, 2017, S. 327.

[814] Vgl. *Leidner/Lenz*, 2017, S. 327, 330.

[815] Vgl. *Adams/Sherris/Hossain*, 1997, S. 78; *Adams/Burton/Hardwick*, 2003, S. 552.

[816] Vgl. *Farny*, 1989, S. 105.

[817] Vgl. *Adams/Sherris/Hossain*, 1997, S. 73; *Adams/Burton/Hardwick*, 2003, S. 547 f.; *Das/Davies/Podpiera*, 2003, S. 31; *Pottier/Sommer*, 1999, S. 626.

Abschlussprüfers reduzieren mit der Folge, dass das Prüfungshonorar geringer ausfällt.[818] Auf der anderen Seite führt eine zunehmende Inanspruchnahme von Rückversicherungsschutz dazu, dass die zukünftige Finanzkraft des Versicherungsunternehmens maßgeblich von der Solvenz des Rückversicherers abhängt. Um daher das mandantenspezifische Risiko richtig einschätzen zu können, müssen auch die vertraglichen Beziehungen zum Rückversicherer sowie dessen Risikosituation überprüft werden. Dies hat eine Komplexitätssteigerung im Zusammenhang mit der Risikoeinschätzung zur Folge.[819] Für die Abschlussprüfung könnte dies einen deutlichen Mehraufwand mit sich bringen, mit der Folge, dass das Prüfungshonorar steigt. In Anbetracht der gegensätzlichen möglichen Wirkungsrichtungen wird für die Kontrollvariable *RückVQ* keine Prognose bezüglich der Beeinflussung der Höhe des Prüfungshonorars abgegeben.

Ein funktionierendes Management ist essenziell für die Finanzstabilität eines Versicherungsunternehmens. Gleichzeitig ist es jedoch sehr schwer, ein quantitatives Maß zu eruieren, welches in einem direkten Zusammenhang mit der Managementfähigkeit steht.[820] Um dennoch die Komponente *Management Capability* in das Modell zu integrieren, wurde die Variable *GNBW* aufgenommen. *GNBW* spiegelt die jährliche Wachstumsrate der gebuchten Nettobeiträge wieder. Die gebuchten Nettobeiträge ergeben sich aus der Differenz zwischen den gebuchten Bruttobeiträgen und den davon abgegebenen Rückversicherungsbeiträgen.[821] Demnach spiegeln sie den jährlichen, aus dem Versicherungsgeschäft generierten Umsatz wider, der dem Unternehmen für eigene Rechnung zur Verfügung steht. Ein Anstieg der gebuchten Nettobeiträge trägt demnach ceteris paribus zu einer gesteigerten Finanzkraft eines Versicherungsunternehmens bei.[822] Eine gesteigerte Finanzkraft reduziert wiederum das Insolvenzrisiko mit der Folge, dass sich die gesamte Risikosituation des Versicherungsunternehmens verbessern sollte.[823] *Pottier/Sommer* (1999) können einen derartigen Zusammenhang bestätigen, indem sie zeigen, dass eine signifikant positive Beziehung zwischen der jährlichen Wachstumsrate der gebuchten Nettobeiträge und der Güteklasse des Unternehmensratings eines Versicherungsunternehmens besteht.[824] In Übereinstimmung hiermit weisen *Epermanis/Harrington* (2006) nach, dass Versicherungsunternehmen mit einem schlechteren Rating ein signifikant geringeres Beitragswachstum aufweisen.[825] Dennoch ist zu beachten, dass ein Anstieg der gebuchten Nettobeiträge auch eine Verschlechterung der Risikosituation eines Versicherungsunternehmens mit sich bringen kann. Dies ist dann der Fall, wenn das Prämienwachstum dadurch generiert wird, dass die Anforderungen an die Gewährung von Versicherungsschutz (*underwriting standards*) oder die vereinbarte Versicherungsprämie zu gering ausfallen.[826] Hierdurch steigt zwar der Ab-

---

[818] Vgl. *Adams/Sherris/Hossain*, 1997, S. 73 f.

[819] Vgl. *Adams/Burton/Hardwick*, 2003, S. 548; *Das/Davies/Podpiera*, 2003, S. 31; *Pottier/Sommer*, 1999, S. 626.

[820] Vgl. *Das/Davies/Podpiera*, 2003, S. 33.

[821] Vgl. *Farny*, 1989, S. 146.

[822] Vgl. *Pottier/Sommer*, 1999, S. 626.

[823] Vgl. *Epermanis/Harrington*, 2006, S. 1521.

[824] Vgl. *Pottier/Sommer*, 1999, S. 638.

[825] Vgl. *Epermanis/Harrington*, 2006, S. 1535. *Bouzouita/Young* (1998) können hingegen keinen signifikanten
       Zusammenhang zwischen dem Beitragswachstum und der Güte des Unternehmensratings nachweisen; vgl.
       Bouzouita/Young, 1998, S. 29.

[826] Vgl. *Adams/Burton/Hardwick*, 2003, S. 546; *Bouzouita/Young*, 1998, S. 29; *Pottier/Sommer*, 1999, S. 626.

satz an Versicherungsverträgen und damit das Aufkommen an Prämienleistungen, jedoch steigt auch das Insolvenzrisiko, da die mit den neuen Versicherungsverträgen in Verbindung stehenden Risiken überwiegen. Inwiefern sich das Wachstum der gebuchten Nettobeiträge entwickelt, hängt neben weiteren Faktoren maßgeblich vom Management ab, da dies zum einen die Entscheidung darüber trifft, ob und wie stark das bestehende Geschäftsvolumen verändert werden soll und zum anderen darüber entscheidet, wie dies geschehen soll. Gelingt es dem Management durch strategische Entscheidungen, wie bspw. die Erschließung von neuen Märkten, die vereinnahmten Nettoprämien ohne eine überproportionale Risikozunahme zu erhöhen, so sollte dies insgesamt eine Reduktion des Insolvenzrisikos zur Folge haben. Danach sollte auch das für den Abschlussprüfer relevante mandantenspezifische Risiko sinken. Kann die Prämiensteigerung hingegen auf Managemententscheidungen zurückgeführt werden, die eine überproportionale Erhöhung des Risikos nach sich ziehen, so ist aufgrund dessen eine Steigerung des mandantenspezifischen Risikos zu erwarten.[827] Dennoch, in Anbetracht der bereits genannten Forschungsergebnisse bezüglich Unternehmensratings und unter Berücksichtigung von zwei Arbeiten, welche zumindest schwache Evidenz für einen signifikant negativen Einfluss des Prämienwachstums auf die Höhe des Prüfungshonorars erbringen,[828] wird im folgenden Modell für die Variable *GNBW* ein negativer Einfluss auf die Honorarhöhe erwartet.

Die Erträge eines Versicherungsunternehmens stellen die Hauptquelle und gleichzeitig die einzige dauerhafte Quelle für Kapital dar. Verluste bzw. eine geringe Profitabilität eines Versicherungsunternehmens könnten daher fundamentale Probleme im Zusammenhang mit der Solvenz eines Versicherungsunternehmens signalisieren.[829] Zur Approximation der Ertragslage kommen die Variablen *ROAA* und *LOSS* zum Einsatz. *ROAA* berechnet sich aus dem Verhältnis vom Jahresüberschuss nach Steuern zur durchschnittlichen Gesamtaktiva und gibt Aufschluss darüber, wie effizient das Versicherungsunternehmen dessen Vermögenswerte einsetzt.[830] Je höher der *ROAA*, desto besser gestaltet sich in der Tendenz die wirtschaftliche Lage mit der Folge, dass das mandantenspezifische Risiko geringer ausfallen sollte. Aus diesem Grund wird ein negativer Zusammenhang mit der Prüfungshonorarhöhe erwartet.[831] Die binäre Variable *LOSS* zeigt hingegen mit dem Wert 1 an, ob im jeweiligen Jahr ein Jahresfehlbetrag (Verlust) vorliegt. Wie bereits in Abschnitt 4.2.2.1 erläutert, soll hierdurch primär das mit dem Verlustausweis in Verbindung stehende erhöhte Auftragsrisiko des Abschlussprüfers, bedingt durch ein gesteigertes Insolvenzrisiko, erfasst werden. Folglich wird für die Kontrollvariable *LOSS* ein positiver Einfluss auf die Höhe des Prüfungshonorars angenommen.

Ein Versicherungsunternehmen sollte stets in der Lage dazu sein, seine finanziellen Verpflichtungen gegenüber den Versicherungsnehmern und weiteren Gläubigern zu erfüllen. Daher wird auch der Liquidität (*Liquidity*) eines Versicherungsunternehmens eine bedeutsame Rolle für dessen Risikosituation zugesprochen. Hierbei wird grundsätzlich erwartet, dass ein Versicherungsunternehmen mit einem größeren Umfang an liquiden Mitteln eine

---

[827] Vgl. *Klumpes/Komarev/Eleftheriou*, 2016, S. 286.
[828] Vgl. *Klumpes/Komarev/Eleftheriou*, 2016, S. 296; *O'Sullivan/Diacon*, 2002, S. 102 f.
[829] Vgl. *Das/Davies/Podpiera*, 2003, S. 33.
[830] Vgl. *Leidner/Lenz*, 2017, S. 327.
[831] Siehe hierzu auch die Ausführungen in Abschnitt 4.2.2.1.

höhere Solvenz besitzt, da Verpflichtungen sofort beglichen werden können, und zwar ohne die Notwendigkeit, langfristige Vermögenswerte kostspielig zu liquidieren.[832] Einige Forschungsarbeiten bestätigen diesen Zusammenhang, indem sie zeigen, dass eine höhere Liquidität in einem signifikant positiven Zusammenhang mit einem besseren Rating steht.[833] Dies bedeutet, dass das Mandantenrisiko umso geringer ausfallen sollte, je höher die Liquidität ist. Auf der anderen Seite existieren jedoch Argumente dafür, dass das Liquiditätsrisiko für Versicherungsunternehmen eine untergeordnete Rolle spielt. Begründet wird dies mit deren Geschäftsmodell, welches grundsätzlich eine kontinuierliche vorschüssige Prämienzahlung vorsieht. Demnach seien Versicherungen häufiger mit dem Problem der Überliquidität konfrontiert.[834] Eine zu hohe Liquidität hat grundsätzlich negative Folgen für die Rentabilität eines Versicherungsunternehmens, da liquide Mittel, wie Bankguthaben, im Normalfall keine oder nur eine geringe Rendite erwirtschaften. Für das Versicherungsunternehmen bedeutet dies eine verschlechterte Ertragslage. Auslöser für eine Überliquidität könnten ein schlechtes Liquiditätsmanagement sein oder andere bestehende Risiken, welche das Versicherungsunternehmen als potentiellen Investor bei längerfristigen und rentablen Anlagen ausschließen.[835] Zwei Arbeiten weisen einen negativen Zusammenhang zwischen der Leistungsfähigkeit bzw. dem externen Rating eines Versicherungsunternehmens nach.[836] In Anbetracht dessen ist es nicht auszuschließen, dass mit einer steigenden Liquidität eines Versicherungsunternehmens auch das mandantenspezifische Risiko höher eingeschätzt wird. Eingang findet die Liquidität eines Versicherungsunternehmens über die Variable *LIQtoBS*, welche sich als Division der Bilanzposition „Laufende Guthaben bei Kreditinstituten, Schecks und Kassenbestand" durch die Gesamtaktiva berechnet.[837] Bedingt durch die vorherigen Ausführungen besteht keine Erwartung im Hinblick auf den Einfluss von *LIQtoBS* auf die Höhe des Prüfungshonorars.

Neben den vorgenannten mandantenspezifischen wird auch für auftrags- sowie prüfer- bzw. prüfungsmarktspezifische Einflussfaktoren kontrolliert. Die Variablen *NPHtoPH* (Nichtprüfungsleistungen im Verhältnis zu den erbrachten Prüfungsleistungen) und *Reort-Lag* (Anzahl der Tage zwischen dem Bilanzstichtag und dem Tag der Unterzeichnung des Bestätigungsvermerks) dienen hierbei der Approximation von auftragsspezifischen Einflussfaktoren. Entsprechend den Ausführungen in Abschnitt 4.2.4 bestehen für die Wirkungsrichtung der Variable *NPHtoPH* keine Erwartungen; für die Variable *ReortLag* wird hingegen ein positiver Einfluss auf das Prüfungshonorar prognostiziert. Um für prüfer-

---

[832] Vgl. *Adams/Burton/Hardwick*, 2003, S. 545; *Ames/Hines/Sankara*, 2014, S. 302; *Bouzouita/Young*, 1998, S. 27; *Carson/Hoyt*, 2000, S. 308; *Chen/Wong*, 2004, S. 471.

[833] Vgl. *Adams/Burton/Hardwick*, 2003, S. 564 f.; *Bouzouita/Young*, 1998, S. 30; *Carson/Hoyt*, 2000, S. 310; *Chen/Wong*, 2004, S. 483.

[834] Vgl. *Baier*, 2014, S. 36; *Hartung*, 2000, S. 127; *Jost*, 1995, S. 19 f.; *Wagner*, 2000, S. 63 f.

[835] Vgl. *Adams/Buckle*, 2003, S. 136; *Adams/Burton/Hardwick*, 2003, S. 545; *Ames/Hines/Sankara*, 2014, S. 307; *Bouzouita/Young*, 1998, S. 26.

[836] Vgl. *Adams/Buckle*, 2003, S. 142; *Ames/Hines/Sankara*, 2014, S. 307.

[837] Im Rahmen dieser Arbeit wird ein verhältnismäßig einfaches Maß zur Abbildung der Liquidität verwendet, da die Bildung anderer Kennzahlen (z. B. Liquidität 1. Grades) aufgrund der Bilanzstruktur eines Versicherungsunternehmens nicht ohne erheblichen Mehraufwand möglich ist. Das größte Problem besteht hierbei darin, dass sich die Fristigkeiten der Vermögensgegenstände und Verbindlichkeiten nicht in der Bilanz widerspiegeln; vgl. *Wenninger*, 2004, S. 151. Siehe hierzu auf Fn. 766.

bzw. prüfungsmarktspezifische Einflussfaktoren zu kontrollieren, welche neben der im Fokus der Analyse stehenden Spezialisierung eines Prüfungspartners (*SpezWPL* und *SpezWPR*) ebenfalls von Bedeutung für die Prüfungshonorarhöhe sein könnten, wurden verschiedene Dummy-Variablen integriert. Hierbei werden bisherige Forschungsergebnisse in Bezug auf die Firmen-, Niederlassungs- und Prüfungspartnerebene berücksichtigt. Demnach enthält das Modell vier dichotome Variablen, welche jeweils den Wert 1 annehmen, sofern im Vergleich zum Vorjahr die Prüfungsgesellschaft (*WPGWechsel*), intern[838] die Niederlassung (*INLWechsel*) oder intern[839] der Linksunterzeichner (*IWPLWechsel*) respektive der Rechtsunterzeichner (*IWPRWechsel*) gewechselt wurde. Liegt für die jeweilige Ebene kein Wechsel vor, so nimmt die dazugehörige Variable den Wert 0 an. Für die Variable *WPGWechsel* wird im Einklang mit der Mehrheit der bisherigen Ergebnisse ein negativer Einfluss erwartet.[840] Bezüglich der Vorzeichen der Variablen *INLWechsel*, *IWPLWechsel* und *IWPRWechsel* wird aufgrund der bisher fehlenden bzw. gemischten Evidenz keine Prognose abgegeben.[841] Zur Approximation möglicher Effekte, bedingt durch die bestellte Prüfungsgesellschaft oder Niederlassung, wurden Prüfungsgesellschafts- und Niederlassungsdummys inkludiert (*fixed effects*). Hierdurch wird der Tatsache Rechnung getragen, dass die Prüfungshonorare auch aufgrund der unterschiedlichen spezifischen Eigenschaften, wie Größe, Reputation und Spezialisierung, der bestellten Prüfungsgesellschaften sowie Niederlassungen variieren können.[842] Die Integration dieser *fixed effects* trägt zu einer verbesserten Isolierung des untersuchten prüfungspartnerspezifischen Effekts bei, da hierdurch der Möglichkeit entgegengewirkt wird, dass die prüfungspartnerspezifischen Variablen Effekte aufnehmen, die nicht auf die Spezialisierung des Prüfungspartners, sondern auf die zeitinvarianten Eigenschaften der Prüfungsgesellschaft oder der Niederlassung zurückzuführen sind.[843] Zuletzt wird qua inkludierter Jahresdummys für fixe Effekte der verschiedenen Jahre des untersuchten Zeitraumes kontrolliert. Tab. 10 fast abschließend die im Honorarmodell verwendeten Test- und Kontrollvariablen zusammen.

---

[838]   Unter Beibehaltung der im Vorjahr tätigen Prüfungsgesellschaft.

[839]   Unter Beibehaltung der im Vorjahr tätigen Prüfungsgesellschaft und Niederlassung.

[840]   Siehe hierzu Abschnitt 4.2.3.3.

[841]   Siehe hierzu Abschnitt 5.1.2.1. Zum Einfluss eines internen Niederlassungswechsels auf die Prüfungsqualität bzw. das Prüfungshonorar äußern sich lediglich die Arbeiten *Chen/Francis/Hou* (2018) und *Diaz* (2011). *Diaz* (2011) stellt fest, dass Unternehmen einer Branche mit komplexen Rechnungslegungsvorschriften geringere DPA und ein höheres Prüfungshonorar aufweisen, wenn sie von einer nicht spezialisierten Niederlassung zu einer spezialisierten Niederlassung wechseln; vgl. *Diaz*, 2011, S. 2 f. *Chen/Francis/Hou* (2018) weisen keinen Zusammenhang zwischen einem internen Niederlassungswechsel und der Höhe des Prüfungshonorars nach; vgl. *Chen/Francis/Hou*, 2018, S. 32.

[842]   Siehe hierzu Abschnitt 5.1.1.

[843]   Vgl. *Zerni*, 2012, S. 323.

Tabelle 10: Prüfungshonorarmodell – Definitionen der Variablen

Variable	Definition	Erwartetes Vorzeichen
Erklärte Variable		
LNAF	Natürlicher Logarithmus des erhobenen/gezahlten Prüfungshonorars	
Erklärende Variablen		
Testvariablen zur Branchenspezialisierung eines Prüfungspartners		
LEADERWPL (*LEADERWPR*)	Dummy-Variable, die den Wert 1 annimmt, wenn der Linksunterzeichner (Rechtsunterzeichner) im jeweiligen Jahr den größten Marktanteil auf Basis der Prüfungshonorare besitzt; andernfalls beträgt der Wert 0.	?
LEADERTOP2WPL (*LEADERTOP2WPR*)	Dummy-Variable, die den Wert 1 annimmt, wenn der Linksunterzeichner (Rechtsunterzeichner) im jeweiligen Jahr einen der zwei größten Marktanteile auf Basis der Prüfungshonorare besitzt; andernfalls beträgt der Wert 0.	?
LEADERTOP5WPL (*LEADERTOP5WPR*)	Dummy-Variable, die den Wert 1 annimmt, wenn der Linksunterzeichner (Rechtsunterzeichner) im jeweiligen Jahr einen der fünf größten Marktanteile auf Basis der Prüfungshonorare besitzt; andernfalls beträgt der Wert 0.	?
SPEZ20%WPL (*SPEZ20%WPR*)	Dummy-Variable, die den Wert 1 annimmt, wenn der Linksunterzeichner (Rechtsunterzeichner) im jeweiligen Jahr einen Marktanteil besitzt, der mindestens 20% größer ist als der durchschnittliche Marktanteil, welcher sich bei einer fiktiven Gleichverteilung des Marktes auf alle Prüfungspartner ergeben würde (Basis Prüfungshonorare); andernfalls beträgt der Wert 0.	?
SPEZ3QWPL (*SPEZ3QWPR*)	Dummy-Variable, die den Wert 1 annimmt, wenn der Linksunterzeichner (Rechtsunterzeichner) im jeweiligen Jahr einen Marktanteil besitzt, der oberhalb des dritten Quartils der jährlichen partnerspezifischen Marktanteile liegt (Basis Prüfungshonorare); andernfalls beträgt der Wert 0.	?
MarktanteilWPL (*MarktanteilWPR*)	Jährlicher Marktanteil des Linksunterzeichners (Rechtsunterzeichners) auf Basis der Prüfungshonorare.	?
IDWFAWPL (*IDWFAWPR*)	Dummy-Variable, die den Wert 1 annimmt, wenn der Linksunterzeichner (Rechtsunterzeichner) zum Zeitpunkt der Abschlussprüfung oder zumindest in den drei vorhergehenden Jahren Mitglied im Versicherungsfachausschuss des IDW war; andernfalls beträgt der Wert 0.	?
Kontrollvariablen für mandanten-, prüfer- und auftragsspezifische Einflussfaktoren		
Mandantenspezifische Einflussfaktoren		
Mandantengröße		
LNBS	Natürlicher Logarithmus der Bilanzsumme	+

Fortsetzung Tabelle 10

Variable	Definition	Erwartetes Vorzeichen
Art des Abschlusses		
KONZERN	Dummy-Variable, die den Wert 1 annimmt, wenn es sich um einen Konzernabschluss handelt; andernfalls beträgt der Wert 0.	+
IFRS	Dummy-Variable, die den Wert 1 annimmt, wenn der Abschluss nach den IFRS aufgestellt wurde; andernfalls beträgt der Wert 0.	+
Rechtsform		
VVaG	Dummy-Variable, die den Wert 1 annimmt, wenn die Rechtsform des Versicherungsunternehmens ein (kleiner) Versicherungsverein auf Gegenseitigkeit ist; andernfalls beträgt der Wert 0.	-
Geschäftsstruktur		
BStoGBB	Bilanzsumme/gebuchte Bruttobeiträge	?
Kapitaladäquanz		
EKQuote	Haftendes Eigenkapital/Bilanzsumme	-
Qualität der Aktiva		
BSW	Jährliche Wachstumsrate der Bilanzsumme	-
Rückversicherungspolitik		
RückVQ	Abgegebene Rückversicherungsbeiträge/gebuchte Bruttobeiträge	?
Managementfähigkeit		
GNBW	Jährliche Wachstumsrate der gebuchten Nettobeiträge	-
Ertragslage		
ROAA	Jahresüberschuss nach Steuern/durchschnittliche Bilanzsumme	-
LOSS	Dummy-Variable, die den Wert 1 annimmt, wenn im jeweiligen Jahr ein Jahresfehlbetrag vorliegt; andernfalls beträgt der Wert 0.	+
Liquiditätslage		
LIQtoBS	Laufende Guthaben bei Kreditinstituten, Schecks und Kassenbestand/Bilanzsumme	?
Auftragsspezifische Einflussfaktoren		
NPHtoPH	Nichtprüfungsleistungen/Prüfungshonorar	?
ReportLag	Anzahl der Tage zwischen dem Bilanzstichtag und dem Tag der Unterzeichnung des Bestätigungsvermerks	+

Fortsetzung Tabelle 10

Variable	Definition	Erwartetes Vorzeichen
Prüfer- sowie prüfungsmarktspezifische Einflussfaktoren		
WPGWechsel	Dummy-Variable, die den Wert 1 annimmt, wenn im Vergleich zum Vorjahr die Prüfungsgesellschaft gewechselt wurde; andernfalls beträgt der Wert 0.	-
INLWechsel	Dummy-Variable, die den Wert 1 annimmt, wenn im Vergleich zum Vorjahr intern die Niederlassung gewechselt wurde; andernfalls beträgt der Wert 0.	?
IWPLWechsel	Dummy-Variable, die den Wert 1 annimmt, wenn im Vergleich zum Vorjahr intern der Linksunterzeichner gewechselt wurde; andernfalls beträgt der Wert 0.	?
IWPRWechsel	Dummy-Variable, die den Wert 1 annimmt, wenn im Vergleich zum Vorjahr intern der Rechtsunterzeichner gewechselt wurde; andernfalls beträgt der Wert 0.	?
fixed effects	Prüfungsgesellschafts- und Niederlassungsdummys	?
Jahresbedingte Einflussfaktoren		
fixed effects	Jahresdummys	?

7.2 Verwendeter Datensatz und deskriptive Statistik

7.2.1 Datensatz und Datengewinnung

Das in der folgenden Regressionsanalyse verwendete unbalancierte Datenpanel[844] basiert auf der Herleitung der Datensamples für die Strukturanalyse in Abschnitt 6.3. Demnach stehen für den Untersuchungszeitraum von 2009 bis 2013 insgesamt 920 Beobachtungen für 197 unter Bundesaufsicht stehende Versicherungsunternehmen zur Verfügung, die in ihrem Jahres- oder Konzernabschluss wenigstens das Prüfungshonorar sowie den Namen der Prüfungsgesellschaft, den Ort der prüfungsdurchführenden Niederlassung und die Namen der testierenden Prüfungspartner ausweisen. Um verzerrenden Effekten aufgrund von bestehenden Besonderheiten im Zusammenhang mit Niederlassungen ausländischer Versicherungsunternehmen entgegenzuwirken, wird das Datensample um 17 derartige Beobachtungen bereinigt. Des Weiteren werden alle 77 Beobachtungen von Versicherungsunternehmen entfernt, deren Abschlüsse nur ein Prüfungspartner (Alleinunterzeichner)

---

[844] Paneldaten besitzen sowohl Querschnitt- als auch Längsschnittcharakter, da sie zeitlich aufeinander folgende Beobachtungen mehrerer Beobachtungsträger umfassen. Ein balanciertes Datenpanel liegt vor, wenn für alle Beobachtungsträger (hier Versicherungsunternehmen) zu jedem Zeitpunkt (hier Jahre des Untersuchungszeitraumes) Beobachtungen vorliegen. Da aufgrund der eingeschränkten Datenverfügbarkeit in diesem Datensatz nicht für jedes Versicherungsunternehmen zu jedem Zeitpunkt Beobachtungen vorliegen, handelt es sich um ein unbalanciertes Datenpanel; vgl. *Schröder*, 2009, S. 315 f.

testiert.[845] Hierdurch wird sichergestellt, dass bei der Analyse stets beide Effekte – der eines spezialisierten prüfungsdurchführenden Prüfungspartners und der eines spezialisierten Mitunterzeichners – untersucht werden können. Wie bereits die Prüfungshonorare und die prüferspezifischen Angaben wurden auch die weiteren für die Variablen des Prüfungshonorarmodells benötigten Daten händisch aus den Geschäftsberichten erhoben. Für 35 Beobachtungen sind nicht alle Daten verfügbar, weswegen das Datensample um diese bereinigt wurde. Um sicherzustellen, dass trotz Clusterung der robusten Standardfehler nach Versicherungsunternehmen der F-Test für das Bestimmtheitsmaß der multivariaten Regression berechnet werden kann, wurden zuletzt 31 Beobachtungen entfernt, welche eine erklärende Variable aufweisen, die lediglich für diese eine Unternehmensbeobachtung oder lediglich für das eine Versicherungsunternehmen im Rahmen des Untersuchungszeitraumes (Cluster) verschieden von Null ist.[846] Entsprechend Tab. 11 ergibt sich damit final ein unbalanciertes Datenpanel mit 760 Beobachtungen für 171 Versicherungsunternehmen. Hierbei basieren 250 Beobachtungen auf den Inhalten von Konzernabschlüssen und 510 Beobachtungen enthalten Variablen, basierend auf Jahresabschlüssen von Lebens-, Kranken-, Rück- sowie Schaden-/Unfallversicherern, wobei die letztgenannte Sparte mit 295 Beobachtungen auf Basis von Jahresabschlüssen am stärksten im Datensatz vertreten ist.[847]

Im Gegensatz zu allen anderen Test- und Kontrollvariablen können die notwendigen Informationen in Bezug auf die Testvariablen *IDWFAWPL* und *IDWFAWPR* nicht den Konzern- bzw. Jahresabschlüssen der Versicherungsunternehmen entnommen werden. Stattdessen wird auf die Tätigkeitsberichte des IDW für die Jahre 2006/2007 bis 2014/2015 zurückgegriffen, welche Informationen bezüglich der Zusammensetzung des Versicherungsfachausschusses während des Untersuchungszeitraumes enthalten. Die Berichte decken stets einen Zeitraum von zwei Jahren ab. Demnach erstreckt sich bspw. der Berichtszeitraum des Tätigkeitsberichtes 2006/2007 über den Zeitraum vom 01.07.2005 bis 30.06.2007. Hieraus folgt, dass sich die verwendeten Berichte auf einen Zeitraum vom 01.07.2005 bis 30.06.2015 beziehen. Abhängig vom Berichtszeitpunkt bestand der Fachausschuss aus fünf (Stand: 30.06.2007), sechs (Stand: 30.06.2015 und 30.06.2013) bzw. sieben (Stand: 30.06.2011 und 30.06.2009) Wirtschaftsprüfern. Für die genaue Bestimmung der in diesem Zeitraum tätigen Mitglieder des Versicherungsfachausschusses ist in diesem Zusammenhang problematisch, dass die Angaben zur Zusammensetzung des Fachausschusses keine Information über den Berufungszeitpunkt der einzelnen Personen beinhalten. Es wird lediglich über die Zusammensetzung zum jeweiligen Ende des Berichtszeitraumes berichtet. Dies hat zur Folge, dass nicht immer eindeutig identifizierbar ist, ob der jeweilige

---

[845]   Für eine Auflistung der im Datensample vertretenen Abschlussprüfer und deren Anzahl an Mandanten siehe Tab. 50, Anhang A.4.

[846]   Bei den erklärenden Variablen, welche nur für eine Beobachtung oder ein Cluster verschieden von Null sind, handelt es sich primär um Indikatorvariablen für prüfungsdurchführende Niederlassungen. Die entsprechenden Niederlassungen waren demnach einmal oder mehrmals bei lediglich einem Versicherungsunternehmen tätig.

[847]   Für eine Auflistung aller in das Datensample eingehenden Versicherungsunternehmen siehe Tab. 51, Anhang A.5.

Tabelle 11: Herleitung des gepoolten Datensamples für die Regressionsanalyse

Gepooltes Datensample 2009 – 2013	Anzahl Unternehmen	Anzahl Beobach- tungen
Unter Bundesaufsicht stehende Versicherungsunternehmen, die wenigstens das Prüfungshonorar, den Namen der Prüfungsgesellschaft, den Ort der prüfungsdurchführenden Niederlassung und die Namen der testierenden Prüfungspartner ausweisen:	197	920
Bereinigung um Beobachtungen von Niederlassungen ausländischer Versicherungsunternehmen:	-4	-17
Bereinigung um Beobachtungen von Versicherungsunternehmen, deren Abschluss nur durch einen Prüfungspartner (Alleinunterzeichner) testiert wird:	-9	-77
Bereinigung um Beobachtungen von Versicherungsunternehmen mit fehlenden Daten:	-6	-35
Bereinigung um Beobachtungen mit einer erklärenden Variable, die lediglich für diese eine Unternehmensbeobachtung oder lediglich für das eine Unternehmen (Cluster) verschieden von Null ist:	-7	-31
Finales Datensample bestehend aus unter Bundesaufsicht stehenden Lebens-, Kranken-, Schaden-/Unfall- und Rückversicherungsunternehmen:	**171**	**760**

Aufteilung der Beobachtungen des gepoolten Datensamples auf die einzelnen Referenzjahre nach Abschlussart						
Abschlussart:	2009	2010	2011	2012	2013	Σ
Konzernabschlüsse:	50	52	51	49	48	250
Jahresabschlüsse von Lebensversicherern:	21	21	21	20	20	103
Jahresabschlüsse von Krankenversicherern:	14	13	16	16	14	73
Jahresabschlüsse von Schaden-/Unfallversicherern:	58	61	57	59	60	295
Jahresabschlüsse von Rückversicherern:	10	9	7	7	6	39
Σ	153	156	152	151	148	760

Prüfungspartner zum Zeitpunkt der Abschlussprüfung tatsächlich Mitglied des Fachausschusses war. Zum einen gilt dies für Personen, welche zum Ende des letzten Berichtszeitraumes noch nicht Mitglied, jedoch am Ende des darauf folgenden Berichtszeitraumes Mitglied waren. Zum anderen gilt dies für die Personen, die am Ende des letzten Berichtszeitraumes noch Mitglied waren, aber nicht mehr am Ende des darauf folgenden Berichtszeitraumes.

Um diese Problematik zu beherrschen, wird die Annahme getroffen, dass die Berufung oder der Austritt von Mitgliedern immer zur Mitte des Berichtszeitraumes erfolgt. Dies bedeutet z. B., dass die neuen Mitglieder zum 30.06.2009 fiktiv am 30.06.2008 berufen wurden. Die alten Mitglieder, welche zum 30.06.2007 noch Mitglied waren, jedoch nicht mehr zum 30.06.2009, wurden hingegen fiktiv zum 30.06.2008 abberufen. Des Weiteren wird angenommen, dass ein zum fiktiv angenommenen Datum abberufener Prüfungspartner nicht sofort seine aufgrund der Mitgliedschaft unterstellte hohe branchenspezifische Expertise verliert, sondern diese insbesondere in der Wahrnehmung der bestellenden Aufsichtsratsmitglieder zumindest im auf das Jahr der Abberufung folgenden Jahr fortbesteht.[848] Die stringente Anwendung dieser Annahmen führt dazu, dass für den Untersuchungszeitraum die Mitglieder zum 30.06.2013, 30.06.2011, 30.06.2009 und 30.06.2007 relevant sind. In diesem Zusammenhang ist anzumerken, dass zu den vorgenannten Stichtagen vier Wirtschaftsprüfer stets vertreten sind. Eine Betrachtung der Stichtage 30.06.2013 bis 30.06.2009 zeigt auf, dass sogar sechs Wirtschaftsprüfer stetige Mitglieder sind. Lediglich ein Mitglied hiervon ist nur vom 30.06.2009 bis 30.06.2011, aber nicht mehr zum 30.06.2013 vertreten. Insgesamt zeigt sich daher, dass die Fluktuation der Mitglieder verhältnismäßig gering ausfällt.

7.2.2 Deskriptive Statistik

Die deskriptive Statistik zu den erhobenen Variablen liefert Tab. 12. Der Durchschnitt der abhängigen Variable *LNPH* beträgt 11,698 bei einer Standardabweichung i. H. v. 1,476.[849] Das kleinste ins Datensample eingehende Prüfungshonorar beträgt ca. 5,8 TEUR ($LNPH_{Min.}$ =8,664), das größte hingegen 16.700 TEUR ($LNPH_{Max.}$ =16,631). 50% der Beobachtungen liegen zwischen 44,9 TEUR ($LNPH_{25\%}$=10.713) und 282,7 TEUR ($LNPH_{75\%}$=12,552), wobei der Median der Prüfungshonorare 91,5 TEUR ($LNPH_{50\%}$=11,424) beträgt. Verglichen mit der Ausgangslage in Tab. 4 (Abschnitt 6.4.1) zeigt sich, dass sich trotz der notwendigen Bereinigung um bestimmte Beobachtungen die deskriptive Statistik der Prüfungshonorare nicht maßgeblich verändert hat und nur wenige Versicherungsunternehmen sehr hohe Prüfungshonorare zahlen müssen.

Der Median der über die logarithmierte Bilanzsumme gemessenen Unternehmensgröße beträgt 20,492. Demnach besitzen 50% der Versicherungsunternehmen eine Bilanzsumme kleiner/gleich 793.528 TEUR ($LNBS_{50\%}$=20,492); die Gesamtaktiva des größten Versicherungsunternehmens beträgt hingegen 711.755.293 TEUR ($LNBS_{50\%}$=27,291). Wie beim Prüfungshonorar existieren demnach auch bei der Unternehmensgröße deutliche Unterschiede innerhalb des Datensamples. Fast 33% der ins Sample eingehenden Abschlüsse sind Konzernabschlüsse (*KONZERN*); 7,6% der gesamten Abschlüsse wurden nach den IFRS aufgestellt, wobei es sich bei diesen Abschlüssen ausschließlich um Konzernabschlüsse handelt.[850] Die Rechtsform VVaG besitzen 42% der Beobachtungen. Die Risikovariablen *BStoGBB*, *RückVQ* und *GNBW* weisen im Vergleich zu den anderen Variablen insbesondere sehr hohe negative Minimalwerte auf. Eine tiefergehende Analyse dieser Variablen zeigt auf, dass die Hauptursache hierfür in wenigen Beobachtungen mit negativen gebuchten Bruttobzw. Nettobeiträgen liegt. Die durchschnittliche Eigenkapitalquote (*EKQuote*) beträgt fast 20%. In diesem Zusammenhang verdeutlichen jedoch der Mini- und Maximalwert, dass

---

[848]   Dies bedeutet bspw., dass einem zum 30.06.2012 abberufenen Mitglied auch noch für die Abschlussprüfung des Jahres 2013 die Expertise eines Branchenspezialisten unterstellt wird.

[849]   Das nicht in der Tabelle enthaltene durchschnittliche Prüfungshonorar beträgt ca. 495 TEUR.

[850]   33 der 58 auf IFRS-Abschlüssen basierenden Beobachtungen stammen von 8 verschiedenen Versicherungsunternehmen, die während des Untersuchungszeitraumes zum Kreis der Unternehmen von öffentlichem Interesse zählten.

sowohl Versicherungsunternehmen im Sample vertreten sind, die sich nahezu ausschließlich mit Fremdkapital finanzieren, als auch Versicherungsunternehmen, die ihre Gesamtaktiva fast ausnahmslos mit Eigenkapital hinterlegen. Hinsichtlich der Ertragslage zeigt sich, dass im Durchschnitt der Jahresüberschuss nach Steuern ca. 0,7% der durchschnittlichen Gesamtaktiva (*ROAA*) beträgt. Etwas mehr als 10% der Observationen sind mit einem Jahresfehlbetrag (*LOSS*) behaftet. Der Anteil der hoch liquiden Mittel an der Bilanzsumme (*LIQtoBS*) liegt bei 50% der Beobachtungen in einem Korridor von 0,2% bis 2%. Der Maximalwert von *NPHtoPH* bringt zum Ausdruck, dass bei dieser Observation die Honorare für prüfungsfremde Leistungen fast das Fünffache des Prüfungshonorars betragen. 75% der Beobachtungen besitzen jedoch einen deutlich niedrigeren Wert, der kleiner/gleich 0,366 ist. Zwischen dem Bilanzstichtag und dem Tag der Unterzeichnung des Bestätigungsvermerks (*ReportLag*) liegen im Durchschnitt 101 Tage. Bei lediglich zwei im Sample vertretenen Observationen beträgt dieser Zeitraum mehr als 365 Tage. Hinsichtlich der Prüfungsgesellschaften, Niederlassungen und Prüfungspartner offenbart sich, dass am häufigsten ein interner Wechsel des prüfungsdurchführenden Prüfungspartners (*IWPRWechsel*) vorgenommen wird. Demnach besitzen 24,6% der Beobachtungen dieses Merkmal. Der Mitunterzeichner wird unter Beibehaltung der Niederlassung und der Prüfungsgesellschaft bei 17,2% (*IWPLWechsel*) der Observationen gewechselt; die prüfungsdurchführende Niederlassung bleibt hingegen am häufigsten erhalten, sofern kein Wechsel der Prüfungsgesellschaft vorliegt, da lediglich 2,2% der Beobachtungen dieses Merkmal (*INLWechsel*) aufweisen. Ca. 4,3% der Beobachtungen vollziehen einen Wechsel der gesamten Prüfungsgesellschaft (*WPGWechsel*).

Hinsichtlich der Testvariablen zeigt sich, dass insgesamt 42 (5,5%) der ins Sample eingehenden Abschlüsse von den jährlichen marktführenden Mitunterzeichnern (*LEADERWPL*) testiert werden.[851] Die marktführenden prüfungsdurchführenden Prüfungspartner (*LEADERWPR*) unterzeichnen hingegen lediglich sechs Abschlüsse (0,8% vom gesamten Sample).[852] Dieser Unterschied hinsichtlich der kumulierten Mandatsanzahl setzt sich auch bei den weitergefassten Spezialistenvariablen fort. Demnach werden 7,4% bzw. 24,6% der ins Sample eingehenden Abschlüsse von den Mitunterzeichnern mit den zwei (*LEADERTOP2WPL*) bzw. fünf (*LEADERTOP5WPL*) größten jährlichen Marktanteilen testiert. Bei den Rechtsunterzeichnern sind es im Gegensatz dazu lediglich 2,6% (*LEADERTOP2WPR*) bzw. 7,9% (*LEADERTOP5WPR*). Die Indikatorvariablen *SPEZ20%WPL* bzw. *SPEZ20%WPR* fassen den Kreis der Branchenspezialisten am weitesten. Demnach werden bei Anwendung dieser Variablen 41% der Abschlüsse von branchenspezialisierten Mitunterzeichnern und 28,9% von branchenspezialisierten Rechtsunterzeichnern testiert. *SPEZ3QWPL* und *SPEZ3QWPR* sind im Vergleich zu den anderen Testvariablen die einzigen, bei denen mehr Abschlüsse von branchenspezialisierten Rechtsunterzeichnern (27,2%)

---

[851] Die in die Analyse eingehenden marktführenden Linksunterzeichner sind trotz der vorgenommenen Bereinigung des Datensatzes identisch mit den in der Marktstrukturanalyse (Tab. 8 in Abschnitt 6.4.3) ermittelten Prüfungspartnern. Lediglich die kumulierte Anzahl der von diesen geprüften Mandate hat aufgrund der Bereinigung von 50 auf 42 abgenommen.

[852] Die in die Analyse eingehenden marktführenden Rechtsunterzeichner sind trotz der vorgenommenen Bereinigung des Datensatzes identisch mit den in der Marktstrukturanalyse (Tab. 9 in Abschnitt 6.4.3) ermittelten Prüfungspartnern. Dies gilt ebenfalls für die kumulierte Anzahl der von diesen geprüften Mandate.

als von branchenspezialisierten Linksunterzeichnern (26,2%) geprüft werden. Die auf der stetigen Größe Marktanteil eines Prüfungspartners basierenden Variablen *MarktanteilWPL* und *MarktanteilWPR* verdeutlichen, dass Mitunterzeichner im Durchschnitt mit 4,5% einen deutlich höheren Marktanteil besitzen als Rechtsunterzeichner mit einem Anteil i. H. v. 1,6%. Dies steht im Einklang mit der bereits in Abschnitt 6.4.3 geäußerten Annahme, dass die Rechtsunterzeichner als prüfungsdurchführende Wirtschaftsprüfer mehr Arbeit mit der einzelnen Abschlussprüfung haben und daher insgesamt weniger Marktanteile bedienen können.

Die deskriptive Statistik zu den Spezialistenvariablen *IDWFAWPL* und *IDWFAWPR* zeigt auf, dass 21,7% der Beobachtungen von Linksunterzeichnern und 2,1% der Beobachtungen von Rechtsunterzeichnern testiert werden, die im IDW-Versicherungsfachausschuss Mitglied sind. In diesem Zusammenhang verdeutlicht eine tiefergehende Analyse, dass im gesamten Untersuchungszeitraum zwei Mitglieder des Fachausschusses als Rechtsunterzeichner agieren und insgesamt 16 Abschlüsse testieren. Einer der beiden Wirtschaftsprüfer unterzeichnet 15 dieser Abschlüsse und zählt zu den auf Marktanteilen basierenden Top5 der Rechtsunterzeichner.[853] Der andere Prüfungspartner testiert lediglich einen Abschluss in der Funktion eines prüfungsdurchführenden Prüfungspartners. Gemeinsam haben diese beiden Rechtsunterzeichner, dass sie im Untersuchungszeitraum auch als Linksunterzeichner fungieren. Der Wirtschaftsprüfer mit dem einzelnen rechts unterzeichneten Abschluss testiert insgesamt 51 Abschlüsse als Linksunterzeichner und zählt damit zu den marktanteilsbasierten Top5 der Mitunterzeichner. Der andere unterschreibt insgesamt 27 Abschlüsse in der Funktion eines Mitunterzeichners. Bemerkenswert ist in diesem Zusammenhang, dass bei den 15 Abschlüssen, welche vom selben im Fachausschuss sitzenden Rechtsunterzeichner testiert werden, auf der linken Seite des Bestätigungsvermerks stets der andere, einmalig als Rechtsunterzeichner fungierende Wirtschaftsprüfer unterschreibt. Demnach werden diese 15 Abschlüsse immer von zwei Mitgliedern des IDW-Fachausschusses geprüft und testiert. Weitere Abschlüsse mit zwei im Fachausschuss sitzenden Prüfungspartnern existieren nicht im Datensample. Als Mitunterzeichner sind im Untersuchungszeitraum unter Berücksichtigung der zwei vorgenannten, u. a. als Rechtsunterzeichner fungierenden Wirtschaftsprüfer, insgesamt sechs verschiedene Mitglieder des IDW-Fachausschusses tätig. Diese unterzeichnen insgesamt 165 Abschlüsse auf der linken Seite unterhalb des Bestätigungsvermerks.

---

[853] Bezüglich der jährlichen Top5 siehe Tab. 9 in Abschnitt 6.4.3.

Tabelle 12: Deskriptive Statistik der erklärten Variable sowie der Kontroll- und Testvariablen

	Arithme-tisches Mittel	Stan-dardab-weichung	25%	50%	75%	Min.	Max.
Erklärte Variable							
LNPH	11,698	1,476	10,713	11,424	12,552	8,664	16,631
Kontrollvariablen							
LNBS	20,244	2,820	18,101	20,492	22,427	14,114	27,291
KONZERN	0,329	0,470	0,000	0,000	1,000	0,000	1,000
IFRS	0,076	0,266	0,000	0,000	0,000	0,000	1,000
VVaG	0,420	0,494	0,000	0,000	1,000	0,000	1,000
BStoGBB	-36,215	1.948,507	1,828	4,013	7,501	-39.858,8	8.278,036
EKQuote	0,199	0,219	0,036	0,120	0,309	0,000	0,988
BSW	0,056	0,124	0,013	0,046	0,086	-0,460	1,575
RückVQ	0,100	1,475	0,013	0,059	0,256	-36,797	8,060
GNBW	0,038	1,522	0,000	0,017	0,074	-35,562	18,733
ROAA	0,007	0,061	0,001	0,005	0,016	-0,843	0,521
LOSS	0,104	0,305	0,000	0,000	0,000	0,000	1,000
LIQtoBS	0,020	0,034	0,002	0,008	0,020	0,000	0,245
NPHtoPH	0,268	0,455	0,000	0,099	0,366	0,000	4,762
ReportLag	100,743	43,627	70,000	96,000	119,000	18,000	378,000
WPGWechsel	0,043	0,204	0,000	0,000	0,000	0,000	1,000
INLWechsel	0,022	0,148	0,000	0,000	0,000	0,000	1,000
IWPLWechsel	0,172	0,378	0,000	0,000	0,000	0,000	1,000
IWPRWechsel	0,246	0,431	0,000	0,000	0,000	0,000	1,000
Testvariablen							
LEADERWPL	0,055	0,229	0,000	0,000	0,000	0,000	1,000
LEADERWPR	0,008	0,089	0,000	0,000	0,000	0,000	1,000
LEADERTOP2WPL	0,074	0,261	0,000	0,000	0,000	0,000	1,000
LEADERTOP2WPR	0,026	0,160	0,000	0,000	0,000	0,000	1,000
LEADERTOP5WPL	0,246	0,431	0,000	0,000	0,000	0,000	1,000
LEADERTOP5WPR	0,079	0,270	0,000	0,000	0,000	0,000	1,000
SPEZ20%WPL	0,411	0,492	0,000	0,000	1,000	0,000	1,000
SPEZ20%WPR	0,289	0,454	0,000	0,000	1,000	0,000	1,000
SPEZ3QWPL	0,262	0,440	0,000	0,000	1,000	0,000	1,000
SPEZ3QWPR	0,272	0,445	0,000	0,000	1,000	0,000	1,000
MarktanteilWPL	0,045	0,079	0,007	0,016	0,050	0,000	0,400
MarktanteilWPR	0,016	0,027	0,003	0,006	0,019	0,000	0,219
IDWFAWPL	0,217	0,413	0,000	0,000	0,000	0,000	1,000
IDWFAWPR	0,021	0,144	0,000	0,000	0,000	0,000	1,000
N	760						

Hinweis: Für die Variablendefinitionen siehe Tab. 10.

Die in Tab. 13 enthaltenen Pearson-Korrelationskoeffizienten geben Aufschluss über bestehende lineare Zusammenhänge zwischen den verwendeten Variablen. Es zeigt sich, dass acht der achtzehn Kontrollvariablen einen statistisch signifikanten linearen Zusammenhang[854] mit der abhängigen Variable *LNPH* aufweisen. Entsprechend den in Abschnitt 7.1 geäußerten Erwartungen sind die Variablen *LNBS*, *KONZERN* und *IFRS* positiv und die Variablen *VVaG* sowie *EKQuote* negativ mit *LNPH* korreliert. Die ohne Erwartungshaltung bezüglich der Wirkungsrichtung aufgenommenen Variablen *LIQtoBS* und *NPHtoPH* weisen eine negative respektive positive Korrelation auf. Zwischen *LNPH* und *LOSS* besteht entgegen der geäußerten Erwartung ein negativer linearer Zusammenhang. Alle anderen Kontrollvariablen korrelieren nicht signifikant mit der abhängigen Variable. Die höchste betragsmäßige signifikante Korrelation (+0,859) mit *LNPH* besitzt im Einklang mit einer Vielzahl vorhergehender Arbeiten die logarithmierte Bilanzsumme (*LNBS*). Die kleinste betragsmäßige signifikante Korrelation (-0,068) ist bei der Variable *VVaG* vorzufinden. Im Hinblick auf die Testvariablen zeigt sich, dass alle positiv mit der abhängigen Variable *LNPH* korrelieren (Signifikanzniveau: 1%). Die stärkste Korrelation (+0,546) mit *LNPH* weist hierbei der Marktanteil des Rechtsunterzeichners (*MarktanteilWPR*) auf; die geringsten Korrelationen bestehen mit Werten um 0,22 bei den Indikatorvariablen bezüglich der Mitgliedschaft im IDW-Versicherungsfachausschuss (*IDWFA*, *IDWFAWPL*, *IDWFAWPR*). Insgesamt betrachtet liefern die Ergebnisse der Korrelationsanalyse erste Hinweise darauf, dass in der Versicherungsbranche die Beschäftigung eines branchenspezialisierten Prüfungspartners mit höheren Prüfungshonoraren einhergehen könnte.

Im Hinblick auf die Korrelationen zwischen den unabhängigen Variablen zeigt sich, dass die Kontrollvariablen *LNBS* und *EKQuote* betragsmäßig am stärksten miteinander korrelieren (-0,703). Alle anderen absoluten Korrelationswerte zwischen den Kontrollvariablen selbst und zwischen Kontroll- sowie Testvariablen liegen stets unter 0,47. Damit deuten diese auf eine leichte bis mittlere Korrelation hin.[855] Die Testvariablen untereinander weisen zum Teil eine deutlich höhere Korrelation auf. Demnach liegen die stets signifikanten Werte nicht selten über 0,5 und es werden Maximalwerte von über 0,9 (*MarktanteilWPL* mit *LEADERTOP2WPL* sowie *SPEZ3QWPL* mit *LEADERTOP5WPL*) erreicht. In diesem Zusammenhang ist jedoch anzumerken, dass die zum Teil sehr hohen Korrelationskoeffizienten nur zwischen unterschiedlichen Spezialistenvariablen auftreten, die nicht gleichzeitig ins Honorarmodell aufgenommen werden. Demnach erbringen diese sehr hohen Werte lediglich Evidenz dafür, dass die unterschiedlichen Maße im Hinblick auf die Branchenspezialisierung zum Großteil dasselbe erklären könnten. Die u. a. gleichzeitig in ein Honorarmodell integrierten zwei Spezialistenvariablen, wovon sich die eine auf den Links- und die andere auf den Rechtsunterzeichner bezieht, besitzen wiederum nur in drei Fällen eine signifikante Korrelation über 0,5 (*LEADERTOP2WPL* mit *LEADERTOP2WPR* (+0,520); *SPEZ20%WPL* mit *SPEZ20%WPR* (+0,517) und *MarktanteilWPL* mit *MarktanteilWPR* (+0,636)). Alle anderen stets signifikanten Korrelationskoeffizienten liegen in einem Korridor von 0,17 und 0,45. In Anbetracht dessen, dass zwischen keinen der im Honorarmodell

---

[854]   In sieben Fällen bei einem Signifikanzniveau i. H. v. 1%, in einem Fall bei einem Signifikanzniveau von 10%.

[855]   In der Literatur existieren keine einheitlichen Interpretationsgrenzen bezüglich der Stärke der festgestellten Korrelation. *Cohen* (1988) spricht bspw. ab einem absoluten Korrelationskoeffizienten i. H. v. 0,1 von einer schwachen, ab 0,3 von einer mittleren und ab 0,5 von einer starken Korrelation; vgl. *Cohen*, 1988, S. 82. *Sibbertsen/Lehne* (2015) spricht hingegen bei Werten unter 0,5 von einer schwachen, ab 0,5 von einer mittleren und ab 0,8 von einer starken Korrelation; vgl. *Sibbertsen/Lehne*, 2015, S. 130.

Tabelle 13: Pearson-Korrelationskoeffizienten der verwendeten Variablen

	1	2	3	4	5	6	7	8	9	10	11	12	13	14	15	16	17	18	19
1 LNPH	1,000																		
2 LNBS	0,859 (0,000)	1,000																	
3 KONZERN	0,682 (0,000)	0,553 (0,000)	1,000																
4 IFRS	0,577 (0,000)	0,442 (0,000)	0,410 (0,000)	1,000															
5 VVaG	-0,068 (0,061)	0,016 (0,666)	0,210 (0,000)	-0,144 (0,000)	1,000														
6 BStoGBB	-0,001 (0,978)	0,026 (0,481)	0,027 (0,452)	0,006 (0,860)	0,027 (0,456)	1,000													
7 EKQuote	-0,570 (0,000)	-0,703 (0,000)	-0,338 (0,000)	-0,165 (0,000)	0,044 (0,228)	-0,010 (0,793)	1,000												
8 BSW	-0,049 (0,176)	-0,011 (0,754)	-0,025 (0,489)	0,000 (0,993)	-0,033 (0,370)	0,066 (0,068)	-0,054 (0,138)	1,000											
9 RückVQ	-0,030 (0,417)	-0,029 (0,421)	0,004 (0,921)	0,002 (0,951)	0,012 (0,732)	0,161 (0,000)	-0,006 (0,860)	0,023 (0,535)	1,000										
10 GNBW	0,019 (0,602)	0,020 (0,584)	0,010 (0,784)	0,000 (0,992)	0,006 (0,863)	0,025 (0,496)	-0,047 (0,197)	0,210 (0,000)	0,035 (0,338)	1,000									
11 ROAA	0,004 (0,905)	0,014 (0,698)	0,020 (0,577)	-0,003 (0,927)	0,047 (0,193)	0,026 (0,481)	0,042 (0,252)	-0,104 (0,004)	-0,107 (0,003)	0,279 (0,000)	1,000								
12 LOSS	-0,149 (0,000)	-0,250 (0,000)	-0,092 (0,012)	-0,082 (0,024)	-0,098 (0,007)	-0,036 (0,324)	0,149 (0,000)	0,016 (0,662)	0,067 (0,065)	-0,031 (0,392)	-0,444 (0,000)	1,000							
13 LIQtoBS	-0,230 (0,000)	-0,403 (0,000)	-0,127 (0,001)	-0,056 (0,122)	-0,069 (0,057)	-0,126 (0,001)	0,330 (0,000)	0,069 (0,059)	0,010 (0,794)	0,048 (0,187)	-0,006 (0,878)	0,179 (0,000)	1,000						
14 NPHtoPH	0,148 (0,000)	0,084 (0,020)	0,105 (0,004)	0,117 (0,001)	0,097 (0,008)	-0,112 (0,002)	-0,076 (0,035)	-0,063 (0,082)	-0,054 (0,139)	0,044 (0,223)	0,032 (0,380)	-0,086 (0,017)	0,004 (0,909)	1,000					
15 ReportLag	0,034 (0,343)	-0,036 (0,321)	0,163 (0,000)	-0,059 (0,105)	0,084 (0,020)	0,008 (0,832)	-0,020 (0,585)	-0,021 (0,558)	-0,029 (0,419)	0,037 (0,310)	-0,098 (0,007)	0,059 (0,107)	0,071 (0,052)	-0,030 (0,404)	1,000				
16 WPGWechsel	-0,034 (0,345)	0,009 (0,809)	-0,053 (0,144)	0,012 (0,747)	-0,050 (0,165)	0,034 (0,351)	0,018 (0,624)	0,047 (0,197)	-0,147 (0,000)	-0,014 (0,702)	0,012 (0,743)	0,012 (0,740)	-0,034 (0,345)	-0,042 (0,252)	-0,123 (0,001)	1,000			
17 INLWechsel	0,024 (0,515)	0,001 (0,969)	-0,011 (0,758)	-0,010 (0,784)	-0,075 (0,040)	-0,179 (0,000)	-0,030 (0,404)	-0,025 (0,486)	-0,057 (0,117)	0,044 (0,224)	-0,113 (0,002)	0,007 (0,852)	0,018 (0,612)	0,050 (0,169)	-0,001 (0,979)	-0,032 (0,375)	1,000		
18 IWPLWechsel	0,013 (0,726)	0,016 (0,658)	-0,045 (0,214)	-0,039 (0,279)	-0,028 (0,439)	0,026 (0,476)	-0,010 (0,783)	0,041 (0,255)	0,018 (0,617)	0,014 (0,711)	0,034 (0,349)	0,004 (0,904)	-0,039 (0,284)	-0,063 (0,084)	0,015 (0,680)	-0,097 (0,007)	-0,069 (0,057)	1,000	
19 IWPRWechsel	0,020 (0,575)	0,029 (0,425)	-0,029 (0,419)	-0,003 (0,932)	-0,028 (0,444)	0,028 (0,442)	-0,051 (0,159)	-0,001 (0,983)	0,010 (0,780)	-0,069 (0,058)	-0,076 (0,037)	0,056 (0,125)	-0,039 (0,281)	-0,029 (0,432)	0,064 (0,078)	-0,122 (0,001)	-0,086 (0,017)	0,305 (0,000)	1,000

Hinweis: Für die Variablendefinitionen siehe Tab. 10. Der Wert in Klammern unterhalb des Korrelationskoeffizienten ist der p-Wert (zweiseitiger Test). Fortsetzung der Tabelle auf der nächsten Seite.

Fortsetzung Tabelle 13

	1	2	3	4	5	6	7	8	9	10	11	12	13	14	15	16	17	18	19
20 LEADERWPL	0,338	0,300	0,260	0,234	0,086	0,005	-0,135	-0,056	-0,005	0,000	-0,008	-0,082	-0,072	0,071	0,025	0,062	-0,037	-0,080	-0,018
	(0,000)	(0,000)	(0,000)	(0,000)	(0,018)	(0,881)	(0,000)	(0,127)	(0,884)	(0,995)	(0,829)	(0,023)	(0,047)	(0,049)	(0,488)	(0,090)	(0,314)	(0,028)	(0,623)
21 LEADERWPR	0,249	0,173	0,096	0,254	-0,076	-0,042	-0,038	-0,075	-0,087	-0,002	-0,001	-0,030	-0,002	0,123	-0,066	-0,019	-0,014	0,038	0,018
	(0,000)	(0,000)	(0,008)	(0,000)	(0,037)	(0,250)	(0,292)	(0,039)	(0,016)	(0,966)	(0,976)	(0,403)	(0,963)	(0,001)	(0,068)	(0,601)	(0,710)	(0,295)	(0,619)
22 LEADER-TOP2WPL	0,417	0,367	0,306	0,317	0,077	0,006	-0,154	-0,049	-0,006	-0,001	-0,008	-0,096	-0,076	0,131	0,013	0,039	-0,009	-0,062	-0,021
	(0,000)	(0,000)	(0,000)	(0,000)	(0,035)	(0,862)	(0,000)	(0,181)	(0,865)	(0,972)	(0,823)	(0,008)	(0,036)	(0,000)	(0,730)	(0,286)	(0,813)	(0,087)	(0,567)
23 LEADER-TOP2WPR	0,327	0,251	0,165	0,262	0,010	-0,021	-0,081	-0,043	-0,051	-0,001	-0,001	-0,056	-0,032	0,102	-0,047	0,086	-0,025	-0,010	-0,018
	(0,000)	(0,000)	(0,000)	(0,000)	(0,781)	(0,570)	(0,025)	(0,242)	(0,160)	(0,974)	(0,977)	(0,123)	(0,375)	(0,005)	(0,198)	(0,018)	(0,494)	(0,789)	(0,628)
24 LEADER-TOP5WPL	0,400	0,341	0,224	0,262	-0,071	0,012	-0,193	-0,025	0,011	-0,072	-0,044	-0,014	-0,071	-0,018	0,006	0,058	-0,066	-0,050	0,043
	(0,000)	(0,000)	(0,000)	(0,000)	(0,050)	(0,732)	(0,000)	(0,491)	(0,759)	(0,047)	(0,222)	(0,692)	(0,052)	(0,621)	(0,865)	(0,109)	(0,070)	(0,165)	(0,242)
25 LEADER-TOP5WPR	0,421	0,325	0,231	0,357	-0,041	-0,008	-0,121	-0,027	-0,033	0,001	-0,011	-0,052	-0,043	0,135	-0,075	0,033	-0,011	-0,056	-0,020
	(0,000)	(0,000)	(0,000)	(0,000)	(0,255)	(0,826)	(0,001)	(0,460)	(0,360)	(0,977)	(0,770)	(0,154)	(0,234)	(0,000)	(0,040)	(0,358)	(0,756)	(0,122)	(0,582)
26 SPEZZ0%WPL	0,384	0,352	0,201	0,274	-0,103	0,016	-0,217	-0,010	0,008	-0,019	-0,055	0,014	-0,149	0,058	-0,035	-0,020	-0,036	0,030	0,064
	(0,000)	(0,000)	(0,000)	(0,000)	(0,005)	(0,658)	(0,000)	(0,778)	(0,836)	(0,596)	(0,133)	(0,705)	(0,000)	(0,108)	(0,334)	(0,576)	(0,324)	(0,411)	(0,080)
27 SPEZZO%WPR	0,483	0,441	0,263	0,374	-0,073	0,009	-0,186	-0,063	-0,008	0,007	-0,013	-0,084	-0,138	0,049	-0,031	0,006	0,002	0,039	-0,075
	(0,000)	(0,000)	(0,000)	(0,000)	(0,046)	(0,800)	(0,000)	(0,081)	(0,816)	(0,842)	(0,712)	(0,020)	(0,000)	(0,178)	(0,398)	(0,861)	(0,966)	(0,283)	(0,039)
28 SPEZ3QWPL	0,402	0,339	0,201	0,246	-0,100	0,004	-0,194	-0,026	-0,005	-0,071	-0,065	-0,017	-0,079	-0,019	0,012	0,049	-0,070	0,014	0,105
	(0,000)	(0,000)	(0,000)	(0,000)	(0,006)	(0,910)	(0,000)	(0,471)	(0,896)	(0,049)	(0,075)	(0,649)	(0,030)	(0,601)	(0,735)	(0,174)	(0,054)	(0,711)	(0,004)
29 SPEZ3QWPR	0,479	0,460	0,301	0,381	-0,029	0,009	-0,207	-0,015	-0,018	0,013	-0,021	-0,102	-0,144	0,055	-0,035	0,015	0,007	0,018	-0,054
	(0,000)	(0,000)	(0,000)	(0,000)	(0,421)	(0,813)	(0,000)	(0,681)	(0,619)	(0,715)	(0,572)	(0,005)	(0,000)	(0,134)	(0,335)	(0,686)	(0,839)	(0,617)	(0,134)
30 Marktanteil-WPL	0,460	0,414	0,321	0,310	0,049	0,010	-0,212	-0,052	-0,001	-0,011	-0,025	-0,074	-0,118	0,090	0,018	0,025	-0,029	-0,066	-0,001
	(0,000)	(0,000)	(0,000)	(0,000)	(0,180)	(0,790)	(0,000)	(0,155)	(0,974)	(0,765)	(0,501)	(0,040)	(0,001)	(0,013)	(0,614)	(0,494)	(0,422)	(0,070)	(0,977)
31 Marktanteil-WPR	0,546	0,461	0,267	0,435	-0,082	-0,019	-0,181	-0,071	-0,057	-0,002	-0,014	-0,087	-0,118	0,139	-0,084	0,031	0,014	0,012	-0,023
	(0,000)	(0,000)	(0,000)	(0,000)	(0,024)	(0,594)	(0,000)	(0,052)	(0,119)	(0,959)	(0,704)	(0,017)	(0,001)	(0,000)	(0,020)	(0,397)	(0,692)	(0,732)	(0,535)
32 IDWFAWPL	0,221	0,213	0,154	0,209	0,044	0,012	-0,140	0,021	-0,004	0,007	-0,004	-0,043	-0,010	0,146	0,005	0,044	0,028	-0,190	-0,086
	(0,000)	(0,000)	(0,000)	(0,000)	(0,230)	(0,752)	(0,000)	(0,556)	(0,918)	(0,848)	(0,910)	(0,232)	(0,795)	(0,000)	(0,884)	(0,221)	(0,437)	(0,000)	(0,018)
33 IDWFAWPR	0,230	0,175	0,151	0,131	0,080	0,003	-0,049	-0,007	0,000	0,001	-0,002	-0,020	-0,039	0,112	-0,011	0,014	0,040	-0,043	-0,041
	(0,000)	(0,000)	(0,000)	(0,000)	(0,028)	(0,932)	(0,176)	(0,847)	(0,994)	(0,975)	(0,959)	(0,584)	(0,286)	(0,002)	(0,764)	(0,706)	(0,273)	(0,240)	(0,256)

Hinweis: Für die Variablendefinitionen siehe Tab. 10. Der Wert in Klammern unterhalb des Korrelationskoeffizienten ist der p-Wert (zweiseitiger Test). Fortsetzung der Tabelle auf der nächsten Seite.

Fortsetzung Tabelle 13

	20	21	22	23	24	25	26	27	28	29	30	31	32	33
20 *LEADERWPL*	1,000													
21 *LEADERWPR*	0,174 (0,000)	1,000												
22 *LEADERTOP2WPL*	0,858 (0,000)	0,259 (0,000)	1,000											
23 *LEADERTOP2WPR*	0,536 (0,000)	0,543 (0,000)	0,520 (0,000)	1,000										
24 *LEADERTOP5WPL*	0,423 (0,000)	0,122 (0,001)	0,494 (0,000)	0,269 (0,000)	1,000									
25 *LEADERTOP5WPR*	0,463 (0,000)	0,305 (0,000)	0,552 (0,000)	0,562 (0,000)	0,399 (0,000)	1,000								
26 *SPEZ20%WPL*	0,290 (0,000)	0,107 (0,003)	0,338 (0,000)	0,197 (0,000)	0,685 (0,000)	0,311 (0,000)	1,000							
27 *SPEZ20%WPR*	0,290 (0,000)	0,140 (0,000)	0,331 (0,000)	0,258 (0,000)	0,383 (0,000)	0,459 (0,000)	0,517 (0,000)	1,000						
28 *SPEZ3QWPL*	0,406 (0,000)	0,150 (0,000)	0,473 (0,000)	0,276 (0,000)	0,959 (0,000)	0,392 (0,000)	0,714 (0,000)	0,405 (0,000)	1,000					
29 *SPEZ3QWPR*	0,305 (0,000)	0,146 (0,000)	0,371 (0,000)	0,269 (0,000)	0,357 (0,000)	0,478 (0,000)	0,469 (0,000)	0,900 (0,000)	0,382 (0,000)	1,000				
30 *MarktanteilWPL*	0,881 (0,000)	0,226 (0,000)	0,906 (0,000)	0,523 (0,000)	0,653 (0,000)	0,554 (0,000)	0,553 (0,000)	0,436 (0,000)	0,643 (0,000)	0,444 (0,000)	1,000			
31 *MarktanteilWPR*	0,520 (0,000)	0,614 (0,000)	0,613 (0,000)	0,775 (0,000)	0,430 (0,000)	0,763 (0,000)	0,445 (0,000)	0,657 (0,000)	0,458 (0,000)	0,659 (0,000)	0,636 (0,000)	1,000		
32 *IDWFAWPL*	0,445 (0,000)	0,025 (0,489)	0,474 (0,000)	0,212 (0,000)	0,255 (0,000)	0,248 (0,000)	0,222 (0,000)	0,171 (0,000)	0,231 (0,000)	0,208 (0,000)	0,464 (0,000)	0,231 (0,000)	1,000	
33 *IDWFAWPR*	0,446 (0,000)	-0,013 (0,719)	0,485 (0,000)	0,491 (0,000)	0,235 (0,000)	0,467 (0,000)	0,176 (0,000)	0,209 (0,000)	0,225 (0,000)	0,219 (0,000)	0,462 (0,000)	0,463 (0,000)	0,256 (0,000)	1,000

Hinweis: Für die Variablendefinitionen siehe Tab. 10. Der Wert in Klammern unterhalb des Korrelationskoeffizienten ist der p-Wert (zweiseitiger Test).

gleichzeitig integrierten erklärenden Variablen eine absolute Korrelation von über 0,8 besteht, liegen keine konkreten Anzeichen für eine im Honorarmodell vorherrschende problematische Multikollinearität vor.[856] Um dennoch eine eventuell bestehende Multikollinearität aufzudecken, wurden zusätzlich für die Regressoren der in Tab. 15 bis Tab. 17 geschätzten Regressionsmodelle die Varianzinflationsfaktoren (variance inflation factors; VIF) berechnet. Hinsichtlich den in Tab. 13 genannten Kontroll- und Testvariablen zeigt sich, dass unabhängig vom verwendeten Regressionsmodell die Variable LNBS stets die höchsten VIF-Werte aufweist, welche abhängig vom Modell zwischen 4,37 und 4,88 liegen. Alle anderen dort genannten Kontroll- und Testvariablen besitzen Werte stets unterhalb von 2,8. Unter Verwendung der vorwiegend zur Anwendung kommenden Faustregel, dass VIF-Werte erst ab einem Wert von über 10 auf ernsthafte Multikollinearitätsprobleme hinweisen,[857] können für die durchgeführten Regressionsanalysen keine derartigen Probleme identifiziert werden.[858]

7.3 Resultate der empirischen Analyse

In den folgenden Abschnitten werden die jeweiligen Schätzergebnisse des in Abschnitt 7.1 beschriebenen Prüfungshonorarmodells (gepoolte OLS-Regression) ohne sowie unter Einbeziehung der verschiedenen partnerbezogenen Spezialistenvariablen wiedergegeben. Die Datenbasis bildet das in Abschnitt 7.2 hergeleitete Datenpanel. Um Fehlinterpretationen aufgrund einer etwaigen gruppenspezifischen Korrelation der Störterme (Autokorrelation)

---

[856] Vgl. Merkl, 2011, S. 1014. Multikollinearität bezeichnet das Phänomen, dass die Regressoren eines multivariaten Regressionsmodells untereinander stark korreliert sind. Liegt Multikollinearität vor, bleiben die OLS-Schätzer unverzerrt. Problematisch ist jedoch, dass Multikollinearität für nach oben hin verzerrte Standardfehler sorgt. In der Tendenz hat dies statistisch insignifikante Koeffizienten zur Folge; vgl. Komlos/Süssmuth, 2010, S. 109.

[857] Vgl. O'Brien, 2007, S. 673. Neben der VIF-Grenze von 10 existieren in der Literatur weitere Grenzen, wie 4, 5 oder 30. Für eine kritische Auseinandersetzung bezüglich der Anwendung derartiger Faustregeln siehe O'Brien, 2007.

[858] Die VIF-Werte der Prüfungsgesellschafts- und Niederlassungsdummys zur Approximation möglicher Effekte, bedingt durch die bestellte Prüfungsgesellschaft und/oder Niederlassung (fixed effects), liegen zum Teil deutlich über 10 (Maximalwert beträgt ca. 36). Für die Analyse wird dies jedoch als unproblematisch erachtet, da es sich hierbei lediglich um Kontrollvariablen handelt, die nicht interpretiert werden sollen. Die Testvariablen, welche im Fokus der Analyse stehen, weisen keine hohen VIF-Werte (stets unter 2,7) auf. Dies bedeutet, dass sie keine ausgeprägte Korrelation zu den anderen erklärenden Variablen aufweisen. Bestätigt wird dies ebenfalls durch eine nicht tabulierte Korrelationsanalyse unter Einbezug der genannten fixed effects-Dummys. Hierbei wird deutlich, dass die fixed effects-Dummys nur selten signifikant und nur in einem verhältnismäßig geringen Umfang (absoluter Korrelationskoeffizient meistens deutlich unter 0,1) mit den Test- und Kontrollvariablen korrelieren. Die hohen VIF-Werte der fixed effects-Dummys sind primär auf einzelne hohe Korrelationen zwischen einzelnen Niederlassungen und Prüfungsgesellschaften zurückzuführen. Dies hat jedoch keinen Einfluss auf die Interpretation der anderen Kontroll- und Testvariablen, da deren Koeffizienten hierdurch nicht beeinflusst werden und auch die Kontrollfunktion der Dummy-Variablen wird hierdurch nicht beeinträchtigt; vgl. Allison, 2012; Rao/Tregillis, 2007, S. 6; Wooldridge, 2016, S. 85 f.

und/oder einer bestehenden Heteroskedastizität zu verhindern,[859] werden stets Cluster-robuste Standardfehler[860] ermittelt und als Streuungsmaß für die Regressionskoeffizienten herangezogen.[861] Dies stellt sicher, dass die Signifikanztests bezüglich der Regressionskoeffizienten aufgrund vorgenannter Probleme nicht verzerrt sind. Die Clusterung der robusten Standardfehler erfolgt hierbei nach Versicherungsunternehmen, um existierende Zeitreihenabhängigkeiten (unternehmensspezifische Effekte) zu beachten.[862]

7.3.1 Ergebnisse des Grundmodells ohne Einbeziehung der prüfungspartnerbezogenen Spezialistenvariablen

Tab. 14 beinhaltet die Schätzergebnisse des Grundmodells ohne Berücksichtigung der Testvariablen für das originäre sowie für das auf Jahresebene winsorisierte gepoolte Datensample.[863] Hierdurch soll zunächst überprüft werden, ob die im Grundmodell enthaltenen Variablen ihren Zweck erfüllen und für wesentliche nicht prüfungspartnerbedingte Einflussfaktoren kontrollieren.

Insgesamt üben auf Basis des originären Datensamples acht und auf Basis des winsorisierten Datensamples elf Kontrollvariablen bei einem Signifikanzniveau i. H. v. 10% einen statistisch relevanten Einfluss auf die Höhe des Prüfungshonorars aus.[864] Wie bereits erwartet und in Übereinstimmung mit einer Vielzahl vorhergehender Honorarforschungsarbeiten fällt der Einfluss von *LNBS* unabhängig vom Datensample signifikant (p-Wert = 0,000) positiv aus. Der Koeffizient verdeutlicht, dass in Abhängigkeit vom Datensatz das Prüfungshonorar bei einem einprozentigen Anstieg der Bilanzsumme um 0,333% (originäres

---

[859] Bei Autokorrelation und Heteroskedastizität sind die OLS-Schätzer der Regressionskoeffizienten zwar weiterhin erwartungstreu und konsistent, jedoch nicht mehr effizient. Des Weiteren hat Heteroskedastizität eine unbekannte (nach oben oder nach unten) Verzerrung der Standardfehler der OLS-Schätzer zur Folge. Autokorrelation führt stets zu einer Unterschätzung der Standardfehler der OLS-Schätzer. Beide Phänomene haben demnach zur Folge, dass es zu Fehlinterpretationen in Hinblick auf die Signifikanz von Regressionskoeffizienten kommen kann; vgl. *Hackl*, 2005, S. 174, 192, 202 f. Für die folgenden Regressionsanalysen weist sowohl der *White*-Test als auch der *Breusch-Pagan*-Test auf eine unbekannte Heteroskedastizität hin. Des Weiteren bestätigt ein durchgeführter *Wooldridge*-Test eine bestehende Autokorrelation.

[860] Robuste Standardfehler werden auch als heteroskedastizitätsbereinigte Standardfehler oder *White*-Standardfehler bezeichnet. Für weitere Informationen zum *White*-Verfahren siehe u. a. *White*, 1980.

[861] Vgl. *Cameron/Trivedi*, 2010, S. 84 f., 250; *Wooldridge*, 2016, S. 388 f.

[862] Vgl. *Petersen*, 2009, S. 436 f.

[863] Bei dem winsorisierten Datensample wurden sowohl die zu erklärende Variable (*LNPH*) als auch alle stetigen erklärenden Variablen für jedes Jahr auf dem 1. und 99. Perzentil winsorisiert. Dies bedeutet, dass in jedem Jahr alle Werte einer stetigen Variable unterhalb (oberhalb) des 1. Perzentils (99. Perzentils) durch den zum 1. Perzentil (99. Perzentil) zugehörigen Wert ersetzt werden. Durch das Winsorisieren soll der mögliche Einfluss von Ausreißern auf die Ergebnisse abgemildert werden.

[864] Im weiteren Verlauf dieser Arbeit wird bei der Beurteilung, ob der Einfluss einer Variable signifikant ausfällt, stets auf den p-Wert abgestellt. Ein Einfluss wird dann als signifikant erachtet, sofern der p-Wert nicht oberhalb eines Signifikanzniveaus i. H. v. 10% liegt. Auch wenn dieses Vorgehen der allgemein üblichen Praxis in der Forschungsliteratur entspricht, sei an dieser Stelle darauf hingewiesen, dass die Interpretation von p-Werten und das hiervon abgeleitete Kriterium der statistischen Signifikanz als durchaus kritisch erachtet wird; siehe diesbezüglich u. a. *Häring*, 2019; *Wasserstein/Schirm/Lazar*, 2019.

Sample) respektive 0,348% (winsorisiertes Sample) zunehmen würde.[865] Die binäre Variable *KONZERN* besitzt ebenfalls das prognostizierte positive Vorzeichen bei einem Signifikanzniveau von 1%. Der Koeffizient beträgt für das originäre 0,845 und für das winsorisierte Datensample 0,823. Demnach sind die Prüfungshonorare für Konzernabschlüsse in Abhängigkeit vom Datensample um 132,80% respektive 127,73% höher als die für Jahresabschlüsse.[866] Die Ursache für diesen wesentlichen Unterschied sollte primär eine erhöhte Komplexität sein. Entsprechend den Erwartungen fällt auch für nach IFRS bilanzierende Versicherungsunternehmen das Prüfungshonorar signifikant (p-Wert = 0,000) höher aus. Auf Basis des originären Datensamples beträgt die Honorarsteigerung im Vergleich zu einem HGB-Abschluss fast 150%; unter Beachtung des winsorisierten Samples fast 138%. Dieser deutliche Honorarunterschied sollte auf eine höhere Komplexität der Rechnungslegungsstandards als auch auf bestimmte Eigenschaften (Komplexität, Risiko, Prinzipal-Agenten-Konflikte) von IFRS anwendenden Versicherungsunternehmen (vorwiegend kapitalmarktorientiert) zurückzuführen sein.[867] Im Einklang mit den Argumenten für die Aufnahme der binären Variable *VVaG* übt diese sowohl im originären als auch im winsorisierten Datensatz einen negativen Einfluss auf die Honorarhöhe aus (Signifikanzniveau: 5%). In Bezug auf den originären Datensatz spiegelt der Koeffizient für *VVaG* einen Honorarabschlag i. H. v. ca. 20% wider. Die Argumente hierfür bestehen darin, dass die VVaGs aufgrund der Abwesenheit von bestimmten fremdfinanzierungsbedingten Prinzipal-Agenten-Konflikten sowie weniger risikoreicheren Geschäftsstrategien eine geringere Prüfungsqualität bzw. einen geringeren Prüfungsaufwand bedingen.

In Hinblick auf die vom CARAMEL-Ansatz abgeleiteten Variablen zur Approximation des mandantenspezifischen Risikos (und ggf. der Mandantenkomplexität) wird deutlich, dass *BSW*, *LOSS* und *LIQtoBS* sowohl auf Basis des originären als auch auf Basis des winsorisierten Datenpanels einen signifikanten Einfluss auf das Prüfungshonorar ausüben (Signifikanzniveau: 10%). Wie erwartet steht *BSW* in einem negativen Verhältnis zur Honorarhöhe. Sollte bspw. unter Berücksichtigung des originären Datensamples das Wachstum der Bilanzsumme um eine Standardabweichung (12,4 Prozentpunkte)[868] zunehmen, so würde das Prüfungshonorar um fast 4,3% abnehmen.[869] Die Honorarreduzierung kann damit begründet werden, dass eine zunehmende Gesamtaktiva eine bestehende Nachfrage nach den

---

[865] Der Koeffizient β_v einer logarithmierten unabhängigen Variable ($\log(x_v)$) bringt in Bezug auf eine logarithmierte abhängige Variable ($\log(y)$) zum Ausdruck, dass sich die nicht logarithmierte abhängige Variable (y) um β_v% verändert, wenn sich die nicht logarithmierte unabhängige Variable (x_v) um 1% verändert ceteris paribus; vgl. *Wooldridge*, 2016, S39, 171.

[866] Der Koeffizient β_v einer Indikatorvariable (x_v mit den Ausprägungen $x_v = 1$ oder $x_v = 0$) bringt in Bezug auf eine logarithmierte abhängige Variable ($\log(y)$) zum Ausdruck, dass im Vergleich zu $x_v = 0$ die nicht logarithmierte abhängige Variable (y) um $[100 \times (e^{\beta_v} - 1)]$% höher oder niedriger (abhängig vom Vorzeichen des Koeffizienten) ausfällt, wenn $x_v = 1$ gilt ceteris paribus; vgl. *Wooldridge*, 2016, S. 212.

[867] Siehe hierzu die Ausführungen in Abschnitt 7.1.

[868] Vgl. Tab. 12.

[869] Der Koeffizient β_v einer unabhängigen Variable (x_v) bringt in Bezug auf eine logarithmierte abhängige Variable ($\log(y)$) zum Ausdruck, dass sich die nicht logarithmierte abhängige Variable (y) exakt um $[100 \times (e^{\beta_v \times \Delta x_v} - 1)]$% verändert, wenn sich die unabhängige Variable (x_v) um Δx_v verändert ceteris paribus; vgl. *Wooldridge*, 2016, S39, 171. In Bezug auf eine prozentuale unabhängige Variable x_v (z. B. Wachstum der Bilanzsumme) würde eine Veränderung um eine Einheit ($\Delta x_v = 1$) bedeuten, dass sich die Variable um

bereitgestellten Produkten sowie die Fähigkeit zur Realisierung von rentablen Investitionen widerspiegelt. Für die Abschlussprüfung hat dies ein geringeres Mandantenrisiko und damit ein geringeres Prüfungshonorar zur Folge. Die Variable *LOSS* steht entsprechend der Prognose in einem positiven Verhältnis zur Honorarhöhe, da die Existenz eines Verlustes ein gesteigertes Insolvenzrisiko zum Ausdruck bringt, welches sich wiederum erhöhend auf das Auftragsrisiko des Abschlussprüfers auswirkt. Entsprechend dem Koeffizienten zahlen mit einem Verlust behaftete Versicherungsunternehmen ein um 21,8% (originäres Sample) bzw. 23,5% (winsorisiertes Sample) höheres Prüfungshonorar. Als dritte stets signifikante Risikovariable erweist sich *LIQtoBS*. Das Vorzeichen des dazugehörigen Koeffizienten fällt positiv aus. Dies spricht dafür, dass eine zunehmende Liquidität in der Tendenz als negativ erachtet wird, da liquide Mittel i. d. R. keine oder nur eine geringe Rendite erwirtschaften. Demnach kann der Versicherung ein schlechtes Liquiditätsmanagement oder aufgrund von bestehenden Risiken ein Ausschluss von anderen längerfristigen und rentablen Anlagen zugesprochen werden. Dies hat zur Folge, dass das Mandantenrisiko derartiger Versicherungen vom Abschlussprüfer höher eingeschätzt und daher ein höheres Prüfungshonorar erhoben wird. Im originären Datensample wäre die Konsequenz aus einer Steigerung der Liquiditätsvariable um 3,4 Prozentpunkte (eine Standardabweichung) eine Honorarzunahme um ca. 9,5%.

Die Risikovariablen *RückVQ* und *GNBW* besitzen lediglich dann einen signifikanten Einfluss auf das Prüfungshonorar, sofern der Einfluss von Ausreißern auf die Regressionsergebnisse durch eine Winsorisierung des Datensatzes abgemildert wird (Signifikanzniveau 5%). Das Vorzeichen der Variable *RückVQ* ist positiv und vermittelt damit den Eindruck, dass eine zunehmende Inanspruchnahme von Rückversicherungsschutz aufgrund der zunehmenden Risikoverflechtungen mit den Rückversicherern für den Abschlussprüfer eine Steigerung des Arbeitsaufwandes zur Folge hat. Diese Aufwandssteigerung überwiegt die Effekte aus einer möglichen Reduzierung des mandantenspezifischen Risikos aufgrund der Weiterleitung von versicherungstechnischen Risiken. Letztendlich hätte im winsorisierten Datensample eine Steigerung der Rückversicherungsquote um eine Standardabweichung (20,7 Prozentpunkte)[870] eine Honorarzunahme i. H. v. 11,1% zur Folge. *GNBW* besitzt hingegen wie erwartet einen signifikant negativen Einfluss auf die Höhe des Prüfungshonorars. Begründet werden kann dies damit, dass wachsende Nettobeiträge die Finanzkraft des Versicherungsunternehmens steigern und damit das Insolvenzrisiko und letztendlich das mandantenspezifische Risiko reduzieren. Auf Basis des winsorisierten Datensatzes wäre die Konsequenz aus einer Zunahme von *GNBW* um 37,8 Prozentpunkte (Standardabweichung)[871] eine Reduzierung des Prüfungshonorars um ca. 2,5%.

Die für die zusätzlich von der Prüfungsgesellschaft erbrachten Beratungsleistungen kontrollierende Variable *NPHtoPH* übt unabhängig vom Datensample einen positiven Einfluss

---

100 Prozentpunkte verändert. Verändert sich die unabhängige Variable hingegen bspw. nur um 12,4 Prozentpunkte (wie hier die Standardabweichung) nach oben, so beträgt $\Delta x_v = 0{,}124$. Demnach ergibt sich für das Prüfungshonorar eine Reduzierung i. H. v. ca. 4,3%, sofern *BSW* um 12,4 Prozentpunkte zunimmt. Abweichend zum vorgenannten Vorgehen kann die prozentuale Veränderung von y durch $\beta_v\% \Delta x_v$ approximiert werden. Dieses Vorgehen wird jedoch umso ungenauer, je größer der Koeffizient und die Veränderung der unabhängigen Variable ausfällt; vgl. *Wooldridge*, 2016, S39, 171.

[870] Nicht tabuliert.
[871] Nicht tabuliert.

aus (Signifikanzniveau: 1%). Ursachen hierfür könnten durch die Beratungsleistungen bedingte Veränderungen der Unternehmensstruktur, einseitige *knowledge spillovers* von der Prüfungs- zur Beratungsleistung oder das grundsätzlich riskantere Risikoprofil von Unternehmen mit einem erhöhten Bedarf an Beratungsleistungen sein.[872] Die Variable *ReportLag* besitzt lediglich auf Basis des winsorisierten Datensamples erwartungsgemäß einen positiven Einfluss auf das Prüfungshonorar (Signifikanzniveau: 10%). Demnach könnte zumindest unter Nichtbeachtung von extremen Ausreißereffekten argumentiert werden, dass eine zunehmende zeitliche Differenz zwischen Bilanzstichtag und Unterzeichnung des Bestätigungsvermerks mögliche Komplikationen während der Abschlussprüfung widerspiegelt, welche eine Erhöhung des Prüfungsaufwands nach sich ziehen.

Die Risikovariablen *BStoGBB*, *EKQuote* und *ROAA* stehen unabhängig vom Datensample in keinem signifikanten Zusammenhang mit der Prüfungshonorarhöhe. Selbiges gilt für die Indikatorvariablen, welche einen Wechsel der Prüfungsgesellschaft, der prüfungsdurchführenden Niederlassung oder des Links-/Rechtsunterzeichners signalisieren. Die Ergebnisse bestätigen damit die bereits von *Leidner/Lenz* (2017) für den deutschen Bankenmarkt gewonnene Erkenntnis, dass ein Wechsel des Prüfungspartners keine wesentliche Bedeutung für die Höhe des Prüfungshonorars besitzt.[873] Gleichzeitig widersprechen die Ergebnisse den Resultaten von *Stewart/Kent/Routledge* (2016) und *Sharma/Tanyi/Litt* (2017), welche für Beobachtungen von australischen respektive US-amerikanischen börsennotierten Unternehmen eine Honorarerhöhung aufgrund eines Prüfungspartnerwechsels belegen und damit begründen, dass die zusätzlichen Kosten einer Erstprüfung an den prüfungspflichtigen Mandanten weitergereicht werden.[874]

Die nicht tabulierten Prüfungsgesellschafts- und Niederlassungsdummys weisen im Vergleich zur Referenzkategorie[875] sowohl signifikant positive oder negative als auch nicht signifikante Koeffizienten auf (Signifikanzniveau: 10%). Hierdurch wird deutlich, dass bereits aufgrund spezifischer Eigenschaften der Prüfungsgesellschaften und Niederlassungen Unterschiede in der Höhe der Prüfungshonorare bestehen und die Integration dieser Dummys zu einem gesteigerten Erklärungsgehalt des Honorarmodells beiträgt.[876] Die nicht wiedergegebenen Koeffizienten der Jahresdummys 2010 bis 2013 (Referenzjahr: 2009) fallen

---

[872] Auf Basis der Ergebnisse vom originären Datensample hätte eine Erhöhung der Variable *NPHtoPH* um eine Standardabweichung (45,5 Prozentpunkte) eine Honorarsteigerung i. H. v. 8,9% zur Folge.

[873] Vgl. *Leidner/Lenz*, 2017, S. 332. Die in Abschnitt 6.4.1 aufgrund von Analyseergebnissen geäußerte Vermutung, dass insbesondere Abschlussprüferwechsel die Ursache für den im Zeitverlauf festgestellten Prüfungshonorarrückgang gewesen sein könnten, kann damit nicht bestätigt werden.

[874] Vgl. *Sharma/Tanyi/Litt*, 2017, S. 147; *Stewart/Kent/Routledge*, 2016, S. 195 sowie Abschnitt 5.1.2.1. Bemerkenswert ist in diesem Zusammenhang, dass die Ergebnisse einer nicht tabulierten Regressionsanalyse auf Basis des originären Datensatzes ohne Kontrolle für die fixen Effekte von Prüfungsgesellschaften und prüfungsdurchführenden Niederlassungen einen signifikant negativen Effekt eines Prüfungsgesellschaftswechsels und einen signifikant positiven Effekt eines internen Mitunterzeichnerwechsels auf die Höhe des Prüfungshonorars konstatieren. Folglich ist die fehlende Evidenz in Tab. 14 in Bezug auf die Beeinflussung des Prüfungshonorars durch Prüfungsgesellschafts- bzw. Prüfungspartnerwechsel auf die Berücksichtigung der vorgenannten fixen Effekte zurückzuführen.

[875] Als Referenzgesellschaft dient KPMG. Als Referenzniederlassung wird die Niederlassung von KPMG in Berlin herangezogen.

[876] Ohne Berücksichtigung von Prüfungsgesellschaft- und Niederlassungseffekten beträgt auf Basis des originären Datensamples das angepasste R^2 0,85; mit Berücksichtigung 0,88.

Tabelle 14: Ergebnisse des Prüfungshonorarmodells ohne Einbeziehung von branchenspezialisierten Prüfungspartnern (OLS-Regression) – Grundmodell

Abhängige Variable: LNPH	Erwartetes Vorzeichen	Originäres Datensample			Winsorisiertes Datensample (1. und 99. Perzentil auf Jahresebene)		
		Koeffizient	Robuster SF	p-Wert	Koeffizient	Robuster SF	p-Wert
Kontrollvariablen							
LNBS	+	0,333	0,029	0,000***	0,348	0,031	0,000***
KONZERN	+	0,845	0,116	0,000***	0,823	0,118	0,000***
IFRS	+	0,915	0,201	0,000***	0,866	0,200	0,000***
VVaG	-	-0,224	0,106	0,018**	-0,187	0,099	0,030**
BStoGBB	?	0,000	0,000	0,856	0,000	0,000	0,868
EKQuote	-	-0,034	0,339	0,460	-0,072	0,313	0,409
BSW	-	-0,354	0,205	0,043**	-0,303	0,215	0,081*
RückVQ	?	0,001	0,007	0,896	0,508	0,230	0,028**
GNBW	-	0,003	0,012	0,587	-0,066	0,036	0,034**
ROAA	-	0,118	0,525	0,589	0,938	0,786	0,883
LOSS	+	0,197	0,095	0,020**	0,211	0,095	0,014**
LIQtoBS	?	2,674	1,075	0,014**	2,792	1,043	0,008***
NPHtoPH	?	0,188	0,062	0,003***	0,211	0,066	0,002***
ReportLag	+	0,001	0,001	0,106	0,001	0,001	0,070*
WPGWechsel	-	0,071	0,089	0,787	0,787	0,081	0,686
INLWechsel	?	0,126	0,132	0,341	0,190	0,117	0,105
IWPLWechsel	?	0,044	0,047	0,357	0,041	0,046	0,367
IWPRWechsel	?	-0,049	0,050	0,328	-0,055	0,047	0,238
Konstante		4,866	0,646	0,000***	4,312	0,688	0,000***
WPG-Dummys?		Ja			Ja		
NL-Dummys?		Ja			Ja		
Jahresdummys?		Ja			Ja		
Clusterung nach:		VU			VU		
Anzahl Beobachtungen:		760			760		
Angepasstes R^2:		0.880			0.886		
F-Statistik:		134.703			162.110		
Prob > F:		0.000			0.000		

Hinweis: Das folgende Regressionsmodell wurde geschätzt: $LNPH=\beta_0+\beta_1LNBS+\beta_2KONZERN+\beta_3IFRS+\beta_4VVaG+\beta_5BStoGBB+\beta_6EKQuote+\beta_7BSW+\beta_8RückVQ+\beta_9GNBW+\beta_{10}ROAA+\beta_{11}LOSS+\beta_{12}LIQtoBS+\beta_{13}NPHtoPH+\beta_{14}ReportLag+\beta_{15}WPGWechsel+\beta_{16}INLWechsel+\beta_{17}IWPLWechsel+\beta_{18}IWPRWechsel+fixed\ effects+\varepsilon$. Für die Variablendefinitionen siehe Tab. 10. Für Variablen mit einer Vorzeichenerwartung werden die p-Werte auf Basis einseitiger Tests angegeben. Sofern keine Vorzeichenerwartung besteht, basieren die p-Werte auf zweiseitigen Tests. */**/***=Signifikanzniveau von 10%/5%/1%. Die Clusterung der robusten Standardfehler erfolgt nach VU. NL: Niederlassung; SF: Standardfehler; WPG: Wirtschaftsprüfungsgesellschaft; VU: Versicherungsunternehmen.

mit Werten zwischen -0,102 in 2010 und -0,144 in 2012 stets signifikant negativ aus (Signifikanzniveau: 1%).[877]

Insgesamt betrachtet verdeutlicht die Analyse des Grundmodells, dass das Honorar für Abschlussprüfungsleistungen bei deutschen Versicherungsunternehmen u. a. durch Mandantengröße, -komplexität, und -risiko sowie durch gewisse auftragsspezifische Einflussfaktoren und jahres- als auch prüfungsgesellschafts- und niederlassungsbedingte fixe Effekte determiniert wird. Das bei beiden Datensätzen ermittelte angepasste R^2 i. H. v. ca. 0,88 konstatiert, dass das verwendete Grundmodell einen hohen Erklärungsanteil (fast 90%) an der Varianz der abhängigen Variable *LNPH* besitzt. Ein Vergleich mit den bisherigen Prüfungshonorarstudien bezüglich des neuseeländischen und britischen Versicherungsmarktes zeigt auf, dass das für den deutschen Versicherungsmarkt ermittelte angepasste R^2 in der Tendenz der gleichen Größenordnung entspricht.[878] Dies gilt ebenso für einen Vergleich mit bisherigen Honorarmodellen für den deutschen oder US-amerikanischen Bankenmarkt sowie für nicht der Finanzbranche angehörende Unternehmen.[879] In Anbetracht dessen wird für die folgende Analyse der auf die Partnerebene bezogenen Testvariablen davon ausgegangen, dass die im Rahmen des Grundmodells verwendeten Variablen ihren Zweck erfüllen und bereits für wesentliche Einflussfaktoren kontrollieren.

7.3.2 Ergebnisse der Hauptanalyse unter Einbezug der prüfungspartnerbezogenen Spezialistenvariablen

Zur Überprüfung der in Abschnitt 5.2 aufgestellten Hypothesen dienen die in Tab. 15 bis Tab. 21 wiedergegebenen Schätzergebnisse des Prüfungshonorarmodells bezüglich der partnerbezogenen Spezialistenvariablen. Auf eine Wiedergabe der Schätzergebnisse für die Kontrollvariablen wird aus Gründen der Übersichtlichkeit und der untergeordneten Bedeutung für die Überprüfung der Hypothesen verzichtet. Ein Vergleich der nicht tabulierten Schätzergebnisse der Kontrollvariablen mit den in Abschnitt 7.3.1 dargestellten Ergebnissen des Grundmodells ohne Berücksichtigung der Testvariablen zeigt jedoch auf, dass weitestgehend keine wesentlichen Unterschiede bestehen. Demnach üben auch unter Einbeziehung der Testvariablen fast ausnahmslos dieselben Kontrollvariablen einen signifikanten Einfluss auf die Prüfungshonorarhöhe aus.[880]

---

[877] Dies steht in Einklang mit der Erkenntnis aus der in Abschnitt 6 durchgeführten Marktstrukturanalyse, dass in den Jahren 2010 bis 2013 das kumulierte Prüfungshonorar (Marktvolumen) stets geringer ausfällt als in 2009; vgl. Tab. 4. Mögliche Ursache hierfür könnte ebenfalls ein zunehmender Wettbewerbsdruck sein.

[878] Vgl. *Adams/Sherris/Hossain*, 1997, S. 81; *O'Sullivan/Diacon*, 2002, S. 102. Lediglich im Vergleich zum angepassten R^2 i. H. v. 0,702 der auf den US-amerikanischen Versicherungsmarkt bezogenen Studie *Pearson/Trompeter* (1994) fällt das hier ermittelte angepasste R^2 deutlich höher aus; vgl. *Pearson/Trompeter*, 1994, S. 124. Ein Vergleich mit den anderen Studien *O'Sullivan/Diacon* (1994) sowie *Klumpes/Komarev/Eleftheriou* (2016) ist nicht möglich, da diese kein angepasstes R^2 ausweisen.

[879] Bezüglich des Bankenmarktes vgl. u. a. *Doogar/Rowe/Sivadasan*, 2015, S. 375 f.; *Ettredge/Xu/Yi*, 2014, S. 49; *Fields/Fraser/Wilkins*, 2004, S. 67; *Leidner/Lenz*, 2017, S. 332.

[880] Lediglich die im Grundmodell insignifikanten Variablen *IWPLWechsel* und *ReportLag* sind bei der Verwendung von bestimmten Testvariablen signifikant positiv (Signifikanzniveau: 10%). Bei *IWPLWechsel* ist dies dann der Fall, wenn *LEADERTOP5WPL* alleine (Tab. 15, Spalte (3)), *LEADERTOP5WPL* und *LEADERTOP5WPR* gemeinsam (Tab. 17, Spalte (3)) sowie *LEADERTOP5WPLAlleine*, *LEADERTOP5WPRAlleine* und *LEADERWPTOP5Beide* gemeinsam (Tab. 19, Spalte (3)) verwendet werden. Hierbei ist anzumerken, dass die

In Übereinstimmung mit bisherigen zwischen *engagement* und *review partner* unterscheidenden Forschungsarbeiten wird zunächst abweichend zum vorgestellten Prüfungshonorarmodell der Einfluss eines branchenspezialisierten Linksunterzeichners und der eines branchenspezialisierten Rechtsunterzeichners separat analysiert.[881] Tab. 15 beinhaltet diesbezüglich die Ergebnisse für die auf die Linksunterzeichner bezogenen Spezialistenvariablen ohne Einbeziehung der branchenspezialisierten Rechtsunterzeichner. Unabhängig von den verwendeten Variablen wird für auf die Versicherungsbranche spezialisierte Linksunterzeichner stets ein positiver Einfluss auf die Honorarhöhe konstatiert (Signifikanzniveau: 5% bis 10%). Den größten Einfluss von den Indikatorvariablen besitzt mit einem Koeffizienten i. H. v. 0,476 (p-Wert = 0,014) die Variable *LEADERTOP2WPL*. Demnach fällt ceteris paribus das Prüfungshonorar im Durchschnitt um fast 61% höher aus, wenn der testierende Linksunterzeichner den größten oder zweitgrößten Marktanteil besitzt. Doch auch nur der marktführende Linksunterzeichner kann im Vergleich zu den anderen testierenden Mitunterzeichnern einen wirtschaftlich relevanten Honoraraufschlag von nahezu 56% ($\beta_{LEADERWPL}$ = 0,442; p-Wert = 0,011) vereinnahmen. Die anderen zum Teil weitergefassten Spezialistenvariablen besitzen bei einem 5- bzw. 10-prozentigen Signifikanzniveau Koeffizienten zwischen 0,135 und 0,224.

Die Indikatorvariable *IDWFAWPL* ($\beta_{IDWFAWPL}$ = 0,208; p-Wert = 0,060) offenbart, dass als Linksunterzeichner fungierende Mitglieder des IDW-Versicherungsfachausschusses im Vergleich zu Nichtmitgliedern einen Honoraraufschlag i.H. v. ca. 23% erzielen. Der positive Koeffizient des kontinuierlichen Maßes *MarktanteilWPL* ist als einziger auch bei einer Irrtumswahrscheinlichkeit von 1% signifikant ($\beta_{MarktanteilWPL}$ = 1,608; p-Wert = 0,006). Das Ergebnis legt nahe, dass in der Tendenz links unterzeichnende Prüfungspartner mit einem größeren, den Spezialisierungsgrad widerspiegelnden Marktanteil höhere Prüfungshonorare vereinnahmen können. Sollte der Marktanteil eines Linksunterzeichners unter sonst gleich bleibenden Bedingungen bspw. um eine Standardabweichung (7,9 Prozentpunkte) ansteigen, so hätte dies einen wirtschaftlich relevanten Honoraranstieg i. H. v. ca. 13,5% als Konsequenz. Insgesamt betrachtet vermitteln die Ergebnisse, dass die auf die deutsche Versicherungsbranche spezialisierten Linksunterzeichner signifikant höhere Prüfungshonorare vereinnahmen als die nicht spezialisierten Linksunterzeichner. Demnach wäre unter ausschließlicher Beachtung dieser Resultate die Hypothese 1a abzulehnen.

---

drei zuletzt genannten Variablen noch im Verlauf des Abschnitts eingeführt werden. Bei *ReportLag* kommt es dazu, wenn *LEADERWPR*, *LEADERTOP2WPR*, *LEADERTOP5WPR* oder *MarktanteilWPR* jeweils alleine (Tab. 16, Spalte (1), (2), (3) und (6)) sowie *MarktanteilWPL* und *MarktanteilWPR* gemeinsam (Tab. 17, Spalte (6)) in das Modell eingehen.

[881] Vgl. *Chin/Chi*, 2009, S. 751; *Chi/Chin*, 2011, S. 223.

Tabelle 15: Ergebnisse des Prüfungshonorarmodells unter alleinigem Einbezug der auf die Versicherungsbranche spezialisierten Linksunterzeichner/Mitunterzeichner (OLS-Regression)

Abhängige Variable: LNPH	Erwartetes Vorzeichen	(1) Größter Marktanteil	(2) Zwei größte Marktanteile	(3) Fünf größte Marktanteile	(4) Marktanteil 20% größer als Gleichverteilung	(5) Marktanteil oberhalb des 3. Quartils	(6) Marktanteil	(7) Mitglied im IDW-Fachausschuss
Modell mit Testvariable(n):		*LEADER...*	*LEADER-TOP2...*	*LEADER-TOP5...*	*SPEZ20%...*	*SPEZ3Q...*	*Marktanteil...*	*IDWFA...*
		Koeffizient Robuster SF p-Wert	Koeffizient Robuster SF p-Wert	Koeffizient Robuster SF p-Wert	Koeffizient Robuster SF p-Wert	Koeffizient Robuster SF p-Wert	Koeffizient Robuster SF p-Wert	Koeffizient Robuster SF p-Wert
Testvariable:								
...WPL	?	0,442 0,172 0,011**	0,476 0,191 0,014**	0,210 0,087 0,017**	0,135 0,071 0,057*	0,224 0,090 0,014**	1,608 0,581 0,006***	0,208 0,110 0,060*
Kontrollvariablen?		Ja	Ja	Ja	Ja	Ja	Ja	Ja
WPG-Dummys?		Ja	Ja	Ja	Ja	Ja	Ja	Ja
NL-Dummys?		Ja	Ja	Ja	Ja	Ja	Ja	Ja
Jahresdummys?		Ja	Ja	Ja	Ja	Ja	Ja	Ja
Clusterung nach:		VU	VU	VU	VU	VU	VU	VU
Anzahl Beobachtungen:		760	760	760	760	760	760	760
Angepasstes R^2:		0,884	0,885	0,883	0,881	0,883	0,885	0,882
F-Statistik:		105,136	105,353	114,708	128,813	119,094	101,805	112,374
Prob > F:		0,000	0,000	0,000	0,000	0,000	0,000	0,000

Hinweis: Das folgende Regressionsmodell wurde geschätzt: $LNPH = \beta_0 + \beta_1 LNBS + \beta_2 KONZERN + \beta_3 IFRS + \beta_4 VVaG + \beta_5 BStoGBB + \beta_6 EKQuote + \beta_7 BSW + \beta_8 RückVQ + \beta_9 GNBW + \beta_{10} ROAA + \beta_{11} LOSS + \beta_{12} LIQtoBS + \beta_{13} NPHtoPH + \beta_{14} ReportLag + \beta_{15} WPGWechsel + \beta_{16} INLWechsel + \beta_{17} IWPLWechsel + \beta_{18} IWPRWechsel + \beta_{19} SpezWPL + fixed\ effects + \varepsilon$. Aus Gründen der Übersichtlichkeit und des Fokus auf die Testvariablen wird auf eine Wiedergabe der Schätzergebnisse bezüglich der Kontrollvariablen und der Konstante verzichtet. Die im Regressionsmodell genannte Variable SpezWPL repräsentiert die jeweilige in den Spalten (1) bis (7) verwendete Testvariable. Für die Definitionen der Kontroll- und Testvariablen siehe Tab. 10. Für Variablen mit einer Vorzeichenerwartung werden die p-Werte auf Basis einseitiger Tests angegeben. Sofern keine Vorzeichenerwartung besteht, basieren die p-Werte auf zweiseitigen Tests. */**/***=Signifikanzniveau von 10%/5%/1%. Die Clusterung der robusten Standardfehler erfolgt nach VU. NL: Niederlassung; SF: Standardfehler; WPG: Wirtschaftsprüfungsgesellschaft; WPL: Linksunterzeichner; WPR: Rechtsunterzeichner; VU: Versicherungsunternehmen.

Die Resultate des Prüfungshonorarmodells für die auf die Rechtsunterzeichner bezogenen Spezialistenvariablen ohne Einbezug von branchenspezialisierten Linksunterzeichnern sind in Tab. 16 enthalten. In Übereinstimmung mit den zuvor für die Linksunterzeichner ermittelten Ergebnissen kann auch für die branchenspezialisierten Rechtsunterzeichner unabhängig von der verwendeten Spezialistenvariable stets ein signifikant positiver Einfluss auf die Honorarhöhe konstatiert werden. Von den Indikatorvariablen besitzt *LEADERWPR* den größten Einfluss auf die Honorarhöhe. Der Koeffizient i. H. v. 0,663 (p-Wert = 0,000) bringt zum Ausdruck, dass das Prüfungshonorar im Durchschnitt um 94% höher ausfällt,

Tabelle 16: Ergebnisse des Prüfungshonorarmodells unter alleinigem Einbezug der auf die Versicherungsbranche spezialisierten Rechtsunterzeichner/prüfungsdurchführenden Prüfungspartner (OLS-Regression)

Abhängige Variable: **LNPH**	Erwartetes Vorzeichen	(1) Größter Marktanteil	(2) Zwei größte Marktanteile	(3) Fünf größte Marktanteile	(4) Marktanteil 20% größer als Gleichverteilung	(5) Marktanteil oberhalb des 3. Quartils	(6) Marktanteil	(7) Mitglied im IDW-Fachausschuss
Modell mit Testvariable(n):		*LEADER...* Koeffizient Robuster SF p-Wert	*LEADERTOP2...* Koeffizient Robuster SF p-Wert	*LEADERTOP5...* Koeffizient Robuster SF p-Wert	*SPEZ20%...* Koeffizient Robuster SF p-Wert	*SPEZ3Q...* Koeffizient Robuster SF p-Wert	*Marktanteil...* Koeffizient Robuster SF p-Wert	*IDWFA...* Koeffizient Robuster SF p-Wert
Testvariable:								
...*WPR*	?	0,663 0,176 0,000***	0,622 0,134 0,000***	0,430 0,106 0,000***	0,225 0,075 0,003***	0,176 0,076 0,022**	6,259 1,177 0,000***	0,651 0,174 0,000***
Kontrollvariablen?		Ja	Ja	Ja	Ja	Ja	Ja	Ja
WPG-Dummys?		Ja	Ja	Ja	Ja	Ja	Ja	Ja
NL-Dummys?		Ja	Ja	Ja	Ja	Ja	Ja	Ja
Jahresdummys?		Ja	Ja	Ja	Ja	Ja	Ja	Ja
Clusterung nach:		VU	VU	VU	VU	VU	VU	VU
Anzahl Beobachtungen:		760	760	760	760	760	760	760
Angepasstes R^2:		0,882	0,884	0,885	0,883	0,882	0,888	0,884
F-Statistik:		285,988	125,395	134,226	136,180	130,313	137,843	105,137
Prob > F:		0,000	0,000	0,000	0,000	0,000	0,000	0,000

Hinweis: Das folgende Regressionsmodell wurde geschätzt: $LNPH=\beta_0+\beta_1 LNBS+\beta_2 KONZERN+\beta_3 IFRS+\beta_4 VVaG+\beta_5 BStoGBB+\beta_6 EKQuote+\beta_7 BSW+\beta_8 RückVQ+\beta_9 GNBW+\beta_{10} ROAA+\beta_{11} LOSS+\beta_{12} LIQtoBS+\beta_{13} NPHtoPH+\beta_{14} ReportLag+\beta_{15} WPGWechsel+\beta_{16} INLWechsel+\beta_{17} IWPLWechsel+\beta_{18} IWPRWechsel+\beta_{19} SpezWPR+fixed\ effects+\varepsilon$. Aus Gründen der Übersichtlichkeit und des Fokus auf die Testvariablen wird auf eine Wiedergabe der Schätzergebnisse bezüglich der Kontrollvariablen und der Konstante verzichtet. Die im Regressionsmodell genannte Variable *SpezWPR* repräsentiert die jeweilige in den Spalten (1) bis (7) verwendete Testvariable. Für die Definitionen der Kontroll- und Testvariablen siehe Tab. 10. Für Variablen mit einer Vorzeichenerwartung werden die p-Werte auf Basis einseitiger Tests angegeben. Sofern keine Vorzeichenerwartung besteht, basieren die p-Werte auf zweiseitigen Tests. */**/***=Signifikanzniveau von 10%/5%/1%. Die Clusterung der robusten Standardfehler erfolgt nach VU. NL: Niederlassung; SF: Standardfehler; WPG: Wirtschaftsprüfungsgesellschaft; WPL: Linksunterzeichner; WPR: Rechtsunterzeichner; VU: Versicherungsunternehmen.

wenn der testierende Rechtsunterzeichner Marktführer ist. Doch auch die zwei als prüfungsdurchführende Prüfungspartner tätigen Mitglieder des IDW-Versicherungsfachausschusses generieren – verglichen mit Nichtmitgliedern – im Durchschnitt einen wirtschaftlich bedeutsamen Honoraraufschlag i. H. v. nahezu 92% ($\beta_{IDWFAWPR} = 0{,}651$; p-Wert $= 0{,}000$).[882] Je weiter die verwendeten Indikatorvariablen gefasst sind, desto geringer fällt der signifikant positive Koeffizient aus. Demnach beträgt der durchschnittliche Honoraraufschlag von den zwei größten prüfungsdurchführenden Prüfungspartnern noch ca. 86%

---

[882] Die zwei als prüfungsdurchführende Prüfungspartner tätigen Mitglieder des IDW-Versicherungsfachausschusses testieren insgesamt 16 im Datensample vertretene Abschlüsse. Siehe hierzu auch Abschnitt 7.2.2.

($\beta_{LEADERTOP2WPR}$ = 0,622; p-Wert = 0,000), der von den fünf größten beträgt hingegen nur noch ca. 54% ($\beta_{LEADERTOP5WPR}$ = 0,430; p-Wert = 0,000). *SPEZ20%WPR* und *SPEZ3QWPR* fallen mit Koeffizienten i. H. v. 0,225 respektive 0,176 am geringsten aus. Folglich können nach der jeweiligen Variablendefinition als Branchenspezialisten geltende Rechtsunterzeichner im Durchschnitt um 25% bzw. 19% höhere Prüfungshonorare vereinnahmen. Wie bereits bei der alleinigen Einbeziehung des Mitunterzeichners festgestellt, fällt auch der Koeffizient des kontinuierlichen Maßes *MarktanteilWPR* signifikant positiv aus ($\beta_{MarktanteilWPR}$ = 6,259; p-Wert = 0,000). Ein Anstieg des Marktanteils vom Rechtsunterzeichner um eine Standardabweichung (2,7 Prozentpunkte) hätte eine Honorarsteigerung i. H. v. ca. 18,4% zur Folge. Begründet werden kann dies wie zuvor beim Mitunterzeichner damit, dass mit einem steigenden Marktanteil auch der Spezialisierungsgrad des Prüfungspartners ansteigt. Zusammenfassend liefern die vorgenannten Ergebnisse Evidenz dafür, dass auch die auf die deutsche Versicherungsbranche spezialisierten Rechtsunterzeichner einen ökonomisch relevanten Honoraraufschlag generieren können. Unter ausschließlicher Beachtung dieser Resultate wäre die Nullhypothese 1b abzulehnen.

Der in den separaten Analysen sowohl für branchenspezialisierte Links- als auch für branchenspezialisierte Rechtsunterzeichner nachgewiesene Honoraraufschlag kann mit den bereits in Abschnitt 5.2 angeführten Argumenten begründet werden. Hiernach können sich Branchenspezialisten insbesondere in komplexen Branchen, wie die deutsche Versicherungsbranche, deutlicher durch eine merklich höhere Prüfungsqualität von nicht spezialisierten Prüfungspartnern differenzieren. Die in einem hohen Maße vertrauensbasierte Natur des Versicherungsgeschäfts bedingt gleichzeitig die notwendige Nachfrage nach einer hohen Prüfungsqualität, um letztendlich einen Honoraraufschlag für die höhere Prüfungsqualität vereinnahmen zu können. Ein Vergleich der in Tab. 15 und Tab. 16 dargestellten Ergebnisse zeigt des Weiteren auf, dass die Koeffizienten der auf den Rechtsunterzeichner bezogenen Spezialistenvariablen mit nur einer Ausnahme (*SPEZ3QWPR*) stets größer ausfallen als die Koeffizienten der auf die Linksunterzeichner bezogenen Variablen. So fällt der durchschnittliche Honoraraufschlag des marktführenden Rechtsunterzeichners (*LEADERWPR*) um ca. 38 Prozentpunkte größer aus als der des marktführenden Linksunterzeichners (*LEADERWPL*). Bei den jeweils zusammengefassten zwei (*LEADERTOP2WPR, LEADERTOP2WPL*) bzw. fünf (*LEADERTOP5WPR, LEADERTOP5WPL*) größten Prüfungspartnern beträgt die Differenz zwischen den Honoraraufschlägen 25 respektive 31 Prozentpunkte. Die größte Differenz i. H. v. 69% besteht zwischen den durchschnittlichen Honoraraufschlägen von als Rechtsunterzeichner (*IDWFAWPR*) und Linksunterzeichner (*IDWFAWPL*) tätigen Mitgliedern des IDW-Versicherungsfachausschusses. Ein Blick auf die jeweiligen p-Werte verdeutlicht ergänzend hierzu, dass die rechtsunterzeichnerbezogenen Variablen mit Ausnahme der bereits genannten Variable *SPEZ3QWPR* immer eine höhere Signifikanz besitzen. Letztendlich suggeriert dieser einfache Vergleich im Hinblick auf Höhe und Signifikanz der Koeffizienten zweierlei Dinge. Zum einen, dass die branchenspezialisierten Rechtsunterzeichner im Vergleich zu den Linksunterzeichnern mit einer geringeren Irrtumswahrscheinlichkeit tatsächlich Honoraraufschläge erzielen. Zum anderen, dass die generierten Honoraraufschläge der rechts unterzeichnenden Branchenspezialisten deutlich höher ausfallen. Zu begründen ist dies damit, dass der Rechtsunterzeichner in seiner Funktion als prüfungsdurchführender Prüfungspartner die Prüfungshandlungen plant, durchführt und überwacht, den Arbeitsaufwand schätzt sowie festlegt, die Prüfungsergebnisse interpretiert, über die Wesentlichkeit von Feststellungen entscheidet und den Prüfungsbericht verfasst. Damit sollte dieser einen wesentlicheren Einfluss auf die Prüfungsqualität und die Honorargestaltung ausüben als der Mitunterzeichner.[883] Ist nun der für die Prüfungsqualität bedeutsamere Prüfungspartner ein Branchenspezialist, so begründet dies einen höheren Honoraraufschlag als bei Prüfungspartnern, die eine untergeordnete Rolle für das Produkt Abschlussprüfung spielen.[884]

Trotz der grundsätzlichen Begründbarkeit der nachgewiesenen Honoraraufschläge für branchenspezialisierte Links- und Rechtsunterzeichner besteht bei den separaten Analysen die Gefahr, dass die jeweils geschätzten Koeffizienten der Spezialistenvariablen aufgrund der Außerachtlassung der auf den anderen Unterzeichner bezogenen Spezialistenvariablen verzerrt sind (*omitted variable bias*). Dies wäre dann der Fall, wenn die auf den jeweils anderen nicht berücksichtigten Unterzeichner bezogene Spezialistenvariable eine signifikante Korrelation mit der einbezogenen Spezialistenvariable aufweist und gleichzeitig einen Einfluss auf die Honorarhöhe ausübt.[885] Dass eine signifikant positive Korrelation zwischen den jeweils gleichen für die Links- und Rechtsunterzeichner berechneten Spezialistenvariablen existiert, bestätigen die bereits analysierten Ergebnisse in Tab. 13 (Signifikanzniveau: 1%). Die Korrelationskoeffizienten liegen hierbei zwischen 0,174 (*LEADERWPL* mit *LEADERWPR*) und 0,636 (*MarktanteilWPL* mit *MarktanteilWPR*). Sollte nun bspw. eine auf den Rechtsunterzeichner bezogene Spezialistenvariable einen positiven Einfluss auf das Prüfungshonorar ausüben, jedoch keinen Eingang in das Modell finden, welches den Einfluss der auf den Linksunterzeichner bezogenen äquivalenten Spezialistenvariable untersucht, so wird die analysierte Linksunterzeichnervariable aufgrund der positiven Korrelation einen Teil des positiven Effektes der Rechtsunterzeichnervariable auf das Prüfungshonorar übernehmen. Die Folge ist ein positiv verzerrter Koeffizient der auf den Linksunterzeichner bezogenen Spezialistenvariable, welcher unter Umständen nur aufgrund des aufgenommenen Effekts von der ausgelassenen Rechtsunterzeichnervariable signifikant ausfällt.[886] Selbiges könnte vice versa für die jeweils separat analysierte Spezialistenvariable bezüglich des Rechtsunterzeichners gelten.

Um dieser Problematik entgegen zu wirken, berücksichtigt das in Abschnitt 7.1 vorgestellte Prüfungshonorarmodell in Abhängigkeit von der jeweiligen Testvariable den bzw. die branchenspezialisierten Links- und Rechtsunterzeichner simultan. Tab. 17 beinhaltet die dazugehörigen Schätzergebnisse. Es fällt auf, dass im Gegensatz zur separaten Analyse (Tab. 15) nur noch für drei (*LEADERWPL*, *LEADERTOP2WPL* und *SPEZ3QWPL*) der sieben Spezialistenvariablen bezüglich der Linksunterzeichner ein signifikant positiver Einfluss auf die Honorarhöhe bestätigt wird. Hierbei fallen die Koeffizienten stets geringer und der p-Wert stets höher aus. Insgesamt sprechen diese Unterschiede dafür, dass die Koeffi-

---

[883] Bezüglich des Aufgaben- und Verantwortungsbereiches der testierenden Prüfungspartner siehe Abschnitt 3.3.3.

[884] Für eine gegensätzliche Argumentation, die dem Linksunterzeichner eine bedeutsamere Rolle in Verbindung mit der Prüfungsqualität zuspricht, sofern dieser die Funktion des Berichtskritikers ausübt, siehe Abschnitt 5.2.

[885] Vgl. *Wooldridge*, 2016, S. 78 f.

[886] Vgl. *Komlos/Süssmuth*, 2010, S. 114; *Wooldridge*, 2016, S. 78 f.

zienten der separaten Analyse aufgrund der Außerachtlassung des spezialisierten Rechtsunterzeichners verzerrt sind. Dennoch kann weiterhin für den größten und für die zwei größten Mitunterzeichner sowie für die Mitunterzeichner mit einem Marktanteil oberhalb des dritten Quartils ein signifikanter Honoraraufschlag von knapp 51% ($\beta_{LEADERWPL}$ = 0,410; p-Wert = 0,021), 43% ($\beta_{LEADERTOP2WPL}$ = 0,358; p-Wert = 0,096) bzw. 21% ($\beta_{SPEZ3QWPL}$ = 0,192; p-Wert = 0,033) nachgewiesen werden. Das Faktum, dass der marktführende Mitunterzeichner den im Durchschnitt höchsten Honoraraufschlag erzielt, könnte als Indiz dafür gewertet werden, dass dieser die höchste Expertise und damit die höchste Prüfungsqualität liefert. Wenn auch limitierter im Vergleich zur separaten Analyse, deuten die Ergebnisse weiterhin darauf hin, dass auf die deutsche Versicherungsbranche spezialisierte Linksunterzeichner höhere Prüfungshonorare vereinnahmen können. Demnach wäre zumindest unter Verwendung der Variablen *LEADERWPL*, *LEADERTOP2WPL* und *SPEZ3QWPL* die Hypothese 1a weiterhin abzulehnen.

Im Gegensatz zum Mitunterzeichner bleiben die auf den prüfungsdurchführenden Wirtschaftsprüfer bezogenen Spezialistenvariablen ohne Ausnahme signifikant. Die Koeffizienten fallen jedoch ebenfalls stets kleiner aus als bei der separaten Analyse (Tab. 16); die p-Werte sind hingegen höher, wobei sie für fünf der sieben Variablen weiterhin eine hohe Signifikanz (p-Wert < 0,01) bestätigen. Dennoch deuten die höheren p-Werte und die zum Teil deutlich geringeren Koeffizienten darauf hin, dass die in der separaten Analyse geschätzten Koeffizienten der Spezialistenvariablen bezüglich des Rechtsunterzeichners ebenfalls aufgrund der fehlenden Berücksichtigung der spezialisierten Mitunterzeichner verzerrt sind. Auffällig ist, dass unter dieser Modellspezifikation nun nicht mehr der marktführende Rechtsunterzeichner den höchsten durchschnittlichen Honoraraufschlag vereinnahmt, sondern die als Rechtsunterzeichner fungierenden Mitglieder des IDW-Fachausschusses ($\beta_{IDWFAWPR}$ = 0,576; p-Wert = 0,003). Diese berechnen im Vergleich zu Nichtmitgliedern ein um durchschnittlich 88% höheres Prüfungshonorar. Der marktführende Rechtsunterzeichner generiert den zweithöchsten Aufschlag i. H. v. fast 68%, gefolgt von den zwei bzw. fünf größten Rechtsunterzeichnern gemeinschaftlich betrachtet. Demnach generieren die zwei größten im Durchschnitt einen Honoraraufschlag von 48%, die fünf größten von ca. 44%. Die weitergefassten Spezialistenvariablen *SPEZ20%WPR* und *SPEZ3QWPR* konstatieren für die darunter zusammengefassten Rechtsunterzeichner deutlich geringere Aufschläge von 22% respektive 14%. Die Tatsache, dass die Koeffizienten umso geringer ausfallen, je weiter der Kreis der Branchenspezialisten gefasst ist, steht weiterhin im Einklang mit der Annahme, dass weniger spezialisierte Prüfungspartner aufgrund ihrer geringeren Expertise auch nur kleinere Honoraraufschläge durchsetzen können. Das kontinuierliche Maß *MarktanteilWPR* bestätigt dies ebenfalls und zeigt auf, dass der Honoraraufschlag umso größer ausfällt, je höher der durch den Marktanteil widergespiegelte Spezialisierungsgrad ist. Demnach erhöht sich das Prüfungshonorar um fast 15%, sofern der Marktanteil eines Rechtsunterzeichners um eine Standardabweichung i. H. v. 2,7 Prozentpunkte ansteigen würde. Insgesamt betrachtet kann – wie bereits bei der separaten Analyse bezüglich der spezialisierten Rechtsunterzeichner – auf Basis dieser Ergebnisse ohne Einschränkungen ein signifikanter Honoraraufschlag für die auf die deutsche Versicherungsbranche spezialisierten Rechtsunterzeichner konstatiert werden. Demnach wäre die Nullhypothese 1b weiterhin ausnahmslos abzulehnen.

Tabelle 17: Ergebnisse des Prüfungshonorarmodells unter Einbezug der auf die Versicherungsbranche spezialisierten Linksunterzeichner und Rechtsunterzeichner (OLS-Regression)

Abhängige Variable: LNPH	Erwartetes Vorzeichen	(1) Größter Marktanteil	(2) Zwei größte Marktanteile	(3) Fünf größte Marktanteile	(4) Marktanteil 20% größer als Gleichverteilung	(5) Marktanteil oberhalb des 3. Quartils	(6) Marktanteil	(7) Mitglied im IDW-Fachausschuss
Modell mit Testvariable(n):		*LEADER...* Koeffizient Robuster SF p-Wert	*LEADER-TOP2...* Koeffizient Robuster SF p-Wert	*LEADER-TOP5...* Koeffizient Robuster SF p-Wert	*SPEZ20%...* Koeffizient Robuster SF p-Wert	*SPEZ3Q...* Koeffizient Robuster SF p-Wert	*Marktanteil...* Koeffizient Robuster SF p-Wert	*IDWFA...* Koeffizient Robuster SF p-Wert
Testvariablen:								
...WPL	?	0,410 0,176 0,021**	0,358 0,214 0,096*	0,133 0,084 0,115	0,0745 0,069 0,282	0,192 0,089 0,033**	0,693 0,725 0,340	0,167 0,110 0,132
...WPR	?	0,518 0,175 0,004***	0,390 0,168 0,021**	0,368 0,099 0,000***	0,198 0,075 0,009***	0,130 0,075 0,085*	5,022 1,581 0,002***	0,576 0,190 0,003***
Wald-Test auf signifikante Unterschiede zw. Koeffizienten:								
$H_0: \beta_{WPL} = \beta_{WPR}$		p=0,708	p=0,926	p=0,092*	p=0,259	p=0,621	p=0,047**	p=0,099*
Kontrollvariablen?		Ja	Ja	Ja	Ja	Ja	Ja	Ja
WPG-Dummys?		Ja	Ja	Ja	Ja	Ja	Ja	Ja
NL-Dummys?		Ja	Ja	Ja	Ja	Ja	Ja	Ja
Jahresdummys?		Ja	Ja	Ja	Ja	Ja	Ja	Ja
Clusterung nach:		VU	VU	VU	VU	VU	VU	VU
Anzahl Beobachtungen:		760	760	760	760	760	760	760
Angepasstes R^2:		0,885	0,886	0,885	0,883	0,884	0,889	0,885
F-Statistik:		442,100	113,311	119,696	129,348	117,491	124,366	97,839
Prob > F:		0,000	0,000	0,000	0,000	0,000	0,000	0,000

Hinweis: Das folgende Regressionsmodell wurde geschätzt: $LNPH=\beta_0+\beta_1 LNBS+\beta_2 KONZERN+\beta_3 IFRS+\beta_4 VVaG+\beta_5 BStoGBB+\beta_6 EKQuote+\beta_7 BSW+\beta_8 RückVQ+\beta_9 GNBW+\beta_{10} ROAA+\beta_{11} LOSS+\beta_{12} LIQtoBS+\beta_{13} NPHtoPH+\beta_{14} ReportLag+\beta_{15} WPGWechsel+\beta_{16} INLWechsel+\beta_{17} IWPLWechsel+\beta_{18} IWPRWechsel+\beta_{19} SpezWPL+\beta_{20} SpezWPR+fixed effects+\varepsilon$. Aus Gründen der Übersichtlichkeit und des Fokus auf die Testvariablen wird auf eine Wiedergabe der Schätzergebnisse bezüglich der Kontrollvariablen und der Konstante verzichtet. Die im Regressionsmodell genannten Variablen *SpezWPL* und *SpezWPR* repräsentieren die jeweiligen in den Spalten (1) bis (7) verwendeten Testvariablen. Für die Definitionen der Kontroll- und Testvariablen siehe Tab. 10. Für Variablen mit einer Vorzeichenerwartung werden die p-Werte auf Basis einseitiger Tests angegeben. Sofern keine Vorzeichenerwartung besteht, basieren die p-Werte auf zweiseitigen Tests. */**/***=Signifikanzniveau von 10%/5%/1%. Die Clusterung der robusten Standardfehler erfolgt nach VU. NL: Niederlassung; SF: Standardfehler; WPG: Wirtschaftsprüfungsgesellschaft; WPL: Linksunterzeichner; WPR: Rechtsunterzeichner; VU: Versicherungsunternehmen.

Ein Vergleich der in Tab. 17 dargestellten Schätzergebnisse für die Linksunterzeichner mit denen für die Rechtsunterzeichner deutet wie bereits zuvor darauf hin, dass der branchenspezialisierte Rechtsunterzeichner in der Tendenz von höherer Bedeutung für das Prüfungshonorar ist. Dies kommt dadurch zum Ausdruck, dass die Koeffizienten bezüglich des Rechtsunterzeichners mit nur einer Ausnahme (*SPEZ3QWPR*) stets höher sind und die dazugehörigen p-Werte unter Beachtung der vorgenannten Ausnahme immer kleiner ausfallen. So kann bei vier die Linksunterzeichner betreffenden Variablen unter der Annahme eines 10-prozentigen Signifikanzniveaus kein Einfluss bestätigt werden. Bei den Rechtsunterzeichnern sind hingegen fünf Variablen selbst unter einem Niveau von 1% und die anderen bei einem Niveau von 5% bzw. 10% signifikant.

Dennoch können abweichend zur bloßen Betrachtung für die Koeffizienten der für beide Unterzeichner signifikant ausfallenden Spezialistenvariablen (*LEADERWPL/WPR*, *LEADERTOP2WPL/WPRTO2, SPEZ3QWPL/WPR*) mittels einem Wald-Test keine signifikanten Unterschiede in der Höhe (z. B. zwischen *LEADERWPL* und LEADER*WPR*) konstatiert werden. Dies bedeutet, dass der jeweilige Aufschlag dieser spezialisierten Rechts- und Linksunterzeichner nicht signifikant differiert (vgl. Tab. 17), obwohl der reine Vergleich der Koeffizienten einen zum Teil deutlich größeren Honoraraufschlag für die spezialisierten Rechtsunterzeichner suggeriert. Signifikante Differenzen bestehen indes zwischen den Koeffizienten von *LEADERTOP5WPL/WPR, MarktanteileWPL/WPR* und *IDWFAWPL/WPR*. In Anbetracht dessen, dass diese auf den Linksunterzeichner bezogenen Variablen bei einer 10-prozentigen Irrtumswahrscheinlichkeit jedoch nicht signifikant sind, spielen diese Unterschiede zwischen den Koeffizienten nur eine untergeordnete Rolle.

Die bisherigen Ergebnisse sprechen grundsätzlich dafür, dass das Prüfungshonorar höher ausfällt, sofern wenigstens ein testierender Prüfungspartner Branchenspezialist ist. Ferner legen die Resultate nahe, dass die branchenspezialisierten Rechtsunterzeichner eine höhere Bedeutung für das Prüfungshonorar besitzen als die Linksunterzeichner. Dennoch kann auf Basis dieser Ergebnisse nicht gesagt werden, wie der Effekt auf das Prüfungshonorar tatsächlich ausfällt, wenn nur der Linksunterzeichner, nur der Rechtsunterzeichner oder jedoch beide Unterzeichner eines Bestätigungsvermerkes Branchenspezialisten sind. Um diese Effekte isoliert betrachten zu können, werden wie bereits in vorhergehenden zwischen *engagement* und *review partner* trennenden Studien zur Prüfungsqualität drei neue Indikatorvariablen untersucht.[887]

Tab. 18 enthält die entsprechenden Variablendefinitionen. Die erste jeweils neu aufgenommene Dummy-Variable nimmt den Wert 1 an, sofern der betrachtete Linksunterzeichner unter der jeweiligen Variablendefinition als Branchenspezialist gilt, der dazugehörige Rechtsunterzeichner hingegen nicht. Demnach signalisiert bspw. die Variable *LEADERWPLAlleine* mit dem Wert 1, dass nur der Linksunterzeichner Marktführer ist, der Rechtsunterzeichner jedoch nicht. Die zweite neu aufgenommene Indikatorvariable funktioniert entsprechend der zuerst genannten, bezieht sich jedoch auf den Rechtsunterzeichner. Demnach nimmt z. B. *LEADERTOP5WPRAlleine* dann den Wert 1 an, wenn nur der betrachtete Rechtsunterzeichner und nicht der mittestierende Linksunterzeichner zu den fünf größten rechts unterzeichnenden Prüfungspartnern zählt. Sollte hingegen der Rechtsunterzeichner

---

[887] Vgl. *Chin/Chi*, 2009, S. 751; *Chi/Chin*, 2011, S. 222.

Tabelle 18: Ergänzende Testvariablen zur Branchenspezialisierung eines Prüfungspartners

Variable	Definition
1. *LEADERWPLAlleine* 2. *LEADERWPRAlleine* 3. *LEADERWPBeide*	Dummy-Variable, die den Wert 1 annimmt, wenn 1. nur der Linksunterzeichner, 2. nur der Rechtsunterzeichner, 3. beide Unterzeichner eines Bestätigungsvermerks im jeweiligen Jahr den größten Marktanteil auf Basis der Prüfungshonorare besitzt/besitzen; andernfalls beträgt der Wert 0.
1. *LEADERTOP2WPLAlleine* 2. *LEADERTOP2WPRAlleine* 3. *LEADERTOP2WPBeide*	Dummy-Variable, die den Wert 1 annimmt, wenn 1. nur der Linksunterzeichner, 2. nur der Rechtsunterzeichner, 3. beide Unterzeichner eines Bestätigungsvermerks im jeweiligen Jahr einen der zwei größten Marktanteile auf Basis der Prüfungshonorare besitzt/besitzen; andernfalls beträgt der Wert 0.
1. *LEADERTOP5WPLAlleine* 2. *LEADERTOP5WPRAlleine* 3. *LEADERTOP5WPBeide*	Dummy-Variable, die den Wert 1 annimmt, wenn 1. nur der Linksunterzeichner, 2. nur der Rechtsunterzeichner, 3. beide Unterzeichner eines Bestätigungsvermerks im jeweiligen Jahr einen der fünf größten Marktanteile auf Basis der Prüfungshonorare besitzt/besitzen; andernfalls beträgt der Wert 0.
1. *SPEZ20%WPLAlleine* 2. *SPEZ20%WPRAlleine* 3. *SPEZ20%WPBeide*	Dummy-Variable, die den Wert 1 annimmt, wenn 1. nur der Linksunterzeichner, 2. nur der Rechtsunterzeichner, 3. beide Unterzeichner eines Bestätigungsvermerks im jeweiligen Jahr einen Marktanteil besitzt/besitzen, der mindestens 20% größer ist als der durchschnittliche Marktanteil, welcher sich bei einer fiktiven Gleichverteilung des Marktes auf alle Prüfungspartner ergeben würde (Basis Prüfungshonorare); andernfalls beträgt der Wert 0.
1. *SPEZ3QWPLAlleine* 2. *SPEZ3QWPRAlleine* 3. *SPEZ3QWPBeide*	Dummy-Variable, die den Wert 1 annimmt, wenn 1. nur der Linksunterzeichner, 2. nur der Rechtsunterzeichner, 3. beide Unterzeichner eines Bestätigungsvermerks im jeweiligen Jahr einen Marktanteil besitzt/besitzen, der oberhalb des dritten Quartils der jährlichen partnerspezifischen Marktanteile liegt (Basis Prüfungshonorare); andernfalls beträgt der Wert 0.
1. *MarktanteilWPLAlleine* 2. *MarktanteilWPRAlleine* 3. *MarktanteilWPBeide*	Jährlicher Marktanteil des 1. Linksunterzeichners, 2. Rechtsunterzeichners auf Basis der Prüfungshonorare. 3. Interaktionsvariable aus 1. und 2.
1. *IDWFAWPLAlleine* 2. *IDWFAWPRAlleine* 3. *IDWFAWPBeide*	Dummy-Variable, die den Wert 1 annimmt, wenn 1. nur der Linksunterzeichner, 2. nur der Rechtsunterzeichner, 3. beide Unterzeichner eines Bestätigungsvermerks zum Zeitpunkt der Abschlussprüfung oder zumindest in den drei vorhergehenden Jahren Mitglied im Versicherungsfachausschuss des IDW waren; andernfalls beträgt der Wert 0.

nicht dazu zählen oder aber sollte er dazu zählen und sein Mitunterzeichner ebenfalls zu den fünf größten links unterzeichnenden Prüfungspartnern gehören, so trägt die Indikatorvariable den Wert 0.

Die dritte hinzugenommene Dummy-Variable berücksichtigt hingegen genau den zuletzt genannten Sachverhalt. Demnach trägt sie nur dann den Wert 1, wenn beide Unterzeichner entsprechend der Variablendefinition Branchenspezialisten sind. Sofern bspw. *SPEZ20%WPBeide* den Wert 1 trägt, bringt dies zum Ausdruck, dass sowohl der prüfungsdurchführende Prüfungspartner als auch der Mitunterzeichner Branchenspezialisten sind, da sie einen jeweiligen Marktanteil besitzen, der um mindestens 20% größer ist als der bei einer fiktiven Gleichverteilung des Marktes. Die Referenzgruppe zu den vorgenannten Indikatorvariablen bilden Mandate, die durch ein Prüfungspartnergespann testiert werden, die beide keine Branchenspezialisten sind. Einzige Ausnahme zu den vorgenannten Indikatorvariablen stellen die in Tab. 19, Spalte (6) verwendeten kontinuierlichen Marktanteilsvariablen dar. Identisch zum verwendeten Modell in Tab. 17, Spalte (6) spiegeln die Variablen *MarktanteilWPLAlleine/WPRAlleine* die Marktanteile des Links- bzw. Rechtsunterzeichners wider. Ergänzt werden diese Variablen lediglich um die Interaktionsvariable *MarktanteilWPBeide*. Diese ergibt sich aus der Multiplikation von *MarktanteilWPLAlleine* mit *MarktanteilWPRAlleine*.

Tab. 19 liefert die Ergebnisse für die vorgenannten Testvariablen.[888] Im Hinblick auf die Indikatorvariablen, welche signalisieren, dass unter der jeweils gleichen Variablendefinition nur der Linksunterzeichner alleine und nicht der Rechtsunterzeichner ein Branchenspezialist ist, zeigt sich, dass nur *LEADERWPLAlleine* ($\beta_{LEADERWPLAlleine}$ = 0,421; p-Wert = 0,022) einen signifikant positiven Einfluss ausübt.[889] Demnach kann nur für den marktführenden Linksunterzeichner ein Honoraraufschlag konstatiert werden, sofern der Rechtsunterzeichner nicht den größten Marktanteil innehat. Der Honoraraufschlag beträgt hierbei im Vergleich zu Mandaten, bei denen keiner der beiden Prüfungspartner ein Branchenspezialist ist, ca. 52%. Alle anderen unter den jeweils abweichenden Variablendefinitionen als Branchenspezialisten geltenden Linksunterzeichner können hingegen keinen bedeutenden Honoraraufschlag im Vergleich zur Referenzgruppe generieren, sofern der mittestierende Rechtsunterzeichner kein Branchenspezialist ist. Die kontinuierliche Variable *MarktanteilWPLAlleine* fällt wie bereits in der vorherigen Analyse (*MarktanteilWPL* in Tab. 17, Spalte (6)) nicht signifikant aus. Von den Indikatorvariablen bezüglich des allein als Branchenspezialist testierenden Rechtsunterzeichners weisen drei der sechs einen signifikant positiven Einfluss auf die Höhe des Prüfungshonorars auf (Signifikanzniveau: 1%). Hierbei handelt es sich um *LEADERWPRAlleine, LEADERTOP2WPRAlleine* sowie *LEADERTOP5WPRAlleine*.[890] Verglichen mit den Resultaten bezüglich der Linksunterzeichner bedeutet dies, dass der Kreis der branchenspezialisierten Rechtsunterzeichner, die alleine einen Honoraraufschlag vereinnahmen können, weitergefasst ist. Mandate des marktführenden Rechtsunterzeichners weisen im Schnitt ein um fast 90% höheres Prüfungshonorar auf als Mandate, bei denen kein branchenspezialisierter Prüfungspartner testiert. Die etwas weitergefassten Variablen weisen mit Koeffizienten von 0,489 (*LEADERTOP2WPRAlleine*) respektive 0,461 (*LEADERTOP5WPRAlleine*) jedoch ebenso wirtschaftlich bedeutsame durchschnittliche

---

[888]　Wie bereits bei den zuvor geschätzten Modellen ist auch bei den in Tab. 19, Spalten (1) bis (7) verwendeten Kontroll- und Testvariablen davon auszugehen, dass keine ernsthaften Multikollinearitätsprobleme bestehen, da die hierfür berechneten VIF-Werte der Kontrollvariablen bei maximal 4,94 (LNBS) und die der Testvariablen mit nur einer Ausnahme bei maximal 2,28 liegen. Die Ausnahme bildet die Interaktionsvariable *MarktanteilWPBeide* mit einem VIF i. H. v. 6,85, welcher jedoch ebenfalls unterhalb der kritischen Grenze von 10 liegt; vgl. hierzu Abschnitt 7.2.2. Die VIF-Werte der Prüfungsgesellschafts- und Niederlassungsdummys liegen wie bei den zuvor geschätzten Modellen zum Teil deutlich über 10. Für die Analyse wird dies jedoch als unproblematisch erachtet, da es sich hierbei lediglich um Kontrollvariablen handelt, die nicht interpretiert werden sollen; vgl. hierzu Fn. 858.

[889]　Insgesamt gehen 39 Abschlüsse in die Analyse ein, bei denen alleine der Linksunterzeichner Marktführer ist (*LEADERWPLAlleine* = 1). *LEADERTOP2WPLAlleine* = 1 ist bei 38, *LEADERTOP5WPLAlleine* = 1 bei 137, *SPEZ20%WPLAlleine* = 1 bei 134, *SPEZ3QWPLAlleine* = 1 bei 88 und *IDWFAWPLAlleine* = 1 bei 150 Abschlüssen erfüllt.

[890]　Bei drei Abschlüssen ist alleine der Rechtsunterzeichner Marktführer (*LEADERWPRAlleine* = 1), bei zwei Abschlüssen gehört alleine der Rechtsunterzeichner zu den zwei größten Marktteilnehmern (*LEADERTOP2WPRAlleine* = 1) und bei zehn Abschlüssen gehört alleine der Rechtsunterzeichner zu den fünf größten Marktteilnehmern (*LEADERTOP5WPRAlleine* = 1).

Honoraraufschläge i. H. v. 63% bzw. 59% auf. Rechtsunterzeichner, welche hingegen unter die Variablen *SPEZ20%WPRAlleine* und *SPEZ3QWPRAlleine* fallen, stehen in keinem signifikanten Zusammenhang zur Honorarhöhe.[891] Dies gilt ebenso für *IDWFAWPRAlleine*. Demnach kann wie für einen Linksunterzeichner auch für einen Rechtsunterzeichner kein signifikanter Honoraraufschlag bestätigt werden, sofern nur dieser alleine und der andere Unterzeichner nicht dem IDW-Versicherungsfachausschuss angehören.[892] Im Einklang mit den Resultaten der in Tab. 17 wiedergegebenen Schätzergebnisse weist das kontinuierliche Maß *MarktanteilWPRAlleine* trotz Einbezug des Interaktionsterms weiterhin einen signifikant positiven Einfluss auf die Honorarhöhe auf. Der Interaktionsterm ist insignifikant. Dies deutet darauf hin, dass der Spezialisierungsgrad eines Rechtsunterzeichners unabhängig vom Spezialisierungsgrad des Linksunterzeichners auf die Honorarhöhe einwirkt.

Von besonderem Interesse sind bei dieser Modellspezifikation die Indikatorvariablen, welche zum Ausdruck bringen, ob beide testierenden Prüfungspartner unter der jeweiligen Variablendefinition als Branchenspezialisten gelten. Es fällt auf, dass unabhängig vom Spezialistenmaß alle Dummy-Variablen bei einer Irrtumswahrscheinlichkeit i. H. v. 1% signifikant positiv sind. Dies bedeutet, dass das Prüfungshonorar insbesondere dann höher ausfällt, wenn beide Unterzeichner eine hohe Branchenexpertise aufweisen. Der höchste durchschnittliche Honoraraufschlag i. H. v. über 124,3% liegt vor, wenn beide testierenden Prüfungspartner Marktführer sind. Demnach beträgt das Prüfungshonorar bei derartigen Abschlussprüfungen deutlich mehr als das Doppelte wie bei Abschlussprüfungen, die von nicht branchenspezialisierten Prüfungspartnern durchgeführt werden.[893] Den zweithöchsten Honoraraufschlag besitzen Mandate, deren zwei testierende Prüfungspartner beide dem IDW-Versicherungsfachausschuss angehören (*IDWFAWPBeide*).[894] Dieser fällt mit ca. 119,7% nur leicht niedriger aus als der Aufschlag der Marktführer und ist folglich ebenso von hoher wirtschaftlicher Bedeutung. Wie schon beim Großteil der vorhergehenden Analysen nimmt in der Tendenz der Honoraraufschlag mit einer Ausweitung des marktanteilbasierten Spezialistenkreises ab. Selbst der geringste Aufschlag für *SPEZ20%WPBeide* beträgt jedoch noch ca. 31%, sodass auch hier eine ökonomische Bedeutsamkeit unterstellt werden kann.[895] Die kontinuierliche Interaktionsvariable *MarktanteilWPBeide* fällt hingegen nicht signifikant aus.

Ein rein optischer Vergleich der p-Werte und Koeffizienten der Indikatorvariablen bezüglich der jeweils alleine als Branchenspezialist testierenden Prüfungspartner deutet im Einklang mit den vorherigen Ergebnissen darauf hin, dass dem prüfungsdurchführenden

---

[891]   *SPEZ20%WPRAlleine* = 1 ist bei 42, *SPEZ3QWPRAlleine* = 1 bei 96 Abschlüssen erfüllt.

[892]   In diesem Zusammenhang ist zu berücksichtigen, dass 15 der 16 Abschlüsse, die durch einen im IDW-Versicherungsfachausschuss vertretenen Rechtsunterzeichner testiert werden, gleichzeitig durch einen im IDW-Versicherungsfachausschuss vertretenen Linksunterzeichner testiert werden. Demnach existiert lediglich ein Abschluss, der von einem im IDW-Fachausschuss vertretenen Rechtsunterzeichner alleine testiert wird. 150 Abschlüsse werden hingegen von einem Prüfungspartnergespann testiert, wo nur der Linksunterzeichner Mitglied im IDW-Versicherungsfachausschuss ist; vgl. hierzu auch Abschnitt 7.2.2.

[893]   Bei drei Abschlüssen sind beide Prüfungspartner Marktführer (*LEADERWPBeide* = 1).

[894]   Bei 15 Abschlüssen sind beide Prüfungspartner Mitglied im IDW-Versicherungsfachausschuss (*IDWFAWP-Beide* = 1).

[895]   Bei 178 Abschlüssen ist *SPEZ20%WPBeide* = 1 erfüllt. *LEADERWPTOP2Beide* = 1 ist bei 18, *LEADERWP-TOP5Beide* = 1 bei 50 und *SPEZ3QWPBeide* = 1 bei 111 Abschlüssen erfüllt.

Prüfungspartner eine höhere Bedeutung in Verbindung mit dem Prüfungshonorar zukommt. Hierfür spricht zum einen, dass die durch die p-Werte zum Ausdruck gebrachte Irrtumswahrscheinlichkeit in Bezug auf die Ablehnung der Nullhypothese bei den Rechtsunterzeichnern deutlich geringer ausfällt und zum anderen, dass die Koeffizienten stets höher ausfallen. Dennoch kann abweichend zum reinen Vergleich der Koeffizienten bei dem Modell, welches sowohl für den marktführenden Links- als auch den marktführenden Rechtsunterzeichner ein höheres Prüfungshonorar konstatiert (Tab. 19, Spalte (1)), mittels einem Wald-Test kein signifikanter Unterschied in der Höhe der Koeffizienten von *LEADERWPLAlleine* und *LEADERWPRAlleine* bestätigt werden. Dies spricht dafür, dass der Honoraraufschlag eines marktführenden Linksunterzeichners nicht wesentlich anders ausfällt als der eines marktführenden Rechtsunterzeichners. Signifikante Unterschiede liegen hingegen zwischen den Koeffizienten *LEADERTOP5WPLAlleine* und *LEADERTOP5WPRAlleine* sowie *MarktanteilWPLAlleine* und *MarktanteilWPRAlleine* vor. In Anbetracht dessen, dass die den Linksunterzeichner betreffenden Variablen jedoch keinen signifikanten Einfluss auf das Prüfungshonorar ausüben, spielen diese Unterschiede zwischen den Koeffizienten bei der Interpretation der Ergebnisse eine untergeordnete Rolle.

Ein Vergleich der Koeffizienten und p-Werte der Indikatorvariablen, welche signalisieren, ob beide Prüfungspartner Branchenspezialisten sind, mit denen von den Dummy-Variablen bezüglich der jeweils alleine als Branchenspezialist testierenden Links- bzw. Rechtsunterzeichner suggeriert, dass ein Prüfungspartnergespann aus zwei Branchenspezialisten die höchste positive Beeinflussung des Prüfungshonorars zur Folge hat. Demnach sind die Koeffizienten der Indikatorvariablen, die für beide Prüfungspartner einen Spezialistenstatus bestätigen, stets höher als die der anderen zwei Variablen und die dazugehörigen p-Werte fallen durchgehend am geringsten aus. Die Resultate liefern Evidenz dafür, dass es die prüfungspflichtigen Unternehmen insbesondere dann und zum Teil nur dann (siehe Tab. 19, Spalten (4), (5) und (7)) honorieren, wenn beide Prüfungspartner eine hohe Branchenexpertise besitzen. Insbesondere in Bezug auf die branchenspezialisierten Linksunterzeichner bedeutet dieses Resultat, dass sie zwar in den meisten Fällen nicht direkt alleine mit einem Honoraraufschlag in Verbindung gebracht werden können, jedoch in Kombination mit einem spezialisierten Rechtsunterzeichner. Doch auch branchenspezialisierte Rechtsunterzeichner können unter gewissen Umständen nur in Kombination mit einem spezialisierten Linksunterzeichner ein Honorar generieren, welches erkennbar höher ausfällt als das von einem Prüfungspartnergespann ohne Spezialisten. Dennoch muss einschränkend angemerkt werden, dass bei den Schätzergebnissen, wo die *WPLAlleine*- und/oder *WPRAlleine*-Indikatorvariablen signifikant positiv sind (siehe Tab. 19, Spalten (1) bis (3)), mittels einem Wald-Test keine signifikanten Unterschiede zwischen deren Koeffizienten und dem Koeffizient der *WPBeide*-Indikatorvariable aufgedeckt werden können. Folglich kann in diesen Fällen die auf dem einfachen Vergleich der Koeffizienten beruhende Vermutung, dass der Honoraraufschlag für ein Prüfungspartnergespann aus zwei Branchenspezialisten (z. B. *LEADERWPBeide*) im Vergleich zum Aufschlag bei Prüfungsaufträgen mit nur einem Branchenspezialisten (*LEADERWPLAlleine* oder *LEADERWPRAlleine*) tatsächlich höher ausfällt, nicht statistisch bestätigt werden.

Tabelle 19: Ergebnisse des Prüfungshonorarmodells, wenn nur der Linksunterzeichner, wenn nur der Rechtsunterzeichner oder wenn beide Unterzeichner Branchenspezialisten sind (OLS-Regression)

Abhängige Variable: LNPH	Erwartetes Vorzeichen	(1) Größter Marktanteil	(2) Zwei größte Marktanteile	(3) Fünf größte Marktanteile	(4) Marktanteil 20% größer als Gleichverteilung	(5) Marktanteil oberhalb des 3. Quartils	(6) Marktanteil	(7) Mitglied im IDW-Fachausschuss
Modell mit Testvariable(n):		**LEADER...** Koeffizient Robuster SF p-Wert	**LEADER-TOP2...** Koeffizient Robuster SF p-Wert	**LEADER-TOP5...** Koeffizient Robuster SF p-Wert	**SPEZ20%...** Koeffizient Robuster SF p-Wert	**SPEZ3Q...** Koeffizient Robuster SF p-Wert	**Marktanteil...** Koeffizient Robuster SF p-Wert	**IDWFA...** Koeffizient Robuster SF p-Wert
Testvariablen:								
...WPL-Alleine	?	0,421 0,182 0,022**	0,364 0,223 0,104	0,145 0,091 0,116	0,0783 0,077 0,313	0,171 0,114 0,137	0,737 0,946 0,437	0,161 0,111 0,149
...WPR-Alleine	?	0,640 0,193 0,001***	0,489 0,150 0,001***	0,461 0,165 0,006***	0,207 0,130 0,114	0,111 0,117 0,342	5,240 2,111 0,014**	-0,0278 0,161 0,863
...WP-Beide	?	0,808 0,185 0,000***	0,739 0,166 0,000***	0,487 0,127 0,000***	0,271 0,094 0,004***	0,330 0,106 0,002***	-1,094 8,805 0,901	0,787 0,191 0,000***
Wald-Test auf signifikante Unterschiede zw. Koeffizienten:								
H_0: $\beta_{WPLAlleine}$ = $\beta_{WPRAlleine}$		p=0,879	p=0,606	p=0,051*	p=0,321	p=0,632	p=0,041**	p=0,324
H_0: $\beta_{WPBeide}$ = $\beta_{WPLAlleine}$		p=0,396	p=0,058*	p=0,006***	p=0,024**	p=0,134	p=0,848	p=0,002***
H_0: $\beta_{WPBeide}$ = $\beta_{WPRAlleine}$		p=0,173	p=0,211	p=0,892	p=0,627	p=0,101	p=0,541	p=0,000
Kontrollvariablen?		Ja	Ja	Ja	Ja	Ja	Ja	Ja
WPG-Dummys?		Ja	Ja	Ja	Ja	Ja	Ja	Ja
NL-Dummys?		Ja	Ja	Ja	Ja	Ja	Ja	Ja
Jahresdummys?		Ja	Ja	Ja	Ja	Ja	Ja	Ja
Clusterung nach:		VU	VU	VU	VU	VU	VU	VU
Anzahl Beobachtungen:		760	760	760	760	760	760	760
Angepasstes R^2:		0,884	0,886	0,885	0,883	0,884	0,888	0,885

Hinweis: Das folgende Regressionsmodell wurde geschätzt: $LNPH=\beta_0+\beta_1LNBS+\beta_2KONZERN+\beta_3IFRS+\beta_4VVaG+\beta_5BStoGBB+\beta_6EKQuote+\beta_7BSW+\beta_8RückVQ+\beta_9GNBW+\beta_{10}ROAA+\beta_{11}LOSS+\beta_{12}LIQtoBS+\beta_{13}NPHtoPH+\beta_{14}ReportLag+\beta_{15}WPGWechsel+\beta_{16}lNLWechsel+\beta_{17}lWPLWechsel+\beta_{18}lWPRWechsel+\beta_{19}SpezWPLAlleine+\beta_{20}SpezWPRAlleine+\beta_{21}SpezWPBeide+fixed effects+\varepsilon$. Aus Gründen der Übersichtlichkeit und des Fokus auf die Testvariablen wird auf eine Wiedergabe der Schätzergebnisse bezüglich der Kontrollvariablen und der Konstante verzichtet. Die im Regressionsmodell genannten Variablen *SpezWPLAlleine, Spez-WPRAlleine* und *SpezWPBeide* repräsentieren die jeweiligen in den Spalten (1) bis (7) verwendeten Testvariablen. Für die Definitionen der Kontrollvariablen siehe Tab. 10, für die der Testvariablen siehe Tab. 18. Für Variablen mit einer Vorzeichenerwartung werden die p-Werte auf Basis einseitiger Tests angegeben. Sofern keine Vorzeichenerwartung besteht, basieren die p-Werte auf zweiseitigen Tests. */**/***=Signifikanzniveau von 10%/5%/1%. Die Clusterung der robusten Standardfehler erfolgt nach VU. NL: Niederlassung; SF: Standardfehler; WPG: Wirtschaftsprüfungsgesellschaft; WPL: Linksunterzeichner; WPR: Rechtsunterzeichner; VU: Versicherungsunternehmen.

Tabelle 20: Ergebnisse des Prüfungshonorarmodells unter Einbezug der auf die Versicherungsbranche speziali-sierten Linksunterzeichner und Dummy-Variablen für alle Rechtsunterzeichner (OLS-Regression)

Abhängige Variable: LNPH	Erwartetes Vorzeichen	(1) Größter Marktanteil	(2) Zwei größte Marktanteile	(3) Fünf größte Marktanteile	(4) Marktanteil 20% größer als Gleichverteilung	(5) Marktanteil oberhalb des 3. Quartils	(6) Marktanteil	(7) Mitglied im IDW-Fachausschuss
Modell mit Testvariable(n):		*LEADER...*	*LEADER-TOP2...*	*LEADER-TOP5...*	*SPEZ20%...*	*SPEZ3Q...*	*Marktanteil...*	*IDWFA...*
		Koeffizient Robuster SF p-Wert	Koeffizient Robuster SF p-Wert	Koeffizient Robuster SF p-Wert	Koeffizient Robuster SF p-Wert	Koeffizient Robuster SF p-Wert	Koeffizient Robuster SF p-Wert	Koeffizient Robuster SF p-Wert
Testvariable:								
...WPL	?	0,031 0,122 0,800	0,000 0,180 0,999	0,065 0,065 0,314	0,050 0,060 0,402	0,068 0,070 0,333	0,347 0,582 0,552	0,168 0,171 0,327
Kontrollvariablen?		Ja	Ja	Ja	Ja	Ja	Ja	Ja
WPG-Dummys?		Ja	Ja	Ja	Ja	Ja	Ja	Ja
NL-Dummys?		Ja	Ja	Ja	Ja	Ja	Ja	Ja
WPR-Dummys?		Ja	Ja	Ja	Ja	Ja	Ja	Ja
Jahresdummys?		Ja	Ja	Ja	Ja	Ja	Ja	Ja
Clusterung nach:		VU	VU	VU	VU	VU	VU	VU
Anzahl Beobachtungen:		760	760	760	760	760	760	760
Angepasstes R^2:		0,916	0,916	0,916	0,916	0,916	0,916	0,916

Hinweis: Das folgende Regressionsmodell wurde geschätzt: $LNPH=\beta_0+\beta_1 LNBS+\beta_2 KONZERN+\beta_3 IFRS+\beta_4 VVaG+\beta_5 BStoGBB+\beta_6 EKQuote+\beta_7 BSW+\beta_8 RückVQ+\beta_9 GNBW+\beta_{10} ROAA+\beta_{11} LOSS+\beta_{12} LIQtoBS+\beta_{13} NPHtoPH+\beta_{14} ReportLag+\beta_{15} WPGWechsel+\beta_{16} lNLWechsel+\beta_{17} lWPLWechsel+\beta_{18} lWPRWechsel+\beta_{19} SpezWPL+fixed$ $effects+\varepsilon$. Aus Gründen der Übersichtlichkeit und des Fokus auf die Testvariablen wird auf eine Wiedergabe der Schätzergebnisse bezüglich der Kontrollvariablen und der Konstante verzichtet. Die im Regressionsmodell genannte Variable *SpezWPL* repräsentiert die jeweilige in den Spalten (1) bis (7) verwendete Testvariable. Für die Definitionen der Kontroll- und Testvariablen siehe Tab. 10. Neben den in Tab. 10 genannten *fixed effects* berücksichtigt das Modell die fixen Effekte der Rechtsunterzeichner. Für Variablen mit einer Vorzeichenerwartung werden die p-Werte auf Basis einseitiger Tests angegeben. Sofern keine Vorzeichenerwartung besteht, basieren die p-Werte auf zweiseitigen Tests. */**/***=Signifikanzniveau von 10%/5%/1%. Die Clusterung der robusten Standardfehler erfolgt nach VU. NL: Niederlassung; SF: Standardfehler; WPG: Wirtschaftsprüfungsgesellschaft; WPL: Linksunterzeichner; WPR: Rechtsunterzeichner; VU: Versicherungsunternehmen.

Zuletzt soll der Tatsache Rechnung getragen werden, dass in Bezug auf die in Tab. 17 dargestellten Koeffizienten des in Abschnitt 7.1 beschriebenen Hauptmodells weiterhin die Gefahr besteht, dass diese trotz Berücksichtigung des jeweils anderen, ebenfalls unter der jeweiligen Variablenspezifikation als Branchenspezialist geltenden Unterzeichners verzerrt sind. Dies ist damit zu begründen, dass der jeweilige branchenspezialisierte Unterzeichner auch Effekte vom jeweils anderen Gegenunterzeichner aufnehmen könnte, der nicht unter der gewählten Variablenspezifikation als Branchenspezialist gilt und daher nicht in das Modell mit eingeht. Um für diese Problematik teilweise zu kontrollieren, werden zwei weitere Regressionsmodelle für alle Spezialistenvariablen geschätzt. Das eine beinhaltet neben der jeweiligen Spezialistenvariable bezüglich der Linksunterzeichner Dummy-Variablen für alle Rechtsunterzeichner, das andere nimmt zusätzlich zu den jeweils rechts unterzeichnenden Branchenspezialisten Dummy-Variablen für sämtliche Linksunterzeichner auf. Durch die Aufnahme der Dummy-Variablen wird für die fixen Effekte des jeweils anderen Unterzeichners kontrolliert, unabhängig davon, ob dieser Branchenspezialist ist oder nicht. Tab. 20 und Tab. 21 beinhalten die korrespondieren Ergebnisse.

Tab. 20 offenbart, dass für die branchenspezialisierten Linksunterzeichner unter Kontrolle für die fixen Effekte der Rechtsunterzeichner kein signifikanter Einfluss auf die Höhe des Prüfungshonorars mehr nachgewiesen werden kann. Dies könnte zumindest als Indiz dafür gewertet werden, dass der branchenspezialisierte Linksunterzeichner tatsächlich Effekte vom mittestierenden Rechtsunterzeichner aufnimmt, sofern für diesen nicht kontrolliert wird. [896] Des Weiteren fällt auf, dass die hier wiedergegebenen Werte für das angepasste R^2 i. H. v. 0,916 im Vergleich zu den zwischen 0,883 und 0,889 liegenden Werten in Tab. 17 höher ausfallen. Demnach steigert die alleinige Hinzunahme der Rechtsunterzeichnerdummys in Abhängigkeit von der verwendeten Spezialistenvariable bezüglich des Linksunterzeichners den Erklärungsanteil des Modells an der Varianz der abhängigen Variable *LNPH* um bis zu 3,3 Prozentpunkte.

Tab. 21 beinhaltet die Schätzergebnisse für die Spezialistenvariablen bezüglich der Rechtsunterzeichner unter Einbezug der Linksunterzeichnerdummys. Trotz Berücksichtigung der fixen Effekte für die Linksunterzeichner wird bei einem Signifikanzniveau von 10% weiterhin für nahezu jede Spezialistenvariable ein positiver Einfluss auf die Höhe des Prüfungshonorars konstatiert. Lediglich *SPEZ3QWPR* besitzt nun keinen signifikanten Einfluss mehr. Von den Indikatorvariablen besitzt unter dieser Modellspezifikation die Variable *LEADERWPR* ($\beta_{LEADERWPR}$ = 0,675; p-Wert = 0,000) den höchsten Einfluss. Demnach fällt das Prüfungshonorar bei einem Mandat, welches durch den Marktführer der Rechtsunterzeichner geprüft wird, um durchschnittlich 96,4% größer aus als das von anderen Mandaten. Den zweit- bzw. drittgrößten Honoraraufschlag besitzen die Variablen *LEADERTOP2WPR* respektive *IDWFAWPR*. Dieser beträgt 60% bzw. 58,7%. Die fünf größten Rechtsunterzeichner weisen im Vergleich zu den anderen Rechtsunterzeichnern ein um durchschnittlich 27,1% höheres Honorar auf und die unter die Variable *SPEZ20%WPR* fallenden Rechtsunterzeichner besitzen immerhin noch einen ökonomisch bedeutsamen Honoraraufschlag i. H. v. 20%. Im Einklang mit den bisherigen Ergebnissen kann des Weiteren für das zur Abbildung des Spezialisierungsgrades eines Rechtsunterzeichners eingesetzte kontinuierliche Maß *MarktanteilWPR* ein hoch signifikant positiver Zusammenhang mit der Honorarhöhe bestätigt werden. Danach hat eine Steigerung des Marktanteils eines Rechtsunterzeichners um eine Standardabweichung (2,7 Prozentpunkte) eine Honorarsteigerung i. H. v. 18,2% als Konsequenz.

---

[896] Mögliche Multikollinearitätsprobleme, welche insignifikante Koeffizienten zur Folge haben, sind in diesem Zusammenhang zwar nicht gänzlich auszuschließen, jedoch sollten sich diese im Rahmen halten, da der für die jeweiligen Spezialistenvariablen ermittelte VIF in den meisten Fällen unterhalb von 3,6, in zwei Fällen unterhalb von 5,6 und in einem Fall unterhalb von 8,4 liegt.

Tabelle 21: Ergebnisse des Prüfungshonorarmodells unter Einbezug der auf die Versicherungsbranche spezialisierten Rechtsunterzeichner und Dummy-Variablen für alle Linksunterzeichner (OLS-Regression)

Abhängige Variable: LNPH	Erwartetes Vorzeichen	(1) Größter Marktanteil	(2) Zwei größte Marktanteile	(3) Fünf größte Marktanteile	(4) Marktanteil 20% größer als Gleichverteilung	(5) Marktanteil oberhalb des 3. Quartils	(6) Marktanteil	(7) Mitglied im IDW-Fachausschuss
Modell mit Testvariable(n):		*LEADER...*	*LEADER-TOP2...*	*LEADER-TOP5...*	*SPEZ20%...*	*SPEZ3Q...*	*Marktanteil...*	*IDWFA...*
		Koeffizient Robuster SF p-Wert	Koeffizient Robuster SF p-Wert	Koeffizient Robuster SF p-Wert	Koeffizient Robuster SF p-Wert	Koeffizient Robuster SF p-Wert	Koeffizient Robuster SF p-Wert	Koeffizient Robuster SF p-Wert
Testvariable:								
...WPR	?	0,675 0,177 0,000***	0,470 0,182 0,011**	0,240 0,112 0,033**	0,182 0,089 0,043**	0,134 0,093 0,150	6,193 1,788 0,001***	0,462 0,264 0,081*
Kontrollvariablen?		Ja	Ja	Ja	Ja	Ja	Ja	Ja
WPG-Dummys?		Ja	Ja	Ja	Ja	Ja	Ja	Ja
NL-Dummys?		Ja	Ja	Ja	Ja	Ja	Ja	Ja
WPL-Dummys?		Ja	Ja	Ja	Ja	Ja	Ja	Ja
Jahresdummys?		Ja	Ja	Ja	Ja	Ja	Ja	Ja
Clusterung nach:		VU	VU	VU	VU	VU	VU	VU
Anzahl Beobachtungen:		760	760	760	760	760	760	760
Angepasstes R^2:		0,895	0,896	0,895	0,895	0,895	0,898	0,895

Hinweis: Das folgende Regressionsmodell wurde geschätzt: $LNPH=\beta_0+\beta_1 LNBS+\beta_2 KONZERN+\beta_3 IFRS+\beta_4 VVaG+$
$\beta_5 BStoGBB+\beta_6 EKQuote+\beta_7 BSW+\beta_8 RückVQ+\beta_9 GNBW+\beta_{10} ROAA+\beta_{11} LOSS+\beta_{12} LIQtoBS+\beta_{13} NPHtoPH+\beta_{14} Report$-
$Lag+\beta_{15} WPGWechsel+\beta_{16} lNLWechsel+\beta_{17} lWPLWechsel+\beta_{18} WPRWechsel+\beta_{19} SpezWPR+$ fixed effects$+\varepsilon$. Aus
Gründen der Übersichtlichkeit und des Fokus auf die Testvariablen wird auf die Wiedergabe der Schätzer-
gebnisse bezüglich der Kontrollvariablen und der Konstante verzichtet. Die im Regressionsmodell genannte
Variable *SpezWPR* repräsentiert die jeweilige in den Spalten (1) bis (7) verwendete Testvariable. Für die Definitionen der Kontroll- und Testvariablen siehe Tab. 10. Neben den in Tab. 10 genannten *fixed effects* berücksichtigt das Modell die fixen Effekte der Linksunterzeichner. Für Variablen mit einer Vorzeichenerwartung
werden die p-Werte auf Basis einseitiger Tests angegeben. Sofern keine Vorzeichenerwartung besteht, basieren die p-Werte auf zweiseitigen Tests. */**/***=Signifikanzniveau von 10%/5%/1%. Die Clusterung der robusten Standardfehler erfolgt nach VU. NL: Niederlassung; SF: Standardfehler; WPG: Wirtschaftsprüfungsgesellschaft; WPL: Linksunterzeichner; WPR: Rechtsunterzeichner; VU: Versicherungsunternehmen.

Bei Betrachtung der gesamten Ergebnisse dieses Abschnitts kann festgehalten werden,
dass grundsätzlich Evidenz dafür besteht, dass auf die deutsche Versicherungsbranche spezialisierte Prüfungspartner signifikante und ökonomisch relevante Honoraraufschläge bei
der Abschlussprüfung von Versicherungsunternehmen erzielen.[897] Diese Feststellung könnte damit begründet werden, dass sich speziell in komplexen Branchen, wie die deutsche
Versicherungsbranche, Branchenspezialisten deutlicher durch eine höhere Prüfungsquali-

---

[897] Abhängig von der Modellspezifikation und der jeweils untersuchten Indikatorvariable liegen die signifikanten
Honoraraufschläge zwischen 13,9% und 124,3%. In der Tendenz gilt hierbei, dass der Aufschlag umso geringer
ausfällt, je mehr verschiedene Prüfungspartner unter der Variablendefinition als Branchenspezialisten gelten.

tät von nicht spezialisierten Prüfungspartnern differenzieren können als in nicht komplexen Branchen. Die in einem hohen Maße vertrauensbasierte Natur des Versicherungsgeschäfts bedingt gleichzeitig die notwendige Nachfrage nach einer hohen Prüfungsqualität, um letztendlich einen Honoraraufschlag für die angebotene höhere Prüfungsqualität vereinnahmen zu können. Wenn auch nicht kategorisch abgelehnt werden kann, dass auch die branchenspezialisierten Linksunterzeichner in einem positiven Verhältnis zur Honorarhöhe stehen, so deuten jedoch die Ergebnisse darauf hin, dass primär branchenspezialisierte Rechtsunterzeichner Einfluss auf die Honorarhöhe nehmen. Hierfür spricht zumindest, dass für branchenspezialisierte Rechtsunterzeichner deutlich öfter und bei einem nahezu ausnahmslos geringeren Signifikanzniveau die Nullhypothese abgelehnt werden kann als für branchenspezialisierte Linksunterzeichner.[898] Ferner fallen die Koeffizienten der auf die Rechtsunterzeichner bezogenen Spezialistenvariablen fast immer höher aus als die Koeffizienten der auf die Linksunterzeichner bezogenen Variablen. In diesem Zusammenhang muss jedoch einschränkend angemerkt werden, dass in den Situationen, in denen branchenspezialisierte Rechts- und Linksunterzeichner gleichzeitig in die Analyse eingehen und beide einen positiv signifikanten Einfluss ausüben, durch einen Wald-Test keine wesentlichen Unterschiede zwischen den Koeffizienten bestätigt werden können.

Letztendlich bleibt dennoch die Erkenntnis, dass für die links unterzeichnenden Branchenspezialisten deutlich häufiger kein signifikanter Zusammenhang zum Prüfungshonorar nachgewiesen wird als für die rechts unterzeichnenden Branchenspezialisten. Die Ursache hierfür könnte darin liegen, dass primär der Rechtsunterzeichner von Bedeutung für die Qualität einer Abschlussprüfung ist, da dieser als prüfungsdurchführender Prüfungspartner die Prüfungshandlungen plant, durchführt und überwacht, den Arbeitsaufwand festlegt, die Prüfungsergebnisse interpretiert, über die Wesentlichkeit von Feststellungen entscheidet und den Prüfungsbericht verfasst. Hieraus folgt, dass sich insbesondere ein prüfungsdurchführender Prüfungspartner durch eine hohe Branchenexpertise von den anderen unterscheiden kann, da diese angesichts des vielfältigen Aufgabenbereichs des Rechtsunterzeichners die Prüfungsqualität maßgeblich positiv beeinflusst. Der Mitunterzeichner wird hingegen als weniger bedeutsam eingestuft, da dieser vorwiegend nicht aktiv in die Abschlussprüfung mit eingebunden ist. Damit fällt für einen Mitunterzeichner, selbst wenn er als Branchenspezialist eine hohe Branchenexpertise aufweist, im Vergleich zum prüfungsdurchführenden Prüfungspartner die Möglichkeit zur Einflussnahme auf die Prüfungsqualität und damit die Differenzierung von den anderen am Markt tätigen Mitunterzeichnern deutlich geringer aus. Die prüfungspflichtigen und eine hohe Prüfungsqualität nachfragenden Versicherungsunternehmen antizipieren dies und sind daher bereit, für einen branchenspezialisierten Rechtsunterzeichner in Abhängigkeit von seinem Spezialisierungsgrad einen Honoraraufschlag zu zahlen. Für den branchenspezialisierten Linksunter-

---

[898] Die Aussagekraft der stets signifikanten Koeffizienten für die auf den Linksunterzeichner bezogenen Variablen im Rahmen der eingangs durchgeführten separaten Analyse (Tab. 15) wird dadurch relativiert, dass ein Großteil der Effekte verschwindet, sofern für die Effekte der branchenspezialisierten Rechtsunterzeichner (Tab. 17) oder für die Effekte aller Rechtsunterzeichner (Tab. 20) kontrolliert wird. Dies spricht grundsätzlich dafür, dass in der separaten Analyse die branchenspezialisierten Linksunterzeichner Effekte von den nicht berücksichtigten Rechtsunterzeichnern aufgenommen haben und daher die Koeffizienten verzerrt sind. Bei den Rechtsunterzeichnern bleibt hingegen trotz Kontrolle für die Effekte der Linksunterzeichner für einen Großteil der Spezialistenvariablen der Einfluss signifikant positiv.

zeichner fällt hingegen diese Bereitschaft deutlich geringer aus, da dieser aufgrund seines Aufgabengebietes deutlich weniger Einfluss auf die Prüfungsqualität nimmt.

Trotz dieser grundlegenden Erkenntnis zeigt eine weitere Analyse auf, dass auch ein branchenspezialisierter Linksunterzeichner für die Generierung eines signifikanten Honoraraufschlags von Wert sein kann. Demnach verdeutlichen die Ergebnisse, dass es die prüfungspflichtigen Versicherungsunternehmen insbesondere dann und zum Teil nur dann (siehe Tab. 19, Spalten (4), (5) und (7)) honorieren, wenn beide Prüfungspartner eine hohe Branchenexpertise besitzen. Bezüglich der branchenspezialisierten Linksunterzeichner bedeutet dieses Resultat, dass sie zwar in den meisten Fällen nicht direkt alleine mit einem Honoraraufschlag in Verbindung gebracht werden können, jedoch in Kombination mit einem spezialisierten Rechtsunterzeichner. Doch auch branchenspezialisierte Rechtsunterzeichner können unter gewissen Umständen nur in Kombination mit einem spezialisierten Linksunterzeichner ein Honorar generieren, welches signifikant höher ausfällt als das von einem Prüfungspartnergespann ohne Spezialisten.[899] Interessant ist in diesem Zusammenhang, dass den zweithöchsten durchschnittlichen Honoraraufschlag i. H. v. ca. 120% Mandate besitzen, bei denen sowohl der Linksunterzeichner als auch der Rechtsunterzeichner dem IDW-Versicherungsfachausschuss angehören. Dies könnte, wie bereits in Abschnitt 7.1 erläutert, damit legitimiert werden, dass die Mitglieder des Fachausschusses eine hohe Branchenexpertise und eine gute Reputation besitzen. Der höchste durchschnittliche Honoraraufschlag i. H. v. über 124,3% im Vergleich zu Mandaten mit ausschließlich nicht spezialisierten Prüfungspartnern liegt hingegen vor, wenn beide testierenden Prüfungspartner Marktführer sind.

Die im Rahmen dieser Arbeit gewonnenen Erkenntnisse stimmen in der Tendenz mit dem überwiegenden Ergebnis der bisherigen zwischen *engagement* und *review partner* unterscheidenden Forschungsarbeiten überein, da auch diese grundsätzlich zu dem Schluss kommen, dass dem *engagement partner* eine höhere Bedeutung für die Abschlussprüfung zukommt.[900] Insbesondere die Resultate von *Chin/Chi* (2009) und *Chi/Chin* (2011) stehen überwiegend im Einklang mit den vorliegenden Ergebnissen. Demnach können die Arbeiten statistisch signifikant belegen, dass Unternehmen, die entweder durch einen branchenspezialisierten *engagement partner* in Kombination mit einem nicht spezialisierten oder aber in Kombination mit einem spezialisierten *review partner* geprüft werden, geringere diskretionäre Periodenabgrenzungen, eine höhere Wahrscheinlichkeit für einen eingeschränkten Bestätigungsvermerk sowie eine geringere Wahrscheinlichkeit für nachträgliche Korrekturen des geprüften Abschlusses aufweisen. Für Mandate eines branchenspezialisierten *review partner*, der in Kombination mit einem nicht spezialisierten *engagement partner* prüft, können sie hingegen keine derartigen signifikanten Einflüsse konstatieren.[901] Hinzu

---

[899]   In diesem Zusammenhang muss ebenfalls einschränkend angemerkt werden, dass bei den Schätzergebnissen, wo die *WPLAlleine*- und/oder *WPRAlleine*-Indikatorvariablen signifikant positiv sind (siehe Tab. 19, Spalten (1) bis (3)), mittels einem Wald-Test keine wesentlichen Unterschiede zwischen deren Koeffizienten und dem Koeffizienten der *WPBeide*-Indikatorvariable aufgedeckt werden können.

[900]   Siehe hierzu auch Abschnitt 5.2.

[901]   Vgl. *Chin/Chi*, 2009, S. 751; *Chi/Chin*, 2011, S. 222-224. Lediglich dann, wenn nur die auf den branchenspezialisierten *review partner* bezogene Indikatorvariable in das Modell eingeht, jedoch nicht für den ebenfalls involvierten *engagement partner* kontrolliert wird, können die Autoren für Mandanten von branchenspeziali-

kommt die Erkenntnis von *Chi/Chin* (2011), dass Mandanten von branchenspezialisierten *review partners* in Kombination mit spezialisierten *engagement partners* geringere diskretionäre Periodenabgrenzungen aufweisen als Mandanten, die nur alleine durch einen spezialisierten *engagement partner* geprüft werden. Demnach kann der spezialisierte *review partner* zwar nicht alleine signifikant auf die Prüfungsqualität einwirken, jedoch kann er diese in Verbindung mit einem spezialisierten *engagement* partner steigern. [902] Insgesamt betrachtet untermauern die Ergebnisse dieser Arbeiten die zuvor gelieferte Begründung für die empirische Feststellung, dass der branchenspezialisierte prüfungsdurchführende Prüfungspartner (Rechtsunterzeichner) vorwiegend in Verbindung mit signifikant höheren Prüfungshonoraren gebracht wird. Die Ursache liegt darin, dass diese tatsächlich zu einer wesentlich höheren Prüfungsqualität beitragen als nicht spezialisierte Rechtsunterzeichner. Spezialisierte Mitunterzeichner können hingegen in der Tendenz diesen entscheidenden Beitrag zur Prüfungsqualität alleine nicht leisten, sondern nur in Kombination mit einem spezialisierten Rechtsunterzeichner.

7.3.3 Sensitivitätsanalysen

Zur Überprüfung, ob die Ergebnisse aus Abschnitt 7.3.2 auch unter veränderten Rahmenbedingungen, wie eine andere Zusammensetzung des Datensamples oder unter Einbezug anderer bzw. weiterer Kontrollvariablen, stabil bleiben, werden Sensitivitätsanalysen durchgeführt. Die Abschnitte 7.3.3.1 bis 7.3.3.7 enthalten die dazugehörigen Ergebnisse. In Anbetracht dessen, dass der alleinige Einbezug von spezialisierten Links- bzw. Rechtsunterzeichnern die Gefahr birgt, dass die dazugehörigen Koeffizienten verzerrt sind, wird abweichend zur Hauptanalyse auf die Wiedergabe dieser Regressionsergebnisse verzichtet. Stattdessen werden nur die Regressionsergebnisse dargestellt, welche sich unter gleichzeitiger Berücksichtigung von beiden Unterzeichnern ergeben. Wie bereits in der Hauptanalyse wird auf eine Wiedergabe der Schätzergebnisse für die Kontrollvariablen aus Gründen der Übersichtlichkeit und der Fokussierung auf die branchenspezialisierten Prüfungspartner verzichtet.

7.3.3.1 Ergebnisse auf Basis eines winsorisierten Datensamples

Der erste Sensitivitätstest besteht darin, dass nicht das originäre, sondern ein winsorisiertes Datensample der Regressionsanalyse zugrunde liegt. Hierbei werden separat für jedes Jahr des Untersuchungszeitraumes die abhängige Variable *LNPH* sowie alle stetigen erklärenden Variablen auf dem 1. und 99. Perzentil winsorisiert. Anschließend werden die winsorisierten Jahressamples zum gepoolten Datensample zusammengefasst. [903] Durch das Winsorisie-

---

sierten *review partners* eine signifikant höhere Wahrscheinlichkeit für einen eingeschränkten Bestätigungsvermerk sowie eine signifikant geringere Wahrscheinlichkeit für nachträgliche Korrekturen des geprüften Abschlusses nachweisen; vgl. *Chin/Chi*, 2009, S. 751; *Chi/Chin*, 2011, S. 224.

[902]   Vgl. *Chi/Chin*, 2011, S. 223.
[903]   Siehe hierzu auch Fn. 863.

Tabelle 22: Ergebnisse des Prüfungshonorarmodells unter Einbezug der auf die Versicherungsbranche speziali-sierten Linksunterzeichner und Rechtsunterzeichner (OLS-Regression) – Datensample auf Jahresebene winso-risiert (1. und 99. Perzentil)

Abhän-gige Variable: LNPH	Erwarte-tes Vor-zeichen	(1) Größter Marktanteil	(2) Zwei größte Markt-anteile	(3) Fünf größte Markt-anteile	(4) Marktanteil 20% größer als Gleich-verteilung	(5) Marktanteil oberhalb des 3. Quar-tils	(6) Markt-anteil	(7) Mitglied im IDW-Fachaus-schuss
Modell mit Testvari-able(n):		*LEADER...*	*LEADER-TOP2...*	*LEADER-TOP5...*	*SPEZ20%...*	*SPEZ3Q...*	*Marktan-teil...*	*IDWFA...*
		Koeffizient Robuster SF p-Wert	Koeffizient Robuster SF p-Wert	Koeffizient Robuster SF p-Wert	Koeffizient Robuster SF p-Wert	Koeffizient Robuster SF p-Wert	Koeffizient Robuster SF p-Wert	Koeffizient Robuster SF p-Wert
Testvariablen:								
...WPL	?	0,426 0,172 0,014**	0,360 0,211 0,089*	0,123 0,081 0,133	0,071 0,066 0,283	0,178 0,085 0,038**	0,738 0,717 0,305	0,211 0,106 0,048**
...WPR	?	0,212 0,168 0,210	0,307 0,165 0,064*	0,365 0,097 0,000***	0,201 0,073 0,007***	0,155 0,073 0,035**	4,808 1,699 0,005***	0,544 0,184 0,004***
Wald-Test auf signifikante Unterschiede zw. Koeffizienten:								
H_0: $\beta_{WPL} = \beta_{WPR}$		p=0,441	p=0,877	p=0,073*	p=0,230	p=0,853	p=0,075*	p=0,159
Kontrollvariablen?		Ja	Ja	Ja	Ja	Ja	Ja	Ja
WPG-Dummys?		Ja	Ja	Ja	Ja	Ja	Ja	Ja
NL-Dummys?		Ja	Ja	Ja	Ja	Ja	Ja	Ja
Jahresdummys?		Ja	Ja	Ja	Ja	Ja	Ja	Ja
Clusterung nach:		VU	VU	VU	VU	VU	VU	VU
Anzahl Beobachtungen:		760	760	760	760	760	760	760
Angepasstes R^2:		0,890	0,891	0,891	0,889	0,890	0,894	0,892
F-Statistik:		316,091	232,989	236,270	211,684	400,291	312,520	163,774
Prob > F:		0,000	0,000	0,000	0,000	0,000	0,000	0,000

Hinweis: Das folgende Regressionsmodell wurde geschätzt: LNPH=β_0+β_1LNBS+β_2KONZERN+β_3IFRS+β_4VVaG+β_5BStoGBB+β_6EKQuote+β_7BSW+β_8RückVQ+β_9GNBW+β_{10}ROAA+β_{11}LOSS+β_{12}LIQtoBS+β_{13}NPHtoPH +β_{14}ReportLag+β_{15}WPGWechsel+β_{16}INLWechsel+β_{17}IWPLWechsel+β_{18}IWPRWechsel+β_{19}SpezWPL+β_{20}Spez-WPR+fixed effects+ε. Aus Gründen der Übersichtlichkeit und des Fokus auf die Testvariablen wird auf eine Wiedergabe der Schätzergebnisse bezüglich der Kontrollvariablen und der Konstante verzichtet. Die im Re-gressionsmodell genannten Variablen SpezWPL und SpezWPR repräsentieren die jeweiligen in den Spalten (1) bis (7) verwendeten Testvariablen. Für die Definitionen der Kontroll- und Testvariablen siehe Tab. 10. Für Variablen mit einer Vorzeichenerwartung werden die p-Werte auf Basis einseitiger Tests angegeben. Sofern keine Vorzeichenerwartung besteht, basieren die p-Werte auf zweiseitigen Tests. */**/***=Signifikanzniveau von 10%/5%/1%. Die Clusterung der robusten Standardfehler erfolgt nach VU. NL: Niederlassung; SF: Stan-dardfehler; WPG: Wirtschaftsprüfungsgesellschaft; WPL: Linksunterzeichner; WPR: Rechtsunterzeichner; VU: Versicherungsunternehmen.

ren soll der mögliche Einfluss von Ausreißern auf die Ergebnisse abgemildert werden.[904] Tab. 22 beinhaltet die Schätzergebnisse unter simultanem Einbezug der branchenspezialisierten Links- und Rechtsunterzeichner. Es fällt auf, dass abweichend zur Hauptanalyse (Tab. 17) der marktführende Rechtsunterzeichner nun nicht mehr einen signifikanten Einfluss auf die Höhe des Prüfungshonorars ausübt. Die Ursache hierfür liegt darin, dass die durch diesen Prüfungspartner testierten sechs Unternehmensabschlüsse mit der daraus gewonnenen abhängigen Variable und den erklärenden Variablen primär zum obersten Perzentil gehören. Durch das Winsorisieren werden diese Variablen auf die Werte des 99. Perzentils herabgesetzt mit der Folge, dass nun kein signifikanter Einfluss mehr nachweisbar ist. Demnach könnte argumentiert werden, dass der in der Hauptanalyse konstatierte Honoraraufschlag für den marktführenden Rechtsunterzeichner lediglich aufgrund von Extremwerten nachweisbar ist.

Die zweite wesentliche Abweichung zur Hauptanalyse besteht darin, dass die Variable *IDWFAWPL* einen signifikanten Einfluss auf die Höhe des Prüfungshonorars besitzt. Konnte auf Basis des originären Datensatzes keine Evidenz dafür erbracht werden, dass Mitglieder des IDW-Versicherungsfachausschusses als Linksunterzeichner im Vergleich zu Nichtmitgliedern ein höheres Prüfungshonorar erzielen, so kann dies auf Basis des um die Extremwerte bereinigten Datensamples bei einem Signifikanzniveau i. H. v. 5% belegt werden. Der Aufschlag beträgt hierbei ca. 23,5%. Alle anderen Ergebnisse stimmen weitestgehend mit denen der Hauptanalyse überein. Demnach besitzen die auf den Linksunterzeichner bezogenen Spezialistenvariablen *LEADERWPL*, *LEADERTOP2WPL* sowie *SPEZ3QWPL* weiterhin einen relevanten Einfluss und auch alle anderen auf den Rechtsunterzeichner bezogenen Variablen weisen einen signifikant positiven Koeffizienten auf. Den höchsten durchschnittlichen Honoraraufschlag vereinnahmen unter dieser Modellspezifikation nach wie vor die als Rechtsunterzeichner fungierenden Mitglieder des IDW-Fachausschusses ($\beta_{IDWFAWPR}$ = 0,544; p-Wert = 0,004).

Insgesamt betrachtet erbringen diese Ergebnisse weiterhin Evidenz dafür, dass branchenspezialisierte Prüfungspartner im Vergleich zu nicht spezialisierten höhere Prüfungshonorare erzielen können. Die in der Hauptanalyse auf Basis eines Koeffizientenvergleichs gewonnene Erkenntnis, dass der branchenspezialisierte Rechtsunterzeichner in der Tendenz von höherer Bedeutung für das Prüfungshonorar ist, lässt sich hingegen auf Basis dieser Ergebnisse nur noch begrenzt erzielen. So besitzen zwar weiterhin mehr auf den Rechtsunterzeichner als auf den Linksunterzeichner bezogene Variablen einen signifikant positiven Einfluss. Dennoch existiert auch der Fall, in dem nur der marktführende Linksunterzeichner einen signifikanten Einfluss ausübt. Des Weiteren fallen auf dieser Datenbasis bei zwei Variablen die Koeffizienten der spezialisierten Linksunterzeichner höher aus als die der Rechtsunterzeichner (*LEADERTOP2WPL* bzw. *SPEZ3QWPL* im Vergleich zu *LEADERTOP2WPR* bzw. *SPEZ3QWPR*).[905] Insbesondere ein Vergleich zwischen den Variablen *LEADERTOP5WPR* und *LEADERTOP5WPL* sowie *MarktanteilWPR* und *Marktan-*

---

[904] Gleichzeitig birgt Winsorisieren das Risiko, dass dem Datensatz Informationsgehalt entzogen wird, da es zu einer Veränderung des originären Datensatzes kommt. Dies könnte zu verzerrten Messergebnissen führen; vgl. *Dücker*, 2009, S. 105-107.

[905] Ein Wald-Test kann indes keine signifikanten Unterschiede zwischen den Koeffizienten bestätigen.

Tabelle 23: Ergebnisse des Prüfungshonorarmodells, wenn nur der Linksunterzeichner, wenn nur der Rechtsunterzeichner oder wenn beide Unterzeichner Branchenspezialisten sind (OLS-Regression) – Datensample auf Jahresebene winsorisiert (1. und 99. Perzentil)

Abhängige Variable: LNPH	Erwartetes Vorzeichen	(1) Größter Marktanteil	(2) Zwei größte Marktanteile	(3) Fünf größte Marktanteile	(4) Marktanteil 20% größer als Gleichverteilung	(5) Marktanteil oberhalb des 3. Quartils	(6) Marktanteil	(7) Mitglied im IDW-Fachausschuss
Modell mit Testvariable(n):		**LEADER...**	**LEADER-TOP2...**	**LEADER-TOP5...**	**SPEZ20%...**	**SPEZ3Q...**	**Marktanteil...**	**IDWFA...**
		Koeffizient Robuster SF p-Wert	Koeffizient Robuster SF p-Wert	Koeffizient Robuster SF p-Wert	Koeffizient Robuster SF p-Wert	Koeffizient Robuster SF p-Wert	Koeffizient Robuster SF p-Wert	Koeffizient Robuster SF p-Wert
Testvariablen:								
...WPL-Alleine	?	0,442 0,179 0,014**	0,376 0,220 0,089*	0,141 0,088 0,112	0,0747 0,074 0,314	0,152 0,110 0,167	0,803 1,020 0,432	0,205 0,106 0,056*
...WPR-Alleine	?	0,386 0,150 0,011**	0,552 0,134 0,000***	0,511 0,169 0,003***	0,209 0,130 0,110	0,132 0,115 0,250	5,085 2,022 0,013**	0,00397 0,157 0,980
...WP-Beide	?	0,465 0,167 0,006***	0,643 0,164 0,000***	0,466 0,123 0,000***	0,271 0,089 0,003***	0,343 0,101 0,001***	-1,563 10,285 0,879	0,795 0,190 0,000***
Wald-Test auf signifikante Unterschiede zw. Koeffizienten:								
H_0: $\beta_{WPLAlleine} = \beta_{WPRAlleine}$		p=0,798	p=0,442	p=0,026**	p=0,299	p=0,871	p=0,043**	p=0,282
H_0: $\beta_{WPBeide} = \beta_{WPLAlleine}$		p=0,915	p=0,164	p=0,007***	p=0,020**	p=0,070*	p=0,832	p=0,002***
H_0: $\beta_{WPBeide} = \beta_{WPRAlleine}$		p=0,415	p=0,621	p=0,819	p=0,644	p=0,110	p=0,568	p=0,001***
Kontrollvariablen?		Ja	Ja	Ja	Ja	Ja	Ja	Ja
WPG-Dummys?		Ja	Ja	Ja	Ja	Ja	Ja	Ja
NL-Dummys?		Ja	Ja	Ja	Ja	Ja	Ja	Ja
Jahresdummys?		Ja	Ja	Ja	Ja	Ja	Ja	Ja
Clusterung nach:		VU	VU	VU	VU	VU	VU	VU
Anzahl Beobachtungen:		760	760	760	760	760	760	760
Angepasstes R^2:		0,891	0,891	0,889	0,890	0,894	0,892

Hinweis: Das folgende Regressionsmodell wurde geschätzt: $LNPH=\beta_0+\beta_1 LNBS+\beta_2 KONZERN+\beta_3 IFRS+\beta_4 VVaG+\beta_5 BStoGBB+\beta_6 EKQuote+\beta_7 BSW+\beta_8 RückVQ+\beta_9 GNBW+\beta_{10} ROAA+\beta_{11} LOSS+\beta_{12} LIQtoBS+\beta_{13} NPHtoPH+\beta_{14} ReportLag+\beta_{15} WPGWechsel+\beta_{16} NLWechsel+\beta_{17} WPLWechsel+\beta_{18} WPRWechsel+\beta_{19} SpezWPLAlleine+\beta_{20} SpezWPRAlleine+\beta_{21} SpezWPBeide+fixed effects+\varepsilon$. Aus Gründen der Übersichtlichkeit und des Fokus auf die Testvariablen wird auf eine Wiedergabe der Schätzergebnisse bezüglich der Kontrollvariablen und der Konstante verzichtet. Die im Regressionsmodell genannten Variablen *SpezWPLAlleine, Spez-WPRAlleine* und *SpezWPBeide* repräsentieren die jeweiligen in den Spalten (1) bis (7) verwendeten Testvariablen. Für die Definitionen der Kontrollvariablen siehe Tab. 10, für die Testvariablen siehe Tab. 18. Für Variablen mit einer Vorzeichenerwartung werden die p-Werte auf Basis einseitiger Tests angegeben. Sofern keine Vorzeichenerwartung besteht, basieren die p-Werte auf zweiseitigen Tests. */**/***=Signifikanzniveau von 10%/5%/1%. Die Clusterung der robusten Standardfehler erfolgt nach VU. NL: Niederlassung; SF: Standardfehler; WPG: Wirtschaftsprüfungsgesellschaft; WPL: Linksunterzeichner; WPR: Rechtsunterzeichner; VU: Versicherungsunternehmen.

teilWPL steht jedoch weiterhin in Einklang zu der Vermutung, dass ein branchenspezialisierter Rechtsunterzeichner bzw. dessen Spezialisierungsgrad in der Tendenz bedeutsamer für die Abschlussprüfung ist als ein Linksunterzeichner. Dies kommt dadurch zum Ausdruck, dass nur die Rechtsunterzeichnervariablen signifikant sind und des Weiteren ein Wald-Test wesentliche Unterschiede in der Höhe der Koeffizienten konstatiert.

Tab. 23 beinhaltet die Schätzergebnisse unter Einbezug der drei Indikatorvariablen, welche zum Ausdruck bringen, ob nur der Linksunterzeichner, nur der Rechtsunterzeichner oder beide Unterzeichner in Abhängigkeit von der jeweiligen Variablendefinition Branchenspezialisten sind. Im Großen und Ganzen bestätigen die Ergebnisse die Erkenntnisse aus der Hauptanalyse (Tab. 19). Demnach kann weiterhin für die Indikatorvariablen *LEADERWPRAlleine*, *LEADERTOP2WPRAlleine* sowie *LEADERTOP5WPRAlleine* ein positiver Einfluss (Signifikanzniveau: 5% bzw. 1%) auf die Honorarhöhe bestätigt werden. Dies bedeutet, dass Prüfungsmandate, bei denen nur der Rechtsunterzeichner unter den vorgenannten Variablendefinitionen als Spezialist gilt, nicht jedoch der Mitunterzeichner, im Vergleich zur Referenzgruppe (beide Prüfungspartner sind keine Branchenspezialisten nach der jeweiligen Definition) höhere Prüfungshonorare aufweisen. In Bezug auf die Linksunterzeichner zeigt sich, dass weiterhin der marktführende Mitunterzeichner ohne Mitwirken eines marktführenden Rechtsunterzeichners in einem signifikant positiven Zusammenhang mit der Honorarhöhe steht. Hinzu kommt die Erkenntnis, dass unter Verwendung des winsorisierten Datensamples auch die zwei größten Mitunterzeichner zusammengefasst (*LEADERTOP2WPLAlleine*) sowie die als Mitunterzeichner fungierenden Mitglieder des IDW-Versicherungsfachausschusses (*IDWFAWPLAlleine*) in Zusammenarbeit mit einem nicht unter der jeweiligen Variablendefinition als Branchenspezialist geltenden Rechtsunterzeichner höhere Prüfungshonorare durchsetzen können.

Weiterhin im Einklang mit der Hauptanalyse wird anhand der Ergebnisse deutlich, dass das Prüfungshonorar insbesondere dann höher ausfällt, wenn beide Unterzeichner eine hohe Branchenexpertise aufweisen. Dies kommt dadurch zum Ausdruck, dass die entsprechenden Dummy-Variablen unabhängig vom Spezialistenmaß stets einen signifikant positiven Koeffizienten aufweisen (Signifikanzniveau: 1%). Des Weiteren können die unter eine weiter gefasste Variablendefinition fallenden branchenspezialisierten Prüfungspartner nur dann in einen positiven Zusammenhang zur Honorarhöhe gebracht werden, sofern beide Prüfungspartner Branchenspezialisten sind (siehe Tab. 23, Spalten (4) und (5)). Die in der Hauptanalyse aus den dortigen Ergebnissen abgeleiteten Hinweise darauf, dass der prüfungsdurchführende Prüfungspartner in der Tendenz von höherer Bedeutung für das Prüfungshonorar ist, können aus den in Tab. 23 wiedergegebenen Schätzergebnissen nur noch in abgeschwächter Form gewonnen werden. Dafür spricht zwar weiterhin, dass der p-Wert von *LEADERTOP2WPRAlleine* deutlich geringer ausfällt als der von *LEADERTOP2-WPLAlleine* und dass *LEADERTOP5WPRAlleine* sowie *MarktanteilWPR* im Gegensatz zu den korrespondierenden Linksunterzeichnervariablen signifikant sind. Relativiert wird dies jedoch durch die Erkenntnis, dass *IDWFAWPLAlleine* einen statistisch bedeutenden Einfluss besitzt, *IDWFAWPRAlleine* hingegen nicht[906] und dass zwischen den Koeffi-

---

[906] In diesem Zusammenhang ist anzumerken, dass im gesamten Datensample nur eine Beobachtung existiert, für welche die Indikatorvariable *IDWFAWPRAlleine* den Wert 1 besitzt; siehe hierzu auch Fn. 892.

Tabelle 24: Ergebnisse des Prüfungshonorarmodells unter Einbezug der auf die Versicherungsbranche spezialisierten Linksunterzeichner und Dummy-Variablen für alle Rechtsunterzeichner (OLS-Regression) – Datensample auf Jahresebene winsorisiert (1. und 99. Perzentil)

Abhängige Variable: LNPH	Erwartetes Vorzeichen	(1) Größter Marktanteil	(2) Zwei größte Marktanteile	(3) Fünf größte Marktanteile	(4) Marktanteil 20% größer als Gleichverteilung	(5) Marktanteil oberhalb des 3. Quartils	(6) Marktanteil	(7) Mitglied im IDW-Fachausschuss
Modell mit Testvariable(n):		*LEADER...*	*LEADER-TOP2...*	*LEADER-TOP5...*	*SPEZ20%...*	*SPEZ3Q...*	*Marktanteil...*	*IDWFA...*
		Koeffizient Robuster SF p-Wert	Koeffizient Robuster SF p-Wert	Koeffizient Robuster SF p-Wert	Koeffizient Robuster SF p-Wert	Koeffizient Robuster SF p-Wert	Koeffizient Robuster SF p-Wert	Koeffizient Robuster SF p-Wert
Testvariable:								
...WPL	?	0,0317 0,121 0,793	0,001 0,173 0,996	0,0414 0,064 0,519	0,0488 0,060 0,415	0,0393 0,069 0,569	0,303 0,579 0,601	0,251 0,162 0,122
Kontrollvariablen?		Ja	Ja	Ja	Ja	Ja	Ja	Ja
WPG-Dummys?		Ja	Ja	Ja	Ja	Ja	Ja	Ja
NL-Dummys?		Ja	Ja	Ja	Ja	Ja	Ja	Ja
WPR-Dummys?		Ja	Ja	Ja	Ja	Ja	Ja	Ja
Jahresdummys?		Ja	Ja	Ja	Ja	Ja	Ja	Ja
Clusterung nach:		VU	VU	VU	VU	VU	VU	VU
Anzahl Beobachtungen:		760	760	760	760	760	760	760
Angepasstes R²:			0,919	0,919	0,919	0,919	0,919	0,920

Hinweis: Das folgende Regressionsmodell wurde geschätzt: $LNPH=\beta_0+\beta_1 LNBS+\beta_2 KONZERN+\beta_3 IFRS+\beta_4 VVaG+\beta_5 BStoGBB+\beta_6 EKQuote+\beta_7 BSW+\beta_8 RückVQ+\beta_9 GNBW+\beta_{10} ROAA+\beta_{11} LOSS+\beta_{12} LIQtoBS+\beta_{13} NPHtoPH+\beta_{14} ReportLag+\beta_{15} WPGWechsel+\beta_{16} INLWechsel+\beta_{17} IWPLWechsel+\beta_{18} IWPRWechsel+\beta_{19} SpezWPL+fixed$ $effects+\varepsilon$. Aus Gründen der Übersichtlichkeit und des Fokus auf die Testvariablen wird auf eine Wiedergabe der Schätzergebnisse bezüglich der Kontrollvariablen und der Konstante verzichtet. Die im Regressionsmodell genannte Variable *SpezWPL* repräsentiert die jeweilige in den Spalten (1) bis (7) verwendete Testvariable. Für die Definitionen der Kontroll- und Testvariablen siehe Tab. 10. Neben den in Tab. 10 genannten *fixed effects* berücksichtigt das Modell die fixen Effekte der Rechtsunterzeichner. Für Variablen mit einer Vorzeichenerwartung werden die p-Werte auf Basis einseitiger Tests angegeben. Sofern keine Vorzeichenerwartung besteht, basieren die p-Werte auf zweiseitigen Tests. */**/***=Signifikanzniveau von 10%/5%/1%. Die Clusterung der robusten Standardfehler erfolgt nach VU. NL: Niederlassung; SF: Standardfehler; WPG: Wirtschaftsprüfungsgesellschaft; WPL: Linksunterzeichner; WPR: Rechtsunterzeichner; VU: Versicherungsunternehmen.

zienten der signifikanten Variablen *LEADERWPLAlleine* bzw. *LEADERTOP2WPLAlleine* und den korrespondierenden Rechtsunterzeichnervariablen auf Basis eines Wald-Tests keine bedeutsamen Unterschiede vorliegen. Die primäre Erkenntnis dieser Analyse besteht demnach darin, dass insbesondere ein Gespann aus branchenspezialisierten Prüfungspartnern einen Honoraraufschlag erzielen kann. Doch auch ein Gespann, welches nur einen branchenspezialisierten Prüfungspartner beinhaltet, kann im Vergleich zu Gespannen – bestehend aus Nicht-Spezialisten – ein erkennbar höheres Prüfungshonorar vereinnahmen. Dass der Honoraraufschlag für ein Prüfungspartnergespann – bestehend aus zwei Branchenspezialisten (z. B. *LEADERWPBeide*) – im Vergleich zum Aufschlag bei Prüfungsaufträgen mit nur einem Branchenspezialisten (*LEADERWPLAlleine* oder *LEADERWPRAlleine*) tatsächlich höher ausfällt, kann hingegen bei den Schätzergebnissen, wo die *WPLAlleine*- und/oder *WPRAlleine*-Indikatorvariablen signifikant positiv sind, mittels eines Wald-Tests vorwiegend nicht bestätigt werden. Lediglich in Bezug auf die Mitglieder im IDW-Fachausschuss zeigt sich, dass der Honoraraufschlag eines Prüfungspartnergespanns, das aus zwei Mitgliedern des IDW-Fachausschusses besteht, signifikant höher ausfällt als der von einem Gespann, wo nur der Linksunterzeichner Mitglied ist. Hierbei handelt es sich gleichzeitig um den höchsten durchschnittlichen Honoraraufschlag (ca. 121%), der im Rahmen der Analyse ermittelt wurde ($\beta_{IDWFAWPBeide}$ = 0,795; p-Wert = 0,000).

Die in Tab. 24 und Tab. 25 wiedergegebenen Schätzergebnisse bezüglich der branchenspezialisierten Links- bzw. Rechtsunterzeichner unter Kontrolle für die fixen Effekte der jeweils anderen Unterzeichner entsprechen nahezu vollumfänglich denen der Hauptanalyse (Tab. 20 und Tab. 21). So weisen die branchenspezialisierten Linksunterzeichner unter Kontrolle für die fixen Effekte der Rechtsunterzeichner nie einen signifikanten Einfluss auf.

Die auf den Rechtsunterzeichner bezogenen Spezialistenvariablen besitzen hingegen ohne Ausnahme einen positiven Koeffizienten bei Signifikanzniveaus i. H. v. 1% bis 10%. Demnach fällt in Tab. 25 abweichend zur Hauptanalyse auch der Einfluss von *SPEZ3QWPR* signifikant positiv aus. Im Unterschied zur Hauptanalyse fällt der Koeffizient von *LEADERWPR* deutlich kleiner aus. Die Ursache hierfür liegt darin, dass die Mehrheit der vom marktführenden Rechtsunterzeichner testierten Abschlüsse mit ihren daraus entnommenen Variablen (z. B. *LNPH*) zum jeweils obersten Perzentil gehören und daher durch das Winsorisieren verändert wurden. Anstelle von *LEADERWPR* besitzt im Rahmen dieser Analyse *IDWFAWPR* den höchsten signifikanten Einfluss. Zusammenfassend kann auf Basis dieser Ergebnisse wiederum die Vermutung bekräftigt werden, dass der Rechtsunterzeichner bedeutsamer für die Höhe des Prüfungshonorars ist.

Insgesamt betrachtet stützen die Regressionsergebnisse auf Basis des winsorisierten Datensamples die Ergebnisse der Hauptanalyse. So liegt weiterhin Evidenz dafür vor, dass auf die Versicherungsbranche spezialisierte Wirtschaftsprüfer höhere Prüfungshonorare erzielen können. Insbesondere den Mitgliedern des IDW-Versicherungsfachausschusses kommt im Rahmen dieser Analyse eine bedeutsame Rolle für die Honorarhöhe zu, da stets eine IDW-Variable den höchsten signifikanten Koeffizienten besitzt. Die in der Hauptanalyse getroffene Schlussfolgerung aus den Ergebnissen, dass der Linksunterzeichner eine geringere Relevanz besitzt als der Rechtsunterzeichner, kann auf Basis dieser Ergebnisse nicht ausnahmslos bestätigt werden. Dafür spricht jedoch weiterhin das Faktum, dass mehr auf den Rechtsunterzeichner bezogene Spezialistenvariablen einen signifikanten Einfluss besitzen. Des Weiteren fällt die stetige Variable, welche den Marktanteil des Prüfungspartners darstellt, stets nur für den Rechtsunterzeichner signifikant aus. Dies deutet darauf hin, dass nur beim Rechtsunterzeichner stets der Spezialisierungsgrad von Bedeutung für das Prüfungshonorar ist.

Tabelle 25: Ergebnisse des Prüfungshonorarmodells unter Einbezug der auf die Versicherungsbranche spezialisierten Rechtsunterzeichner und Dummy-Variablen für alle Linksunterzeichner (OLS-Regression) – Datensample auf Jahresebene winsorisiert (1. und 99. Perzentil)

Abhängige Variable: LNPH	Erwartetes Vorzeichen	(1) Größter Marktanteil	(2) Zwei größte Marktanteile	(3) Fünf größte Marktanteile	(4) Marktanteil 20% größer als Gleichverteilung	(5) Marktanteil oberhalb des 3. Quartils	(6) Marktanteil	(7) Mitglied im IDW-Fachausschuss
Modell mit Testvariable(n):		**LEADER...**	**LEADER-TOP2...**	**LEADER-TOP5...**	**SPEZ20%...**	**SPEZ3Q...**	***Marktanteil...***	**IDWFA...**
		Koeffizient Robuster SF p-Wert	Koeffizient Robuster SF p-Wert	Koeffizient Robuster SF p-Wert	Koeffizient Robuster SF p-Wert	Koeffizient Robuster SF p-Wert	Koeffizient Robuster SF p-Wert	Koeffizient Robuster SF p-Wert
Testvariable:								
...WPR	?	0,395 0,227 0,083*	0,438 0,171 0,011**	0,274 0,109 0,013**	0,182 0,088 0,042**	0,153 0,092 0,095*	6,212 1,921 0,001***	0,502 0,258 0,053*
Kontrollvariablen?		Ja	Ja	Ja	Ja	Ja	Ja	Ja
WPG-Dummys?		Ja	Ja	Ja	Ja	Ja	Ja	Ja
NL-Dummys?		Ja	Ja	Ja	Ja	Ja	Ja	Ja
WPL-Dummys?		Ja	Ja	Ja	Ja	Ja	Ja	Ja
Jahresdummys?		Ja	Ja	Ja	Ja	Ja	Ja	Ja
Clusterung nach:		VU	VU	VU	VU	VU	VU	VU
Anzahl Beobachtungen:		760	760	760	760	760	760	760
Angepasstes R^2:		0,899	0,899	0,899	0,899	0,899	0,901	0,899

Hinweis: Das folgende Regressionsmodell wurde geschätzt: $LNPH=\beta_0+\beta_1 LNBS+\beta_2 KONZERN+\beta_3 IFRS+\beta_4 VVaG+$
$\beta_5 BStoGBB+\beta_6 EKQuote+\beta_7 BSW+\beta_8 RückVQ+\beta_9 GNBW+\beta_{10} ROAA+\beta_{11} LOSS+\beta_{12} LIQtoBS+\beta_{13} NPHtoPH+\beta_{14} Re$-
$portLag+\beta_{15} WPGWechsel+$ $\beta_{16} INLWechsel+\beta_{17} IWPLWechsel+\beta_{18} IWPRWechsel+\beta_{19} SpezWPR+fixed\ effects+\varepsilon$. Aus
Gründen der Übersichtlichkeit und des Fokus auf die Testvariablen wird auf die Wiedergabe der Schätzer-
gebnisse bezüglich der Kontrollvariablen und der Konstante verzichtet. Die im Regressionsmodell genannte
Variable *SpezWPR* repräsentiert die jeweilige in den Spalten (1) bis (7) verwendete Testvariable. Für die Definitionen der Kontroll- und Testvariablen siehe Tab. 10. Neben den in Tab. 10 genannten *fixed effects* berücksichtigt das Modell die fixen Effekte der Linksunterzeichner. Für Variablen mit einer Vorzeichenerwartung
werden die p-Werte auf Basis einseitiger Tests angegeben. Sofern keine Vorzeichenerwartung besteht, basieren die p-Werte auf zweiseitigen Tests. */**/***=Signifikanzniveau von 10%/5%/1%. Die Clusterung der robusten Standardfehler erfolgt nach VU. NL: Niederlassung; SF: Standardfehler; WPG: Wirtschaftsprüfungsgesellschaft; WPL: Linksunterzeichner; WPR: Rechtsunterzeichner; VU: Versicherungsunternehmen.

7.3.3.2 Ergebnisse auf Basis von Big4-Beobachtungen

Eine Vielzahl bisheriger Studien zur Partnerebene beschränkt ihren Datensatz auf Beobachtungen von Big4-Mandanten, um verzerrenden Effekten, bedingt durch grundlegende Unterschiede zwischen Big4- und Non-Big4-Gesellschaften sowie deren Mandanten (z. B. Prä-
ferenzen bei der Prüferwahl), vorzubeugen.[907] In Übereinstimmung hierzu basieren die in

---

[907] Vgl. u. a. *Chin/Chi*, 2009, S. 738, 759 f.; *Goodwin/Wu*, 2014, S. 1539; *Ittonen/Johnstone/Myllymäki*, 2015,
S. 612 f.; *Knechel/Vanstraelen/Zerni*, 2015, S. 1449; *Zerni*, 2012, S. 321. *Goodwin/Wu* (2014) argumentieren,
dass die Beschränkung auf Big4-Mandanten potentiellen negativen Effekten aufgrund einer Selbstselektion

Tab. 26 bis Tab. 29 wiedergegebenen Schätzergebnisse ausschließlich auf Big4-Beobachtungen mit der Folge, dass das originäre Datensample um 108 Beobachtungen dezimiert wird.

Zusammenfassend kann betont werden, dass die in Tab. 25 bis Tab. 28 dargestellten Ergebnisse dieser Sensitivitätsanalyse im Wesentlichen mit denen der Hauptanalyse übereinstimmen. So fallen die Koeffizienten der auf die Rechtsunterzeichner bezogenen Spezialistenvariablen häufiger signifikant positiv aus als die der Linksunterzeichner. Zusätzlich sind die signifikanten Koeffizienten der rechts unterzeichnenden Branchenspezialisten im Vergleich zu denen der links unterzeichnenden mit einer Ausnahme (Tab. 26, Spalte (5)) stets höher und die dazugehörigen p-Werte stets kleiner.[908] Demnach sprechen die Resultate weiterhin dafür, dass die Branchenexpertise eines Rechtsunterzeichners in der Tendenz bedeutsamer für die Honorarhöhe ist als die eines Linksunterzeichners. Besonders die Ergebnisse in Tab. 28 sowie Tab. 29 bekräftigen dies, da der spezialisierte Linksunterzeichner keinen signifikanten Einfluss aufweist, sofern für die fixen Effekte des Rechtsunterzeichners kontrolliert wird, der spezialisierte Rechtsunterzeichner unter Kontrolle für die Linksunterzeichner hingegen schon.

Des Weiteren liefert Tab. 27 im Einklang mit der Hauptanalyse weiterhin Evidenz dafür, dass insbesondere ein Prüfungspartnergespann aus zwei Branchenspezialisten im Vergleich zu nicht spezialisierten Gespannen signifikant höhere Prüfungshonorare vereinnahmt. Zwar kann in den Fällen, wo auch die *WPRAlleine*-Variable signifikant ausfällt (Tab. 27, Spalten (1) bis (4)), qua einem Wald-Test kein relevanter Unterschied zwischen den Koeffizienten festgestellt werden, jedoch fällt die Irrtumswahrscheinlichkeit in Bezug auf die Ablehnung der Nullhypothese zum Teil deutlich geringer aus. Im Umkehrschluss bedeutet dies, dass ein Gespann aus zwei Spezialisten mit höherer Wahrscheinlichkeit tatsächlich ein im Vergleich zu nicht spezialisierten Gespannen größeres Prüfungshonorar aufweist als ein Gespann mit nur einem spezialisierten Rechtsunterzeichner.

Trotz der ausgeprägten Kongruenz zwischen diesen Ergebnissen und denen der Hauptanalyse fällt auf, dass die Koeffizienten von *LEADERWPR* in Tab. 26, Spalte (1), *LEADERWPRAlleine* und *LEADERTOP2WPRAlleine* in Tab. 27, Spalten (1) und (2) sowie *LEADERWPR* in Tab. 29, Spalte (1) deutlich höher ausfallen als die jeweiligen in der Hauptanalyse. So konstatiert bspw. die Hauptanalyse für Mandate, die von einem Prüfungspartnergespann testiert werden, wo nur der Rechtsunterzeichner Marktführer ist (*LEADERWPRAlleine* in Tab. 19, Spalte (1)), im Vergleich zu Gespannen ohne Marktführer einen durchschnittlichen Honoraraufschlag i. H. v. ca. 90% ($\beta_{LEADERWPRAlleine}$ = 0,640; p-Wert = 0,001). Auf Basis der Big4-Beobachtungen fällt dieser hingegen mit 198% ($\beta_{LEADERWPRAlleine}$ = 1,093; p-Wert = 0,011 in Tab. 27, Spalte (1)) mehr als doppelt so groß aus. Der größte Unterschied besteht jedoch zwischen den Aufschlägen im Zusammenhang mit *LEADERTOP2WPRAlleine*. Beträgt dieser in der Hauptanalyse 63%, so liegt er auf Basis der Big4-Mandate bei einem fast viermal so hohen Wert i. H. v. 238% ($\beta_{LEADERTOP2WPRAlleine}$ = 1,219; p-Wert = 0,077 in Tab. 27, Spalte (2)). Dies könnte zumindest als Indiz dafür gewertet werden, dass Big4-Mandanten

---

(*self-selection*) im Zusammenhang mit der Aufteilung von Mandanten auf Big4- und Non-Big4-Gesellschaften entgegenwirkt; vgl. *Goodwin/Wu*, 2014, S. 1539.

[908] Wiederum einschränkend muss in diesem Zusammenhang angemerkt werden, dass bei den Schätzergebnissen, wo sowohl die auf den Rechts- als auch auf den Linksunterzeichner bezogenen Variablen signifikant sind, ein Wald-Test keine bedeutsamen Unterschiede zwischen den Koeffizienten bestätigen kann.

Tabelle 26: Ergebnisse des Prüfungshonorarmodells unter Einbezug der auf die Versicherungsbranche spezialisierten Linksunterzeichner und Rechtsunterzeichner (OLS-Regression) – Datensample beinhaltet ausschließlich Big4-Beobachtungen

Abhängige Variable: LNPH	Erwartetes Vorzeichen	(1) Größter Marktanteil	(2) Zwei größte Marktanteile	(3) Fünf größte Marktanteile	(4) Marktanteil 20% größer als Gleichverteilung	(5) Marktanteil oberhalb des 3. Quartils	(6) Marktanteil	(7) Mitglied im IDW-Fachausschuss
Modell mit Testvariable(n):		*LEADER...*	*LEADER-TOP2...*	*LEADER-TOP5...*	*SPEZ20%...*	*SPEZ3Q...*	*Marktanteil...*	*IDWFA...*
		Koeffizient Robuster SF p-Wert	Koeffizient Robuster SF p-Wert	Koeffizient Robuster SF p-Wert	Koeffizient Robuster SF p-Wert	Koeffizient Robuster SF p-Wert	Koeffizient Robuster SF p-Wert	Koeffizient Robuster SF p-Wert
Testvariablen:								
...WPL	?	0,394 0,174 0,025**	0,338 0,212 0,114	0,120 0,079 0,130	0,0740 0,068 0,275	0,185 0,083 0,027**	0,537 0,732 0,464	0,158 0,106 0,140
...WPR	?	0,722 0,264 0,007***	0,461 0,184 0,013**	0,388 0,102 0,000***	0,195 0,071 0,007***	0,126 0,067 0,061*	6,007 1,781 0,001***	0,580 0,193 0,003***
Wald-Test auf signifikante Unterschiede zw. Koeffizienten:								
H_0: $\beta_{WPL} = \beta_{WPR}$		p=0,348	p=0,735	p=0,058*	p=0,229	p=0,601	p=0,023**	p=0,090*
Kontrollvariablen?		Ja	Ja	Ja	Ja	Ja	Ja	Ja
WPG-Dummys?		Ja	Ja	Ja	Ja	Ja	Ja	Ja
NL-Dummys?		Ja	Ja	Ja	Ja	Ja	Ja	Ja
Jahresdummys?		Ja	Ja	Ja	Ja	Ja	Ja	Ja
Clusterung nach:		VU	VU	VU	VU	VU	VU	VU
Anzahl Beobachtungen:		652	652	652	652	652	652	652
Angepasstes R^2:		0,896	0,898	0,896	0,893	0,894	0,901	0,895
F-Statistik:		85,739	88,454	76,410	68,592	65,637	95,505	63,230
Prob > F:		0,000	0,000	0,000	0,000	0,000	0,000	0,000

Hinweis: Das folgende Regressionsmodell wurde geschätzt: $LNPH=\beta_0+\beta_1 LNBS+\beta_2 KONZERN+\beta_3 IFRS+\beta_4 VVaG+\beta_5 BStoGBB+\beta_6 EKQuote+\beta_7 BSW+\beta_8 RückVQ+\beta_9 GNBW+\beta_{10} ROAA+\beta_{11} LOSS+\beta_{12} LIQtoBS+\beta_{13} NPHtoPH+\beta_{14} Report\text{-}Lag+\beta_{15} WPGWechsel+\beta_{16} NLWechsel+\beta_{17} IWPLWechsel+\beta_{18} IWPRWechsel+\beta_{19} SpezWPL+\beta_{20} SpezWPR+fixed effects+\varepsilon$. Aus Gründen der Übersichtlichkeit und des Fokus auf die Testvariablen wird auf eine Wiedergabe der Schätzergebnisse bezüglich der Kontrollvariablen und der Konstante verzichtet. Die im Regressionsmodell genannten Variablen *SpezWPL* und *SpezWPR* repräsentieren die jeweiligen in den Spalten (1) bis (7) verwendeten Testvariablen. Für die Definitionen der Kontroll- und Testvariablen siehe Tab. 10. Für Variablen mit einer Vorzeichenerwartung werden die p-Werte auf Basis einseitiger Tests angegeben. Sofern keine Vorzeichenerwartung besteht, basieren die p-Werte auf zweiseitigen Tests. */**/***=Signifikanzniveau von 10%/5%/1%. Die Clusterung der robusten Standardfehler erfolgt nach VU. NL: Niederlassung; SF: Standardfehler; WPG: Wirtschaftsprüfungsgesellschaft; WPL: Linksunterzeichner; WPR: Rechtsunterzeichner; VU: Versicherungsunternehmen.

Tabelle 27: Ergebnisse des Prüfungshonorarmodells, wenn nur der Linksunterzeichner, wenn nur der Rechtsunterzeichner oder wenn beide Unterzeichner Branchenspezialisten sind (OLS-Regression) – Datensample beinhaltet ausschließlich Big4-Beobachtungen

Abhängige Variable: LNPH	Erwartetes Vorzeichen	(1) Größter Marktanteil	(2) Zwei größte Marktanteile	(3) Fünf größte Marktanteile	(4) Marktanteil 20% größer als Gleichverteilung	(5) Marktanteil oberhalb des 3. Quartils	(6) Marktanteil	(7) Mitglied im IDW-Fachausschuss
Modell mit Testvariable(n):		**LEADER...** Koeffizient Robuster SF p-Wert	**LEADER-TOP2...** Koeffizient Robuster SF p-Wert	**LEADER-TOP5...** Koeffizient Robuster SF p-Wert	**SPEZ20%...** Koeffizient Robuster SF p-Wert	**SPEZ3Q...** Koeffizient Robuster SF p-Wert	**Marktan-teil...** Koeffizient Robuster SF p-Wert	**IDWFA...** Koeffizient Robuster SF p-Wert
Testvariablen:								
...WPL-Alleine	?	0,424 0,181 0,020**	0,374 0,219 0,090*	0,140 0,087 0,111	0,081 0,080 0,316	0,156 0,112 0,164	0,771 0,921 0,404	0,150 0,107 0,161
...WPR-Alleine	?	1,093 0,422 0,011**	1,219 0,685 0,077*	0,553 0,205 0,008***	0,216 0,119 0,071*	0,095 0,107 0,376	7,442 2,467 0,003***	-0,041 0,163 0,804
...WP-Beide	?	0,840 0,187 0,000***	0,754 0,164 0,000***	0,485 0,122 0,000***	0,268 0,096 0,006***	0,319 0,101 0,002***	-6,505 9,090 0,475	0,783 0,193 0,000***
Wald-Test auf signifikante Unterschiede zw. Koeffizienten:								
H_0: $\beta_{WPLAlleine} = \beta_{WPRAlleine}$		p=0,137	p=0,239	p=0,038**	p=0,225	p=0,586	p=0,010***	p=0,330
H_0: $\beta_{WPBeide} = \beta_{WPLAlleine}$		p=0,074*	p=0,052*	p=0,005***	p=0,030**	p=0,124	p=0,457	p=0,002***
H_0: $\beta_{WPBeide} = \beta_{WPRAlleine}$		p=0,511	p=0,486	p=0,759	p=0,658	p=0,069*	p=0,206	p=0,000***
Kontrollvariablen?		Ja	Ja	Ja	Ja	Ja	Ja	Ja
WPG-Dummys?		Ja	Ja	Ja	Ja	Ja	Ja	Ja
NL-Dummys?		Ja	Ja	Ja	Ja	Ja	Ja	Ja
Jahresdummys?		Ja	Ja	Ja	Ja	Ja	Ja	Ja
Clusterung nach:		VU	VU	VU	VU	VU	VU	VU
Anzahl Beobachtungen:		652	652	652	652	652	652	652
Angepasstes R^2:		0,896	0,898	0,896	0,893	0,894	0,901	0,895

Hinweis: Das folgende Regressionsmodell wurde geschätzt: $LNPH=\beta_0+\beta_1 LNBS+\beta_2 KONZERN+\beta_3 IFRS+\beta_4 VVaG+\beta_5 BStoGBB+\beta_6 EKQuote+\beta_7 BSW+\beta_8 RückVQ+\beta_9 GNBW+\beta_{10} ROAA+\beta_{11} LOSS+\beta_{12} LIQtoBS+\beta_{13} NPHtoPH+\beta_{14} Report-Lag+\beta_{15} WPGWechsel+\beta_{16} lNLWechsel+\beta_{17} lWPLWechsel+\beta_{18} lWPRWechsel+\beta_{19} SpezWPLAlleine+\beta_{20} SpezWPRAlleine+\beta_{21} SpezWPBeide+fixed\ effects+\varepsilon$. Aus Gründen der Übersichtlichkeit und des Fokus auf die Testvariablen wird auf eine Wiedergabe der Schätzergebnisse bezüglich der Kontrollvariablen und der Konstante verzichtet. Die im Regressionsmodell genannten Variablen SpezWPLAlleine, Spez-WPRAlleine und SpezWPBeide repräsentieren die jeweiligen in den Spalten (1) bis (7) verwendeten Testvariablen. Für die Definitionen der Kontrollvariablen siehe Tab. 10, für die der Testvariablen siehe Tab. 18. Für Variablen mit einer Vorzeichenerwartung werden die p-Werte auf Basis einseitiger Tests angegeben. Sofern keine Vorzeichenerwartung besteht, basieren die p-Werte auf zweiseitigen Tests. */**/***=Signifikanzniveau von 10%/5%/1%. Die Clusterung der robusten Standardfehler erfolgt nach VU. NL: Niederlassung; SF: Standardfehler; WPG: Wirtschaftsprüfungsgesellschaft; WPL: Linksunterzeichner; WPR: Rechtsunterzeichner; VU: Versicherungsunternehmen.

Tabelle 28: Ergebnisse des Prüfungshonorarmodells unter Einbezug der auf die Versicherungsbranche spezialisierten Linksunterzeichner und Dummy-Variablen für alle Rechtsunterzeichner (OLS-Regression) – Datensample beinhaltet ausschließlich Big4-Beobachtungen

Abhängige Variable: LNPH	Erwartetes Vorzeichen	(1) Größter Marktanteil	(2) Zwei größte Marktanteile	(3) Fünf größte Marktanteile	(4) Marktanteil 20% größer als Gleichverteilung	(5) Marktanteil oberhalb des 3. Quartils	(6) Marktanteil	(7) Mitglied im IDW-Fachausschuss
Modell mit Testvariable(n):		*LEADER...*	*LEADER-TOP2...*	*LEADER-TOP5...*	*SPEZ20%...*	*SPEZ3Q...*	*Marktanteil...*	*IDWFA...*
		Koeffizient Robuster SF p-Wert	Koeffizient Robuster SF p-Wert	Koeffizient Robuster SF p-Wert	Koeffizient Robuster SF p-Wert	Koeffizient Robuster SF p-Wert	Koeffizient Robuster SF p-Wert	Koeffizient Robuster SF p-Wert
Testvariable:								
...WPL	?	-0,003 0,122 0,978	-0,114 0,184 0,535	0,0482 0,064 0,452	0,063 0,065 0,332	0,061 0,069 0,377	0,288 0,578 0,619	-0,061 0,142 0,669
Kontrollvariablen?		Ja	Ja	Ja	Ja	Ja	Ja	Ja
WPG-Dummys?		Ja	Ja	Ja	Ja	Ja	Ja	Ja
NL-Dummys?		Ja	Ja	Ja	Ja	Ja	Ja	Ja
WPR-Dummys?		Ja	Ja	Ja	Ja	Ja	Ja	Ja
Jahresdummys?		Ja	Ja	Ja	Ja	Ja	Ja	Ja
Clusterung nach:		VU	VU	VU	VU	VU	VU	VU
Anzahl Beobachtungen:		652	652	652	652	652	652	652
Angepasstes R^2:		0,925	0,925	0,925	0,925	0,925	0,925	0,925

Hinweis: Das folgende Regressionsmodell wurde geschätzt: $LNPH=\beta_0+\beta_1 LNBS+\beta_2 KONZERN+\beta_3 IFRS+\beta_4 VVaG+$
$\beta_5 BStoGBB+\beta_6 EKQuote+\beta_7 BSW+\beta_8 RückVQ+\beta_9 GNBW+\beta_{10} ROAA+\beta_{11} LOSS+\beta_{12} LIQtoBS+\beta_{13} NPHtoPH+\beta_{14} Re$-
$portLag+\beta_{15} WPGWechsel+\beta_{16} NLWechsel+\beta_{17} WPLWechsel+\beta_{18} WPRWechsel+\beta_{19} SpezWPL+fixed\ effects+\varepsilon$. Aus
Gründen der Übersichtlichkeit und des Fokus auf die Testvariablen wird auf eine Wiedergabe der Schätzer-
gebnisse bezüglich der Kontrollvariablen und der Konstante verzichtet. Die im Regressionsmodell genannte
Variable *SpezWPL* repräsentiert die jeweilige in den Spalten (1) bis (7) verwendete Testvariable. Für die Definitionen der Kontroll- und Testvariablen siehe Tab. 10. Neben den in Tab. 10 genannten *fixed effects* berücksichtigt das Modell die fixen Effekte der Rechtsunterzeichner. Für Variablen mit einer Vorzeichenerwartung
werden die p-Werte auf Basis einseitiger Tests angegeben. Sofern keine Vorzeichenerwartung besteht, basieren die p-Werte auf zweiseitigen Tests. */**/***=Signifikanzniveau von 10%/5%/1%. Die Clusterung der robusten Standardfehler erfolgt nach VU. NL: Niederlassung; SF: Standardfehler; WPG: Wirtschaftsprüfungsgesellschaft; WPL: Linksunterzeichner; WPR: Rechtsunterzeichner; VU: Versicherungsunternehmen.

insbesondere die Prüfung durch einen der zwei marktführenden Rechtsunterzeichner höher honorieren.

Relativiert werden diese Feststellungen jedoch durch eine separat durchgeführte und
nicht tabulierte Analyse auf Basis des winsorisierten Big4-Datensamples. Die hierdurch gewonnenen Resultate stimmen weitestgehend mit denen in Abschnitt 7.3.3.1 überein und
weisen für die vorgenannten Variablen keine deutlich höher ausfallenden Koeffizienten aus.
Folglich sind die zuvor festgestellten hohen Koeffizienten primär auf Extremwerte zurückzuführen. Alle anderen Ergebnisse der nicht tabulierten Analyse auf Grundlage des winsorisierten Big4-Datensamples stehen jedoch weitestgehend im Einklang mit den bisherigen

Tabelle 29: Ergebnisse des Prüfungshonorarmodells unter Einbezug der auf die Versicherungsbranche speziali-sierten Rechtsunterzeichner und Dummy-Variablen für alle Linksunterzeichner (OLS-Regression) – Datensample beinhaltet ausschließlich Big4-Beobachtungen

Abhängige Variable: **LNPH**	Erwartetes Vorzeichen	(1) Größter Marktanteil	(2) Zwei größte Marktanteile	(3) Fünf größte Marktanteile	(4) Marktanteil 20% größer als Gleichverteilung	(5) Marktanteil oberhalb des 3. Quartils	(6) Marktanteil	(7) Mitglied im IDW-Fachausschuss
Modell mit Testvariable(n):		*LEADER...*	*LEADER-TOP2...*	*LEADER-TOP5...*	*SPEZ20%...*	*SPEZ3Q...*	*Marktanteil...*	*IDWFA...*
		Koeffizient Robuster SF p-Wert	Koeffizient Robuster SF p-Wert	Koeffizient Robuster SF p-Wert	Koeffizient Robuster SF p-Wert	Koeffizient Robuster SF p-Wert	Koeffizient Robuster SF p-Wert	Koeffizient Robuster SF p-Wert
Testvariable:								
...*WPR*	?	1,009 0,408 0,014**	0,544 0,203 0,008***	0,269 0,115 0,021**	0,168 0,089 0,060*	0,106 0,085 0,218	7,799 2,156 0,000***	0,475 0,264 0,074*
Kontrollvariablen?		Ja	Ja	Ja	Ja	Ja	Ja	Ja
WPG-Dummys?		Ja	Ja	Ja	Ja	Ja	Ja	Ja
NL-Dummys?		Ja	Ja	Ja	Ja	Ja	Ja	Ja
WPL-Dummys?		Ja	Ja	Ja	Ja	Ja	Ja	Ja
Jahresdummys?		Ja	Ja	Ja	Ja	Ja	Ja	Ja
Clusterung nach:		VU	VU	VU	VU	VU	VU	VU
Anzahl Beobachtungen:		652	652	652	652	652	652	652
Angepasstes R^2:		0,905	0,905	0,904	0,904	0,903	0,909	0,905

Hinweis: Das folgende Regressionsmodell wurde geschätzt: $LNPH=\beta_0+\beta_1 LNBS+\beta_2 KONZERN+\beta_3 IFRS+\beta_4 VVaG+\beta_5 BStoGBB+\beta_6 EKQuote+\beta_7 BSW+\beta_8 RückVQ+\beta_9 GNBW+\beta_{10} ROAA+\beta_{11} LOSS+\beta_{12} LIQtoBS+\beta_{13} NPHtoPH+\beta_{14} ReportLag+\beta_{15} WPGWechsel+\beta_{16} NLWechsel+\beta_{17} WPLWechsel+\beta_{18} WPRWechsel+\beta_{19} SpezWPR+fixed\ effects+\varepsilon$. Aus Gründen der Übersichtlichkeit und des Fokus auf die Testvariablen wird auf eine Wiedergabe der Schätzergebnisse bezüglich der Kontrollvariablen und der Konstante verzichtet. Die im Regressionsmodell genannte Variable *SpezWPR* repräsentiert die jeweilige in den Spalten (1) bis (7) verwendete Testvariable. Für die Definitionen der Kontroll- und Testvariablen siehe Tab. 10. Neben den in Tab. 10 genannten *fixed effects* berücksichtigt das Modell die fixen Effekte der Linksunterzeichner. Für Variablen mit einer Vorzeichenerwartung werden die p-Werte auf Basis einseitiger Tests angegeben. Sofern keine Vorzeichenerwartung besteht, basieren die p-Werte auf zweiseitigen Tests. */**/***=Signifikanzniveau von 10%/5%/1%. Die Clusterung der robusten Standardfehler erfolgt nach VU. NL: Niederlassung; SF: Standardfehler; WPG: Wirtschaftsprüfungsgesellschaft; WPL: Linksunterzeichner; WPR: Rechtsunterzeichner; VU: Versicherungsunternehmen.

Feststellungen. Demnach besitzt auch dort weiterhin die Variable *IDWFAWPBeide* den größten signifikanten Aufschlag. Die Höhe des Aufschlags beträgt ca. 121% und entspricht damit den Ergebnissen der Hauptanalyse in Tab. 23, Spalte (7).

7.3.3.3 Ergebnisse unter Einbezug der logarithmierten Anzahl an in- und ausländischen Tochterunternehmen

Im bisherigen Modell wurde die Mandantenkomplexität u. a. durch die Indikatorvariable *KONZERN* abgebildet und ein positiver Zusammenhang mit der Höhe des Prüfungshonorars unterstellt sowie bestätigt. Die Begründung hierfür besteht darin, dass Mutterunternehmen aufgrund der wirtschaftlichen Verflechtungen mit ihren Tochterunternehmen grundsätzlich komplexer sein sollten. Des Weiteren ist anzunehmen, dass die Prüfung eines Konzernabschlusses deutlich umfangreicher ist als die eines Jahresabschlusses, da nicht nur der Jahresabschluss des Mutterunternehmens, sondern auch sämtliche im Konzernabschluss zusammengefassten Jahresabschlüsse der Tochterunternehmen überprüft werden müssen.[909] Trotz der nachgewiesenen hohen Signifikanz könnte ein Nachteil der Indikatorvariable *KONZERN* darin bestehen, dass sie Unterschiede im Komplexitätsgrad der verschiedenen Konzernabschlüsse nicht erfasst. So sollten die Komplexität eines Konzerns und der damit in Zusammenhang stehende Aufwand der Abschlussprüfung u. a. von der Anzahl und der Herkunft der konsolidierten Tochterunternehmen abhängen. Je größer hierbei die Anzahl der Tochterunternehmen ist und je mehr Tochterunternehmen aus dem Ausland kommen, desto höher sollte die Konzernkomplexität letztendlich ausfallen.[910]

Die Variable *KONZERN* nimmt derartige Informationen jedoch nicht auf, sondern signalisiert lediglich, ob ein Konzernabschluss oder ein Jahresabschluss vorliegt. Demnach unterstellt die Variable jedem Konzernabschluss die gleiche Komplexität unabhängig von der Anzahl und Herkunft der Tochterunternehmen. Sofern jedoch wesentliche Unterschiede zwischen den Konzernabschlüssen bestehen, kann das außer Acht lassen dieser Komplexitätsgrade verzerrte Koeffizienten der prüfungspartnerbezogenen Spezialistenvariablen zur Folge haben (*omitted variable bias*). Dies wäre dann der Fall, wenn der durch die Anzahl und Herkunft der Tochterunternehmen zum Ausdruck gebrachte nicht berücksichtigte Komplexitätsgrad eines Konzernabschlusses sowohl mit der einbezogenen Spezialistenvariable als auch mit der Höhe des Prüfungshonorars signifikant korreliert. Sollte hierbei für alle Faktoren eine signifikant positive Korrelation vorliegen, so besteht die Gefahr, dass die Spezialistenvariable einen Teil des positiven Effekts des nicht richtig berücksichtigten Komplexitätsgrades aufnimmt. Die Folge wäre ein positiv verzerrter Koeffizient der auf den Prüfungspartner bezogenen Spezialistenvariable.[911] Dass eine derartige Korrelation zwischen einem branchenspezialisierten Prüfungspartner und dem Komplexitätsgrad eines Konzernes besteht, kann grundsätzlich begründet werden. Je komplexer ein Unternehmen ist, desto schwieriger ist es für Stakeholder, das Gesamtunternehmen zu überwachen. Um dennoch eine gewisse Kontrolle zu gewährleisten und mögliche Fehlentwicklungen bzw. Falschdarstellungen aufzudecken, wird im Grundsatz mit zunehmender Komplexität ein größerer Bedarf an hoher Prüfungsqualität bestehen.[912] Insbesondere ein branchenspezialisierter Prüfungspartner sollte diese erhöhte Prüfungsqualität aufweisen. Folglich wäre damit zu rechnen, dass mit steigender Komplexität eines Unternehmens die Wahrscheinlichkeit für die Wahl eines branchenspezialisierten Prüfungspartners zunimmt.

---

909   Siehe hierzu auch die Ausführungen in Abschnitt 7.1.

910   Ausländische Tochterunternehmen bedingen oftmals einen internationalen Einsatz des Abschlussprüfers. Bereits dies sollte zu einem gesteigerten Prüfungsaufwand beitragen. Des Weiteren gestaltet sich die Abschlussprüfung von ausländischen Tochterunternehmen zumeist komplexer, da deren Einzelabschlüsse für gewöhnlich nach dem jeweils geltenden nationalen Recht und in der jeweiligen Landessprache erstellt werden. Häufig bedingen internationale Konzernverbünde jedoch auch ein hohes Spezialwissen bei der Abschlussprüfung, da u. a. Themen wie Währungsumrechnung und Transferpreise von hoher Bedeutung sind; vgl. *Joha*, 2018, S. 231.

911   Siehe hierzu auch Fn. 886.

912   Vgl. *Knechel/Niemi/Sundgren*, 2008, S. 70; *Simunic./Stein*, 1987, S. 27 f.

Tabelle 30: Deskriptive Statistik bezüglich vollkonsolidierter Tochterunternehmen

	Arithmetisches Mittel	Standardabweichung	25%	50%	75%	Min.	Max.
TU	40,792	127,161	4,000	10,000	24,000	1,000	914,000
InlTU	17,244	24,828	4,000	8,500	19,000	0,000	139,000
AuslTU	23,548	106,244	0,000	0,000	3,000	0,000	775,000
LNInlTU	2,290	1,092	1,609	2,250	2,996	0,000	4,942
LNAuslTU	0,980	1,469	0,000	0,000	1,386	0,000	6,654
N	250						

Variablendefinitionen: *TU*: Gesamtanzahl an vollkonsolidierten Tochterunternehmen; *InlTU*: Anzahl an vollkonsolidierten inländischen Tochterunternehmen; *AuslTU*: Anzahl an vollkonsolidierten ausländischen Tochterunternehmen; *LNInlTU*: Natürlicher Logarithmus von (Anzahl an vollkonsolidierten inländischen Tochterunternehmen + 1); *LNAuslTU*: Natürlicher Logarithmus von (Anzahl an vollkonsolidierten ausländischen Tochterunternehmen + 1). *N*: Anzahl Beobachtungen.

Aufgrund der vorhergehenden Ausführungen wurde für alle Konzernabschlüsse die Anzahl an vollkonsolidierten in- und ausländischen Tochterunternehmen händisch nacherhoben. Tab. 30 enthält die dazugehörige deskriptive Statistik. Es zeigt sich, dass die im Datensatz vertretenen 250 Konzernabschlüsse zwischen 1 und 914 Tochterunternehmen (*TU*) konsolidieren. Der Durchschnitt beträgt ca. 41, der Median liegt hingegen bei 10 Tochterunternehmen. Die Anzahl an inländischen Tochterunternehmen (*InlTU*) liegt zwischen 0 und 139, die an ausländischen Tochterunternehmen (*AuslTU*) zwischen 0 und 775. Der Median beträgt hingegen bei inländischen Tochterunternehmen 8,5, bei ausländischen lediglich 0. Die Statistik verdeutlicht, dass sowohl Konzernabschlüsse existieren, die nur ausländische, als auch Konzernabschlüsse, die nur inländische Tochterunternehmen konsolidieren. Des Weiteren wird ersichtlich, dass im Datensatz Konzernabschlüsse existieren, die deutlich mehr ausländische als inländische Tochterunternehmen miteinbeziehen. Ein Blick auf die Perzentile offenbart jedoch, dass die Mehrheit der Konzernabschlüsse mehr inländische als ausländische Tochterunternehmen beinhaltet. Demnach existieren nur sehr wenige Konzernabschlüsse, die sehr viele ausländische Tochterunternehmen konsolidieren. Insgesamt betrachtet zeigt die Statistik auf, dass deutliche Unterschiede in der Gesamtanzahl an Tochterunternehmen und deren in- oder ausländischer Herkunft bestehen. Auf Basis der vorhergehenden Ausführungen würde dies bedeuten, dass auch unterhalb der Konzernabschlüsse wesentliche Differenzen zwischen deren Komplexitätsgraden existieren. Die bereits geäußerte Vermutung, dass der durch die Anzahl und Herkunft der Tochterunternehmen zum Ausdruck gebrachte Komplexitätsgrad eines Konzernabschlusses sowohl mit der einbezogenen Spezialistenvariable als auch mit der Höhe des Prüfungshonorars korreliert, kann mittels einer nicht tabulierten Korrelationsanalyse grundsätzlich bestätigt werden. Demnach betragen die stets positiv signifikanten Pearson-Korrelationskoeffizienten zur Abbildung des linearen Zusammenhangs zwischen den Spezialistenvariablen und *LNInlTU* bzw. *LNAuslTU* zwischen 0,163 und 0,594. Die positiv signifikanten Pearson-Korrelationskoeffizienten bezüglich der linearen Beziehung zwischen *LNPH* und *LNInlTU* bzw. *LNAuslTU* betragen 0,813 respektive 0,636.

Um für die vorgenannte mögliche Problematik im Zusammenhang mit einer fehlenden Berücksichtigung von unterschiedlichen Komplexitätsgraden der Konzerne zu kontrollieren, gehen anstelle der Variable *KONZERN* die logarithmierten Größen *LNInlTU* und *LNAuslTU* in das Prüfungshonorarmodell mit ein.[913] Die getrennte Berücksichtigung von in- und ausländischen Tochterunternehmen erfolgt hierbei bewusst, um mögliche Unterschiede in Hinblick auf die Beeinflussung der Honorarhöhe sowie den möglichen Zusammenhang mit der jeweiligen Spezialistenvariable zu berücksichtigen.[914] So ist es, wie bereits oben erläutert, grundsätzlich wahrscheinlich, dass sich die Abschlussprüfung von internationalen Konzernen komplexer und aufwendiger gestaltet als die von nationalen Konzernen.[915] Demnach könnten insbesondere Konzerne mit ausländischen Tochterunternehmen höhere Prüfungshonorare zahlen und mit einer höheren Wahrscheinlichkeit branchenspezialisierte Prüfungspartner beschäftigen. Gleichzeitig besteht jedoch die Möglichkeit, dass mit der Prüfung von ausländischen Tochterunternehmen in Zusammenhang stehende Honorare gar nicht im Honorarausweis des deutschen Konzernabschlusses auftauchen. Dies könnte dann der Fall sein, wenn anstelle des Konzernabschlussprüfers im Land des Tochterunternehmens ansässige Mitglieder des Netzwerkes oder verbundene Unternehmen vom Abschlussprüfer die Prüfung vorgenommen haben, da für diese Honorare nach der derzeitigen Gesetzeslage keine Pflicht zur Angabe existiert.[916] Sofern dies vorwiegend der Fall ist, besteht zumindest die Möglichkeit, dass entweder kein Zusammenhang zwischen der Höhe des Prüfungshonorars und der Anzahl an ausländischen Tochterunternehmen erkennbar ist oder jedoch der nachweisbare Zusammenhang geringer ausfällt als der zwischen dem Prüfungshonorar und der Anzahl an inländischen Tochterunternehmen.

Tab. 31 bis Tab. 34 enthalten die dazugehörigen Schätzergebnisse. In Hinblick auf die neu eingeführten Kontrollvariablen zeigt sich, dass *LNInlTU* im Einklang mit der vorher verwendeten Variable *KONZERN* unabhängig von der gewählten Modellspezifikation mit einem p-Wert i. H. v. 0,000 stets hoch signifikant ist. Der positive Koeffizient liegt in Abhängigkeit von den verwendeten Testvariablen zwischen 0,45 (Tab. 33) und 0,53 (Tab. 34). Demnach hätte ein einprozentiger Anstieg der Anzahl an inländischen Tochterunternehmen eine Honorarsteigerung von bis zu 0,53% zur Folge. Die Variable *LNAuslTU* fällt hingegen nur selten bei Annahme einer Irrtumswahrscheinlichkeit i. H. v. 10% signifikant aus. Ferner sind die Koeffizienten mit Werten zwischen 0,02 und 0,11 deutlich geringer als die von *LNInlTU*.

Insgesamt kann anhand der Ergebnisse festgehalten werden, dass die Anzahl der inländischen Tochterunternehmen von wesentlicher Bedeutung für die Höhe des Prüfungshonorars ist. Dies kann damit begründet werden, dass die verwendete Variable den jeweiligen Komplexitätsgrad eines Konzerns widerspiegelt. Die Anzahl an ausländischen Tochterunternehmen spielt hingegen eine untergeordnete Rolle. Dies könnte – wie zuvor beschrieben – daran liegen, dass die der Analyse zugrunde liegenden Prüfungshonorare aufgrund der Regelung bezüglich Honoraren von Netzwerkmitgliedern einen Großteil der Honorare für die Prüfung von ausländischen Tochterunternehmen nicht enthalten. Dennoch kann festgehalten werden, dass das angepasste R² unter Einbezug der Tochterunternehmen stets um

---

[913]   Die dazugehörige deskriptive Statistik sowie die Variablendefinitionen finden sich ebenfalls in Tab. 30.
[914]   Für ein ähnliches Vorgehen siehe *Ireland/Lennox*, 2002, S. 80.
[915]   Siehe hierzu Fn. 910.
[916]   Vgl. *Joha*, 2018, S. 93; *Köhler/Ratzinger-Sakel*, 2012, S. 286. Bezüglich der fehlenden Pflicht zur Angabe von Honoraren der Netzwerkmitglieder siehe Abschnitt 4.1.3.

Tabelle 31: Ergebnisse des Prüfungshonorarmodells unter Einbezug der auf die Versicherungsbranche spezialisierten Linksunterzeichner und Rechtsunterzeichner (OLS-Regression) – Substitution der Kontrollvariable *KONZERN* durch *LNInITU* sowie *LNAusITU*

Abhängige Variable: LNPH	Erwartetes Vorzeichen	(1) Größter Marktanteil	(2) Zwei größte Marktanteile	(3) Fünf größte Marktanteile	(4) Marktanteil 20% größer als Gleichverteilung	(5) Marktanteil oberhalb des 3. Quartils	(6) Marktanteil	(7) Mitglied im IDW-Fachausschuss
Modell mit Testvariable(n):		*LEADER...* Koeffizient Robuster SF p-Wert	*LEADER-TOP2...* Koeffizient Robuster SF p-Wert	*LEADER-TOP5...* Koeffizient Robuster SF p-Wert	*SPEZ20%...* Koeffizient Robuster SF p-Wert	*SPEZ3Q...* Koeffizient Robuster SF p-Wert	*Marktanteil...* Koeffizient Robuster SF p-Wert	*IDWFA...* Koeffizient Robuster SF p-Wert
Kontrollvariablen:								
LNInITU	+	0,507 0,042 0,000***	0,508 0,042 0,000***	0,505 0,041 0,000***	0,502 0,040 0,000***	0,501 0,041 0,000***	0,508 0,041 0,000***	0,503 0,041 0,000***
LNAusITU	+	0,0485 0,047 0,153	0,0363 0,039 0,180	0,0415 0,038 0,141	0,0640 0,039 0,051*	0,0598 0,039 0,062*	0,0229 0,041 0,289	0,0529 0,037 0,079*
Testvariablen:								
...WPL	?	0,118 0,107 0,272	0,0581 0,119 0,626	0,0703 0,064 0,276	0,0599 0,061 0,331	0,112 0,069 0,106	0,0493 0,426 0,908	0,0701 0,084 0,404
...WPR	?	0,019 0,221 0,933	0,173 0,110 0,120	0,174 0,065 0,008***	0,135 0,059 0,023**	0,0778 0,061 0,207	2,554 1,188 0,033**	0,366 0,132 0,006***
Wald-Test auf signifikante Unterschiede zw. Koeffizienten:								
H_0: $\beta_{WPL} = \beta_{WPR}$		p=0,720	p=0,542	p=0,292	p=0,414	p=0,734	p=0,092*	p=0,086*
Kontrollvariablen?		Ja	Ja	Ja	Ja	Ja	Ja	Ja
WPG-Dummys?		Ja	Ja	Ja	Ja	Ja	Ja	Ja
NL-Dummys?		Ja	Ja	Ja	Ja	Ja	Ja	Ja
Jahresdummys?		Ja	Ja	Ja	Ja	Ja	Ja	Ja
Clusterung nach:		VU	VU	VU	VU	VU	VU	VU
Anzahl Beobachtungen:		760	760	760	760	760	760	760
Angepasstes R^2:		0,908	0,908	0,909	0,909	0,909	0,909	0,909
F-Statistik:		144,294	120,789	120,886	135,090	131,924	118,067	155,228
Prob > F:		0,000	0,000	0,000	0,000	0,000	0,000	0,000

Hinweis: Das folgende Regressionsmodell wurde geschätzt: $LNPH = \beta_0 + \beta_1 LNBS + \beta_2 LNInITU + \beta_3 LNAusITU + \beta_4 IFRS + \beta_5 VVaG + \beta_6 BStoGBB + \beta_7 EKQuote + \beta_8 BSW + \beta_9 RückVQ + \beta_{10} GNBW + \beta_{11} ROAA + \beta_{12} LOSS + \beta_{13} LIQtoBS + \beta_{14} NPHtoPH + \beta_{15} ReportLag + \beta_{16} WPGWechsel + \beta_{17} INLWechsel + \beta_{18} WPLWechsel + \beta_{19} WPRWechsel + \beta_{20} SpezWPL + \beta_{21} SpezWPR + fixed\ effects + \varepsilon$. Aus Gründen der Übersichtlichkeit und des Fokus auf die tabulierten Kontroll- und Testvariablen wird auf eine Wiedergabe der Schätzergebnisse bezüglich der anderen Kontrollvariablen und der Konstante verzichtet. Die im Regressionsmodell genannten Variablen *SpezWPL* und *SpezWPR* repräsentieren die jeweiligen in den Spalten (1) bis (7) verwendeten Testvariablen. Für die Definitionen der Kontroll- und Testvariablen siehe Tab. 10 und Tab. 30. Für Variablen mit einer Vorzeichenerwartung werden die p-Werte auf Basis einseitiger Tests angegeben. Sofern keine Vorzeichenerwartung besteht, basieren die p-Werte auf zweiseitigen Tests. */**/***=Signifikanzniveau von 10%/5%/1%. Die Clusterung der robusten Standardfehler erfolgt nach VU. NL: Niederlassung; SF: Standardfehler; WPG: Wirtschaftsprüfungsgesellschaft; WPL: Linksunterzeichner; WPR: Rechtsunterzeichner; VU: Versicherungsunternehmen.

Tabelle 32: Ergebnisse des Prüfungshonorarmodells, wenn nur der Linksunterzeichner, wenn nur der Rechtsunterzeichner oder wenn beide Unterzeichner Branchenspezialisten sind (OLS-Regression) – Substitution der Kontrollvariable *KONZERN* durch *LNInITU* sowie *LNAusITU*

Abhängige Variable: **LNPH**	Erwartetes Vorzeichen	(1) Größter Marktanteil	(2) Zwei größte Marktanteile	(3) Fünf größte Marktanteile	(4) Marktanteil 20% größer als Gleichverteilung	(5) Marktanteil oberhalb des 3. Quartils	(6) Marktanteil	(7) Mitglied im IDW-Fachausschuss
Modell mit Testvariable(n):		**LEADER...** Koeffizient Robuster SF p-Wert	**LEADER-TOP2...** Koeffizient Robuster SF p-Wert	**LEADER-TOP5...** Koeffizient Robuster SF p-Wert	**SPEZ20%...** Koeffizient Robuster SF p-Wert	**SPEZ3Q...** Koeffizient Robuster SF p-Wert	**Marktanteil...** Koeffizient Robuster SF p-Wert	**IDWFA...** Koeffizient Robuster SF p-Wert
Kontrollvariablen:								
LNInITU	+	0,505 0,043 0,000***	0,508 0,042 0,000***	0,503 0,041 0,000***	0,503 0,040 0,000***	0,501 0,041 0,000***	0,507 0,041 0,000***	0,503 0,041 0,000***
LNAusITU	+	0,0517 0,048 0,140	0,0364 0,039 0,180	0,0487 0,038 0,103	0,0633 0,039 0,054*	0,0598 0,039 0,062*	0,0270 0,041 0,255	0,0529 0,037 0,079*
Testvariablen:								
...WPL-Alleine	?	0,132 0,112 0,238	0,0600 0,122 0,622	0,100 0,068 0,146	0,0933 0,068 0,175	0,144 0,090 0,114	0,222 0,542 0,683	0,0696 0,084 0,411
...WPR-Alleine	?	0,167 0,212 0,431	0,202 0,219 0,357	0,397 0,163 0,016**	0,212 0,110 0,056*	0,106 0,092 0,255	3,351 1,752 0,057*	0,317 0,130 0,016**
...WP-Beide	?	-0,0271 0,207 0,896	0,228 0,135 0,094*	0,207 0,085 0,016**	0,183 0,075 0,016**	0,178 0,079 0,026**	-4,237 6,293 0,502	0,440 0,147 0,003***
Wald-Test auf signifikante Unterschiede zw. Koeffizienten:								
H$_0$: $\beta_{WPLAlleine} = \beta_{WPRAlleine}$		p=0,890	p=0,563	p=0,070*	p=0,277	p=0,701	p=0,078*	p=0,083*
H$_0$: $\beta_{WPBeide} = \beta_{WPLAlleine}$		p=0,521	p=0,164	p=0,149	p=0,123	p=0,666	p=0,503	p=0,010***
H$_0$: $\beta_{WPBeide} = \beta_{WPRAlleine}$		p=0,255	p=0,916	p=0,286	p=0,792	p=0,469	p=0,324	p=0,494

Fortsetzung Tabelle 32

Abhängige Variable: **LNPH**	Erwarte-tes Vor-zeichen	(1) Größter Marktanteil	(2) Zwei größte Markt-anteile	(3) Fünf größte Markt-anteile	(4) Marktanteil 20% größer als Gleich-verteilung	(5) Marktanteil oberhalb des 3. Quar-tils	(6) Markt-anteil	(7) Mitglied im IDW-Fachaus-schuss
Modell mit Testvari-able(n):		*LEADER...* Koeffizient Robuster SF p-Wert	*LEADER-TOP2...* Koeffizient Robuster SF p-Wert	*LEADER-TOP5...* Koeffizient Robuster SF p-Wert	*SPEZ20%...* Koeffizient Robuster SF p-Wert	*SPEZ3Q...* Koeffizient Robuster SF p-Wert	*Marktan-teil...* Koeffizient Robuster SF p-Wert	*IDWFA...* Koeffizient Robuster SF p-Wert
Kontrollvariablen?		Ja	Ja	Ja	Ja	Ja	Ja	Ja
WPG-Dummys?		Ja	Ja	Ja	Ja	Ja	Ja	Ja
NL-Dummys?		Ja	Ja	Ja	Ja	Ja	Ja	Ja
Jahresdummys?		Ja	Ja	Ja	Ja	Ja	Ja	Ja
Clusterung nach:		VU	VU	VU	VU	VU	VU	VU
Anzahl Beobachtungen:		760	760	760	760	760	760	760
Angepasstes R^2:		0,908	0,908	0,909	0,909	0,909	0,909	0,909

Hinweis: Das folgende Regressionsmodell wurde geschätzt: $LNPH=\beta_0+\beta_1LNBS+\beta_2LNInlTU+\beta_3LNAuslTU+\beta_4IFRS+\beta_5VVaG+\beta_6BStoGBB+\beta_7EKQuote+\beta_8BSW+\beta_9RückVQ+\beta_{10}GNBW+\beta_{11}ROAA+\beta_{12}LOSS+\beta_{13}LIQtoBS+\beta_{14}NPHtoPH+\beta_{15}ReportLag+\beta_{16}WPGWechsel+\beta_{17}INLWechsel+\beta_{18}IWPLWechsel+\beta_{19}IWPRWechsel+\beta_{20}SpezWPLAlleine+\beta_{21}SpezWPRAlleine+\beta_{22}SpezWPBeide+fixed\,effects+\varepsilon$. Aus Gründen der Übersichtlichkeit und des Fokus auf die tabulierten Kontroll- und Testvariablen wird auf eine Wiedergabe der Schätzergebnisse bezüglich der anderen Kontrollvariablen und der Konstante verzichtet. Die im Regressionsmodell genannten Variablen *SpezWPLAlleine*, *SpezWPRAlleine* und *SpezWPBeide* repräsentieren die jeweiligen in den Spalten (1) bis (7) verwendeten Testvariablen. Für die Definitionen der Kontrollvariablen siehe Tab. 10 und Tab. 30, für die der Testvariablen siehe Tab. 18. Für Variablen mit einer Vorzeichenerwartung werden die p-Werte auf Basis einseitiger Tests angegeben. Sofern keine Vorzeichenerwartung besteht, basieren die p-Werte auf zweiseitigen Tests. */**/***=Signifikanzniveau von 10%/5%/1%. Die Clusterung der robusten Standardfehler erfolgt nach VU. NL: Niederlassung; SF: Standardfehler; WPG: Wirtschaftsprüfungsgesellschaft; WPL: Linksunterzeichner; WPR: Rechtsunterzeichner; VU: Versicherungsunternehmen.

mehr als 0,02 größer ausfällt als das der Hauptanalyse. Dies verdeutlicht, dass der Erklärungsanteil aufgrund der Berücksichtigung von unterschiedlichen Komplexitätsgraden bei Konzernen im Vergleich zur Hauptanalyse leicht zugenommen hat.

Bezüglich der Testvariablen wird deutlich, dass sich deren Einfluss unter Berücksichtigung der in- und ausländischen Tochterunternehmen verändert.[917] Zunächst fällt auf, dass die auf den Linksunterzeichner bezogenen Spezialistenvariablen unabhängig von der Modellspezifikation nie in einem signifikanten Zusammenhang mit der Honorarhöhe stehen. Konnte in den vorhergehenden Analysen unter Einbezug der Variable *KONZERN* zumindest für *LEADERWPL*, *LEADERTOP2WPL*, *SPEZ3QWPL*, *LEADERWPLAlleine* sowie

---

[917] Mögliche Multikollinearitätsprobleme, welche insignifikante Koeffizienten zur Folge haben, sind in diesem Zusammenhang zwar nicht gänzlich auszuschließen, jedoch sollten sich diese im Rahmen halten, da der für die jeweiligen Spezialistenvariablen ermittelte VIF in den meisten Fällen deutlich unterhalb von 4 liegt. Nur in vier Fällen liegt der VIF oberhalb von 5, ist jedoch nicht größer als 8,33.

LEADERTOP2WPLAlleine häufiger ein bedeutsamer positiver Einfluss konstatiert werden, so ist dies unter Einbezug der Tochterunternehmen ausnahmslos nicht mehr möglich. Bei den auf den Rechtsunterzeichner bezogenen Spezialistenvariablen ist auffällig, dass die sonst nahezu konstant signifikanten Variablen *LEADERWPR* und *LEADERTOP2WPR* mit zum Teil sehr hohen Koeffizienten im Rahmen dieser Analyse keinen signifikant positiven Koeffizienten mehr besitzen (vgl. Tab. 31). Lediglich unter Einbezug der Dummy-Variablen für die Linksunterzeichner kann noch für *LEADERTOP2WPR* ein signifikant positiver Koeffizient identifiziert werden. Dieser fällt jedoch mit 0,244 (vgl. Tab. 34) in etwa nur halb so groß aus wie in der Hauptanalyse (vgl. Tab. 21). Ebenso fallen die sonst in allen Analysen als signifikant bestätigten Variablen *LEADERWPRAlleine* sowie *LEADERTOP2WPRAlleine* anhand dieser Resultate insignifikant aus (vgl. Tab. 32).

Im Gegensatz zu den vorgenannten Veränderungen, welche vorwiegend gegen die bisherige Evidenz für einen Honoraraufschlag von branchenspezialisierten Prüfungspartnern sprechen, stehen alle anderen nur auf den Rechtsunterzeichner bezogenen Spezialistenvariablen grundsätzlich im Einklang mit den Resultaten der vorhergehenden Analysen. Demnach üben die Variablen *LEADERTOP5WPR*, *SPEZ20%WPR*, *MarktanteilWPR*, *IDWFAWPR* sowie *LEADERTOP5WPRAlleine* nach wie vor einen signifikant positiven Einfluss auf die Honorarhöhe aus. Die Irrtumswahrscheinlichkeit liegt hierbei in Abhängigkeit von der Variable bei 5% bzw. 1%. Dennoch muss in diesem Zusammenhang angemerkt werden, dass die dazugehörigen Koeffizienten zum Teil deutlich geringer ausfallen als in der Hauptanalyse oder den bisherigen Sensitivitätsanalysen. So beträgt bspw. der auf Basis von Tab. 31 ermittelte Honoraraufschlag für *LEADERTOP5WPR* unter simultaner Berücksichtigung von *LEADERTOP5WPL* nur noch 19%. In der Hauptanalyse lag dieser noch bei 44% (vgl. Tab. 17). Selbiges gilt für die Variable *IDWFAWPR*, für welche in der Hauptanalyse ein Aufschlag i. H. v. 78% und in dieser Analyse i. H. v. 44% konstatiert wird. Und auch der Koeffizient von der kontinuierlichen Variable *MarktanteilWPR* fällt in Tab. 31 nur halb so groß aus wie in Tab. 17. Ein Vergleich der Koeffizienten von den vorgenannten Variablen in Tab. 34 mit denen in Tab. 21 relativiert die enormen Unterschiede in Hinblick auf die konstatierten Aufschläge. Demnach beträgt der Aufschlag für *LEADERTOP5WPR* (*IDWFAWPR*) nach Tab. 34 22% (41%) und nach Tab. 21 27% (59%). Ebenso fallen die Aufschläge im Vergleich zur Referenzgruppe von *LEADERTOP5WPRAlleine* in Tab. 32 und Tab. 19 mit Werten von 49% und 59% nicht drastisch auseinander. Dennoch bleiben die Unterschiede ersichtlich. Dies gilt insbesondere für das kontinuierliche Maß *MarktanteilWPR*. Zuletzt zeigt ein Blick auf Tab. 32, dass mit Ausnahme von *LEADERWPBeide* alle *WPBeide*-Indikatorvariablen einen signifikant positiven Zusammenhang mit der Höhe des Prüfungshonorars aufweisen. Dies steht im Einklang mit den Ergebnissen der bisherigen Analysen, auch wenn die in Tab. 32 ermittelten Koeffizienten abermals zum Teil deutlich geringer ausfallen. So differieren die in der Hauptanalyse und die mittels Tab. 32 ermittelten Aufschläge für die *WPBeide*-Variablen nur aufgrund des unterschiedlichen Ein-

Tabelle 33: Ergebnisse des Prüfungshonorarmodells unter Einbezug der auf die Versicherungsbranche speziali-sierten Linksunterzeichner und Dummy-Variablen für alle Rechtsunterzeichner (OLS-Regression) – Substitu-tion der Kontrollvariable KONZERN durch LNInITU sowie LNAusITU

Abhängige Variable: LNPH	Erwartetes Vorzeichen	(1) Größter Marktanteil	(2) Zwei größte Marktanteile	(3) Fünf größte Marktanteile	(4) Marktanteil 20% größer als Gleich-verteilung	(5) Marktanteil oberhalb des 3. Quartils	(6) Markt-anteil	(7) Mitglied im IDW-Fachaus-schuss
Modell mit Testvariable(n):		**LEADER...**	**LEADER-TOP2...**	**LEADER-TOP5...**	**SPEZ20%...**	**SPEZ3Q...**	**Marktan-teil...**	**IDWFA...**
		Koeffizient Robuster SF p-Wert	Koeffizient Robuster SF p-Wert	Koeffizient Robuster SF p-Wert	Koeffizient Robuster SF p-Wert	Koeffizient Robuster SF p-Wert	Koeffizient Robuster SF p-Wert	Koeffizient Robuster SF p-Wert
Kontrollvariablen:								
LNInITU	+	0,454 0,048 0,000***	0,454 0,048 0,000***	0,450 0,048 0,000***	0,452 0,048 0,000***	0,449 0,048 0,000***	0,453 0,049 0,000***	0,450 0,047 0,000***
LNAusITU	+	0,0978 0,065 0,066*	0,0978 0,064 0,066*	0,104 0,064 0,055*	0,100 0,064 0,059*	0,106 0,064 0,050**	0,0989 0,065 0,064*	0,103 0,064 0,055*
Testvariable:								
...WPL	?	-0,0215 0,084 0,797	-0,0645 0,142 0,650	0,0839 0,067 0,215	0,0521 0,058 0,368	0,0982 0,073 0,180	0,116 0,427 0,786	0,118 0,144 0,415
Kontrollvariablen?		Ja	Ja	Ja	Ja	Ja	Ja	Ja
WPG-Dummys?		Ja	Ja	Ja	Ja	Ja	Ja	Ja
NL-Dummys?		Ja	Ja	Ja	Ja	Ja	Ja	Ja
WPR-Dummys?		Ja	Ja	Ja	Ja	Ja	Ja	Ja
Jahresdummys?		Ja	Ja	Ja	Ja	Ja	Ja	Ja
Clusterung nach:		VU	VU	VU	VU	VU	VU	VU
Anzahl Beobachtungen:		760	760	760	760	760	760	760
Angepasstes R^2:		0,933	0,933	0,933	0,933	0,933	0,933	0,933

Hinweis: Das folgende Regressionsmodell wurde geschätzt: $LNPH=\beta_0+\beta_1LNBS+\beta_2LNInITU+\beta_3LNAusITU+$ $\beta_4IFRS+\beta_5VVaG+\beta_6BStoGBB+\beta_7EKQuote+\beta_8BSW+\beta_9RückVQ+\beta_{10}GNBW+\beta_{11}ROAA+\beta_{12}LOSS+\beta_{13}LIQtoBS+$ $\beta_{14}NPHtoPH+\beta_{15}ReportLag+\beta_{16}WPGWechsel+\beta_{17}NLWechsel+\beta_{18}WPLWechsel+\beta_{19}WPRWechsel+\beta_{20}SpezWPL+$ fixed effects+ε. Aus Gründen der Übersichtlichkeit und des Fokus auf die tabulierten Kontroll- und Testvaria-blen wird auf eine Wiedergabe der Schätzergebnisse bezüglich der anderen Kontrollvariablen und der Kon-stante verzichtet. Die im Regressionsmodell genannte Variable SpezWPL repräsentiert die jeweilige in den Spalten (1) bis (7) verwendete Testvariable. Für die Definitionen der Kontroll- und Testvariablen siehe Tab. 10 und Tab. 30. Neben den in Tab. 10 genannten fixed effects berücksichtigt das Modell die fixen Effekte der Rechtsunterzeichner. Für Variablen mit einer Vorzeichenerwartung werden die p-Werte auf Basis einseitiger Tests angegeben. Sofern keine Vorzeichenerwartung besteht, basieren die p-Werte auf zweiseitigen Tests. */**/***=Signifikanzniveau von 10%/5%/1%. Die Clusterung der robusten Standardfehler erfolgt nach VU. NL: Niederlassung; SF: Standardfehler; WPG: Wirtschaftsprüfungsgesellschaft; WPL: Linksunterzeichner; WPR: Rechtsunterzeichner; VU: Versicherungsunternehmen.

Tabelle 34: Ergebnisse des Prüfungshonorarmodells unter Einbezug der auf die Versicherungsbranche speziali-sierten Rechtsunterzeichner und Dummy-Variablen für alle Linksunterzeichner (OLS-Regression) – Substitu-tion der Kontrollvariable *KONZERN* durch *LNInlTU* sowie *LNAuslTU*

Abhängige Variable: **LNPH**	Erwartetes Vorzeichen	(1) Größter Marktanteil	(2) Zwei größte Marktanteile	(3) Fünf größte Marktanteile	(4) Marktanteil 20% größer als Gleichverteilung	(5) Marktanteil oberhalb des 3. Quartils	(6) Marktanteil	(7) Mitglied im IDW-Fachausschuss
Modell mit Testvariable(n):		*LEADER...*	*LEADER-TOP2...*	*LEADER-TOP5...*	*SPEZ20%...*	*SPEZ3Q...*	*Marktanteil...*	*IDWFA...*
		Koeffizient Robuster SF p-Wert	Koeffizient Robuster SF p-Wert	Koeffizient Robuster SF p-Wert	Koeffizient Robuster SF p-Wert	Koeffizient Robuster SF p-Wert	Koeffizient Robuster SF p-Wert	Koeffizient Robuster SF p-Wert
Kontrollvariablen:								
LNInlTU	+	0,530 0,046 0,000***	0,527 0,046 0,000***	0,528 0,045 0,000***	0,520 0,046 0,000***	0,523 0,046 0,000***	0,522 0,045 0,000***	0,526 0,044 0,000***
LNAuslTU	+	0,0688 0,056 0,109	0,0711 0,052 0,089*	0,0749 0,051 0,074*	0,0871 0,053 0,050**	0,0839 0,052 0,055*	0,0677 0,052 0,097*	0,0768 0,049 0,061*
Testvariable:								
...WPR	?	0,212 0,210 0,315	0,244 0,114 0,034**	0,195 0,068 0,005***	0,135 0,069 0,050**	0,0991 0,077 0,198	3,657 1,160 0,002***	0,344 0,143 0,018**
Kontrollvariablen?		Ja	Ja	Ja	Ja	Ja	Ja	Ja
WPG-Dummys?		Ja	Ja	Ja	Ja	Ja	Ja	Ja
NL-Dummys?		Ja	Ja	Ja	Ja	Ja	Ja	Ja
WPL-Dummys?		Ja	Ja	Ja	Ja	Ja	Ja	Ja
Jahresdummys?		Ja	Ja	Ja	Ja	Ja	Ja	Ja
Clusterung nach:		VU	VU	VU	VU	VU	VU	VU
Anzahl Beobachtungen:		760	760	760	760	760	760	760
Angepasstes R^2:		0,919	0,919	0,919	0,919	0,919	0,920	0,919

Hinweis: Das folgende Regressionsmodell wurde geschätzt: $LNPH=\beta_0+\beta_1LNBS+\beta_2LNInlTU+\beta_3LNAuslTU+\beta_4IFRS+\beta_5VVaG+\beta_6BStoGBB+\beta_7EKQuote+\beta_8BSW+\beta_9RückVQ+\beta_{10}GNBW+\beta_{11}ROAA+\beta_{12}LOSS+\beta_{13}LIQtoBS+\beta_{14}NPHtoPH+\beta_{15}ReportLag+\beta_{16}WPGWechsel+\beta_{17}INLWechsel+\beta_{18}WPLWechsel+\beta_{19}WPRWechsel+\beta_{20}SpezWPR+fixed effects+\varepsilon$. Aus Gründen der Übersichtlichkeit und des Fokus auf die tabulierten Kontroll- und Testvariablen wird auf eine Wiedergabe der Schätzergebnisse bezüglich der anderen Kontrollvariablen und der Konstante verzichtet. Die im Regressionsmodell genannte Variable *SpezWPR* repräsentiert die jeweilige in den Spalten (1) bis (7) verwendete Testvariable. Für die Definitionen der Kontroll- und Testvariablen siehe Tab. 10 und Tab. 30. Neben den in Tab. 10 genannten *fixed effects* berücksichtigt das Modell die fixen Effekte der Linksunterzeichner. Für Variablen mit einer Vorzeichenerwartung werden die p-Werte auf Basis einseitiger Tests angegeben. Sofern keine Vorzeichenerwartung besteht, basieren die p-Werte auf zweiseitigen Tests. */**/***=Signifikanzniveau von 10%/5%/1%. Die Clusterung der robusten Standardfehler erfolgt nach VU. NL: Niederlassung; SF: Standardfehler; WPG: Wirtschaftsprüfungsgesellschaft; WPL: Linksunterzeichner; WPR: Rechtsunterzeichner; VU: Versicherungsunternehmen.

bezugs von den konzernbezogenen Komplexitätsmaßen um bis 83 Prozentpunkte.[918] Hingegen abweichend zu allen anderen Analysen kann in Tab. 32 erstmals für die Variablen *SPEZ20%WPRAlleine* und *IDWFAWPRAlleine* ein signifikant positiver Einfluss nachgewiesen werden.

Insgesamt betrachtet legen die Ergebnisse dieser Sensitivitätsanalyse nahe, dass die vorhergehenden Resultate aufgrund einer fehlenden Beachtung von unterschiedlichen Komplexitätsgraden der Konzernabschlüsse positiv verzerrt sind. Hierfür spricht zumindest, dass unter Berücksichtigung der durch die Anzahl an in- und ausländischen Tochterunternehmen abgebildeten unterschiedlichen Komplexitätsgrade einige Spezialistenvariablen ihren substantiellen Einfluss verlieren und nahezu alle Koeffizienten der weiterhin als signifikant identifizierten Spezialistenvariablen kleiner ausfallen als zuvor.

Für die branchenspezialisierten Linksunterzeichner dürfte die Hypothese 1a bei alleiniger Betrachtung dieser Ergebnisse nicht abgelehnt werden. Dennoch erbringt die Analyse weiterhin wesentliche Evidenz dafür, dass branchenspezialisierte Rechtsunterzeichner Honoraraufschläge erzielen können, auch wenn diese im Vergleich zu den vorhergehenden Analysen mit Werten zwischen 14% (*SPEZ20%WPR*; Tab. 31, Spalte (4)) und 55% (*IDWFAWPBeide*; Tab. 32, Spalte (7)) kleiner ausfallen. Die Evidenz rührt daher, dass ein Großteil der auf den Rechtsunterzeichner bezogenen Spezialistenvariablen auch weiterhin signifikant ausfällt. Selbiges gilt für ein Prüfungspartnergespann aus einem branchenspezialisierten Links- und Rechtsunterzeichner. Bemerkenswert ist an dieser Stelle, dass die im IDW-Versicherungsfachausschuss sitzenden Rechtsunterzeichner alleine oder in Verbindung mit einem ebenfalls im Fachausschuss vertretenen Linksunterzeichner gemeinsam mit die höchsten Honoraraufschläge im Vergleich zur jeweiligen Referenzgruppe erzielen. Abschließend sei angemerkt, dass die Ergebnisse einer separat durchgeführten und nicht tabulierten Analyse auf Basis des winsorisierten Datensamples keine wesentlichen Abweichungen zu den in diesem Abschnitt vorgestellten Resultaten aufweisen.

7.3.3.4 Ergebnisse auf Basis eines Fixed-Effects-Modells

In den bisherigen Analysen erfolgte die Schätzung stets unter Verwendung einer gepoolten *OLS*-Regression. Eine Hauptannahme des *OLS*-Modells besteht jedoch darin, dass alle verwendeten Regressoren exogen sind, was bedeutet, dass diese nicht mit dem Störterm der Regression korrelieren. Korreliert hingegen mindestens ein Regressor mit dem Störterm, so liegt Endogenität vor. Die Folge hieraus ist, dass die *OLS*-Schätzung verzerrte und inkonsistente Ergebnisse liefert.[919] Grundsätzlich existieren die unterschiedlichsten Gründe für die Existenz von endogenen Regressoren. Häufig angeführt werden in diesem Zusammenhang jedoch eine bestehende gleichzeitige und gegenseitige Abhängigkeit zwischen der zu erklärenden Variable und einer oder mehreren erklärenden Variablen (Simultanitätsproblematik), das Außerachtlassen von wichtigen erklärenden Variablen (*omitted variable bias*) sowie die damit in Zusammenhang stehende *self-selection*-Problematik.[920]

---

[918] So werden bspw. für *LEADERWPTOP2Beide*, *LEADERWPTOP5Beide* und *IDWFAWPBeide* in der Hauptanalyse Aufschläge i. H. v. 109%, 63% bzw. 120% ermittelt. Hingegen betragen die aus Tab. 32 gewonnenen Aufschläge für die vorgenannten Variablen in gleicher Reihenfolge lediglich 26%, 23% bzw. 55%.

[919] Vgl. *Proppe*, 2009, S. 253 f.; *Wooldridge*, 2016, S. 76 f.

[920] Vgl. *Proppe*, 2009, S. 254-256.

In der Literatur finden sich zahlreiche Argumente dafür, dass bei den in der Prüfungs-honorar- und Prüfungsqualitätsforschung angewendeten Regressionsmodellen Endogeni-tätsprobleme vorherrschen.[921] So bestehen bspw. im Hinblick auf die oftmals in Prüfungs-honorarmodellen vertretene Variable „Nichtprüfungshonorare des Abschlussprüfers" gute Gründe dafür, dass diese Variable aufgrund einer bestehenden Simultanität endogen ist.[922] Des Weiteren werden Variablen zur Approximation der Unternehmensgröße und -kom-plexität als endogen erachtet, da diese bspw. mit der für gewöhnlich nicht beobachtbaren Qualität der ungeprüften Rechnungslegung korrelieren. Unterstellt wird diese Korrelation u. a. deswegen, da große und komplexe Unternehmen auch ein höheres inhärentes Risiko aufweisen sollten. Die nicht beobachtbare Qualität der ungeprüften Rechnungslegung kor-reliert wiederum gleichzeitig mit der Höhe des Prüfungshonorars, da eine höhere Rech-nungslegungsqualität vor der Abschlussprüfung grundsätzlich ein geringeres inhärentes Ri-siko und/oder Kontrollrisiko bedeuten sollte. Dies sollte sich letztendlich mindernd auf den Prüfungsaufwand des Abschlussprüfers und damit reduzierend auf das Prüfungshonorar auswirken. Da die ungeprüfte Rechnungslegungsqualität jedoch nicht beobachtbar ist, wird diese durch den Störterm aufgefangen. Folglich führt die Außerachtlassung dieser Variable zu einer Korrelation des Störterms mit den Variablen zur Abbildung der Unternehmens-größe und -komplexität (*omitted variable bias*).[923] Doch auch auf den Abschlussprüfer be-zogene Spezialistenvariablen werden grundsätzlich in Verbindung mit Endogenität ge-bracht. Die vorwiegende Begründung besteht darin, dass sich die im Datensample vertrete-nen Unternehmen nicht zufällig auf branchenspezialisierte und nicht branchenspezialisier-te Prüfungspartner verteilen, sondern (häufig nicht beobachtbare) gruppenspezifische Un-terschiede in den Charakteristiken dieser Unternehmen die Wahl eines spezialisierten Prü-fungspartners stark beeinflussen (*self-selection*) und gleichzeitig die Höhe der Prüfungsqua-lität und/oder des Prüfungshonorars determinieren.[924] Werden diese relevanten Unter-schiede zwischen den Unternehmen bspw. aufgrund einer fehlenden Beobachtbarkeit nicht im Modell berücksichtigt (unbeobachtete Heterogenität), so gehen die dadurch bedingten Effekte in den Störterm ein. Das Resultat ist eine Endogenität erzeugende Korrelation zwi-schen der auf den Prüfungspartner bezogenen Spezialistenvariable und dem Störterm (*self-selection*-Problematik).[925]

In Anbetracht der vorhergehenden Ausführungen kann auch für die im Rahmen dieser Arbeit verwendeten gepoolten *OLS*-Modelle trotz bereits getroffener Maßnahmen zur Vor-

---

[921] Für einen Überblick über bestehende Problemfelder siehe u. a. *DeFond/Zhang*, 2014, S. 288, 290, 292, 296, 300 f., 303, 307.

[922] Siehe hierzu Fn. 496-499.

[923] Vgl. *Wild*, 2010, S. 521 f.

[924] Vgl. *Chen/Dai/Kong et al.*, 2017, S. 1092; *Goodwin/Wu*, 2014. S. 1539, 1546; *Ittonen/Johnstone/Myllymäki*, 2015, S. 624 f., 627, 629; *Minutti-Meza*, 2013, S. 785; *Wang/Wang/Yu et al.*, 2015, S. 244 f.; *Zerni*, 2012, S. 330.

[925] Für eine ausführliche Auseinandersetzung mit der *self-selection*-Problematik im Zusammenhang mit der Un-tersuchung von Honoraraufschlägen für Big5-Gesellschaften siehe *Chaney/Jeter/Shivakumar*, 2004; *Ire-land/Lennox*, 2002.

beugung von verzerrenden Effekten aufgrund von ausgelassenen Variablen[926] oder grundlegenden Unterschieden zwischen Big4- und Non-Big4-Mandanten eine bestehende Endogenitätsproblematik nicht ausgeschlossen werden. Um dieser Problematik entgegenzuwirken, existieren im Rahmen von Paneldatenanalysen unterschiedliche statistische Methoden.[927] Eine davon ist die Verwendung eines *Fixed-Effects*-Modells.[928] Der Vorteil eines *Fixed-Effects*-Modells besteht darin, dass dieses zumindest dann für die verzerrende Wirkung (Endogenität) von unbeobachteten, mit den Regressoren korrelierenden Unternehmenscharakteristiken kontrolliert, sofern diese über die Zeit hinweg konstant bzw. fix sind.[929] Um dies zu erreichen, macht sich das *Fixed-Effects*-Modell die Struktur von Paneldaten zunutze. Paneldaten besitzen den Vorteil, dass nicht nur – wie bei Querschnittsdaten – ein Vergleich zwischen den unterschiedlichen Unternehmen (*Between*-Schätzer) vorgenommen, sondern auch ein und dasselbe Unternehmen zu unterschiedlichen Zeitpunkten (*Within*-Schätzer) verglichen werden kann.[930] Eine gepoolte *OLS*-Regression nutzt die Paneldatenstruktur nur dahingehend, dass durch die höhere Anzahl an Beobachtungen (ein Unternehmen wird zu mehreren Zeitpunkten beobachtet) die Schätzer genauer werden. Dennoch beruhen die Schätzer der gepoolten *OLS*-Regression auch auf der Variation zwischen den Unternehmen (*Between*-Variation). Folglich laufen sie Gefahr, aufgrund von unbeobachteter Heterogenität zwischen den Unternehmen verzerrt zu sein.[931]

Das *Fixed-Effects*-Modell versucht hingegen die Gefahr der unbeobachteten Heterogenität zu berücksichtigen und stellt daher auf einen *Within*-Vergleich ab. Dies bedeutet, dass nur die jeweiligen Veränderungen der erklärenden Variablen ein und desselben Unternehmens über die Zeit hinweg in die Regressionsanalyse eingehen. Unterschiede zwischen den verschiedenen Unternehmen spielen keine Rolle. Die ausschließliche Nutzung der *Within*-Variation hat zur Folge, dass die für das jeweilige Unternehmen spezifischen Charakteristiken keinen Einfluss auf die Schätzergebnisse (*Within*-Schätzer) nehmen, sofern sie über den Untersuchungszeitraum hinweg konstant sind. Hierbei ist es unerheblich, ob die unternehmensspezifischen Charakteristiken beobachtbar sind oder nicht. Dies begründet letztend-

---

[926] So wurde in der Hauptanalyse darauf hingewiesen und gezeigt, dass die gleichzeitige Berücksichtigung von beiden Unterzeichnern von hoher Bedeutung für den nachgewiesenen Effekt eines links bzw. rechts unterzeichnenden branchenspezialisierten Prüfungspartners sein kann. Des Weiteren wurde im Rahmen der vorhergehenden Sensitivitätsanalyse die im Grundmodell integrierte Dummy-Variable *KONZERN* durch die jeweilige Anzahl der konsolidierten in- und ausländischen Tochterunternehmen substituiert.

[927] Neben dem nachfolgend verwendeten *Fixed-Effects*-Modell kommen zur Überwindung von Endogenitätsproblemen in der Prüfungsforschung primär Instrumentalvariablen im Rahmen eines zweistufigen Schätzverfahrens (*2 Stages Least Squares*) sowie das *Propensity score matching* zum Einsatz; vgl. u. a. *Ittonen/Johnstone/Myllymäki*, 2015, S. 624 f.; *Minutti-Meza*, 2013, S. 790-792; *Umlauf*, 2013, S. 234-236; *Zerni*, 2012, S. 330. Für Gründe, die gegen eine Anwendung dieser Methoden sprechen, siehe Abschnitt 7.3.4.

[928] Neben dem *Fixed-Effects*-Modell wird im Zusammenhang mit Paneldatenanalysen häufig das *Random-Effects*-Modell thematisiert. Dieses Modell liefert jedoch nur dann unverzerrte Schätzergebnisse, wenn die in den Störterm eingehenden unbeobachteten unternehmensspezifischen Charakteristiken nicht mit den erklärenden Variablen korreliert sind. Vorwiegend kann jedoch davon ausgegangen werden, dass eine derartige Korrelation vorliegt. Demnach ist das *Random-Effects*-Modell bei derartigen Endogenitätsproblemen nicht geeignet; vgl. *Brüderl*, 2010, S. 975; *Wooldridge*, 2016, S. 444.

[929] Vgl. *Brüderl*, 2010, S. 968; *Goodwin/Wu*, 2014. S. 1546; *Ittonen/Johnstone/Myllymäki*, 2015, S. 627; *Minutti-Meza*, 2013, S. 793; *Wild*, 2010, S. 522.

[930] Vgl. *Brüderl*, 2010, S. 965.

[931] Vgl. *Brüderl*, 2010, S. 967.

lich den bereits oben genannten Vorteil des *Fixed-Effects*-Modells im Hinblick auf Endogenitätsprobleme im Zusammenhang mit unbeobachteter Heterogenität.[932]

Trotz der vorgenannten Vorteile gehen auch mit dem *Fixed-Effects*-Modell Nachteile einher, welche die hieraus erhaltenen Schätzergebnisse in Frage stellen. So ist das *Fixed-Effects*-Modell zwar dazu in der Lage, für eine unbeobachtete zeitkonstante Heterogenität zu kontrollieren, nicht jedoch für eine unbeobachtete zeitveränderliche Heterogenität. Verändern sich demnach die nicht beobachteten unternehmensspezifischen Charakteristiken im Zeitverlauf und korrelieren diese mit den erklärenden Variablen, so existiert trotz Bereinigung um die fixen Effekte weiterhin Endogenität mit der Folge, dass die *Within*-Schätzer verzerrt sind. Des Weiteren löst das *Fixed-Effects*-Modell nicht die oben beschriebene Simultanitätsproblematik. Liegt diese vor, so sind auch die *Within*-Schätzer verzerrt.[933] Doch auch die ausschließliche Nutzung der *Within*-Variation führt häufig zu Problemen. Dies liegt daran, dass die *Within*-Schätzung von ihrer Art her nichts anderes als ein Davor-Danach-Vergleich ist. Demnach ist die Schätzung nur durchführbar, wenn sich die für die jeweiligen Unternehmen beobachteten Variablen im Zeitverlauf verändern. Die erklärenden Variablen, die über den Zeitraum hinweg konstant sind, gehen folglich nicht in die Schätzung mit ein und es können keine Koeffizienten für diese ermittelt werden. Doch selbst dann, wenn die erklärenden Variablen zeitveränderlich sind, die jeweilige *Within*-Variation der Variablen im Paneldatensatz jedoch nur gering ausfällt, kann der ermittelte *Within*-Schätzer sehr unpräzise sein. Dies liegt daran, dass ein *Fixed-Effects*-Modell nicht in der Lage ist, Variablen mit einer geringen *Within*-Variation effizient zu schätzen.[934]

Unter Beachtung der vorgenannten Vor- und Nachteile wird ebenfalls ein *Fixed-Effects*-Modell geschätzt. Hierbei werden die Modellvariablen aus Abschnitt 7.3.3.3 beibehalten, d. h. anstelle der Variable *KONZERN* werden *LNInlTU* und *LNAuslTU* als Kontrollvariablen verwendet. Tab. 35 bis Tab. 38 enthalten die dazugehörigen Schätzergebnisse bezüglich der Testvariablen.[935] Es zeigt sich, dass unter Verwendung des *Fixed-Effects*-Modells ein Großteil der Spezialistenvariablen keinen signifikanten Einfluss auf die Höhe des Prüfungshonorars ausübt. Demnach fallen – wie bereits in Abschnitt 7.3.3.3 – die auf den größten und zweitgrößten links bzw. rechts unterzeichnenden Prüfungspartner bezogenen Variablen stets insignifikant aus. Ebenso kann im Rahmen dieser Analyse für Prüfungspartner mit Marktanteilen, die um 20% größer ausfallen als der unter Annahme einer fiktiven Gleichverteilung, kein wesentlicher Einfluss bestätigt werden.

---

[932]   Vgl. *Brüderl*, 2010, S. 965-968. Letztendlich liefert das *Fixed-Effects*-Modell Schätzergebnisse, die um die zeitkonstanten unternehmensspezifischen Effekte (fixe Effekte; *fixed effects*) bereinigt wurden. Damit werden verzerrende Effekte im Zusammenhang mit unbeobachteter Heterogenität abgemildert; vgl. *Minutti-Meza*, 2013, S. 793.

[933]   Vgl. *Brüderl*, 2010, S. 992.

[934]   Vgl. *Brüderl*, 2010, S. 992; *Plümper/Troeger*, 2007, S. 124 f.

[935]   In Hinblick auf die nicht tabulierten Kontrollvariablen ist bemerkenswert, dass im Gegensatz zu den bisher durchgeführten gepoolten *OLS*-Regressionen nur noch drei Variablen einen signifikanten Einfluss ausüben. Hierbei handelt es sich unabhängig von den inkludierten Testvariablen um *NPHtoPH* sowie *LNInlTU* und bei Nichtberücksichtigung der fixen Effekte des jeweils anderen Unterzeichners (d. h. Tab. 35 und Tab. 36) um *IWPLWechsel*. Im Gegensatz zum Grundmodell in Abschnitt 7.3.1 fällt der Koeffizient von *NPHtoPH* mit einem Wert von ca. -0,05 negativ aus (Signifikanzniveau: 10%). *LNInlTU* besitzt einen positiven Koeffizienten, der abhängig vom Modell zwischen 0,18 und 0,22 liegt (Signifikanzniveau: 5%). *IWPLWechsel* fällt stets negativ aus mit einem Koeffizienten um -0,04 (Signifikanzniveau: 1%-5%).

Tabelle 35: Ergebnisse des Prüfungshonorarmodells unter Einbezug der auf die Versicherungsbranche spezialisierten Linksunterzeichner und Rechtsunterzeichner – *Fixed-Effects*-Modell

Abhängige Variable: LNPH	Erwartetes Vorzeichen	(1) Größter Marktanteil	(2) Zwei größte Marktanteile	(3) Fünf größte Marktanteile	(4) Marktanteil 20% größer als Gleichverteilung	(5) Marktanteil oberhalb des 3. Quartils	(6) Marktanteil	(7) Mitglied im IDW-Fachausschuss
Modell mit Testvariable(n):		*LEADER...*	*LEADERTOP2...*	*LEADERTOP5...*	*SPEZ20%...*	*SPEZ3Q...*	*Marktanteil...*	*IDWFA...*
		Koeffizient Robuster SF p-Wert	Koeffizient Robuster SF p-Wert	Koeffizient Robuster SF p-Wert	Koeffizient Robuster SF p-Wert	Koeffizient Robuster SF p-Wert	Koeffizient Robuster SF p-Wert	Koeffizient Robuster SF p-Wert
Testvariablen:								
...WPL	?	0,023 0,027 0,398	0,036 0,056 0,521	0,036 0,020 0,072*	-0,013 0,019 0,494	0,045 0,021 0,032**	-0,052 0,144 0,717	-0,032 0,047 0,499
...WPR	?	0,027 0,077 0,723	0,057 0,071 0,427	0,113 0,042 0,008***	0,024 0,023 0,288	0,018 0,024 0,456	1,142 0,600 0,059*	-0,129 0,049 0,008***
Wald-Test auf signifikante Unterschiede zw. Koeffizienten:								
$H_0: \beta_{WPL} = \beta_{WPR}$		p=0,963	p=0,828	p=0,134	p=0,187	p=0,351	p=0,071*	p=0,102
Kontrollvariablen?		Ja	Ja	Ja	Ja	Ja	Ja	Ja
WPG-Dummys?		Ja	Ja	Ja	Ja	Ja	Ja	Ja
NL-Dummys?		Ja	Ja	Ja	Ja	Ja	Ja	Ja
Jahresdummys?		Ja	Ja	Ja	Ja	Ja	Ja	Ja
Clusterung nach:		VU	VU	VU	VU	VU	VU	VU
Anzahl Beobachtungen:		760	760	760	760	760	760	760

Hinweis: Das folgende Regressionsmodell wurde geschätzt: $LNPH=\beta_0+\beta_1LNBS+\beta_2LNlnlTU+\beta_3LNAuslTU+\beta_4IFRS+\beta_5VVaG+\beta_6BStoGBB+\beta_7EKQuote+\beta_8BSW+\beta_9RückVQ+\beta_{10}GNBW+\beta_{11}ROAA+\beta_{12}LOSS+\beta_{13}LIQtoBS+\beta_{14}NPHtoPH+\beta_{15}ReportLag+\beta_{16}WPGWechsel+\beta_{17}INLWechsel+\beta_{18}IWPLWechsel+\beta_{19}IWPRWechsel+\beta_{20}SpezWPL+\beta_{21}SpezWPR+fixed\ effects+\varepsilon$. Aus Gründen der Übersichtlichkeit und des Fokus auf die Testvariablen wird auf eine Wiedergabe der Schätzergebnisse bezüglich der Kontrollvariablen und der Konstante verzichtet. Die im Regressionsmodell genannten Variablen *SpezWPL* und *SpezWPR* repräsentieren die jeweiligen in den Spalten (1) bis (7) verwendeten Testvariablen. Für die Definitionen der Kontroll- und Testvariablen siehe Tab. 10 und Tab. 30. Für Variablen mit einer Vorzeichenerwartung werden die p-Werte auf Basis einseitiger Tests angegeben. Sofern keine Vorzeichenerwartung besteht, basieren die p-Werte auf zweiseitigen Tests. */**/***=Signifikanzniveau von 10%/5%/1%. Die Clusterung der robusten Standardfehler erfolgt nach VU. NL: Niederlassung; SF: Standardfehler; WPG: Wirtschaftsprüfungsgesellschaft; WPL: Linksunterzeichner; WPR: Rechtsunterzeichner; VU: Versicherungsunternehmen.

Dennoch erbringt auch das *Fixed-Effects*-Modell Evidenz dafür, dass branchenspezialisierte Prüfungspartner am Markt existieren, die im Vergleich zu nicht spezialisierten Prüfungspartnern Honoraraufschläge vereinnahmen. Demnach fallen in Tab. 35, Spalte (3) sowohl *LEADERTOP5WPL* als auch *LEADERTOP5WPR* und in Tab. 36, Spalte (3) alle auf die in einem Prüfungsgespann vertretenen fünfgrößten Links- bzw. Rechtsunterzeichner bezogenen Variablen signifikant aus. Lediglich unter Kontrolle für die fixen Effekte der

Rechtsunterzeichner kann für *LEADERTOP5WPL* kein Honoraraufschlag mehr konstatiert werden (Tab. 37, Spalte (3)). Für *LEADERTOP5WPR* bleibt dieser hingegen auch bei Berücksichtigung der fixen Linksunterzeichnereffekte bestehen (Tab. 38, Spalte (3)). Des Weiteren wird im Einklang mit den vorherigen Ergebnissen sowohl in Tab. 35, Tab. 36 und Tab. 38 (jeweils Spalte (6)) ein signifikant positiver Zusammenhang zwischen dem Marktanteil eines Rechtsunterzeichners und der Höhe des Prüfungshonorars bestätigt. Dies spricht weiterhin dafür, dass mit zunehmendem Spezialisierungsgrad eines Rechtsunterzeichners auch der Honoraraufschlag zunimmt. Für die auf den Linksunterzeichner bezogene Variable *SPEZ3QWPL* kann zumindest in Tab. 35, Spalte (5) ein signifikanter Zusammenhang nachgewiesen werden. Unter Kontrolle für die fixen Effekte der Rechtsunterzeichner verschwindet dieser jedoch (Tab. 37, Spalte (5)). Der Honoraraufschlag für ein Prüfungspartnergespann, das aus zwei Prüfungspartnern mit Marktanteilen oberhalb des dritten Quartils besteht, fällt im Vergleich zu Gespannen, die nicht derartige Prüfungspartner enthalten, im Einklang mit den bisherigen Analysen weiterhin signifikant aus.

Besonders auffällig sind im Rahmen dieser Analyse jedoch die Ergebnisse bezüglich der Variablen, welche signalisieren, ob ein im IDW-Versicherungsfachausschuss vertretener Prüfungspartner den Bestätigungsvermerk testiert. Standen diese in den bisherigen Analysen vorwiegend in Verbindung mit einem hohen signifikanten Honoraraufschlag, so kann dies auf Basis des *Fixed-Effects*-Modells nicht bestätigt werden. Konträr dazu liefern Tab. 35, Tab. 36 und Tab. 38 (jeweils Spalte (7)) Evidenz dafür, dass ein als Rechtsunterzeichner fungierendes Mitglied des IDW-Fachausschusses sowie ein Prüfungsgespann aus zwei Mitgliedern des IDW-Fachausschusses einen signifikanten Honorarabschlag aufweisen. Begründbar wäre dies grundsätzlich damit, dass diese als Branchenspezialisten Skaleneffekte generieren, welche sie an ihre Mandanten weiterreichen. Eine tiefergehende Betrachtung der Datenlage deutet jedoch darauf hin, dass dies mit der geringen *Within*-Variation dieser Variable zusammenhängen könnte. Demnach gibt es insgesamt nur dreimal die Beobachtung, dass bei einem Unternehmen von einem im IDW-Fachausschuss sitzenden Rechtsunterzeichner bzw. einem Prüfungspartnergespann – bestehend aus zwei Fachausschussmitgliedern – auf einen nicht im IDW-Fachausschuss sitzenden Rechtsunterzeichner bzw. ein nicht aus zwei Fachausschussmitgliedern bestehendes Prüfungspartnergespann gewechselt wird oder andersherum. Bei diesen drei Beobachtungen fällt das Prüfungshonorar jedes Mal höher aus, wenn der nicht im Fachausschuss vertretene Rechtsunterzeichner bzw. das nicht aus zwei Mitgliedern bestehende Prüfungspartnergespann testiert. Da das *Fixed-effects*-Modell nur auf diese wenigen Beobachtungen zurückgreift, nicht jedoch auf die *Between*-Variation, schätzt das Modell einen signifikant negativen Einfluss. In Anbetracht dieser geringen *Within*-Variation ist das Ergebnis zumindest mit Vorsicht zu interpretieren.[936]

---

[936] Für die Variable *IDWFAWPR* beträgt die Standardabweichung der *Within*-Variation 0,065; die der *Between*-Variation 0,121. Für die Variablen *IDWFAWPBeide* beträgt die Standardabweichung der *Within*-Variation 0,056; die der *Between*-Variation 0,120. Abweichend hierzu fällt bei der Variable *IDWFAWPRAlleine* die Standardabweichung der *Within*-Variation mit 0.032 höher aus als die der *Between*-Variation mit 0,015. Insgesamt betrachtet fallen die Variationen dieser Variablen jedoch sehr gering aus.

Tabelle 36: Ergebnisse des Prüfungshonorarmodells, wenn nur der Linksunterzeichner, wenn nur der Rechtsunterzeichner oder wenn beide Unterzeichner Branchenspezialisten sind – *Fixed-Effects*-Modell

Abhängige Variable: LNPH	Erwartetes Vorzeichen	(1) Größter Marktanteil	(2) Zwei größte Marktanteile	(3) Fünf größte Marktanteile	(4) Marktanteil 20% größer als Gleichverteilung	(5) Marktanteil oberhalb des 3. Quartils	(6) Marktanteil	(7) Mitglied im IDW-Fachausschuss
Modell mit Testvariable(n):		*LEADER...*	*LEADER-TOP2...*	*LEADER-TOP5...*	*SPEZ20%...*	*SPEZ3Q...*	*Marktanteil...*	*IDWFA...*
		Koeffizient Robuster SF p-Wert	Koeffizient Robuster SF p-Wert	Koeffizient Robuster SF p-Wert	Koeffizient Robuster SF p-Wert	Koeffizient Robuster SF p-Wert	Koeffizient Robuster SF p-Wert	Koeffizient Robuster SF p-Wert
Testvariablen:								
...WPL-Alleine	?	0,034 0,029 0,245	0,030 0,065 0,640	0,040 0,020 0,045**	-0,024 0,021 0,257	0,033 0,026 0,207	0,070 0,234 0,766	-0,031 0,047 0,510
...WPR-Alleine	?	0,0264 0,077 0,731	0,032 0,043 0,452	0,230 0,112 0,042**	-0,010 0,021 0,651	0,001 0,033 0,969	1,341 0,677 0,049**	-0,052 0,026 0,044**
...WP-Beide	?	-0,039 0,079 0,617	0,095 0,088 0,281	0,126 0,041 0,003***	0,018 0,033 0,590	0,071 0,035 0,044**	-2,027 2,919 0,488	-0,192 0,082 0,021**
Wald-Test auf signifikante Unterschiede zw. Koeffizienten:								
H_0: $\beta_{WPLAlleine} = \beta_{WPRAlleine}$		p=0,929	p=0,968	p= 0,098*	p=0,525	p=0,296	p=0,061*	p=0,632
H_0: $\beta_{WPBeide} = \beta_{WPLAlleine}$		p=0,407	p=0,486	p=0,036**	p=0,173	p=0,237	p=0,501	p=0,014**
H_0: $\beta_{WPBeide} = \beta_{WPRAlleine}$		p=0,004***	p=0,435	p=0,384	p=0,351	p=0,046**	p=0,305	p=0,083*
Kontrollvariablen?		Ja	Ja	Ja	Ja	Ja	Ja	Ja
WPG-Dummys?		Ja	Ja	Ja	Ja	Ja	Ja	Ja
NL-Dummys?		Ja	Ja	Ja	Ja	Ja	Ja	Ja
Jahresdummys?		Ja	Ja	Ja	Ja	Ja	Ja	Ja
Clusterung nach:		VU	VU	VU	VU	VU	VU	VU
Anzahl Beobachtungen:		760	760	760	760	760	760	760

Hinweis: Das folgende Regressionsmodell wurde geschätzt: $LNPH=\beta_0+\beta_1LNBS+\beta_2LNlnITU+\beta_3LNAusITU+\beta_4IFRS+\beta_5VVaG+\beta_6BStoGBB+\beta_7EKQuote+\beta_8BSW+\beta_9RückVQ+\beta_{10}GNBW+\beta_{11}ROAA+\beta_{12}LOSS+\beta_{13}LIQtoBS+\beta_{14}NPHtoPH+\beta_{15}ReportLag+\beta_{16}WPGWechsel+\beta_{17}INLWechsel+\beta_{18}IWPLWechsel+\beta_{19}IWPRWechsel+\beta_{20}SpezWPLAlleine+\beta_{21}SpezWPRAlleine+\beta_{22}SpezWPBeide+fixed effects+\varepsilon$. Aus Gründen der Übersichtlichkeit und des Fokus auf die Testvariablen wird auf eine Wiedergabe der Schätzergebnisse bezüglich der Kontrollvariablen und der Konstante verzichtet. Die im Regressionsmodell genannten Variablen *SpezWPLAlleine*, *SpezWPRAlleine* und *SpezWPBeide* repräsentieren die jeweiligen in den Spalten (1) bis (7) verwendeten Testvariablen. Für die Definitionen der Kontrollvariablen siehe Tab. 10 und Tab. 30, für die der Testvariablen siehe Tab. 18. Für Variablen mit einer Vorzeichenerwartung werden die p-Werte auf Basis einseitiger Tests angegeben. Sofern keine Vorzeichenerwartung besteht, basieren die p-Werte auf zweiseitigen Tests. */**/***=Signifikanzniveau von 10%/5%/1%. Die Clusterung der robusten Standardfehler erfolgt nach VU. NL: Niederlassung; SF: Standardfehler; WPG: Wirtschaftsprüfungsgesellschaft; WPL: Linksunterzeichner; WPR: Rechtsunterzeichner; VU: Versicherungsunternehmen.

Tabelle 37: Ergebnisse des Prüfungshonorarmodells unter Einbezug der auf die Versicherungsbranche spezialisierten Linksunterzeichner und Dummy-Variablen für alle Rechtsunterzeichner – *Fixed-Effects*-Modell

Abhängige Variable: LNPH	Erwartetes Vorzeichen	(1) Größter Marktanteil	(2) Zwei größte Marktanteile	(3) Fünf größte Marktanteile	(4) Marktanteil 20% größer als Gleichverteilung	(5) Marktanteil oberhalb des 3. Quartils	(6) Marktanteil	(7) Mitglied im IDW-Fachausschuss
Modell mit Testvariable(n):		***LEADER...***	***LEADER-TOP2...***	***LEADER-TOP5...***	***SPEZ20%...***	***SPEZ3Q...***	***Marktanteil...***	***IDWFA...***
		Koeffizient Robuster SF p-Wert	Koeffizient Robuster SF p-Wert	Koeffizient Robuster SF p-Wert	Koeffizient Robuster SF p-Wert	Koeffizient Robuster SF p-Wert	Koeffizient Robuster SF p-Wert	Koeffizient Robuster SF p-Wert
Testvariable:								
...WPL	?	0,041 0,035 0,246	0,044 0,071 0,534	0,045 0,029 0,123	-0,019 0,024 0,416	0,053 0,034 0,118	0,143 0,199 0,475	-0,010 0,060 0,873
Kontrollvariablen?		Ja	Ja	Ja	Ja	Ja	Ja	Ja
WPG-Dummys?		Ja	Ja	Ja	Ja	Ja	Ja	Ja
NL-Dummys?		Ja	Ja	Ja	Ja	Ja	Ja	Ja
WPR-Dummys?		Ja	Ja	Ja	Ja	Ja	Ja	Ja
Jahresdummys?		Ja	Ja	Ja	Ja	Ja	Ja	Ja
Clusterung nach:		VU	VU	VU	VU	VU	VU	VU
Anzahl Beobachtungen:		760	760	760	760	760	760	760

Hinweis: Das folgende Regressionsmodell wurde geschätzt: $LNPH=\beta_0+\beta_1 LNBS+\beta_2 LNlnITU+\beta_3 LNAusITU+$
$\beta_4 IFRS+\beta_5 VVaG+\beta_6 BStoGBB+\beta_7 EKQuote+\beta_8 BSW+\beta_9 RückVQ+\beta_{10} GNBW+\beta_{11} ROAA+\beta_{12} LOSS+\beta_{13} LIQtoBS+\beta_{14} NPH-$
$toPH+\beta_{15} ReportLag+\beta_{16} WPGWechsel+\beta_{17} NLWechsel+\beta_{18} WPLWechsel+\beta_{19} WPRWechsel+\beta_{20} SpezWPL+fixed$
effects+ε. Aus Gründen der Übersichtlichkeit und des Fokus auf die Testvariablen wird auf eine Wiedergabe
der Schätzergebnisse bezüglich der Kontrollvariablen und der Konstante verzichtet. Die im Regressionsmodell genannte Variable *SpezWPL* repräsentiert die jeweilige in den Spalten (1) bis (7) verwendete Testvariable.
Für die Definitionen der Kontroll- und Testvariablen siehe Tab. 10 und Tab. 30. Neben den in Tab. 10 genannten *fixed effects* berücksichtigt das Modell die fixen Effekte der Rechtsunterzeichner. Für Variablen mit einer
Vorzeichenerwartung werden die p-Werte auf Basis einseitiger Tests angegeben. Sofern keine Vorzeichenerwartung besteht, basieren die p-Werte auf zweiseitigen Tests. */**/***=Signifikanzniveau von 10%/5%/1%.
Die Clusterung der robusten Standardfehler erfolgt nach VU. NL: Niederlassung; SF: Standardfehler; WPG:
Wirtschaftsprüfungsgesellschaft; WPL: Linksunterzeichner; WPR: Rechtsunterzeichner; VU: Versicherungsun-
ternehmen.

Abschließend kann festgehalten werden, dass die durch das *Fixed-Effects*-Modell gewonnenen Schätzergebnisse deutlich weniger Evidenz für Honoraraufschläge von branchenspezialisierten Prüfungspartnern liefern als die bisherigen Analysen. Dies könnte dahingehend interpretiert werden, dass zumindest ein Teil der vorhergehenden *OLS*-Regres-
sionsergebnisse durch eine bestehende unbeobachtete Heterogenität verzerrt sind. Dennoch existieren auch auf Basis des *Fixed-Effects*-Modells weiterhin Hinweise darauf, dass
Honoraraufschläge für branchenspezialisierte Prüfungspartner existieren. Hierbei sprechen
die Ergebnisse dafür, dass rechts unterzeichnende Branchenspezialisten in der Tendenz
eher einen Honoraraufschlag erzielen als links unterzeichnende. Anzumerken ist in diesem
Zusammenhang, dass die anhand der Koeffizienten der signifikanten Spezialistenvaria-

Tabelle 38: Ergebnisse des Prüfungshonorarmodells unter Einbezug der auf die Versicherungsbranche spezialisierten Rechtsunterzeichner und Dummy-Variablen für alle Linksunterzeichner – *Fixed-Effects*-Modell

Abhängige Variable: **LNPH**	Erwartetes Vorzeichen	(1) Größter Marktanteil	(2) Zwei größte Marktanteile	(3) Fünf größte Marktanteile	(4) Marktanteil 20% größer als Gleichverteilung	(5) Marktanteil oberhalb des 3. Quartils	(6) Marktanteil	(7) Mitglied im IDW-Fachausschuss
Modell mit Testvariable(n):		*LEADER...*	*LEADER-TOP2...*	*LEADER-TOP5...*	*SPEZ20%...*	*SPEZ3Q...*	*Marktanteil...*	*IDWFA...*
		Koeffizient Robuster SF p-Wert	Koeffizient Robuster SF p-Wert	Koeffizient Robuster SF p-Wert	Koeffizient Robuster SF p-Wert	Koeffizient Robuster SF p-Wert	Koeffizient Robuster SF p-Wert	Koeffizient Robuster SF p-Wert
Testvariable:								
...WPR	?	-0,001 0,091 0,989	0,076 0,078 0,329	0,117 0,045 0,010***	0,002 0,022 0,938	0,021 0,024 0,380	1,329 0,708 0,062*	-0,095 0,056 0,090*
Kontrollvariablen?		Ja	Ja	Ja	Ja	Ja	Ja	Ja
WPG-Dummys?		Ja	Ja	Ja	Ja	Ja	Ja	Ja
NL-Dummys?		Ja	Ja	Ja	Ja	Ja	Ja	Ja
WPL-Dummys?		Ja	Ja	Ja	Ja	Ja	Ja	Ja
Jahresdummys?		Ja	Ja	Ja	Ja	Ja	Ja	Ja
Clusterung nach:		VU	VU	VU	VU	VU	VU	VU
Anzahl Beobachtungen:		760	760	760	760	760	760	760

Hinweis: Das folgende Regressionsmodell wurde geschätzt: $LNPH=\beta_0+\beta_1 LNBS+\beta_2 LNInlTU+\beta_3 LNAuslTU+\beta_4 IFRS+\beta_5 VVaG+\beta_6 BStoGBB+\beta_7 EKQuote+\beta_8 BSW+\beta_9 RückVQ+\beta_{10} GNBW+\beta_{11} ROAA+\beta_{12} LOSS+\beta_{13} LIQtoBS+\beta_{14} NPHtoPH+\beta_{15} ReportLag+\beta_{16} WPGWechsel+\beta_{17} INLWechsel+\beta_{18} WPLWechsel+\beta_{19} WPRWechsel+\beta_{20} SpezWPR+fixed$ $effects+\epsilon$. Aus Gründen der Übersichtlichkeit und des Fokus auf die Testvariablen wird auf eine Wiedergabe der Schätzergebnisse bezüglich der Kontrollvariablen und der Konstante verzichtet. Die im Regressionsmodell genannte Variable *SpezWPR* repräsentiert die jeweilige in den Spalten (1) bis (7) verwendete Testvariable. Für die Definitionen der Kontroll- und Testvariablen siehe Tab. 10 und Tab. 30. Neben den in Tab. 10 genannten *fixed effects* berücksichtigt das Modell die fixen Effekte der Linksunterzeichner. Für Variablen mit einer Vorzeichenerwartung werden die p-Werte auf Basis einseitiger Tests angegeben. Sofern keine Vorzeichenerwartung besteht, basieren die p-Werte auf zweiseitigen Tests. */**/***=Signifikanzniveau von 10%/5%/1%. Die Clusterung der robusten Standardfehler erfolgt nach VU. NL: Niederlassung; SF: Standardfehler; WPG: Wirtschaftsprüfungsgesellschaft; WPL: Linksunterzeichner; WPR: Rechtsunterzeichner; VU: Versicherungsunternehmen.

blen abzuleitenden Honoraraufschläge deutlich geringer ausfallen als in den vorhergehenden Analysen. Die signifikant negativen Koeffizienten der IDW-Variablen stehen im völligen Gegensatz zu den vorhergehenden Ergebnissen. Hierfür könnte die mögliche Ursache in den Schwächen der *Within*-Schätzung liegen. Zuletzt sei angemerkt, dass die Ergebnisse einer separat durchgeführten und nicht tabulierten Analyse auf Basis des winsorisierten Datensamples keine wesentlichen Abweichungen zu den in diesem Abschnitt vorgestellten Resultaten aufweisen.

7.3.3.5 Ergebnisse bei Kontrolle für Berufserfahrung und Geschlecht des Prüfungspartners

Der Literaturüberblick in Abschnitt 5.1.2 hat bereits aufgezeigt, dass neben dem Spezialisierungsgrad auch anderen individuellen Attributen eines Prüfungspartners eine wesentliche Bedeutung im Zusammenhang mit dem Produkt Abschlussprüfung zukommt. Zu diesen bedeutsamen Eigenschaften zählen u. a. die allgemeine Berufserfahrung sowie das Geschlecht. Die Mehrheit der bisherigen Studien hat verdeutlicht, dass eine längere Berufserfahrung in einem positiven Verhältnis zur Höhe der Prüfungsqualität und des -honorars steht. In Hinblick auf das Geschlecht wird vorwiegend Evidenz dafür erbracht, dass weibliche Prüfungspartner höhere Prüfungshonorare vereinnahmen und eine höhere Prüfungsqualität erbringen als männliche Wirtschaftsprüfer.[937] In den vorhergehenden Analysen wurde diesen bedeutsamen Eigenschaften keine Aufmerksamkeit geschenkt. Um zu kontrollieren, ob die bisherigen Ergebnisse bezüglich der Spezialistenvariablen aufgrund der fehlenden Berücksichtigung dieser Eigenschaften verzerrt sein könnten, erfolgt in diesem Abschnitt die Schätzung der Regressionsmodelle unter Einbezug des Geschlechts und der allgemeinen Berufserfahrung der testierenden Wirtschaftsprüfer.

Die allgemeine Berufserfahrung der links und rechts unterzeichnenden Prüfungspartner wird im Einklang mit bisherigen Forschungsarbeiten über die logarithmierte Anzahl der zwischen dem Zeitpunkt der Bestellung zum Wirtschaftsprüfer und dem Datum der Unterzeichnung des Bestätigungsvermerks liegenden Jahre approximiert.[938] Hierbei ist jedoch zu beachten, dass die Anzahl stets auf ganze Jahre aufgerundet wird.[939] Die entsprechenden kontinuierlichen Variablen lauten *LNBERERFWPL* und *LNBERERFWPR*. Entsprechend den bisherigen Forschungsarbeiten wird ein positiver Einfluss auf die Prüfungshonorarhöhe erwartet. Die Information über den Zeitpunkt der Bestellung zum Wirtschaftsprüfer wurde primär über das öffentlich zugängliche Berufs- bzw. Abschlussprüferregister der WPK ermittelt.[940] Hierzu wurde der über den Bestätigungsvermerk gewonnene Vor- und/oder nur Nachname des Prüfungspartners einzeln in die online zur Verfügung stehende Abfragemaske des Registers eingegeben und das entsprechende Suchergebnis über weitere Informationen, wie bspw. die beschäftigende Prüfungsgesellschaft sowie die genannte Niederlassung, plausibilisiert. Als problematisch erwies sich in diesem Zusammenhang, dass das Register nur Informationen über Wirtschaftsprüfer enthält, die zum Zeit-

---

[937] Siehe hierzu Abschnitt 5.1.2.3.

[938] Vgl. *Cahan/Sun*, 2015, S. 85; *Ittonen/Johnstone/Myllymäki*, 2015, S. 614 f.

[939] Die Aufrundung wird vorgenommen, um Problemen im Zusammenhang mit dem natürlichen Logarithmus entgegenzuwirken. Im Datensatz sind Prüfungspartner vertreten, deren Bestellungsdatum zum Wirtschaftsprüfer zum Zeitpunkt der Unterzeichnung des Bestätigungsvermerks noch nicht ein ganzes Jahr in der Vergangenheit liegt. Demnach liegt die allgemeine Berufserfahrung unter einem Jahr. Der natürliche Logarithmus hiervon ist negativ. Dies hätte zur Folge, dass die Variablen *LNBERERFWPL* und *LNBERERFWPR* neben positiven Werten auch negative Werte aufweisen. Durch das Aufrunden wird dies verhindert, da auch die Prüfungspartner mit einem unterjährigen Zeitraum zwischen Bestellung und Bestätigungsvermerk eine Berufserfahrung i. H. v. 1 aufweisen. Der natürliche Logarithmus beträgt hiervon 0 und spiegelt damit wider, dass nur eine minimale bzw. keine Berufserfahrung vorliegt.

[940] Neben dem Bestellungsdatum enthält das Berufs- bzw. Abschlussprüferregister der WPK u. a. Informationen über die berufliche Tätigkeit sowie die berufliche Niederlassung des Wirtschaftsprüfers und stellt Kontaktdaten zur Verfügung. Des Weiteren enthält es die Registernummer eines jeden Wirtschaftsprüfers, die diesen eindeutig identifiziert. Siehe diesbezüglich https://www.wpk.de/register/.

punkt der Abfrage noch aktiv sind. Dies hatte zur Folge, dass nicht alle ins originäre Daten-sample eingehenden Prüfungspartner im Register enthalten waren. Ferner konnten einige Prüfungspartner nicht eindeutig identifiziert werden, da der Bestätigungsvermerk z. T. nur den Nachnamen aufwies, im Register jedoch mehrere Wirtschaftsprüfer unter diesem Nachnamen enthalten waren und eine Plausibilisierung über weitere Informationen nicht möglich war. Dies hatte zur Folge, dass nur für 652 (616) der ursprünglich 760 Beobachtun-gen der Bestellungszeitpunkt des Linksunterzeichners (Rechtsunterzeichners) ermittelt werden konnte. Die Voraussetzung, dass nicht nur für einen, sondern für beide Unterzeich-ner eines Bestätigungsvermerks die Berufserfahrung erfasst sein muss, dezimiert letztend-lich das originäre Datensample um 30% auf 532 Beobachtungen.[941] Das Geschlecht findet Eingang in die Untersuchung durch die Dummy-Variablen *WEIBLICHWPL* und *WEIB-LICHWPR*. Hierbei nehmen die dichotomen Variablen den Wert 1 an, sofern der Links-bzw. Rechtsunterzeichner weiblich ist, andernfalls beträgt der Wert 0. Die Information über das Geschlecht des jeweiligen Prüfungspartners wurde über den Vornamen gewonnen. Hinsichtlich des Einflusses auf die Höhe des Prüfungshonorars besteht keine Erwartung.

Tab. 39 enthält die deskriptive Statistik für die 532 Beobachtungen. Es zeigt sich, dass die durchschnittliche Berufserfahrung der links unterzeichnenden Wirtschaftsprüfer mit 17,29 Jahren deutlich größer ausfällt als die der Rechtsunterzeichner mit 9,87 Jahren. Dies entspricht der bereits in Abschnitt 3.3.3 gemachten Äußerung, dass Mitunterzeichner für gewöhnlich eine höhere Berufserfahrung aufweisen und einer höheren Leitungsebene an-gehören als Rechtsunterzeichner. Die Maximal- und Minimalwerte verdeutlichen, dass so-wohl Linksunterzeichner (Rechtsunterzeichner) mit einer langen Berufserfahrung i. H. v. 35 (28) Jahren als auch mit einer kurzen i. H. v. 2 (1) Jahr(en) tätig sind. Der Median liegt ähnlich zum Durchschnitt bei 17 (Linksunterzeichner) respektive 9 (Rechtsunterzeichner) Jahren Berufserfahrung. Das arithmetische Mittel der Dummy-Variablen zeigt auf, dass nur 0,6% (3 Beobachtungen) der Beobachtungen einen weiblichen Linksunterzeichner und 9% (48 Beobachtungen) einen weiblichen Rechtsunterzeichner aufweisen.

Eine nicht tabulierte Korrelationsanalyse weist bereits darauf hin, dass sowohl die loga-rithmierte Berufserfahrung des Linksunterzeichners als auch die des Rechtsunterzeichners signifikant positiv mit der Höhe des Prüfungshonorars korrelieren. Hierbei fällt der Pear-son-Korrelationskoeffizient von der auf den Rechtsunterzeichner bezogenen Variable *LNBERERFWPR* mit einem Wert i. H. v. 0,197 (Signifikanzniveau: 1%) deutlich höher aus als der von *LNBERERFWPL* mit einem Wert i. H. v. 0,090 (Signifikanzniveau: 5%). Des Weiteren zeigt die Analyse, dass die Variablen zur Abbildung der Berufserfahrung mit na-hezu allen auf den jeweiligen Unterzeichner bezogenen Spezialistenvariablen signifikant positiv korreliert sind. Hierbei betragen die entsprechenden Pearson-Korrelationskoeffi-zienten zur Abbildung des linearen Zusammenhangs zwischen *LNBERERFWPL* und den Spezialistenvariablen zwischen 0,073 (mit *LEADERWPL*) und 0,395 (mit *IDWFAWPL*). Die

---

[941] Um einer Dezimierung des Datensatzes aufgrund der fehlenden Informationen im Berufsregister entgegen-zuwirken, wurden die Prüfungsgesellschaften der nicht identifizierbaren Wirtschaftsprüfer per E-Mail kon-taktiert und um die Bekanntgabe der benötigten Daten (u. a. Vorname und Bestellungsdatum) gebeten. Wei-testgehend blieben die Anfragen jedoch unbeantwortet.

Tabelle 39: Deskriptive Statistik bezüglich Geschlecht und Berufserfahrung der Prüfungspartner

	Arithme-tisches Mittel	Standardab-weichung	25%	50%	75%	Min.	Max.
BERERFWPL	17,289	6,671	12,000	17,000	23,000	2,000	35,000
BERERFWPR	9,872	6,537	4,000	9,000	13,000	1,000	28,000
LNBERERFWPL	2,762	0,447	2,485	2,833	3,135	0,693	3,555
LNBERERFWPR	2,021	0,804	1,386	2,197	2,565	0,000	3,332
WEIBLICHWPL	0,006	0,075	0,000	0,000	0,000	0,000	1,000
WEIBLICHWPR	0,090	0,287	0,000	0,000	0,000	0,000	1,000
N	532						

Variablendefinitionen: *BERERFWPL*: Aufgerundete Anzahl der zwischen dem Zeitpunkt der Bestellung des Linksunterzeichners zum Wirtschaftsprüfer und dem Datum der Unterzeichnung des Bestätigungsvermerks liegenden Jahre; *BERERFWPR*: Aufgerundete Anzahl der zwischen dem Zeitpunkt der Bestellung des Rechtsunterzeichners zum Wirtschaftsprüfer und dem Datum der Unterzeichnung des Bestätigungsvermerks liegenden Jahre; *LNBERERFWPL*: Natürlicher Logarithmus von *BERERFWPL*; *LNBERERFWPR*: Natürlicher Logarithmus von *BERERFWPR*; *WEIBLICHWPL*: Dummy-Variable, die den Wert 1 annimmt, sofern der Linksunterzeichner weiblich ist; *WEIBLICHWPR*: Dummy-Variable, die den Wert 1 annimmt, sofern der Rechtsunterzeichner weiblich ist. *N*: Anzahl Beobachtungen.

dazugehörigen Korrelationskoeffizienten zur Abbildung des linearen Zusammenhangs zwischen *LNBERERFWPR* und den Spezialistenvariablen bewegen sich zwischen 0,161 (*LEADERTOP5WPR*) und 0,254 (*MarktanteilWPR*). Demnach liefert die Korrelationsanalyse Hinweise darauf, dass branchenspezialisierte Prüfungspartner in der Tendenz eine höhere Berufserfahrung aufweisen bzw. Prüfungspartner mit einer höheren Berufserfahrung mit einer höheren Wahrscheinlichkeit Branchenspezialisten sind. Das Faktum, dass die Berufserfahrung eines Prüfungspartners sowohl mit der Honorarhöhe als auch mit dem Spezialistenstatus signifikant korreliert, spricht grundsätzlich dafür, dass die Variable ins Modell mit aufgenommen werden sollte, da andernfalls die Koeffizienten der prüfungspartnerbezogenen Spezialistenvariablen verzerrt sein könnten (*omitted variable bias*). Die auf das Geschlecht des Prüfungspartners bezogenen Variablen *WEIBLICHWPL* und *WEIBLICHWPR* weisen keine signifikante Korrelation mit dem Prüfungshonorar auf und auch zu den Spezialistenvariablen liegt nahezu vollständig keine bemerkenswerte Korrelation vor.

Tab. 40 bis Tab. 43 enthalten die Schätzergebnisse bezüglich der neu hinzugenommenen Kontrollvariablen sowie der stets verwendeten Testvariablen. Wie bereits im vorhergehenden Abschnitt werden auch in diesen Modellen anstelle der Variable *KONZERN* die Variablen *LNInlTU* und *LNAuslTU* als Kontrollvariablen verwendet. Die Ergebnisse in Tab. 40 bis Tab. 42 offenbaren, dass zu keinem Zeitpunkt ein signifikanter Zusammenhang zwischen der Berufserfahrung des Linksunterzeichners und der Höhe des Prüfungshonorars besteht. Im Gegensatz dazu wird in den Tab. 40 und Tab. 41 bei einem Signifikanzniveau von 1% bis 5% für die Berufserfahrung des Rechtsunterzeichners ohne Ausnahme ein positiver Einfluss konstatiert. Der Koeffizient liegt hierbei zwischen 0,081 und 0,103. Demnach hätte ein einprozentiger Anstieg der Berufserfahrung in Jahren eine Honorarsteigerung von maximal 0,103% zur Folge. Lediglich unter Kontrolle für die fixen Effekte des Mitunterzeichners kann nicht mehr ausnahmslos ein signifikanter Zusammenhang zwischen der Berufserfahrung des Rechtsunterzeichners und der Honorarhöhe bestätigt werden (Tab. 43). Dennoch kann auch unter diesen Bedingungen ein positiver Zusammenhang nicht gänzlich

Tabelle 40: Ergebnisse des Prüfungshonorarmodells unter Einbezug der auf die Versicherungsbranche spezialisierten Linksunterzeichner und Rechtsunterzeichner (OLS-Regression) – Kontrolle für Berufserfahrung und Geschlecht der Prüfungspartner

Abhän-gige Variable: LNPH	Erwarte-tes Vor-zeichen	(1) Größter Marktanteil	(2) Zwei größte Markt-anteile	(3) Fünf größte Markt-anteile	(4) Marktanteil 20% größer als Gleich-verteilung	(5) Marktanteil oberhalb des 3. Quar-tils	(6) Markt-anteil	(7) Mitglied im IDW-Fachaus-schuss
Modell mit Testvari-able(n):		*LEADER...* Koeffizient Robuster SF p-Wert	*LEADER-TOP2...* Koeffizient Robuster SF p-Wert	*LEADER-TOP5...* Koeffizient Robuster SF p-Wert	*SPEZ20%...* Koeffizient Robuster SF p-Wert	*SPEZ3Q...* Koeffizient Robuster SF p-Wert	*Marktan-teil...* Koeffizient Robuster SF p-Wert	*IDWFA...* Koeffizient Robuster SF p-Wert
Kontrollvariablen:								
WEIBLICHWPL	?	0,538 0,251 0,034**	0,530 0,252 0,037**	0,571 0,227 0,013**	0,606 0,231 0,010***	0,593 0,226 0,010***	0,555 0,229 0,016**	0,506 0,247 0,042**
WEIBLICHWPR	?	0,148 0,098 0,130	0,151 0,098 0,126	0,167 0,097 0,089*	0,138 0,103 0,183	0,143 0,101 0,159	0,165 0,099 0,098*	0,122 0,096 0,207
LNBERERFWPL	+	-0,058 0,115 0,692	-0,059 0,115 0,695	-0,051 0,115 0,670	-0,073 0,117 0,735	-0,061 0,115 0,702	-0,053 0,115 0,677	-0,093 0,131 0,760
LNBERERFWPR	+	0,103 0,042 0,007***	0,103 0,043 0,008***	0,101 0,042 0,009***	0,086 0,042 0,022**	0,090 0,044 0,020**	0,092 0,043 0,017**	0,081 0,042 0,026**
Testvariablen:								
...WPL	?	0,073 0,128 0,567	-0,010 0,144 0,945	-0,022 0,074 0,764	0,019 0,073 0,795	-0,024 0,085 0,778	-0,343 0,490 0,486	0,071 0,119 0,553
...WPR	?	0,186 0,176 0,292	0,174 0,123 0,159	0,194 0,105 0,067*	0,164 0,076 0,032**	0,154 0,084 0,067*	3,161 1,332 0,019**	0,360 0,182 0,050**
Wald-Test auf signifikante Unterschiede zw. Koeffizienten:								
$H_0: \beta_{WPL} = \beta_{WPR}$		p=0,630	p=0,380	p=0,096*	p=0,237	p=0,177	p=0,032**	p=0,246

Fortsetzung Tabelle 40

Abhän-gige Variable: LNPH	Erwarte-tes Vor-zeichen	(1) Größter Marktanteil	(2) Zwei größte Markt-anteile	(3) Fünf größte Markt-anteile	(4) Marktanteil 20% größer als Gleich-verteilung	(5) Marktanteil oberhalb des 3. Quar-tils	(6) Markt-anteil	(7) Mitglied im IDW-Fachaus-schuss
Modell mit Testvari-able(n):		*LEADER...* Koeffizient Robuster SF p-Wert	*LEADER-TOP2...* Koeffizient Robuster SF p-Wert	*LEADER-TOP5...* Koeffizient Robuster SF p-Wert	*SPEZ20%...* Koeffizient Robuster SF p-Wert	*SPEZ3Q...* Koeffizient Robuster SF p-Wert	*Marktan-teil...* Koeffizient Robuster SF p-Wert	*IDWFA...* Koeffizient Robuster SF p-Wert
Kontrollvariablen?		Ja	Ja	Ja	Ja	Ja	Ja	Ja
WPG-Dummys?		Ja	Ja	Ja	Ja	Ja	Ja	Ja
NL-Dummys?		Ja	Ja	Ja	Ja	Ja	Ja	Ja
Jahresdummys?		Ja	Ja	Ja	Ja	Ja	Ja	Ja
Clusterung nach:		VU	VU	VU	VU	VU	VU	VU
Anzahl Beobachtungen:		532	532	532	532	532	532	532
Angepasstes R^2:		0,911	0,911	0,911	0,912	0,912	0,912	0,912

Hinweis: Das folgende Regressionsmodell wurde geschätzt: $LNPH=\beta_0+\beta_1LNBS+\beta_2LNInlTU+\beta_3LNAuslTU+\beta_4IFRS+\beta_5VVaG+\beta_6BStoGBB+\beta_7EKQuote+\beta_8BSW+\beta_9RückVQ+\beta_{10}GNBW+\beta_{11}ROAA+\beta_{12}LOSS+\beta_{13}LIQtoBS+\beta_{14}NPH-toPH+\beta_{15}ReportLag+\beta_{16}WPGWechsel+\beta_{17}INLWechsel+\beta_{18}WPLWechsel+\beta_{19}WPRWechsel+\beta_{20}WEIBLICHWPL+\beta_{21}WEIBLICHWPR+\beta_{22}LNBERERFWPL+\beta_{23}LNBERERFWPR+\beta_{24}SpezWPL+$ $\beta_{25}SpezWPR+fixed\ effects+\varepsilon$. Aus Gründen der Übersichtlichkeit und des Fokus auf die tabulierten Kontroll- und Testvariablen wird auf eine Wiedergabe der Schätzergebnisse bezüglich der anderen Kontrollvariablen und der Konstante verzichtet. Die im Regressionsmodell genannten Variablen *SpezWPL* und *SpezWPR* repräsentieren die jeweiligen in den Spalten (1) bis (7) verwendeten Testvariablen. Für die Definitionen der Kontroll- und Testvariablen siehe Tab. 10, Tab. 30 und Tab. 39. Für Variablen mit einer Vorzeichenerwartung werden die p-Werte auf Basis einseitiger Tests angegeben. Sofern keine Vorzeichenerwartung besteht, basieren die p-Werte auf zweiseitigen Tests. */**/***=Signifikanzniveau von 10%/5%/1%. Die Clusterung der robusten Standardfehler erfolgt nach VU. NL: Niederlassung; SF: Standardfehler; WPG: Wirtschaftsprüfungsgesellschaft; WPL: Linksunterzeichner; WPR: Rechtsunterzeichner; VU: Versicherungsunternehmen.

ausgeschlossen werden, da in den ersten drei Modellen der Koeffizient von *LNBERERFWPR* ebenfalls signifikant positiv ausfällt.

Insgesamt betrachtet stehen die Resultate bezüglich der Berufserfahrung im Einklang mit der bereits geäußerten Vermutung, dass Rechtsunterzeichner von höherer Bedeutung für das Produkt Abschlussprüfung sind als Linksunterzeichner. Hinsichtlich des Geschlechts der Prüfungspartner zeigt sich in Tab. 40 und Tab. 41, dass die wenigen durch einen weiblichen Linksunterzeichner testierten Abschlüsse einen signifikanten Honorar-aufschlag aufweisen. Dieser beträgt auf Basis der Koeffizienten von *WEIBLICHWPL* bis zu 84% (Tab. 41, Spalte (3)). Bedingt dadurch, dass nur so wenige Beobachtungen mit einem weiblichen Linksunterzeichner im Datensatz vertreten sind, muss dieses Ergebnis jedoch mit Vorsicht interpretiert werden. Des Weiteren ist dieser honorarerhöhende Effekt von *WEIBLICHWPL* unter Kontrolle der fixen Effekte der Rechtsunterzeichner in Tab. 42 nicht mehr zu beobachten. Für weibliche Rechtsunterzeichner verneint die Mehrheit der Regressionsmodelle einen relevanten Zusammenhang. Dennoch sprechen in Tab. 40 und Tab. 41 die Ergebnisse von jeweils zwei Modellen für einen positiven Einfluss, auch wenn die Signifikanz schwach ausfällt (Tab. 40 und Tab. 41, jeweils Spalte (3) und (6)). In diesen Fällen beträgt der maximale Honoraraufschlag für einen weiblichen Rechtsunterzeichner etwas mehr als 18%.

Die Resultate bezüglich der Testvariablen stehen in der Tendenz im Einklang mit den Ergebnissen unter Einbezug der Tochterunternehmen in Abschnitt 7.3.3.3. Demnach kann für die auf den Linksunterzeichner bezogenen Spezialistenvariablen unter keiner Modellspezifikation ein wesentlicher Honoraraufschlag nachgewiesen werden. Die Mehrheit der auf den Rechtsunterzeichner bezogenen Spezialistenvariablen besitzt hingegen signifikant positive Koeffizienten. Diese liegen in Abhängigkeit von der Definition der Indikatorvariablen zwischen 0,154 (SPEZ3QWPR in Tab. 40, Spalte (5)) und 0,480 (*IDWFAWPR* in Tab. 41, Spalte (7)) und bestätigen damit Honoraraufschläge zwischen 16% und 62%. Lediglich für *LEADERWPR* und *LEADERTOP2WPR* in Tab. 40, *LEADERWPRAlleine* und *LEADERTOP2WPRAlleine* in Tab. 41 und *LEADERWPR* in Tab. 43 fallen die Koeffizienten insignifikant aus.

Auffällig an den Ergebnissen in Tab. 41 ist, dass die Indikatorvariablen, welche anzeigen, dass beide Prüfungspartner Spezialisten sind, vorwiegend nicht signifikant ausfallen. Dies steht im Gegensatz zu den bisherigen Ergebnissen.[942] In Anbetracht der vorgenannten Ergebnisse kann zusammenfassend gesagt werden, dass auch diese Sensitivitätsanalyse Evidenz dafür erbringt, dass ein Großteil der als Branchenspezialisten identifizierten Rechtsunterzeichner in einem signifikant positiven Verhältnis zur Höhe des Prüfungshonorars steht. Hinzu kommt die Erkenntnis, dass die Berufserfahrung des Rechtsunterzeichners von Bedeutung für die Honorarhöhe ist. Dies deckt sich mit dem bisherigen Forschungsstand und untermauert des Weiteren die Annahme, dass insbesondere die Expertise des prüfungsdurchführenden Prüfungspartners von wesentlicher Bedeutung für das Produkt Abschlussprüfung ist. Das Geschlecht des Rechtsunterzeichners spielt im Rahmen dieser Analyse hingegen eine untergeordnete Rolle.

---

[942] Im Hinblick auf die vorgenannten Resultate ist anzumerken, dass eine nicht tabulierte Analyse auf Basis des winsorisierten Datensatzes nahezu identische Ergebnisse liefert. Ausnahmen sind lediglich, dass die auf dem winsorisierten Datensatz basierte Analyse einen signifikanten Koeffizienten für *MarktanteilWPR* in Tab. 41, Spalte (6), einen insignifikanten Koeffizienten für *IDWFAWPR* in Tab. 40, Spalte (7) und stets signifikante Koeffizienten für *LNBERERFWPR* in Tab. 43 liefert.

Tabelle 41: Ergebnisse des Prüfungshonorarmodells, wenn nur der Linksunterzeichner, wenn nur der Rechtsunterzeichner oder wenn beide Unterzeichner Branchenspezialisten sind (OLS-Regression) – Kontrolle für Berufserfahrung und Geschlecht der Prüfungspartner

Abhängige Variable: LNPH	Erwartetes Vorzeichen	(1) Größter Marktanteil	(2) Zwei größte Marktanteile	(3) Fünf größte Marktanteile	(4) Marktanteil 20% größer als Gleichverteilung	(5) Marktanteil oberhalb des 3. Quartils	(6) Marktanteil	(7) Mitglied im IDW-Fachausschuss
Modell mit Testvariable(n):		LEADER...	LEADER-TOP2...	LEADER-TOP5...	SPEZ20%...	SPEZ3Q...	Marktanteil...	IDWFA...
		Koeffizient Robuster SF p-Wert	Koeffizient Robuster SF p-Wert	Koeffizient Robuster SF p-Wert	Koeffizient Robuster SF p-Wert	Koeffizient Robuster SF p-Wert	Koeffizient Robuster SF p-Wert	Koeffizient Robuster SF p-Wert
Kontrollvariablen:								
WEIBLICHWPL	?	0,538 0,251 0,034**	0,531 0,252 0,036**	0,611 0,211 0,004***	0,616 0,230 0,008***	0,594 0,223 0,009***	0,556 0,230 0,017**	0,506 0,247 0,042**
WEIBLICHWPR	?	0,148 0,098 0,130	0,149 0,098 0,129	0,171 0,097 0,082*	0,139 0,103 0,178	0,154 0,104 0,140	0,165 0,099 0,099*	0,122 0,096 0,207
LNBERERFWPL	+	-0,058 0,115 0,692	-0,060 0,116 0,696	-0,043 0,117 0,645	-0,080 0,116 0,754	-0,065 0,114 0,716	-0,053 0,115 0,678	-0,093 0,131 0,760
LNBERERFWPR	+	0,103 0,042 0,007***	0,103 0,043 0,008***	0,102 0,042 0,009***	0,0883 0,043 0,020**	0,0934 0,044 0,017**	0,0920 0,043 0,017**	0,0812 0,042 0,026**
Testvariablen:								
...WPL-Alleine	?	0,073 0,128 0,567	-0,0154 0,149 0,917	0,0116 0,078 0,882	0,0538 0,076 0,483	0,0377 0,101 0,711	-0,336 0,624 0,591	0,0709 0,119 0,553
...WPR-Alleine	?	0,186 0,176 0,292	0,119 0,172 0,490	0,430 0,227 0,061*	0,224 0,126 0,078*	0,205 0,121 0,090*	3,188 1,978 0,109	Keine Beobachtungen
...WP-Beide	?	Keine Beobachtungen	0,171 0,171 0,320	0,119 0,136 0,384	0,166 0,083 0,048**	0,102 0,102 0,319	-0,150 8,074 0,985	0,430 0,183 0,020**

Fortsetzung Tabelle 41

Abhängige Variable: LNPH	Erwartetes Vorzeichen	(1) Größter Marktanteil	(2) Zwei größte Marktanteile	(3) Fünf größte Marktanteile	(4) Marktanteil 20% größer als Gleichverteilung	(5) Marktanteil oberhalb des 3. Quartils	(6) Marktanteil	(7) Mitglied im IDW-Fachausschuss
Modell mit Testvariable(n):		*LEADER...*	*LEADER-TOP2...*	*LEADER-TOP5...*	*SPEZ20%...*	*SPEZ3Q...*	*Marktanteil...*	*IDWFA...*
		Koeffizient Robuster SF p-Wert	Koeffizient Robuster SF p-Wert	Koeffizient Robuster SF p-Wert	Koeffizient Robuster SF p-Wert	Koeffizient Robuster SF p-Wert	Koeffizient Robuster SF p-Wert	Koeffizient Robuster SF p-Wert
Wald-Test auf signifikante Unterschiede zw. Koeffizienten:								
H_0: $\beta_{WPLAlleine} = \beta_{WPRAlleine}$		p=0,630	p=0,517	p=0,064*	p=0,215	p=0,187	p=0,072*	p=0,553
H_0: $\beta_{WPBeide} = \beta_{WPLAlleine}$		p=0,567	p=0,193	p=0,393	p=0,136	p=0,479	p=0,983	p=0,050**
H_0: $\beta_{WPBeide} = \beta_{WPRAlleine}$		p=0,292	p=0,816	p=0,227	p=0,492	p=0,427	p=0,729	p=0,020**
Kontrollvariablen?		Ja	Ja	Ja	Ja	Ja	Ja	Ja
WPG-Dummys?		Ja	Ja	Ja	Ja	Ja	Ja	Ja
NL-Dummys?		Ja	Ja	Ja	Ja	Ja	Ja	Ja
Jahresdummys?		Ja	Ja	Ja	Ja	Ja	Ja	Ja
Clusterung nach:		VU	VU	VU	VU	VU	VU	VU
Anzahl Beobachtungen:		532	532	532	532	532	532	532
Angepasstes R^2:		0,911	0,911	0,912	0,912	0,912	0,912	0,912

Hinweis: Das folgende Regressionsmodell wurde geschätzt: $LNPH=\beta_0+\beta_1LNBS+\beta_2LNInlTU+\beta_3LNAuslTU+\beta_4IFRS+\beta_5VVaG+\beta_6BStoGBB+\beta_7EKQuote+\beta_8BSW+\beta_9RückVQ+\beta_{10}GNBW+\beta_{11}ROAA+\beta_{12}LOSS+\beta_{13}LIQtoBS+\beta_{14}NPHtoPH+\beta_{15}ReportLag+\beta_{16}WPGWechsel+\beta_{17}INLWechsel+\beta_{18}IWPLWechsel+\beta_{19}IWPRWechsel+\beta_{20}WEIBLICHWPL+\beta_{21}WEIBLICHWPR+\beta_{22}LNBERERFWPL+\beta_{23}LNBERERFWPR+\beta_{24}SpezWPLAlleine+\beta_{25}SpezWPRAlleine+\beta_{26}SpezWPBeide+fixed\ effects+\varepsilon$. Aus Gründen der Übersichtlichkeit und des Fokus auf die tabulierten Kontroll- und Testvariablen wird auf eine Wiedergabe der Schätzergebnisse bezüglich der anderen Kontrollvariablen und der Konstante verzichtet. Die im Regressionsmodell genannten Variablen *Spez-WPLAlleine*, *SpezWPRAlleine* und *SpezWPBeide* repräsentieren die jeweiligen in den Spalten (1) bis (7) verwendeten Testvariablen. Für die Definitionen der Kontrollvariablen siehe Tab. 10, Tab. 30 und Tab. 39, für die der Testvariablen siehe Tab. 18. Für Variablen mit einer Vorzeichenerwartung werden die p-Werte auf Basis einseitiger Tests angegeben. Sofern keine Vorzeichenerwartung besteht, basieren die p-Werte auf zweiseitigen Tests. */**/***=Signifikanzniveau von 10%/5%/1%. Die Clusterung der robusten Standardfehler erfolgt nach VU. NL: Niederlassung; SF: Standardfehler; WPG: Wirtschaftsprüfungsgesellschaft; WPL: Linksunterzeichner; WPR: Rechtsunterzeichner; VU: Versicherungsunternehmen.

Tabelle 42: Ergebnisse des Prüfungshonorarmodells unter Einbezug der auf die Versicherungsbranche speziali-sierten Linksunterzeichner und Dummy-Variablen für alle Rechtsunterzeichner (OLS-Regression) – Kontrolle für Berufserfahrung und Geschlecht des Linksunterzeichners

Abhängige Variable: LNPH	Erwartetes Vorzeichen	(1) Größter Marktanteil	(2) Zwei größte Marktanteile	(3) Fünf größte Marktanteile	(4) Marktanteil 20% größer als Gleichverteilung	(5) Marktanteil oberhalb des 3. Quartils	(6) Marktanteil	(7) Mitglied im IDW-Fachausschuss
Modell mit Testvariable(n):		*LEADER...*	*LEADER-TOP2...*	*LEADER-TOP5...*	*SPEZ20%...*	*SPEZ3Q...*	*Marktanteil...*	*IDWFA...*
		Koeffizient Robuster SF p-Wert	Koeffizient Robuster SF p-Wert	Koeffizient Robuster SF p-Wert	Koeffizient Robuster SF p-Wert	Koeffizient Robuster SF p-Wert	Koeffizient Robuster SF p-Wert	Koeffizient Robuster SF p-Wert
Kontrollvariablen:								
WEIBLICHWPL	?	0,474 0,340 0,166	0,474 0,342 0,168	0,474 0,341 0,166	0,477 0,350 0,175	0,474 0,341 0,167	0,474 0,340 0,165	0,448 0,363 0,219
LNBERERFWPL	+	0,137 0,160 0,196	0,137 0,160 0,196	0,138 0,160 0,195	0,128 0,160 0,214	0,138 0,160 0,195	0,138 0,159 0,194	0,0862 0,176 0,313
Testvariable:								
...WPL	?	-0,021 0,084 0,803	-0,187 0,371 0,614	0,003 0,102 0,976	0,036 0,075 0,630	0,005 0,112 0,967	-0,077 0,668 0,909	0,126 0,169 0,455
Kontrollvariablen?		Ja	Ja	Ja	Ja	Ja	Ja	Ja
WPG-Dummys?		Ja	Ja	Ja	Ja	Ja	Ja	Ja
NL-Dummys?		Ja	Ja	Ja	Ja	Ja	Ja	Ja
WPR-Dummys?		Ja	Ja	Ja	Ja	Ja	Ja	Ja
Jahresdummys?		Ja	Ja	Ja	Ja	Ja	Ja	Ja
Clusterung nach:		VU	VU	VU	VU	VU	VU	VU
Anzahl Beobachtungen:		532	532	532	532	532	532	532
Angepasstes R²:		0,934	0,934	0,934	0,934	0,934	0,934	0,934

Hinweis: Das folgende Regressionsmodell wurde geschätzt: $LNPH=\beta_0+\beta_1LNBS+\beta_2LNInITU+\beta_3LNAusITU+\beta_4IFRS+\beta_5VVaG+\beta_6BStoGBB+\beta_7EKQuote+\beta_8BSW+\beta_9RückVQ+\beta_{10}GNBW+\beta_{11}ROAA+\beta_{12}LOSS+\beta_{13}LIQtoBS+\beta_{14}NPHtoPH+\beta_{15}ReportLag+\beta_{16}WPGWechsel+\beta_{17}INLWechsel+\beta_{18}IWPLWechsel+\beta_{19}IWPRWechsel+\beta_{20}WEIBLICHWPL+\beta_{21}LNBERERFWPL+\beta_{22}SpezWPL+fixed\ effects+\varepsilon$. Aus Gründen der Übersichtlichkeit und des Fokus auf die tabulierten Kontroll- und Testvariablen wird auf eine Wiedergabe der Schätzergebnisse bezüglich der anderen Kontrollvariablen und der Konstante verzichtet. Die im Regressionsmodell genannte Variable *SpezWPL* repräsentiert die jeweilige in den Spalten (1) bis (7) verwendete Testvariable. Für die Definitionen der Kontroll- und Testvariablen siehe Tab. 10, Tab. 30 und Tab. 39. Neben den in Tab. 10 genannten *fixed effects* berücksichtigt das Modell die fixen Effekte der Rechtsunterzeichner. Für Variablen mit einer Vorzeichenerwartung werden die p-Werte auf Basis einseitiger Tests angegeben. Sofern keine Vorzeichenerwartung besteht, basieren die p-Werte auf zweiseitigen Tests. */**/***=Signifikanzniveau von 10%/5%/1%. Die Clusterung der robusten Standardfehler erfolgt nach VU. NL: Niederlassung; SF: Standardfehler; WPG: Wirtschaftsprüfungsgesellschaft; WPL: Linksunterzeichner; WPR: Rechtsunterzeichner; VU: Versicherungsunternehmen.

Tabelle 43: Ergebnisse des Prüfungshonorarmodells unter Einbezug der auf die Versicherungsbranche spezialisierten Rechtsunterzeichner und Dummy-Variablen für alle Linksunterzeichner (OLS-Regression) – Kontrolle für Berufserfahrung und Geschlecht des Rechtsunterzeichners

Abhängige Variable: LNPH	Erwartetes Vorzeichen	(1) Größter Marktanteil	(2) Zwei größte Marktanteile	(3) Fünf größte Marktanteile	(4) Marktanteil 20% größer als Gleichverteilung	(5) Marktanteil oberhalb des 3. Quartils	(6) Marktanteil	(7) Mitglied im IDW-Fachausschuss
Modell mit Testvariable(n):		*LEADER...* Koeffizient Robuster SF p-Wert	*LEADER-TOP2...* Koeffizient Robuster SF p-Wert	*LEADER-TOP5...* Koeffizient Robuster SF p-Wert	*SPEZ20%...* Koeffizient Robuster SF p-Wert	*SPEZ3Q...* Koeffizient Robuster SF p-Wert	*Marktanteil...* Koeffizient Robuster SF p-Wert	*IDWFA...* Koeffizient Robuster SF p-Wert
Kontrollvariablen:								
WEIBLICHWPR	?	0,167 0,178 0,349	0,165 0,177 0,354	0,159 0,174 0,362	0,104 0,195 0,593	0,0984 0,198 0,619	0,132 0,179 0,462	0,125 0,177 0,482
LNBERERFWPR	+	0,0642 0,049 0,096*	0,0644 0,049 0,095*	0,0638 0,049 0,097*	0,0519 0,050 0,151	0,0525 0,051 0,150	0,0555 0,049 0,130	0,0578 0,048 0,117
Testvariable:								
...WPR	?	0,266 0,135 0,051*	0,164 0,120 0,176	0,229 0,121 0,061*	0,158 0,079 0,048**	0,155 0,092 0,094*	3,219 1,200 0,008***	0,480 0,217 0,028**
Kontrollvariablen?		Ja	Ja	Ja	Ja	Ja	Ja	Ja
WPG-Dummys?		Ja	Ja	Ja	Ja	Ja	Ja	Ja
NL-Dummys?		Ja	Ja	Ja	Ja	Ja	Ja	Ja
WPL-Dummys?		Ja	Ja	Ja	Ja	Ja	Ja	Ja
Jahresdummys?		Ja	Ja	Ja	Ja	Ja	Ja	Ja
Clusterung nach:		VU	VU	VU	VU	VU	VU	VU
Anzahl Beobachtungen:		532	532	532	532	532	532	532
Angepasstes R^2:		0,922	0,922	0,922	0,923	0,923	0,923	0,923

Hinweis: Das folgende Regressionsmodell wurde geschätzt: $LNPH=\beta_0+\beta_1 LNBS+\beta_2 LNInlTU+\beta_3 LNAuslTU+\beta_4 IFRS+\beta_5 VVaG+\beta_6 BStoGBB+\beta_7 EKQuote+\beta_8 BSW+\beta_9 RückVQ+\beta_{10} GNBW+\beta_{11} ROAA+\beta_{12} LOSS+\beta_{13} LIQtoBS+\beta_{14} NPHtoPH+\beta_{15} ReportLag+\beta_{16} WPGWechsel+\beta_{17} INLWechsel+\beta_{18} WPLWechsel+\beta_{19} WPRWechsel+\beta_{20} WEIBLICHWPR+\beta_{21} LNBERERFWPR+\beta_{22} SpezWPR+fixed\ effects+\varepsilon$. Aus Gründen der Übersichtlichkeit und des Fokus auf die tabulierten Kontroll- und Testvariablen wird auf eine Wiedergabe der Schätzergebnisse bezüglich der anderen Kontrollvariablen und der Konstante verzichtet. Die im Regressionsmodell genannte Variable *SpezWPR* repräsentiert die jeweilige in den Spalten (1) bis (7) verwendete Testvariable. Für die Definitionen der Kontroll- und Testvariablen siehe Tab. 10, Tab. 30 und Tab. 39. Neben den in Tab. 10 genannten *fixed effects* berücksichtigt das Modell die fixen Effekte der Linksunterzeichner. Für Variablen mit einer Vorzeichenerwartung werden die p-Werte auf Basis einseitiger Tests angegeben. Sofern keine Vorzeichenerwartung besteht, basieren die p-Werte auf zweiseitigen Tests. */**/***=Signifikanzniveau von 10%/5%/1%. Die Clusterung der robusten Standardfehler erfolgt nach VU. NL: Niederlassung; SF: Standardfehler; WPG: Wirtschaftsprüfungsgesellschaft; WPL: Linksunterzeichner; WPR: Rechtsunterzeichner; VU: Versicherungsunternehmen.

7.3.3.6 Ergebnisse bei Verwendung von anderen Erhebungsmerkmalen zur Bestimmung der Branchenspezialisten

In den bisherigen Analysen wurden die marktanteilsbasierten Spezialistenvariablen ausnahmslos auf Basis des Erhebungsmerkmals „Honorar für Abschlussprüfungsleistungen" bestimmt, da dieses die Umsatzerlöse und damit das Marktvolumen eines Abschlussprüfermarktes am besten widerspiegelt.[943] Dennoch finden sich Forschungsarbeiten bezüglich der Individualebene, welche auf andere Erhebungsmerkmale, wie bspw. Mandatsanzahl, Bilanzsumme oder Umsatzerlöse der Mandanten, zurückgreifen.[944] In der folgenden Analyse wird untersucht, ob die bisherigen Ergebnisse auch bei Verwendung von derartigen Erhebungsmerkmalen standhalten. Zum Einsatz kommen hierbei die Erhebungsmerkmale Bilanzsumme (radiziert und nicht radiziert), gebuchte Bruttobeiträge (radiziert und nicht radiziert) und Mandatsanzahl. Anhand dieser Erhebungsmerkmale werden die in Abschnitt 7.1 erläuterten Spezialistenvariablen gebildet. Unter Einbezug der in Abschnitt 7.3.3.3 verwendeten Kontrollvariablen sowie den für die Links- und Rechtsunterzeichner bestimmten Spezialistenvariablen erfolgen sodann die Regressionsschätzungen. Anhand der Ergebnisse in Tab. 44 wird deutlich, dass fast ausnahmslos kein signifikanter Zusammenhang zwischen den auf den anderen Erhebungsmerkmalen basierenden Spezialistenvariablen und der Höhe des Prüfungshonorars konstatiert werden kann. Lediglich der anhand der radizierten gebuchten Bruttobeiträge ermittelte Marktführer weist einen schwach signifikanten Einfluss auf. Dieser fällt jedoch konträr zu den bisherigen Ergebnissen negativ aus. Die ansonsten gänzlich fehlende Evidenz für Honoraraufschläge steht im Gegensatz zu den Resultaten auf Basis der Prüfungshonorare, welche zumindest für die den Rechtsunterzeichner betreffenden Variablen *LEADERTOP5WPR*, *SPEZ20%WPR* sowie *MarktanteilWPR* einen signifikanten und ökonomisch relevanten Einfluss relativ konstant nachweisen.

Der fehlende Nachweis für eine wesentliche Bedeutung der auf den anderen Erhebungsmerkmalen basierenden Spezialistenvariablen könnte damit begründet werden, dass diese nicht die wahren branchenspezialisierten Prüfungspartner identifizieren. Die fälschlicherweise identifizierten Prüfungspartner besitzen demnach nicht die herausragende Branchenexpertise und Reputation eines Branchenspezialisten. Folglich stehen diese Prüfungspartner in keinem signifikanten Verhältnis zur Honorarhöhe. Trotz dieser möglichen Begründung muss bei der Interpretation der vorliegenden Ergebnisse bedacht werden, dass bis dato nicht eindeutig und theoretisch fundiert geklärt ist, welches tatsächlich das optimalste Erhebungsmerkmal bei der Bestimmung von Branchenspezialisten darstellt. Auch wenn in der Literatur die Tendenz dahingeht, dass Prüfungshonorare aufgrund ihrer guten Eignung zur Abbildung des Marktvolumens präferiert werden sollten, existieren dennoch Gegenargumente, welche den anderen Erhebungsmerkmalen den Vorzug geben. Wird unterstellt, dass eines der hier verwendeten alternativen Erhebungsmerkmale die tatsächlichen Branchenspezialisten besser erfasst, so wären die in Abschnitt 5.2 aufgestellten Nullhypothesen nicht abzulehnen. Auf die Versicherungsbranche spezialisierte Links- und Rechtsunterzeichner würden demnach keine nachweisbaren Prüfungshonoraraufschläge besitzen.

---

[943]   Siehe hierzu Abschnitt 4.2.3.2.
[944]   Vgl. u. a. . *Chi/Chin*, 2011, S. 208; *Chin/Chi*; 2009, S. 737; *Zerni*, 2012, S. 322. Siehe dazu auch Tab. 47, Anhang A.1.

Tabelle 44: Ergebnisse des Prüfungshonorarmodells unter Einbezug der auf die Versicherungsbranche spezialisierten Linksunterzeichner und Rechtsunterzeichner – andere Erhebungsmerkmale

Abhängige Variable: LNPH	Erwartetes Vorzeichen	(1) Größter Marktanteil	(2) Zwei größte Markt- anteile	(3) Fünf größte Markt- anteile	(4) Marktanteil 20% größer als Gleich- verteilung	(5) Marktanteil oberhalb des 3. Quartils	(6) Markt- anteil
Marktanteilsba- sierte Test- variablen:		*LEADER...* Koeffizient Robuster SF p-Wert	*LEADER- TOP2...* Koeffizient Robuster SF p-Wert	*LEADER- TOP5...* Koeffizient Robuster SF p-Wert	*SPEZ20%...* Koeffizient Robuster SF p-Wert	*SPEZ3Q...* Koeffizient Robuster SF p-Wert	*Marktan- teil...* Koeffizient Robuster SF p-Wert
Erhebungsmerkmal: Prüfungshonorar							
...WPL	?	0,118 0,107 0,272	0,0581 0,119 0,626	0,0703 0,064 0,276	0,0599 0,061 0,331	0,112 0,069 0,106	0,0493 0,426 0,908
...WPR	?	0,019 0,221 0,933	0,173 0,110 0,120	0,174 0,065 0,008***	0,135 0,059 0,023**	0,0778 0,061 0,207	2,554 1,188 0,033**
Erhebungsmerkmal: Bilanzsumme							
...WPL	?	0,132 0,110 0,231	0,126 0,120 0,296	-0,052 0,058 0,375	0,029 0,087 0,734	-0,042 0,063 0,502	0,352 0,391 0,370
...WPR	?	-0,047 0,263 0,859	-0,152 0,205 0,459	0,075 0,078 0,341	0,032 0,082 0,703	0,046 0,080 0,568	0,208 1,011 0,837
Erhebungsmerkmal: radizierte Bilanzsumme							
...WPL	?	0,114 0,120 0,342	-0,000 0,062 0,997	0,050 0,057 0,390	-0,024 0,075 0,753	0,015 0,055 0,782	0,531 0,705 0,452
...WPR	?	0,043 0,211 0,839	-0,095 0,083 0,254	0,045 0,089 0,616	0,083 0,067 0,219	0,014 0,074 0,854	0,033 2,304 0,988
Erhebungsmerkmal: gebuchte Bruttobeiträge							
...WPL	?	0,127 0,091 0,163	0,128 0,106 0,226	0,027 0,050 0,592	0,015 0,084 0,857	-0,016 0,052 0,760	0,338 0,427 0,429
...WPR	?	-0,00793 0,230 0,973	-0,168 0,210 0,424	-0,006 0,092 0,940	0,028 0,080 0,724	0,021 0,083 0,801	0,334 1,144 0,771
Erhebungsmerkmal: radizierte gebuchte Bruttobeiträge							
...WPL	?	0,134 0,119 0,263	0,006 0,058 0,922	0,080 0,053 0,137	0,010 0,090 0,912	0,051 0,050 0,313	0,569 0,722 0,432
...WPR	?	-0,207 0,121 0,090*	-0,095 0,084 0,258	0,017 0,090 0,855	0,070 0,063 0,270	0,037 0,067 0,584	0,200 2,231 0,929

Fortsetzung Tabelle 44

Abhängige Variable: LNPH	Erwartetes Vorzeichen	(1) Größter Marktanteil	(2) Zwei größte Marktanteile	(3) Fünf größte Marktanteile	(4) Marktanteil 20% größer als Gleichverteilung	(5) Marktanteil oberhalb des 3. Quartils	(6) Marktanteil
Marktanteilsbasierte Testvariablen:		*LEADER...*	*LEADER-TOP2...*	*LEADER-TOP5...*	*SPEZ20%...*	*SPEZ3Q...*	*Marktanteil...*
		Koeffizient Robuster SF p-Wert	Koeffizient Robuster SF p-Wert	Koeffizient Robuster SF p-Wert	Koeffizient Robuster SF p-Wert	Koeffizient Robuster SF p-Wert	Koeffizient Robuster SF p-Wert
Erhebungsmerkmal: Mandatsanzahl							
...WPL	?	0,024 0,059 0,681	0,002 0,052 0,973	0,030 0,068 0,661	0,016 0,082 0,846	0,014 0,071 0,843	0,439 1,116 0,694
...WPR	?	-0,196 0,161 0,226	-0,032 0,085 0,711	-0,058 0,069 0,403	-0,013 0,074 0,862	-0,048 0,070 0,491	-2,031 2,427 0,404
Kontrollvariablen?		Ja	Ja	Ja	Ja	Ja	Ja
WPG-Dummys?		Ja	Ja	Ja	Ja	Ja	Ja
NL-Dummys?		Ja	Ja	Ja	Ja	Ja	Ja
Jahresdummys?		Ja	Ja	Ja	Ja	Ja	Ja
Clusterung nach:		VU	VU	VU	VU	VU	VU
Anzahl Beobachtungen:		760	760	760	760	760	760

Hinweis: Das folgende Regressionsmodell wurde geschätzt: $LNPH = \beta_0 + \beta_1 LNBS + \beta_2 LNlnITU + \beta_3 LNAuslTU + \beta_4 IFRS + \beta_5 VVaG + \beta_6 BStoGBB + \beta_7 EKQuote + \beta_8 BSW + \beta_9 RückVQ + \beta_{10} GNBW + \beta_{11} ROAA + \beta_{12} LOSS + \beta_{13} LIQtoBS + \beta_{14} NPHtoPH + \beta_{15} ReportLag + \beta_{16} WPGWechsel + \beta_{17} INLWechsel + \beta_{18} WPLWechsel + \beta_{19} IWPRWechsel + \beta_{20} SpezWPL + \beta_{21} SpezWPR + fixed\ effects + \varepsilon$. Aus Gründen der Übersichtlichkeit und des Fokus auf die tabulierten Kontroll- und Testvariablen wird auf eine Wiedergabe der Schätzergebnisse bezüglich der anderen Kontrollvariablen und der Konstante verzichtet. Die im Regressionsmodell genannten Variablen *SpezWPL* und *SpezWPR* repräsentieren die jeweiligen in den Spalten (1) bis (6) verwendeten Testvariablen. Für die Definitionen der Kontroll- und Testvariablen siehe Tab. 10 und Tab. 30. Bei den Testvariablen ist zu beachten, dass jeweils die in der Tabelle genannten Erhebungsmerkmale als Berechnungsgrundlage dienen. Für Variablen mit einer Vorzeichenerwartung werden die p-Werte auf Basis einseitiger Tests angegeben. Sofern keine Vorzeichenerwartung besteht, basieren die p-Werte auf zweiseitigen Tests. */**/***=Signifikanzniveau von 10%/5%/1%. Die Clusterung der robusten Standardfehler erfolgt nach VU. NL: Niederlassung; SF: Standardfehler; WPG: Wirtschaftsprüfungsgesellschaft; WPL: Linksunterzeichner; WPR: Rechtsunterzeichner; VU: Versicherungsunternehmen.

Die Resultate dieser Analyse verdeutlichen das grundsätzlich bestehende und diskutierte Problem bei der Untersuchung von Prüfungshonorar und Prüfungsqualität beeinflussenden Effekten im Zusammenhang mit Branchenspezialisten. Die aus der fehlenden eindeutigen Definition resultierende Verwendung von unterschiedlichen Erhebungsmerkmalen führt zu zum Teil sehr konträren Ergebnissen. Dies gilt selbst für Merkmale, die grundsätzlich eine sehr hohe Korrelation aufweisen, wie bspw. Prüfungshonorar und Bilanzsumme.

Welche Ergebnisse nun tatsächlich den wahren Effekt eines Branchenspezialisten wider-spiegeln, kann nicht mit Gewissheit gesagt werden.[945]

7.3.3.7 Ergebnisse bei gleichzeitiger Berücksichtigung der Mitgliedschaft im IDW-Versicherungsfachausschuss und der marktanteilsbasierten Branchenspezialisierung

Die bisherigen Analysen liefern Evidenz dafür, dass insbesondere Rechtsunterzeichner, de-nen aufgrund ihres verhältnismäßig hohen Marktanteils ein hoher Spezialisierungsgrad zu-gesprochen wird, Honoraraufschläge erzielen können. Gleichzeitig spricht die Mehrheit der Ergebnisse dafür, dass im IDW-Versicherungsfachausschuss sitzende Rechtsunterzeichner aufgrund ihrer vermeintlich umfangreicheren Branchenexpertise höhere Prüfungshono-rare vereinnahmen.[946] Die Indikatorvariable zur Signalisierung der Mitgliedschaft im IDW-Fachausschuss basiert als einzige nicht auf dem Marktanteil. Dies bedeutet, dass die darüber als Branchenspezialisten identifizierten Wirtschaftsprüfer nicht zwangsmäßig einen hohen Marktanteil besitzen müssen. Die Korrelationsanalyse in Abschnitt 7.2.2 (Tab. 13) zeigt dennoch auf, dass zwischen den auf den Rechtsunterzeichner bezogenen marktanteilsba-sierten Spezialistenvariablen und *IDWFAWPR* zumindest eine schwache bis mittlere signi-fikant positive Korrelation vorliegt. Dies gilt ebenso für die auf den Linksunterzeichner be-zogenen marktanteilsbasierten Spezialistenvariablen und *IDWFAWPL*. In diesem Zusam-menhang stellt sich die Frage, wie die Effekte der marktanteilsbasierten Spezialistenvari-ablen und der IDW-Indikatorvariable ausfallen, sofern jeweils beide Testvariablen gleich-zeitig in das Modell aufgenommen werden.

Tab. 45 beinhaltet unter Berücksichtigung der bereits in Abschnitt 7.3.3.3 verwendeten Kontrollvariablen die entsprechenden Ergebnisse. In Hinblick auf die Linksunterzeichner zeigt sich weitestgehend im Einklang mit den vorhergehenden Resultaten, dass weder die Mitgliedschaft im IDW-Fachausschuss noch die marktanteilsbasierten Spezialistenvariab-len einen signifikanten Einfluss auf das Prüfungshonorar ausüben. Bemerkenswert sind hingegen die Ergebnisse bezüglich der Rechtsunterzeichner. Im Gegensatz zu den bisheri-gen Erkenntnissen wird bei gleichzeitiger Berücksichtigung der Mitgliedschaft im IDW-Versicherungsfachausschuss mit nur einer Ausnahme für alle anderen marktanteilsbasier-ten Spezialistenvariablen kein bedeutsamer Einfluss auf die Honorarhöhe nachgewiesen.[947] Die Ausnahme bildet *SPEZ20%WPR*. Der nachgewiesene Honoraraufschlag beträgt für die darunter fallenden Rechtsunterzeichner ca. 12,4%. Die auf den Rechtsunterzeichner bezo-gene IDW-Indikatorvariable fällt hingegen unabhängig von der marktanteilsbasierten Spe-zialistenvariable stets signifikant positiv aus. Hierbei kann den durch die Koeffizienten zum Ausdruck kommenden Honoraraufschlägen zwischen 31,7% (*IDWFAWPR* in Tab. 45, Spalte (3)) und 47,1% (*IDWFAWPR* in Tab. 45, Spalte (1)) stets eine ökonomische Relevanz

---

[945] Siehe in diesem Zusammenhang auch die Ausführungen im letzten Absatz von Abschnitt 4.2.3.2.

[946] Lediglich die Ergebnisse des *Fixed-Effects*-Modells in Abschnitt 7.3.3.4 sprechen gegen einen Honorarauf-schlag für im IDW-Fachausschuss vertretene Rechtsunterzeichner.

[947] Mögliche Multikollinearitätsprobleme, welche die insignifikanten Koeffizienten verantworten, sind in diesem Zusammenhang zwar nicht gänzlich auszuschließen, jedoch sollten sich diese im Rahmen halten, da der für die jeweiligen Testvariablen ermittelte VIF stets nicht größer als 2,52 ist.

Tabelle 45: Ergebnisse bei gleichzeitiger Berücksichtigung der Mitgliedschaft im IDW-Versicherungsfachausschuss und der marktanteilsbasierten Spezialistenvariablen (OLS-Regression)

Abhängige Variable: LNPH	Erwartetes Vorzeichen	(1) Größter Marktanteil	(2) Zwei größte Marktanteile	(3) Fünf größte Marktanteile	(4) Marktanteil 20% größer als Gleichverteilung	(5) Marktanteil oberhalb des 3. Quartils	(6) Marktanteil
Marktanteilsbasierte Testvariablen:		*LEADER...*	*LEADER-TOP2...*	*LEADER-TOP5...*	*SPEZ20%...*	*SPEZ3Q...*	*Marktanteil...*
		Koeffizient Robuster SF p-Wert	Koeffizient Robuster SF p-Wert	Koeffizient Robuster SF p-Wert	Koeffizient Robuster SF p-Wert	Koeffizient Robuster SF p-Wert	Koeffizient Robuster SF p-Wert
IDW-Testvariablen:							
IDWFAWPL	?	0,078 0,090 0,386	0,084 0,091 0,356	0,046 0,088 0,600	0,028 0,092 0,761	0,031 0,088 0,730	0,071 0,096 0,461
IDWFAWPR	?	0,386 0,138 0,006***	0,377 0,145 0,010***	0,275 0,154 0,077*	0,323 0,138 0,021**	0,312 0,142 0,029**	0,276 0,166 0,097*
Marktanteilsbasierte Testvariablen:							
...WPL	?	-0,036 0,107 0,733	-0,065 0,133 0,623	0,044 0,066 0,510	0,039 0,068 0,569	0,073 0,073 0,314	-0,235 0,480 0,625
...WPR	?	0,112 0,183 0,541	0,052 0,106 0,625	0,100 0,075 0,183	0,117 0,060 0,052*	0,063 0,062 0,309	1,853 1,265 0,145
Kontrollvariablen?		Ja	Ja	Ja	Ja	Ja	Ja
WPG-Dummys?		Ja	Ja	Ja	Ja	Ja	Ja
NL-Dummys?		Ja	Ja	Ja	Ja	Ja	Ja
Jahresdummys?		Ja	Ja	Ja	Ja	Ja	Ja
Clusterung nach:		VU	VU	VU	VU	VU	VU
Anzahl Beobachtungen:		760	760	760	760	760	760
Angepasstes R²:		0,909	0,909	0,909	0,910	0,909	0,909
F-Statistik:		170,934	151,394	144,716	159,546	154,902	134,020
Prob>F:		0,000	0,000	0,000	0,000	0,000	0,000

Hinweis: Das folgende Regressionsmodell wurde geschätzt: $LNPH=\beta_0+\beta_1 LNBS+\beta_2 LNlnITU+\beta_3 LNAuslTU+\beta_4 IFRS+\beta_5 VVaG+\beta_6 BStoGBB+\beta_7 EKQuote+\beta_8 BSW+\beta_9 RückVQ+\beta_{10} GNBW+\beta_{11} ROAA+\beta_{12} LOSS+\beta_{13} LIQtoBS+\beta_{14} NPHtoPH+\beta_{15} ReportLag+\beta_{16} WPGWechsel+\beta_{17} INLWechsel+\beta_{18} IWPLWechsel+\beta_{19} IWPRWechsel+\beta_{20} IDWFAWPL+\beta_{21} IDWFAWPR+\beta_{22} SpezWPL+\beta_{23} SpezWPR+fixed effects+\varepsilon$. Aus Gründen der Übersichtlichkeit und des Fokus auf die Testvariablen wird auf eine Wiedergabe der Schätzergebnisse bezüglich der Kontrollvariablen und der Konstante verzichtet. Die im Regressionsmodell genannten Variablen *SpezWPL* und *SpezWPR* repräsentieren die jeweiligen in den Spalten (1) bis (6) verwendeten Testvariablen. Für die Definitionen der Kontroll- und Testvariablen siehe Tab. 10 und Tab. 30. Für Variablen mit einer Vorzeichenerwartung werden die p-Werte auf Basis einseitiger Tests angegeben. Sofern keine Vorzeichenerwartung besteht, basieren die p-Werte auf zweiseitigen Tests. */**/***=Signifikanzniveau von 10%/5%/1%. Die Clusterung der robusten Standardfehler erfolgt nach VU. NL: Niederlassung; SF: Standardfehler; WPG: Wirtschaftsprüfungsgesellschaft; WPL: Linksunterzeichner; WPR: Rechtsunterzeichner; VU: Versicherungsunternehmen.

zugesprochen werden. Insgesamt deuten die Ergebnisse dieser Analyse daraufhin, dass die zuvor konstatierten Honoraraufschläge für marktanteilsbasierte Branchenspezialisten primär durch die ebenfalls darunter vertretenen, im IDW-Versicherungsfachausschuss sitzenden Rechtsunterzeichner bedingt wurden.[948] Interessant ist in diesem Zusammenhang die Erkenntnis der deskriptiven Statistik in Abschnitt 7.2.2. Diese zeigt auf, dass im Datensatz lediglich zwei Rechtsunterzeichner vertreten sind, die Mitglieder des IDW-Fachausschusses sind und insgesamt 16 Abschlüsse testieren. Die Resultate legen nahe, dass nur diese zwei Prüfungspartner in ihrer Funktion als Rechtsunterzeichner Honoraraufschläge erzielen.

Um dies zusätzlich zu überprüfen, werden bezüglich des Links- und Rechtsunterzeichners jeweils drei neue Indikatorvariablen gebildet und analysiert. Die neuen Indikatorvariablen zeigen an, ob der jeweilige Prüfungspartner nur aufgrund seines Marktanteils, nur aufgrund der Mitgliedschaft im IDW-Fachausschuss oder jedoch aufgrund von beiden Eigenschaften als Branchenspezialist gilt. Die entsprechende Referenzgruppe bilden die jeweiligen Links- bzw. Rechtsunterzeichner, welche keine der beiden Eigenschaften aufweisen. Die Variable *LEADERWPLNur* bringt demnach mit einem Wert von 1 zum Ausdruck, dass der Linksunterzeichner aufgrund seiner anteilsbasierten Marktführerschaft im betrachteten Jahr Branchenspezialist, jedoch kein Mitglied des IDW-Versicherungsfachausschusses ist. *IDWWPLNur* nimmt hingegen den Wert 1 an, wenn der Linksunterzeichner im Fachausschuss sitzt, jedoch kein marktanteilsbasierter Branchenspezialist ist, da er nicht den größten Marktanteil innehat. Sollte im Gegensatz dazu der Linksunterzeichner sowohl Marktführer als auch Mitglied des Fachausschusses sein, so signalisiert dies *LEADER&IDWWPL* durch den Wert 1.[949] Tab. 46 liefert die Resultate. Im Hinblick auf den Linksunterzeichner wird wie bereits zuvor deutlich, dass keine der verwendeten Testvariablen in einem signifikanten Verhältnis zur Höhe des Prüfungshonorars steht. Demnach ist es unerheblich, ob der Linksunterzeichner nur marktanteilsbasierter Branchenspezialist, nur Mitglied im IDW-Fachausschuss oder beides ist. Das Prüfungshonorar bleibt davon unberührt. Die Ergebnisse bezüglich des Rechtsunterzeichners bekräftigen ebenfalls die vorhergehenden Ergebnisse und Schlussfolgerungen. So zeigt sich, dass die auf zweiseitigen Test basierenden p-Werte fast ausnahmslos für Rechtsunterzeichner, die nur aufgrund ihres Marktanteils als Branchenspezialisten gelten (...*WPRNur*), keinen bedeutenden Einfluss auf die Honorarhöhe bestätigen.[950] Für Rechtsunterzeichner, die nur aufgrund ihrer Mitgliedschaft im IDW-Fachausschuss als Branchenspezialisten gelten (*IDWWPRNur*), wird hingegen stets

---

[948] Eine nicht tabulierte Analyse, welche neben den in Tab. 45 genannten Testvariablen auch eine Interaktion zwischen der jeweiligen marktanteilsbasierten Spezialistenvariable und der IDW-Indikatorvariable zulässt, kommt grundsätzlich zu den gleichen Ergebnissen. Demnach fallen auch dort die marktanteilsbasierten Spezialistenvariablen mit Ausnahme von *SPEZ20%WPR* stets insignifikant und die auf den Rechtsunterzeichner bezogenen IDW-Indikatorvariablen stets signifikant aus. Die Interaktionsvariablen besitzen nie einen nachweisbar wesentlichen Einfluss.

[949] Diese Interpretation gilt entsprechend für die anderen Variablen. Hierbei ist lediglich die jeweils abweichende Definition eines marktanteilsbasierten Branchenspezialisten zu beachten.

[950] Übereinstimmend mit der vorherigen Analyse stellt lediglich die Variable *SPEZ20%WPRNur* eine Ausnahme dar (Tab. 46, Spalte (4)). Demnach wird bei einem Signifikanzniveau i. H. v. 10% für Rechtsunterzeichner mit einem Marktanteil, der um 20% größer ist als bei einer fiktiven Gleichverteilung, ein Honoraraufschlag i. H. v. ca. 12,6% konstatiert.

Tabelle 46: Ergebnisse des Prüfungshonorarmodells bezüglich Prüfungspartner, die nur aufgrund ihres Marktanteils, nur aufgrund der Mitgliedschaft im IDW-Fachausschuss oder aufgrund von beiden Eigenschaften Branchenspezialisten sind (OLS-Regression)

Abhängige Variable: **LNPH**	Erwartetes Vorzeichen	(1) Größter Marktanteil	(2) Zwei größte Marktanteile	(3) Fünf größte Marktanteile	(4) Marktanteil 20% größer als Gleichverteilung	(5) Marktanteil oberhalb des 3. Quartils
Marktanteilsbasierte Spezialistenmaße:		*LEADER...*	*LEADER-TOP2...*	*LEADER-TOP5...*	*SPEZ20%...*	*SPEZ3Q...*
		Koeffizient Robuster SF p-Wert	Koeffizient Robuster SF p-Wert	Koeffizient Robuster SF p-Wert	Koeffizient Robuster SF p-Wert	Koeffizient Robuster SF p-Wert
Testvariablen:						
...WPLNur	?	0,067 0,132 0,615	0,006 0,156 0,970	0,0495 0,073 0,496	0,045 0,069 0,514	0,092 0,081 0,258
IDWFAWPLNur	?	0,079 0,091 0,383	0,088 0,096 0,361	0,0529 0,105 0,617	0,046 0,156 0,769	0,051 0,102 0,622
...&IDWFAWPL	?	0,040 0,111 0,722	0,019 0,132 0,885	0,0835 0,108 0,442	0,059 0,090 0,511	0,082 0,112 0,462
...WPRNur	?	0,097 0,190 0,612	0,010 0,151 0,945	0,103 0,077 0,184	0,119 0,063 0,062*	0,068 0,065 0,302
IDWFAWPRNur	?	0,387 0,138 0,006***	0,342 0,123 0,006***	0,318 0,128 0,014**	0,297 0,133 0,027**	0,327 0,125 0,010***
...&IDWFAWPR	?	Keine Beobachtungen	0,459 0,196 0,020**	0,378 0,165 0,023**	0,446 0,155 0,005***	0,397 0,173 0,023**

Wald-Test auf signifikante Unterschiede zw. Koeffizienten:

H_0: $\beta_{WPRNur} = \beta_{IDWWPRNur}$		p=0,224	p=0,060*	p=0,191	p=0,236	p=0,061*
H_0: $\beta_{WPRNur} = \beta_{...\&IDWWPR}$		p= -	p=0,064*	p=0,115	p=0,028**	p=0,040**
H_0: $\beta_{IDWWPRNur} = \beta_{...\&IDWWPR}$		p= -	p=0,391	p=0,769	p=0,455	p=0,735

Fortsetzung Tabelle 46:

Abhängige Variable: **LNPH**	Erwartetes Vorzeichen	(1) Größter Marktanteil	(2) Zwei größte Marktanteile	(3) Fünf größte Marktanteile	(4) Marktanteil 20% größer als Gleichverteilung	(5) Marktanteil oberhalb des 3. Quartils
Marktanteilsbasierte Spezialistenmaße:		*LEADER...*	*LEADER-TOP2...*	*LEADER-TOP5...*	*SPEZ20%...*	*SPEZ3Q...*
		Koeffizient Robuster SF p-Wert	Koeffizient Robuster SF p-Wert	Koeffizient Robuster SF p-Wert	Koeffizient Robuster SF p-Wert	Koeffizient Robuster SF p-Wert
Kontrollvariablen?		Ja	Ja	Ja	Ja	Ja
Prüfungsgesellschaftsdummys?		Ja	Ja	Ja	Ja	Ja
Niederlassungsdummys?		Ja	Ja	Ja	Ja	Ja
Jahresdummys?		Ja	Ja	Ja	Ja	Ja
Clusterung nach:		VU	VU	VU	VU	VU
Anzahl Beobachtungen:		760	760	760	760	760
Angepasstes R^2:		0,909	0,909	0,909	0,910	0,909

Hinweis: Das folgende Regressionsmodell wurde geschätzt: $LNPH = \beta_0 + \beta_1 LNBS + \beta_2 LNInlTU + \beta_3 LNAuslTU + \beta_4 IFRS + \beta_5 VVaG + \beta_6 BStoGBB + \beta_7 EKQuote + \beta_8 BSW + \beta_9 RückVQ + \beta_{10} GNBW + \beta_{11} ROAA + \beta_{12} LOSS + \beta_{13} LIQtoBS + \beta_{14} NPHtoPH + \beta_{15} ReportLag + \beta_{16} WPGWechsel + \beta_{17} INLWechsel + \beta_{18} IWPLWechsel + \beta_{19} IWPRWechsel + \beta_{20} SpezWPLNur + \beta_{21} IDWFAWPLNur + \beta_{22} Spez\&IDWFAWPL + \beta_{23} SpezWPRNur + \beta_{24} IDWFAWPRNur + \beta_{25} Spez\&IDWFAWPR + fixed effects + \varepsilon$ Aus Gründen der Übersichtlichkeit und des Fokus auf die Testvariablen wird auf eine Wiedergabe der Schätzergebnisse bezüglich der Kontrollvariablen und der Konstante verzichtet. Die im Regressionsmodell genannten Indikatorvariablen *SpezWPLNur* (*WPRNur*) nehmen den Wert 1 an, sofern der Links- bzw. Rechtsunterzeichner unter dem jeweiligen marktanteilsbasierten Spezialistenmaß (Spalten (1) bis (5)) als Branchenspezialist gilt, jedoch nicht Mitglied im IDW-Versicherungsfachausschuss ist; andernfalls beträgt der Wert 0. *IDWFAWPLNur* (*WPRNur*) nehmen den Wert 1 an, sofern der Links- bzw. Rechtsunterzeichner Mitglied im IDW-Fachausschuss ist, jedoch nicht auf Basis des Marktanteils unter die jeweilige Spezialistendefinition fällt; andernfalls beträgt der Wert 0. *Spez&IDWFAWPL* (*WPR*) nehmen den Wert 1 an, sofern der Links- bzw. Rechtsunterzeichner Mitglied des IDW-Fachausschusses ist und auf Basis des jeweiligen marktanteilsbasierten Spezialistenmaßes als Branchenspezialist gilt; andernfalls beträgt der Wert 0. Für die Definitionen der Kontrollvariablen und Spezialistenmaße siehe Tab. 10 und Tab. 30. Für Variablen mit einer Vorzeichenerwartung werden die p-Werte auf Basis einseitiger Tests angegeben. Sofern keine Vorzeichenerwartung besteht, basieren die p-Werte auf zweiseitigen Tests. */**/***=Signifikanzniveau von 10%/5%/1%. Die Clusterung der robusten Standardfehler erfolgt nach VU. NL: Niederlassung; SF: Standardfehler; WPG: Wirtschaftsprüfungsgesellschaft; WPL: Linksunterzeichner; WPR: Rechtsunterzeichner; VU: Versicherungsunternehmen.

ein positiver Einfluss konstatiert.[951] In Abhängigkeit von der ins Regressionsmodell mit einbezogenen marktanteilsbasierten Spezialistenvariable beträgt der ökonomisch relevante Honoraraufschlag zwischen 34,6% und 47,3%. Des Weiteren offenbaren die Ergebnisse, dass auch die Indikatorvariable, welche das Vorliegen beider Eigenschaften bei einem Rechtsunterzeichner signalisiert, stets einen signifikant positiven Zusammenhang mit der Honorarhöhe aufweist.[952] Bemerkenswert ist hierbei, dass die Koeffizienten dieser Variable stets höher ausfallen als die von *IDWWPRNur*. Dennoch kann mittels einem Wald-Test in keinem Fall bestätigt werden, dass die Unterschiede zwischen den Koeffizienten wesentlich ausfallen. Die nachgewiesenen Honoraraufschläge für diesen Prüfungspartner betragen in Abhängigkeit von der zugrundeliegenden marktanteilsbasierten Spezialistenvariable zwischen 45,9% und 58,2%. Insgesamt betrachtet legen auch diese Ergebnisse die Schlussfolgerung nahe, dass die in den vorhergehenden Analysen festgestellten Honoraraufschläge für marktanteilsbasierte Branchenspezialisten vorwiegend nicht auf den hohen Marktanteil, sondern auf die Mitgliedschaft des Rechtsunterzeichners im IDW-Versicherungsfachausschuss zurückzuführen sind. Abschließend sei angemerkt, dass eine separat durchgeführte und nicht tabulierte Analyse auf Basis des winsorisierten Datensamples die in diesem Abschnitt vorgestellten Resultate zum Großteil bestätigt.[953]

7.3.4 Zusammenfassende Würdigung der Ergebnisse und bestehende Limitationen

Im vorliegenden Kapitel wurde entsprechend der Hypothesenherleitung untersucht, ob auf die deutsche Versicherungsbranche spezialisierte Wirtschaftsprüfer in einem nachweisbaren Zusammenhang mit der Prüfungshonorarhöhe stehen. Bedingt durch den Mangel an Honorarstudien in Bezug auf die deutsche Versicherungsbranche wurde zur Erklärung der Prüfungshonorare zunächst ein Regressionsmodell entwickelt, welches Kontrollvariablen zur Approximation von mandantenspezifischen (Mandantengröße, -komplexität und -risiko), prüferspezifischen und auftragsspezifischen Einflussfaktoren beinhaltet. Die Schätzergebnisse des Grundmodells auf Basis des Datenpanels, bestehend aus 760 Beobachtungen für die Jahre 2009 bis 2013, bestätigen, dass für wesentliche Einflussfaktoren kontrolliert

---

[951] In diesem Zusammenhang muss darauf hingewiesen werden, dass in Abhängigkeit von der marktanteilsbasierten Spezialistenvariable maximal zwei Rechtsunterzeichner mit insgesamt 16 Beobachtungen von fünf Versicherungsunternehmen dieses Kriterium erfüllen. Diese Maximalwerte werden in Tab. 46, Spalte (1) erreicht. In Tab. 46, Spalte (2) erfüllen weiterhin dieselben zwei Rechtsunterzeichner das Kriterium, jedoch nur noch mit 7 Beobachtungen. In den Spalten (3) bis (5) ist es nur noch ein Rechtsunterzeichner mit einer Beobachtung.

[952] Ein Rechtsunterzeichner, der gleichzeitig Marktführer und Mitglied im IDW-Fachausschuss ist, existiert im Datensatz nicht. Aus diesem Grund liefert Tab. 46, Spalte (1) für *LEADER&IDWWPR* keine Ergebnisse. In Spalte (2) erfüllt ein Prüfungspartner mit 9 Beobachtungen von vier Versicherungsunternehmen die Kriterien. In den Spalten (3) bis (5) erfüllt derselbe Prüfungspartner mit 15 Beobachtungen die Kriterien.

[953] Abweichungen liegen nur dann vor, wenn *LEADERTOP5WPR* und *IDWFAWPR* sowie *MarktanteilWPR* und *IDWFAWPR* zeitgleich analysiert werden. Im Gegensatz zu den Ergebnissen in Tab. 45, Spalten (3) und (6), fällt auf Basis des winsorisierten Datensamples nicht nur die marktanteilsbasierte Spezialistenvariable, sondern auch *IDWFAWPR* mit einem p-Wert i. H. v. 0,108 respektive 0,159 insignifikant aus. Ferner wird unter Verwendung des winsorisierten Datensatzes im Gegensatz zu Tab. 45, Spalte (2) auch für *IDWFAWPL* ein schwach signifikanter Honoraraufschlag i. H. v. 15,3% nachgewiesen (p-Wert = 0,100).

wird. Das Grundmodell besitzt mit einem angepassten R^2 i. H. v. ca. 0,88 einen hohen Erklärungsanteil an der Varianz der abhängigen Variable *LNPH*. Daher wird es für die weiteren Analysen in Bezug auf die Testvariablen als geeignet erachtet. Die Testvariablen zur Identifizierung von branchenspezialisierten Wirtschaftsprüfern wurden primär im Einklang mit vorhergehenden Forschungsarbeiten definiert. Insgesamt kommen sieben verschiedene Variablen zum Einsatz. Sechs davon greifen auf die prüfungshonorarbasierten Marktanteile der Prüfungspartner zurück, eine stellt in Form einer Dummy-Variable auf die Mitgliedschaft im IDW-Versicherungsfachausschuss ab. Fünf der marktanteilsbasierten Spezialistenvariablen sind Dummy-Variablen. Diese unterscheiden sich lediglich in den Grenzen, ab wann ein Prüfungspartner als Branchenspezialist gilt. Die am engsten gefasste Variable identifiziert nur den anteilsbasierten jährlichen Marktführer als Branchenspezialist, die am weitesten gefasste Variable bezieht alle Prüfungspartner ein, die einen Marktanteil besitzen, der um 20% größer ausfällt als der Marktanteil, welcher jeder Prüfungspartner bei einer fiktiven Gleichverteilung inne hätte. Das sechste Maß ist die stetige Größe Marktanteil eines Prüfungspartners. Dieses dient als Proxy für den branchenspezifischen Spezialisierungsgrad. Die wesentlichen Erkenntnisse der Haupt- und Sensitivitätsanalysen lassen sich wie folgt zusammenfassen:

- Die Hauptanalyse erbringt deutliche Evidenz dafür, dass auf die deutsche Versicherungsbranche spezialisierte Prüfungspartner signifikante und ökonomisch relevante Honoraraufschläge bei der Abschlussprüfung von Versicherungsunternehmen erzielen.[954] Des Weiteren existieren Anzeichen dafür, dass branchenspezialisierte Rechtsunterzeichner einen stärkeren Einfluss auf das Prüfungshonorar ausüben als Linksunterzeichner. Hierfür spricht zumindest, dass die auf die Rechtsunterzeichner bezogenen Spezialistenvariablen deutlich häufiger sowie bei einer nahezu ausnahmslos geringeren Irrtumswahrscheinlichkeit signifikant ausfallen und fast immer einen größeren Koeffizienten aufweisen als die korrespondierenden auf die Linksunterzeichner bezogenen Spezialistenvariablen. Die Ursache könnte darin bestehen, dass primär der Rechtsunterzeichner von Bedeutung für die Qualität einer Abschlussprüfung ist, da dieser als prüfungsdurchführender Prüfungspartner die Prüfungshandlungen plant, durchführt und überwacht, den Arbeitsaufwand festlegt, die Prüfungsergebnisse interpretiert, über die Wesentlichkeit von Feststellungen entscheidet und den Prüfungsbericht verfasst. Hieraus folgt, dass sich insbesondere ein prüfungsdurchführender Wirtschaftsprüfer durch eine hohe Branchenexpertise von den anderen unterscheiden kann, da diese angesichts des vielfältigen Aufgabenbereichs des Rechtsunterzeichners die Prüfungsqualität maßgeblich positiv beeinflusst. Die prüfungspflichtigen Versicherungsunternehmen honorieren die höhere (wahrgenommene) Prüfungsqualität eines spezialisierten Rechtsunterzeichners. Der Mitunterzeichner wird hingegen als weniger bedeutsam eingestuft, da dieser vorwiegend nicht aktiv in die Abschlussprüfung mit eingebunden ist. Dennoch weisen auch einige auf den Linksunterzeichner be-

---

[954] Abhängig von der Modellspezifikation und der jeweils untersuchten Testvariable liegen die signifikanten Honoraraufschläge zwischen 13,5% und 124%. In der Tendenz gilt hierbei, dass der Aufschlag umso geringer ausfällt, je mehr verschiedene Prüfungspartner unter der Variablendefinition als Branchenspezialisten gelten.

zogene Spezialistenvariablen einen statistisch und ökonomisch relevanten positiven Einfluss auf, sodass die Bedeutung des Linksunterzeichners für das Produkt Abschlussprüfung nicht kategorisch ausgeschlossen werden kann. Ferner zeigt eine weitere Analyse auf, dass insbesondere dann und teilweise nur dann Honoraraufschläge erzielt werden können, sofern beide testierenden Wirtschaftsprüfer als Branchenspezialisten gelten.

- Die in der Hauptanalyse konstatierten Honoraraufschläge der branchenspezialisierten Rechtsunterzeichner liegen in Abhängigkeit von der Indikatorvariable und der Modellspezifikation zwischen 13,9% (Marktanteil oberhalb des dritten Quartils) und 96,4% (Marktführer), die der Linksunterzeichner zwischen 14,5% (Marktanteil um 20% größer als der Marktanteil bei einer fiktiven Gleichverteilung) und 61% (zwei größte Marktanteilsinhaber). In der Tendenz gilt hierbei, dass der Aufschlag umso geringer ausfällt, je mehr verschiedene Prüfungspartner unter der Variablendefinition aufgrund eines geringeren marktanteilsbasierten Grenzwertes als Branchenspezialisten gelten. Diese Feststellung entspricht grundsätzlich der Annahme, dass ein Prüfungspartner mit einem höheren Marktanteil eine höhere Branchenexpertise besitzt. Hieraus resultiert eine gesteigerte Prüfungsqualität, welche einen Honoraraufschlag begründet. Die stets für den Rechtsunterzeichner signifikant positiv ausfallende stetige Variable Marktanteil bekräftigt dies und unterstreicht, dass der Spezialisierungsgrad eines Rechtsunterzeichners von wesentlicher Bedeutung für das Prüfungshonorar ist. Je spezialisierter der Rechtsunterzeichner, desto höher das Honorar. Für den Linksunterzeichner kann dieser Zusammenhang bei gleichzeitigem Einbezug von beiden Unterzeichnern nicht bestätigt werden. Dies lässt im Kontext der anderen Ergebnisse den Schluss zu, dass der Spezialisierungsgrad des Linksunterzeichners eine untergeordnete Rolle spielt. Die höchsten Aufschläge werden im Rahmen der Hauptanalyse jedoch dann realisiert, sofern beide Unterzeichner jeweils Marktführer (124,3%) oder Mitglieder im IDW-Versicherungsfach-ausschuss (119,7%) sind.

- Zur Überprüfung, ob die Ergebnisse der Hauptanalyse auch unter veränderten Rahmenbedingungen, wie eine andere Zusammensetzung des Datensamples oder unter Einbezug anderer bzw. weiterer Kontrollvariablen, stabil bleiben, wurden Sensitivitätsanalysen durchgeführt. Hierzu erfolgten zunächst Analysen unter Verwendung eines winsorisierten und eines auf Big4-Mandate beschränkten Datensamples. Die Resultate auf Basis des winsorisierten Datensamples (1. und 99. Perzentil) bestätigen grundsätzlich die Ergebnisse der Hauptanalyse. So liegt weiterhin Evidenz dafür vor, dass auf die Versicherungsbranche spezialisierte Wirtschaftsprüfer höhere Prüfungshonorare erzielen können. Insbesondere den Mitgliedern des IDW-Versicherungsfachausschusses kommt im Rahmen dieser Analyse eine bedeutsame Rolle für die Honorarhöhe zu, da stets die IDW-Variable den höchsten signifikanten Koeffizienten besitzt. Sind beide Prüfungspartner Mitglieder des IDW-Versicherungsfachausschusses, beträgt der Honoraraufschlag 121,4%. Dennoch verdeutlicht die Analyse, dass die Ergebnisse der Hauptanalyse in Bezug auf den marktführenden Rechtsunterzeichner durch Extremwerte verzerrt sein könnten, da dieser unter Verwendung des winsorisierten Datensamples keinen signifikanten Einfluss mehr ausübt. Die in der Hauptanalyse getroffene Schlussfolgerung aus den Ergebnissen, dass der Linksunterzeichner eine geringere Relevanz besitzt als der Rechtsunterzeichner, kann auf Basis dieser Resultate ebenfalls nur noch in abgeschwächter Form bestätigt werden. Dafür spricht jedoch weiterhin das Faktum, dass mehr auf den Rechtsunterzeichner als auf den Linksunterzeichner bezogene Spezialistenvariablen einen statistisch relevanten Einfluss besitzen. Des Weiteren fällt die stetige Variable, welche den Marktanteil des Prüfungspartners darstellt, lediglich für den Rechtsunterzeichner signifikant aus. Dies deutet darauf hin, dass nur beim Rechtsunterzeichner der jeweilige Spezialisierungsgrad stets von Bedeutung für das Prüfungshonorar ist. Der zweite Sensitivitätstest in Form einer ausschließlichen Analyse von Big4-Beobachtungen weist weitestgehend keine wesentlichen Abweichungen zur Hauptanalyse auf und kann daher als grundsätzliche Bestätigung der aus der Hauptanalyse gewonnenen Erkenntnisse angesehen werden.

- In der dritten Sensitivitätsanalyse wurde die Dummy-Variable *KONZERN*, welche signalisiert, ob ein Konzernabschluss vorliegt oder nicht, durch die nacherhobenen Variablen *LNInlTU* (logarithmierte Anzahl an inländischen Tochterunternehmen) und *LNAuslTU* (logarithmierte Anzahl an ausländischen Tochterunternehmen) substituiert. Begründet wurde dies damit, dass die Dummy-Variable *KONZERN* die differierenden Komplexitätsgrade von unterschiedlichen Konzernen nicht berücksichtigt, sondern für jeden Konzernabschluss den gleichen Komplexitätsgrad unterstellt. Weichen die Komplexitätsgrade jedoch deutlich voneinander ab und korreliert der Komplexitätsgrad eines Konzerns sowohl mit der Beschäftigung eines branchenspezialisierten Prüfungspartners als auch mit der Prüfungshonorarhöhe, so kann die fehlende Berücksichtigung der unterschiedlichen Komplexitätsgrade verzerrte Koeffizienten der prüfungspartnerbezogenen Spezialistenvariable zur Folge haben (*omitted variable bias*). Die Verwendung von in- und ausländischen Tochterunternehmen soll hingegen ermöglichen, die unterschiedlichen Komplexitätsgrade der Konzerne zu berücksichtigen. Die Regressionsergebnisse zeigen auf, dass *LNInlTU* in einem hoch signifikant positiven Zusammenhang mit der Prüfungshonorarhöhe steht. *LNAuslTU* besitzt hingegen vorwiegend keinen wesentlichen Einfluss. Insgesamt betrachtet nimmt das angepasste R^2 der unterschiedlichen Modelle aufgrund der Berücksichtigung der Tochterunternehmen um mehr als 2% zu. Der Einfluss der Testvariablen verändert sich bedingt durch die Aufnahme der Tochterunternehmen deutlich. Dies könnte ein Hinweis darauf sein, dass die vorhergehenden Ergebnisse aufgrund der fehlenden Berücksichtigung der unterschiedlichen Komplexitätsgrade verzerrt waren. Alle auf die Linksunterzeichner bezogenen Spezialistenvariablen fallen unter diesen Umständen unabhängig von der Modellspezifikation insignifikant aus. Dies bedeutet, dass die alleinige Einflussnahme von branchenspezialisierten Linksunterzeichnern auf die Höhe des Prüfungshonorars gänzlich abgelehnt werden kann. Die nur den größten bzw. die zwei größten Rechtsunterzeichner umfassenden Spezialistenvariablen verlieren ebenfalls ihren in den vorhergehenden Analysen konstatierten statistisch und ökonomisch relevanten Honoraraufschlag. Alle anderen weitergefassten rechtsunterzeichnerbezogenen Spezialistenvariablen behalten jedoch ihren signifikant positiven Einfluss, wenn auch die Koeffizienten zum Teil deutlich geringer ausfallen. Dennoch sind die Aufschläge mit Werten zwischen 14% und 55% weiterhin ökonomisch relevant. Die höchsten Aufschläge werden von den zwei im IDW-Versicherungsfachausschuss sitzenden Rechtsunterzeichnern alleine oder in Verbindung mit einem ebenfalls im Fachausschuss vertretenen Linksunterzeichner erzielt. Insgesamt betrachtet stehen die Ergebnisse im Einklang mit dem bereits gewonnenen Eindruck, dass der Rechtsunterzeichner von höherer Bedeutung für das Produkt Abschlussprüfung ist.

- Um zumindest teilweise Endogenitätsproblemen entgegenzuwirken, wurde unter Beibehaltung der Einbeziehung der Tochterunternehmen ebenfalls ein *Fixed-Effects*-Modell geschätzt. Die hierdurch gewonnenen Resultate liefern deutlich weniger Evidenz für Honoraraufschläge von branchenspezialisierten Prüfungspartnern als die bisherigen Analysen. Dies könnte dahingehend interpretiert werden, dass zumindest ein Teil der vorhergehenden *OLS*-Regressionsergebnisse durch eine bestehende unbeobachtete Heterogenität verzerrt ist. Dennoch bestehen auch auf Basis des *Fixed-Effects*-Modells weiterhin Hinweise darauf, dass Honoraraufschläge für branchenspezialisierte Prüfungspartner existieren. Insbesondere für die Rechts- und Linksunterzeichner mit den fünf größten Marktanteilen sowie für den Spezialisierungsgrad eines Rechtsunterzeichners liegen derartige Indizien vor. Hierbei sprechen die Ergebnisse – wie bereits in einigen vorhergehenden Analysen – dafür, dass rechts unterzeichnende Branchenspezialisten in der Tendenz eher einen Honoraraufschlag erzielen als links unterzeichnende. Anzumerken ist in diesem Zusammenhang, dass die festgestellten Honoraraufschläge deutlich geringer ausfallen als in den vorhergehenden Analysen. Die signifikant negativen Koeffizienten der IDW-Variablen stehen im völligen Gegensatz zu den vorhergehenden Ergebnissen. Die mögliche Ursache hierfür könnte jedoch in den Schwächen der *Within*-Schätzung liegen, sodass die Ergebnisse mit Vorsicht zu interpretieren sind.

- Ein weiterer Sensitivitätstest bestand darin, die allgemeine Berufserfahrung sowie das Geschlecht eines Prüfungspartners in die Analyse mit einzubeziehen. Vorhergehende Forschungsarbeiten haben aufgezeigt, dass diese Attribute eines Prüfungspartners bedeutsam für die Höhe der Prüfungsqualität und des Prüfungshonorars sind. Die Approximation der allgemeinen Berufserfahrung erfolgt mittels der logarithmierten Anzahl der zwischen dem Zeitpunkt der Bestellung zum Wirtschaftsprüfer und dem Datum der Unterzeichnung des Bestätigungsvermerks liegenden Jahre. Die Resultate bestätigen nahezu ausnahmslos einen positiven Zusammenhang zwischen der allgemeinen Berufserfahrung eines Rechtsunterzeichners und der Prüfungshonorarhöhe. Für die allgemeine Berufserfahrung des Linksunterzeichners fällt der Einfluss stets insignifikant aus. Im Gegensatz dazu weisen die wenigen weiblichen Linksunterzeichner vorwiegend einen signifikanten Honoraraufschlag auf, weibliche Rechtsunterzeichner hingegen nicht. Die Resultate bezüglich der Testvariablen stehen in der Tendenz im Einklang mit den Ergebnissen unter Einbezug der Tochterunternehmen. Demnach kann für die auf

den Linksunterzeichner bezogenen Spezialistenvariablen unter keiner Modellspezifikation ein wesentlicher Honoraraufschlag nachgewiesen werden. Die Mehrheit
der auf den Rechtsunterzeichner bezogenen Spezialistenvariablen besitzt hingegen
signifikant positive Koeffizienten. Die Evidenz in Bezug auf die Bedeutsamkeit der
Berufserfahrung des Rechtsunterzeichners deckt sich mit dem bisherigen Forschungsstand. Des Weiteren untermauert sie in Verbindung mit den Resultaten in
Bezug auf die Spezialistenvariablen die Annahme, dass insbesondere die Expertise
des prüfungsdurchführenden Wirtschaftsprüfers von Bedeutung für das Produkt
Abschlussprüfung ist.

- In Anbetracht dessen, dass einige Forschungsarbeiten nicht auf das Prüfungshonorar als Erhebungsmerkmal zurückgreifen, sondern auf andere Größen, kamen
im Rahmen einer zusätzlichen Analyse weitere Erhebungsmerkmale zum Einsatz.
Hierbei wurden die Merkmale Bilanzsumme (radiziert und nicht radiziert), gebuchte Bruttobeiträge (radiziert und nicht radiziert) sowie Mandatsanzahl genutzt,
um die branchenspezialisierten Prüfungspartner entsprechend den Variablendefinitionen zu bestimmen. Die Regressionsanalyse erbringt mit nur einer Ausnahme
keinerlei Evidenz dafür, dass die anhand der anderen Erhebungsmerkmale bestimmten Branchenspezialisten einen Einfluss auf das Prüfungshonorar ausüben.
Lediglich der anhand der radizierten gebuchten Bruttobeiträge ermittelte Marktführer weist einen schwach signifikanten Einfluss auf. Dieser fällt jedoch konträr
zu den bisherigen Ergebnissen negativ aus. Die Resultate dieser Analyse verdeutlichen das grundsätzlich bestehende und diskutierte Problem bei der Untersuchung
von Prüfungshonorar und Prüfungsqualität beeinflussenden Effekten im Zusammenhang mit Branchenspezialisten. Die aus der fehlenden eindeutigen Definition
resultierende Verwendung von unterschiedlichen Erhebungsmerkmalen führt zu
teilweise sehr konträren Ergebnissen. Dies gilt selbst für Merkmale, die grundsätzlich eine sehr hohe Korrelation aufweisen, wie bspw. Prüfungshonorar und Bilanzsumme. Welche Ergebnisse nun tatsächlich den Effekt eines Branchenspezialisten
widerspiegeln, kann nicht mit Gewissheit gesagt werden. Dennoch wird in der Literatur mehrheitlich die Auffassung vertreten, dass Prüfungshonorare aufgrund
ihrer guten Eignung zur Abbildung des Marktvolumens präferiert werden sollten.

- Die vorhergehenden Analysen lieferten Evidenz dafür, dass insbesondere Rechtsunterzeichner, denen aufgrund ihres verhältnismäßig hohen Marktanteils ein hoher Spezialisierungsgrad zugesprochen wird, Honoraraufschläge erzielen können.
Gleichzeitig spricht die Mehrheit der Ergebnisse dafür, dass im IDW-Versicherungsfachausschuss sitzende Rechtsunterzeichner höhere Prüfungshonorare vereinnahmen. Die letzte Sensitivitätsanalyse ging in diesem Zusammenhang der
Frage nach, wie die Effekte der marktanteilsbasierten Spezialistenvariablen und der
IDW-Indikatorvariable ausfallen, sofern jeweils beide Testvariablen gleichzeitig in
das Modell aufgenommen werden. Im Hinblick auf die Linksunterzeichner zeigt
sich weitestgehend im Einklang mit den vorhergehenden Resultaten, dass weder
die Mitgliedschaft im IDW-Fachausschuss noch die marktanteilsbasierten Spezialistenvariablen einen signifikanten Einfluss auf das Prüfungshonorar ausüben. Bemerkenswert sind hingegen die Ergebnisse bezüglich der Rechtsunterzeichner. Im

Gegensatz zu den bisherigen Erkenntnissen wird bei gleichzeitiger Berücksichtigung der Mitgliedschaft im IDW-Versicherungsfachausschuss mit nur einer Ausnahme (Marktanteil um 20% größer als der Marktanteil bei einer fiktiven Gleichverteilung; Honoraraufschlag: 12,4%) für alle anderen marktanteilsbasierten Spezialistenvariablen kein wesentlicher Einfluss auf die Honorarhöhe nachgewiesen. Die auf den Rechtsunterzeichner bezogene IDW-Indikatorvariable fällt hingegen unabhängig von der marktanteilsbasierten Spezialistenvariable stets signifikant positiv aus. Hierbei liegen die ökonomisch relevanten Honoraraufschläge in Abhängigkeit vom Modell zwischen 31,7% und 47,1%. Insgesamt deuten die Ergebnisse dieser Analyse daraufhin, dass die zuvor konstatierten Honoraraufschläge für marktanteilsbasierte Branchenspezialisten primär durch die ebenfalls darunter vertretenen im IDW-Versicherungsfachausschuss sitzenden Rechtsunterzeichner bedingt werden. Interessant ist in diesem Zusammenhang, dass im Datensatz lediglich zwei Rechtsunterzeichner vertreten sind, die Mitglieder des IDW-Fachausschusses sind und insgesamt 16 Abschlüsse testieren. Die Resultate legen nahe, dass nur diese zwei Prüfungspartner in ihrer Funktion als Rechtsunterzeichner Honoraraufschläge erzielen. Bestätigt wird dies ebenfalls durch die Resultate einer Analyse, welche dahingehend unterscheidet, ob der jeweilige Prüfungspartner nur aufgrund seines Marktanteils, nur aufgrund der Mitgliedschaft im IDW-Fachausschuss oder aufgrund von beiden Eigenschaften als Branchenspezialist gilt. Auch hier ergibt sich im Ergebnis, dass fast ausschließlich nur Rechtsunterzeichner, die Mitglied im IDW-Versicherungsfachausschuss sind, Honoraraufschläge von bis zu 58,2% erzielen.

Bei einer allumfassenden Betrachtung der vorgenannten Resultate muss festgehalten werden, dass trotz bestehender Differenzen zwischen der Hauptanalyse und den Sensitivitätsanalysen wesentliche Evidenz dafür vorliegt, dass auf die deutsche Versicherungsbranche spezialisierte Wirtschaftsprüfer in einem signifikant positiven Zusammenhang mit der Höhe des Prüfungshonorars stehen. Diese erstmals für den Abschlussprüfermarkt für deutsche Versicherungsunternehmen gewonnene Erkenntnis steht im Einklang mit den bisherigen auf Industrieunternehmen fokussierten Forschungsarbeiten, welche für branchenspezialisierte Prüfungspartner primär einen positiven Zusammenhang mit der Höhe des Prüfungshonorars und der Prüfungsqualität nachweisen. Gleichzeitig spricht jedoch die Mehrheit der im Rahmen der vorliegenden Arbeit erlangten Evidenz dafür, dass es primär die branchenspezialisierten Rechtsunterzeichner sind, welche die Honorarhöhe maßgeblich beeinflussen. Auch diese Erkenntnis entspricht grundsätzlich den Ergebnissen der bisher wenigen zwischen *engagement* und *review partner* unterscheidenden Forschungsarbeiten. So kommen diese ebenfalls mehrheitlich zu dem Schluss, dass dem *engagement partner* aufgrund seines Aufgaben- und Verantwortungsbereiches eine höhere Bedeutung für die Qualität der Abschlussprüfung und damit das Prüfungshonorar zukommt. Interessant ist in diesem Zusammenhang die im Rahmen dieser Arbeit erlangte Erkenntnis, dass nicht nur die auf Basis der Marktanteile als Branchenspezialisten identifizierten Rechtsunterzeichner in Verbindung mit Honoraraufschlägen gebracht werden können, sondern insbesondere die als Rechtsunterzeichner fungierenden Mitglieder des IDW-Versicherungsfachausschusses.

Dies kommt besonders durch die letzte Sensitivitätsanalyse zum Ausdruck, welche verdeutlicht, dass bei gleichzeitiger Kontrolle für den marktanteilsbasierten Spezialistenstatus und die Mitgliedschaft im IDW-Fachausschuss nur die Mitgliedschaft im Fachausschuss stets in einem positiv signifikanten Zusammenhang mit der Prüfungshonorarhöhe steht. In Anbetracht dessen, dass der Großteil der bisherigen auf die Partnerebene fokussierten Studien nur marktanteilsbasierte Spezialistenmaße nutzt, stellt dies eine Erweiterung des bisherigen Forschungsstandes dar. Doch auch die reine Fokussierung der deutschen Versicherungsbranche in Verbindung mit der Prüfungspartnerebene trägt zu einer Erkenntniserweiterung bei, da bis dato keine vergleichbare nationale oder internationale Studie in Bezug auf Versicherungsunternehmen existiert. Insbesondere in stark regulierten und komplexen Branchen, wie bspw. der Versicherungs- oder auch der Bankenbranche, ist es jedoch möglich, dass sich auf der Prüfungspartnerebene Spezialisten herauskristallisieren, die sich deutlich durch eine höhere Prüfungsqualität von nicht spezialisierten Prüfungspartnern differenzieren. Die in einem hohen Maße vertrauensbasierte Natur des Versicherungsgeschäfts bedingt gleichzeitig die notwendige Nachfrage nach einer hohen Prüfungsqualität, um letztendlich einen Honoraraufschlag für die angebotene höhere Prüfungsqualität vereinnahmen zu können. Wie bereits aufgezeigt, bestätigt der Großteil der Analyseergebnisse dies und verdeutlicht, dass auf dem deutschen Abschlussprüfermarkt für Versicherungsunternehmen Prüfungspartner existieren, die aufgrund der ihnen zugesprochenen hohen Branchenexpertise signifikant höhere Prüfungshonorare erzielen. Dies kann zumindest als Indiz dafür gewertet werden, dass die bei diesen Wirtschaftsprüfern vermutete höhere (wahrgenommene) Prüfungsqualität tatsächlich vorliegt und daher mit höheren Prüfungshonoraren von den prüfungspflichtigen Versicherungsunternehmen vergütet wird.

Trotz der im Rahmen der Hypothesenherleitung vorgenommenen theoretischen Fundierung der gewonnenen Erkenntnisse bestehen Limitationen, welche bei der Interpretation der empirischen Ergebnisse zwingend zu berücksichtigen sind und die Aussagekraft der vorliegenden Arbeit einschränken könnten. Diese Limitationen werden im Folgenden aufgezeigt.

Die erste Limitation bezieht sich auf die interne Validität der Ergebnisse. Uneingeschränkte interne Validität liegt vor, wenn der nachgewiesene Zusammenhang zwischen der abhängigen und der unabhängigen Variable zumindest innerhalb des analysierten Datensamples kausal ist. Dies bedeutet, dass die Veränderungen bzw. Ausprägungen der abhängigen Variable eindeutig auf den Einfluss der erklärenden Variable zurückzuführen sind.[955] Im Hinblick auf den im Rahmen der Arbeit nachgewiesenen positiven Zusammenhang zwischen branchenspezialisierten Wirtschaftsprüfern und der Höhe des Prüfungshonorars existieren jedoch Argumente, welche eine Kausalität zumindest in Frage stellen. Im Mittelpunkt steht hierbei das in Verbindung mit Regressionsanalysen omnipräsente Endogenitätsproblem. Die Konsequenzen aus einer mit Endogenität belasteten Regressionsschätzung sind verzerrte und inkonsistente Ergebnisse und der ermittelte Effekt ist entgegen des gewünschten Kausalzusammenhangs nicht ausschließlich auf die unabhängige Variable zurückzuführen. Wie bereits in Abschnitt 7.3.3.4 erläutert, können insbesondere im Kontext von *OLS*-Regressionen die unterschiedlichsten Gründe endogene Regressoren zur

---

[955] Vgl. *Döring/Bortz*, 2016, S. 99.

Folge haben. Die dort genannten Ursachen, wie bspw. die Simultanitätsproblematik, das *omitted variable bias* sowie die damit im Zusammenhang stehende *self-selection*-Problematik, sind auch bei den in der vorliegenden Arbeit angewendeten *OLS*-Regressionen, trotz getroffener Maßnahmen zur Vorbeugung von verzerrenden Effekten aufgrund von ausgelassenen Variablen oder grundlegenden Unterschieden zwischen Big4- und Non-Big4-Mandanten, nicht auszuschließen. Das zusätzlich angewendete *Fixed-Effects*-Modell kontrolliert zwar für Endogenität im Zusammenhang mit einer unbeobachteten zeitkonstanten Heterogenität, kann jedoch Endogenitätsprobleme aufgrund von einer unbeobachteten zeitvarianten Heterogenität sowie einer vorherrschenden Simultanitätsproblematik nicht beseitigen. Stattdessen kann die Verwendung eines *Fixed-Effects*-Modells bedingt durch die ausschließliche Nutzung der *Within*-Variation zusätzliche Probleme hervorrufen, sofern die *Within*-Variation der jeweiligen untersuchten Variable zu gering ist. Die vorhergehenden Ausführungen zeigen daher auf, dass trotz der unterschiedlichen Sensitivitätsanalysen die Gefahr besteht, dass die erzielten Ergebnisse aufgrund von Endogenität verzerrt sowie inkonsistent sind und die interne Validität nicht uneingeschränkt gegeben ist. Demnach besteht zwar der statistisch positive Zusammenhang zwischen den Spezialistenvariablen und der Prüfungshonorarhöhe, dass jedoch die Honorarerhöhung ausschließlich auf die Beschäftigung eines Branchenspezialisten zurückzuführen ist (kausaler Zusammenhang), kann nicht mit Sicherheit gesagt werden.

Die in einigen vorhergehenden Forschungsarbeiten vermehrt zur Anwendung gekommenen statistischen Verfahren zur vermeintlichen Beseitigung von Endogenitätsproblemen, wie das zweistufige Schätzverfahren (*2 Stages Least Squares*) sowie das *Propensity score matching*, wurden im Rahmen der vorliegenden Arbeit nicht verwendet.[956] Das theoretisch gut geeignete *2 Stages Least Squares*-Verfahren kam nicht zur Anwendung, da es im Einklang mit vorhergehenden Forschungsarbeiten nicht möglich war, Instrumentenvariablen zu identifizieren, welche mit Sicherheit die notwendigen Kriterien erfüllen, indem sie mit der endogenen erklärenden Variable korrelieren, gleichzeitig jedoch keine Korrelation mit dem Störterm aufweisen.[957] Die Verwendung dieses Verfahrens wäre jedoch nur unter Einbezug von geeigneten Instrumentenvariablen sinnvoll, da andernfalls unter Anwendung von ungeeigneten Instrumentenvariablen die Verzerrung der Ergebnisse noch stärker ausfallen könnte als auf Basis einer klassischen *OLS*-Regression.[958] Das *Propensity score matching* kommt nicht zum Einsatz, da es entgegen der teilweise in der Literatur vertretenen Auffassung nicht in der Lage ist, einen Großteil der wesentlichen Endogenitätsprobleme zu beheben. So kann zwar durch das *Propensity score matching* verzerrenden Effekten aufgrund einer Missspezifikation des funktionalen Zusammenhangs zwischen der zu erklärenden und einer beobachtbaren erklärenden Variable entgegengewirkt werden. Die wesentlichen

---

[956] Für ausführliche Informationen zum *2 Stages Least Squares*-Verfahren siehe *Wooldridge*, 2016, S. 461-498. Für ausführliche Informationen zum *Propensity Score matching* siehe *Pan/Bai*, 2015; *Rosenbaum/Rubin*, 1983.

[957] U. a. *Goodwin/Wu* (2014) und *Ittonen/Johnstone/Myllymäki* (2015) sind Forschungsarbeiten, die aufgrund derselben Problematik kein *2 Stages Least Squares*-Verfahren anwenden; vgl. *Goodwin/Wu*, 2014, S. 1546; *Ittonen/Johnstone/Myllymäki*, 2015, S. 629. *Peel/Makepeace* (2012) halten unter Bezugnahme auf andere wissenschaftliche Arbeiten fest, dass es allgemein im Bereich der Prüfungs-, Rechnungslegungs- und Finanzforschung nur sehr schwierig bzw. unmöglich ist, geeignete Instrumentenvariablen zu identifizieren; vgl. *Peel/Makepeace*, 2012, S. 608.

[958] Vgl. *Brüderl*, 2010, S. 992; *Ittonen/Johnstone/Myllymäki*, 2015, S. 629; *Larcker/Rusticus*, 2010, S. 187.

Endogenitätsprobleme im Zusammenhang mit außer Acht gelassenen erklärenden Variablen (*omitted variable bias*) sowie der damit verbundenen *self-selection*-Problematik bleiben jedoch auch unter Anwendung des *Propensity score matching* vollumfänglich bestehen. Des Weiteren hat das *Propensity score matching* für gewöhnlich eine deutliche Reduktion des Datensatzes zur Folge. Hieraus resultieren wiederum eine Verminderung der statistischen Teststärke (*statistical power*) und damit eine Steigerung des Risikos, dass die Nullhypothese nicht abgelehnt wird, obwohl tatsächlich die Alternativhypothese nicht abzu-lehnen wäre (Fehler 2. Art). Hinzu kommt der negative Effekt, dass durch die Reduzierung des Datensatzes die externe Validität der erzielten Resultate abnimmt.[959] In Anbetracht dessen, dass insbesondere das in der Prüfungsforschung vorwiegend zur Anwendung kommende *one-to-one propensity score matching without replacement*[960] in der vorliegenden Arbeit in Abhängigkeit von der Testvariable zu einer drastischen Reduktion des Datensamples[961] sowie den damit verbundenen Nachteilen geführt hätte und hierdurch dennoch ein Großteil der möglichen Endogenitätsprobleme nicht gelöst worden wäre, wurde auf diese Analysemethode verzichtet.

Eine weitere Limitation könnte hinsichtlich der Konstruktvalidität bestehen. Konstruktvalidität ist gegeben, sofern die eingesetzten Variablen tatsächlich das messen, was sie entsprechend der theoretisch hergeleiteten Hypothese messen sollen.[962] Im Hinblick auf die verwendeten Spezialistenvariablen könnte diese Bedingung verletzt sein. Die Ursache liegt darin, dass bis dato keine fundierte Methode existiert, um die „echten" branchenspezialisierten Wirtschaftsprüfer mit einer hohen Branchenexpertise eindeutig zu identifizieren. Im Rahmen der Arbeit kommen im Einklang mit vorhergehenden Forschungsarbeiten vorwiegend Spezialistenvariablen zum Einsatz, die als Grundlage die prüfungshonorarbasierten Marktanteile der Wirtschaftsprüfer nutzen. Hierbei wird unterstellt, dass Wirtschaftsprüfer mit einem größeren Marktanteil eine umfassendere Branchenexpertise und damit einen höheren Spezialisierungsgrad aufweisen, da sie sich in der Tendenz stärker mit der Versicherungsbranche auseinandersetzen. Wirtschaftsprüfer, welche deutlich höhere Marktanteile aufweisen als die anderen, werden sodann als Branchenspezialisten identifiziert. Die unbeantwortete Frage ist jedoch, ob der prüfungshonorarbasierte Marktanteil die Branchenexpertise und damit den Spezialisierungsgrad tatsächlich widerspiegelt. Sollte dies entsprechend der Hypothesenbildung der Fall sein, so werden die richtigen Prüfungspartner als Branchenspezialisten identifiziert und die festgestellten Honoraraufschläge können mit der durch die höhere Branchenexpertise induzierten höheren Prüfungsqualität be-

---

[959] Vgl. *Shipman/Swanquist/Whited*, 2017, S. 216. *Shipman/Swanquist/Whited* (2017) setzen sich kritisch mit der Anwendung des *Propensity Score matching* im Rahmen der Prüfungs- und Rechnungslegungsforschung auseinander.

[960] Für Informationen zu dieser Methode siehe *Ittonen/Johnstone/Myllymäki*, 2015, S. 624 f.; *Shipman/Swanquist/Whited*, 2017, S. 216.

[961] Bspw. hätte diese Methode in Hinblick auf die Testvariable *LEADERTOP5WPR* eine Reduktion des originären Datensamples von 760 auf maximal 120 Beobachtungen zur Folge, da lediglich 60 Beobachtungen vorliegen, bei denen der Rechtsunterzeichner zu den fünf größten Marktteilnehmern zählt. Demnach würden Informationen von mindestens 640 Beobachtungen nicht in die Analyse eingehen.

[962] Vgl. *Peter*, 1981, S. 134; *Tebben*, 2011, S. 199.

gründet werden.[963] Dennoch besteht die Möglichkeit, dass der Marktanteil eines Prüfungspartners gar nicht dessen Spezialisierungsgrad und die damit verbundene Branchenexpertise misst, sondern dessen Verhandlungsmacht und/oder -fähigkeit. Unter diesen Umständen wären die verwendeten Testvariablen zur Überprüfung der hergeleiteten Hypothesen ungeeignet, da sie nicht das messen, was sie messen sollen. Die konstatierten Honoraraufschläge könnten nicht mehr im Sinne der Hypothesenherleitung mit der höheren Prüfungsqualität eines branchenspezialisierten Prüfungspartners begründet werden, sondern sie wären auf die ausgeprägte Verhandlungsmacht und/oder -fähigkeit der identifizierten Wirtschaftsprüfer zurückzuführen. Ein gleichartiges Problem könnte im Zusammenhang mit der IDW-Spezialistenvariable bestehen. So ist zwar grundsätzlich nicht auszuschließen, dass die im Versicherungsfachausschuss vertretenen Wirtschaftsprüfer eine gewisse Branchenexpertise aufweisen, da bereits die Kriterien zur Aufnahme in den Fachausschuss dies erfordern. Dennoch könnte die Variable entsprechend der Argumentationskette von *Ernstberger/Koch/Tan* (2015) primär Wirtschaftsprüfer mit hohen betriebswirtschaftlichen bzw. unternehmerischen Fähigkeiten und der daraus erwachsenden ausgeprägten Verhandlungsfähigkeit erfassen.[964] In diesem Fall wäre ebenfalls die Konstruktvalidität verletzt und die Testvariable nur bedingt geeignet zur Überprüfung der Hypothese. Die vorgenannten Ausführungen zeigen auf, dass trotz der fundierten Variablenbegründung eine gewisse Gefahr besteht, dass die Konstruktvalidität beschränkt ist. Dies muss bei der Interpretation der Ergebnisse berücksichtigt werden.

Neben den vorgenannten Limitationen könnte auch die externe Validität der Ergebnisse beschränkt sein. Externe Validität liegt vor, sofern die nachgewiesenen Effekte nicht nur für den untersuchten Datensatz Gültigkeit besitzen, sondern auch für Sachverhalte, die darüber hinausgehen (Generalisierbarkeit). Damit die Untersuchungsbefunde auf eine Grundgesamtheit übertragbar sind, muss der verwendete Datensatz repräsentativ für diese sein.[965] In der vorliegenden Arbeit stellen alle in den Jahren 2009 bis 2013 unter Bundesaufsicht stehenden Lebens-, Kranken-, Schaden-/Unfall- sowie Rückversicherungsunternehmen mit Geschäftstätigkeit die Grundgesamtheit dar. In Anbetracht dessen, dass der verwendete Paneldatensatz für jedes Jahr mehr als 37% der Grundgesamtheit abdeckt,[966] alle Größenklassen sowie zulässigen Rechtsformen enthält und die nicht in den Datensatz eingehenden

---

[963] Weitere Probleme im Zusammenhang mit der Konstruktvalidität bestehen dann, sofern das Prüfungshonorar als Maß für die Prüfungsqualität genutzt wird. Dies wird damit begründet, dass das Prüfungshonorar nicht nur den Prüfungsaufwand, sondern auch Effizienzgewinne bei der Prüfung sowie Risikoprämien erfasst. Demnach kann eine Erhöhung des Prüfungshonorars nicht eindeutig als Erhöhung der Prüfungsqualität interpretiert werden; vgl. *DeFond/Zhang*, 2014, S. 290. Als Vorteil von Studien, die sich auf den deutschen Abschlussprüfermarkt beziehen, wird angeführt, dass das Haftungsrisiko für Abschlussprüfer in Deutschland verhältnismäßig gering ausfällt (Schadensersatzpflicht ist auf maximal 1 Mio. bzw. 4 Mio. begrenzt; vgl. § 323 Abs. 2 HGB). Dies sollte zur Folge haben, dass das Prüfungshonorar weniger stark durch Risikoprämien für Haftungsrisiken beeinflusst wird. Daher sollte in Deutschland eine Veränderung des Prüfungshonorars eher Rückschlüsse auf die Prüfungsqualität zulassen; vgl. *Ernstberger/Koch/Tan*, 2015, S. 3; *Joha*, 2018, S. 269. Dennoch muss beachtet werden, dass weiterhin eine Beeinflussung durch Risikoprämien aufgrund von möglichen Reputationsschäden sowie Effizienzgewinnen vorliegen kann.
[964] Siehe hierzu Fn. 772.
[965] Vgl. *Tebben*, 2011, S. 213.
[966] Die prozentuale Abdeckung berechnet sich wie folgt: (Jährliche Anzahl der Versicherungsunternehmen (Σ) in Tab. 11, letzte Zeile)/(Jährliche Anzahl der Versicherungsunternehmen (Summe) in Tab. 3, Zeile 6).

Versicherungsunternehmen der Grundgesamtheit den gleichen regulatorischen Vorschriften unterliegen, kann eine grundsätzliche Repräsentativität unterstellt werden. Folglich ist anzunehmen, dass die nachgewiesenen Effekte auf die Grundgesamtheit übertragbar sind. Fraglich ist jedoch, ob die Befunde auch für andere nicht zur Grundgesamtheit zählende Unternehmen gelten. In Hinblick auf die nicht im Datensatz vertretenen prüfungspflichtigen Pensionsfonds, Pensionskassen und Sterbekassen unter Bundes- bzw. Landesaufsicht sowie den unter Landesaufsicht stehenden Versicherungsunternehmen kann dies unter Beachtung gewisser Argumente ebenfalls vermutet werden. Die Argumente bestehen darin, dass diese Unternehmen trotz etwaiger Erleichterungen grundsätzlich denselben komplexen Regularien unterliegen und ebenso vertrauensbasierte Versicherungsleistungen erbringen. Daher sollten diese Unternehmen einem branchenspezialisierten Wirtschaftsprüfer eine vergleichbare Bedeutung beimessen, wie es die im Datensatz vertretenen Versicherungsunternehmen tun. Unter Beachtung, dass die ansonsten in Deutschland vorherrschenden rechtlichen und institutionellen Rahmenbedingungen für die Wirtschaftsprüfer und die Unternehmen im Vergleich zum analysierten Datensatz identisch ausfallen, kann somit eine gewisse Repräsentativität und damit eine Übertragbarkeit der Ergebnisse unterstellt werden. Eine Übertragbarkeit der Resultate auf andere Branchen und Länder ist hingegen sehr fraglich. Bezüglich der deutschen Bankenbranche könnte zwar argumentiert werden, dass diese eine gewisse Ähnlichkeit zur Versicherungsbranche aufweist, da auch Banken komplexen Regularien unterliegen, deren Überwachung primär durch die gleiche Aufsichtsbehörde (BaFin) erfolgt und das Geschäft ebenfalls ein hohes Maß an Vertrauen erfordert. In Anbetracht dessen, dass jedoch ansonsten eklatante Unterschiede zwischen Banken und Versicherungen u. a. in Hinblick auf deren Geschäftsmodelle und den jeweils zugelassenen Rechtsformen existieren, kann nicht davon ausgegangen werden, dass die Versicherungsbranche die Bankenbranche im Sinne der externen Validität ausreichend repräsentiert. Selbiges gilt für die Branchen außerhalb des Finanzsektors. Bei diesen kommt hinzu, dass diese großteils keiner komplexen Regulierung unterliegen und das betriebene Geschäft oftmals kein hohes Vertrauen in die zukunftsbezogene Finanzstabilität des Unternehmens bedingt. Als Konsequenz hieraus ist festzuhalten, dass die im Rahmen dieser Arbeit erlangten Erkenntnisse in Bezug auf die deutsche Versicherungsbranche nicht auf andere Branchen innerhalb Deutschlands übertragbar sind.

Die Gültigkeit für Versicherungsbranchen in anderen Ländern ist ebenfalls in Frage zu stellen, da bereits die abweichenden rechtlichen und institutionellen Rahmenbedingungen eines anderen Landes einer möglichen Repräsentativität entgegenstehen.[967] Abschließend sei angemerkt, dass auch die Übertragbarkeit der Befunde auf einen anderen Zeitraum nicht sicher ist. Die Ursache hierfür liegt darin, dass in anderen Zeiträumen veränderte Rahmenbedingungen vorliegen könnten, die wiederum andere Ergebnisse zur Folge haben. Insbesondere der Beginn des gewählten Untersuchungszeitraumes von 2009 bis 2013 ist geprägt durch die Auswirkungen der weltweiten Finanz- und Wirtschaftskrise sowie den durch das BilMoG ausgelösten Änderungen der handelsrechtlichen Rechnungslegungsvorschriften. Bereits diese einmaligen Ereignisse könnten bspw. die Prüfungshonorare wesentlich beein-

---

[967] Für eine Arbeit, die sich explizit im Kontext von branchespezialisierten Prüfungspartnern kritisch zur Übertragbarkeit von erlangten Ergebnissen auf andere Länder äußert, siehe *Garcia-Blandon/Argiles-Bosch*, 2018, S. 98, 100, 105.

flusst haben mit der Folge, dass diese im Vergleich zu Zeiträumen ohne derartige Ereignisse deutlich abweichen.[968] Gleichzeitig hat die Finanz- und Wirtschaftskrise bewirkt, dass die Abschlussprüfer stark in die Kritik geraten sind, da diese die gravierenden Risiken primär bei den Banken nicht erkannt oder nicht davon berichtet haben.[969] Es ist daher möglich, dass die Abschlussprüfer insbesondere in den unmittelbar darauf folgenden Jahren ihr bisheriges Handeln aufgrund der geäußerten Kritik überdacht haben und seitdem sorgfältiger bei der Prüfung agieren, um dem Berufsstand nicht weiter zu schaden. Dies bedeutet jedoch, dass das durch die geäußerte Kritik veranlasste Verhalten der Abschlussprüfer im Untersuchungszeitraum nicht unbedingt vergleichbar mit anderen Zeiträumen ist. Im Jahr 2015 folgte eine Reform des für die Regulierung und Abschlussprüfung bedeutsamen VAG, das in seiner neuen Fassung ab 1. Januar 2016 anzuwenden war. Des Weiteren wurden im Jahr 2016 die Honorarausweiskategorien entsprechend *IDW RS HFA 36 n.F.* geändert. Hinzu kommt, dass Versicherungsunternehmen seit Inkrafttreten des AReG im Juni 2016 ausnahmslos als Unternehmen von öffentlichem Interesse gelten und daher die für derartige Unternehmen geltenden besonderen Bestimmungen für die Abschlussprüfung beachten müssen. Die vorgenannten Punkte zeigen auf, dass sich auch in der Zeit nach dem Untersuchungszeitraum die Rahmenbedingungen wesentlich verändert haben. Daher kann nicht davon ausgegangen werden, dass die Analyseergebnisse auf diese Zeit uneingeschränkt übertragbar sind, auch wenn grundsätzliche Faktoren weiterhin dafür sprechen würden und die erzielten Befunde zumindest frei von wesentlichen Jahreseffekten sind, da Jahresdummys im Modell berücksichtig wurden.

Selbst wenn jedoch die erzielten empirischen Resultate nicht aufgrund der vorgenannten Limitationen verzerrt sind und branchenspezialisierte Prüfungspartner tatsächlich eine höhere Prüfungsqualität erbringen, kann nicht eruiert werden, ob das höhere Prüfungshonorar von den als Branchenspezialisten identifizierten Prüfungspartnern auf tatsächlich höhere Stundensätze (Honorarprämie) oder jedoch auf einen größeren zeitlichen Prüfungsaufwand zurückzuführen ist. Aussagen diesbezüglich wären nur möglich, sofern Informationen über Stundensätze und Anzahl der Arbeitsstunden vorliegen würden.[970] Für gewöhnlich und auch in Bezug auf diese Arbeit sind derartige interne Informationen jedoch nicht verfügbar. Folglich muss auch diese Limitation bei der Interpretation der Ergebnisse beachtet werden.

---

[968] Vgl. *Joha*, 2018, S. 272.
[969] Vgl. hierzu u. a. *Europäische Kommission*, 2010, S. 3; *Europäische Kommission*, 2011.
[970] Vgl. *Zerni*, 2012, S. 337.

8 Zusammenfassung und Ausblick

Trotz der immensen ökonomischen Bedeutung von Versicherungen für marktwirtschaftlich orientierte Volkswirtschaften haben sich bis dato nur wenige nationale und internationale Forschungsarbeiten dem Abschlussprüfermarkt für Versicherungsunternehmen gewidmet. Dies ist insofern bemerkenswert, da der Abschlussprüfung insbesondere im Zusammenhang mit stark vertrauensbasierten Produkten wie Versicherungen eine zentrale Rolle zukommen sollte. Die vorliegende Arbeit hat sich dieser Thematik angenommen und empirische Resultate bezüglich des Abschlussprüfermarktes für Versicherungsunternehmen in Deutschland geliefert. Neben einer detaillierten Strukturanalyse hat hierbei im Einklang mit der jüngsten Entwicklung in der empirischen Prüfungsforschung die Frage im Fokus gestanden, ob testierende Prüfungspartner, welche in Bezug auf die deutsche Versicherungsbranche einen hohen Spezialisierungsgrad aufweisen, die Höhe des erhobenen Prüfungshonorars beeinflussen.

Die Fokussierung auf die Prüfungspartnerebene ist damit zu begründen, dass in der Realität nicht die zum Abschlussprüfer bestellte Prüfungsgesellschaft selbst, sondern die in einer bestimmten Niederlassung ansässigen testierenden Wirtschaftsprüfer und deren Teammitglieder die Prüfung planen, durchführen und das Prüfungsurteil verfassen. Daher sollte die Qualität einer einzelnen Abschlussprüfung maßgeblich von der Expertise der involvierten Wirtschaftsprüfer und nicht alleine von der bestellten Prüfungsgesellschaft abhängen. Die Expertisen der unterschiedlichen Wirtschaftsprüfer innerhalb einer Prüfungsgesellschaft variieren jedoch zum Teil deutlich. Die Ursache liegt darin, dass die für eine Angleichung der qualitätsrelevanten Expertisen notwendigen Systeme innerhalb einer Gesellschaft zur Teilung von Wissen und Informationen aufgrund von teils unüberwindbaren Hemmnissen nicht vollumfänglich funktionieren können. Die Folge ist, dass innerhalb einer Prüfungsgesellschaft unterschiedliche Wirtschaftsprüfer mit differierenden Qualitätsniveaus existieren. In Bezug auf Branchenspezialisten ist anzunehmen, dass diese eine höhere Prüfungsqualität erbringen als nicht spezialisierte Wirtschaftsprüfer. Insbesondere in stark regulierten und komplexen Branchen wie der Versicherungsbranche könnte eine Spezialisierung maßgeblich für die Prüfungsqualität sein. Im Sinne einer Produktdifferenzierungsstrategie bei entsprechender Nachfrage begründet diese höhere Prüfungsqualität wiederum, dass branchenspezialisierte Prüfungspartner höhere Prüfungshonorare erzielen. Konträr hierzu kann jedoch argumentiert werden, dass das durch die Branchenspezialisierung gewonnene umfangreiche Branchenwissen neben einer höheren Prüfungsqualität auch die Generierung von *economies of scale* ermöglicht. Sollten diese Skaleneffekte aufgrund der vorherrschenden Wettbewerbssituation an die Mandanten weitergereicht werden, so könnte dies trotz etwaiger höherer Prüfungsqualität letztendlich eine Reduzierung des Prüfungshonorars zur Folge haben. Ziel dieser Arbeit ist es gewesen, herauszufinden, ob diese theoretisch begründbaren Effekte auf der Ebene der testierenden Wirtschaftsprüfer in der deutschen Versicherungsbranche empirisch nachweisbar sind. Dabei ist auch der Tatsache Rechnung getragen worden, dass in Deutschland gewöhnlich zwei Wirtschaftsprüfer (Links- und Rechtsunterzeichner) mit unterschiedlichen Aufgaben- und Verantwortungsbereichen den Jahres- bzw. den Konzernabschluss testieren. Bedingt durch diese unterschiedlichen Aufgaben- und Verantwortungsbereiche kann es sein, dass bspw. dem branchenspezialisierten Rechtsunterzeichner eine andere Bedeutsamkeit für das Prüfungshonorar zukommt als dem branchenspezialisierten Linksunterzeichner.

Zu Beginn der Arbeit wurden zunächst konzeptionelle Grundlagen geklärt (Kapitel 2). Hierzu gehörte die ökonomische Begründung von Rechnungslegung und Abschlussprüfung durch die Prinzipal-Agenten-Theorie sowie die Abgrenzung des Begriffs „Prüfungsqualität". Weiterhin wurde die Indikatorfunktion des Prüfungshonorars für die Höhe der Prüfungsqualität erläutert. Im Anschluss daran erfolgte eine Charakterisierung der deutschen Versicherungsbranche (Kapitel 3). Es zeigte sich, dass während des Untersuchungszeitraumes dieser Arbeit (2009 bis 2013) ca. 1.400 Versicherungsunternehmen und 30 Pensionsfonds auf dem deutschen Markt existierten. Hiervon standen im Jahr 2013 586 Versicherungsunternehmen und alle Pensionsfonds unter Bundesaufsicht durch die BaFin und 838 standen unter Landesaufsicht. Gemessen an den gebuchten Bruttobeiträgen im Jahr 2013 konnte aufgezeigt werden, dass den unter Bundesaufsicht stehenden Unternehmen mit einem Volumen i. H. v. 251,1 Mrd. EUR eine immens höhere ökonomische Bedeutung zukommt als den unter Landesaufsicht stehenden Versicherungsunternehmen mit einem Volumen i. H. v. 0,043 Mrd. EUR. Weiterhin wurde in diesem Abschnitt verdeutlicht, dass die Versicherungsbranche im Hinblick auf Rechnungslegung und Abschlussprüfung komplex und hoch reguliert ist, da neben den allgemeinen für große Kapitalgesellschaften geltenden handelsrechtlichen Regularien zahlreiche branchenspezifische Vorschriften für Versicherungsunternehmen gelten. In einem nächsten Schritt wurde sodann die Unterzeichnungspflicht des veröffentlichten Bestätigungsvermerks durch die involvierten Wirtschaftsprüfer thematisiert, da der Bestätigungsvermerk im Kontext der Forschungsfrage als Informationsquelle für die einzelnen testierenden Prüfungspartner diente. In diesem Zusammenhang wurde auch erläutert, dass den gewöhnlich zwei unterzeichnenden Prüfungspartnern unterschiedliche Aufgaben- und Verantwortungsbereiche zukommen. So handelt es sich bei dem Rechtsunterzeichner im Normalfall um den für die Prüfungsplanung, -durchführung und Ableitung des Prüfungsurteils verantwortlichen Prüfungspartner (prüfungsdurchführender Wirtschaftsprüfer); der Linksunterzeichner ist hingegen üblicherweise nicht aktiv in die detaillierte Gestaltung und Durchführung der Abschlussprüfung involviert. Stattdessen übt der auch als Mitunterzeichner bezeichnete Linksunterzeichner nicht selten die Funktion des Berichtskritikers aus. Das vierte Kapitel widmete sich dem Analysegegenstand Prüfungshonorar. Zunächst wurde die in Deutschland bestehende Honorarpublizitätspflicht thematisiert. Im Anschluss daran wurden allgemeine Prüfungshonorardeterminanten vorgestellt, welche sich in der bisherigen Prüfungsforschung herauskristallisiert haben. Hierzu zählen insbesondere mandantenspezifische Faktoren wie Größe, Komplexität und Risiko sowie prüfer- bzw. prüfungsmarktspezifische und auftragsspezifische Faktoren. Diese Erkenntnisse bildeten in Kapitel 7 die Grundlage für die Entwicklung des zur Überprüfung der Hypothesen notwendigen Prüfungshonorarmodells für Versicherungsunternehmen.

Die zentralen Inhalte der vorliegenden Arbeit mit Bezug auf den Status quo der Forschungsliteratur zur Partnerebene sowie die darauf aufbauende Hypothesenbildung (Kapitel 5), die grundlegenden Resultate der empirischen Strukturanalyse des Abschlussprüfermarktes für Versicherungsunternehmen in Deutschland (Kapitel 6) sowie die wesentlichen Erkenntnisse der empirischen Untersuchung zum Einfluss der branchenspezialisierten Prüfungspartner auf das Prüfungshonorar (Kapitel 7) lassen sich wie folgt zusammenfassen:

- Der Literaturüberblick besteht aus 62 Forschungsarbeiten und hat aufgezeigt, dass die Schwerpunkte der Untersuchungen vorwiegend auf der Mandatsdauer bzw. der freiwilligen/pflichtmäßigen Rotation, der Branchenspezialisierung sowie der Berufserfahrung, dem Geschlecht und anderen individuellen Attributen eines Prüfungspartners liegen. Hierbei wird mit wenigen Ausnahmen die Bedeutung der vorgenannten partnerspezifischen Variablen für die mittels verschiedener Methoden approximierte Prüfungsqualität und/oder das erhobene Prüfungshonorar analysiert. Die Mehrheit dieser Arbeiten fokussiert sich aufgrund der dort bestehenden Publizitätspflicht des Namens des prüfungsdurchführenden Wirtschaftsprüfers auf die Länder China, Taiwan und Australien. Daneben widmen sich einige Studien einzelnen europäischen Prüfungsmärkten, wobei fünf den deutschen Prüfungsmarkt untersuchen. Die deutliche Mehrheit der analysierten Datensamples beinhaltet ausschließlich börsennotierte und nicht aus der Finanzbranche stammende Unternehmen. Lediglich zwei Arbeiten liefern Ergebnisse explizit in Bezug auf die Finanzbranche. Ein Großteil der vorgestellten Untersuchungen bestätigt die begründete grundsätzliche Vermutung, dass den einzelnen Wirtschaftsprüfern neben oder anstelle der Prüfungsgesellschaft und der prüfungsdurchführenden Niederlassung eine wesentliche Rolle für das Produkt Abschlussprüfung zukommt.
- Die Ergebnisse bezüglich der Bedeutung der Mandatsdauer und der Rotation des Prüfungspartners für die Prüfungsqualität vermitteln kein einheitliches Bild. Demnach weisen manche Studien einen signifikant positiven und andere einen signifikant negativen oder gar keinen Zusammenhang nach. In Bezug auf die Höhe des Prüfungshonorars kann durch zwei Studien konstatiert werden, dass dies aufgrund einer Rotation des Prüfungspartners signifikant höher ausfällt. Eine Arbeit, die im Rahmen ihres Honorarmodells für deutsche Banken für einen Prüfungspartnerwechsel kontrolliert, weist hingegen keinen signifikanten Einfluss auf die Höhe des Prüfungshonorars nach.
- Bezüglich der Bedeutung eines spezialisierten Prüfungspartners für die Prüfungsqualität konstatiert ein Großteil der vorgestellten Studien, dass spezialisierte Wirtschaftsprüfer eine höhere Prüfungsqualität erbringen. Bei den meisten Studien steht hierbei die Spezialisierung auf eine Branche im Fokus. Eine Studie widmet sich in diesem Kontext u. a. der Finanzbranche und zeigt dabei, dass speziell in dieser Branche spezialisierte Prüfungspartner von signifikanter Wichtigkeit für die Prüfungsqualität sind. Andere Studien verdeutlichen im Hinblick auf die Unterscheidung zwischen *engagement partner* und *review partner*, dass dem spezialisierten prüfungsdurchführenden Wirtschaftsprüfer (*engagement partner*) eine höhere Bedeutung für die Prüfungsqualität zukommt als dem Mitunterzeichner (*review partner*). Lediglich eine Arbeit kann für den spanischen Prüfungsmarkt keinen statistisch signifikanten Nachweis für eine höhere Prüfungsqualität im Zusammenhang mit einem spezialisierten Prüfungspartner erbringen. Bezüglich der Prüfungshonorare von branchenspezialisierten Wirtschaftsprüfern kristallisiert sich

bei der Mehrheit der Arbeiten heraus, dass diese signifikant höher ausfallen als die von nicht branchenspezialisierten Prüfungspartnern. Begründet wird dies zumeist mit der höheren (wahrgenommenen) Prüfungsqualität von spezialisierten Wirtschaftsprüfern. Die Forschungsarbeiten in Bezug auf die Erfahrung, das Geschlecht und weitere individuelle Attribute verdeutlichen, dass auch diesen Faktoren eine wesentliche Bedeutung in Verbindung mit dem Produkt Abschlussprüfung zukommt.

- Unter Beachtung der Forschungsergebnisse bezüglich der Prüfungspartnerebene, der Erkenntnisse in Bezug auf die Bedeutsamkeit von spezialisierten Abschlussprüfern in komplexen Branchen, wie z. B. der Versicherungsbranche, sowie der unterschiedlichen Aufgaben- und Verantwortungsbereiche von links und rechts unterzeichnenden Wirtschaftsprüfern erfolgte die Bildung der ungerichteten Nullhypothesen. Diese beinhalten, dass die Spezialisierung des Links- bzw. Rechtsunterzeichners auf die deutsche Versicherungsbranche in keinem statistisch signifikanten Zusammenhang mit der Höhe des Prüfungshonorars steht.

- Der Fokus der empirischen Strukturanalyse des Abschlussprüfermarktes für Versicherungsunternehmen in Deutschland lag auf der Anbieterseite von Prüfungsleistungen und es wurden sowohl die Marktkonzentration als auch die Marktanteile der führenden Prüfungsgesellschaften, Niederlassungen und Prüfungspartner herausgearbeitet. Die finalen Datensamples für die Jahre 2009 bis 2013 speisen sich in Abhängigkeit vom Jahr aus 177 bis 187 Konzern- und Jahresabschlüssen von unter Bundesaufsicht stehenden Versicherungsunternehmen mit Geschäftstätigkeit. Pensionsfonds, Pensionskassen und Sterbekassen wurden aufgrund einer mangelnden Datenverfügbarkeit ausgeschlossen. Unter Beachtung der Konsolidierungskreise der in die Stichproben eingehenden Konzernabschlüsse repräsentieren die jährlichen Datensamples zwischen 324 und 330 Versicherungsunternehmen. Dies entspricht einer Abdeckung von 80% bis 86% des ursprünglichen Gesamtmarktes.

- Auf der Ebene der Prüfungsgesellschaften ist der Prüfungsmarkt für Versicherungsunternehmen im Vergleich zu anderen deutschen Branchen sehr hoch konzentriert (HHI stets über 0,52; CR_2 stets über 0,81; CR_5 stets über 0,96). Dennoch liefern die empirischen Ergebnisse keine Evidenz dafür, dass bedingt durch die angestiegene und sehr hohe Konzentration im Untersuchungszeitraum eine ausgeprägte Wettbewerbsverzerrung vorliegt, die zu dauerhaft überhöhten Prüfungshonoraren führt. Fallende (durchschnittliche) Honorare bei gleichbleibender bzw. ansteigender Konzentration und nur geringer Variation der Stichprobenumfänge stehen zumindest im Widerspruch dazu ceteris paribus. KPMG ist jedes Jahr Marktführer und hebt sich mit einem jährlichen Marktanteil, der mit Ausnahme von 2009 immer über 70% liegt, deutlich von den anderen Prüfungsgesellschaften ab. Stark beeinflusst wird die Marktstruktur durch einzelne Großmandate. Demnach umfasst in 2013 bereits das Prüfungshonorar von der Allianz SE ca. 21% des gesamten Marktvolumens.

- Auf der Ebene der prüfungsdurchführenden Niederlassungen kristallisieren sich wenige Niederlassungen heraus, die einen Großteil des Marktes bedienen. Demnach besitzen in Abhängigkeit vom Jahr die fünf honorarstärksten von insgesamt 38 bis 45 aktiven Niederlassungen einen kumulierten Marktanteil i. H. v. 72% bis 75%. Hierbei stammen vier der Niederlassungen von KPMG (in allen Jahren: München, Köln und Hannover; in 2009/2010: Frankfurt am Main; in 2011 bis 2013: Stuttgart) und eine von PwC (in allen Jahren: Düsseldorf). Marktführer ist stets die Niederlassung von KPMG aus München mit einem verhältnismäßig konstanten jährlichen Marktanteil zwischen 33% (2009) und 38% (2012), der mittels 15 bis 17 Mandate generiert wird.

- Auf der Ebene der testierenden Wirtschaftsprüfer konnte gezeigt werden, dass in jedem Jahr mehr prüfungsdurchführende Prüfungspartner (zwischen 78 und 89) als Mitunterzeichner (zwischen 43 und 51) aktiv sind. Demnach testiert im Durchschnitt ein Mitunterzeichner deutlich mehr Abschlüsse als ein Rechtsunterzeichner. Diese Feststellung unterstützt die Annahme, dass der Rechtsunterzeichner aufgrund seines Verantwortungs- und Aufgabengebietes deutlich mehr Aufwand mit der Abschlussprüfung hat als der Linksunterzeichner. Sowohl bei den Rechts- als auch bei den Linksunterzeichnern sind Frauen unterrepräsentiert. Im Hinblick auf die Anzahl beschäftigter Prüfungspartner steht KPMG stets an erster Stelle. Die fünf honorarstärksten Linksunterzeichner vereinnahmen in Abhängigkeit vom Jahr mit 33 (2012) bis 45 (2010) Mandaten insgesamt zwischen 67% (2009) und 71% (2013) des prüfungshonorarbasierten Gesamtmarktes. Marktführer ist mit Ausnahme von 2012 in jedem Jahr derselbe Linksunterzeichner von KPMG. In Abhängigkeit vom Jahr ist dieser an der Generierung von Marktanteilen zwischen 21% und 40% beteiligt. Die Marktführerschaft bei den Rechtsunterzeichnern nehmen abhängig vom Jahr ebenfalls zwei Prüfungspartner von KPMG ein. Hierbei liegen deren Marktanteile zwischen 19% und 22%, wobei diese primär nur durch ein Mandat generiert werden. Sowohl bei den Mitunterzeichnern als auch bei den Rechtsunterzeichnern stammt der Großteil der fünf honorarstärksten Prüfungspartner von KPMG. Eine Beurteilung anhand der maximalen Mandatsanzahl veranschaulicht, dass die jahresabhängigen Spitzenwerte verschiedener Linksunterzeichner von KPMG, PwC und EY zwischen 13 und 21 Mandaten liegen. Die mandatsstärksten Rechtsunterzeichner von KPMG und EY sind hingegen in Abhängigkeit vom Jahr lediglich für 8 bis 14 Mandate verantwortlich.

- Zur Überprüfung der Nullhypothesen wurde zunächst ein Regressionsmodell entwickelt, welches Kontrollvariablen zur Approximation von mandantenspezifischen (Mandantengröße, -komplexität und -risiko), prüferspezifischen und auftragsspezifischen Einflussfaktoren beinhaltet. Die Schätzergebnisse des Grundmodells auf Basis des Datenpanels aus 760 Beobachtungen für die Jahre 2009 bis 2013 bestätigen, dass für wesentliche Einflussfaktoren kontrolliert wird. Das Grundmodell besitzt mit einem angepassten R^2 i. H. v. ca. 0,88 einen hohen Erklärungsanteil an der Varianz der abhängigen Variable *LNPH*. Die Testvariablen zur Identifizierung von branchenspezialisierten Wirtschaftsprüfern wurden primär im Einklang mit vorhergehenden Forschungsarbeiten definiert. Insgesamt kamen sieben verschiedene Variablen zum Einsatz. Sechs davon greifen auf die prüfungshonorarbasierten Marktanteile der Prüfungspartner zurück; eine stellt in Form einer Dummy-Variable auf die Mitgliedschaft im IDW-Versicherungsfachausschuss ab.

- Sowohl die Hauptanalyse als auch die Sensitivitätsanalysen liefern Evidenz dafür, dass insbesondere Rechtsunterzeichner, denen aufgrund ihres verhältnismäßig hohen Marktanteils ein hoher Spezialisierungsgrad zugesprochen wird, ökonomisch relevante Honoraraufschläge erzielen können. Gleichzeitig spricht die Mehrheit der Ergebnisse dafür, dass im IDW-Versicherungsfachausschuss sitzende Rechtsunterzeichner höhere Prüfungshonorare vereinnahmen. Für auf die deutsche Versicherungsbranche spezialisierte Linksunterzeichner konnte hingegen nur deutlich seltener oder gar nicht ein signifikanter Einfluss auf die Honorarhöhe konstatiert werden. Diese Erkenntnis könnte im Einklang mit den bisherigen Ergebnissen von einigen Forschungsarbeiten als Hinweis darauf interpretiert werden, dass der Rechtsunterzeichner aufgrund seines Aufgaben- und Verantwortungsbereiches als prüfungsdurchführender Prüfungspartner von höherer Bedeutung für die Qualität einer Abschlussprüfung ist als der Linksunterzeichner. Die prüfungspflichtigen Versicherungsunternehmen honorieren daher vorwiegend nur den Spezialistenstatus eines Rechtsunterzeichners, da primär dieser eine höhere tatsächliche bzw. wahrgenommene Prüfungsqualität verkörpert. Selbige Schlussfolgerung kann aus den im Rahmen einer Sensitivitätsanalyse gewonnenen Resultaten in Bezug auf die Berufserfahrung eines Prüfungspartners gezogen werden. Die Ergebnisse bestätigen nahezu ausnahmslos einen signifikant positiven Zusammenhang zwischen der allgemeinen Berufserfahrung eines Rechtsunterzeichners und der Prüfungshonorarhöhe. Für die allgemeine Berufserfahrung des Linksunterzeichners fällt der Einfluss hingegen stets insignifikant aus. Weiterhin bemerkenswert sind die Ergebnisse der Sensitivitätsanalyse, bei der sowohl die jeweilige marktanteilsbasierte Spezialistenvariable als auch die IDW-Indikatorvariable gleichzeitig in das Honorarmodell einbezogen wurden. Im Hinblick auf die Linksunterzeichner zeigt sich weitestgehend im Einklang mit den vorhergehenden Resultaten, dass weder die Mitgliedschaft im IDW-Fachausschuss noch die marktanteilsbasierten Spezialistenvariablen einen signifikanten Einfluss auf das Prüfungshonorar ausüben. Bezüglich des Rechtsunterzeichners konnte jedoch im Gegensatz zu den bisherigen Erkenntnissen bei gleichzeitiger Berücksichtigung der Mitgliedschaft im IDW-Versicherungsfachausschuss mit nur einer Ausnahme für keine der marktanteilsbasierten Spezialistenvariablen ein signifikanter Einfluss auf die Honorarhöhe nachgewiesen werden. Die auf den Rechtsunterzeichner bezogene IDW-Indikatorvariable fällt hingegen unabhängig von der marktanteilsbasierten Spezialistenvariable stets signifikant positiv aus. Insgesamt deuten die Ergebnisse dieser Analyse daraufhin, dass die zuvor konstatierten Honoraraufschläge für marktanteilsbasierte Branchenspezialisten primär durch die ebenfalls darunter vertretenen im IDW-Versicherungsfachausschuss sitzenden Rechtsunterzeichner bedingt wurden. Interessant ist in diesem Zusammenhang, dass im Datensatz lediglich zwei Rechtsunterzeichner vertreten sind, die Mitglieder des IDW-Fachausschusses sind und insgesamt 16 Abschlüsse testieren. Die Resultate legen nahe, dass nur diese zwei

Prüfungspartner in ihrer Funktion als Rechtsunterzeichner Honoraraufschläge erzielen. Bestätigt wird dies ebenfalls durch die Resultate einer Analyse, welche dahingehend unterscheidet, ob der jeweilige Prüfungspartner nur aufgrund seines Marktanteils, nur aufgrund der Mitgliedschaft im IDW-Fachausschuss oder aufgrund von beiden Eigenschaften als Branchenspezialist gilt. Auch hier ergibt sich im Ergebnis, dass fast ausschließlich nur Rechtsunterzeichner, die Mitglied im IDW-Versicherungsfachausschuss sind, signifikante Honoraraufschläge erzielen.

- Im Rahmen einer zusätzlichen Analyse kamen anstelle des Prüfungshonorars die Erhebungsmerkmale Bilanzsumme, gebuchte Bruttobeiträge sowie Mandatsanzahl zum Einsatz, um die branchenspezialisierten Prüfungspartner entsprechend den marktanteilsbasierten Variablendefinitionen zu bestimmen. Auffällig ist hierbei, dass die Regressionsanalyse mit nur einer Ausnahme keinerlei Evidenz dafür erbringt, dass die anhand der anderen Erhebungsmerkmale bestimmten Branchenspezialisten einen Einfluss auf das Prüfungshonorar ausüben. Die Resultate dieser Analyse verdeutlichen das grundsätzlich bestehende Problem bei der Untersuchung von Prüfungshonorar und Prüfungsqualität beeinflussenden Effekten im Zusammenhang mit Branchenspezialisten. Die aus der fehlenden eindeutigen Definition resultierende Verwendung von unterschiedlichen Erhebungsmerkmalen führt zu teilweise sehr konträren Ergebnissen. Dies gilt selbst für Merkmale, die grundsätzlich eine sehr hohe Korrelation aufweisen, wie bspw. Prüfungshonorare und Bilanzsumme. Welche Ergebnisse nun tatsächlich den Effekt eines Branchenspezialisten widerspiegeln, kann nicht mit Gewissheit gesagt werden. Dennoch wird in der Literatur mehrheitlich die Auffassung vertreten, dass Prüfungshonorare aufgrund ihrer guten Eignung zur Abbildung des Marktvolumens präferiert werden sollten. Weiterhin ist zu betonen, dass trotz der im Rahmen der Hypothesenherleitung vorgenommenen theoretischen Fundierung der gewonnenen Erkenntnisse Limitationen bestehen, welche bei der Interpretation der empirischen Ergebnisse zwingend zu berücksichtigen sind und die Aussagekraft der vorliegenden Arbeit einschränken könnten. Hierzu zählen u. a. eine fehlende uneingeschränkte interne Validität aufgrund des omnipräsenten Endogenitätsproblems, eine beschränkte externe Validität sowie eine möglicherweise verletzte Konstruktvalidität. Eine ausführliche Diskussion dieser und weiterer Limitationen erfolgte im letzten Abschnitt von Kapitel 7.

Die vorliegende Arbeit hat erste Ergebnisse bezüglich der Bedeutung von spezialisierten Prüfungspartnern für die Prüfungshonorare von deutschen Versicherungsunternehmen geliefert. Hieraus ergibt sich zukünftiger Forschungsbedarf. Zur Validierung der erzielten Erkenntnisse ist es notwendig, die Abschlussprüfermärkte für Versicherungsunternehmen von anderen Ländern unter der hier gewählten Forschungsfrage zu analysieren. Weiterhin sollte die Fragestellung untersucht werden, ob die im Rahmen dieser Arbeit nachgewiesene Bedeutung von spezialisierten Rechtsunterzeichnern auch für andere deutsche Branchen bestätigt werden kann. Hierfür käme der Bankensektor oder eine andere hoch regulierte und komplexe Branche in Frage, doch auch eine branchenübergreifende Analyse von kapitalmarktorientierten oder privaten Unternehmen würde zu einer Erweiterung des deutschen Forschungsstandes beitragen. In Anbetracht dessen, dass sowohl das IDW, aber auch

andere Institutionen, wie bspw. das AICPA, Fachausschüsse bzw. *expert panels* für bestimmte Branchen oder Themengebiete haben, wäre eine Analyse dahin gehend wün-
schenswert, ob auch für die in diesen Fachausschüssen vertretenen Prüfungspartner ein signifikanter Einfluss auf das Produkt Abschlussprüfung nachweisbar ist. Eine Erweiterung
der vorliegenden Arbeit mit Fokus auf branchenspezialisierte Prüfungspartner in der deutschen Versicherungsbranche könnte darin bestehen, dass analysiert wird, ob der nachgewiesene Honoraraufschlag tatsächlich auf eine höhere (wahrgenommene) Prüfungsqualität
zurückzuführen ist. In Anbetracht dessen, dass bei den analysierten Jahres- und Konzernabschlüssen der Versicherungsunternehmen keine outputbasierten Größen, wie bspw.
restatements oder *going concern opinions*, zur Approximation der Prüfungsqualität vorlagen, müsste hierfür zunächst ein Regressionsmodell zur Bestimmung von DPA bei deutschen Versicherungsunternehmen entwickelt werden. Ein derartiges Modell existiert bis
dato nicht. Im Anschluss daran könnte sodann mit einem angemessenen Modell getestet
werden, ob die branchenspezialisierten Prüfungspartner einen signifikanten Einfluss auf die
Höhe der DPA ausüben. Weiterhin wäre eine Untersuchung dahingehend interessant, inwiefern die testierenden Wirtschaftsprüfer institutionell-politischen Einfluss besitzen und
bspw. an der Auslegung von versicherungsspezifischen Rechnungslegungs- und Prüfungsstandards beteiligt sind; auch dies würde wiederum zu einem verbesserten Marktverständ-
nis beitragen.[971]

Daneben sollten sich zukünftige Forschungsvorhaben mit der bereits in einigen Arbeiten aufgegriffenen Frage beschäftigen, was die Variable „Branchenspezialist" letztendlich
tatsächlich abbildet bzw. welche Effekte sie auffängt. So ist z. B. insbesondere bei marktanteilsbasierten Spezialistenvariablen trotz der bereits angeführten Argumente diskutabel, ob
diese tatsächlich den realen Spezialisierungsgrad in Form von branchenspezifischem Wissen eines Abschlussprüfers und eine explizit dadurch bedingte Produktdifferenzierung widerspiegeln oder ob die Variablen nicht vielmehr lediglich die durch verschiedenste Faktoren bedingte allgemeine Verhandlungs- bzw. Marktmacht eines Abschlussprüfers verkör-
pern. Sollte letzteres der Fall sein, so wäre ein nachgewiesener positiver Einfluss eines als
Branchenspezialist deklarierten Abschlussprüfers auf die Höhe des Prüfungshonorars nicht
als alleinige Prämie für eine gesteigerte Prüfungsqualität aufgrund der branchenspezifischen Expertise und einem damit einhergehenden Wettbewerbsvorteil, sondern als Prämie
aufgrund der hohen Marktmacht des Abschlussprüfers und die dadurch geschaffene Wettbewerbsbeschränkung zu interpretieren.[972] Auch wenn die durch die verschiedenen Methoden als Branchenspezialisten identifizierten Abschlussprüfer tatsächlich spezialisiert sind
und daher eine höhere Prüfungsqualität als die Konkurrenten liefern, die bei entsprechender Nachfrage eine Honorarprämie grundsätzlich rechtfertigen würde, ist zu bedenken,
dass die Realisierung dieser Prämie stark von der vorherrschenden Wettbewerbsposition
des Abschlussprüfers im Vergleich zu den anderen Marktteilnehmern determiniert wird.[973]
Sieht sich bspw. der Branchenspezialist mit einem hohen Wettbewerb konfrontiert, da neben ihm weitere Abschlussprüfer ein sehr ähnliches Qualitätsniveau anbieten, so wird er

---

[971] Vgl. dazu u. a. *Cooper/Robson*, 2006, S. 415-444; *Greenwood/Suddaby*, 2006, S. 27-48; *Lenz*, 2014, S. 313-323.
[972] Vgl. *Audousset-Coulier/Jeny/Jiang*, 2016, S. 151; *Cahan/Jeter/Naiker*, 2011, S. 197; *DeFond/Zhang*, 2014, S. 302;
       Minutti-Meza, 2013, S. 783; *Numan/Willekens*, 2012, S. 450; *Chu/Simunic/Ye et al.*, 2017, S. 9, 10, 32.
[973] Siehe hierzu Abschnitt 4.2.3.3.

trotz seines Spezialistenstatus aufgrund der besseren Verhandlungsposition des Mandanten einen Preisdruck erfahren, der ihm das Erheben einer Honorarprämie entweder erschwert, unmöglich macht oder ihn sogar dazu zwingt, die mit der Spezialisierung verbundenen Kostenvorteile (teilweise) an den Mandanten weiterzugeben. Hierbei könnte Letzteres eine Honorarreduktion zur Folge haben. Kann sich hingegen der Branchenspezialist mit seiner Prüfungsqualität deutlich von seinen Mitbewerbern differenzieren, da kein anderer dieses Qualitätsniveau anbietet, so sollte dieser aufgrund der fehlenden Konkurrenz und der damit einhergehenden höheren Verhandlungsmacht gegenüber dem Mandanten eine Honorarprämie vereinnahmen können.[974]

---

[974] Vgl. *Casterella/Francis/Lewis et al.*, 2004, S. 125; *DeFond/Zhang*, 2014, S. 302; *Fung/Gul/Krishnan*, 2012, S. 1288; *Mayhew/Wilkins*, 2003, S. 33 f.; *Numan/Willekens*, 2012, S.453.

Anhang

Anhang A1

Tabelle 47: Empirische Forschungsarbeiten mit Fokus auf der Partnerebene

Autoren (Jahr)	Untersuchter Zusammenhang von...: und...:	Land	Zeit-raum	Datensample[1)2)]	Empirische Ergebnisse
Mandatsdauer und Rotation					
Chi/Huang (2005)	Mandatsdauer des Prüfungspartners und der Prüfungsgesellschaft — Prüfungsqualität/ *Earnings quality*	Taiwan	1998-2001	1.337 Beobachtungen von börsennotierten Unternehmen (exklusive Finanzbranche)	- Evidenz dafür, dass eine kurze (bis 3 Jahre) und lange (8 bis 10 Jahre) Mandatsdauer des Prüfungspartners und der Prüfungsgesellschaft mit einer geringeren Prüfungsqualität (DPA fallen hoch aus) einhergeht. Am höchsten ist die Qualität bei einer mittleren Mandatsdauer von 5 Jahren (es bestand keine Rotationspflicht für Prüfungspartner oder Prüfungsgesellschaften). - Die schlechtere Prüfungsqualität bei kurzer Dauer wird mit dem zu Beginn fehlenden Mandantenwissen begründet. Dieses Mandantenwissen wird in den folgenden Jahren (bis zum fünften Jahr) aufgebaut und steigert die Prüfungsqualität. Nach dem fünften Jahr sinkt die Prüfungsqualität, da die Unabhängigkeit abnimmt. - Evidenz dafür, dass Big5-Prüfer schneller Mandantenwissen aufbauen und daher zu Beginn eine höhere Prüfungsqualität aufweisen als Non-Big5-Prüfer. Qualitätsunterschiede verschwinden jedoch mit Zunahme der Mandatsdauer. - Evidenz dafür, dass die Mandatsdauer der Prüfungsgesellschaft deutlich stärker die Prüfungsqualität beeinflusst als die des Prüfungspartners. Die Autoren empfehlen daher, dass zur Verbesserung der Prüfungsqualität die Prüfungsgesellschaften pflichtmäßig rotieren müssten (nach 5 Jahren) und nicht nur die Prüfungspartner.
Hamilton/ Ruddock/ Stokes et al. (2005)	Rotation des Prüfungspartners — Prüfungsqualität/ *Earnings quality*	Australien	1998-2003	3.621 Beobachtungen von börsennotierten Unternehmen (exklusive Finanzbranche)	- Beschränkte Evidenz dafür, dass die DPA eines Unternehmens nach einem freiwilligen internen Prüfungspartnerwechsel (die Prüfungsgesellschaft rotiert nicht) allgemein kleiner ausfallen. - Insgesamt liefern die Ergebnisse vorwiegend Evidenz dafür, dass im ersten Jahr des neuen Prüfungspartners nur die Mandanten von Big5-Prüfern eine konservativere Bilanzierungspraxis (u. a. signifikant kleinere positive DPA) aufweisen. Für Mandanten von Non-Big5-Prüfern kann dies vorwiegend nicht bestätigt werden.

Autoren (Jahr)	Untersuchter Zusammenhang von...:	und...:	Land	Zeitraum	Datensample[112]	Empirische Ergebnisse
						- Die mit der Partnerrotation in Verbindung gebrachte konservativere Bilanzierungspraxis bei Big5-Mandanten tritt vorwiegend in den späteren Jahren (2001 bis 2003) des Untersuchungszeitraumes auf, in denen die Einführung einer verpflichtenden Partnerrotation bereits stark diskutiert wurde aufgrund einer in 2001 angestoßenen gesetzlichen Regelung, welche die Partnerrotation nach maximal sieben Jahren verpflichtend vorschreibt. Die Autoren schlussfolgern daraus, dass eine Partnerrotation nur dann mit einer konservativeren Bilanzierungspraxis einhergeht, wenn die Rotation verpflichtend ist.
Carey/ Simnett (2006)	Mandatsdauer des Prüfungspartners	Prüfungsqualität/ *Earnings quality*	Australien	1995	1.021 Beobachtungen von börsennotierten Unternehmen (exklusive Finanzbranche)	- Prüfungspartner mit langer Mandatsdauer (>7 Jahre) neigen weniger dazu, den Bestätigungsvermerk um eine GCO (vgl. Fn. 482) zu ergänzen (vor, während und kurz nach dem Untersuchungszeitraum bestand keine Rotationspflicht für Prüfungspartner oder Prüfungsgesellschaften). - Beschränkte Evidenz dafür, dass Prüfungspartner mit langer Mandatsdauer ein höheres Maß an *earnings management* zulassen. - Insgesamt Evidenz dafür, dass eine lange Mandatsdauer insbesondere bei Non-Big6-Partnern eine reduzierte Prüfungsqualität zur Folge hat. Laut Autoren spricht dies für die Einführung einer Rotationspflicht.
Chen/Lin/Lin (2008)	Mandatsdauer des Prüfungspartners und der Prüfungsgesellschaft	Prüfungsqualität/ *Earnings quality*	Taiwan	1990-2001	5.213 Beobachtungen von 888 börsennotierten Unternehmen	- Die absoluten und positiven DPA eines Mandanten nehmen mit steigender Mandatsdauer eines Prüfungspartners ab (vor, während und kurz nach dem Untersuchungszeitraum bestand keine Rotationspflicht für Prüfungspartner oder Prüfungsgesellschaften). - Die absoluten DPA nehmen mit einer steigenden Mandatsdauer einer Prüfungsgesellschaft unter Beachtung des Prüfungspartnereffektes ab. - Insgesamt Evidenz dafür, dass *earnings quality* und Prüfungsqualität in einem positiven Zusammenhang mit der Mandatsdauer vom Prüfungspartner und von der Prüfungsgesellschaft stehen. Laut Autoren könnte die Einführung einer Rotationspflicht daher kontraproduktiv wirken.

Autoren (Jahr)	Untersuchter Zusammenhang von...:	und...:	Land	Zeitraum	Datensample [1)2)]	Empirische Ergebnisse
Fargher/Lee/ Mande (2008)	Mandatsdauer des Prüfungspartners	Prüfungsqualität/ *Earnings quality*	Australien	1990-2004	2.495 Beobachtungen von 590 börsennotierten Unternehmen (exklusive Finanzbranche)	- Die DPA eines Mandanten nehmen mit steigender Mandatsdauer eines Prüfungspartners zu. (vor und während des Untersuchungszeitraumes bestand mit Ausnahme von 2004 keine Rotationspflicht für Prüfungspartner und Prüfungsgesellschaften; 2004 greift erstmals die neu eingeführte, nur für Prüfungspartner geltende Rotationspflicht nach einer siebenjährigen Mandatsdauer; hiervon sind nur wenige ins Datensample eingehende Beobachtungen betroffen). - Die weitere Analyse zeigt, dass bei einem Prüfungspartner mit einer kurzen Mandatsdauer (< 3 Jahre) die DPA des Mandanten im Vergleich zu Prüfungspartnern mit einer mittleren Mandatsdauer (3 bis 6 Jahre) signifikant kleiner ausfallen, wenn der Prüfungspartner von derselben Prüfungsgesellschaft des vorhergehenden Prüfungspartners stammt. Im Gegensatz dazu fallen bei einem Prüfungspartner mit kurzer Mandatsdauer die DPA signifikant höher aus, wenn der neue Prüfungspartner von einer anderen Prüfungsgesellschaft als sein Vorgänger stammt. - Die Autoren begründen dies damit, dass eine Partnerrotation innerhalb einer Prüfungsgesellschaft eine Steigerung der Prüfungsqualität zur Folge hat, da der neue Prüfungspartner mit einer neuen und unvoreingenommenen Perspektive an die Prüfung herangeht, ohne das komplette mandantenspezifische Wissen zu verlieren, welches im Prüfungsteam und der Prüfungsgesellschaft gebunden ist. Wechseln hingegen der Prüfungspartner und die Prüfungsgesellschaft, sinkt die Prüfungsqualität, da der Prüfungspartner trotz seiner neuen Perspektive auf kein mandantenspezifisches Wissen innerhalb der Prüfungsgesellschaft zurückgreifen kann.
Manny/Mock/ Turner (2008)	Mandatsdauer des Prüfungspartners	Prüfungsqualität/ *Earnings quality*	USA	1999-2001	90 Beobachtungen (exklusive Finanzbranche)	- Die DPA eines Mandanten nehmen mit steigender Mandatsdauer eines Prüfungspartners ab, was darauf hindeutet, dass die Prüfungsqualität mit der Mandatsdauer zunimmt (vor und während des Untersuchungszeitraumes bestand keine Rotationspflicht für Prüfungspartner und Prüfungsgesellschaften).

Autoren (Jahr)	Untersuchter Zusammenhang von...: und...:	Land	Zeit-raum	Datensample[112]	Empirische Ergebnisse
					- Eine zusätzliche Analyse zeigt, dass die Mandatsdauer eines Prüfungspartners nur für kleine Mandate mit einer Mandatsdauer von mehr als sieben Jahren negativ mit den DPA verbunden ist. Für große Mandate sowie kleine Mandate mit einer Prüfungsdauer bis sieben Jahre kann kein signifikanter Zusammenhang festgestellt werden. - Evidenz dafür, dass die Prüfungsqualität bei kleinen Mandaten mit der Prüfungsdauer des Prüfungspartners zunimmt; bei großen Mandaten ist die Prüfungsqualität unabhängig von der Prüfungsdauer. Die Autoren schlussfolgern daraus, dass die geplante Einführung einer Partnerrotationpflicht nicht zu einer Steigerung der Prüfungsqualität beiträgt.
Vermeer/ Rama/ Raghunandan (2008)	Unternehmen, die mit dem ehemaligen Prüfungs-partner von Arthur Andersen zur neuen Prüfungsge-sellschaft wechseln	Prüfungs-honorar	USA	2001-2002	575 Beobachtungen von börsennotierten Unternehmen (exklusive Finanzbranche)	- Unternehmen, die mit dem ehemaligen Prüfungspartner von Arthur Andersen zu einer neuen Prüfungsgesellschaft gewechselt haben, zahlen im Durchschnitt um ca. 16% geringere Prüfungshonorare als Unternehmen, die nicht mit dem Prüfungspartner gewechselt haben. - Begründet wird dies damit, dass der alte Prüfungspartner bereits das mandantenspezifische Wissen besitzt. Aus diesem Grunde muss er sich nicht neu einarbeiten. Die Folge ist, dass die Kosten im Zusammenhang mit einem Wechsel der Prüfungsgesellschaft geringer ausfallen.
Chi/Huang/ Liao et al. (2009)	Rotation des Prüfungspart-ners	Prüfungs-qualität/ Earnings quality	Taiwan	2003-2004	Vier Vergleichssamples mit 125 bis 513 Beobachtungen von börsennotierten Unternehmen (alle exklusive Finanzbranche)	- Die Prüfungsqualität (gemessen über DPA) bei Unternehmen, die 2004 pflichtmäßig eine Partnerrotation vornehmen mussten, unterscheidet sich nicht signifikant von der Prüfungsqualität bei Unternehmen, die nicht pflichtmäßig eine Rotation vornehmen mussten. Ebenso unterscheidet sie sich nicht signifikant von der Prüfungsqualität bei Unternehmen, die freiwillig vor 2003 einen Partnerwechsel vollzogen haben. - Im Kontrast dazu ist die Prüfungsqualität bei Unternehmen, die 2004 zu einer Partnerrotation verpflichtet waren, signifikant kleiner als die Prüfungsqualität, die bei denselben Unternehmen ein Jahr vorher (als noch der alte Prüfungspartner verantwortlich war) bestand.

Autoren (Jahr)	Untersuchter Zusammenhang von...: und...:	Land	Zeit-raum	Datensample[1)2)]	Empirische Ergebnisse
					- Die wahrgenommene Prüfungsqualität (gemessen über den *earnings response coefficient*) bei Unternehmen, die pflichtmäßig eine Partnerrotation vornehmen mussten, unterscheidet sich nicht signifikant von der bei Unternehmen, die nicht pflichtmäßig eine Rotation vornehmen mussten. Ebenso unterscheidet sie sich nicht signifikant von der Prüfungsqualität bei denselben Unternehmen ein Jahr zuvor. Im Vergleich zu Unternehmen, die freiwillig den Prüfungspartner gewechselt haben, fällt die wahrgenommene Prüfungsqualität signifikant höher aus. - Die Autoren schlussfolgern aus ihren Ergebnissen, dass die verpflichtende Partnerrotation nicht zu einer Steigerung der Prüfungsqualität beiträgt.
Bedard/ Johnstone (2010)	Mandatsdauer des Prüfungspartners	Geplante Arbeitsstunden und Stundensätze	USA	2002-2003	Über 500 Beobachtungen von Mandanten einer großen Prüfungsgesellschaft (firmeninterner, geschützter Datensatz)	- Evidenz dafür, dass der geplante Prüfungsaufwand (gemessen über die geplanten Arbeitsstunden) direkt nach einer Prüfungspartnerrotation (während des Untersuchungszeitraumes bestand eine Rotationspflicht des Prüfungspartners) im Vergleich zum Vorjahr signifikant höher ausfällt. Indiz dafür, dass der neue Prüfungspartner mehr Zeit im ersten Prüfungsjahr investiert, um mandantenspezifisches Wissen aufzubauen. - Keine Evidenz dafür, dass danach ein Unterschied zwischen dem geplanten Prüfungsaufwand von Prüfungspartnern mit langer Mandatsdauer und Prüfungspartnern mit kurzer Mandatsdauer besteht. Indiz dafür, dass die Prüfungsqualität nicht maßgeblich durch die Mandatsdauer beeinflusst wird. - Evidenz dafür, dass die Realisierungsquote der geplanten Stundensätze direkt nach einer Prüfungspartnerrotation im Vergleich zum Vorjahr signifikant geringer ausfällt. Indiz dafür, dass der Mehraufwand eines neuen Prüfungspartners nicht auf den Mandanten übergewälzt werden kann. - Prüfungspartner mit einer Mandatsdauer von mehr als 5 Jahren können signifikant höhere Realisationsraten erzielen. Indiz dafür, dass die Mandanten die langjährige Prüfer-Mandanten-Beziehung honorieren.

Autoren (Jahr)	Untersuchter Zusammenhang von...:	und...:	Land	Zeit-raum	Datensample[1)2)]	Empirische Ergebnisse
Ye/Carson/ Simnett (2011)	Mandats-dauer des Prüfungspart-ners	Prüfungs-qualität	Austra-lien	2002	626 Beobachtun-gen von finanziell angeschlagenen börsennotierten Unternehmen (exklusive Finanz-branche)	- Signifikant positiver Zusammenhang zwischen der Länge der Mandats-dauer eines Prüfungspartners und der Wahrscheinlichkeit für die Ertei-lung einer GCO bei finanziell angeschlagenen Unternehmen (während des Untersuchungszeitraumes bestand keine Partnerrotationspflicht).
Firth/Rui/Wu (2012)	Rotation des Prüfungspart-ners und der Prüfungsge-sellschaft	Prüfungs-qualität	China	1997-2005	8.560 Beobach-tungen von bör-sennotierten Un-ternehmen (exklusive Finanz-branche)	- Eine verpflichtende Prüfungspartnerrotation hat eine signifikant hö-here Wahrscheinlichkeit für einen eingeschränkten Bestätigungsver-merk zur Folge (höhere Prüfungsqualität). Dieser Zusammenhang ist jedoch auf Regionen mit einem schwach entwickelten Markt und Rechtsumfeld (basierend auf einem Index zur Beurteilung der Rechts-umfelder chinesischer Provinzen) beschränkt. - Die Autoren begründen dies damit, dass in einem hoch entwickelten Markt mit starken Rechtsinstitutionen die Prüfungspartner einem hö-heren Haftungs- und Reputationsrisiko ausgesetzt sind, weswegen sie die Prüfungsqualität grundsätzlich höher halten und eine Pflichtrota-tion keinen signifikanten Beitrag mehr dazu leisten kann. In rechtlich schwach entwickelten Regionen fällt die Prüfungsqualität grundsätz-lich nicht so hoch aus, weswegen eine Pflichtrotation die Sorgsamkeit und Unabhängigkeit eines Prüfungspartners und damit die Prüfungs-qualität signifikant stärkt. - Bei einer freiwilligen Rotation der Prüfungsgesellschaft kann ein ähnli-cher Effekt (wie oben beschrieben) festgestellt werden, wobei das Sig-nifikanzniveau deutlich geringer ist. Bei einer Pflichtrotation der Prü-fungsgesellschaft sowie einer freiwilligen Rotation des Prüfungspart-ners kann kein signifikanter Effekt nachgewiesen werden.

Autoren (Jahr)	Untersuchter Zusammenhang von...: und...:	Land	Zeit-raum	Datensample[1)2)]	Empirische Ergebnisse
Molls (2013)	Mandats-dauer und Ro-tation des Prüfungspart-ners und der Prüfungsge-sellschaft / Prüfungs-qualität/ *Earnings quality*	Deutsch-land	1996-2010	2.636 Beobach-tungen von bör-sennotierten Un-ternehmen. (exklusive Finanz-branche)	- Die absoluten und positiven DPA eines Mandanten nehmen mit stei-gender Mandatsdauer einer Prüfungsgesellschaft signifikant ab, was darauf hindeutet, dass die Prüfungsqualität mit der Mandatsdauer der Prüfungsgesellschaft zunimmt (vor und während des Untersuchungs-zeitraumes bestand keine Rotationspflicht für Prüfungsgesellschaften). Eine Rotation der Prüfungsgesellschaft hat signifikant höhere absolute DPA zur Folge. Dies ist auf signifikant höhere negative DPA zurückzu-führen. Insgesamt Anzeichen dafür, dass die Prüfungsqualität aufgrund einer externen Rotation sinkt. - Die Mandatsdauer sowie eine Rotation (seit 1998 existiert eine Pflicht-rotation des Prüfungspartners in Deutschland) des prüfungsdurchfüh-renden Prüfungspartners (Rechtsunterzeichner) haben keinen eindeu-tig signifikanten Einfluss auf die DPA. Folglich kann keine signifikante Beeinflussung der Prüfungsqualität nachgewiesen werden. - Zwischen der Mandatsdauer des Mitunterzeichners (Linksunterzeich-ner) und der Höhe der absoluten DPA besteht ein signifikant negativer Zusammenhang, welcher auf signifikant kleinere negative DPA zurück-zuführen ist. Die Autorin begründet dies damit, dass durch eine gestei-gerte Mandatsdauer das branchen- und mandatsspezifische Wissen zu-nimmt und daher die Prüfungsqualität höher ist. Eine Rotation des Mit-unterzeichners hat einen signifikanten Anstieg der absoluten DPA zur Folge. Auch dies wird durch signifikant höhere negative DPA getrie-ben. Begründet wird die Beeinträchtigung der Prüfungsqualität mit dem Verlust des an den Prüfungspartner gebundenen Wissens.
Monroe/ Hossain (2013)	Mandats-dauer des Prüfungspart-ners / Prüfungs-qualität	Austra-lien	2006-2010	4.711 Beobach-tungen von fi-nanziell ange-schlagenen Un-ternehmen	- Signifikant positiver Zusammenhang zwischen einer langen Mandats-dauer (≥ 5 Jahre) eines Prüfungspartners und der Wahrscheinlichkeit für die Erteilung einer GCO bei finanziell angeschlagenen Unternehmen (während des Untersuchungszeitraumes bestand eine Partnerrotati-onspflicht nach 5 bzw. 7 Jahren).

Autoren (Jahr)	Untersuchter Zusammenhang von...: und...:	Land	Zeit-raum	Datensample[112]	Empirische Ergebnisse
					- Mit Bezug auf die Ergebnisse von *Carey/Simnett* (2006), welche für einen Untersuchungszeitraum ohne eine Partnerrotationspflicht einen negativen Zusammenhang zwischen langer Mandatsdauer und Wahrscheinlichkeit für eine GCO festgestellt haben, argumentieren die Autoren, dass die Einführung der Partnerrotationspflicht zu einer Verbesserung der Prüfungsqualität geführt haben könnte, da nun eine lange Mandatsdauer in einem positiven Zusammenhang mit der Wahrscheinlichkeit für GCO steht.
Litt/Sharma/ Simpson et al. (2014)	Rotation des Prüfungspartners / Prüfungsqualität/ *Earnings quality*	USA	2000-2010	2.108 Beobachtungen von börsennotierten Unternehmen, die in den Jahren 2000 bis 2004 die Prüfungsgesellschaft gewechselt haben und danach mindestens sieben Jahre durch dieselbe Niederlassung geprüft wurden (exklusive Finanzbranche)	- Die Analyse basiert auf einer Schätzung des Zeitpunktes der internen Partnerrotation, da aufgrund der in den USA fehlenden Publizitätspflicht des prüfungsdurchführenden Prüfungspartners eine exakte Bestimmung des Zeitpunktes nicht möglich ist. Zur Schätzung wird davon ausgegangen, dass im Normalfall der Prüfungspartner erst bei Erfüllung der gesetzlich maximal erlaubten Mandatsdauer eines Prüfungspartners i. H. v. fünf Jahren rotiert. Da im Sample nur Unternehmen sind, die mindestens sieben Jahre von derselben Niederlassung geprüft werden, ist sichergestellt, dass der neue Prüfungspartner von derselben Niederlassung stammt (interne Rotation). - Evidenz dafür, dass durch eine interne Prüfungspartnerrotation die Prüfungsqualität negativ beeinflusst wird. Am stärksten leidet die Prüfungsqualität durch den Prüfungspartnerwechsel bei großen Mandanten und Non-Big4-Mandanten. Bei großen Mandanten von Big4-Gesellschaften beschränkt sich die negative Beeinflussung der Prüfungsqualität auf das erste Jahr nach dem Wechsel. Bei großen und kleinen Mandanten von Non-Big4-Gesellschaften dauert die Beeinträchtigung der Prüfungsqualität drei Jahre an. - Des Weiteren kann signifikant nachgewiesen werden, dass branchenspezialisierte Prüfungsgesellschaften und Gesellschaften mit großen Niederlassungen eine geringere negative Beeinflussung der Prüfungsqualität aufgrund eines internen Prüfungspartnerwechsels verzeichnen. Dies wird damit begründet, dass die vorgenannten Gesellschaften insgesamt eine bessere Expertise und größere Ressourcen besitzen.

Autoren (Jahr)	Untersuchter Zusammenhang von...:	und...:	Land	Zeitraum	Datensample[1)2)]	Empirische Ergebnisse
Lennox/Wu/ Zhang (2014)	Rotation des Prüfungspartners	Prüfungsqualität	China	2006-2010	6.341 Beobachtungen von börsennotierten und nicht börsennotierten Unternehmen	- Evidenz dafür, dass eine pflichtmäßige interne Rotation des *engagement partner* (nur der Prüfungspartner rotiert, nicht aber die Prüfungsgesellschaft) zu einer höheren Prüfungsqualität beiträgt. Für den *review partner* kann kein signifikanter Effekt konstatiert werden. Die Prüfungsqualität wird hierbei gemessen über die Wahrscheinlichkeit für eine durch den Abschlussprüfer veranlasste nachträgliche Korrektur des geprüften Jahresabschlusses (*audit adjustment*). - Demnach fällt die Wahrscheinlichkeit für eine prüfungsbedingte Korrektur im letzten Jahr vor der Pflichtrotation und im ersten Jahr nach der Pflichtrotation des Prüfungspartners höher aus. Die Autoren begründen dies damit, dass ein Prüfungspartner im letzten Jahr vor der Pflichtrotation seine Aufgaben sehr gewissenhaft erledigt, um das Mandat ordentlich zu übergeben und damit seine Reputation zu schützen. Im ersten Jahr nach der Rotation geht hingegen der neue Prüfungspartner mit einer neuen und unvoreingenommenen Perspektive an die Prüfung heran. Dies bewirkt, dass bestehende Probleme eher identifiziert werden und trägt daher zu einer Steigerung der Prüfungsqualität bei.
Huang/ Raghunandan/ Huang et al. (2015)	Rotation des Prüfungspartners und der Prüfungsgesellschaft	Prüfungshonorar und Prüfungsqualität/ *Earnings quality*	China	2002-2011	9.684 Beobachtungen von börsennotierten Unternehmen (exklusive Finanzbranche)	- Evidenz dafür, dass das anfängliche Prüfungshonorar nach einem Wechsel der Prüfungsgesellschaft signifikant geringer ausfällt, wenn die beiden testierenden Prüfungspartner von der neuen Prüfungsgesellschaft ebenfalls neu sind (d. h., sie haben im Vorjahr nicht für die zu dem Zeitpunkt tätige Prüfungsgesellschaft gearbeitet und den Mandanten geprüft). - Sofern nach einem Wechsel der Prüfungsgesellschaft nicht beide Prüfungspartner neu sind, da die beiden vorhergehenden Prüfungspartner (oder nur einer davon) mit dem Mandanten zur neuen Gesellschaft gewechselt sind, gibt es keine eindeutige Evidenz für einen signifikanten Honorarabschlag.

Autoren (Jahr)	Untersuchter Zusammenhang von...: und...:	Land	Zeit-raum	Datensample[1)2)]	Empirische Ergebnisse
					- Evidenz dafür, dass die Wahrscheinlichkeit für das Verschwinden eines im Vorjahr noch bestehenden eingeschränkten Bestätigungsvermerks, für höhere positive DPA sowie für Sanktionen aufgrund von problematischen Abschlussprüfungen signifikant höher ausfällt, wenn im Vergleich mit dem Vorjahr ein Wechsel der Prüfungsgesellschaft samt der beiden Prüfungspartner stattgefunden hat und ein signifikanter Honorarabschlag vorliegt.
Lee (2016)	Mandatsdauer des Prüfungspartners und der Prüfungsgesellschaft	Prüfungsqualität/ *Earnings quality*	Deutschland	2005-2011	151 bis 1.463 Beobachtungen von börsennotierten Unternehmen (exklusive Finanzbranche)	- Keine zufriedenstellende Evidenz dafür, dass die Erteilung einer GCO im Zusammenhang mit der Mandatsdauer der testierenden Prüfungspartner (prüfungsdurchführender Prüfungspartner und Mitunterzeichner) und/oder der Prüfungsgesellschaft steht. Lediglich schwache Hinweise darauf, dass ein möglicher positiver Zusammenhang zwischen der Mandatsdauer der Prüfungspartner und der Neigung zur Erteilung einer GCO durch einen negativen Effekt der Mandatsdauer der Prüfungsgesellschaft kompensiert wird (Interaktionseffekt). Der Autor schlussfolgert daraus, dass eine zunehmende Mandatsdauer der Prüfungsgesellschaft die Prüfungsqualität negativ beeinflusst, indem sie die Prüfungsqualität auf Partnerebene reduziert.
					- Evidenz dafür, dass das Risiko für *restatements* (nachträgliche Korrekturen des geprüften Abschlusses) insbesondere für prüfungsdurchführende Prüfungspartner mit einer kurzen Mandatsdauer hoch ist. Die Mandatsdauer des Mitunterzeichners steht in keinem signifikanten Zusammenhang mit der Wahrscheinlichkeit für *restatements*.
					- Insgesamt liefern die Analysen keine eindeutigen Ergebnisse. Dennoch kommt der Autor zu dem Schluss, dass die pflichtmäßige Rotation der Prüfungspartner einen negativen Einfluss auf die Prüfungsqualität haben könnte. Eine diskutierte pflichtmäßige Rotation der Prüfungsgesellschaft (bestand zum Untersuchungszeitpunkt nicht) kann sowohl negative als auch positive Effekte auf die Prüfungsqualität haben.

Autoren (Jahr)	Untersuchter Zusammenhang von...:	und...:	Land	Zeit-raum	Datensample[1)2)]	Empirische Ergebnisse
Stewart/ Kent/ Routhledge (2016)	Rotation des Prüfungspart-ners	Prüfungs-honorar	Austra-lien	2007-2010	4.342 Beobach-tungen von 1.260 börsennotierten Unternehmen (exklusive Finanz-branche)	- Die Ergebnisse deuten darauf hin, dass Prüfungshonorare im Jahr der Prüfungspartnerrotation und auch in den zwei darauf folgenden Jah-ren signifikant höher sind. - Eine Trennung in freiwillige und pflichtmäßige Rotationen zeigt, dass die Prüfungshonorare im Jahr der Rotation bei beiden Rotationsformen signifikant höher sind. Bei freiwilligen Rotationen sind die Prüfungsho-norare auch im Folgejahr signifikant höher, bei Pflichtrotationen nicht. - Die Analyse auf Basis von Subsamples zeigt, dass sowohl eine freiwil-lige als auch eine pflichtmäßige Prüfungspartnerrotation bei großen, global agierenden Unternehmen im Zusammenhang mit höheren Prü-fungshonoraren steht. Bei kleinen, lokalen Unternehmen stehen nur freiwillige Rotationen in einem signifikanten Zusammenhang mit hö-heren Prüfungshonoraren. Bei mittelgroßen Unternehmen gibt es kei-nen signifikanten Zusammenhang. - Die Autoren begründen den signifikanten Zusammenhang zwischen Prüfungspartnerrotation und höheren Prüfungshonoraren mit gestei-gerten Prüfungskosten des neuen Prüfungspartners zur Gewinnung des mandantenspezifischen Wissens. Abhängig vom Marktwettbewerb und der Verteilung der Verhandlungsmacht zwischen Abschlussprü-fern und Mandanten können in manchen Marktsegmenten die zusätzli-chen Kosten an den Mandanten weitergereicht werden.
Laurion/ Lawrence/ Ryans (2017)	Rotation des Prüfungspart-ners	Prüfungs-qualität	USA	2004-2014	1.240 Beobach-tungen von bör-sennotierten Un-ternehmen (exklusive Finanz-branche)	- Evidenz dafür, dass notwendige *restatements* aufgrund einer fehlerhaf-ten Berichterstattung im Vorjahr deutlich häufiger aufgedeckt und be-kannt gegeben werden, wenn ein neuer Prüfungspartner (d. h. nach ei-ner Partnerrotation) die Abschlussprüfung durchführt, der die vorher-gehende fehlerhafte Berichterstattung nicht zu verantworten hat. Die Identität der Prüfungspartner wurde auf Basis offengelegter Korres-pondenz (die den Namen des Prüfungspartners beinhaltet) zwischen der SEC und den börsennotierten Unternehmen ermittelt. - Ebenso Evidenz dafür, dass die gesamten Rückstellungen eines Man-danten ansteigen, wenn ein neuer Prüfungspartner die Abschlussprü-fung verantwortet.

Autoren (Jahr)	Untersuchter Zusammenhang von...: und...:		Land	Zeit-raum	Datensample[1)2)]	Empirische Ergebnisse
						- Insgesamt werten die Autoren die obigen Erkenntnisse als Indiz dafür, dass aufgrund der Partnerrotation die bisherige Berichterstattung und Rechnungslegung eines Mandanten aus einer neuen Perspektive begutachtet wird, wodurch es zu einer Verbesserung der Prüfungsqualität kommen kann.
Leidner/Lenz (2017)	Rotation des Prüfungspartners	Prüfungs-honorar	Deutsch-land	2009-2011	573 Beobachtungen von deutschen Banken	- Die Rotation des Prüfungspartners steht in keinem statistisch signifikanten Zusammenhang mit der Höhe des Prüfungshonorars.
Sharma/ Tanyi/Litt (2017)	Rotation des Prüfungspartners	Prüfungs-honorar und *report lag*	USA	2000-2014	2.456 Beobachtungen von 614 börsennotierten Unternehmen, die in den Jahren 2000 bis 2004 einen Wechsel der Prüfungsgesellschaft vorgenommen haben und danach 11 Jahre lang von derselben Niederlassung geprüft wurden (exklusive Finanzbranche)	- Die Analyse basiert auf einer Schätzung des Zeitpunktes der internen Partnerrotation, da aufgrund der in den USA fehlenden Publizitätspflicht des prüfungsdurchführenden Prüfungspartners eine exakte Bestimmung des Zeitpunktes nicht möglich ist. Bei der Schätzung des Rotationszeitpunktes gehen sie vor wie *Litt/Sharma/Simpson et al.* (2014). - Sowohl Prüfungshonorare als auch *report lags* sind im ersten Jahr des neuen Prüfungspartners nach der internen Pflichtrotation signifikant höher als im letzten Jahr des alten Prüfungspartners vor der Pflichtrotation. - Diese Effekte aus der Pflichtrotation des Prüfungspartners fallen höher aus für Non-Big4-Prüfer, größere Mandanten und nicht branchenspezialisierte Niederlassungen. - Ebenfalls bei einer nachfolgenden internen Partnerrotation tritt der honorar- und *report lag*-erhöhende Effekt auf. Dies spricht dafür, dass das aufgrund der längeren Mandatsdauer zunehmende mandantenspezifische Wissen auf Niederlassungsebene den Verlust des impliziten Wissens des Prüfungspartners nicht auffangen kann. - Insgesamt empirische Evidenz dafür, dass die pflichtmäßige Prüfungspartnerrotation in den USA zu einer Kostensteigerung führt.

Autoren (Jahr)	Untersuchter Zusammenhang von...:	und...:	Land	Zeit-raum	Datensample [1)2)]	Empirische Ergebnisse
Fitzgerald/ Omer/ Thompson (2018)	Mandats-dauer des Prüfungs-partners	Qualität des Berichtes über das IKS	USA	2001-2012	16.709 Beobach-tungen von Non-Profit Organisati-onen	- Evidenz dafür, dass die Qualität des Berichtes über das IKS mit steigen-der Mandatsdauer des Prüfungspartners abnimmt. Demnach wird u. a. ein signifikant negativer Zusammenhang zwischen der Mandatsdauer eines Prüfungspartners und der Anzahl an berichteten Schwächen des IKS sowie der Härte (wesentlich oder nicht) der berichteten Schwächen nachgewiesen. - Kein signifikanter Zusammenhang zwischen einem Wechsel des Prü-fungspartners und der Qualität des Berichtes über das IKS. Dies steht im Einklang mit einigen bisherigen Erkenntnissen, dass die Prüfungs-qualität des neuen Prüfungspartners im ersten Prüfungsjahr aufgrund des fehlenden mandantenspezifischen Wissens beeinträchtigt wird.
Spezialisierung						
Chin/Chi (2009)	Spezialisie-rung des Prüfungspart-ners und der Prüfungs-gesellschaft	Prüfungs-qualität	Taiwan	1990-2004	35.008 Beobach-tungen von bör-sennotierten Big4-Mandanten	- Mandanten eines branchenspezialisierten Prüfungspartners (besitzt größten Marktanteil auf Basis der Mandantenanzahl in der Branche) ha-ben eine signifikant geringere Wahrscheinlichkeit für *restatements* als Mandanten eines nicht branchenspezialisierten Prüfungspartners. Dies ist unabhängig davon, ob die Prüfungsgesellschaft des Prüfungspart-ners Branchenspezialist ist oder nicht. - Wenn nur die Prüfungsgesellschaft Branchenspezialist ist, der Prü-fungspartner jedoch nicht, dann ist die Wahrscheinlichkeit für *restate-ments* nicht signifikant kleiner. - Die Autoren schlussfolgern daraus, dass hauptsächlich die Branchen-spezialisierung eines Prüfungspartners und nicht die einer Prüfungsge-sellschaft die Wahrscheinlichkeit für *restatements* signifikant verringert. Branchenspezialisierte Prüfungspartner tragen daher zu einer höheren Prüfungsqualität bei. - Des Weiteren stellen die Autoren fest, dass der prüfungsdurchführende Partner (*lead partner*) stärker die Prüfungsqualität beeinflusst als der Mitunterzeichner (*concurring partner*).

Autoren (Jahr)	Untersuchter Zusammenhang von...:	und...:	Land	Zeit-raum	Datensample[1)2)]	Empirische Ergebnisse
Chi/Chin (2011)	Spezialisie-rung des Prüfungs-partners und der Prüfungs-gesellschaft	Prüfungs-qualität/ *Earnings quality*	Taiwan	1983-2004	8.140 (Analyse der DPA) bzw. 8.863 Beobach-tungen (Analyse der Bestätigungs-vermerke) von börsennotierten Big4-Mandanten (beide exklusive Finanzbranche)	- Signifikant negativer Zusammenhang zwischen einer branchenspezia-lisierten Prüfungsgesellschaft oder einem branchenspezialisierten Prü-fungspartner (besitzt größten oder zweitgrößten Marktanteil auf Basis der Umsätze der Mandanten in der Branche) und den DPA der geprüf-ten Mandanten. Die DPA eines Mandanten fallen noch kleiner aus, wenn die Gesellschaft und der Prüfungspartner gleichzeitig Branchen-spezialisten sind. Die Autoren schlussfolgern, dass sich die Höhe der für die Prüfungsqualität relevanten Branchenexpertise aus der Kombina-tion von firmenweiter und individueller Expertise ergibt. - Mandanten eines branchenspezialisierten Prüfungspartners haben eine signifikant höhere Wahrscheinlichkeit für einen eingeschränkten Bestätigungsvermerk. Die Wahrscheinlichkeit fällt noch etwas höher aus, wenn die Prüfungsgesellschaft ebenfalls ein Spezialist ist. Alleine weist eine branchenspezialisierte Prüfungsgesellschaft keine höhere Wahrscheinlichkeit auf. - Der prüfungsdurchführende Partner (*lead partner*) weist unabhängig vom Spezialistenstatus seines Mitunterzeichners (*concurring partner*) dann signifikant geringere DPA und eine signifikant höhere Wahr-scheinlichkeit für einen beschränkten Bestätigungsvermerk auf, wenn er Branchenspezialist ist. Erhöht werden diese Effekte dennoch, wenn der Mitunterzeichner Branchenspezialist ist. Alleine unterscheidet sich der Einfluss eines branchenspezialisierten Mitunterzeichners nicht von dem eines nicht spezialisierten Mitunterzeichners. - Insgesamt sehen die Autoren durch die Analyse bestätigt, dass die Branchenexpertise und die Prüfungsqualität innerhalb einer Prüfungs-gesellschaft nicht homogen sind.

Autoren (Jahr)	Untersuchter Zusammenhang von....:	und...:	Land	Zeit-raum	Datensample[1)2)]	Empirische Ergebnisse
Nagy (2012)	Spezialisie-rung des Prüfungs-partners	Prüfungs-qualität/ *Earnings quality*	USA	2002	180 Beobachtun-gen von Unter-nehmen, die vor 2002 von 33 ehe-maligen Ander-sen-Niederlas-sungen geprüft wurden, welche 2002 von EY, KPMG und DT übernommen wurden. (exklusive Finanz-branche)	- Evidenz dafür, dass ein branchenspezialisierter Prüfungspartner (über-schreitet einen bestimmten Grenzwert mit seinem Marktanteil auf Ba-sis der Prüfungshonorare in der Branche) eine höhere Prüfungsqualität (geringere DPA) liefert. - Sofern neben dem Prüfungspartner auch die Niederlassung auf die Branche spezialisiert ist, fällt die Prüfungsqualität noch höher aus. - Wird hingegen ein Unternehmen nur von einer branchenspezialisier-ten Niederlassung geprüft, ohne dass der Prüfungspartner auf die Branche spezialisiert ist, fallen dessen DPA signifikant höher aus. Der Autor schlussfolgert daraus, dass der Prüfungspartner von höherer Be-deutung für die Prüfungsqualität ist als die Niederlassung.
Zerni (2012)	Spezialisie-rung des Prüfungs-partners	Prüfungs-honorar	Schwe-den	2003-2007	862 Beobachtun-gen von 206 bör-sennotierten Big4-Mandanten (exklusive Finanz-branche)	- Prüfungspartner weisen systematische Unterschiede in ihren Mandan-tenportfolios auf. Manche haben nur Unternehmen aus einer bestimm-ten Industrie/Branche, andere haben nur wenige große und hoch kom-plexe Unternehmen und wieder andere prüfen nur kleine und einfache Unternehmen. - Evidenz dafür, dass branchenspezialisierte Prüfungspartner (besitzt größten oder zweitgrößten Marktanteil auf Basis der Bilanzsummen der Mandanten in der Branche und besitzt mindestens fünf Mandanten in der Branche) und Prüfungspartner, die sich auf große börsennotierte Unternehmen spezialisiert haben, ein höheres Prüfungshonorar verein-nahmen. Den größten Honoraraufschlag (20,3%) vereinnahmen Prü-fungspartner, die sowohl für eine Branche als auch für börsennotierte Unternehmen Spezialisten sind. - Der Autor begründet den Honoraraufschlag damit, dass ein speziali-sierter Prüfungspartner eine höhere (wahrgenommene) Prüfungsquali-tät erbringt, was vom Mandanten honoriert wird, da er selbst oder seine Bilanzadressaten die hohe Qualität wünschen.

Autoren (Jahr)	Untersuchter Zusammenhang von...:	und...:	Land	Zeit-raum	Datensample[112]	Empirische Ergebnisse
						- Der Autor sieht Resultate als Bestätigung dafür an, dass die prüfungspflichtigen Unternehmen erkennen, dass die Prüfungsqualität nicht unwesentlich von den Charakteristiken eines Prüfungspartners und seinem impliziten Wissen abhängt.
Knechel/ Niemi/Zerni (2013)	Spezialisierung des Prüfungspartners	Vergütung des Prüfungspartners	Schweden	2001-2008	1.659 Beobachtungen von börsennotierten und privaten Big4-Mandanten	- Evidenz dafür, dass branchenspezialisierte Prüfungspartner (besitzt in der Branche auf Basis der Bilanzsummen der Mandanten einen Marktanteil, der oberhalb des 90%-Perzentils liegt) und Prüfungspartner, die sich auf große börsennotierte Unternehmen spezialisiert haben, eine signifikant höhere Vergütung erhalten. - Des Weiteren zeigt sich, dass Prüfungspartner mit einer geringeren Prüfungsqualität eine signifikant geringere Vergütung erzielen.
Chin/Yao/ Liu (2014)	Spezialisierung des Prüfungspartners und der Prüfungsgesellschaft	Beteiligungsstruktur eines Konsortialkredites	Taiwan	1992-2010	852 bzw. 1.626 Beobachtungen von börsennotierten Unternehmen, die einen Konsortialkredit in Anspruch nehmen (exklusive Finanzbranche)	- Mit Bezug auf bisherige Forschungsarbeiten argumentieren die Autoren, dass ein Konsortialführer grundsätzlich daran interessiert ist, seinen eigenen Anteil am Konsortialkredit möglichst gering zu halten und möglichst viele Konsortialbanken zu gewinnen. Ein Problem bei der Gewinnung von Konsortialbanken besteht jedoch in den Informationsasymmetrien zwischen dem Konsortialführer (grundsätzlich gut über den Kreditnehmer informiert) und den Konsortialbanken (grundsätzlich weniger gut über den Kreditnehmer informiert). Je geringer die Informationsasymmetrien ausfallen, desto einfacher gelingt es dem Konsortialführer, seinen eigenen Anteil kleiner zu halten und mehr Konsortialbanken zu gewinnen. Zu einer Verringerung von Informationsasymmetrien trägt insbesondere ein Abschlussprüfer bei. Je höher dessen Prüfungsqualität ausfällt, desto geringer sollten die hinderlichen Informationsasymmetrien sein. - Evidenz dafür, dass der Anteil des Konsortialführers geringer ausfällt, wenn das kreditnehmende Unternehmen von einem branchenspezialisierten Prüfungspartner (besitzt größten Marktanteil auf Basis der Mandantenanzahl in der Branche) geprüft wird. Keine Evidenz dafür, dass der Anteil des Konsortialführers geringer ausfällt, wenn nur die Prüfungsgesellschaft als Branchenspezialist gilt oder wenn der Prüfungsgesellschaft zu den Big4 gehört.

Autoren (Jahr)	Untersuchter Zusammenhang von…: und…:	Land	Zeit-raum	Datensample[1)2)]	Empirische Ergebnisse
					- Evidenz dafür, dass die Anzahl der Konsortialbanken am höchsten ausfällt, wenn sowohl die Prüfungsgesellschaft als auch der Prüfungspartner Branchenspezialisten sind. - Die Autoren schließen aus den Ergebnissen, dass die Kreditgeber eine Branchenspezialisierung des Prüfungspartners in Hinblick auf die Prüfungsqualität wertschätzen und dabei berücksichtigen, dass diese Expertise auch innerhalb einer Prüfungsgesellschaft nicht komplett auf andere Prüfungspartner übertragen werden kann.
Goodwin/ Wu (2014)	Spezialisierung des Prüfungspartners und der Niederlassung	Prüfungshonorar	Australien	2003-2010	6.368 Beobachtungen von börsennotierten Big4-Mandanten (inklusive Finanzbranche)	- Evidenz dafür, dass branchenspezialisierte Prüfungspartner (besitzen in einer Stadt größten Marktanteil auf Basis der gezahlten Prüfungshonorare innerhalb einer Branche) in Abhängigkeit vom Regressionsmodell Honorarprämien von 38% bis 60% vereinnahmen können. - Der Spezialisierungsgrad der Prüfungsgesellschaft sowie der Niederlassung insgesamt betrachtet keine Rolle (insignifikante Koeffizienten) bei der Erklärung von Prüfungshonoraren, wenn für die Branchenexpertise des Prüfungspartners kontrolliert wird. - Die Autoren finden keine Evidenz dafür, dass innerhalb einer Prüfungsgesellschaft oder einer Niederlassung ein funktionierender Wissenstransfer zwischen branchenspezialisierten und nicht spezialisierten Prüfungspartnern stattfindet. - Die Autoren schlussfolgern daraus, dass die Branchenexpertise des einzelnen Prüfungspartners die Hauptursache für eine Honorarprämie ist.

Autoren (Jahr)	Untersuchter Zusammenhang von…:	und…:	Land	Zeit-raum	Datensample[1)2)]	Empirische Ergebnisse
Nagy (2014)	Spezialisie-rung des Prü-fungspartners und der Nie-derlassung	Prüfungs-honorar	USA	2002	171 Beobachtun-gen von Unter-nehmen, die vor 2002 von 30 ehe-maligen Ander-sen-Niederlas-sungen geprüft wurden, welche 2002 von EY, KPMG und DT übernommen wurden (exklusive Finanz-branche)	- Evidenz dafür, dass ein branchenspezialisierter Prüfungspartner (be-sitzt größten Marktanteil auf Basis der gezahlten Prüfungshonorare in-nerhalb einer Branche) und eine branchenspezialisierte Niederlassung eine Honorarprämie generieren können. - Die Honorarprämien für branchenspezialisierte Prüfungspartner und Niederlassungen unterscheiden sich nicht signifikant voneinander. Dies bedeutet, dass im Vergleich weder die Expertise des Prüfungspart-ners noch die der Niederlassung für den Mandanten einen höheren Stellenwert besitzen. Dieses Ergebnis entspricht nicht der aufgestellten Alternativhypothese, dass ein signifikanter Unterschied vorliegt. Be-gründet wurde die Alternativhypothese damit, dass entweder der Prü-fungspartner aufgrund seines impliziten Wissens oder die Niederlas-sung aufgrund der unbegrenzten Mandatsdauer (Prüfungspartner müssen gesetzlich nach fünf Jahren rotieren, wodurch der Mandant das implizite Wissen des Prüfungspartners verliert; Niederlassungen müssen nicht pflichtmäßig rotieren) für den Mandanten von höherer Bedeutung ist.

Autoren (Jahr)	Untersuchter Zusammenhang von...:	und...:	Land	Zeitraum	Datensample[1)2)]	Empirische Ergebnisse
Bell/ Causholli/ Kechel (2015)	Spezialisierung des Prüfungspartners	Prüfungsqualität	USA	Ca. 2002 (nicht genau genannt)	265 Beobachtungen von börsennotierten und nicht börsennotierten Unternehmen, die von einer Big4-Gesellschaft geprüft wurden und für deren Abschlussprüfung ein interner Qualitätsreview (interner, geschützter Datensatz) erfolgte (inklusive Finanzbranche)	- Evidenz dafür, dass in der Finanzbranche ein nicht spezialisierter Prüfungspartner (basiert auf der Selbstbezeichnung des Prüfungspartners) eine signifikant geringere Prüfungsqualität (gemessen über das Gesamtergebnis des Qualitätsreview) erbringt. Für andere Branchen konnte kein signifikanter Zusammenhang festgestellt werden. Indiz dafür, dass durch eine Branchenspezialisierung insbesondere in Branchen mit komplexen Transaktionen und Regularien Vorteile generiert werden können. - Schwache Evidenz dafür, dass branchenspezialisierte Prüfungspartner im ersten Prüfungsjahr eine höhere Prüfungsqualität erbringen.
Ittonen/ Johnstone/ Myllymäki (2015)	Spezialisierung des Prüfungspartners	Prüfungsqualität/ *Earnings quality*	Finnland	2006-2010	420 Beobachtungen von börsennotierten Big4-Mandanten (exklusive Finanzbranche)	- Signifikant negativer Zusammenhang zwischen dem Spezialisierungsgrad (gemessen über die Anzahl der durch den Prüfungspartner im Vorjahr geprüften börsennotierten Unternehmen) eines Prüfungspartners auf börsennotierte Unternehmen und der Höhe der absoluten DPA der geprüften Unternehmen. Hinweis darauf, dass stärker spezialisierte Prüfungspartner eine höhere Prüfungsqualität erbringen.

Autoren (Jahr)	Untersuchter Zusammenhang von...:	und...:	Land	Zeit-raum	Datensample[1)2)]	Empirische Ergebnisse
						- Eine tiefergehende Analyse zeigt, dass dieser signifikant negative Zusammenhang nur für Prüfungspartner mit drei bis sechs börsennotierten Mandanten besteht. Mandanten von Prüfungspartnern mit sieben oder mehr börsennotierten Unternehmen weisen keine signifikant geringeren DPA auf. Es könnte ein Hinweis darauf sein, dass Prüfungspartner mit zu vielen Mandanten überlastet sind. Der aus der Spezialisierung resultierende positive Effekt auf die Prüfungsqualität wird dann durch den qualitätsmindernden Effekt aus der Überlastung kompensiert. - Zusätzliche Analysen zeigen, dass der prüfungsqualitätserhöhende Effekt aus der Spezialisierung den qualitätsmindernden Effekt einer geringeren Berufserfahrung kompensiert. Eine Trennung des Samples in Subsamples mit Prüfungspartnern, die ausschließlich eine hohe oder eine geringe Berufserfahrung besitzen, zeigt auf, dass der negative Einfluss der Spezialisierung auf die Höhe der DPA nur bei Prüfungspartnern mit einer geringen Berufserfahrung signifikant ausfällt.
Hsieh/Lin (2016)	Spezialisierung des Prüfungspartners und der Prüfungsgesellschaft	Entscheidung über Annahme eines neuen Prüfungsauftrages	Taiwan	1999-2010	9.337 Beobachtungen von börsennotierten Big4-Mandanten (exklusive Finanzbranche)	- Evidenz dafür, dass branchenspezialisierte Prüfungspartner (besitzt größten Marktanteil auf Basis der Mandantenanzahl in der Branche) eine geringere Bereitschaft als nicht spezialisierte Prüfungspartner besitzen, neue Prüfungsaufträge von Unternehmen mit einem hohen Prüfungsrisiko anzunehmen. - Schwache Evidenz dafür, dass branchenspezialisierte Prüfungspartner eine geringere Bereitschaft als nicht spezialisierte Prüfungspartner besitzen, neue Prüfungsaufträge von Unternehmen mit hohen finanziellen Risiken anzunehmen.

Autoren (Jahr)	Untersuchter Zusammenhang von...:	und...:	Land	Zeitraum	Datensample[112]	Empirische Ergebnisse
						- Branchenspezialisierte Prüfungsgesellschaften weisen im Vergleich zu nicht spezialisierten Prüfungsgesellschaften keine signifikant abweichende Bereitschaft zur Annahme von Prüfungsaufträgen auf. - Die Ergebnisse deuten darauf hin, dass branchenspezialisierte Prüfungspartner ihre Reputation schützen und Haftungsrisiken verhindern wollen, indem Sie neue Mandate mit einem hohen Prüfungsrisiko nicht annehmen.
Arthur/ Endrawes/Ho (2017)	Spezialisierung und Rotation des Prüfungspartners	Prüfungsqualität/ *Earnings quality*	Australien	2008-2014	827 Beobachtungen von börsennotierten Unternehmen mit einem Wechsel des Prüfungspartners (exklusive Finanzbranche)	- Schwache Evidenz dafür, dass die pflichtmäßige Rotation des Prüfungspartners die Prüfungsqualität (u. a. gemessen über DPA) erhöhen kann, wenn der neue Prüfungspartner und dessen Prüfungsgesellschaft Branchenspezialisten (besitzen größten oder zweitgrößten Marktanteil auf Basis der Prüfungshonorare in der Branche) sind.
Arnold/ Bateman/ Ferguson (2017)	Spezialisierung des Prüfungspartners	Prüfungshonorar und Nichtprüfungshonorare	Australien	2008-2010	99.668 Beobachtungen von selbstverwalteten Pensionsfonds (SMSFs)	- Prüfungshonorare eines branchenspezialisierten Prüfungspartners (gehört zu den zehn größten Prüfungspartnern auf Basis der Mandantenanzahl bzw. der Prüfungshonorare in der Branche) fallen signifikant geringer aus. Indiz dafür, dass die Prüfungspartner *economies of scale* realisieren und diese an die Mandanten weitergeben. - Evidenz dafür, dass hingegen das Gesamthonorar (Prüfungshonorar zzgl. Nichtprüfungshonorare) eines branchenspezialisierten Prüfungspartners signifikant höher ausfällt. Indiz dafür, dass branchenspezialisierte Prüfungspartner bewusst geringere Prüfungshonorare verlangen, um so Mandanten zu gewinnen, denen sie Nichtprüfungsleistungen mit höheren Gewinnmargen verkaufen können.
Garcia-Blandon/ Argiles-Bosch (2018)	Spezialisierung des Prüfungspartners	Prüfungsqualität/ *Earnings quality*	Spanien	2005-2013	816 Beobachtungen von börsennotierten Unternehmen	- Kann keine Evidenz dafür liefern, dass branchenspezialisierte Prüfungspartner eine höhere Prüfungsqualität liefern.

Autoren (Jahr)	Untersuchter Zusammenhang		Land	Zeit-raum	Datensample[1)2)]	Empirische Ergebnisse
	von…:	und…:				
						- Die Prüfungsqualität wurde über die DPA und die Wahrscheinlichkeit für einen eingeschränkten Bestätigungsvermerk (bzw. Versagungsvermerk) oder eine GCO approximiert. Ein branchenspezialisierter Prüfungspartner besitzt entweder den größten oder den zweitgrößten Marktanteil auf Basis der Umsätze der Mandanten oder die höchste Anzahl an Mandanten innerhalb einer Branche. Daneben wurde der Spezialisierungsgrad eines Prüfungspartners, abgebildet über den auf den Umsatzerlösen seiner Mandanten innerhalb einer Branche basierenden Marktanteil, verwendet.

Erfahrung, Geschlecht und weitere individuelle Attribute

Autoren (Jahr)	Untersuchter Zusammenhang		Land	Zeit-raum	Datensample[1)2)]	Empirische Ergebnisse
	von…:	und…:				
Taylor (2011)	Individueller Prüfungspartner	Prüfungshonorar	Australien	2005	822 Beobachtungen von 822 börsennotierten Unternehmen (exklusive Finanzbranche)	- Evidenz dafür, dass Prüfungspartner individuelle Honoraraufschläge (audit fee premiums) oder -abschläge (audit fee discounts) generieren können, welche nicht durch deren Prüfungsgesellschaft oder deren branchenspezialisierte Niederlassung begründet werden. Sowohl innerhalb der Big4- als auch der Non-Big4- Prüfungsgesellschaften gibt es Prüfungspartner mit einem signifikanten Honoraraufschlag und mit einem signifikanten Honorarabschlag.
- Der Autor begründet die individuellen Honoraraufschläge und -abschläge damit, dass die Prüfungsqualität in Abhängigkeit von den Prüfungspartnern unterschiedlich hoch ausfällt. Dies gilt entgegen der Homogenitätsannahme auch für Prüfungspartner derselben Gesellschaft. Weitere Analysen zeigen, dass Prüfungspartner mit einem Honoraraufschlag weniger Mandanten prüfen und eine geringere Mandatsdauer aufweisen als Prüfungspartner mit einem Honorarabschlag. Laut dem Autor könnte dies damit begründet werden, dass die Prüfungspartner mit einem Aufschlag junge Prüfer mit hohem Potential sind und daher aufgrund ihrer zunehmenden Reputation ständig von kleineren zu größeren und prestigeträchtigeren Mandanten wechseln. Prüfungspartnern mit einem Honorarabschlag gelingt es hingegen nicht, die entsprechende Reputation aufzubauen, weswegen sie nur kleinere Mandate prüfen.

Autoren (Jahr)	Untersuchter Zusammenhang von...:	und...:	Land	Zeit-raum	Datensample[112]	Empirische Ergebnisse
Ittonen/Peni (2012)	Geschlecht des Prüfungs-partners	Prüfungs-honorar	Däne-mark, Finnland, Schwe-den	2005-2006	715 Beobachtun-gen von börsen-notierten Unter-nehmen (exklusive Finanz-branche)	- Evidenz dafür, dass weibliche Prüfungspartner im Vergleich zu männli-chen Prüfungspartnern signifikant höhere Prüfungshonorare verein-nahmen können. - Das Ergebnis ist mit Vorsicht zu genießen, da keine klare theoretische Begründung existiert. Mögliche Erklärungen könnten u. a. sein, dass weibliche Prüfungspartner eine geringere Risikotoleranz haben, wes-wegen sie mehr Prüfungsaufwand investieren oder eine höhere Risi-koprämie erheben. Des Weiteren könnte eine höhere Sorgfalt, eine ge-ringere Selbstüberschätzung oder eine umfangreichere Vorbereitung von weiblichen Prüfungspartnern einen höheren Prüfungsaufwand und damit ein höheres Prüfungshonorar begründen.
Gul/Wu/ Yang (2013)	Individueller Prüfungs-partner	Prüfungs-qualität/ *Earnings quality*	China	1998-2009	14.802 Beobach-tungen von bör-sennotierten Un-ternehmen (exklusive Finanz-branche)	- Die Prüfungsqualität (u. a. gemessen über die Wahrscheinlichkeit für einen eingeschränkten Bestätigungsvermerk und die Höhe der DPA) variiert statistisch und ökonomisch signifikant in Abhängigkeit vom Prüfungspartner. Dies gilt sowohl für große als auch für kleine Prü-fungsgesellschaften. - Die individuellen Effekte der Prüfungspartner auf die Prüfungsqualität können zum Teil durch deren demografische Charakteristiken, wie uni-versitäre Ausbildung, politische Verbindungen, BigN-Erfahrungen und Stellung innerhalb der Prüfungsgesellschaft, erklärt werden. - Demnach sind Prüfungspartner, die gleichzeitig Eigner der Prüfungs-gesellschaft sind, die während ihrer universitären Ausbildung westliche Rechnungslegungssysteme kennengelernt haben oder die BigN-Erfah-rungen gesammelt haben, konservativer bei der Prüfungsdurchfüh-rung und liefern daher tendenziell eine höhere Prüfungsqualität. - Prüfungspartner mit einem Masterabschluss oder höher sowie Prü-fungspartner mit politischen Verbindungen zur *Chinese Communist Party* akzeptieren hingegen ein höheres Maß an Bilanzpolitik und ha-ben eine geringere Wahrscheinlichkeit für einen eingeschränkten Be-stätigungsvermerk (Hinweise auf eine geringere Prüfungsqualität).

Autoren (Jahr)	Untersuchter Zusammenhang von...:	und...:	Land	Zeit-raum	Datensample[1)2)]	Empirische Ergebnisse
Ittonen/ Vähämaa/ Vähämaa (2013)	Weiblicher Prüfungs-partner	Prüfungs-qualität/ *Earnings quality*	Finnland, Schweden	2005-2007	770 Beobachtungen von börsennotierten Unternehmen (exklusive Finanzbranche)	- Evidenz dafür, dass weibliche Prüfungspartner ein geringeres Maß an *earnings management* zulassen (Hinweis auf eine höhere Prüfungsqualität). Demnach fallen sowohl die absoluten als auch die negativen und positiven DPA von Unternehmen signifikant geringer aus, wenn sie durch einen weiblichen Prüfungspartner geprüft werden. - Die Ergebnisse können als Indiz dafür interpretiert werden, dass dem Geschlecht des Prüfungspartners eine wesentliche Rolle in Bezug auf die Prüfungsqualität zukommt. Des Weiteren stehen die Ergebnisse im Einklang mit bisherigen Forschungsergebnissen, dass Frauen im Vergleich zu Männern sorgfältiger und konservativer sind und eine geringere Risikotoleranz besitzen.
Amir/ Kallunki/ Nilsson (2014)	Prüfungs-partner mit strafrechtlicher Verurteilung	Mandanten-portfolio des Prüfungs-partners	Schweden	1999-2007	1.588 Beobachtungen von börsennotierten Unternehmen	- Die Tatsache, dass ein Prüfungspartner strafrechtlich verurteilt wurde, wird als Indikator für eine höhere Risikobereitschaft angesehen. - Evidenz dafür, dass strafrechtlich verurteilte Prüfungspartner eine höhere Bereitschaft aufweisen, risikoreichere Mandanten zu prüfen, als nicht strafrechtlich verurteilte Prüfungspartner. Demnach weisen deren Mandanten ein höheres Finanzrisiko, ein schwächeres Corporate-Governance-System sowie eine weniger konservative Berichterstattung auf. - Das durchschnittliche Prüfungshonorar eines strafrechtlich verurteilten Prüfungspartners fällt signifikant höher aus als das eines nicht strafrechtlich verurteilten Prüfungspartners. Dieses wird als Prämie für das höhere Risiko der Mandanten angesehen. - Eingeschränkte Evidenz dafür, dass strafrechtlich verurteilte Prüfungspartner ein geringeres Honorar pro Risikoeinheit berechnen als strafrechtlich nicht verurteilte Prüfungspartner.
Aobdia/Lin/ Petacchi (2015)	Prüfungs-qualität des Prüfungspartners		Kapitalmarkt-reaktionen	Taiwan	1995-2010	6.826 Beobachtungen von börsennotierten Unternehmen	- Evidenz dafür, dass die Identität des prüfungsdurchführenden Prüfungspartners (*lead partner*) eine wichtige Information für die Kapitalmarktteilnehmer darstellt, nicht jedoch die *review partner*.

Autoren (Jahr)	Untersuchter Zusammenhang von...: und...:	Land	Zeitraum	Datensample[112]	Empirische Ergebnisse
					- Die Ergebnisse zeigen einen positiven signifikanten Zusammenhang zwischen der Prüfungsqualität eines Prüfungspartners (gemessen über die Höhe der absoluten DPA des Mandanten) und dem *earnings response coefficient* des Mandanten auf. Dies bedeutet, dass Investoren die Finanzberichterstattung als glaubwürdiger erachten, wenn der Mandant durch einen Prüfungspartner mit hoher Qualität geprüft wird. - Ebenso reagiert der Kapitalmarkt positiv darauf, wenn der Mandant von einem Prüfungspartner mit geringer Prüfungsqualität zu einem Prüfungspartner mit hoher Qualität wechselt. - Evidenz dafür, dass ein Unternehmen, welches durch einen Prüfungspartner mit hoher Qualität geprüft wird, bei einer Erstplatzierung (*initial public offering*) ein geringeres Ausmaß an *underpricing* erfährt. - Evidenz dafür, dass Unternehmen, welche durch einen Prüfungspartner mit hoher Qualität geprüft werden, ihre Fremdkapitalzinsen senken können, einen besseren Zugang zu Fremdkapital haben und seltener Sicherheiten stellen müssen.
Cahan/Sun (2015)	Berufserfahrung und weitere Charakteristiken des Prüfungspartners	Prüfungshonorar und Prüfungsqualität	China	2007-2010	1.917 Beobachtungen von börsennotierten Unternehmen (exklusive Finanzbranche)	- Die Ergebnisse liefern unter Berücksichtigung von persönlichen Attributen (Geschlecht, Bildungsabschluss etc.) der Prüfungspartner einen signifikanten positiven Zusammenhang zwischen der allgemeinen Berufserfahrung der Prüfungspartner (gemessen über die logarithmierte Summe der Jahre, die die zwei unterzeichnenden Prüfungspartner als Wirtschaftsprüfer tätig sind) und der Höhe des Prüfungshonorars sowie der Prüfungsqualität (gemessen über absolute DPA). Dies deutet darauf hin, dass ein Prüfungspartner mit langer Berufserfahrung im Vergleich zu einem Prüfungspartner mit kurzer Berufserfahrung eine bessere Prüfungsqualität erbringt und daher eine Honorarprämie vereinnahmt. - Ergebnisse zeigen auf, dass die Prüfungspartner aufgrund der Höhe ihres Bildungsabschlusses eine Honorarprämie vereinnahmen können. Ferner wird ein schwach signifikanter positiver Zusammenhang zwischen einem weiblichen Prüfungspartner und der Wahrscheinlichkeit für einen eingeschränkten Bestätigungsvermerk festgestellt.

Autoren (Jahr)	Untersuchter Zusammenhang von...:	und...:	Land	Zeitraum	Datensample [1)2)]	Empirische Ergebnisse
Ernstberger/ Koch/ Tan (2015)	Fachkenntnisse und Managementfähigkeiten eines Prüfungspartners	Prüfungsqualität/ Earnings quality und Prüfungshonorar	Deutschland	2002-2013	3.570 bzw. 3.044 Beobachtungen von börsennotierten Unternehmen (exklusive Finanzbranche)	- Prüfungsdurchführende Prüfungspartner (Rechtsunterzeichner) mit höheren Fachkenntnissen liefern eine signifikant höhere Prüfungsqualität (gemessen über DPA und Wahrscheinlichkeit für die Erteilung einer GCO). Das Prüfungshonorar wird hingegen nicht signifikant davon beeinflusst. - Approximiert wird die Fachkenntnis durch eine aggregierte Variable, welche beinhaltet, ob der Prüfungspartner neben dem der Beobachtung zugrunde liegenden Unternehmen Erfahrungen mit weiteren börsennotierten Unternehmen gesammelt hat und ob er darüber hinaus weitere Unternehmen in derselben Branche geprüft hat. - Prüfungsdurchführende Prüfungspartner mit höheren Managementfähigkeiten erzielen signifikant höhere Prüfungshonorare. Die Prüfungsqualität wird hingegen nicht signifikant davon beeinflusst. Das höhere Prüfungshonorar trotz unveränderter Prüfungsqualität sehen die Autoren als Indiz dafür, dass diese Prüfungspartner entweder bessere Verhandlungsfähigkeiten aufweisen oder ihren Mandanten andere Vorteile bieten (z. B. eine höhere Servicequalität). - Approximiert wird die Managementfähigkeit durch eine aggregierte Variable, welche berücksichtigt, ob ein Prüfungspartner Teilhaber an der Prüfungsgesellschaft ist, ob er bei anderen Mandanten auch als Mitunterzeichner agiert und ob er Mitglied in einem permanenten IDW-Fachgremium ist. - Nur die Mitgliedschaft in einem permanenten IDW-Fachgremium begründet ebenfalls einen signifikanten Prüfungshonoraraufschlag.
Hardies/ Breesch/ Branson (2015)	Weiblicher Prüfungspartner	Prüfungshonorar	Belgien	2008-2011	57.723 Beobachtungen von börsennotierten und nicht börsennotierten Unternehmen (exklusive Finanzbranche)	- Evidenz dafür, dass weibliche Prüfungspartner im Vergleich zu männlichen Prüfungspartnern ein signifikant höheres Prüfungshonorar vereinnahmen können. In der Hauptregression beträgt der Honoraraufschlag für weibliche Prüfungspartner ca. 7%.

Autoren (Jahr)	Untersuchter Zusammenhang von...: und...:	Land	Zeit- raum	Datensample[1)2)]	Empirische Ergebnisse
					- Die tatsächlichen Gründe hierfür bleiben jedoch ungeklärt. Laut den Autoren können die Ursachen sowohl auf der Angebots- als auch auf der Nachfrageseite liegen. Gründe auf der Angebotsseite könnten bspw. sein, dass weibliche Prüfungspartner einen höheren Prüfungsaufwand betreiben. Dies könnte damit begründet werden, dass sie eine höhere Risikoaversion aufweisen. Ebenso könnte es jedoch sein, dass weibliche Prüfungspartner ein höheres Verhandlungsgeschick besitzen und daher höhere Honorare durchsetzen können. Nachfragebedingte Gründe könnten bspw. sein, dass die Mandanten von einem weiblichen Prüfungspartner eine höhere Prüfungsqualität und/oder eine bessere Zusammenarbeit erwarten und daher bereit sind, ein höheres Honorar zu zahlen.
Huang/ Chiou/ Huang et al. (2015)	Weiblicher Prüfungs- partner / Prüfungsho- norar	Taiwan	2002-2011	4.943 Beobachtungen von börsennotierten Unternehmen	- Evidenz dafür, dass weibliche Prüfungspartner im Vergleich zu männlichen Prüfungspartnern ein signifikant geringeres Prüfungshonorar vereinnahmen. Effekt fällt in Branchen höher aus, in denen weniger weibliche Prüfungspartner tätig sind. - Das signifikant geringere Prüfungshonorar von weiblichen Prüfungspartnern kann nicht durch Unterschiede in der Prüfungsqualität oder der Länge des *report lags* von männlichen und weiblichen Prüfungspartnern begründet werden. - Insgesamt deuten die Ergebnisse darauf hin, dass weibliche Prüfungspartner in Taiwan diskriminiert werden.

Autoren (Jahr)	Untersuchter Zusammenhang von...:	und...:	Land	Zeit-raum	Datensample[1)2)]	Empirische Ergebnisse
Knechel/ Vanstraelen/ Zerni (2015)	Individueller Prüfungs-partner	Berichter-stattung	Schwe-den	2001-2008	922 (22.971) Be-obachtungen von nicht börsen-notierten Big4-Mandanten, die 12 Monate nach dem Bilanzstich-tag (nicht) insol-vent gingen (exklusive Finanz-branche)	- Evidenz dafür, dass Prüfungspartner grundlegende und zeitkonstante Unterschiede bei der Berichterstattung aufweisen. Demnach gibt es Prüfungspartner mit einem aggressiven und Prüfungspartner mit ei-nem konservativen Berichterstattungsverhalten. Diese unterschiedli-chen Verhaltensformen bei der Berichterstattung könnten u. a. auf sys-tematische Unterschiede in der Risikotoleranz und weitere individuelle Attribute der Prüfungspartner zurückzuführen sein. - Eine aggressive (konservative) Berichterstattung zeichnet sich dadurch aus, dass der Prüfungspartner in der Vergangenheit eine erhöhte Nei-gung zur Nichterteilung (Erteilung) einer GCO hat, obwohl das Unter-nehmen in den folgenden 12 Monaten (nicht) insolvent wird. Die Auto-ren sprechen bei der konservativen Berichterstattung vom Fehlertyp 1 und bei der aggressiven Berichterstattung vom Fehlertyp 2. - Die Analyse liefert signifikante Ergebnisse dafür, dass ein Prüfungs-partner mit einem aggressiven (konservativen) Verhaltensmuster bei der Berichterstattung in der Vergangenheit auch in der Zukunft bei an-deren Mandanten, die bisher keine GCO erhielten, mit einer höheren Wahrscheinlichkeit den Fehlertyp 2 (Fehlertyp 1) begeht. - Des Weiteren u. a. Evidenz dafür, dass die Kapitalmarktteilnehmer er-kennen, dass es in Abhängigkeit vom Prüfungspartner unterschiedli-che Verhaltensweisen bei der Berichterstattung gibt. Unternehmen, die durch einen Prüfungspartner geprüft werden, der in der Vergangen-heit eine aggressive Berichterstattung verfolgte und daher oftmals „milde" in der Vergabe von GCO war, müssen höhere implizite Kredit-zinsen zahlen, besitzen ein geringeres Kreditrating und deren Insol-venzrisiko wird höher eingeschätzt.
Wang/Wang/ Yu et al. (2015)	Berufserfah-rung des Prü-fungspartners	Prüfungs-qualität/ Earnings quality und Kapital-marktreak-tion	China	1998-2009	11.073 Beobach-tungen von bör-sennotierten Un-ternehmen (exklusive Finanz-branche)	- Signifikant positiver Zusammenhang zwischen der Berufserfahrung ei-nes Prüfungspartners (gemessen über die Anzahl der Jahre zum jewei-ligen Zeitpunkt der Abschlussprüfung, in denen der Prüfungspartner bereits als Wirtschaftsprüfer für börsennotierte Unternehmen tätig war) und der Prüfungsqualität (gemessen über absolute DPA). Weitere Analysen zeigen, dass der positive Zusammenhang nur für positive DPA signifikant ist.

Autoren (Jahr)	Untersuchter Zusammenhang von...:	und...:	Land	Zeit-raum	Datensample[1)2)]	Empirische Ergebnisse
						- Des Weiteren zeigen die Ergebnisse, dass der Kapitalmarkt stärker auf eine unerwartete Ergebnisentwicklung reagiert (gemessen über den *earnings response coefficient*), wenn der Prüfungspartner eine höhere Berufserfahrung aufweist. Indiz dafür, dass die Berufserfahrung des Prüfungspartners für die Kapitalmarktteilnehmer von Bedeutung ist. Je höher die Berufserfahrung, desto höher die wahrgenommene Prüfungsqualität und umso glaubwürdiger erscheint die unerwartete Ergebnisentwicklung.
Wang/Yu/ Zhao (2015)	Prüfungs-qualität des Prüfungspart-ners	Wahrschein-lichkeit für fehlerhaften Geschäftsbe-richt	China	2004-2009	6.429 Beobach-tungen von 1.311 börsennotierten Unternehmen (exklusive Finanz-branche)	- Evidenz dafür, dass ein Prüfungspartner mit einer geringeren Prüfungsqualität in der Vergangenheit (gemessen über die historische Prüfungsfehlerrate des Prüfungspartners) eine höhere Wahrscheinlichkeit für eine nachträgliche Korrektur der aktuell von ihm geprüften und testierten Abschlüsse (*restatements*) hat. - Dieser positive Zusammenhang fällt bei den prüfungsdurchführenden Prüfungspartnern (*engagement partners*) höher aus als bei den Mitunterzeichnern (*review partners*). - Keine Evidenz dafür, dass die Wahrscheinlichkeit eines *engagement partner* in Abhängigkeit von seiner Fehlerrate für zukünftige *restatements* geringer ausfällt, wenn sein *review partner* eine sehr hohe Prüfungsqualität erbringt oder er zu den Top 8 der Prüfungsgesellschaften gehört. Indiz dafür, dass die damit verbundenen Qualitätskontrollen keinen Einfluss haben. - Evidenz dafür, dass die Wahrscheinlichkeit eines *engagement partner* für ein *restatement* in Abhängigkeit von seiner historischen Fehlerrate höher ausfällt, wenn der Mandant eine höhere wirtschaftliche Bedeutung für den Prüfungspartner besitzt. - Insgesamt zeigen die Ergebnisse auf, dass die Prüfungsqualität eines Prüfungspartners trotz verschiedener Qualitätskontrollen einen signifikanten Einfluss auf die Qualität eines Geschäftsberichtes hat.

Autoren (Jahr)	Untersuchter Zusammenhang von...:	und...:	Land	Zeit-raum	Datensample[112]	Empirische Ergebnisse
Hardies/ Breesch/ Branson (2016)	Geschlecht des Prüfungs-partners	Prüfungs-qualität	Belgien	2008	7.105 Beobach-tungen von fi-nanziell ange-schlagenen, nicht börsennotierten Unternehmen (exklusive Finanz-branche)	- Evidenz dafür, dass weibliche Prüfungspartner im Vergleich zu männli-chen Prüfungspartnern eine höhere Prüfungsqualität erbringen. Dem-nach ist unter Berücksichtigung der finanziellen Situation des Mandan-ten die Wahrscheinlichkeit für eine GCO bei weiblichen Prüfungspart-nern signifikant höher. - Oben genannter Effekt ist stärker bei Mandanten, die für den weibli-chen Prüfungspartner eine hohe Bedeutung (großer Anteil am Gesamt-honorar des Prüfungspartners) besitzen oder ein höheres Risiko (z. B. aufgrund von Ungewissheit) aufweisen. Die Autoren schlussfolgern aus den zwei Erkenntnissen, dass weibliche Prüfungspartner eine höhere Prüfungsqualität liefern, da sie eine höhere Unabhängigkeit (erteilen auch für ökonomisch wichtige Mandanten eine GCO) und eine stärkere Risikoaversion (erteilen bei Mandanten mit einem hohen Risiko eher ei-nen GCO) aufweisen.
Chang/Chen/ Chou et al. (2016)	Prüfungs-partner mit Disziplinar-maßnahmen	Prüfungs-qualität	Taiwan	2000-2006	6.766 Beobach-tungen von 1.411 börsennotierten Unternehmen	- In der Zeit vor der Disziplinarmaßnahme ist die Wahrscheinlichkeit für *restatements* bei Mandanten von Prüfungspartnern, die später die Dis-ziplinarmaßnahme auferlegt bekommen, signifikant höher. Je härter die Sanktion und je höher die Anzahl an Sanktionen ist, desto höher ist die Wahrscheinlichkeit für *restatements* in der Zeit vor der Sanktion. Evidenz dafür, dass Disziplinarmaßnahmen ein Signal für geringere Prüfungsqualität sind. - Bei Mandanten, die ihren Prüfungspartner nach der Disziplinarmaß-nahme weiterhin behalten, fällt die Wahrscheinlichkeit für *restatements* in der Zeit nach der Sanktion im Vergleich zu vorher signifikant gerin-ger aus. In der Zeit nach der Disziplinarmaßnahme unterscheidet sich die Wahrscheinlichkeit für *restatements* bei Mandanten von sanktio-nierten Prüfungspartnern nicht signifikant von der Wahrscheinlichkeit bei Mandanten von nicht sanktionierten Prüfungspartnern. Evidenz da-für, dass Disziplinierungsmaßnahmen eine Steigerung der Prüfungs-qualität zur Folge haben.

Autoren (Jahr)	Untersuchter Zusammenhang von...: und...:	Land	Zeit-raum	Datensample[112]	Empirische Ergebnisse
Chen/Dai/ Kong et al. (2017)	Internationale Berufserfahrung des Prüfungspartners	Prüfungs-qualität/ *Earnings quality* und Prüfungs-honorar	China	2001-2012	1.032 Beobach-tungen von bör-sennotierten Big4-Mandanten (exklusive Finanz-branche)	- Evidenz dafür, dass Prüfungspartner mit internationaler Berufserfah-rung eine höhere Prüfungsqualität (u. a. gemessen über absolute DPA) erbringen. Hierbei zeigt sich, dass der *review partner* für die Prüfungs-qualität eine bedeutendere Rolle spielt als der prüfungsdurchführende Partner (*engagement partner*). - Evidenz dafür, dass ein prüfungsdurchführender Prüfungspartner mit internationaler Berufserfahrung einen signifikanten Honoraraufschlag generieren kann. - Evidenz dafür, dass die Vorhersagen von Finanzanalysten genauer aus-fallen, wenn der Jahresabschluss von Prüfungspartnern mit internatio-naler Berufserfahrung geprüft wurde.
Chi/Myers/ Omer et al. (2017)	Vorhege-hende allge-meine und mandanten-spezifische Berufserfah-rung eines Prüfungspart-ners	Prüfungs-qualität/ *Earnings quality* und wahrge-nommene Prüfungs-qualität	Taiwan	1990-2001	5.048 Beobach-tungen von bör-sennotierten Un-ternehmen (exklusive Finanz-branche)	- Signifikant positiver Zusammenhang zwischen der allgemeinen Berufs-erfahrung, die der Prüfungspartner bis zum Zeitpunkt der Erstprüfung eines Mandanten aufgebaut hat (gemessen über die Anzahl der Jahre, die der Prüfungspartner vorher bei anderen Mandanten berufstätig war; *pre-client experience*) und der tatsächlichen Prüfungsqualität (ge-messen über DPA) sowie über von Kreditgebern wahrgenommenen Prü-fungsqualität (gemessen über einen Zinsspread). - Ebenfalls signifikant positiver Zusammenhang zwischen der Höhe der mandantenspezifischen Berufserfahrung (gemessen über die Mandats-dauer) und der tatsächlichen Prüfungsqualität sowie der von Kreditge-bern wahrgenommenen Prüfungsqualität. - Bei einer Partnerrotation kann der qualitätssteigernde Effekt aus der *pre-client experience* des neuen Prüfungspartners den qualitätsmin-dernden Effekt aus dem Verlust der mandantenspezifischen Berufser-fahrung des bisherigen Prüfungspartners nicht vollständig kompensie-ren.

Autoren (Jahr)	Untersuchter Zusammenhang von...:	und...:	Land	Zeit-raum	Datensample[112]	Empirische Ergebnisse
						- Weitere Analysen zeigen auf, dass die *pre-client experience* des neuen Prüfungspartners nur in den ersten Jahren einer Prüfer-Mandanten-Beziehung von Bedeutung für die Prüfungsqualität ist. Insgesamt verdeutlichen die Ergebnisse, dass die Kenntnis über die *pre-client experience* eines neuen Prüfungspartners von hoher Bedeutung ist. Dies unterstützt die Forderung in den USA nach einer Publizitätspflicht bezüglich des prüfungsdurchführenden Prüfungspartners.
Ernstberger/ Koch/ Prott (2017)	Anzahl an Publikationen eines Prüfungspartners	Prüfungs-qualität/ *Earnings quality* und Prüfungs-honorar	Deutsch-land	2000-2015	Zwischen 2.439 und 3.461 Beobachtungen von börsennotierten Unternehmen (exklusive Finanzbranche)	- Die Anzahl an Publikationen eines prüfungsdurchführenden Wirtschaftsprüfers (Rechtsunterzeichner) steht in einem signifikant positiven Zusammenhang mit der Höhe der Prüfungsqualität (u. a. gemessen über DPA und *restatements* von der Deutschen Prüfstelle für Rechnungslegung) und des Prüfungshonorars. - Der positive Effekt auf die Prüfungsqualität fällt stärker aus, wenn die verfassten Artikel des Prüfungspartners in einem gerankten Journal publiziert werden. - Die auf den Prüfungspartner bezogene Kontrollvariable zur Abbildung von Branchenspezialisierung (besitzt größten oder zweitgrößten Marktanteil auf Basis der Bilanzsummen der Mandanten in einer Branche) übt stets keinen signifikanten Einfluss auf die Prüfungsqualität oder das Prüfungshonorar aus. - Für auf börsennotierte Unternehmen spezialisierte Prüfungspartner kann eingeschränkte Evidenz dafür erbracht werden, dass diese die Prüfungsqualität positiv beeinflussen, jedoch in einem negativen Verhältnis zur Prüfungshonorarhöhe stehen. - Die Kontrollvariable zur Abbildung der allgemeinen Berufserfahrung eines Prüfungspartners fällt vorwiegend insignifikant aus.

Autoren (Jahr)	Untersuchter Zusammenhang von...:	und...:	Land	Zeit-raum	Datensample [1)2)]	Empirische Ergebnisse
Li/Qi/Tian et al. (2017)	Prüfungsqualität des Prüfungspartners	Wahrscheinlichkeit für einen Prüfungsfehler in den Folgejahren; Prüfungsqualität im selben Jahr bei anderen Mandaten	China	1999-2011	11.706 Beobachtungen von börsennotierten Unternehmen (exklusive Finanzbranche)	- Liefert Evidenz dafür, dass Prüfungspartner, bei denen in einem bestimmten Jahr ein Fehler bei der Prüfung festgestellt wurde (geringe Prüfungsqualität), auch in den Folgejahren eine höhere Wahrscheinlichkeit für Prüfungsfehler aufweisen. - Prüfungspartner, die bei einem Mandat einen Fehler bei der Prüfung begangen haben (geringe Prüfungsqualität), erbringen im selben Jahr auch bei ihren Mandaten, die keinen Prüfungsfehler aufweisen, eine signifikant geringere Prüfungsqualität (gemessen über DPA). - Die Autoren sehen die Ergebnisse als Bestätigung dafür an, dass die Veröffentlichung der Identität des verantwortlichen Prüfungspartners von hoher Nützlichkeit ist, um Rückschlüsse auf die erbrachte Prüfungsqualität zu ziehen.
Sonstiges *Chen/Sun/Wu* (2010)	Wirtschaftliche Bedeutung des Mandanten (*client importance*) für Prüfungspartner, Niederlassung und Prüfungsgesellschaft	Prüfungsqualität	China	1995-2004	8.917 Beobachtungen von 1.368 börsennotierten Unternehmen	- In den Jahren 1995 bis 2000, in denen in China für Abschlussprüfer noch kein hohes Haftungsrisiko bestand, besteht ein signifikant negativer Zusammenhang zwischen der wirtschaftlichen Bedeutung eines Mandanten für den Prüfungspartner (gemessen über den Anteil der Bilanzsumme des Mandanten an der kumulierten Bilanzsumme aller Mandanten eines Prüfungspartners) und der Wahrscheinlichkeit für den Erhalt eines eingeschränkten Bestätigungsvermerks. Dies deutet darauf hin, dass durch eine hohe wirtschaftliche Bedeutung die Unabhängigkeit des Prüfungspartners beeinträchtigt wird und daher die Prüfungsqualität sinkt.

Autoren (Jahr)	Untersuchter Zusammenhang von...: und...:	Land	Zeitraum	Datensample[1)2)]	Empirische Ergebnisse
					- In den Jahren 2001 bis 2004, in denen für Abschlussprüfer aufgrund einer Gesetzesänderung das Haftungsrisiko deutlich gesteigert wurde, besteht hingegen ein signifikant positiver Zusammenhang zwischen der wirtschaftlichen Bedeutung eines Mandanten für den Prüfungspartner und der Wahrscheinlichkeit für den Erhalt eines eingeschränkten Bestätigungsvermerks. Die Autoren begründen dies damit, dass nun durch das erhöhte Haftungsrisiko die potentiellen Kosten für den Prüfungspartner im Zusammenhang mit einer Haftung die wirtschaftlichen Vorteile im Zusammenhang mit einem wirtschaftlich bedeutenden Mandanten überwiegen. Aus diesem Grund erhöht der Prüfungspartner die Prüfungsqualität, um potentielle Haftungsrisiken zu minimieren.
					- Bedingt durch eine nicht eindeutige Evidenz für einen signifikanten Zusammenhang zwischen der wirtschaftlichen Bedeutung eines Mandanten für die Niederlassung bzw. die Prüfungsgesellschaft und der Wahrscheinlichkeit für den Erhalt eines eingeschränkten Bestätigungsvermerks kommen die Autoren zu dem Schluss, dass die wirtschaftliche Bedeutung eines Mandanten für den Prüfungspartner die bedeutendste Rolle bei der Erstellung des Prüfungsurteils spielt. Wie hoch die Prüfungsqualität letztendlich ausfällt, ist u. a. stark vom tatsächlichen Ausmaß des Haftungsrisikos vom Prüfungspartner für einen fehlerhaften Jahresabschluss abhängig.
Chi/ Douthett/ Lisic (2012)	Wirtschaftliche Bedeutung des Mandanten (*client importance*) für Prüfungspartner — Prüfungsqualität	Taiwan	1990-2009	22.978 Beobachtungen von börsennotierten und nicht börsennotierten Unternehmen. (exklusive Finanzbranche)	- Liefert Evidenz dafür, dass die wirtschaftliche Bedeutsamkeit eines Mandanten (gemessen über den Anteil der logarithmierten Umsatzerlöse des Mandanten an den kumulierten logarithmierten Umsatzerlösen aller Mandanten eines Prüfungspartners) in einem signifikant negativen Verhältnis zur Prüfungsqualität (u. a. gemessen über DPA und GCO) von Non-Big4-Prüfungspartnern steht. - Wird als Indiz dafür gewertet, dass bei Prüfungspartnern von Non-Big4-Gesellschaften die Unabhängigkeit umso geringer ausfällt, je wirtschaftlich bedeutsamer der Mandant ist.

Autoren (Jahr)	Untersuchter Zusammenhang von...:	und...:	Land	Zeit-raum	Datensample[1)2)]	Empirische Ergebnisse
						- Für Prüfungspartner von Big4-Gesellschaften kann keine reduzierte Unabhängigkeit bei wirtschaftlich bedeutsamen Mandanten beobachtet werden.
Carcello/Li (2013)	Verpflichtende Unterzeichnung des Prüfungsberichtes durch den *engagement partner*	Prüfungs-qualität und Prüfungs-honorar	Großbri-tannien	2008-2010	Unterschiedliche Samples mit 1.452 bis 2.336 Beobachtungen von börsenno-tierten Unterneh-men	- Im ersten Jahr nach Einführung der pflichtmäßigen Unterzeichnung des Prüfungsberichtes durch den *engagement partner* fallen die DPA sowie die Wahrscheinlichkeit für den Ausweis eines marginalen Gewinnes signifikant geringer aus. Die Wahrscheinlichkeit für die Erteilung eines eingeschränkten Bestätigungsvermerks, der *earnings response coefficient* sowie die Prüfungshonorare fallen signifikant höher aus. - Resultate werden als Evidenz dafür gewertet, dass die eingeführte Pflicht zur Unterzeichnung des Prüfungsberichtes durch den *engagement partner* zu einer verbesserten Prüfungsqualität geführt hat. Hierdurch profitieren die Investoren. Gleichzeitig müssen sie jedoch höhere Prüfungskosten tragen.
Ittonen/ Trønnes (2015)	Prüfung durch zwei Prüfungs-partner	Prüfungs-qualität/ *Earnings quality*	Finnland, Schwe-den	2005-2009	1.345 Beobach-tungen von bör-sennotierten Un-ternehmen (exklusive Finanz-branche)	- Evidenz dafür, dass die Prüfungsqualität (u. a. gemessen über DPA) höher ausfällt, wenn an Stelle von einem Prüfungspartner freiwillig zwei Prüfungspartner aus derselben Niederlassung die Abschlussprüfung durchführen. Eine signifikante Beeinflussung des Prüfungshonorars kann in diesem Zusammenhang nicht festgestellt werden. - Wenn die zwei Prüfungspartner von unterschiedlichen Niederlassungen derselben Prüfungsgesellschaft stammen, fällt die Prüfungsqualität nicht höher aus. Dafür fällt in diesem Zusammenhang das Prüfungshonorar signifikant geringer aus. - Die Autoren schlussfolgern aus den Ergebnissen, dass zwei Prüfungspartner aus derselben Niederlassung im Vergleich zu einem einzelnen Prüfungspartner eine höhere Effektivität bei der Prüfung aufweisen, wohingegen zwei Prüfungspartner von unterschiedlichen Niederlassungen eine höhere Effizienz besitzen.

Autoren (Jahr)	Untersuchter Zusammenhang von...:	und...:	Land	Zeit-raum	Datensample[112]	Empirische Ergebnisse
Goodwin/Wu (2016)	Mandatsanzahl eines Prüfungspartners (*audit partner busyness*)	Prüfungsqualität/ *Earnings quality*	Austra-lien	1999-2010	8.902 Beobach-tungen von bör-sennotierten Un-ternehmen (exklusive Finanz-branche)	- Evidenz dafür, dass kein signifikanter Zusammenhang zwischen der Anzahl an börsennotierten Mandanten eines Prüfungspartners (*audit partner busyness*) und dessen Prüfungsqualität (u. a. gemessen über DPA und GCO) vorliegt, wenn für partnerspezifische Attribute kontrol-liert wird. Dies bedeutet, dass die Prüfungsqualität eines Prüfungspart-ners mit vielen Mandanten nicht automatisch geringer ausfällt als die Prüfungsqualität eines Prüfungspartners mit wenigen Mandanten. - Begründet wird der die fehlende Zusammenhang damit, dass im Allgemei-nen jeder Prüfungspartner in Abhängigkeit von seinen Fähigkeiten das für sich optimale Mandantenportfolio erstellt. Unter der Vorausset-zung, dass die Marktkräfte funktionieren, ist die optimale Mandatsan-zahl eines Prüfungspartners dann gefunden, wenn im Gleichgewicht der marginale Nutzen den marginalen Kosten eines zusätzlichen Man-danten entspricht. In Abhängigkeit von den Attributen (z. B. Wissen, Er-fahrung etc.) eines Prüfungspartners kann es nun sein, dass die margi-nalen Kosten eines zusätzlichen Mandanten unterschiedlich hoch aus-fallen. Demnach können die marginalen Kosten für einen Prüfungs-partner mit überlegenen Fähigkeiten geringer ausfallen, was bedeutet, dass dieser mehr Mandanten prüfen kann, ohne dass die Prüfungsqua-lität zwangsmäßig leidet. - Dennoch Evidenz dafür, dass durch exogene Ereignisse das Mandan-tenportfolio nicht mehr optimal sein kann. Demnach liefern die Ergeb-nisse Indizien dafür, dass in einer Zeit mit vielen neuen (zuvor unbe-kannten) regulatorischen Vorschriften stark beschäftigte Prüfungs-partner eine geringere Prüfungsqualität erbringen. Begründet wird dies damit, dass durch den plötzlichen regulatorischen Mehraufwand das Gleichgewicht zwischen Kosten und Nutzen nicht mehr gehalten werden kann. Der Effekt ist aber nur temporär.

Autoren (Jahr)	Untersuchter Zusammenhang von...:	und...:	Land	Zeit-raum	Datensample[112]	Empirische Ergebnisse
Gul/Ma/Lai (2017)	Mandatsan-zahl (*audit partner busy-ness*) in Verbin-dung mit der Mandatsdauer eines Prü-fungspartners	Prüfungs-qualität	China	2000-2009	10.876 Beobach-tungen von bör-sennotierten Un-ternehmen	- Signifikant negativer Zusammenhang zwischen der Anzahl an börsen-notierten Mandanten eines Prüfungspartners (*audit partner busyness*) und dessen Prüfungsqualität (u. a. gemessen über GCO). Begründet wird dies damit, dass der Prüfungspartner mit steigender Mandatsan-zahl weniger Zeit und Ressourcen für das einzelne Mandat hat. - Negativer Zusammenhang nur signifikant für Prüfungspartner mit ei-ner kurzen Mandatsdauer (< 4 Jahre). Dies vermittelt den Eindruck, dass der negative Effekt einer hohen Mandatszahl durch den die Prü-fungsqualität erhöhenden Effekt aus einer langen Mandatsdauer (auf-grund des höheren mandantenspezifischen Wissens) kompensiert wird.
Liu/Xie/ Chang et al. (2017)	Erstprüfung eines neuen Mandanten	Prüfungs-qualität eines spezialisier-ten Prüfungs-partners	Taiwan	1990-2013	39.439 Beobach-tungen von bör-sennotierten und nicht börsenno-tierten Unterneh-men (exklusive Finanz-branche)	- Evidenz dafür, dass die Prüfungsqualität (gemessen über die Höhe der absoluten DPA der Mandanten) von branchenspezialisierten Prüfungs-partnern durch die Erstprüfung eines neuen Mandanten nicht negativ beeinflusst wird, sondern konstant bleibt. Dies wird sowohl für Prü-fungspartner nachgewiesen, die mittels der Marktanteilsmethode (be-sitzt größten Marktanteil auf Basis der Mandantenanzahl/Unterneh-mensumsätze in der Branche) als auch für Prüfungspartner, die mittels der Portfoliomethode (besitzt größten Portfolioanteil auf Basis der Mandantenanzahl/Unternehmensumsätze in der Branche) bestimmt wurden. - Begründet wird die fehlende Beeinflussung der Prüfungsqualität da-mit, dass ein branchenspezialisierter Prüfungspartner zwar nicht unbe-dingt die spezifischen Eigenschaften des neuen Mandanten kennt, er aber Kenntnis über das grundsätzliche Geschäft und das Geschäftsum-feld des Mandanten besitzt. Hierdurch ist er auch bei neuen Mandan-ten besser in der Lage, Fehler bzw. Auffälligkeiten in der Rechnungsle-gung oder im Ausweis zu entdecken. - Die Prüfungsqualität von nicht spezialisierten Prüfungspartnern nimmt hingegen durch die Erstprüfung eines neuen Mandanten signifikant ab.

Autoren (Jahr)	Untersuchter Zusammenhang von...: und...:	Land	Zeit-raum	Datensample[1)2)]	Empirische Ergebnisse
					- Die Autoren begründen dies damit, dass der nicht spezialisierte Prüfungspartner nicht ausreichend vertraut ist mit den spezifischen Eigenschaften sowie dem Geschäft und dem Geschäftsumfeld des neuen Mandanten. Hierdurch fällt es ihm bei neuen Mandanten schwerer, Fehler bzw. Auffälligkeiten in der Rechnungslegung oder im Ausweis zu entdecken.

Hinweise: 1) Das hier wiedergegebene Datensample entspricht der verbleibenden Datenbasis, die sich aus der in der Studie vorgestellten Herleitung des Datensatzes ergibt. Da in einigen Studien mehrere Regressionsmodelle mit unterschiedlichen Variablen zum Einsatz kommen, kann die in das jeweilige Regressionsmodell eingehende Anzahl an Beobachtungen abweichen. 2) Sofern die hier vorgenommene Beschreibung des Datensamples nicht darauf hinweist, ob die Finanzbranche mit einbezogen wurde oder ob es sich um börsennotierte bzw. nicht börsennotierte Unternehmen handelt, liegen diesbezüglich keine Informationen in der Studie vor. DPA: Diskretionäre Periodenabgrenzungen; GCO: *going concern opinion*; IKS: internes Kontrollsystem.

Anhang A2

Tabelle 48: Im Datensample der Strukturanalyse enthaltene Abschlussprüfer und die Anzahl ihrer Mandanten

| Name des Abschlussprüfers | Abschlussprüfer im jeweiligen Jahr vertreten: 1 = Ja, 0 = Nein. In (…) steht die Anzahl der Mandanten. | | | | | |
	2013	2012	2011	2010	2009	Summe
audalis Treuhand GmbH	0 (0)	1 (1)	1 (1)	1 (1)	1 (1)	4 (4)
axis GmbH	1 (1)	0 (0)	0 (0)	0 (0)	0 (0)	1 (1)
Bader Förster Schubert	1 (1)	1 (1)	1 (1)	1 (1)	0 (0)	4 (4)
BDO AG	1 (1)	1 (4)	1 (4)	1 (4)	1 (5)	5 (18)
Deloitte & Touche Limited Liability Partnership	1 (14)	1 (14)	1 (12)	1 (12)	1 (12)	5 (64)
Dr. Hillinger & Bremer GmbH	1 (1)	1 (1)	1 (1)	1 (1)	0 (0)	4 (4)
Ernst & Young Limited Liability Partnership	1 (24)	1 (26)	1 (9)	1 (9)	1 (8)	5 (76)
Göken, Pollak und Partner Treuhandgesellschaft mbH	1 (1)	1 (1)	0 (0)	0 (0)	0 (0)	2 (2)
Haßlinger GmbH	1 (1)	1 (1)	1 (1)	1 (1)	1 (1)	5 (5)
Jantzen Vissing Sackmann & Partner	1 (1)	1 (1)	1 (1)	1 (1)	1 (1)	5 (5)
KPMG Limited Liability Partnership	1 (71)	1 (68)	1 (83)	1 (85)	1 (83)	5 (390)
Mazars GmbH	1 (1)	1 (1)	1 (1)	1 (1)	1 (1)	5 (5)
Moore Stephens Auditteam AG	1 (1)	1 (1)	1 (1)	0 (0)	0 (0)	3 (3)
NW Treuhand und Revision GmbH	1 (1)	1 (1)	1 (1)	0 (0)	0 (0)	3 (3)
Ostwestfälische Revisions- und Treuhand GmbH	1 (7)	1 (7)	1 (7)	1 (6)	1 (4)	5 (31)
PricewaterhouseCoopers Limited Liability Partnership	1 (32)	1 (33)	1 (37)	1 (38)	1 (38)	5 (178)
PS Treuhand Vechta KG	1 (2)	1 (2)	1 (2)	0 (0)	0 (0)	3 (6)
RBS RoeverBroennerSusat GmbH & Co. KG	1 (13)	1 (13)	1 (14)	1 (13)	1 (13)	5 (66)
Revisions- und Treuhand-KG	1 (4)	1 (5)	1 (5)	1 (5)	1 (1)	5 (20)
Skubinn (Einzel-WP)	0 (0)	0 (0)	0 (0)	1 (2)	1 (2)	2 (4)
SW Wirtschaftstreuhand GmbH	1 (1)	1 (1)	1 (1)	1 (1)	1 (1)	5 (5)
TRIANON GmbH Wirtschaftsprüfungsgesellschaft	1 (1)	0 (0)	0 (0)	0 (0)	0 (0)	1 (1)
VIA GmbH	1 (2)	1 (2)	1 (2)	1 (2)	1 (3)	5 (11)
WP Neisemeier (Einzel-WP)	1 (1)	1 (1)	1 (1)	1 (1)	1 (1)	5 (5)
WirtschaftsTreuhand GmbH	1 (1)	1 (2)	1 (2)	1 (2)	1 (2)	5 (9)
Summe:	23 (183)	22 (187)	21 (187)	19 (186)	17 (177)	(920)

Anhang A3

Tabelle 49: Im Datensample der Strukturanalyse enthaltene Versicherungsunternehmen und die Anzahl ihrer Abschlüsse

	Name des Versicherungsunternehmens	Anzahl Jahresab- schlüsse	Anzahl Konzern- abschlüsse	Summe aller Ab- schlüsse
1	ADAC Autoversicherung AG	5	0	5
2	AEGIDIUS Rückversicherung AG	0	5	5
3	Aioi Nissay Dowa Life Insurance of Europe AG	5	0	5
4	Allcura Versicherungs-AG	3	0	3
5	Allianz SE	0	5	5
6	Allrecht Rechtsschutzversicherung AG	1	0	1
7	Alte Leipziger Lebensversicherung auf Gegenseitigkeit	0	5	5
8	Alte Oldenburger Krankenversicherung AG	5	0	5
9	Alte Oldenburger Krankenversicherung von 1927 VVaG	5	0	5
10	Ammerländer Versicherung VVaG	2	0	2
11	ARAG Holding SE	0	5	5
12	ARAG Krankenversicherungs-AG	5	0	5
13	ARAG Lebensversicherungs-AG	5	0	5
14	AUXILIA Rechtsschutz-Versicherungs-AG	1	4	5
15	AXA Konzern AG	0	5	5
16	Badischer Gemeinde-Versicherungs-Verband	0	5	5
17	Baden-Badener Versicherung AG	5	0	5
18	Barmenia Krankenversicherung a. G.	0	5	5
19	Barmenia Lebensversicherung a. G.	5	0	5
20	Bayerische Beamten Lebensversicherung a. G.	0	5	5
21	Bayerische Hausbesitzer-VVaG	5	0	5
22	Bayerische Landesbrandversicherung AG	5	0	5
23	Bayerischer Versicherungsverband Versicherungs-AG	5	0	5
24	Bayerische Beamtenkrankenkasse AG	5	0	5
25	Bayern-Versicherung Lebensversicherung AG	5	0	5
26	Bergische Brandversicherung Allgemeine Feuerversi- cherung V. a. G.	5	0	5
27	BVAG Berliner Versicherung AG	5	0	5
28	CG Car-Garantie Versicherungs-AG	1	4	5
29	Concordia Versicherungs-Gesellschaft a. G.	0	5	5
30	Condor Allgemeine Versicherungs-AG	5	0	5
31	Condor Lebensversicherungs-AG	5	0	5
32	Continentale Krankenversicherung a. G.	0	5	5

	Name des Versicherungsunternehmens	Anzahl Jahresabschlüsse	Anzahl Konzernabschlüsse	Summe aller Abschlüsse
33	DA Deutsche Allgemeine Versicherung AG	5	0	5
34	DARAG Deutsche Versicherungs- und Rückversicherungs-AG	3	2	5
35	Debeka Krankenversicherungsverein a. G.	0	5	5
36	Debeka Lebensversicherungsverein a. G.	0	5	5
37	Delta Lloyd Deutschland AG	0	5	5
38	Delvag Luftfahrtversicherungs-AG	5	0	5
39	Delvag Rückversicherungs-AG	5	0	5
40	DEVK Deutsche Eisenbahn Versicherung Sach- und HUK-Versicherungsverein a. G.	0	5	5
41	DEVK Deutsche Eisenbahn Versicherung Lebensversicherungsverein a. G.	0	5	5
42	DFV Deutsche Familienversicherung AG	4	0	4
43	Direct Line Versicherung AG	2	0	2
44	DMB Rechtsschutz-Versicherung AG	5	0	5
45	DOCURA VVAG	5	0	5
46	Dolleruper Freie Brandgilde VVaG	4	0	4
47	Deutscher Reisepreis-Sicherungsverein VVaG	4	0	4
48	Deutsche Rhederei Versicherungs-AG	4	0	4
49	DEUTSCHER RING Krankenversicherungsverein a. G.	1	4	5
50	Deutsche Rückversicherung AG	0	5	5
51	Deutsche Assistance Versicherung AG	4	0	4
52	E+S Rückversicherung AG	1	0	1
53	East-West Assekuranz AG	4	0	4
54	Euro-Aviation Versicherungs-AG	5	0	5
55	Europ Assistance Versicherungs-AG	5	0	5
56	EXTREMUS Versicherungs-AG	5	0	5
57	Fahrlehrerversicherung VVaG	5	0	5
58	Feuersozietät Berlin Brandenburg Versicherung AG	5	0	5
59	Freie Arzt- und Medizinkasse der Angehörigen der Berufsfeuerwehr und der Polizei VVaG	3	0	3
60	Gartenbau-Versicherung VVaG	5	0	5
61	Gebäudeversicherungsgilde VVaG	3	0	3
62	Gemeinnützige Haftpflichtversicherungsanstalt der Gartenbau-Berufsgenossenschaft	5	0	5
63	General Reinsurance AG	5	0	5
64	Generali Deutschland Holding AG	0	5	5
65	Gothaer Versicherungsbank VVaG	0	5	5
66	Grundeigentümer-Versicherung VVaG	5	0	5
67	GVO Gegenseitigkeit Versicherung Oldenburg VVaG	5	0	5

	Name des Versicherungsunternehmens	Anzahl Jahresab- schlüsse	Anzahl Konzern- abschlüsse	Summe aller Ab- schlüsse
68	GVV-Kommunalversicherung VVaG	0	5	5
69	GVV-Privatversicherung AG	5	0	5
70	Haftpflichtkasse Darmstadt - Haftpflichtversicherung des Deutschen Hotel- und Gaststättengewerbes - VVaG	5	0	5
71	HALLESCHE Krankenversicherung a. G.	5	0	5
72	Hamburger Hof Versicherungs-AG	5	0	5
73	Hamburger Internationale Rückversicherung AG	0	5	5
74	Hannover Rückversicherung SE	0	5	5
75	Hanseatica Rückversicherungs-AG	5	0	5
76	HanseMerkur Krankenversicherung a. G.	0	5	5
77	HDI Haftpflichtverband der Deutschen Industrie VVaG	0	5	5
78	HDNA VVaG	5	0	5
79	Heidelberger Lebensversicherung AG	5	0	5
80	Hochrhein Internationale Rückversicherung AG	5	0	5
81	HUK-COBURG Haftpflicht-Unterstützungs-Kasse kraftfahrender Beamter Deutschlands a. G.	0	5	5
82	Häger VVaG	5	0	5
83	Hübener Versicherungs-AG	5	0	5
84	IDEAL Lebensversicherung a. G.	0	5	5
85	IDUNA Vereinigte Lebensversicherung a. G.	0	5	5
86	INTER Krankenversicherung a. G.	0	5	5
87	ISSELHORSTER Versicherung V. a. G.	5	0	5
88	Itzehoer Versicherung/Brandgilde von 1691 VVaG	0	5	5
89	Kieler Rückversicherungsverein a. G.	5	0	5
90	Kölnische Hagel Versicherungs-AG	5	0	5
91	KRAVAG-ALLGEMEINE Versicherungs-AG	5	0	5
92	KRAVAG-Holding AG	2	0	2
93	KRAVAG-LOGISTIC Versicherungs-AG	5	0	5
94	KRAVAG-SACH Versicherung des Deutschen Kraftver- kehrs VVaG	3	2	5
95	KS Versicherungs-AG	1	0	1
96	LAEISZ Versicherung AG	5	0	5
97	Landeskrankenhilfe VVaG	5	0	5
98	Landeslebenshilfe VVaG	5	0	5
99	Landesschadenhilfe Versicherung VVaG	5	0	5
100	LBN – VVaG	5	0	5
101	Lebensversicherung von 1871 a. G.	0	5	5
102	LIGA Krankenversicherung katholischer Priester VVaG	5	0	5

	Name des Versicherungsunternehmens	Anzahl Jahresab- schlüsse	Anzahl Konzern- abschlüsse	Summe aller Ab- schlüsse
103	Lohnfortzahlungskasse Leer VVaG	3	0	3
104	Lucura Versicherungs-AG	5	0	5
105	LVM Landwirtschaftlicher Versicherungsverein Münster a. G.	0	5	5
106	Mannheimer AG Holding	0	3	3
107	Mecklenburgische Versicherungs-Gesellschaft a. G.	0	5	5
108	MEDIEN-VERSICHERUNG a. G. KARLSRUHE	5	0	5
109	Minerva Versicherungs-AG	5	0	5
110	MSIG Insurance Europe AG	2	0	2
111	myLife Lebensversicherung AG	5	0	5
112	Münchener Rückversicherungs-Gesellschaft AG	0	5	5
113	Münchener Verein Allgemeine Versicherungs-AG	5	0	5
114	Münchener Verein Lebensversicherung a. G.	5	0	5
115	Münchener Verein Krankenversicherung a. G.	5	0	5
116	Neue Rechtsschutz-Versicherungsgesellschaft AG	5	0	5
117	Neuendorfer Brand-Bau-Gilde VVaG	4	0	4
118	NÜRNBERGER Beteiligungs-AG	0	5	5
119	NV-Versicherungen VVaG	5	0	5
120	Öffentliche Lebensversicherung Berlin Brandenburg AG	5	0	5
121	ÖRAG Rechtsschutzversicherungs-AG	5	0	5
122	OKV-Ostdeutsche Kommunalversicherung a. G.	5	0	5
123	Opel Aktiv Plus Kranken-Zuschuss-Kasse der Adam Opel AG	5	0	5
124	Optima Versicherungs-AG	4	0	4
125	Ostangler Brandgilde VVaG	4	0	4
126	OSTBEVERNER VVaG	4	0	4
127	OVAG Ostdeutsche Versicherung AG	5	0	5
128	Pensions-Sicherungs-Verein VVaG	5	0	5
129	Protektor Lebensversicherungs-AG	5	0	5
130	Provinzial Lebensversicherung Hannover	5	0	5
131	Provinzial NordWest Holding AG	0	5	5
132	Provinzial Rheinland Holding	0	5	5
133	Provinzial Krankenversicherung Hannover AG	5	0	5
134	PRUDENTIA-Lebensversicherungs-AG	5	0	5
135	R+V Allgemeine Versicherung AG	5	0	5
136	R+V Direktversicherung AG	5	0	5
137	R+V Krankenversicherung AG	5	0	5
138	R+V Lebensversicherung a. G.	5	0	5

	Name des Versicherungsunternehmens	Anzahl Jahresab- schlüsse	Anzahl Konzern- abschlüsse	Summe aller Ab- schlüsse
139	R+V Lebensversicherung AG	5	0	5
140	R+V Rechtsschutzversicherung AG	2	0	2
141	R+V Versicherung AG	0	5	5
142	Real Garant Versicherung AG	5	0	5
143	REVIUM Rückversicherung AG	5	0	5
144	RheinLand Holding AG	0	5	5
145	RISICOM Rückversicherung AG	4	0	4
146	ROLAND Rechtsschutz-Versicherungs-AG	0	5	5
147	RS Reise-Schutz Versicherungs-AG	5	0	5
148	Saarland Feuerversicherung AG	5	0	5
149	Saarland Lebensversicherung AG	5	0	5
150	Schleswiger Versicherungsverein a. G.	4	0	4
151	Schutzverein Deutscher Rheder V. a. G.	5	0	5
152	Schwarzmeer und Ostsee Versicherungs-AG	5	0	5
153	"Schweizer-National" Versicherungs-AG in Deutschland	4	0	4
154	Schwestern-Versicherungsverein vom Roten Kreuz in Deutschland a. G.	3	0	3
155	SCOR Rückversicherung (Deutschland) AG	1	0	1
156	SHB Allgemeine Versicherung VVaG	5	0	5
157	SIGNAL Krankenversicherung a. G.	5	0	5
158	SIGNAL Unfallversicherung a. G.	5	0	5
159	Skandia Lebensversicherung AG	5	0	5
160	SONO Krankenversicherung a. G.	4	0	4
161	Sparkassen-Versicherung Sachsen Allgemeine Versi- cherung AG	5	0	5
162	Sparkassen-Versicherung Sachsen Lebensversiche- rungs-AG	5	0	5
163	Stuttgarter Lebensversicherung a.G.	0	5	5
164	SV SparkassenVersicherung Holding AG*	0	5	5
165	SV SparkassenVersicherung Holding AG*	0	4	4
166	Swiss Life AG, Niederlassung für Deutschland	5	0	5
167	Süddeutsche Krankenversicherung a. G.	5	0	5
168	Süddeutsche Lebensversicherung a. G.	5	0	5
169	Süddeutsche Allgemeine Versicherung a. G.	5	0	5
170	Thüga Schadenausgleichskasse München VVaG	5	0	5
171	Transatlantic Reinsurance Company, Zweigniederlas- sung Deutschland	4	0	4
172	Uelzener Allgemeine Versicherungs-Gesellschaft a. G.	1	4	5
173	Union Krankenversicherung AG	5	0	5

Name des Versicherungsunternehmens	Anzahl Jahresabschlüsse	Anzahl Konzernabschlüsse	Summe aller Abschlüsse
174	Union Reiseversicherung AG	5	0	5
175	United Services Automobile Association Direktion für Deutschland	5	0	5
176	uniVersa Krankenversicherung a. G.	0	5	5
177	uniVersa Lebensversicherung a. G.	0	5	5
178	Vereinigte Schiffs-Versicherung V. a. G.	0	5	5
179	Vereinigte Tierversicherung a. G.	5	0	5
180	Vereinigte Versicherungsgesellschaft von Deutschland kleVVaG	3	0	3
181	Vereinigte Postversicherung VVaG	0	5	5
182	Verband öffentlicher Versicherer	5	0	5
183	Vereinigte Hagelversicherung VVaG	5	0	5
184	Versicherungsverband Deutscher Eisenbahnen - VVaG	5	0	5
185	Versicherungskammer Bayern Versicherungsanstalt des öffentlichen Rechts	0	5	5
186	Versicherungskammer Bayern Konzern-Rückversicherung AG	5	0	5
187	VGH Landschaftliche Brandkasse Hannover	5	0	5
188	VHV Vereinigte Hannoversche Versicherung a. G.	0	5	5
189	vigo Krankenversicherung VVaG	5	0	5
190	Volkswohl-Bund Lebensversicherung a. G.	0	5	5
191	VRK VVaG Versicherer im Raum der Kirchen	5	0	5
192	WWK Lebensversicherung a. G.	0	5	5
193	Württembergische Gemeinde-Versicherung a. G.	0	5	5
194	Würzburger Versicherungs-AG	5	0	5
195	Wüstenrot & Württembergische AG	0	5	5
196	Zurich Deutscher Herold Lebensversicherung AG	5	0	5
197	Zurich Versicherung AG	1	0	1
Summe:		643	277	920

Hinweis: *: Bei diesen untereinander aufgelisteten zwei Versicherungsunternehmen handelt es sich um dasselbe Unternehmen. In den Jahren 2009 bis 2012 werden die konsolidierten Tochterunternehmen jedoch durch zwei unterschiedliche Abschlussprüfer geprüft, sodass der Honorarausweis im Konzernabschluss zwei Abschlussprüfer nennt. Aus diesem Grund wird in der Strukturanalyse fiktiv davon ausgegangen, dass es sich in den vorgenannten Jahren um zwei Unternehmen handelt und jeder Abschlussprüfer bekommt das jeweils für ihn ausgewiesene Prüfungshonorar angerechnet.

Anhang A4

Tabelle 50: Im Datensample der Regressionsanalyse enthaltene Abschlussprüfer und die Anzahl ihrer Mandanten

Name des Abschlussprüfers	Abschlussprüfer im jeweiligen Jahr vertreten: 1 = Ja, 0 = Nein. In (…) steht die Anzahl der Mandanten.					
	2013	2012	2011	2010	2009	Summe
BDO AG	1 (1)	1 (4)	1 (4)	1 (4)	1 (5)	5 (18)
Deloitte & Touche Limited Liability Partnership	1 (12)	1 (13)	1 (12)	1 (12)	1 (12)	5 (61)
Ernst & Young Limited Liability Partnership	1 (22)	1 (23)	1 (7)	1 (6)	1 (5)	5 (63)
KPMG Limited Liability Partnership	1 (67)	1 (64)	1 (78)	1 (80)	1 (80)	5 (369)
Mazars GmbH	1 (1)	1 (1)	1 (1)	1 (1)	1 (1)	5 (5)
PricewaterhouseCoopers Limited Liability Partnership	1 (29)	1 (30)	1 (32)	1 (33)	1 (35)	5 (159)
PS Treuhand Vechta KG	0 (0)	1 (2)	1 (2)	0 (0)	0 (0)	2 (4)
RBS RoeverBroennerSusat GmbH & Co. KG	1 (13)	1 (13)	1 (14)	1 (13)	1 (13)	5 (66)
Revisions- und Treuhand-KG	0 (0)	0 (0)	0 (0)	1 (5)	0 (0)	1 (5)
VIA GmbH	1 (2)	0 (0)	0 (0)	0 (0)	0 (0)	1 (2)
WirtschaftsTreuhand GmbH	1 (1)	1 (1)	1 (2)	1 (2)	1 (2)	5 (8)
Summe:	9 (148)	9 (151)	9 (152)	9 (156)	8 (153)	(760)

Anhang A5

Tabelle 51: Im Datensample der Regressionsanalyse enthaltene Versicherungsunternehmen und die Anzahl ihrer Abschlüsse

	Name des Versicherungsunternehmens	Anzahl Jahres-ab-schlüsse	Anzahl Konzern-ab-schlüsse	Summe aller Ab-schlüsse
1	ADAC Autoversicherung AG	5	0	5
2	AEGIDIUS Rückversicherung AG	0	5	5
3	Aioi Nissay Dowa Life Insurance of Europe AG	5	0	5
4	Allianz SE	0	5	5
5	Allrecht Rechtsschutzversicherung AG	1	0	1
6	Alte Leipziger Lebensversicherung auf Gegenseitigkeit	0	5	5
7	Alte Oldenburger Krankenversicherung AG	2	0	2
8	Alte Oldenburger Krankenversicherung von 1927 VVaG	2	0	2
9	ARAG Holding SE	0	5	5
10	ARAG Krankenversicherungs-AG	5	0	5
11	ARAG Lebensversicherungs-AG	5	0	5
12	AUXILIA Rechtsschutz-Versicherungs-AG	1	4	5
13	AXA Konzern AG	0	5	5
14	Badischer Gemeinde-Versicherungs-Verband	0	5	5
15	Baden-Badener Versicherung AG	5	0	5
16	Barmenia Krankenversicherung a. G.	0	5	5
17	Barmenia Lebensversicherung a. G.	5	0	5
18	Bayerische Beamten Lebensversicherung a. G.	0	5	5
19	Bayerische Landesbrandversicherung AG	5	0	5
20	Bayerischer Versicherungsverband Versicherungs-AG	5	0	5
21	Bayerische Beamtenkrankenkasse AG	5	0	5
22	Bayern-Versicherung Lebensversicherung AG	5	0	5
23	BVAG Berliner Versicherung AG	3	0	3
24	CG Car-Garantie Versicherungs-AG	0	4	4
25	Concordia Versicherungs-Gesellschaft a. G.	0	5	5
26	Condor Allgemeine Versicherungs-AG	5	0	5
27	Condor Lebensversicherungs-AG	5	0	5
28	Continentale Krankenversicherung a. G.	0	5	5
29	DA Deutsche Allgemeine Versicherung AG	5	0	5
30	DARAG Deutsche Versicherungs- und Rückversicherungs-AG	3	2	5
31	Debeka Krankenversicherungsverein a. G.	0	5	5
32	Debeka Lebensversicherungsverein a. G.	0	5	5
33	Delta Lloyd Deutschland AG	0	5	5

	Name des Versicherungsunternehmens	Anzahl Jahres-ab-schlüsse	Anzahl Konzern-ab-schlüsse	Summe aller Ab-schlüsse
34	Delvag Luftfahrtversicherungs-AG	5	0	5
35	Delvag Rückversicherungs-AG	5	0	5
36	DEVK Deutsche Eisenbahn Versicherung Sach- und HUK-Versicherungsverein a. G.	0	5	5
37	DEVK Deutsche Eisenbahn Versicherung Lebensversicherungsverein a. G.	0	5	5
38	Direct Line Versicherung AG	2	0	2
39	DMB Rechtsschutz-Versicherung AG	5	0	5
40	DOCURA VVAG	5	0	5
41	Dolleruper Freie Brandgilde VVaG	1	0	1
42	Deutscher Reisepreis-Sicherungsverein VVaG	4	0	4
43	Deutsche Rhederei Versicherungs-AG	4	0	4
44	DEUTSCHER RING Krankenversicherungsverein a. G.	1	4	5
45	Deutsche Rückversicherung AG	0	5	5
46	Deutsche Assistance Versicherung AG	2	0	2
47	E+S Rückversicherung AG	1	0	1
48	East-West Assekuranz AG	4	0	4
49	Euro-Aviation Versicherungs-AG	5	0	5
50	Europ Assistance Versicherungs-AG	5	0	5
51	EXTREMUS Versicherungs-AG	5	0	5
52	Fahrlehrerversicherung VVaG	5	0	5
53	Feuersozietät Berlin Brandenburg Versicherung AG	5	0	5
54	Freie Arzt- und Medizinkasse der Angehörigen der Berufsfeuerwehr und der Polizei VVaG	3	0	3
55	Gebäudeversicherungsgilde VVaG	1	0	1
56	Gemeinnützige Haftpflichtversicherungsanstalt der Gartenbau-Berufsgenossenschaft	5	0	5
57	General Reinsurance AG	5	0	5
58	Generali Deutschland Holding AG	0	5	5
59	Gothaer Versicherungsbank VVaG	0	5	5
60	Grundeigentümer-Versicherung VVaG	5	0	5
61	GVO Gegenseitigkeit Versicherung Oldenburg VVaG	2	0	2
62	GVV-Kommunalversicherung VVaG	0	5	5
63	GVV-Privatversicherung AG	5	0	5
64	Haftpflichtkasse Darmstadt - Haftpflichtversicherung des Deutschen Hotel- und Gaststättengewerbes - VVaG	5	0	5
65	HALLESCHE Krankenversicherung a. G.	5	0	5
66	Hamburger Internationale Rückversicherung AG	0	5	5
67	Hannover Rückversicherung SE	0	5	5

Name des Versicherungsunternehmens	Anzahl Jahres- ab- schlüsse	Anzahl Konzern- ab- schlüsse	Summe aller Ab- schlüsse
68	Hanseatica Rückversicherungs-AG	5	0	5
69	HanseMerkur Krankenversicherung a. G.	0	5	5
70	HDI Haftpflichtverband der Deutschen Industrie VVaG	0	5	5
71	HDNA VVaG	5	0	5
72	Heidelberger Lebensversicherung AG	5	0	5
73	Hochrhein Internationale Rückversicherung AG	4	0	4
74	Hübener Versicherungs-AG	5	0	5
75	IDEAL Lebensversicherung a. G.	0	5	5
76	IDUNA Vereinigte Lebensversicherung a. G.	0	5	5
77	INTER Krankenversicherung a. G.	0	5	5
78	Itzehoer Versicherung/Brandgilde von 1691 VVaG	0	5	5
79	Kieler Rückversicherungsverein a. G.	1	0	1
80	Kölnische Hagel Versicherungs-AG	5	0	5
81	KRAVAG-ALLGEMEINE Versicherungs-AG	5	0	5
82	KRAVAG-LOGISTIC Versicherungs-AG	5	0	5
83	KRAVAG-SACH Versicherung des Deutschen Kraftverkehrs VVaG	3	2	5
84	LAEISZ Versicherung AG	5	0	5
85	Landeskrankenhilfe VVaG	5	0	5
86	Landeslebenshilfe VVaG	5	0	5
87	Landesschadenhilfe Versicherung VVaG	5	0	5
88	LBN – VVaG	5	0	5
89	LIGA Krankenversicherung katholischer Priester VVaG	5	0	5
90	Lucura Versicherungs-AG	5	0	5
91	LVM Landwirtschaftlicher Versicherungsverein Münster a. G.	0	5	5
92	Mannheimer AG Holding	0	3	3
93	Mecklenburgische Versicherungs-Gesellschaft a. G.	0	5	5
94	MEDIEN-VERSICHERUNG a. G. KARLSRUHE	5	0	5
95	MSIG Insurance Europe AG	1	0	1
96	myLife Lebensversicherung AG	5	0	5
97	Münchener Rückversicherungs-Gesellschaft AG	0	5	5
98	Münchener Verein Allgemeine Versicherungs-AG	5	0	5
99	Münchener Verein Lebensversicherung a. G.	5	0	5
100	Münchener Verein Krankenversicherung a. G.	5	0	5
101	Neue Rechtsschutz-Versicherungsgesellschaft AG	5	0	5
102	NÜRNBERGER Beteiligungs-AG	0	5	5
103	Öffentliche Lebensversicherung Berlin Brandenburg AG	5	0	5

	Name des Versicherungsunternehmens	Anzahl Jahres-ab-schlüsse	Anzahl Konzern-ab-schlüsse	Summe aller Ab-schlüsse
104	ÖRAG Rechtsschutzversicherungs-AG	5	0	5
105	OKV-Ostdeutsche Kommunalversicherung a. G.	3	0	3
106	Opel Aktiv Plus Kranken-Zuschuss-Kasse der Adam Opel AG	5	0	5
107	Optima Versicherungs-AG	4	0	4
108	OSTBEVERNER VVaG	1	0	1
109	OVAG Ostdeutsche Versicherung AG	2	0	2
110	Pensions-Sicherungs-Verein VVaG	5	0	5
111	Protektor Lebensversicherungs-AG	5	0	5
112	Provinzial Lebensversicherung Hannover	5	0	5
113	Provinzial NordWest Holding AG	0	5	5
114	Provinzial Rheinland Holding	0	5	5
115	Provinzial Krankenversicherung Hannover AG	5	0	5
116	PRUDENTIA-Lebensversicherungs-AG	5	0	5
117	R+V Allgemeine Versicherung AG	5	0	5
118	R+V Direktversicherung AG	5	0	5
119	R+V Krankenversicherung AG	5	0	5
120	R+V Lebensversicherung a. G.	5	0	5
121	R+V Lebensversicherung AG	5	0	5
122	R+V Rechtsschutzversicherung AG	2	0	2
123	R+V Versicherung AG	0	5	5
124	Real Garant Versicherung AG	5	0	5
125	REVIUM Rückversicherung AG	1	0	1
126	RheinLand Holding AG	0	5	5
127	RISICOM Rückversicherung AG	4	0	4
128	ROLAND Rechtsschutz-Versicherungs-AG	0	5	5
129	RS Reise-Schutz Versicherungs-AG	3	0	3
130	Saarland Feuerversicherung AG	5	0	5
131	Saarland Lebensversicherung AG	5	0	5
132	Schleswiger Versicherungsverein a. G.	1	0	1
133	Schutzverein Deutscher Rheder V. a. G.	5	0	5
134	Schwarzmeer und Ostsee Versicherungs-AG	3	0	3
135	"Schweizer-National" Versicherungs-AG in Deutschland	4	0	4
136	Schwestern-Versicherungsverein vom Roten Kreuz in Deutschland a. G.	3	0	3
137	SCOR Rückversicherung (Deutschland) AG	1	0	1
138	SIGNAL Krankenversicherung a. G.	5	0	5
139	SIGNAL Unfallversicherung a. G.	5	0	5

Name des Versicherungsunternehmens	Anzahl Jahres-ab-schlüsse	Anzahl Konzern-ab-schlüsse	Summe aller Ab-schlüsse
140 Skandia Lebensversicherung AG	5	0	5
141 Sparkassen-Versicherung Sachsen Allgemeine Versicherung AG	5	0	5
142 Sparkassen-Versicherung Sachsen Lebensversicherungs-AG	5	0	5
143 Stuttgarter Lebensversicherung a.G.	0	5	5
144 Süddeutsche Krankenversicherung a. G.	5	0	5
145 Süddeutsche Lebensversicherung a. G.	5	0	5
146 Süddeutsche Allgemeine Versicherung a. G.	5	0	5
147 Thüga Schadenausgleichskasse München VVaG	5	0	5
148 Uelzener Allgemeine Versicherungs-Gesellschaft a. G.	1	4	5
149 Union Krankenversicherung AG	5	0	5
150 Union Reiseversicherung AG	5	0	5
151 uniVersa Krankenversicherung a. G.	0	1	1
152 uniVersa Lebensversicherung a. G.	0	1	1
153 Vereinigte Schiffs-Versicherung V. a. G.	0	5	5
154 Vereinigte Tierversicherung a. G.	5	0	5
155 Vereinigte Postversicherung VVaG	0	5	5
156 Verband öffentlicher Versicherer	5	0	5
157 Vereinigte Hagelversicherung VVaG	5	0	5
158 Versicherungsverband Deutscher Eisenbahnen - VVaG	5	0	5
159 Versicherungskammer Bayern Versicherungsanstalt des öffentlichen Rechts	0	5	5
160 Versicherungskammer Bayern Konzern-Rückversicherung AG	5	0	5
161 VGH Landschaftliche Brandkasse Hannover	5	0	5
162 VHV Vereinigte Hannoversche Versicherung a. G.	0	5	5
163 vigo Krankenversicherung VVaG	5	0	5
164 Volkswohl-Bund Lebensversicherung a. G.	0	5	5
165 VRK VVaG Versicherer im Raum der Kirchen	5	0	5
166 WWK Lebensversicherung a. G.	0	5	5
167 Württembergische Gemeinde-Versicherung a. G.	0	5	5
168 Würzburger Versicherungs-AG	5	0	5
169 Wüstenrot & Württembergische AG	0	5	5
170 Zurich Deutscher Herold Lebensversicherung AG	5	0	5
171 Zurich Versicherung AG	1	0	1
Summe:	510	250	760

Literaturverzeichnis

A

Abbott, Lawrence J./Parker, Susan/Peters, Gary F. (2011): Does Mandated Disclosure Induce a Structural Change in the Determinants of Nonaudit Service Purchase? In: Auditing: A Journal of Practice & Theory, Vol. 30 (2011), Nr. 2, S. 51-76.

Adams, Mike/Buckle, Mike (2003): The determinants of corporate financial performance in the Bermuda insurance market. In: Applied Financial Economics, Vol. 13 (2003), Nr. 2, S. 133-143.

Adams, Mike/Burton, Bruce/Hardwick, Philip (2003): The Determinants of Credit Ratings in the United Kingdom Insurance Industry. In: Journal of Business Finance & Accounting, Vol. 30, Nr. 3-4, S. 539-572.

Adams, Mike/Sherris, Mike/Hossain, Mahmud (1997): The Determinants of External Audit Costs in the New Zealand Life Insurance Industry. In: Journal of International Financial Management and Accounting, Vol. 8 (1997), Nr. 1, S. 69-86.

Allianz (2018): Abschlussprüfer. https://www.allianz.com/de/ueber_uns/management/corporate-governance/abschlusspruefer/ (zuletzt abgerufen am 18. März 2019).

Allison, Paul (2012): When Can You Safely Ignore Multicollinearity? https://statisticalhorizons.com/multicollinearity (zuletzt abgerufen am 18. März 2019).

Altuntas, Muhammed/Uhl, Pascal (2016): Industrielle Exzellenz in der Versicherungswirtschaft: Bestimmung der Industrialisierungsreife in einer zunehmend digitalisierten Welt. Wiesbaden 2016.

Alvarez, Manuel/Wotschofsky (2000): Investor Relations. In: Finanz Betrieb, 2. Jg. (2000), Nr. 10, S. 651-654.

Ambrosini, Véronique/Bowman, Cliff (2001): Tacit Knowledge: Some Suggestions for Operationalization. In: Journal of Management Studies, Vol. 38 (2001), Nr. 6, S. 811-829.

Ames, Daniel/Hines, Chris S./Sankara, Jomo (2014): Are earnings quality attributes reflected in financial strength ratings? In: American Journal of Business, Vol. 29 (2014), Nr. 3/4, S. 293-311.

Amir, Eli/Kallunki, Juha-Pekka/Nilsson, Henrik (2014): The association between individual audit partners' risk preferences and composition of their client portfolios. In: Review of Accounting Studies, Vol. 19 (2014), Nr. 1, S. 103-133.

Anderson, Teresa/Zéghal, Daniel (1994): The Pricing of Audit Services: Further Evidence from the Canadian Market. In: Accounting and Business Research, Vol. 24 (1994), Nr. 95, S. 195-207.

Antle, Rick (1982): The Auditor as an Economic Agent. In: Journal of Accounting Research, Vol. 20 (1982), Nr. 2, S. 503-527.

Antle, Rick (1984): Auditor Independence. In: Journal of Accounting Research, Vol. 22 (1984), Nr. 1, S. 1-20.

Antle, Rick/Gordon, Elizabeth/Narayanamoorthy, Ganapathi et al. (2006): The joint determination of audit fees, non-audit fees, and abnormal accruals. In: Review of Quantitative Finance and Accounting, Vol. 27 (2006), Nr. 3, S. 235-266.

Aobdia, Daniel/Lin, Chan-Jane/Petacchi, Reining (2015): Capital Market Consequences of Audit Partner Quality. In: The Accounting Review, Vol. 90 (2015), Nr. 6, S. 2143-2176.

APAK (2013): Verlautbarung der APAK: Vereinbarung der Mitunterzeichnung eines Bestätigungsvermerkes/Prüfungsberichtes mit der Stellung eines auftragsbegleitenden Qualitätssicherers (§ 24 Abs. 2 BS WP/vBP) (APAK/793). Berlin 2013.

Arnold, Bruce/Bateman, Hanzel/Ferguson, Andrew et al. (2017): Partner-Scale Economies, Service Bundling, and Auditor Independence in the Australian Self-Managed Superannuation (Pension) Fund Industry. In: Auditing: A Journal of Practice & Theory, Vol. 36 (2017), Nr. 2, S. 161-180.

Arthur, Neal/Endrawes, Medhat/Ho, Shawn (2017): Impact of Partner Change on Audit Quality: An Analysis of Partner and Firm Specialisation Effects. In: Australian Accounting Review, Vol. 27 (2017), Nr. 4, S. 368-381.

Arrow, Kenneth J. (1970): Insurance, Risk and Resource Allocation. In: *Arrow, Kenneth J.* (Hrsg.): Essays in the Theory of Risk-Bearing. Amsterdam 1970.

Audousset-Coulier, Sophie/Jeny, Anne/Jiang, Like (2016): The Validity of Auditor Industry Specialization Measures. In: Auditing: A Journal of Practice & Theory, Vol. 35 (2016), Nr. 1, S. 139-161.

B

BaFin (2010): 2009 Statistik der Bundesanstalt für Finanzdienstleistungsaufsicht -Erstversicherungsunternehmen und Pensionsfonds-. Online abrufbar unter: http://www.bafin.de/SharedDocs/Downloads/DE/Statistik/Erstversicherer/dl_st_09_erstvu_text_va.pdf?__blob=publicationFile&v=6 (zuletzt abgerufen am 18. März 2019).

BaFin (2014): 2013 Statistik der Bundesanstalt für Finanzdienstleistungsaufsicht - Erstversicherungsunternehmen und Pensionsfonds -. Online abrufbar unter: http://www.bafin.de/SharedDocs/Downloads/DE/Statistik/Erstversicherer/dl_st_13 _erstvu_gesamt_va.pdf?__blob=publicationFile&v=4 (zuletzt abgerufen am 18. März 2019).

BaFin (2015): 2014 Statistik der Bundesanstalt für Finanzdienstleistungsaufsicht - Erstversicherungsunternehmen und Pensionsfonds -. Online abrufbar unter: https://www.bafin.de/SharedDocs/Downloads/DE/Statistik/Erstversicherer/dl_st_ 14_erstvu_gesamt_va.pdf?__blob=publicationFile&v=2 (zuletzt abgerufen am 18. März 2019).

BaFin (2016a): Bilanzkontrolle. Online abrufbar unter: https://www.bafin.de/DE/Aufsicht/ BoersenMaerkte/Transparenz/Bilanzkontrolle/bilanzkontrolle_artikel.html (zuletzt abgerufen am 18. März 2019).

BaFin (2016b): Versicherungsaufsicht. Online abrufbar unter: https://www.bafin.de/DE/ DieBaFin/AufgabenGeschichte/Versicherungsaufsicht/versicherungsaufsicht_ node.html (zuletzt abgerufen am 18. März 2019).

Baier, Jonas (2014): Aktiva in der Versicherungsbilanz. Karlsruhe 2014.

Balsam, Steven/Krishnan, Jagan/Yang, Joon S. (2003): Auditor Industry Specialization and Earnings Quality. In: Auditing: A Journal of Practice & Theory, Vol. 22 (2003), Nr. 2, S. 71-97.

Bamber, E. Michael/Bamber, Linda S./Schoderbek, Michael P. (1993): Audit Structure and Other Determinants of Audit Report Lag: An Empirical Analysis. In: Auditing: A Journal of Practice & Theory, Vol. 12 (1993), Nr. 1, S. 1-23.

Bamberg, Günter/Coenenberg, Adolf G./Krapp, Michael (2012): Betriebswirtschaftliche Entscheidungslehre. 15. Aufl., München 2012.

Bandyopadhyay, Sati P./Kao, Jennifer L. (2004): Market Structure and Audit Fees: A Local Analysis. In: Contemporary Accounting Research, Vol. 21 (2004), Nr. 3, S. 529-561.

Banker, Rajiv D./Chang, Hsihui/Kao, Yi-ching (2002): Impact of Information Technology on Public Accounting Firm Productivity. In: Journal of Information Systems, Vol. 16 (2002), Nr. 2, S. 209-222.

Basioudis, Ilias G./Papakonstantinou, Evangelos/Geiger, Marshall A. (2008): Audit Fees, Non-Audit Fees and Auditor Going-Concern Reporting Decisions in the United Kingdom. In: ABACUS A Journal of Accounting, Finance and Business Studies, Vol. 44 (2008), Nr. 3, S. 284-309.

Bauer, Michael (2004): Die Unabhängigkeit des Abschlussprüfers im Zusammenhang mit dem gleichzeitigen Angebot von Beratungsleistungen beim Prüfungsmandaten – Eine empirische Analyse. Dissertation Universität Würzburg 2004.

Beck, Allison K./Fuller, Robert M./Muriel, Leah et al. (2013): Audit Fees and Investor Perceptions of Audit Characteristics. In: Behavioral Research in Accounting, Vol. 25 (2013), Nr. 2, S. 71-95.

Becker, Connie L./Defond, Mark L./Jiambalvo, James et al. (1998): The Effect of Audit Quality on Earnings Management. In: Contemporary Accounting Research, Vol. 15 (1998), Nr. 1, S. 1-24.

Bedard, Jean C./Johnstone, Karla M. (2010): Audit Partner Tenure and Audit Planning and Pricing. In: Auditing: A Journal of Practice & Theory, Vol. 29 (2010), Nr. 2, S. 45-70.

Bell, Timothy B./Causholli, Monika/Knechel, W. Robert (2015): Audit Firm Tenure, Non-Audit Services, and Internal Assessments of Audit Quality. In: Journal of Accounting Research, Vol. 53 (2015), Nr. 3, S. 461-509.

Bell, Timothy B./Doogar, Rajib/Solomon, Ira (2008): Audit Labor Usage and Fees under Business Risk Auditing. In: Journal of Accounting Research, Vol. 46 (2008), Nr. 4, S. 729-760.

Bell, Timothy B./Landsman, Wayne R./Shackelford, Douglas A. (2001): Auditors' Perceived Business Risk and Audit Fees: Analysis and Evidence. In: Journal of Accounting Research, Vol. 39 (2001), Nr. 1, S. 35-43.

Bigus, Jochen/Zimmermann, Ruth-Caroline (2009): Quasirentenmodell und Honorare für Abschlussprüfungen in Deutschland – eine empirische Analyse. In: Zeitschrift für Betriebswirtschaft, 79. Jg. (2009), Nr. 11, S. 1283-1308.

Bills, Kenneth L./Jeter, Debra C./Stein, Sarah E. (2015): Auditor Industry Specialization and Evidence of Cost Efficiencies in Homogenous Industries. In: The Accounting Review, Vol. 90 (2015), Nr. 5, S. 1721-1754.

Bills, Kenneth L./Stephens, Nathaniel M. (2016): Spatial Competition at the Intersection of the Large and Small Audit Firm Markets. In: Auditing: A Journal of Practice & Theory, Vol. 35 (2016), Nr. 1, S. 23-45.

Bischof, Stefan (2006): Anhangangaben zu den Honoraren für Leistungen des Abschlussprüfers. In: Die Wirtschaftsprüfung, 59. Jg. (2006), Nr. 11, S. 705-713.

Blankley, Alan I./Hurtt, David N./MacGregor, Jason E. (2012): Abnormal Audit Fees and Restatements. In: Auditing: A Journal of Practice & Theory, Vol. 31 (2012), Nr. 1, S. 79-96.

Bleymüller, Josef/Gehlert, Günther (1989): Konzentrationsmessung. In: Wirtschaftswissenschaftliches Studium, 18. Jg. (1989), S. 378-384.

Bodrow, Wladimir/Bergmann, Philipp (2003): Wissensbewertung in Unternehmen – Bilanzieren von intellektuellem Kapital. Berlin 2003.

Bonner, Sarah E./Lewis, Barry L. (1990): Determinants of Auditor Expertise. In: Journal of Accounting Research, Vol. 28 (1990), Supplement, S. 1-20.

Bonner, Sarah E./Walker, Paul L. (1994): The Effects of Instruction and Experience on the Acquisition of Auditing Knowledge. In: The Accounting Review, Vol. 69 (1994), Nr. 1, S. 157-178.

Boo, El'Fred/Sharma, Divesh (2008): The association between corporate governance and audit fees of bank holding companies. In: Corporate Governance: The international journal of business in society, Vol. 8 (2008), Nr. 1, S. 28-45.

Borde, Stephen F./Chambliss, Karen/Madura, Jeff (1994): Explaining Variation in Risk Across Insurance Companies. In: Journal of Financial Services Research, Vol. 8 (1994), Nr. 3, S. 177-191.

Bordia, Prashant/Irmer, Bernd E./Abusah, David (2006): Differences in sharing knowledge interpersonally and via databases: The role of evaluation apprehension and perceived benefits. In: European journal of work and organizational psychology, Vol. 15 (2006), Nr. 3, S. 262-280.

Bourier, Günther (2013): Beschreibende Statistik. 11. Aufl., Wiesbaden 2013.

Bouzouita, Raja/Young, Arthur J. (1998): A Probit Analysis of Best Ratings. In: Journal of Insurance Issues, Vol. 21 (1998), Nr. 1, S. 23-34.

Brösel, Gerrit/Freichel, Christoph/Toll, Martin et al. (2015): Wirtschaftliches Prüfungswesen: Der Einstieg in die Wirtschaftsprüfung. 3. Aufl., München 2015.

Bruckmann, Gerhart (2008): Konzentrationsmessung. In: *Bleymüller, Josef/Gehlert, Günther/Gülicher, Herbert* (Hrsg.): Statistik für Wirtschaftswissenschaftler. 15. Aufl., München 2008, S. 191-195.

Brüderl, Josef (2010): Kausalanalyse mit Paneldaten. In: *Wolf, Christof/Best, Henning* (Hrsg.): Handbuch der sozialwissenschaftlichen Datenanalyse. Wiesbaden 2010, S. 963-994.

Bundesministerium der Justiz (2003): Begründung zum Referentenentwurf eines Gesetzes zur Einführung internationaler Rechnungslegungsstandards und zur Sicherung der Qualität der Abschlussprüfung (Bilanzrechtsreformgesetz – BilReG). Online abrufbar unter: www.gesmat.bundesgerichtshof.de/gesetzesmaterialien/15_wp/BilanzrechtsreformG/RefE11736.pdf (zuletzt abgerufen am 18. März 2019).

C

Cahan, Steven F./Jeter, Debra C./Naiker, Vic (2011): Are All Industry Specialist Auditors the Same? In: Auditing: A Journal of Practice and Theory, Vol. 30 (2011), Nr. 4, S. 191-222.

Cahan, Steven F./Sun, Jerry (2015): The Effect of Audit Experience on Audit Fees and Audit Quality. In: Journal of Accounting, Auditing & Finance, Vol. 30 (2015), Nr. 1, S. 78-100.

Cameran, Mara/Perotti, Pietro (2014): Audit Fees and IAS/IFRS Adoption: Evidence from the Banking Industry. In: International Journal of Auditing, Vol. 18 (2014), Nr. 2, S. 155-169.

Cameron, Colin A./Trivedi, Pravin K. (2010): Microeconometrics Using Stata. 2. Aufl., College Station 2010.

Carcello, Joseph V./Hermanson, Roger H./McGrath, Neal T. (1992): Audit Quality Attributes: The Perceptions of Audit Partners, Preparers, and Financial Statement Users. In: Auditing: A Journal of Practice and Theory, Vol. 30 (1992), Nr. 1, S. 1-15.

Carcello, Joseph V./Li, Chan (2013): Costs and Benefits of Requiring an Engagement Partner Signature: Recent Experience in the United Kingdom. In: The Accounting Review, Vol. 88 (2013), Nr. 5, S. 1511-1546.

Carcello, Joseph V./Palmrose, Zoe-Vonna (1994): Auditor Litigation and Modified Reporting on Bankrupt Clients. In: Journal of Accounting Research, Vol. 32 (1994), Supplement, S. 1-30.

Carey, Peter/Simnett, Roger (2006): Audit Partner Tenure and Audit Quality. In: The Accounting Review, Vol. 81 (2006), Nr. 3, S. 653-676.

Carson, Elizabeth/Fargher, Neil/Simon, Daniel T. et al. (2004): Audit Fees and Market Segmentation – Further Evidence on How Client Size Matters within the Context of Audit Fee Models. In: International Journal of Auditing, Vol. 8 (2004), Nr. 1, S. 79-91.

Carson, James/Hoyt, Robert (2000): Evaluation the risk of life insurer insolvency: implications from the US for the European Union. In: Journal of Multinational Financial Management, Vol. 10 (2000), Nr. 3, S. 297-314.

Casterella, Jeffrey R./Francis, Jere R./Lewis, Barry L. et al. (2004): Auditor Industry Specialization, Client Bargaining Power, and Audit Pricing. In: Auditing: A Journal of Practice and Theory, Vol. 23 (2004), Nr. 1, S. 123-140.

Causholli, Monika/De Martinis, Michael/Hey, David et al. (2010): Audit Markets, Fees, and Production: Towards An Integrated View of Empirical Audit Research. In: Journal of Accounting Literature, Vol. 29 (2010), Nr. S. 167-215.

Ceriani, Lidia/Verme, Paolo (2012): The origins of the Gini index: extracts from Variabilità e Mutabilità (1912) by Corrado Gini. In: The Journal of Economic Inequality, Vol. 10 (2012), Nr. 3, S. 421-443.

Chan, Philip/Ezzamel, Mahmoud/Gwilliam, David (1993): Determinants of Audit Fees for Quoted UK Companies. In: Journal of Business Finance & Accounting, Vol. 20 (1993), Nr. 6, S. 765-786.

Chaney, Paul K./Jeter, Debra C./Shivakumar, Lakshmanan (2004): Self-Selection of Auditors and Audit Pricing in Private Firms. In: The Accounting Review, Vol. 79 (2004), Nr. 1, S. 51-72.

Chang, Wen-Ching/Chen, Yahn-Shir/Chou, Ling-Tai L. et al. (2016): Audit Partner Disciplinary Actions and Financial Restatements. In: ABACUS A Journal of Accounting, Finance and Business Studies, Vol. 52 (2016), Nr. 2, S. 286-318.

Chen, Chih-Ying/Lin, Chan-Jane/Lin, Yu-Chen (2008): Audit Partner Tenure, Audit Firm Tenure, and Discretionary Accruals: Does Long Auditor Tenure Impair Earnings Quality? In: Contemporary Accounting Research, Vol. 25 (2008), Nr. 2, S. 415-445.

Chen, Feng/Francis, Jere R./Hou, Yu (2018): Opinion Shopping through Same-Firm Audit Office Switches. Online abrufbar unter: https://papers.ssrn.com/sol3/papers.cfm?abstract_id=2899888 (zuletzt abgerufen am 18. März 2019).

Chen, Renbao/Wong, Kie Ann (2004): The Determinants of Financial Health of Asian Insurance Companies. In: The Journal of Risk and Insurance, Vol. 71 (2004), Nr. 3, S. 469-499.

Chen, Shimin/Sun, Sunny Y. J./Wu, Donghui (2010): Client Importance, Institutional Improvements, and Audit Quality in China: An Office and Individual Auditor Level Analysis. In: The Accounting Review, Vol. 85 (2010), Nr. 1, S. 127-158.

Chen, Xiaolin/Dai, Yunhao/Kong, Dongmin et al. (2017): Effect of international working experience of individual auditors on audit quality: Evidence from China. In: Journal of Business Finance & Accounting, Vol. 44 (2017), Nr. 7-8, S. 1073-1108.

Chi, Hsin-Yi/Chin, Cheng-Lung (2011): Firm versus Partner Measures of Auditor Industry Expertise and Effects on Auditor Quality. In: Auditing: A Journal of Practice & Theory, Vol. 30 (2011), Nr. 2, S. 201-229.

Chi, Wuchun/Douthett, Edward B./Lisic, Ling Lei (2012): Client importance and audit partner independence. In: Journal of Accounting and Public Policy, Vol. 31 (2012), Nr. 3, S. 320-336.

Chi, Wuchun/Huang, Huichi (2005): Discretionary Accruals, Audit-Firm Tenure and Audit-Partner Tenure: Empirical Evidence from Taiwan. In: Journal of Contemporary Accounting & Economics, Vol. 1 (2005), Nr. 1, S. 65-92.

Chi, Wuchun/Huang, Huichi/Liao, Yichun et al. (2009): Mandatory Audit Partner Rotation, Audit Quality, and Market Perception: Evidence from Taiwan. In: Contemporary Accounting Research, Vol. 26 (2009), Nr. 2, S. 359-391.

Chi, Wuchun/Myers, Linda A./Omer, Thomas C. et al. (2017): The effects of audit partner pre-client and client-specific experience on audit quality and on perceptions of audit quality. In: Review of Accounting Studies, Vol. 22 (2017), Nr, 1, S. 361-391.

Chin, Chen-Lung/Chi, Hsin-Yi (2009): Reducing Restatements with Increased Industry Expertise. In: Contemporary Accounting Research, Vol. 26 (2009), Nr. 3, S. 729-765.

Chin, Chen-Lung/Yao, Wei-Ren/Liu, Pei-Yi (2014): Industry Audit Experts and Ownership Structure in the Syndicated Loan Market: At the Firm and Partner Levels. In: Accounting Horizons, Vol. 28 (2014), Nr. 4, S. 749-768.

Chow, Chee W./Deng, F. Johnny/Ho, Joanna L. (2000): The Openness of Knowledge Sharing within Organizations: A Comparative Study of the United States and the People`s Republic of China. In: Journal of Management Accounting Research, Vol. 12 (2000), Nr. 1, S. 65-95.

Chu, Ling/Simunic, Dan A./Ye, Minlei et al. (2017): Transaction Costs and Competition among Audit Firms in Local Markets. Online abrufbar unter: https://papers.ssrn.com/sol3/papers.cfm?abstract_id=2378039 (zuletzt abgerufen am 18. März 2019).

Cleff, Thomas (2011): Deskriptive Statistik und moderne Datenanalyse. 2. Aufl., Wiesbaden 2011.

Cohen, Jerry L. (1979): Social Facilitation: Increased Evaluation Apprehension Through Permanency of Record. In: Motivation and Emotion, Vol. 3 (1979), Nr. 1, S. 19-33.

Cohen, Jacob (1988): Statistical power analysis for the behavioral sciences. 2. Aufl., Hillsdale 1988.

Cohen, Jeffrey R./Hanno, Dennis M. (2000): Auditors' Consideration of Corporate Governance and Management Control Philosophy in Preplanning and Planning Judgments. In: Auditing: A Journal of Practice and Theory, Vol. 19 (2000), Nr. 2, S. 133-146.

Cooper, David J./Robson, Keith (2006): Accounting, professions and regulation: Locating the sites of professionalization. In: Accounting, Organizations and Society, Vol. 31 (2006), S. 415-444.

Copley, Paul A./Douthett, Edward B. Jr. (2002): The Association between Auditor Choice, Ownership Retained, and Earnings Disclosure by Firms Making Initial Public Offerings. In: Contemporary Accounting Research, Vol. 19 (2002), Nr. 1, S. 49-75.

Craswell, Allen T./Francis, Jere R. (1999): Pricing Initial Audit Engagements: A Test of Competing Theories. In: The Accounting Review, Vol. 74 (1999), Nr. 2, S. 201-216.

Craswell, Allen T./Francis, Jere R./Taylor, Stephen L. (1995): Auditor brand name reputations and industry specializations. In: Journal of Accounting and Economics, Vol. 20 (1995), Nr. 3, S. 297-322.

D

Danos, Paul/Eichenseher, John W./Holt, Doris L. (1989): Specialized knowledge and its communication in auditing. In: Contemporary Accounting Research, Vol. 6 (1989), Nr. 1, S. 91-109.

Das, Udaibir/Davies, Nigel/Podpiera, Richard (2003): Insurance and Issues in Financial Soundness (IMF Working Paper 03/138). Online abrufbar unter: https://www.imf.org/external/pubs/ft/wp/2003/wp03138.pdf (zuletzt abgerufen am 18. März 2019).

Davis, Shawn M./Hollie, Dana (2008): The Impact of Nonaudit Service Fee Levels on Investors' Perception of Auditor Independence. In: Behavioral Research in Accounting, Vol. 20 (2008), Nr. 1, S. 31-44.

De Fuentes, Cristina/Pucheta-Martínez, María C. (2009): Auditor independence, joint determination of audit and non-audit fees and the incidence of qualified audit reports. In: Academia, Revista Latinoamericana de Administración, Vol. 43 (2009), S. 63-92.

De Long, David W./Fahey, Liam (2000): Diagnosing cultural barriers to knowledge management. In: Academy of Management Executive, Vol. 14 (2000), Nr. 4, S. 113-127.

DeAngelo, Linda E. (1981a): Auditor Independence, Low Balling, and Disclosure Regulation. In: Journal of Accounting & Economics, Vol. 3 (1981), Nr. 2, S. 113-127.

DeAngelo, Linda E. (1981b): Auditor Size and Audit Quality. In: Journal of Accounting & Economics, Vol. 3 (1981), Nr. 3, S. 183-199.

DeBoskey, David G./Jiang, Wei (2012): Earnings management and auditor specialization in the post-sox era: An examination of the banking industry. In: Journal of Banking & Finance, Vol. 36 (2012), Nr. 2, S. 613-623.

Dechow, Patricia/Ge, Weili/Schrand, Catherine (2010): Understanding earnings quality: A review of the proxies, their determinants and their consequences. In: Journal of Accounting and Economics, Vol. 50 (2010), Nr. 2, S. 344-401.

Dedman, Elisabeth/Lennox, Clive (2009): Perceived competition, profitability and the withholding of information about sales and the cost of sales. In: Journal of Accounting and Economics, Vol. 48 (2009), Nr. 2-3, S. 210-230.

DeFond, Mark L./Francis, Jere R./Wong, T. J. (2000): Auditor Industry Specialization and Market Segmentation: Evidence from Hong Kong. In: Auditing: A Journal of Practice & Theory, Vol. 19 (2000), Nr. 1, S. 49-66.

DeFond, Mark L./Zhang, Jieying (2014): A review of archival auditing research. In: Journal of Accounting and Economics, Vol. 58 (2014), Nr. 2-3, S. 275-326.

Deis, Donald R. Jr./Giroux, Gary A. (1992): Determinants of Audit Quality in the Public Sector. In: The Accounting Review, Vol. 67 (1992), Nr. 3, S. 462-479.

Deis, Donald R. Jr./Giroux, Gary A. (1996): The Effect of Auditor Changes on Audit Fees, Audit Hours, and Audit Quality. In: Journal of Accounting and Public Policy, Vol. 15 (1996), Nr. 1, S. 55-76.

Detert, Karsten/Sellhorn, Thorsten (2007): Bilanzpolitik. In: Die Betriebswirtschaft, 67. Jg. (2007), Nr. 2, S. 247-252.

Deutscher Bundestag (2004): Entwurf eines Gesetzes zur Einführung internationaler Rechnungslegungsstandards und zur Sicherung der Qualität der Abschlussprüfung (Bilanzrechtsreformgesetz – BilReG), Drucksache 15/3419. Online abrufbar unter: http://dip21.bundestag.de/dip21/btd/15/034/1503419.pdf (zuletzt abgerufen am 18. März 2019).

Deutscher Bundestag (2008): Entwurf eines Gesetzes zur Modernisierung des Bilanzrechts (Bilanzrechtsmodernisierungsgesetz – BilMoG), Drucksache 16/10067. Online abrufbar unter: http://dip21.bundestag.de/dip21/btd/16/100/1610067.pdf (zuletzt abgerufen am 18. März 2019).

Deutscher Bundestag (2009): Beschlussempfehlung und Bericht des Rechtsausschusses (6. Ausschuss) zu dem Gesetzesentwurf der Bundesregierung – Drucksache 16/10067 – Entwurf eines Gesetzes zur Modernisierung des Bilanzrechts (Bilanzrechtsmodernisierungsgesetz – BilMoG), Drucksache 16/12407. Online abrufbar unter: http://dipbt.bundestag.de/doc/btd/16/124/1612407.pdf (zuletzt abgerufen am 15. März 2019).

Deutscher Bundestag (2014): Entwurf eines Gesetzes zur Modernisierung der Finanzaufsicht über Versicherungen, Drucksache 18/2956. Online abrufbar unter: http://dip21.bundestag.de/dip21/btd/18/029/1802956.pdf (zuletzt abgerufen am 18. März 2019).

Diaz, Jamie (2011): Intra-Audit Firm Office Changes, Audit Pricing, and Accrual Quality. Online abrufbar unter: https://papers.ssrn.com/sol3/papers.cfm?abstract_id=1967203 (zuletzt abgerufen am 18. März 2019).

Dobler, Michael (2014): Auditor provided non-audit services in listed and private family firms. In: Managerial Auditing Journal, Vol. 29 (2014), Nr. 5, S. 427-454.

Döring, Nicola/Bortz, Jürgen (2016): Forschungsmethoden und Evaluation in den Sozial- und Humanwissenschaften. 5. Aufl., Berlin Heidelberg 2016.

Doogar, Rajib/Rowe, Stephen P./Sivadasan, Padmakumar (2015): Asleep at the Wheel (Again)? Bank Audits During the Lead-Up to the Financial Crisis. In: Contemporary Accounting Research, Vol. 32 (2015), Nr. 1, S. 358-391.

Dopuch, Nicholas/King, Ronald R./Schwartz, Rachel (2003): Independence in Appearance and in Fact: An Experimental Investigation. In: Contemporary Accounting Research, Vol. 20 (2003), Nr. 1, S. 79-114.

Downar, Benedikt (2015): Essays on Disclosure Regulation and Application, Social Ties in the Auditing Profession, and Enforcement Investigations. http://hss-opus.ub.ruhr-uni-bochum.de/opus4/frontdoor/index/index/year/2016/docId/4822 (zuletzt abgerufen am 18. März 2019), Dissertation Ruhr-Universität 2015.

DPR (2017): Prüfverfahren. Online abrufbar unter: http://www.frep.info/pruefverfahren.php (zuletzt abgerufen am 18. März 2019).

Dücker, Hannes (2009): Institutionelle Änderungen und die Ergebnisqualität von Finanzberichten deutscher Unternehmen. Frankfurt am Main 2009.

Dunn, Kimberly A./Mayhew, Brian W. (2004): Audit Firm Industry Specialization and Client Disclosure Quality. In: Review of Accounting Studies, Vol. 9 (2004), Nr. 1, S. 35-58.

E

Eckey, Hans-Friedrich/Kosfeld, Reinhold/Türck, Matthias (2008): Deskriptive Statistik. 5. Aufl., Wiesbaden 2008.

Eichenseher, John W./Danos, Paul (1981): The Analyses of Industry-Specific Auditor Concentration: Towards an Explanatory Model. In: The Accounting Review, Vol. 56 (1981), Nr. 3, S. 479-492.

Eilifsen, Aasmund/Messier, William F./Glover, Steven M. et al. (2014): Auditing & Assurance Services. 3. Aufl., Berkshire 2014.

Ellenbürger, Frank/Engeländer, Stefan (2018): Kapitel B: Versicherungstechnische Posten des Jahresabschlusses der Lebensversicherungsunternehmen. In: *IDW* (Hrsg.): Versicherungsunternehmen: Rechnungslegung und Prüfung in der Versicherungswirtschaft. Düsseldorf 2018, S. 27-119.

Ellenbürger, Frank/Hölzl, Werner (2011): H I. Grundsätze für die Prüfung von Versicherungsunternehmen. In: *IDW* (Hrsg.): Rechnungslegung und Prüfung der Versicherungsunternehmen, 5. Aufl., Düsseldorf 2011, S. 875-934.

Elliott, Robert K./Rogers, John R. (1972): Relating Statistical Sampling to Audit Objectives. In: The Journal of Accountancy, Vol. 134 (1972), Nr. 1, S. 46-55.

Ellrott, Helmut (2012): Kommentierung von § 285 HGB. In: *Ellrott, Helmut/Förschle, Gerhart/Grottel, Bernd et al.* (Hrsg.): Beck'scher Bilanzkommentar. 8. Aufl., München 2012, § 285.

Elschen, Rainer (1991): Gegenstand und Anwendungsmöglichkeiten der Agency-Theorie. In: Schmalenbachs Zeitschrift für betriebswirtschaftliche Forschung, 43. Jg. (1991), Nr. 11, S. 1002-1012.

Epermanis, Karen/Harrington, Scott E. (2006): Market Discipline in Property/Casualty Insurance: Evidence from Premium Growth Surrounding Changes in Financial Strength Ratings. In: Journal of Money, Credit and Banking, Vol. 38 (2006), Nr. 6, S. 1515-1544.

Erlei, Mathias/Leschke, Martin/Sauerland, Dirk (2016): Institutionenökonomik. 3. Aufl., Stuttgart 2016.

Ernst & Young Center for Business Innovation (1997): Executive Perspectives on Knowledge in the Organization. London 1997.

Ernstberger, Jürgen/Koch, Christopher/Prott, Martin (2017): Academic Practitioner Auditors. Online abrufbar unter: https://papers.ssrn.com/sol3/Delivery.cfm/SSRN_ID3014692_code376713.pdf?abstractid=2749411&mirid=1 (zuletzt abgerufen am 18. März 2019).

Ernstberger, Jürgen/Koch, Christopher/Tan, Hun-Tong (2015): What Dimensions of Lead Auditor Expertise Matter for Audit Quality and Audit Fees? Online abrufbar unter: https://papers.ssrn.com/sol3/Delivery.cfm/SSRN_ID2574639_code376713.pdf?abstractid=2574639&mirid=1 (zuletzt abgerufen am 18. März 2019).

Ettredge, Michael L./Greenberg, Robert (1990): Determinants of Fee Cutting on Initial Audit Engagements. In: Journal of Accounting Research, Vol. 28 (1990), Nr. 1, S. 198-210.

Ettredge, Michael L./Xu, Yang/Yi, Han S. (2014): Fair Value Measurements and Audit Fees: Evidence from the Banking Industry. In: Auditing: A Journal of Practice & Theory, Vol. 33 (2014), Nr. 3, S. 33-58.

EU (2002): Empfehlung der Kommission vom 16. Mai 2002: Unabhängigkeit des Abschlussprüfers in der EU – Grundprinzipien (2002/590/EG). In: Amtsblatt der Europäischen Gemeinschaften vom 19.07.2002, L 191/22-L 191/57. Online abrufbar unter: http://eur-lex.europa.eu/legal-content/DE/TXT/PDF/?uri=CELEX:32002H0590&from=DE (zuletzt abgerufen am 18. März 2019).

EU (2006): Richtlinie 2006/43/EG des Europäischen Parlaments und des Rates vom 17. Mai 2006 über Abschlussprüfungen von Jahresabschlüssen und konsolidierten Abschlüssen, zur Änderung der Richtlinien 78/660/EWG und 83/349/EWG des Rates und zur Aufhebung der Richtlinie 84/253/EWG des Rates. In: Amtsblatt der Europäischen Union vom 09.06.2006, L 157/87-L 157/107. Online abrufbar unter: https://eur-lex.europa.eu/legal-content/DE/TXT/PDF/?uri=CELEX:02006L0043-20140616&from=DE (zuletzt abgerufen am 18. März 2019).

EU (2009): VERORDNUNG (EG) Nr. 1060/2009 DES EUROPÄISCHEN PARLAMENTS UND DES RATES vom 16. September 2009 über Ratingagenturen. In: Amtsblatt der Europäischen Union vom 17.11.2009, L 302/1-L 302/31. Online abrufbar unter: https://eur-lex.europa.eu/legal-content/DE/TXT/PDF/?uri=CELEX:32009R1060&from=DE (zuletzt abgerufen am 18. März 2019).

EU (2013): VERORDNUNG (EU) Nr. 462/2013 DES EUROPÄISCHEN PARLAMENTS UND DES RATES vom 21. Mai 2013 zur Änderung der Verordnung (EG) Nr. 1060/2009 über Ratingagenturen. In: Amtsblatt der Europäischen Union vom 31.05.2013, L 146/1-L 146/33. Online abrufbar unter: https://eur-lex.europa.eu/legal-content/DE/TXT/PDF/?uri=CELEX:32013R0462&from =DE (zuletzt abgerufen am 18. März 2019).

EU (2014a): Richtlinie 2014/56/EU des Europäischen Parlaments und des Rates vom 16. April 2014 zur Änderung der Richtlinie 2006/43/EG über Abschlussprüfungen von Jahresabschlüssen und konsolidierten Abschlüssen. In: Amtsblatt der Europäischen Union vom 27.05.2014, L 158/196-L 158/226. Online abrufbar unter: https://eur-lex.europa.eu/legal-content/DE/TXT/PDF/?uri=CELEX:32014L0056&from=DE (zuletzt abgerufen am 18. März 2019).

EU (2014b): Verordnung (EU) Nr. 537/2014 des Europäischen Parlaments und des Rates vom 16. April 2014 über spezifische Anforderungen an die Abschlussprüfung bei Unternehmen von öffentlichem Interesse und zur Aufhebung des Beschlusses 2005/909/EG der Kommission. In: Amtsblatt der Europäischen Union vom 27.05.2014, L 158/77-L 158/112. Online abrufbar unter: https://eur-lex.europa.eu/legal-content/DE/TXT/PDF/?uri=CELEX:32014R0537&from=DE (zuletzt abgerufen am 18. März 2019).

Europäische Kommission (2010): GRÜNBUCH: Weiteres Vorgehen im Bereich der Abschlussprüfung: Lehren aus der Krise. Online abrufbar unter: https://publications. europa.eu/en/publication-detail/-/publication/08744053-2f56-415a-a985-7ceaef3d3b3a/language-de (zuletzt abgerufen am 18. März 2019).

Europäische Kommission (2011): Wiederherstellung des Vertrauens in Abschlüsse: Europäische Kommission strebt mehr Qualität, Dynamik und Offenheit auf dem Markt für Abschlussprüfungen an. Online abrufbar unter: http://europa.eu/rapid/press-release_IP-11-1480_de.htm (zuletzt abgerufen am 18. März 2019).

European Commission (2014): European Parliament backs Commission proposals on new rules to improve the quality of statutory audit (Statement/14/104). Online abrufbar unter: http://europa.eu/rapid/press-release_STATEMENT-14-104_en.pdf (zuletzt abgerufen am 18. März 2019).

F

Fargher, Neil/Lee, Ho-Young/Mande, Vivek (2008): The effect of audit partner tenure on client managers' accounting discretion. In: Managerial Auditing Journal, Vol. 23 (2008), Nr. 2, S. 161-186.

Farny, Dieter (1989): Buchführung und Periodenrechnung im Versicherungsunternehmen. 3. Aufl., Wiesbaden 1989.

Farny, Dieter (2006): Versicherungsbetriebslehre. 4. Aufl., Karlsruhe 2006.

Feldman, Emilie R. (2006): A Basic Quantification of the Competetive Implications of the Demise of Arthur Andersen. In: Review of Industrial Organization, Vol. 29 (2006), Nr. 3, S. 193-212.

Felix, William L./Gramling, Audrey A./Maletta, Mario J. (2001): The Contribution of Internal Audit as a Determinant of External Audit Fees and Factors Influencing This Contribution. In: Journal of Accounting Research, Vol. 39 (2001), Nr. 3, S. 513-534.

Ferguson, Andrew/Francis, Jere R./Stokes, Donald J. (2003): The Effects of Firm-Wide and Office Level Industry Expertise on Audit Pricing. In: The Accounting Review, Vol. 78 (2003), Nr. 2, S. 429-448.

Fields, L. Paige/Fraser, Donald R./Wilkins, Michael S. (2004): An investigation of the pricing of audit services for financial institutions. In: Journal of Accounting and Public Policy, Vol. 23 (2004), Nr. 1, S. 53-77.

Firth, Michael (1985): An Analysis of Audit Fees and Their Determinants in New Zealand. In: Auditing: A Journal of Practice & Theory, Vol. 4 (1985), Nr. 4, S. 23-37.

Firth, Michael (1997): The Provision of Non-Audit Services and the Pricing of Audit Fees. In: Journal of Business Finance & Accounting, Vol. 24 (1997), Nr. 3 & 4, S. 511-525.

Firth, Michael/Rui, Oliver M./Wu, Xi (2012): How Do Various Forms of Auditor Rotation Affect Audit Quality? Evidence from China. In: The International Journal of Accounting, Vol. 47 (2012), Nr. 1, S. 109-138.

Fitzgerald, Brian C./Omer, Thomas C./Thompson, Anne M. (2018): Audit Partner Tenure and Internal Control Reporting Quality: U. S. Evidence from the Not-For-Profit Sector. In: Contemporary Accounting Research, Vol. 35 (2018), Nr. 1, S. 334-364.

Fleischer, Rouven/Göttsche, Max (2012): Size effects and audit pricing: Evidence from Germany. In: Journal of International Accounting, Auditing and Taxation, Vol. 21 (2012), Nr. 2, S. 156-168.

Francis, Jere R. (1984): The Effect of Audit Firm Size on Audit Prices – A Study of the Australian Market. In: Journal of Accounting and Economics, Vol. 6 (1984), Nr. 2, S. 133-151.

Francis, Jere R./Gunn, Joshua L. (2015): Industry Accounting Complexity and Earnings Properties: Does Auditor Industry Expertise Matter? Online abrufbar unter: https://www.uts.edu.au/sites/default/files/AccDG_Francis%20Gunn__WP%202015.pdf (zuletzt abgerufen am 18. März 2019).

Francis, Jere R./Krishnan, Jagan (1999): Accounting Accruals and Auditor Reporting Conservatism. In: Contemporary Accounting Research, Vol. 16 (1999), Nr. 1, S. 135-165.

Francis, Jere R./Reichelt, Kenneth/Wang, Dechun (2005): The Pricing of National and City-Specific Reputations for Industry Expertise in the U.S. Audit Market. In: The Accounting Review, Vol. 80 (2005), Nr. 1, S. 113-136.

Francis, Jere R./Stokes, Donald J. (1986): Audit Prices, Product Differentiation, and Scale Economies: Further Evidence from the Australian Market. In: Journal of Accounting Research, Vol. 24 (1986), Nr. 2, S. 383-393.

Francis, Jere R./Wilson, Earl R. (1988): A Joint Test of Theories Relating to Agency Costs and Auditor Differentiation. In: The Accounting Review, Vol. 63 (1988), Nr. 4, S. 663-682.

Francis, Jere R./Yu, Michael D. (2009): Big 4 Office Size and Audit Quality. In: The Accounting Review, Vol. 84 (2009), Nr. 5, S. 1521-1552.

Freiling, Andreas/Spengler, Jochen (2018): Kapitel A: Rechtsgrundlagen für Rechnungslegung und Prüfung von Versicherungsunternehmen. In: *IDW* (Hrsg.): Versicherungsunternehmen: Rechnungslegung und Prüfung in der Versicherungswirtschaft. Düsseldorf 2018, S. 1-25.

Freiling, Andreas/Zander, Dirk (2018): Kapitel J: Besonderheiten des Konzernabschlusses. In: *IDW* (Hrsg.): Versicherungsunternehmen: Rechnungslegung und Prüfung in der Versicherungswirtschaft. Düsseldorf 2018, S. 477-531.

Fung, Simon Y./Gul, Ferdinand A./Krishnan, Jagan (2012): City-Level Auditor Industry Specialization, Economies of Scale, and Audit Pricing. In: The Accounting Review, Vol. 87 (2012), Nr. 4, S. 1281-1307.

G

Gal, Jens/Sehrbrock, David (2013): Die Umsetzung der Solvency II-Richtlinie durch die 10. VAG-Novelle. Karlsruhe 2013.

Garcia-Blandon, Josep/Argiles-Bosch, Josep M. (2018): Audit partner industry specialization and audit quality: Evidence from Spain. In: International Journal of Auditing, Vol. 22 (2018), Nr. 1, S. 98-108.

Gaynor, Lisa M./Kelton, Andrea S./Mercer, Molly et al. (2016): Understanding the Relation between Financial Reporting Quality and Audit Quality. In: Auditing: A Journal of Practice & Theory, Vol. 35 (2016), Nr. 4, S. 1-22.

Gaynor, Lisa M./McDaniel, Linda S./Neal, Terry L. (2006): The Effects of Joint Provision and Disclosure of Nonaudit Services on Audit Committee Members' Decisions and Investors' Preferences. In: The Accounting Review, Vol. 81 (2006), Nr. 4, S. 873-896.

GDV (2016): Statistisches Taschenbuch der Versicherungswirtschaft 2016. Online abrufbar unter: https://www.gdv.de/resource/blob/22344/9fb9e29c6a5edb6926f38ea74362fa 58/download-statistisches-taschenbuch-2016-data.pdf (zuletzt abgerufen am 18. März 2019).

Gehrt, Jirka (2010): Flexibilität in langfristigen Verträgen: Eine ökonomische Analyse des vertraglichen Nachverhandlungsdesigns bei PPP-Projekten. Wiesbaden 2010.

Gelhausen, Hans-Friedrich (2007): Organisation der Abschlussprüfung, Unterzeichnung von Bestätigungsvermerken und berufsrechtliche Verantwortung. In: WPK-Magazin (2007), Nr. 4, S. 58-62.

Gini, Corrado (1912): Variabilità e Mutabilità. Contributo allo Studio delle Distribuzioni e delle Relazioni Statistiche. Bologna 1912.

Gloßner, Veronika (1998): Eine Konzentrationsmessung von Pflichtprüfungsmandaten börsennotierter Aktiengesellschaften. In: Die Wirtschaftsprüfung, 51. Jg. (1998), Nr. 6, S. 216–224.

Göbel, Elisabeth (2002): Neue Institutionenökonomik: Konzeption und betriebswirtschaftliche Anwendungen. Stuttgart 2002.

Görgen, Frank (2007): Versicherungsmarketing: Strategie, Instrumente, Controlling. 2. Aufl., Stuttgart 2007.

Gold, Anna/Molls, Friederike/Pott, Christiane et al. (2012): The Effect of Engagement and Review Partner Tenure and Rotation on Audit Quality: Evidence from Germany. Online abrufbar unter: https://papers.ssrn.com/sol3/papers.cfm?abstract_id=1631947 (zuletzt abgerufen am 18. März 2019).

Goodwin, John/Wu, Donghui (2014): Is the effect of industry expertise on audit pricing an office-level or a partner-level phenomenon? In: Review of Accounting Studies, Vol. 19 (2014), Nr. 4, S. 1532-1578.

Goodwin, John/Wu, Donghui (2016): What is the Relationship Between Audit Partner Busyness and Audit Quality? In: Contemporary Accounting Research, Vol. 33 (2016), Nr. 1, S. 341-377.

Goodwin-Stewart, Jenny/Kent, Pamela (2006): Relation between external audit fees, audit committee characteristics and internal audit. In: Accounting and Finance, Vol. 46 (2006), Nr. 3, S. 387-404.

Gramling, Audrey A./Stone, Dan N. (2001): Audit Firm Industry Expertise: A Review and Synthesis of the Archival Literature. In: Journal of Accounting Literature, Vol. 20 (2001), S. 1-29.

Graschitz, Sabine M. (2017): Prüfungsqualität und Risikopräferenzen: Eine fallstudienbasierte Analyse der Abschlussprüfer- und Investorenperspektive. Wiesbaden 2017.

Greenwood, Royston/Suddaby, Roy (2006): Institutional Entrepreneurship in Mature Fields: The Big Five Accounting Firms. In: Academy of Management Journal, Vol. 49 (2006), Nr. 1, S. 27-48.

Grothe, Jörn (2005): Branchenspezialisierungen von Wirtschaftsprüfungsgesellschaften im Rahmen der Jahresabschlussprüfung: Ergebnisse einer empirischen Untersuchung des deutschen Prüfungsmarktes. Düsseldorf 2005.

Grottel, Bernd (2016a): Kommentierung zu § 285 HGB. In: *Grottel, Bernd/Schmidt, Stefan/Schubert, Wolfgang* et al. (Hrsg.): Beck'scher Bilanzkommentar. 10. Aufl., München 2016, § 285.

Grottel, Bernd (2016b): Kommentierung zu § 314 HGB. In: *Grottel, Bernd/Schmidt, Stefan/Schubert, Wolfgang* et al. (Hrsg.): Beck'scher Bilanzkommentar. 10. Aufl., München 2016, § 314.

Gul, Ferdinand A. (1999): Audit Prices, Product Differentiation and Economic Equilibrium. In: Auditing: A Journal of Practice & Theory, Vol. 18 (1999), Nr. 1, S. 90-100.

Gul, Ferdinand A./Ma, Shuai/Lai, Karen (2017): Busy Auditors, Partner-Client Tenure, and Audit Quality: Evidence from an Emerging Market. In: Journal of International Accounting Research, Vol. 16 (2017), Nr. 1, S. 83-105.

Gul, Ferdinand A./Wu, Donghui/Yang, Zhifeng (2013): Do Individual Auditors Affect Audit Quality? Evidence from Archival Data. In: The Accounting Review, Vol. 88 (2013), Nr. 6, S. 1993-2023.

H

Hackl, Peter (2005): Einführung in die Ökonometrie. München 2005.

Häni, Peter K. (1987): Die Messung der Unternehmenskonzentration: Eine theoretische und empirische Evaluation von Konzentrationsmassen. Grüsch 1987.

Häring, Norbert (2019): Statistische Fehler. In: Handelsblatt, 1. April 2019, Nr. 64, S. 10.

Hallmann, Torsten/Junglas, Achim/Kirchner, Wilhelm et al. (2008): Steuerung von Versicherungsunternehmen. Stuttgart 2008.

Hamilton, Jane/Ruddock, Caitlin/Stokes, Donald et al. (2005): Audit Partner Rotation, Earnings Quality and Earnings Conservatism. Online abrufbar unter: https://papers. ssrn.com/sol3/Delivery.cfm/SSRN_ID740846_code343841.pdf?abstractid= 740846&mirid=1 (zuletzt abgerufen am 18. März 2019).

Hardies, Kris/Breesch, Diane/Branson, Joël (2015): The Female Audit Fee Premium. In: Auditing: A Journal of Practice & Theory, Vol. 34 (2015), Nr. 4, S. 171-195.

Hardies, Kris/Breesch, Diane/Branson, Joël (2016): Do (Fe)Male Auditors Impair Audit Quality? Evidence from Going-Concern Opinions. In: European Accounting Review, Vol. 25 (2016), Nr. 1, S. 7-34.

Hartung, Thomas (2000): Unternehmensbewertung von Versicherungsgesellschaften. Wiesbaden 2000.

Hay, David (2013): Further Evidence from Meta-Analysis of Audit Fee Research. In: International Journal of Auditing, Vol. 17 (2013), Nr. 2, S. 162-176.

Hay, David C./Knechel, W. Robert (2017): Meta-Regression in Auditing Research: Evaluating the Evidence on the Big N Audit Firm Premium. In: Auditing: A Journal of Practice & Theory, Vol. 36 (2017), Nr. 2, S. 133-159.

Hay, David C./Knechel, W. Robert/Li, Vivian (2006): Non-audit Services and Auditor Independence: New Zealand Evidence. In: Journal of Business Finance & Accounting, Vol. 33 (2006), Nr. 5, 6, S. 715-734.

Hay, David C./Knechel, W. Robert/Ling, Helen (2008): Evidence on the Impact of Internal Control and Corporate Governance on Audit Fees. In: International Journal of Auditing, Vol. 12 (2008), Nr. 1, S. 9-24.

Hay, David C./Knechel, W. Robert/Wong, Norman (2006): Audit Fees: A Meta-analysis of the Effect of Supply and Demand Attributes. In: Contemporary Accounting Research, Vol. 23, Nr. 1, S. 141-191.

Heimes, Klaus (2003): Jahresabschlussanalyse von Versicherungsunternehmen: Gewinn, Wachstum und Sicherheit von Erstversicherungsunternehmen nach HGB. Lohmar Köln 2003.

Henkel, Joachim (1997): Standorte, Nachfrageexternalitäten und Preisankündigungen. Heidelberg 1997.

Herkendell, Anja (2007): Regulierung der Abschlussprüfung: Eine Wirksamkeitsanalyse zur Wiedergewinnung des öffentlichen Vertrauens. Wiesbaden 2007.

Heuser, Simon/Quick, Reiner/Schmidt, Florian (2015): Die Anbieterkonzentration auf dem deutschen Prüfungsmarkt – Eine empirische Untersuchung der Jahre 2010-2013. In: Die Unternehmung, 69. Jg. (2015), Nr. 1, S. 81-109.

Hillison, William/Kennelley, Michael (1988): The Economics of Nonaudit Services. In: Accounting Horizons, Vol. 2 (1988), Nr. 3, S. 32-40.

Hogan, Chris E./Jeter, Debra C. (1999): Industry Specialization by Auditors. In: Auditing: A Journal of Practice & Theory, Vol. 18 (1999), Nr. 1, S. 1-17.

Hope, Ole-Kristian/Langli, John C./Thomas, Wayne B. (2012): Agency conflicts and auditing in private firms. In: Accounting, Organization and Society, Vol. 37 (2012), Nr. 7, S. 500-517.

Hotelling, Harold (1929): Stability in competition. In: The Economic Journal, Vol. 39 (1929), Nr. 153, S. 41-57.

Hsieh, Yu-Ting/Lin, Chan-Jane (2016): Audit Firms' Client Acceptance Decisions: Does Partner-Level Industry Expertise Matter? In: Auditing: A Journal of Practice & Theory, Vol. 35 (2016), Nr. 2, S. 97-120.

Huang, Ting-Chiao/Chiou, Jeng-Ren/Huang, Hua-Wei et al. (2015): Lower audit fees for women audit partners in Taiwan and why. In: Asia Pacific Management Review, Vol. 20 (2015), Nr. 4, S. 219-233.

Huang, Hua-Wei/Raghunandan, K./Huang, Ting-Chiao et al. (2015): Fee Discounting and Audit Quality Following Audit Firm and Audit Partner Changes: Chinese Evidence. In: The Accounting Review, Vol. 90 (2015), Nr. 4, S. 1517-1546.

Husch, Rainer (2011): B I. Die versicherungstechnischen Posten des Jahresabschlusses der Lebensversicherungsunternehmen. In: *IDW* (Hrsg.): Rechnungslegung und Prüfung der Versicherungsunternehmen, 5. Aufl., Düsseldorf 2011, S. 45-154.

I

IDW (Hrsg.) (2004): IDW Stellungnahme: Referentenentwurf eines Gesetzes zur Einführung internationaler Rechnungslegungsstandards und zur Sicherung der Qualität der Abschlussprüfung (Bilanzrechtsreformgesetz – BilReG). In: Die Wirtschaftsprüfung, 57. Jg. (2004), Nr. 4, S. 143-152.

IDW (Hrsg.) (2008): Grundsätze der Neu- und Wiederberufung in Fachgremien des IDW. Online abrufbar unter: https://www.idw.de/blob/41576/0f27213e21491c1325b251ad19f37a99/down-berufungskriterien-ausschuesse-data.pdf (zuletzt abgerufen am 18. März 2019).

IDW (Hrsg.) (2012): Stellungnahme zu den Vorschlägen der EU-Kommission vom 30.11.2011 zum Europäischen System der Abschlussprüfungen. Düsseldorf 27.01.2012.

IDW (Hrsg.) (2015): IDW Praxishandbuch zur Qualitätssicherung 2015/2016. 9. Aufl., Düsseldorf 2015.

IDW (2018): Fachausschüsse. Online abrufbar unter: https://caruso.idw.de/gremium.jsp?gk=fa&appId=fachausschuesse&carusoSessionId=@carusoSessionId@&templateUrl=https://www.idw.de/idw/ueber-uns/fachgremien/fachausschuesse;jsessionid%3DD800CC14A33C5250CEC6A9536FEE4B07 (zuletzt abgerufen am 18. März 2019).

IDW HFA (2007): 207. Sitzung des HFA. In: IDW Fachnachrichten, 6/2007, S. 325-326.

IDW PH 9.200.2 (2013): IDW Prüfungshinweis: Pflichten des Abschlussprüfers eines Tochter- und Gemeinschaftsunternehmens und des Konzernabschlussprüfers im Zusammenhang mit § 285 Nr. 17 HGB. In: IDW Fachnachrichten, 7/2013, S. 304-306.

IDW PS 200 (2015): IDW Prüfungsstandard: Ziele und allgemeine Grundsätze der Durchführung von Abschlussprüfungen (IDW PS 200, Stand: 03.06.2015). In: IDW Fachnachrichten, 8/2015, S. 438.

IDW PS 201 (2015): IDW Prüfungsstandard: Rechnungslegungs- und Prüfungsgrundsätze für die Abschlussprüfung (IDW PS 201, Stand: 05.03.2015). In: IDW Fachnachrichten, 6/2015, S. 300 ff.

IDW PS 208 (2011): IDW Prüfungsstandard: Zur Durchführung von Gemeinschaftsprüfungen (Joint Audit) (IDW PS 208, Stand: 24.11.2010). In: Die Wirtschaftsprüfung, 64. Jg. (2011), Supplement 1, S. 1.

IDW PS 210 (2013): IDW Prüfungsstandard: Zur Aufdeckung von Unregelmäßigkeiten im Rahmen der Abschlussprüfung (IDW PS 210, Stand: 12.12.2012). In: IDW Fachnachrichten, 1/2013, S. 11.

IDW PS 240 (2011): IDW Prüfungsstandard: Grundsätze der Planung von Abschlussprüfungen (IDW PS 240, Stand: 09.09.2010). In: IDW Fachnachrichten, 2/2011, S. 113 f.

IDW PS 250 n.F. (2013): IDW Prüfungsstandard: Wesentlichkeit im Rahmen der Abschlussprüfung (IDW PS 250 n.F., Stand: 12.12.2012). In: IDW Fachnachrichten, 1/2013, S. 4 ff.

IDW PS 261 n.F. (2016): IDW Prüfungsstandard: Feststellung und Beurteilung von Fehlerrisiken und Reaktion des Abschlussprüfers auf die beurteilten Fehlerrisiken (IDW PS 261 n.F., Stand: 14.06.2016). In: IDW Life, 2016, Nr. 8, S. 635.

IDW PS 312 (2013): IDW Prüfungsstandard: Analytische Prüfungshandlungen (IDW PS 312, Stand: 13.03.2013). In: IDW Fachnachrichten, 9/2013, S. 402 ff.

IDW PS 400 (2014): IDW Prüfungsstandard: Grundsätze für die ordnungsmäßige Erteilung von Bestätigungsvermerken bei Abschlussprüfungen (IDW PS 400, Stand: 28.11.2014). In: Die Wirtschaftsprüfung, 68. Jg. (2015), Supplement 1, S. 25 ff.

IDW PS 400 n.F. (2017): IDW Prüfungsstandard: Bildung eines Prüfungsurteils und Erteilung eines Bestätigungsvermerks (IDW PS 400 n.F., Stand: 30.11.2017). In: IDW Life, 2018, Nr. 1, S. 29 ff.

IDW PS 450 (2012): IDW Prüfungsstandard: Grundsätze ordnungsgemäßer Berichterstattung bei Abschlussprüfungen (IDW PS 450, Stand: 01.03.2012). In: Die Wirtschaftsprüfung, 65. Jg. (2012), Supplement 2, S. 19 f.

IDW RH HFA 1.017 (2011): IDW Einzelfragen zur Behandlung der Umsatzsteuer im handelsrechtlichen Jahresabschluss. In: Die Wirtschaftsprüfung, 64. Jg. (2011), Supplement 3, S. 95 ff.

IDW RS HFA 36 (2010): IDW Stellungnahme zur Rechnungslegung: Anhangangaben nach §§ 285 Nr. 17, 314 Abs. 1 Nr. 9 HGB über das Abschlussprüferhonorar: (IDW RS HFA 36). In: Die Wirtschaftsprüfung, 63. Jg. (2010), Supplement 2, S. 59-61.

IDW RS HFA 36 n.F. (2016): IDW Stellungnahme zur Rechnungslegung: Anhangangaben nach §§ 285 Nr. 17, 314 Abs. 1 Nr. 9 HGB über das Abschlussprüferhonorar: (IDW RS HFA 36 n.F.). In: IDW Life, 2016, Nr. 11, S. 996-1000.

IFAC (2016): Handbook of the Code of Ethics for Professional Accountants. New York 2016.

Ireland, Jen C./Lennox, Clive S. (2002): The Large Audit Fee Premium: A Case of Selectivity Bias? In: Journal of Accounting, Auditing & Finance, Vol. 17 (2002), Nr. 1, S. 73-91.

Irmer, Bernd E./Bordia, Prashant/Abusah, David (2002): Evaluation apprehension and perceived benefits in interpersonal and database knowledge sharing. In: Academy of Management Proceedings & Membership Directory, 2002, S. B1-B6.

Ittonen, Kim/Johnstone, Karla/Myllymäki, Emma-Riikka (2015): Audit Partner Public-Client Specialisation and Client Abnormal Accruals. In: European Accounting Review, Vol. 24 (2015), Nr. 3, S. 607-633.

Ittonen, Kim/Peni, Emilia (2012): Auditor´s Gender and Audit Fees. In: International Journal of Auditing, Vol. 16 (2012), Nr. 1, S. 1-18.

Ittonen, Kim/Trønnes, Per Christen (2015): Benefits and Costs of Appointing Joint Audit Engagement Partners. In: Auditing: A Journal of Practice & Theory, Vol. 34 (2015), Nr. 3, S. 23-46.

Ittonen, Kim/Vähämaa, Emilia/Vähämaa, Sami (2013): Female Auditors and Accruals Quality. In: Accounting Horizons, Vol. 27 (2013), Nr. 2, S. 205-228.

J

Jany, Jens (2011): Die Qualität von Abschlussprüfungen im Kontext der Haftung, Größe und Spezialisierung von Prüfungsgesellschaften. Lohmar Köln 2011.

Jenkins, J. Gregory/Krawczyk, Kathy (2003): Disclosure of Nonaudit Services Fees: Perceptions Of Investors And Accounting Professionals. In: The Journal of Applied Business Research, Vol. 19 (2003), Nr. 4, S. 305-360.

Jensen, Michael C. (1986): Agency Costs of Free Cash Flow, Corporate Finance, and Takeovers. In: American Economic Review, Vol. 76 (1986), Nr. 2, S. 323-329.

Jensen, Michael C./Meckling, William H. (1976): Theory of the firm: Managerial behavior, agency costs and ownership structure. In: Journal of Financial Economics, Vol. 3 (1976), Nr. 4, S. 305-360.

Joha, Philipp (2018): Prüfungshonorare und Prüferwahl großer, nicht börsennotierter Unternehmen. Würzburg 2018.

Joha, Philipp/Lenz, Hansrudi (2014): Mindestzeitaufwand statt Honorarordnung in der Berufssatzung für Wirtschaftsprüfer? In: Die Wirtschaftsprüfung, 67. Jg. (2014), Nr. 10, S. 513-519.

Jones, Gareth R./Bouncken, Ricarda B. (2008): Organisation: Theorie, Design und Wandel. 5. Aufl., München 2008.

Jost, Christiane (1995): Asset-Liability Management bei Versicherungen: Organisation und Techniken. Wiesbaden 1995.

Jost, Peter-J. (2001): Die Prinzipal-Agenten-Theorie im Unternehmenskontext. In: *Jost, Peter-J.* (Hrsg.): Die Prinzipal-Agenten-Theorie in der Betriebswirtschaftslehre. Stuttgart 2001.

Jubb, C. A./Houghton, K. A./Butterworth, S. (1996): Audit fee determinants: the plural nature of risk. In: Managerial Auditing Journal, Vol. 11 (1996), Nr. 3, S. 22-40.

K

Kanagaretnam, Kiridaran/Lim, Chee Yeow/Lobo, Gerald J. (2010): Auditor reputation and earnings management: International evidence from the banking industry. In: Journal of Banking & Finance, Vol. 34 (2010), Nr. 10, S. 2318-2327.

Keune, Marsha B./Johnstone, Karla M. (2012): Materiality Judgments and the Resolution of Detected Misstatements: The Role of Managers, Auditors, and Audit Committees. In: The Accounting Review, Vol. 87 (2012), Nr. 5, S. 1641-1677.

Kirsch, Hans-Jürgen/Ewelt-Knauer, Corinna/Gallasch, Florian (2013): Stärkung der wahrgenommenen Unabhängigkeit des Abschlussprüfers durch Angaben zu den Honoraren im Konzernanhang?. In: Zeitschrift für Unternehmens- und Gesellschaftsrecht, 42. Jg. (2013), Nr. 5, S. 647-667.

Kitschler, Roland (2005): Abschlussprüfung, Interessenkonflikt und Reputation: eine ökonomische Analyse. Wiesbaden 2005.

Klaus, Hans (1994): Gesellschafterfremdfinanzierung und Eigenkapitalersatzrecht bei der Aktiengesellschaft und der GmbH. Frankfurt am Main 1994.

Klein, Benjamin/Leffler, Keith B. (1981): The Role of Market Forces in Assuring Contractual Performance. In: Journal of Political Economy, Vol. 89 (1981), Nr. 4, S. 614-641.

Kling, Andreas (2011): Anhangangaben zur Honorierung des Abschlussprüfers nach dem BilMoG. In: Die Wirtschaftsprüfung, 64. Jg. (2011), Nr. 5, S. 209-218.

Klumpes, Paul/Komarev, Iliya/Eleftheriou, Konstantinos (2016): The pricing of audit and non-audit services in a regulated environment: a longitudinal study of the UK life insurance industry. In: Accounting and Business Research, Vol. 46 (2016), Nr. 3, S. 278-302.

Knechel, W. Robert (2000): Behavioral Research in Auditing and Its Impact on Audit Education. In: Issues in Accounting Education, Vol. 15 (2000), Nr. 4, S. 695-712.

Knechel, W. Robert/Krishnan, Gopal V./Pevzner, Mikhail et al. (2013): Audit Quality: Insights from the Academic Literature. In: Auditing: A Journal of Practice & Theory, Vol. 32 (2013), Supplement 1, S. 385-421.

Knechel, W. Robert/Niemi, Lasse/Sundgren, Stefan (2008): Determinants of Auditor Choice: Evidence from a Small Client Market. In: International Journal of Auditing, Vol. 12 (2008), Nr. 1, S. 65-88.

Knechel, W. Robert/Niemi, Lasse/Zerni, Mikko (2013): Empirical Evidence on the Implicit Determinants of Compensation in Big 4 Audit Partnerships. In: Journal of Accounting Research, Vol. 51 (2013), Nr. 2, S. 349-387.

Knechel, W. Robert/Sharma, Divesh S./Sharma, Vineeta D. (2012): Non-Audit Services and Knowledge Spillovers: Evidence from New Zealand. In: Journal of Business Finance & Accounting, Vol. 39 (2012), Nr. 2, S. 60-81.

Knechel, W. Robert/Shefchik, Lori B. (2014): Audit quality. In: *Hay, David/Knechel, Robert W./Willekens, Marleen* (Hrsg.): The Routledge Companion to Auditing. New York 2014, S. 130-147.

Knechel, W. Robert/Vanstraelen, Ann/Zerni, Mikko (2015): Does the Identity of Engagement Partners Matter? An Analysis of Audit Partner Reporting Decisions. In: Contemporary Accounting Research, Vol. 32 (2015), Nr. 4, S. 1443-1478.

Knieps, Günther (2008): Wettbewerbsökonomie – Regulierungstheorie, Industrieökonomie, Wettbewerbspolitik. 3. Aufl., Berlin Heidelberg 2008.

Koch, Christopher/Wüstemann, Jens (2012): Explaining and Evaluating the Production of Audits – Potentials, Challenges and Findings. In: Betriebswirtschaftliche Forschung und Praxis, 64. Jg. (2012), Nr. 5, S. 508-533.

Köhler, Annette G./Marten, Kai-Uwe/Ratzinger, Nicole V.S. et al.: Prüfungshonorare in Deutschland – Determinanten und Implikationen. In: Zeitschrift für Betriebswirtschaft, 80. Jg. (2010), Nr. 1, S. 5-29.

Köhler, Annette G./Ratzinger-Sakel, Nicole V. S. (2012): Audit and Non-Audit Fees in Germany – The Impact of Audit Market Characteristics. In: Schmalenbach Business Review, Vol. 64 (2012), S. 281-307.

Komlos, John/Süssmuth, Bernd (2010): Empirische Ökonomie: Eine Einführung in Methoden und Anwendungen. Berlin Heidelberg 2010.

Krauß, Patrick/Pronobis, Paul/Zülch, Henning (2015): Abnormal audit fees and audit quality: initial evidence from the German audit market. In: Journal of Business Economics, Vol. 85 (2015), Nr. 1, S. 45-84.

Krishnan, Jayanthi (2001): A comparision of auditors' self-reported industry expertise and alternative measures of industry specialization. In: Asia-Pacific Journal of Accounting & Economics, Vol. 8 (2001), Nr. 2, S. 127-142.

Krishnan, Jagan/Schauer, Paul C. (2000): The Differentiation of Quality among Auditors: Evidence from the Not-for-Profit Sector. In: Auditing: A Journal of Practice & Theory, Vol. 19 (2000), Nr. 2, S. 9-25.

Krishnan, Gopal/Visvanathan, Gnanakumar (2009): Do Auditors Price Audit Committee's Expertise? The Case of Accounting versus Nonaccounting Financial Experts. In: Journal of Accounting, Auditing & Finance, Vol. 24 (2009), Nr. 1, S. 115-144.

Kwon, W. Jean/Wolfrom, Leigh (2016): Analytical tools for the insurance market and macro-prudential surveillance. In: OECD Journal: Financial Market Trends, Vol. 2016 (2016), Nr. 1, S. 43-91.

L

Langendijk, Henk (1997): The market for audit services in the Netherlands. In: The European Accounting Review, Vol. 6 (1997), Nr. 2, S. 253-264.

Larcker, David F./Rusticus, Tjomme O. (2010): On the use of instrumental variables in accounting research. In: Journal of Accounting and Economics, Vol. 49 (2010), Nr. 3, S. 186-205.

Laurion, Henry/Lawrence, Alastair/Ryans, James P. (2017): U.S. Audit Partner Rotations. In: The Accounting Review, Vol. 92 (2017), Nr. 3, S. 209-237.

Lawrence, Alastair/Minutti-Meza, Miguel/Zhang, Ping (2011): Can Big 4 versus Non-Big 4 Differences in Audit-Quality Proxies Be Attributed to Client Characteristics? In: The Accounting Review, Vol. 86 (2011), Nr. 1, S. 259-286.

Leary, Mark R./Barnes, Byron D./Griebel, Carol et al. (1987): The Impact of Conjoint Threats to Social- and Self-Esteem on Evaluation Apprehension. In: Social Psychology Quarterly, Vol. 50 (1987), Nr. 4, S. 304-311.

Lee, Jun-Seo (2016): Auditor Tenure and Audit Quality: An Empirical Analyst at Audit Firm and Audit Partner Level for the German Market. Online abrufbar unter: https://refubium.fu-berlin.de/bitstream/handle/fub188/7591/Diss_Lee.pdf? sequence=1&isAllowed=y (zuletzt abgerufen am 18. März 2019).

Leffson, Ulrich (1988): Wirtschaftsprüfung. 4. Aufl., Wiesbaden 1988.

Leidner, Jacob Justus/Lenz, Hansrudi (2013): Kreditinstitute und die Konzentration des deutschen Marktes für Abschlussprüferleistungen. In: Die Betriebswirtschaft, 73. Jg. (2013), Nr. 5, S. 379-400.

Leidner, Jacob Justus/Lenz, Hansrudi (2017): Client´s business risk, public-interest entities, and audit fees: The case of German credit institutions. In: International Journal of Auditing, Vol. 21 (2017), Nr. 3, S. 324-338.

Lennox, Clive S. (2005): Management Ownership and Audit Firm Size. In: Contemporary Accounting Research, Vol. 22 (2005), Nr. 1, S. 205-227.

Lennox, Clive S./Wu, Xi (2018): A Review of the Archival Literature on Audit Partners. In: Accounting Horizons, Vol. 32 (2018), Nr. 2, S. 1-35.

Lennox, Clive S./Wu, Xi/Zhang, Tianyu (2014): Does Mandatory Rotation of Audit Partners Improve Audit Quality?. In: The Accounting Review, Vol. 89 (2014), Nr. 5, S. 1775-1803.

Lenz, Hansrudi (1993): Die Wahl des handelsrechtlichen Abschlussprüfers – Eine theoretische und empirische Analyse. Unveröffentlichte Habilitationsschrift Universität Berlin, 1993.

Lenz, Hansrudi (1996a): Die Struktur des Marktes für Abschlussprüfungsmandate bei deutschen Aktiengesellschaften (Teil I). In: Die Wirtschaftsprüfung, 49. Jg. (1996), Nr. 7, S. 269-279.

Lenz, Hansrudi (1996b): Die Struktur des Marktes für Abschlussprüfungsmandate bei deutschen Aktiengesellschaften (Teil II). In: Die Wirtschaftsprüfung, 49. Jg. (1996), Nr. 8, S. 313-318.

Lenz, Hansrudi (1998): Zusammenschlüsse zwischen Wirtschaftsprüfungsgesellschaften, EG-Wettbewerbsrecht und Prüferkonzentration auf dem deutschen Markt. In: Wirtschaftsprüferkammer-Mitteilungen, 37. Jg. (1998), Nr. 3, S. 189-197.

Lenz, Hansrudi (2014): Spaltung des Berufsstands der Wirtschaftsprüfer in Deutschland? In: KoR-IFRS Internationale und kapitalmarktorientierte Rechnungslegung, 14. Jg. (2014), Nr. 6, S. 313-323.

Lenz, Hansrudi/Joha, Philipp (2014): Mindestzeitaufwand statt Honorarordnung in der Berufssatzung für Wirtschaftsprüfer? In: Die Wirtschaftsprüfung, 67. Jg. (2014), Nr. 10, S. 513-519.

Lenz, Hansrudi/Möller, Manuela/Höhn, Balthasar (2006): Offenlegung der Honorare für Abschlussprüferleistungen im Geschäftsjahr 2005 bei DAX-Unternehmen. In: Betriebs-Berater, 61. Jg. (2006), Nr. 33, S. 1787-1793.

Lenz, Hansrudi/Ostrowski, Markus (1999): Der Markt für Abschlussprüfungen bei börsennotierten Aktiengesellschaften. In: Die Betriebswirtschaft, 59. Jg. (1999), Nr. 3, S. 397-411.

Li, Liuchuang/Qi, Baolei/Tian, Gaoliang et al. (2017): The Contagion Effect of Low-Quality Audits at the Level of Individual Auditors. In: The Accounting Review, Vol. 92 (2017), Nr. 1, S. 137-163.

Libby, Robert/Luft, Joan (1993): Determinants of judgment performance in accounting settings: Ability, knowledge, motivation, and environment. In: Accounting, Organizations and Society, Vol. 18 (1993), Nr. 5, S. 425-450.

Libby, Robert/Tan, Hun-Tong (1994): Modelling the determinants of audit expertise. In: Accounting, Organizations and Society, Vol. 19 (1994), Nr. 8, S. 701-716.

Lim, Chee-Yeow/Tan, Hun-Tong (2008): Non-Audit Service Fees and Audit Quality: The Impact of Auditor Specialization. In: Journal of Accounting Research, Vol. 46 (2008), Nr. 1, S. 199-246.

Link, Robert (2006): Abschlussprüfung und Geschäftsrisiko – Normative Anforderungen an die Abschlussprüfung und ihre Erfüllung durch einen geschäftsrisikoorientierten Prüfungsprozess. Wiesbaden 2006.

Litt, Barri/Sharma, Divesh S./Simpson, Thuy et al. (2014): Audit Partner Rotation and Financial Reporting Quality. In: Auditing: A Journal of Practice & Theory, Vol. 33 (2014), Nr. 3, S. 59-86.

Liu, Li-Lin/Xie, Xinmei/Chang, Yu-Shan et al. (2017): New clients, audit quality, and audit partner industry expertise: Evidence from Taiwan. In: International Journal of Auditing, Vol. 21 (2017), Nr. 3, S. 288-303.

Lobo, Gerald J./Zhao, Yuping (2013): Relation between Audit Effort and Financial Report Misstatements: Evidence from Quarterly and Annual Restatements. In: The Accounting Review, Vol. 88 (2013), Nr. 4, S. 1385-1412.

Lopez (1999): Using CAMELS Ratings to Monitor Bank Conditions. Online abrufbar unter: https://www.frbsf.org/economic-research/publications/economic-letter/1999/june/using-camels-ratings-to-monitor-bank-conditions/ (zuletzt abgerufen am 18. März 2019).

Lorenz, Max O. (1905): Methods of Measuring the Concentration of Wealth. In: Publications of the American Statistical Association, Vol. 9 (1905), Nr. 70, S. 209-219.

Loy, Thomas (2013): An audit is an audit? In: Die Betriebswirtschaft, 73. Jg. (2013), Nr. 4, S. 325-353.

Luehlfing, Michael S./Copley, Paul A./Shockley, Randolph (1995): An Examination of the Relationship Between Audit-Related Risks and the Second Partner Review. In: Journal of Accounting, Auditing & Finance, Vol. 10 (1995), Nr. 1, S. 43-50.

M

Manry, David L./Mock, Theodore J./Turner, Jerry L. (2008): Does Increased Audit Partner Tenure Reduce Audit Quality? In: Journal of Accounting, Auditing & Finance, Vol. 34, Nr. 4, S. 553-572.

Marfels, Christian (1971): Einige neuere Entwicklungen in der Messung der industriellen Konzentration. In: Metrika: International Journal of Theoretical and Applied Statistics, Vol. 17 (1971), Nr. 1, S. 69-81.

Marten, Kai-Uwe/Quick, Reiner/Ruhnke, Klaus (2015): Wirtschaftsprüfung – Grundlagen des betriebswirtschaftlichen Prüfungswesens nach nationalen und internationalen Normen. 5. Aufl., Stuttgart 2015.

Marten, Kai-Uwe/Schultze, Wolfgang (1998): Konzentrationsentwicklungen auf dem deutschen und europäischen Prüfungsmarkt. In: Schmalenbachs Zeitschrift für betriebswirtschaftliche Forschung, 50. Jg. (1998), Nr. 4, S. 360-386.

Martiensen, Hans Peter (2006): Fusionen von Versicherungsvereinen auf Gegenseitigkeit: Verschmelzung gem. §§ 109 ff. UmwG und Gleichordnung gem. § 18 Abs. 2 AktG. Karlsruhe 2006.

Maslow, Abraham H. (1943): A Theory of Human Motivation. In: Psychological Review, Vol. 50 (1943), Nr. 4, S. 370-396.

Mayhew, Brian W./Wilkins, Michael S. (2003): Audit Firm Industry Specialization as a Differentiation Strategy: Evidence from Fees Charged to Firms Going Public. In: Auditing: A Journal of Practice & Theory, Vol. 22 (2003), Nr. 2, S. 33-52.

McDermott, Richard/O'Dell, Carla (2001): Overcoming cultural barriers to sharing knowledge. In: Journal of Knowledge Management, Vol. 5, Nr. 1, S. 76-85.

McMeeking, K. P./Peasnell, K. V./Pope, P. F. (2006): The determinants of the UK Big Firm premium. In: Accounting and Business Research, Vol. 36 (2006), Nr. 3, S. 207-231.

Merkl, Georg (2011): Einflussfaktoren der Prüfungshonorare – Anmerkungen zu den Beiträgen "Quasirentenmodell und Honorare für Abschlussprüfungen in Deutschland – eine empirische Analyse" und "Prüfungshonorare in Deutschland – Determinanten und Implikationen". In: Zeitschrift für Betriebswirtschaft, 81. Jg. (2011), Nr. 9, S. 1003-1019.

Minutti-Meza, Miguel (2013): Does Auditor Industry Specialization Improve Audit Quality? In: Journal of Accounting Research, Vol. 51 (2013), Nr. 4, S. 779-817.

Mitra, Santanu/Hossain, Mahmud/Dies, Donald R. (2007): The empirical relationship between ownership characteristics and audit fees. In: Review of Quantitative Finance and Accounting, Vol. 28 (2007), Nr. 3, S. 257-285.

Möbius, Christian/Pallenberg, Catherine (2016): Risikomanagement in Versicherungsunternehmen. 3. Aufl., Berlin 2016.

Möller, Manuela/Höllbacher, Alexander (2009): Die deutsche Börsen- und Indexlandschaft und der Markt für Abschlussprüfungen. In: Die Betriebswirtschaft, 69. Jg. (2009), Nr. 6, S. 647-678.

Moizer, Peter/Turley, Stuart (1987): Surrogates for Audit Fees in Concentration Studies. In: Auditing: A Journal of Practice & Theory, Vol. 7 (1987), Nr. 1, S. 118-123.

Molls, Friederike (2013): Der Einfluss von Mandatsdauer, Rotation und Nichtprüfungshonoraren auf die Qualität der Abschlussprüfung. Hamburg 2013.

Monroe, Gary/Hossain, Sarowar (2013): Does audit quality improve after the implementation of mandatory audit partner rotation? In: Accounting and Management Information Systems, Vol. 12 (2013), Nr. 2, S. 263-279.

Müller, Julia (2009): Projektteamübergreifender Wissensaustausch: Fehlervermeidung und organisationales Lernen durch interaktive Elemente einer Wissenskultur. Wiesbaden 2009.

N

Nagy, Albert L. (2012): Audit partner specialization: the case of Andersen followers. In: Managerial Auditing Journal, Vol. 27 (2012), S. 251-262.

Nagy, Albert L. (2014): Audit partner specialization and audit fees. In: Managerial Auditing Journal, Vol. 29 (2014), Nr. 6, S. 513-526.

NAIC (2017): Insurance Regulatory Information System (IRIS) Ratios Manual: IRIS Ratios Manual for Property/Casualty, Life/Accident & Health, and Fraternal. Online abrufbar unter: www.naic.org/documents/prod_serv_fin_receivership_uir_zb.pdf (zuletzt abgerufen am 17. Mai 2018).

Naumann, Klaus-Peter (2017): Beruf und Dienstleistungen des Wirtschaftsprüfers. In: *IDW* (Hrsg.): WP Handbuch: Wirtschaftsprüfung und Rechnungslegung. 15. Aufl., Düsseldorf 2017, Kapitel A.

Neal, Terry L./Riley, Richard R. Jr. (2004): Auditor Industry Specialist Research Design. In: Auditing: A Journal of Practice & Theory, Vol. 23 (2004), Nr. 2, S. 169-177.

Nguyen, Tristan/Romeike, Frank (2013): Versicherungswirtschaftslehre: Grundlagen für Studium und Praxis. Wiesbaden 2013.

Niemi, Lasse (2004): Auditor Size and Audit Pricing: Evidence from Small Audit Firms. In: European Accounting Review, Vol. 13 (2004), Nr. 3, S. 541-560.

Nonaka, Ikujiro (1991): The Knowledge-Creating Company. In: Harvard Business Review, Vol. 69 (1991), Nr. 6, S. 96-104.

Nonaka, Ikujiro (1994): A Dynamic Theory of Organizational Knowledge Creation. In: Organization Science, Vol. 5 (1994), Nr. 1, S. 14-37.

Nonaka, Ikujiro/Takeuchi, Hirotaka (1995): The Knowledge-Creating Company: How Japanese Companies Create the Dynamics of Innovation. New York 1995.

Numan, Wieteke/Willekens, Marleen (2012): An empirical test of spatial competition in the audit market. In: Journal of Accounting and Economics, Vol. 53 (2012), Nr. 1-2, S. 450-465.

O

O'Brien, Robert M. (2007): A Caution Regarding Rules of Thumb for Variance Inflation Factors. In: Quality & Quantity, Vol. 41 (2007), Nr. 5, S. 673-690.

O'Keefe, Terrence B./ King, Raymand D./Gaver, Kenneth M. (1994): Audit Fees, Industry Specialization, and Compliance with GAAS Reporting Standards. In: Auditing: A Journal of Practice & Theory, Vol. 13 (1994), Supplement, S. 41-55.

O'Keefe, Terrence B./Simunic, Dan A./Stein, Michael T. (1994): The Production of Audit Services: Evidence from a Major Public Accounting Firm. In: Journal of Accounting Research, Vol. 32 (1994), Nr. 2, S. 241-261.

O'Sullivan, Noel (2000): The impact of board composition and ownership on audit quality: Evidence from large UK companies. In: The British Accounting Review, Vol. 32 (2000), Nr. 4, S. 397-414.

O'Sullivan, Noel/Diacon, Stephen R. (1994): Audit Fee Determination and Governance Structure: Empirical Evidence from UK Insurance Companies. In: The Geneva Papers on Risk and Insurance, Vol. 19 (1994), Nr. 70, S. 70-84.

O'Sullivan, Noel/Diacon, Stephen R. (2002): The Impact of Ownership, Governance and Non-Audit Services on Audit Fees: Evidence from the Insurance Industry. In: International Journal of Auditing, Vol. 6 (2002), Nr. 1, S. 93-107.

Ott, Peter (2005): Solvabilitätsmessung bei Schaden-Unfall-Versicherungsunternehmen: Anforderungen an stochastische interne Modelle und an deren Prüfung. Wiesbaden 2005.

P

Palmrose, Zoe-Vonna (1986): The Effect of Nonaudit Services on the Pricing of Audit Services: Further Evidence. In: Journal of Accounting Research, Vol. 24 (1986), Nr. 2, S. 405-411.

Pan, Wie/Bai, Haiyan (Hrsg.) (2015): Propensity Score Analysis: Fundamentals and Developements. New York London 2015.

Paschen, Herbert/Buyse, Raphael (1971): Zur Messung der Betriebs- und Unternehmenskonzentration. In: Statistical Papers, Vol. 12 (1971), Nr. 1, S. 2-13.

Paulitschek, Patrick (2009): Aufsicht über den Berufsstand der Wirtschaftsprüfer in Deutschland: Eine agencytheoretische Analyse. Wiesbaden 2009.

PCAOB (2015): Improving the transparency of audits: rules to require disclosure of certain audit participants on a new PCAOB form and related amendments to audit standards, Release No. 2015-008. Online abrufbar unter: https://pcaobus.org/Rulemaking/Docket029/Release-2015-008.pdf (zuletzt abgerufen am 19. März 2019).

Pearson, Tim/Trompeter, Greg (1994): Competition in the Market for Audit Services: The Effect of Supplier Concentration on Audit Fees. In: Contemporary Accounting Research, Vol. 11 (1994), Nr. 1, S. 115-135.

Peel, Michael J./Makepeace, Gerald H. (2012): Differential Audit Quality, Propensity Score Matching and Rosenbaum Bounds for Confounding Variables. In: Journal of Business Finance & Accounting, Vol. 39 (2012), Nr. 5/6, S. 606-648.

Peter, J. Paul (1981): Construct Validity: A Review of Basic Issues and Marketing Practices. In: Journal of Marketing Research, Vol. 18 (1981), Nr. 2, S. 133-145.

Petersen, Mitchell A. (2009): Estimating Standard Errors in Finance Panel Data Sets: Comparing Approaches. In: The Review of Financial Studies, Vol. 22 (2009), Nr. 1, S. 435-480.

Pfitzer, Norbert/Orth, Christian/Hettich, Natalie (2004): Stärkung der Unabhängigkeit des Abschlussprüfers? Kritische Würdigung des Referentenentwurfs zum Bilanzrechtsreformgesetz. In: Deutsches Steuerrecht, 42. Jg. (2004), Nr. 8, S. 328-336.

Picot, Arnold/Dietl, Helmut/Franck, Egon et al. (2012): Organisation: Theorie und Praxis aus ökonomischer Sicht. 6. Aufl., Stuttgart 2012.

Plümper, Thomas/Troeger, Vera E. (2007): Efficient Estimation of Time-Invariant and Rarely Changing Variables in Finite Sample Panel Analyses with Unit Fixed Effects. In: Political Analysis, Vol. 15, Nr. 2, S. 124-139.

Poelzig, Dörte (2013a): Kommentierung zu § 285 HGB. In: *Schmidt, Karsten/Ebke, Werner F.* (Hrsg.): Münchener Kommentar zum Handelsgesetzbuch: Band 4: Drittes Buch. Handelsbücher §§ 238-342 e HGB. 3. Aufl., München 2013, § 285.

Poelzig, Dörte (2013b): Kommentierung zu § 314 HGB. In: *Schmidt, Karsten/Ebke, Werner F.* (Hrsg.): Münchener Kommentar zum Handelsgesetzbuch: Band 4: Drittes Buch. Handelsbücher §§ 238-342 e HGB. 3. Aufl., München 2013, § 314.

Polanyi, Michael (1966): The Tacit Dimension. London 1966.

Porter, Michael E. (2014): Wettbewerbsvorteile: Spitzenleistungen erreichen und behaupten. 8. Aufl., Frankfurt am Main 2014.

Pottier, Steven W./Sommer, David W. (1999): Property-Liability Insurer Financial Strength Ratings: Differences Across Rating Agencies. In: The Journal of Risk and Insurance, Vol. 66 (1999), Nr. 4, S. 621-642.

Proppe, Dennis (2009): Endogenität und Instrumentenschätzer. In: *Albers, Sönke/Klapper, Daniel/Konradt, Udo et al.* (Hrsg.): Methodik der empirischen Forschung. 3. Aufl., Wiesbaden 2009, S. 253-266.

PwC (2016): IDW RS HFA 36 n.F.: Anhangangaben über das Abschlussprüferhonorar. In: HGB direkt – Newsletter für nationale Rechnungslegung, Ausgabe 9, November 2016. Online abrufbar unter: www.pwc.de/de/newsletter/kapitalmarkt/assets/hgb-direkt-ausgabe-9-november-2016-rs-hfa-36.pdf (zuletzt abgerufen am 18.03.2019).

Q

Qandil, Johanna Souad (2014): Wahrnehmung der Qualität der Abschlussprüfung: Eine theoretische und empirische Analyse für den deutschen Kapitalmarkt. Wiesbaden 2014.

Quick, Reiner (1996): Die Risiken der Jahresabschlussprüfung. Düsseldorf 1996.

Quick, Reiner/Sattler, Matthias (2011): Das Erfordernis der Umsatzabhängigkeit und die Konzentration auf dem deutschen Markt für Abschlussprüferleistungen. In: Zeitschrift für Betriebswirtschaft, 81. Jg. (2011), Nr. 1, S. 61-98.

Quick, Reiner/Warming-Rasmussen, Bent (2007): Unabhängigkeit des Abschlussprüfers – Zum Einfluss von Beratungsleistungen auf Unabhängigkeitswahrnehmungen von Aktionären. In: Zeitschrift für Betriebswirtschaft, 77. Jg. (2007), Nr. 10, S. 1007-1033.

Quick, Reiner/Wolz, Matthias/Seelbach, Mario (1998): Die Struktur des Prüfungsmarktes für deutsche Aktiengesellschaften. In: Zeitschrift für Betriebswirtschaft, 68. Jg. (1998), Nr. 8, S. 779-802.

R

Radtke, Michael (2008): Grundlagen der Kalkulation von Versicherungsprodukten in der Schaden- und Unfallversicherung. Karlsruhe 2008.

Rao, Mohan P./Tregillis, Christian D. (2007): 6. Econometric Analysis. In: *Weil, Roman L./Frank, Peter B./Hughes, Christian W. et al.* (Hrsg.): Litigation Services Handbook: The Role of Financial Experts, 4. Aufl., New Jersey 2007, Part II, Chapter 6.

Reichelt, Kenneth J./Wang, Dechung (2010): National and office-specific measures of auditor industry expertise and effects on audit quality. In: Journal of Accounting Research, Vol. 48 (2010), Nr. 3, S. 647-686.

Reynolds, J. Kenneth/Francis, Jere R. (2000): Does size matter? The influence of large clients on office-level auditor reporting decisions. In: Journal of Accounting and Economics, Vol. 30 (2000), Nr. 3, S. 375-400.

Richter, Rudolf/Bindseil, Ullrich (1995): Neue Institutionenökonomik. In: Wirtschaftswissenschaftliches Studium, 24. Jg. (1995), S. 132-140.

Richter, Rudolf/Furubotn, Eirik G. (2010): Neue Institutionenökonomik. 4. Aufl., Mohr Siebeck Tübingen 2010.

Rockel, Werner/Helten, Elmar/Ott, Peter et al. (2012): Versicherungsbilanzen: Rechnungslegung nach HGB und IFRS. 3. Aufl., Stuttgart 2012.

Rosenbaum, Paul R./Rubin, Donald B. (1983): The Central Role of the Propensity Score in Observational Studies for Causal Effects. In: Biometrika, Vol. 70 (1983), Nr. 1, S. 41-55.

Rosenberg, Milton J. (1969): The conditions of evaluation apprehension. In: *Rosenthal, Robert/Rosnow, Ralph L.* (Hrsg.): Artifact in Behavioral Research. New York 1969, S. 280-348.

Rudolph, Bernd (2006): Unternehmensfinanzierung und Kapitalmarkt. Tübingen 2006.

Ruggles, Rudy (1998): The State of the Notion: Knowledge Management in Practice. In: California Management Review, Vol. 40, Nr. 3, S. 80-89.

S

Sackmann, Sonja A. (2000): Unternehmenskultur – Konstruktivistische Betrachtung und deren Implikationen für die Unternehmenspraxis. In: *Heil, Peter M./Stahl, Heinz K.* (Hrsg.): Management und Wirklichkeit: Das Konstruieren von Unternehmen, Märkten und Zukünften. Heidelberg 2000, S. 141-158.

Scheiner, James H. (1984): An Empirical Assessment of the Impact of SEC Nonaudit Service Disclosure Requirements on Independent Auditors and Their Clients. In: Journal of Accounting Research, Vol. 22 (1984), Nr. 2, S. 789-797.

Scherm, Ewald/Pietsch, Gotthard (2007): Organisation: Theorie, Gestaltung, Wandel. München 2007.

Schmidt, Stefan/Heinz, Stephan (2016): Kommentierung zu § 318 HGB. In: *Grottel, Bernd/Schmidt, Stefan/Schubert, Wolfgang* et al. (Hrsg.): Beck'scher Bilanzkommentar. 10. Aufl., München 2016, § 318.

Schnepel, Volker (2013): § 32 Bestätigungsvermerke. In: *Hense, Burkhard/Ulrich, Dieter* (Hrsg.): WPO-Kommentar. Düsseldorf 2013, § 32, S. 266-275.

Schröder, Arne (2009): Prinzipien der Panelanalyse. In: *Albers, Sönke/Klapper, Daniel/Konradt, Udo et al.* (Hrsg.): Methodik der empirischen Forschung. 3. Aufl., Wiesbaden 2009, S. 315-330.

Schwegler, Regina (2008): Moralisches Handeln von Unternehmen: Eine Weiterentwicklung des neuen St. Galler Management-Modells und der Ökonomischen Ethik. Wiesbaden 2008.

SEC (2003): Strengthening the Commission's Requirements Regarding Auditor Independence, 17 CFR PARTS 210, 240, 249 and 274. Online abrufbar unter: https://www.sec.gov/rules/final/33-8183.htm (zuletzt abgerufen am 18. März 2019).

SEC (2016): Public Company Accounting Oversight Board; Order Granting Approval of Proposed Rules to Require Disclosure of Certain Audit Participants on a New PCAOB Form and Related Amendments to Auditing Standards, Release No. 34-77787. Online abrufbar unter: https://www.sec.gov/rules/pcaob/2016/34-77787.pdf (zuletzt abgerufen am 18. März 2019).

Sell, Michael/Grund, Markus (2011): A. Die Vorschriften über die Rechnungslegung und Prüfung der Versicherungsunternehmen. In: *IDW* (Hrsg.): Rechnungslegung und Prüfung der Versicherungsunternehmen, 5. Aufl., Düsseldorf 2011, S. 1-43.

Sharma, Divesh S. (2014): Non-audit services and auditor independence. In: *Hay, David/Knechel, Robert W./Willekens, Marleen* (Hrsg.): The Routledge Companion to Auditing. New York 2014, S. 67-88.

Sharma, Divesh S./Tanyi, Paul N./Litt, Barri A. (2017): Cost of Mandatory Periodic Audit Partner Rotation: Evidence from Audit Fees and Audit Timelines. In: Auditing: A Journal of Practice & Theory, Vol. 36 (2017), Nr. 1, S. 129-149.

Shipman, Jonathan E./Swanquist, Quinn T./Whited, Robert L. (2017): Propensity Score Matching in Accounting Research. In: The Accounting Review, Vol. 92 (2017), Nr. 1, S. 213-244.

Sibbertsen, Philipp/Lehne, Hartmut (2015): Statistik – Einführung für Wirtschafts- und Sozialwissenschaftler. 2. Aufl., Berlin Heidelberg 2015.

Simon, Daniel T./Taylor, Mark H. (2002): A Survey of Audit Pricing in Ireland. In: International Journal of Auditing, Vol. 6 (2002), Nr. 1, S. 3-12.

Simunic, Dan A. (1980): The Pricing of Audit Services: Theory and Evidence. In: Journal of Accounting Research, Vol. 18 (1980), Nr. 1, S. 161-190.

Simunic, Dan A. (1984): Auditing, Consulting, and Auditor Independence. In: Journal of Accounting Research, Vol. 22 (1984), Nr. 2, S. 679-702.

Simunic, Dan A./Stein, Michael T. (1987): Product differentiation in auditing: Auditor choice in the market for unseasoned new issues. Research Monograph Number 13, The Canadian Certified General Accountants' Research Foundation, Vancouver 1987.

Simunic, Dan A./Stein, Michael T. (1996): The Impact of Litigation Risk on Audit Pricing: A Review of the Economics and the Evidence. In: Auditing: A Journal of Practice & Theory, Vol. 15 (1996), Supplement, S. 119-134.

Sipple, Benedikt (2014): Der Markt für Abschlussprüfungsleistungen bei Kreditinstituten in Deutschland. In: Die Wirtschaftsprüfung, 67. Jg. (2014), Nr. 14, S. 737-745.

Solomon, Ira (1990): Discussion of "The jointness of audit fees and demand for MAS: A self-selection analysis". In: Contemporary Accounting Research, Vol. 6 (1990), Nr. 2, S. 323-328.

Statistisches Bundesamt (2014): Statistisches Jahrbuch: Deutschland und Internationales. Wiesbaden 2014.

Stefani, Ulrike (2002): Abschlussprüfung, Unabhängigkeit und strategische Interdependenzen: Eine ökonomische Analyse aktueller Reformen zur Steigerung der Prüfungsqualität. Stuttgart 2002.

Stefani, Ulrike (2006): Anbieterkonzentration bei Prüfungsmandaten börsennotierter Schweizer Aktiengesellschaften. In: Die Betriebswirtschaft, 66. Jg. (2006), Nr. 2, S. 121-145.

Stewart, Jenny/Kent, Pamela/Routledge, James (2016): The Association between Audit Partner Rotation and Audit Fees: Empirical Evidence from the Australian Market. In: Auditing: A Journal of Practice & Theory, Vol. 35 (2016), Nr. 1, S. 181-197.

Stimpson, Jeff, (1999): In the know. In: Practical Accountant, Vol. 32 (1999), Nr. 6, S. 34-39.

Strickmann, Michael (2000): Wirtschaftsprüfung im Umbruch: Eine empirische Untersuchung zur Konzentration und Honorargestaltung im deutschen Prüfungswesen. Herne 2000.

Swindle, C. Sloan (1995): Using CAMEL Ratings to Evaluate Regulator Effectiveness at Commercial Banks. In: Journal of Financial Services Research, Vol. 9, Nr. 2, S. 123-141.

T

Taylor, Stuart D. (2011): Does Audit Fee Homogeneity Exist? Premiums and Discounts Attributable to Individual Partners. In: Auditing: A Journal of Practice & Theory, Vol. 30 (2011), Nr. 4, S. 249-272.

Tebben, Tobias (2011): Vergütungsanreize und opportunistische Bilanzpolitik: Eine empirische Analyse der Rolle von Aufsichtsrat und Abschlussprüfer. Wiesbaden 2011.

Tenhagen, Ulrich (1992): Strategisches Management in Wirtschaftsprüfungsunternehmen. Bergisch Gladbach Köln 1992.

U

Umlauf, Steffen J. (2013): Prüfungs- und Beratungshonorare von Konzernabschlussprüfern – Honorardeterminanten und Unabhängigkeitswahrnehmungen auf dem deutschen Kapitalmarkt. Hamburg 2013.

US House of Representatives (2002): Sarbanes-Oxley Act of 2002, Public Law 107-204 [H.R. 3763]. Online abrufbar unter: https://www.sec.gov/about/laws/soa2002.pdf (zuletzt abgerufen am 18. März 2019).

V

Vafeas, Nikos/Waegelein, James F. (2007): The association between audit committees, compensation incentives, and corporate audit fees. In: Review of Quantitative Finance and Accounting, Vol. 28 (2007), Nr. 3, S. 241-255.

Venkataraman, Ramgopal/Weber, Joseph P./Willenborg, Michael (2008): Litigation Risk, Audit Quality, and Audit Fees: Evidence from Initial Public Offerings. In: The Accounting Review, Vol. 83 (2008), Nr. 5, S. 1315-1345.

Vera-Munoz, Sandra/Ho, Joanna L./Chow, Chee W. (2006): Enhancing Knowledge Sharing in Public Accounting Firms. In: Accounting Horizons, Vol. 20 (2006), Nr. 2, S. 133-155.

Verleyen, Isabelle/De Beelde, Ignace (2011): International Consistency of Auditor Specialization. In: International Journal of Auditing, Vol. 15 (2011), Nr. 3, S. 275-287.

Vermeer, Thomas E./Rama, Dasaratha V./Raghunandan, K. (2008): Partner Familiarity and Audit Fees: Evidence from Former Andersen Clients. In: Auditing: A Journal of Practice & Theory, Vol. 27 (2008), Nr. 2, S. 217-229.

Völker, Ulf Gunnar (2017): Der Markt für Abschlussprüfungsleistungen bei Versicherungsunternehmen in Deutschland: eine Analyse auf Ebene der Wirtschaftsprüfungsgesellschaften und testierenden Wirtschaftsprüfer. In: Zeitschrift für internationale und kapitalmarktorientierte Rechnungslegung, 17. Jg. (2017), Nr. 3, S. 129-138.

W

Wagenhofer, Alfred/Ewert, Ralf (2015): Externe Unternehmensrechnung. 3. Aufl., Berlin Heidelberg 2015.

Wagner, Fred (2000): Risk Management im Erstversicherungsunternehmen: Modelle, Strategien, Ziele, Mittel. Karlsruhe 2000.

Wagner, Fred (Hrsg.) (2017): Gabler Versicherungslexikon. 2. Aufl., Wiesbaden 2017.

Wagner, Marco (2009): Prüferhonorare: eine empirische Untersuchung kapitalmarktorientierter Unternehmen in Deutschland. Dissertation Universität Ulm 2009.

Wah, Louisa (1999): Making knowledge stick. In: Management Review, Vol. 88 (1999), Nr. 5, S. 24-29.

Wahren, Heinz-Kurt E. (1996): Das lernende Unternehmen: Theorie und Praxis des organisationalen Lernens. Berlin New York 1996.

Wallman, Steven M. (1996): The Future of Accounting, Part III: Reliability and Auditor Independence. In: Accounting Horizons, Vol. 10 (1996), Nr. 4, S. 76-97.

Wang, Xiaoke/Wang, Yanyan/Yu, Lisheng et al. (2015): Engagement audit partner experience and audit quality. In: China Journal of Accounting Studies, Vol. 3 (2015), Nr. 3, S. 230-253.

Wang, Yanyan/Yu, Lisheng/Zhao, Yuping (2015): The Association between Audit-Partner Quality and Engagement Quality: Evidence from Financial Report Misstatements. In: Auditing: A Journal of Practice & Theory, Vol. 34 (2015), Nr. 3, S. 81-111.

Wasserstein, Ronald L./Schirm, Allen L./Lazar, Nicole A. (2019): Moving to a World Beyond „p<0.05". In: The American Statistican, Vol. 73 (2019), Supplement 1, S. 1-19.

Watkins, Ann L./Hillison, Wiliam/Morecroft, Susan E. (2004): Audit Quality: A Synthesis of Theory and Empirical Evidence. In: Journal of Accounting Literature, Vol. 23 (2004), Nr. 1, S. 153-193.

Watts, Ross L./Zimmerman, Jerold L. (1986): Positive Accounting Theory. Englewood Cliffs 1986.

Weber, Rafael J. (2011): Die Entscheidung über die Auftragsannahme in der Wirtschaftsprüfung – Ein qualitätssicherndes Instrument im Rahmen der Jahresabschlussprüfung. Wiesbaden 2011.

Weber, Stefan C./Velte, Patrick/Stock, Maximilian (2016): Wie wirkt sich die externe Pflichtrotation auf den deutschen Prüfungsmarkt aus? In: Die Wirtschaftsprüfung, 69. Jg. (2016), Nr. 12, S. 660-667.

Wenninger, Christian (2004): Markt- und Kreditrisiken für Versicherungsunternehmen: Quantifizierung und Management. Wiesbaden 2004.

Whisenant, Scott/Sankaraguruswamy, Srinivasan/Raghunandan, Kannan (2003): Evidence on the Joint Determination of Audit and Non-Audit Fees. In: Journal of Accounting Research, Vol. 41 (2003), Nr. 4, S. 721-744.

White, Halbert (1980): A Heteroskedasticity-Consistent Covariance Matrix Estimator and a Direct Test for Heteroskedasticity. In: Econometrica, Vol. 48 (1980), Nr. 2, S. 817-838.

Wiemann, Daniela (2011): Prüfungsqualität des Abschlussprüfers: Einfluss der Mandatsdauer auf die Bilanzpolitik beim Mandanten. Wiesbaden 2011.

Wild, Andreas (2010): Fee Cutting and Fee Premium of German Auditors. In: Die Betriebswirtschaft, 70. Jg. (2010), Nr. 6, S. 513-527.

Wild, Andreas/Scheithauer, Ellen-Katharina (2012): Die Entwicklung der Konzentration auf dem Markt für Abschlussprüfungen unter Berücksichtigung externer Einflüsse. In: Die Wirtschaftsprüfung, 65. Jg. (2012), Nr. 4, S. 186–197.

Wollmert, Peter/Oser, Peter/Graupe, Fabian (2010): Anhangangaben zu den Abschlussprüferhonoraren und zu marktüblichen Geschäften nach BilMoG. In: NWB Unternehmenssteuern und Bilanzen, 11. Jg. (2010), Nr. 4, S. 123-130.

Wolz, Matthias (2003): Wesentlichkeit im Rahmen der Jahresabschlussprüfung. Düsseldorf 2003.

Wooldridge, Jeffrey M. (2016): Introductory Econometrics: A Modern Approach. 6. Aufl., Boston 2016.

WPK (Hrsg.) (2004): Stellungnahme zum Entwurf eines Gesetzes zur Einführung internationaler Rechnungslegungsstandards und zur Sicherung der Qualität der Abschlussprüfung (Bilanzrechtsreformgesetz – BilReG), hier: Stärkung der Unabhängigkeit des Abschlussprüfers. Online abrufbar unter: www.wpk.de/uploads/tx_news/WPK-Stellungnahme_23-01-2004_01.pdf (zuletzt abgerufen am 18. März 2019).

WPK (Hrsg.) (2006): Gemeinsame Stellungnahme der WPK und des IDW: Anforderungen an die Qualitätssicherung in der Wirtschaftsprüferpraxis (VO/12006, Stand: 27.03.2006). Online abrufbar unter: https://www.wpk.de/fileadmin/documents/WPK/Qualitaetskontrolle/VO_1-2006.pdf (zuletzt abgerufen am 18. März 2019).

WPK (Hrsg.) (2010): Stellungnahme der Wirtschaftsprüferkammer zum Grünbuch der EU-Kommission: Weiteres Vorgehen im Bereich der Abschlussprüfung: Lehren aus der Krise. Online abrufbar unter: www.wpk.de/uploads/tx_news/WPK-Stellungnahme_08-12-2010.pdf (zuletzt abgerufen am 18. März 2019).

WPK (Hrsg.) (2012a): Stellungnahme der Wirtschaftsprüferkammer zum Vorschlag der Europäischen Kommission für eine Richtlinie des Europäischen Parlaments und des Rates zur Änderung der Richtlinie 2006/43/EG über Abschlussprüfungen von Jahresabschlüssen und konsolidierten Abschlüssen [KOM(2011) 778 end.] und zum Vorschlag der Europäischen Kommission für eine Verordnung des Europäischen Parlaments und des Rates über spezifische Anforderungen an die Abschlussprüfung bei Unternehmen von öffentlichem Interesse [KOM(2011) 779 end.]. Online abrufbar unter: www.wpk.de/uploads/tx_news/WPK-Stellungnahme_27-01-2012_01.pdf (zuletzt abgerufen am 18. März 2019).

WPK (Hrsg.) (2012b): Satzung der Wirtschaftsprüferkammer über die Rechte und Pflichten bei der Ausübung der Berufe des Wirtschaftsprüfers und des vereidigten Buchprüfers (Berufssatzung für Wirtschaftsprüfer/vereidigte Buchprüfer – BS WP/vBP, Stand: 06.07.2012). Online abrufbar unter: https://beck-online.beck.de/?vpath=bibdata%2Fges%2FBRD%5F005%5F1996%5F7509%2Fcont%2FBRD%5F005% 5F1996%5F7509%2EANL%2Ehtm (zuletzt abgerufen am 18. März 2019).

WPK (Hrsg.) (2016): Satzung der Wirtschaftsprüferkammer über die Rechte und Pflichten bei der Ausübung der Berufe des Wirtschaftsprüfers und des vereidigten Buchprüfers (Berufssatzung für Wirtschaftsprüfer/vereidigte Buchprüfer – BS WP/vBP, Stand: 21.06.2016). Online abrufbar unter: https://www.wpk.de/uploads/tx_templavoila/BS-WPvBP_25.pdf (zuletzt abgerufen am 18. März 2019).

Y

Ye, Ping/Carson, Elizabeth/Simnett, Roger (2011): Threats to Auditor Independence: The Impact of Relationship and Economic Bonds. In: Auditing: A Journal of Practice & Theory, Vol. 30 (2011), Nr. 1, S. 121-148.

Z

Zerni, Mikko (2012): Audit Partner Specialization and Audit Fees: Some Evidence from Sweden. In: Contemporary Accounting Research, Vol. 29 (2012), Nr. 1, S. 312-340.

Zimmermann, Ruth-Caroline (2006): Gestaltungsspielräume bei Veröffentlichung von Abschlussprüferhonoraren im Rahmen des BilReG. In: Zeitschrift für internationale und kapitalmarktorientierte Rechnungslegung, 6. Jg. (2006), Nr. 4, S. 273-276.

Zimmermann, Ruth-Caroline (2008): Abschlussprüfer und Bilanzpolitik der Mandanten – Eine empirische Analyse des deutschen Prüfungsmarktes. Wiesbaden 2008.

Zöllner, Christine (2007): Interne Corporate Governance – Entwicklung einer Typologie. Wiesbaden 2007.

Studien zu Rechnungslegung, Steuerlehre und Controlling
Studies in financial, managerial and tax accounting

Herausgeber
Michael Ebert, Dirk Kiesewetter, Urska Kosi, Hansrudi Lenz, Caren Sureth-Sloane und
Andrea Szczesny

ISSN 2627-1281 (print), 2627-129X (online)

Band 1: Beck, Kilian: Hebesatzpolitik und Beitragsplanung. Empirische Befunde zu den Steuern und Beiträgen auf lokaler Ebene. Würzburg, 2019. XXV, 298 Seiten. ISBN 978-3-95826-084-9
Online verfügbar unter: https://doi.org/10.25972/WUP-978-3-95826-085-6

Band 2: Stier, Matthias: Der Einfluss des EuGH auf die ökonomische Effizienz der ertragsteuerlichen Behandlung grenzüberschreitender Investitionen. Würzburg, 2020. X, 288 Seiten. ISBN 978-3-95826-132-7
Online verfügbar unter: https://doi.org/10.25972/WUP-978-3-95826-133-4

Band 3: Günther, Johannes: Die Unabhängigkeit des Abschlussprüfers bei privaten Unternehmen in Deutschland. Eine empirische Analyse im Kontext der Honorare für Prüfung und Beratung. Würzburg, 2020. XXVIII, 315 Seiten. ISBN 978-3-95826-116-7
Online verfügbar unter: https://doi.org/10.25972/WUP-978-3-95826-117-4

Band 4: Menzel, Moritz: Das Betriebsrentenstärkungsgesetz und seine Auswirkungen auf Geringverdiener. Eine modelltheoretische Analyse. Würzburg, 2020. XXIV, 201 Seiten. ISBN 978-3-95826-126-6
Online verfügbar unter: https://doi.org/10.25972/WUP-978-3-95826-127-3

Band 5: Tschinkl, Dominik: Der Einfluss von Steuern auf Ersparnisbildung und Altersvorsorge. Experimentelle und qualitative Untersuchungen. Würzburg, 2021. XXII, 227 Seiten. ISBN 978-3-95826-150-1
Online verfügbar unter: https://doi.org/10.25972/WUP-978-3-95826-151-8